十三經注疏

傳 毛亨 箋 鄭玄 疏 孔穎達

譯註 朴小東

譯註 毛詩正義 2

모시정의

전통문화연구회

國譯委員

譯　　註　朴小東
原稿整理　白廣寅　全哲槿　金文順　金容美
潤　　文　田炳秀　朴勝珠
校　　訂　南賢熙　郭成龍
出　　版　金主賢　金曉東
管　　理　咸明淑
普　　及　徐源英

東洋古典現代化와 十三經注疏 譯註

본회가 東洋古典의 飜譯과 教育, 情報化 등 古典現代化 사업을 시작한 지 어느덧 25년이 되었다. 그간 우리나라의 고전국역 상황을 보면, 東洋古典에 대한 번역문제는 1960년 중반에 한국고전번역을 정부에서 추진하면서 우선 四書五經 등 기본고전을 모범 번역하자는 논의가 있었지만 우리 고전이 아니라고 무산되었다.

1980년대에 韓國學 연구와 한국고전번역의 先決課題는 물론, 國際政治 관계나 經濟상의 이유로도 필요하다는 논의가 제기되었다. 그 후 1988년 본회가 발족하면서 東洋古典 번역을 착수하여, 1990년대 말경 본회에서 소위 '新注'의 四書三經을 註까지 懸吐完譯함으로써 東洋學과 韓國學徒들의 袖珍本이 되고 教育界와 文化界까지 파급되었다.

그 후 본회 창립 20주년이 되면서 다시 동양고전현대화의 과제와 목표를 논의하면서, 단순한 韓國學의 선결과제를 넘어 東洋文化에 대한 源泉的이며 體系的인 檢討의 필요성이 대두되었으니, 이제 우리는 東洋文化의 先導的 역할을 담당할 준비를 갖추고 21세기에 先進文化强國 건설로 새 歷史를 이루자는 것이었다.

일반적으로 十三經은 核心的 儒家經典의 總稱이지만, 이는 東洋文化의 뿌리라 하겠다. 우리 역사상으로 十三經은 저 멀리 삼국시대에 이미 高句麗의 太學에서 기본 교과로 채택하였고, 百濟에서는 五經博士 制度를 두었고, 新羅 薛聰은 九經을 方言으로 읽었고, 高麗에서는 國子監이나 九齋學堂에서 교육하였으며, 朝鮮朝 成均館과 鄕校, 書堂과 書院에서는 四書五經 등을 교육하여 人材 등용과 국가정책에 절대적 영향을 끼쳤다.

이 十三經의 代表的 註釋書는 漢 · 唐時期의 '古注'라 일컬어지는 十三經注疏와, 그 후 宋代의 朱子的 世界觀이 반영된 '集註'와 '集傳' 등의 '新注'가 두 개의 軸이라 할 수 있다.

그런데 우리는 조선조에서부터 朱子學 일변도의 學風으로 경도되어, 그 偏向性이 오늘에까지 이르렀음은 심히 不幸이라 하겠다. 中國에서는 明 · 淸 시기에 訓詁學, 考證學이라는 學風이 일어 十三經注疏가 經學研究의 標準이 되었고, 日本에서는 反朱子的 見解와 陽明學의 영향을 받아 明治維新 때 이미 漢文大系 등의 古典整理 사업으로 '古注' 연구가 一般化된 사실을 간과해서는 안 되겠다.

이에 東洋文化의 核心이라 할 수 있는 十三經注疏를 譯註하고, 이를 통해 우리 文化의 傳統에 대해 體系的으로 이해하고 復元함으로써, 그간 편협했던 학술 風土를 넘어 多樣性과 客觀性을 모색하고, 아울러 古典現代化의 水準을 높이고 融合的이고 自生的인 韓國學을 진작시켜야 할 것이다.

오늘날 중국과 일본에서 번역하지 못한 십삼경주소를 본회에서 130여 책으로 10년 안에 完譯하고, 이와 이울러 韓中日 三國의 東洋古典語彙 情報網을 구축함으로써, 우리의 東洋學과 韓國學 연구에 礎石과 架橋가 되어 우리나라가 先進文化强國으로 昇華되고 世界文化 발전에까지 기여하기를 기대한다.

이 十三經注疏의 번역은 三經과 三禮와 春秋三傳과 ≪論語≫, ≪孟子≫, ≪孝經≫, ≪爾雅≫ 등의 十三經을 經은 물론이요 注와 疏까지 譯註하는 것으로, 原典의 傳統性과 번역의 現代性을 기본으로 하여 漢學元老와 新進學者의 協同硏究飜譯으로 추진하고자 한다.

또한 註釋은 宋代의 소위 '新注'와 비교하고, 明淸代의 注와 韓國 先賢의 注와 見解, 그리고 日本의 注를 가급적 반영하며, 深度 있는 硏究解題를 하기로 하였다. 한편 古典의 우리식 讀解文法인 懸吐를 經과 注에 달고 방대한 疏에는 편의상 構文을 이해할 수 있는 標點을 달며, 經・注・疏 전체에 대한 內容索引을 할 계획이다.

끝으로 오랫동안 飜譯과 校閱에 종사하여 오신 元老漢學者와 10여 년 이상 漢學을 연수한 新進學者로서, 이 십삼경주소의 연구번역에 참여하여 難解한 注疏의 譯註에 헌신하시는 모든 분들께 무한한 감사를 드린다.

또한 고전현대화에 대한 政府의 지대한 關心과 支援에 감사를 드리며, 그간 직간접으로 지도편달하여 주신 학계와 교육계 및 문화계 인사 여러분께 심심한 謝意를 표하며, 앞으로도 따뜻한 관심과 엄정한 叱正을 부탁드리며 내내 평강과 행복을 기원한다.

社團法人 傳統文化硏究會 會長 李啓晃

凡例

1. 본서는 十三經注疏 중 ≪譯註 毛詩正義≫의 제2책이다.

2. 본서는 원전의 傳統性과 번역의 現代性을 구현하기 위해 노력하였다.

3. 본서의 底本은 阮元 校刻本 ≪毛詩正義≫(淸 嘉慶 21년(1816) 阮元 校刻 十三經注疏, 中華書局, 2009, 이하 '阮刻本'으로 약칭)로 하되, 北京大 整理本 ≪毛詩正義≫(十三經注疏整理委員會 整理, 北京大學出版社, 2000, 이하 '北京大本'으로 약칭)를 참고하였다.

4. 原文의 經과 각 시편의 序 및 毛亨의 傳과 鄭玄의 箋은 우리나라 전통 방식으로 懸吐하고, 疏는 經에 대한 字句 해석이 중심이므로, 본서에서도 간략하게 標點만 하였다.

5. 原文은 저본의 체제에 따라 經, 序, 傳, 箋, 疏를 구분하되, 經은 大字로 표기하고, 序, 傳, 箋, 疏는 【序】, 【傳】, 【箋】, 【疏】로 표시하여 구분하였다. 陸德明의 音義는 ○로 표시하여 箋이나 傳의 원문에 병기하고, 번역문은 ○를 붙여 별행하였다.

6. 저본은 卷 단위로 별면을 하였으나, 번역서에서는 독자의 편의를 위해 卷뿐만 아니라 周南・召南 등 각각의 風, 雅, 頌 단위로도 별면하였다. 또한 별면에는 '毛詩注疏卷第○(○之○)'과 '○○○○詁訓傳第○'도 함께 표기하였다.

7. 底本에는 詩의 제목이 표기되어 있지 않으나, 독자의 편의를 위하여 詩마다 제목을 표기하였다.

8. 原文의 分節은, 經과 序, 傳, 箋, 音義는 저본의 분절을 따르고 疏는 단락이 길 경우에 의미의 단락에 따라 역자 재량으로 분절하였다.

9. 글자의 음에 대한 저본의 反切 注는 생략하되, 문맥의 이해를 위해 필요한 경우는 살리고, 讀音이 특수하거나 僻字인 경우에는 원문의 해당 글자 뒤의 ( ) 속에 한글로 音을 달았다.

10. 疏에서 설명 대상으로 인용한 經, 序, 傳, 箋의 구절은 번역하지 않고 원문 그대로 쓰되, 뜻을 풀이하는 부분은 ' '로 묶어주었다.

    예 또 序에서 '勉之以正'이라 칭하였으니, 그렇다면 이는 庶人의 처가 아니요,……

11. 序에 대한 疏에서 범위를 지정한 부분의 편명에 붙어 있는 '몇 장 몇 구'는 편제상 편말에 기재되어 있으므로 원문에는 ( ) 안에 넣어 표기하고 번역문에서는 생략하였다.

　例 원문 - 【疏】 '葛覃(三章章六句)'至'以婦道' ○ 正義曰 : ………

　例 번역문 - 序의 〔葛覃〕에서 〔以婦道〕까지

　　　　○ 正義曰 : ………

12. 飜譯은 原義에 충실하게 하되, 이해가 어려운 부분은 意譯 또는 補充譯을 하였다.

13. 經文의 번역은 毛亨의 傳을 위주로 하되 소략한 경우는 鄭玄의 箋을 따랐다.

14. 飜譯文은 한글과 漢字를 혼용하였으며, 맞춤법과 띄어쓰기는 한글 맞춤법과 표준어규정을 따르는 것을 원칙으로 하였다.

15. 譯註는 校勘, 異說, 인용문의 出典, 故事, 역사적 사건, 전문용어, 難解語, 人物, 制度, 官職 등에 관한 사항을 밝혔다.

16. 원문의 誤字, 脫字, 衍字, 倒文은 저본의 교감기를 반영하여 번역하고, "교감기에 따라 '○○(바로잡은 글자)'로 번역하였다."로 간략히 譯註하였다. 그 외에도 北京大本을 비롯한 여러 原典 자료를 참고하였으며 이를 譯註에 밝혔다.

17. 疏에서 공영달이 顔師古의 定本과 교감한 사항 중에 본 번역저본에 이미 반영되어 있어 의미가 없는 부분은 번역에서 제외하였다.

18. 본서의 校勘에 사용된 符號는 다음과 같다.

　( )〔 〕: (저본의 誤字)〔교감한 正字〕

　〔 〕: 저본의 脫字 보충

　( ) : 저본의 衍字 표시

19. 본서에 사용된 주요 부호는 다음과 같다.

　" " : 對話, 각종 引用

　' ' : " " 안의 再引用, 强調

　「 」: ' ' 안의 再引用, 强調

　( ) : 原文에서의 讀音이 특수한 글자나 벽자의 音
　　　번역문에서의 간단한 역주

　〔 〕: 번역문과 뜻은 같으나 音이 다른 漢字나 句節
　　　疏에서 설명 대상으로 제시한 經이나 序·傳·箋의 단어나 구절

역주에서 인용한 原文

≪ ≫ : 書名, 典據

〈 〉 : 篇章名, 作品名 표기, 補充譯

【 】 : 序, 傳, 箋, 疏의 표시

○ : 저본에 사용된 단락 구분 표시 準用

陸德明의 音義 앞

20. 본서에서 사용된 標點符號는 다음과 같다.

. : 문장의 종결

, : 한 문장 안에서 句나 節의 구분이 필요한 곳

· : 대등한 명사나 구절의 병렬

“ ” : 인용

‘ ’ : “ ” 안의 재인용

「 」 : ‘ ’ 안의 재인용

: : ‘正義曰’ 뒤, ‘箋云……’의 번역문 앞, 주석의 제시어 뒤

參考文獻

◇ 底本 및 주요 참고도서

- ≪毛詩正義≫, 阮元(淸) 校刻, 十三經注疏(淸 嘉慶刊本), 中華書局, 2009.
- ≪毛詩正義≫, 十三經注疏整理委員會 整理, 北京大學出版社, 2000.

◇ 十三經注疏

- ≪周易正義≫, 阮元(淸) 校刻, 十三經注疏(淸 嘉慶刊本), 中華書局, 2009.
- ≪尙書正義≫, 阮元(淸) 校刻, 十三經注疏(淸 嘉慶刊本), 中華書局, 2009.
- ≪周禮注疏≫, 阮元(淸) 校刻, 十三經注疏(淸 嘉慶刊本), 中華書局, 2009.
- ≪儀禮注疏≫, 阮元(淸) 校刻, 十三經注疏(淸 嘉慶刊本), 中華書局, 2009.
- ≪禮記正義≫, 阮元(淸) 校刻, 十三經注疏(淸 嘉慶刊本), 中華書局, 2009.
- ≪春秋左傳正義≫, 阮元(淸) 校刻, 十三經注疏(淸 嘉慶刊本), 中華書局, 2009.
- ≪春秋穀梁傳注疏≫, 阮元(淸) 校刻, 十三經注疏(淸 嘉慶刊本), 中華書局, 2009.
- ≪春秋公羊傳注疏≫, 阮元(淸) 校刻, 十三經注疏(淸 嘉慶刊本), 中華書局, 2009.
- ≪論語注疏≫, 阮元(淸) 校刻, 十三經注疏(淸 嘉慶刊本), 中華書局, 2009.
- ≪爾雅注疏≫, 阮元(淸) 校刻, 十三經注疏(淸 嘉慶刊本), 中華書局, 2009.
- ≪孟子注疏≫, 阮元(淸) 校刻, 十三經注疏(淸 嘉慶刊本), 中華書局, 2009.
- ≪孝經注疏≫, 阮元(淸) 校刻, 十三經注疏(淸 嘉慶刊本), 中華書局, 2009.

◇ 原典 및 字典類

- ≪經典釋文≫, 陸德明(唐), 文淵閣四庫全書 182, 商務印書館, 1983.
- ≪文獻學大辭典≫, 趙國璋・潘樹廣 主編, 廣陵書社, 2005.
- ≪本草綱目≫, 李時珍(明), 文淵閣四庫全書 772~773, 商務印書館, 1983.
- ≪四庫全書總目提要≫, 紀昀(淸) 總纂, 孟蓬生 外 點校, 河北人民出版社, 2000.

- ≪四庫提要辨證≫, 余嘉錫, 雲南人民出版社, 2004.
- ≪說文解字≫, 許愼(後漢), 文淵閣四庫全書 223, 商務印書館, 1983.
- ≪說文解字注≫, 段玉裁(淸), 上海古籍出版社, 2011.
- ≪詩經講義≫, 丁若鏞(朝鮮), 韓國文集叢刊 282, 民族文化推進會, 2002.
- ≪詩經講義補遺≫, 丁若鏞(朝鮮), 韓國文集叢刊 282, 民族文化推進會, 2002.
- ≪詩經原始≫, 方玉潤(淸) 撰, 李先耕 點校, 中華書局, 2006.
- ≪王力古漢語字典≫, 王力, 中華書局, 2005.
- ≪前漢書≫, 班固(後漢), 文淵閣四庫全書 249~250, 商務印書館, 1983.
- ≪周禮正義≫, 孫貽讓(淸), 續修四庫全書 82~84, 上海古籍出版社, 1995.
- ≪中國官制大辭典≫, 兪鹿年, 黑龍江人民出版社, 1998.
- ≪中國歷代人名大辭典≫, 張撝之外 主編, 上海古籍出版社, 1999.
- ≪中國歷史紀年表≫, 方時銘, 上海人民出版社, 2007.
- ≪中國歷史大事典≫, 張海鵬 主編, 山東大學出版部, 2000.
- ≪春秋考徵≫, 丁若鏞(朝鮮), 韓國文集叢刊 283, 民族文化推進會, 2002.
- ≪春秋傳服氏注≫, 服虔(後漢), 續修四庫全書 117, 上海古籍出版社, 1995.
- ≪漢書補注≫, 王先謙(淸), 上海古籍出版社, 2008.
- ≪韓詩外傳≫, 韓嬰(前漢), 영인본, 學民文化社, 1999.
- ≪漢詩原流字典≫, 谷衍奎, 華夏出版社, 2003.
- ≪漢語大詞典≫, 羅竹風 主編, 漢語大詞典出版社, 1995.

◇ 單行本類

- ≪經學歷史≫, 皮錫瑞(淸), 河洛圖書出版社, 1974.
- ≪古代漢語≫, 王力, 中華書局, 2004.
- ≪國語全譯≫, 黃永堂 譯注, 貴州人民出版社. 1995.
- ≪論鄭玄詩譜的貢獻≫, 王洲明, 人民文學出版社, 1986.
- ≪毛詩・尙書≫, 漢文大系, 新文豐出版有限公司, 1996.
- ≪毛詩李黃集解≫, 李樗(宋)・黃櫄(宋), 編錄者 未詳, 文淵閣四庫全書, 臺灣商務印書館, 1982.
- ≪毛詩傳箋通釋≫, 馬瑞辰(淸) 撰, 陳金生 點校, 中華書局, 2004.
- ≪毛詩鄭箋≫, 鄭玄(後漢), 中華書局, 1979.

- ≪說文解字今釋≫ 上・下, 湯可敬, 岳鹿書社, 2002.
- ≪詩經名物新證≫, 揚之水, 北京古籍出版社, 2000.
- ≪詩經研究史槪要≫, 夏傳才, 淸華大學出版社, 2007.
- ≪詩三家義集疏≫, 王先謙(淸), 中華書局, 1987.
- ≪詩集傳≫, 朱熹(宋), 臺灣中華書局, 1973.
- ≪鄭玄詩箋例釋≫, 周國瑞, 殷都學刊, 1989.

◇ 飜譯書・研究書・論文類

- 김수경, 〈≪詩經≫의 음악성에 대한 조선시대 학자들의 논의와 활용〉, ≪中國語文論叢≫ 5집, 2012.
- 박순철, 〈≪四書集註≫의 ≪詩經≫引用詩 註解와 ≪詩集傳≫註解 比較研究〉, ≪中國人文科學≫ 50집, 2012.
- 成百曉 譯註, ≪詩經集傳≫, 傳統文化研究會, 1999.
- 宋熹準, 〈≪韓詩外傳≫에 관한 고찰(1)〉, ≪중국어문학≫ 40집, 2002.
- 沈慶昊, ≪漢文學과 詩經論≫, 一志社, 1999.
- 安性栽, 〈鄭衆의 ≪草木鳥獸, 皆興辭≫ 考察 : ≪毛詩傳≫・≪鄭箋≫과 ≪孔疏≫를 中心으로〉, ≪중국학≫ 39집, 2011.
- 李康範, 〈鄭玄 ≪毛詩鄭箋≫ 釋例와 詩經學上의 貢獻〉, ≪시경연구≫ 1집, 1999.
- 李炳燦, 〈한국의 시경론〉, 단국대학교 박사학위논문, 2001.
- 李再薰, 〈朱熹 ≪詩集傳≫ 〈북풍〉 新舊傳 비교 연구(上)〉, ≪中國語文論叢≫ 26집, 2004.
- 鄭太鉉 譯註, ≪春秋左氏傳≫, 傳統文化研究會, 2014.
- 최석기, 〈韓國 經學研究의 回顧와 展望〉, ≪大東漢文學≫ 19집, 2003.
- 한예원, 〈조선 실학시대 君臣間의 학문활동 : ≪詩經講義≫를 통해 본 正祖와 丁若鏞의 경우〉, ≪남명학연구≫ 6집, 2003.

◇ 도판 자료

- ≪宋板六經圖≫, 臺北 : 未詳, 1987.
- ≪六經圖≫ – 四庫全書本.
- ≪六經圖考≫ – 禮耕堂重訂本.

- ≪禮器圖≫ - 漢文大系本.
- 松本幻憲(日) 編, ≪五經圖彙≫, 寬政 3年(1791) 刊本.
- 聶崇義(宋), ≪新政三禮圖≫, 康熙 12年(1673) 通知堂刊本.
- 岡元鳳(日) 纂輯, ≪毛詩品物圖攷≫, 新世紀出版社, 1975.
- 王圻(明) 外 1人, ≪三才圖會≫, 上海古籍出版社, 2005.
- 徐鼎(淸), ≪毛詩名物圖說≫ - 辛卯年刊本.
- 淵在寬(日), ≪陸氏草木鳥獸蟲魚疏圖解≫, 安永 8年(1779) 京都書肆刊本.

◇ 電子文獻 및 Web DB

- CD-ROM 中國基本古籍庫
- 동양고전종합DB (http://db.cyberseodang.or.kr)
- 상우천고 (http://www.s-sangwoo.kr)
- 이체자정보검색 (http://db.itkc.or.kr/DCH/)
- 電子版 文淵閣四庫全書, 上海古籍出版社.
- 한국고전종합DB (http://db.itkc.or.kr)

目 次

毛詩注疏 卷第二(二之二)

毛詩注疏 卷第二(二之三)

毛詩注疏 卷第三(三之一)

鄘柏舟詁訓傳 第四

附 錄

毛詩注疏 卷第一(一之五)

召南鵲巢詁訓傳 第二

毛詩國風 鄭氏箋 孔穎達疏

摽有梅(표유매)

【序】 摽**有梅**는 **男女及時也**라 **召南之國**이 **被文王之化**하여 **男女得以及時也**라 ○ **梅**는 **木名也**니 **韓詩**[1]**作**楳(매)하고 **說文**에 楳**亦梅字**라 **男女及時也 本或作得以及時者**하니 **從下而誤**라

1) 韓詩 : ≪詩經≫에 대하여 漢나라의 韓嬰이 편찬한 책으로 10권으로 되어 있다. 한영이 시인의 뜻을 미루어 內外傳을 지었는데 내전은 오래 전에 없어졌고 현재는 외전만 남아 있다.

〈摽有梅〉는 男女가 제때에 혼인한 것을 읊은 시이다.

召南의 나라들이 文王의 교화를 받아 男女가 제때에 혼인할 수 있었다.

○ 梅는 나무 이름인데, ≪韓詩≫에는 楳자로 되어 있고 ≪說文解字≫에는 "楳자 또한 梅자이다."라고 하였다. '男女及時也'가 '〈男女〉得以及時'로 되어 있는 本도 있는데, 뒤의 글을 따라 잘못 쓴 것이다.

【疏】 '摽有梅(三章章四句)'至'及時' ○ 正義曰 : 作摽有梅詩者, 言男女及時也. 召南之國, 被文王之化, 故男女皆得以及時, 謂紂時俗衰政亂, 男女喪其配耦, 嫁娶多不以時, 今被文王之化, 故男女皆得以及時. 俗本'男女'下, 有'得以'二字者, 誤也.

序의 〔摽有梅〕에서 〔及時〕까지

○ 正義曰 : 〈摽有梅〉詩를 지은 것은 남자와 여인이 제때에 혼인한 것을 말한 것이다.

召南의 나라들이 文王의 교화를 받았기 때문에 남녀가 모두 제때에 혼인할 수 있었으니, 이는 紂의 때에는 풍속이 쇠미하고 정사가 문란하여, 남녀가 자기의 짝을 얻을 시기를 잃어 혼인을 대부분 제때에 하지 못하였는데, 지금은 文王의 교화를 입었기 때문에 남녀가 모두 제때에 혼인할 수 있음을 말한 것이다. '男女' 아래에 '得以' 두 글자가 있는 속본은 잘못이다.

【疏】毛以卒章云三十之男二十之女, 爲蕃育法, 二章爲男年二十八九女年十八九, 首章謂男年二十六七女年十六七. 以梅落, 喩男女年衰, 則未落, 宜據男年二十五, 女年十五矣, 則毛以上二章, 陳年盛正昏[1]之時, 卒章, 蕃育法, 雖在期盡, 亦是及時. 東門之楊傳云 "不逮秋冬." 則毛意以秋冬皆得成昏. 孫卿[2]曰 "霜降逆女, 冰泮殺(쇄)止." 霜降, 九月也, 冰泮, 正月也. 孫卿, 毛氏之師, 明毛亦然, 以九月至正月, 皆可爲昏也. 又家語曰 "霜降而婦功成, 而嫁娶者行焉, 冰泮農業起, 昏禮殺於此." 又云 "冬合男女, 春班爵位." 邶詩曰 "士如歸妻, 迨冰未泮." 是其事也.

1) 正昏 : 禮法에 맞는 혼인을 말한다. 일반적으로 남자 20~30세, 여자 15~20세일 때 봄 또는 가을에 장가들거나 시집가는 것을 正昏이라고 한다.

2) 孫卿 : 荀子(B.C. 약 313~B.C. 238)를 말한다. 戰國時代 趙나라 사람이다. 이름은 況이고 字는 卿인데, 漢 孝宣帝의 이름 詢을 諱하여 荀을 孫으로 바꾼 것이다. 著書로는 ≪荀子≫가 있다.

毛亨은 마지막 章에서 말한 30세의 남자와 20세의 여인은 백성을 늘리는 法(蕃育法)이고, 둘째 章은 남자의 나이 28, 9세와 여인의 나이 18, 9세이고, 첫째 章은 남자의 나이 26, 7세와 여인의 나이 16, 7세임을 말한 것으로 여겼다. 梅實이 떨어진 것으로 남녀의 나이가 들어감을 비유해보면, 아직 떨어지지 않는 것은 남자의 나이 25세와 여인의 나이 15세에 해당된다. 그렇다면 毛亨은 위의 두 章은 나이가 차서 正昏할 시한임을 말하고, 마지막 章은 蕃育法에 해당되어 비록 혼기가 다 지나가지만 역시 제때에 미친 것으로 여긴 것이다. 〈陳風 東門之楊〉의 傳에 "혼인이 秋와 冬에 미치지 못한 것이다.〔不逮秋冬〕"라고 하였으니, 그렇다면 毛亨의 뜻은 秋와 冬 모두에 成昏할 수 있다고 여긴 것이다. 孫卿이 "霜降 때에 여인을 맞이하고 冰泮 때에 그친다."라고 하였으니, 서리가 내리는 霜降은 九月이고 얼음이 풀리는 冰泮은 正月이다. 孫卿은 毛亨의 스승이니, 분명 毛亨도 그렇게 여겨 九月에서 正月까지 모두 혼인할 수 있는 것으로 생각한 것이다. 또 ≪孔子家語≫ 〈本命解〉에 “서리가 내리면 부인의 일이 다 끝나게 되어 혼인을 할 수 있고, 얼음이 녹으면 농사일을 시작하게 되어 혼례를 이때에 그친다.”라고 하고, 또 ≪孔子家語≫ 〈禮運〉에 “겨울에는 남녀를 만나게 하고 봄에는 爵位를 주되 〈반드시 나이와 덕에 맞게 한다.〔必當年德〕〉”라고 하고, 〈邶風 匏有苦葉〉에 “남자가 장가가려면 얼음이 녹기 전에 하여야 한다.〔士如歸妻 迨冰未泮〕”라고 하였으니, 이것이 그 일이다.

【疏】 其周禮言仲春[1), 夏小正言二月者, 皆爲期盡蕃育之法. 禮記云 “二十曰弱冠.” 又曰 “冠, 成人之道.” 成人, 乃可爲人父矣. 喪服傳曰 “十九至十六爲長殤[2).” 禮子不殤父, 明男二十爲初娶之端. 又禮記曰 “女子十五許嫁而笄.” 以十五爲成人, 許嫁不爲殤, 明女十五爲初昏之端矣.

1) 周禮言仲春 : ≪周禮≫ 〈地官 媒氏〉에 “仲春의 달에 남편과 처가 없는 男女를 만나게 한다.〔仲春之月 令會男女無夫家者〕”라고 하였다.
2) 十九至十六爲長殤 : ≪儀禮≫ 〈喪服傳〉에는 ‘16세부터 19세까지가 長殤이고, 12세부터 15세까지가 中殤이고, 8세부터 11세까지가 下殤이니, 이 경우에는 상복을 낮추어 입고 8세 미만에 죽으면 상복을 입지 않는다.’라고 하였는데, 晉나라 袁準의 〈喪服傳〉에는 ≪孔子家語≫와 ≪春秋左氏傳≫을 들어 ‘7세부터 9세까지가 下殤이고, 10세부터 12세까지가 中殤이고, 13세부터 15세까지가 長殤이 되어야, 16세에 성인이 되고 15세에 자식을 낳는다는 옛 뜻과 합치된다.’라고 하였다.

≪周禮≫ 〈地官 媒氏〉에서 말한 ‘仲春’과 ≪大戴禮記≫ 〈夏小正〉에서 말한 ‘二月’은 모두 혼인의 철이 다 지나가 蕃育法에 해당된다. ≪禮記≫ 〈曲禮〉에 “20세를 弱冠이라 한다.”라고 하고, 또 ≪禮記≫ 〈冠義〉에 “冠禮는 成人이 되는 道이다.”라고 하였으니, 성인이라야 비로소 아비가 될 수 있는 것이다. ≪儀禮≫ 〈喪服傳〉에 “19세에서 16세까지가 長殤이다.”라고 하였으니, 禮에 자식이 있으면 아비는 殤이 되지 않지만, 분명 남자는 20세가 처음 장가가는 시점이 된다. 또 ≪禮記≫ 〈雜記〉에 “女子는 15세에 시집감을 허여하고 笄禮를 한다.”라고 하였으니 15세이면 성인이 된다. 시집감을 허여하였으면 殤이 되지는 않지만, 분명 여인은 15세가 처음 혼인하는 시점이 된다.

【疏】 王肅述毛曰 “前賢有言, 丈夫二十不敢不有室, 女子十五不敢不事人.” 譙周亦云 “是故, 男自二十以及三十, 女自十五以至二十, 皆得以嫁娶, 先是則速, 後是則晚矣.

凡人嫁娶, 或以賢淑, 或以方類, 豈但年數而已." 此皆取說於毛氏矣. 然則男自〔二十以至〕[1]二十九, 女自十五以至十九, 皆爲盛年, 其昏, 自季秋至於孟春, 惟其所用, 不限其月.

1) 〔二十以至〕: 저본의 교감기에 따라 보충하여 번역하였다.

王肅이 毛亨의 뜻을 서술하여 "前賢이 '丈夫는 20세가 되면 부인을 두지 않아서는 안 되고, 女子는 15세가 되면 남편을 섬기지 않으면 안 된다.' 하였다."라고 하고, 譙周도 "이런 까닭에 남자는 20세에서 30세까지, 여인은 15세에서 20세까지 모두 혼인을 할 수 있으니, 이 나이보다 앞서면 빠른 것이고 이 나이보다 뒤이면 늦은 것이다. 대체로 사람들은 혼인함에 있어 혹 어짊을 따지기도 하고, 혹 부류에 맞추기도 하니 어찌 나이만 따지겠는가."라고 하였으니, 이 두 사람은 毛亨에게서 말을 취한 것이다. 그렇다면 남자는 20세에서 29세까지, 여자는 15세에서 19세까지가 모두 알맞은 나이가 되고, 혼인은 季秋에서 孟春에 이르기까지 하되, 시행함에는 그 달을 제한하지 않는 것이다.

【疏】 若男三十女二十爲期盡蕃育, 雖仲春, 猶可行, 卽此卒章, 是也. 又男女之昏, 爲賢淑與方類, 但男年二十以後, 女年十五以後, 隨任所當, 嘉好則成, 不必要以十五六女, 配二十一二男也, 雖二十女, 配二十之男, 三十之男, 配十五之女, 亦可也. 傳言'三十之男, 二十之女', 據其竝期盡者, 依周禮文[1]爲正, 鄭據周禮, 仲春爲昏, 是其正. 此序云'男女得以及時', 言及者, 汲汲之辭, 故三章, 皆爲蕃育之法, 非仲春也. 上二章, 陳及夏行嫁, 卒章, 言夏晩大衰, 不復得嫁, 待明年仲春, 亦是及時也.

1) 周禮文 : ≪周禮≫ 〈地官 媒氏〉에 나오는 "남자는 30세에 장가가고 여인은 20세에 시집가게 한다.〔令男三十而娶 女二十嫁〕"를 말한다.

만약 남자는 30세이고 여인은 20세로 기한이 다 지나가 蕃育을 위한 경우이면, 비록 仲春이라도 오히려 혼인을 행할 수 있으니, 곧 이 편의 마지막 장이 이것이다. 또 남녀의 혼인은 賢淑과 같은 부류를 따져 하지만, 남자 나이 20 이후와 여인 나이 15 이후에는 합당한 바에 따라서 좋으면 성혼하는 것이니, 반드시 15세나 16세의 여인으로서 21세나 22세의 남자를 배필로 삼아야 하는 것은 아니다. 그러니 비록 20세의 여인이 20세의 남자와 짝하고 30세의 남자가 15세의 여인과 짝하더라도 괜찮은 것이다. 傳에서 말한 '30세의 남자와 20세의 여인'은 모두 기한이 다 되었음을 근거한 것이니, ≪周

禮≫ 〈地官 媒氏〉의 글을 따라 바름으로 삼은 것이고, 鄭玄은 ≪周禮≫ 〈地官 媒氏〉에 의거하여 仲春에 혼인하는 것이 바르다고 한 것이다. 이 序에서 '男女得以及時'의 及은 '汲汲'이란 말이다. 그리하여 세 장이 모두 蕃育法이지 중춘에 혼인하는 것이 아닌 것이다. 위의 두 장은 여름이 되어 혼인하는 것을 말하는 것이고, 마지막 장은 늦여름이면 때가 너무 지나 더 이상 혼인하지 못하고 다음해의 중춘을 기다리는 것이 또한 제때에 미치는 것임을 말한 것이다.

【疏】 以梅實, 喩時之盛衰, 不以喩年. 若梅實未落, 十分皆在, 喩時未有衰, 卽仲春之月, 是也. 此經所不陳, 既以仲春之月爲正, 去之彌遠則時益衰, 近則衰少, 衰少則〔似〕[1]梅落少, 衰多則似梅落多, 時不可爲昏則似梅落盡. 首章'其實七兮', 謂在樹者七, 梅落仍少, 以喩衰猶少, 謂孟夏也, 以去春近, 仍爲善時, 故下句言 '迨其吉兮.' 欲及其善時也. 二章言'其實三兮' 謂在者唯三, 梅落益多, 謂仲夏也, 過此則不復可嫁, 故云"迨其今兮." 今, 急辭, 恐其過此, 故急也. 又卒章'頃筐墍之', 謂梅十分皆落, 梅實既盡, 喩去春(光)〔尤〕[2]遠, 善亦盡矣, 謂季夏也, 不可復昏, 待至明年仲春, 故下句云'迨其謂之'.

1) 〔似〕: 저본의 교감기에 따라 보충하여 번역하였다.
2) (光)〔尤〕: 저본의 교감기에 따라 '尤'로 번역하였다.

梅實로 혼사할 시기가 알맞은지를 비유한 것이지 혼인할 나이를 비유한 것은 아니다. 만약 梅實이 아직 떨어지지 않았으면 모두 다 달려 있어 철이 아직 지나지 않았음을 비유한 것이니, 바로 仲春의 달이 이것이다. 이는 經에 기술된 것은 아니지만, 중춘의 달을 올바른 시기로 여긴다면 중춘과 멀수록 철이 더욱 지난 것이고 가까울수록 많이 지나지 않은 것이니, 많이 지나지 않음은 떨어진 매실이 적은 것과 비슷하고, 많이 지남은 떨어진 매실이 많은 것과 비슷하고, 계절이 결혼할 수 없게 됨은 매실이 전부 떨어진 것과 비슷하다.

첫 장의 '남은 열매 일곱이네.〔其實七兮〕'는 나무에 달려 있는 것이 일곱 개여서, 떨어진 매실이 아직은 적음을 말하여, 이것으로 열마 지나지 않음을 비유한 것이니 孟夏를 의미한다. 맹하는 봄과 가까워 아직도 좋은 시기가 되기 때문에 아래 구에서 '좋은 때에 와야 하리〔迨其吉兮〕'라고 하였으니, 좋은 계절에 혼인하고자 한 것이다.

둘째 장에서 말한 '그 열매 셋이네.〔其實三兮〕'는 달려 있는 것이 세 개뿐이어서 떨어진 매실이 더욱 많음을 말한 것이니 仲夏를 의미한다. 중하를 지나면 다시 혼인을 할 수 없기 때문에 "지금 와야 하리〔迨其今兮〕"라고 하였으니, 今은 급하다는 말이니 이때를 지날까 걱정하기 때문에 급하게 여긴 것이다.

또 마지막 장의 '광주리 기울여 담도다.〔頃筐塈之〕'는 매실이 전부 떨어져 하나도 없음을 말하니, 봄과 더욱 멀어서 좋은 철이 다 지나갔음을 비유한 것이니 季夏를 의미한다. 늦여름에는 더 이상 혼인할 수 없어 명년의 중춘이 되기를 기다려야 하기 때문에 아래 句에서 '말만 하면 되리〔迨其謂之〕'라고 말한 것이다.

【疏】 箋云 "女年二十而無嫁端, 則有勤望之憂, 明年仲春, 不待以禮會之, 時禮雖不備, 相奔不禁." 由季夏時盡, 故至明年也. 季春亦非正時, 箋不以首章當之者, 以四月五月, 與春接連, 猶可以嫁, 三月則可以嫁明矣, 六月則爲晩. 此篇三章, 宜一章興一月, 故以首章爲初夏, 二章爲向晩, 此'得以及時', 宜擧末以言之, 故不以爲季春也. 所以於五月得爲昏, 至六月則不可者, 以四月五月去春未一時, 故可强嫁, (故)〔至〕[1]季夏, 去春遠矣, 故不得爲昏. 知待至明年春者, 周禮媒氏 '仲春之月, 奔者不禁', 故知明年得行也.

1) (故)〔至〕: 저본의 교감기에 따라 '至'로 번역하였다.

〈마지막 장의〉 箋에 "여인이 나이 20세가 되었는데도 혼인할 실마리가 없으면 애써 바라는 걱정이 있어서, 다음해의 중춘에는 합당한 禮로 만남을 기다리지 않으니, 비록 제철에 맞는 예가 갖추어지지 않더라도 서로 몰래 만남을 금하지 않는다."라고 하였는데, 季夏는 혼인할 계절이 다 지났기 때문에 다음해에 이르는 것이다. 季春 역시 올바른 철이 아닌데도 箋에서 첫 章에 해당시키지 않은 것은, 4월과 5월은 봄과 이어져 그래도 혼인을 할 수 있고, 3월에는 혼인할 수 있음이 분명하지만, 6월에는 늦기 때문이다. 이 편 세 장은 의당 한 章이 한 달씩을 興한 것이다. 그리하여 첫 장을 初夏로 여기고, 둘째 장을 늦어가는 것으로 여긴 것이니, 이 '得以及時'는 마지막 장을 들어 말한 것이다. 그리하여 계춘으로 여기지 않은 것이다. 5월에는 혼인을 할 수 있지만 6월에 이르면 할 수 없는 까닭은, 4월과 5월은 봄에서 아직 한 철(3개월)이 되지 않기 때문에 힘써 혼인할 수 있지만, 季夏에 이르면 봄에서 멀기 때문이다. 그리하여 혼인을 할 수 없는 것이다. 다음 해의 봄이 이르기를 기다리는 것임을 안 것은 ≪周禮≫ 〈地官 媒氏〉에서 "중춘의 달에는 서로 몰래 만나는 것을 금하지 않는다."라고 하였기 때문이다. 그리하여 다음해에 〈혼인을〉 행할 수 있음을 안 것이다.

【疏】 鄭以仲春爲昏月, 故行露・野有蔓草, 皆引周禮 '仲春之月, 令會男女之無夫家者', 又夏小正 '二月, 綏多女士', 下云'有女懷春', 故以仲春爲昏月也. 此首章箋云'女年二十', 則依周禮・書傳・穀梁・禮記, 皆言'男三十而娶, 女二十而嫁', 故不從毛傳. 且'女子十五', 正言許嫁, 不言卽嫁也. 越語曰 "女子十七不嫁, 丈夫二十不娶, 父母有罪." 越王謂欲報吳之故, 特下此令. 又若女年皆十五而嫁, 越王欲速爲昏, 何由乃下十七之期乎. 又諸經傳所以皆云'三十二十', 都不言正嫁娶之年, 而皆爲期盡也, 孫卿・家語未可據信, 故據周禮 三十之男, 二十之女, 昏用仲春也.

鄭玄은 仲春을 혼인하는 달로 여겼다. 그리하여 〈召南 行露〉와 〈鄭風 野有蔓草〉에 모두 ≪周禮≫ 〈地官 媒氏〉의 '仲春의 달에 남편과 처가 없는 남녀를 만나게 한다.'라고 한 것을 인용한 것이다. 또 ≪大戴禮記≫ 〈夏小正〉에 '2월은 많은 여인과 남자를 편안케 한다.'라고 하고, 아래 〈召南 野有死麕〉에서 '여인이 봄을 생각한다.'라고 하였다. 그리하여 중춘을 혼인의 달로 여긴 것이다. 여기 첫 장의 箋에서 말한 '女年二十'은 곧 ≪周禮≫, ≪尙書大傳≫, ≪春秋穀梁傳≫, ≪禮記≫에 모두 '남자는 30세에 장가가고 여인은 20세에 시집간다.'라고 한 것을 따른 것이다. 그리하여 毛亨의 傳을 따르지 않은 것이다. 또 '女子十五'는 바로 혼인을 허락함을 말한 것이지 바로 혼인함을 말한 것이 아니다. ≪國語≫ 〈越語〉에 "여인이 17세에 시집가지 않고 장부가 20세에 장가가지 않으면 그의 부모는 벌을 받는다."라고 하였는데, 이것은 越王 句踐이 吳나라에게 보복하고자 하는 일을 말하면서 특별히 내린 명령이다. 또 만약 여인 나이 15세에 모두 시집을 간다면 越王이 빠른 나이에 혼인하기를 바라는데 무슨 이유로 17세의 기한을 명령하였겠는가. 또 여러 經과 傳에서 모두 '30세'와 '20세'를 말하고 올바른 혼인의 나이를 말하지 않았으니, 이는 30세와 20세가 모두 기한이 다 되었기 때문이다. 앞의 孫卿과 ≪孔子家語≫의 말은 근거해 믿을 만한 것이 못된다. 그리하여 ≪周禮≫ 〈地官 媒氏〉 30세의 남자와 20세의 여인은 혼인을 중춘에 하는 것에 근거한 것이다.

【疏】 案異義 "人君年幾而娶. 今大戴禮說, '男子三十而娶, 女子二十而嫁, 天子已下及庶人同禮', 又左傳說'人君十五生子, 禮, 三十而娶, 庶人禮也', 謹案舜生三十不娶, 謂之鰥, 禮文王世子曰 '文王十五生武王, 武王有兄伯邑考', 故知人君早昏, 所以重繼嗣." 鄭玄不駁[1], 明知天子諸侯十二而冠, 冠而生子, 大夫以下, 明從庶人法也.

1) 異義……鄭玄不駁 : 許愼의 ≪五經異義≫ 글에 대하여 鄭玄이 ≪駁五經異義≫를 지어

서 하나하나 논박하였다. 그러나 이 부분에 대하여는 논박하지 않은 것을 말한다. 이 ≪五經異義≫는 현재 실전되고 鄭玄의 ≪駁五經異義≫에 실려 전해진다.

≪五經異義≫를 살펴보면 "인군은 몇 살에 장가를 가는가? 지금 ≪大戴禮記≫에는 '남자는 30세에 장가가고 여인은 20세에 시집가는데, 천자로부터 서인에 이르기까지 같은 禮이다.'라고 하고, 또 ≪春秋左氏傳≫에는 '인군이 15세에 아들을 낳는 것은 예에 맞는 것이니, 30세에 장가간다는 것은 庶人의 禮이다.'라고 하였다. 삼가 살펴보니 舜임금이 나이 30세에 장가가지 못하여 '鰥'이라 불렸고, ≪禮記≫ 〈文王世子〉에 '文王이 15세에 武王을 낳았는데, 武王에게는 형인 伯邑考가 있었다.'라고 하였다. 그리하여 인군이 일찍 혼인함은 後嗣를 잇는 것이 중요하기 때문임을 알았다."라고 하였다.

그런데 鄭玄이 이를 논박하지 않았으니, 이는 天子와 諸侯는 12세에 관례를 하고 관례를 치르고 나면 자식을 낳는 것을 분명 안 것이니, 大夫 이하는 庶人의 법을 따르는 것이 분명하다.

【疏】 行露之篇, 女以多露拒男, 此四月五月而云猶可嫁者. 鄭志答張逸云 "行露, 以正言也, 摽有梅, 以蕃育人民." 然則行露, 爲不從男, 故以禮拒之, 此爲有故, 不及正時許之, 所以蕃育人民故也. 綢繆首章'三星在天', 箋云 "三月之末四月之中." 二章'三星在隅', 箋云 "四月之末五月之中." 卒章'三星在戶', 箋云 "五月之末六月之中." 與此三章之喩大同. 彼云'不得其時', 此云'及時'者, 此文王之化, 有故, 不得以仲春者, 許之, 所以蕃育人民, 彼正時不行, 故爲違禮, 事同意異, 故美刺有殊.

〈召南 行露〉의 편에서는 여인이 이슬이 많다는 핑계로 남자를 거절하였는데, 여기에서는 4, 5월인데도 오히려 시집갈 수 있다고 하였다. ≪鄭志≫에서 張逸에게 "〈行露〉는 바른 법으로 말한 것이고, 〈摽有梅〉는 백성을 늘리는 것으로 말한 것이다."라고 답하였다. 그렇다면 〈行露〉는 남자를 따르지 않기 위하여 禮로 거절한 것이고, 여기는 연고가 있어서 제때에 할 수 없어 혼인을 허락한 것이니 백성을 늘리고자 하였기 때문이다. 〈唐風 綢繆〉 첫 장의 '心星이 동방에 있네.〔三星在天〕'의 箋에서 "3월 말에서 4월 중순까지이다."라고 하고, 둘째 장의 '심성이 동남쪽의 귀퉁이에 있네.〔三星在隅〕'의 箋에서 "4월 말에서 5월 중순까지이다."라고 하고, 마지막 장의 '심성이 창문에 있네.〔三星在戶〕'의 箋에서 "5월 말에서 6월 중순까지이다."라고 하였으니, 여기 〈摽有梅〉 세 장의 비유와 크게는 같다. 저기에서는 '제때를 얻지 못하였다.〔不得其時〕'라고 하고 여기에서는 '제때에 미쳤다.〔及時〕'라고 한 것은, 여기는 문왕의 교화를 받았지만 연고가 있어 중춘에 할 수 없어 혼인을 허락한 것이니 백성을 늘리고자 함이고, 저기는 제때에 혼인을 행하지 못한 것이다. 그리하여 禮를 어김이 되니, 일은 같으나 뜻은 다르다. 그리하여 찬미와 풍자의 다름이 있는 것이다.

摽有梅여 其實七兮로다

매실 떨어져
남은 열매 일곱이네

【傳】 興也라 摽는 落也라 盛極則隋(타)落者梅也니 尙在樹者七이라

興이다. 摽는 '떨어짐'이다. 매실이 다 익으면 떨어지는데, 아직은 7개가 달려 있는 것이다.

【箋】 箋云 興者는 梅實尙餘七未落으로 喩始衰也니 謂女二十에 春盛而不嫁하여 至夏則衰라

梅(≪毛詩品物圖攷≫)

箋云 : 興한 것은 梅實이 아직 7개가 떨어지지 않고 남아 있는 것으로 철이 지나가기 시작함을 비유한 것이니, 여인이 20세로 봄이 한창인 때에 시집가지 못하여 여름에 이르게 되면 철이 지나감을 말한 것이다.

求我庶士는 迨其吉兮리라

나를 찾는 남자들은
알맞은 때에 와야 하리

【傳】 吉은 善也라

吉은 '알맞음'이다.

【箋】 箋云 我는 我當嫁者라 庶는 衆이라 迨는 及也라 求女之當嫁者之衆士는 宜及其善時라 善時는 謂年二十이니 雖夏라도 未大衰라 ○ 迨는 音待니 韓詩云 顧也라

箋云 : 我는 시집가야 할 '나'이다. 庶는 '무리'이다. 迨는 '미침'이다. 시집가야 할 여인을 찾는 남자들은 알맞은 때에 미쳐야 한다. '善時'란 나이 20세를 이르니, 비록 여름이라도 아직 많이 늦지 않은 것이다.

○ 迨는 音이 待이니, ≪韓詩≫에는 '돌아봄이다.'라고 하였다.

【疏】 '摽有'至'吉兮' ○ 毛以爲 "墮落者是有梅, 此梅雖落, 其實十分之中, 尙在樹者七, 其三始落, 是梅始衰, 興女年十六七, 亦女年始衰, 求女之當嫁者之衆士, 宜及其此善時以爲昏." 比十五爲衰, 對十八九, 故爲善. 此同興男女年, 擧女年則男年可知矣.

經의 〔摽有〕에서 〔吉兮〕까지

○ 毛亨은 "매실이 다 익으면 떨어지는데, 이 매실이 비록 떨어지고는 있지만, 10개 중에 7개는 아직 나무에 달려 있고 3개만이 처음 떨어졌을 뿐이니, 이는 매실이 떨어지기 시작한 것이다. 이것으로 여인 나이 16, 7세가 되면 여인의 적령기 또한 지나기 시작하니, 시집가야 할 여인을 찾는 남자들은 응당 이 알맞은 나이에 혼인해야 함을 興한 것이다."라고 여긴 것이다. 15세에 비하면 〈적령기가〉 지난 것이 되지만 18, 9세와 대비하기 때문에 알맞음이 되는 것이다. 이는 남자와 여인의 나이를 같이 興한 것이니, 여인의 나이를 거론하였으면 남자의 나이를 알 수 있다.

【疏】 鄭以梅落興時衰爲異, 言墮落者是有梅, 此梅雖落, 其實十分之中, 尙七未落. 已三分落矣, 而在者衆, 以興漸衰者善時, 此時雖衰, 其十分之中, 尙七分未衰, 唯三分衰耳, 而善者猶多, 謂孟夏之月, 初承春後, 仍爲善時. 求我當嫁者之衆士, 宜及孟夏善時, 以承昏事.

鄭玄은 매실이 떨어진 것을 철이 지남을 興한 것으로 보아 〈毛亨과〉 다르게 여겼다. 매실은 다 익으면 떨어지는데, 이 매실이 비록 떨어지고는 있지만 10개 중에 아직 7개

가 떨어지지 않고 3개만 떨어져 달려 있는 것이 많음을 말하여, 좋은 철이 차츰 지나가는데, 이 철이 비록 지나가고는 있지만, 아직도 10에 7할은 지나지 않고 3할만이 지나가 좋은 철이 그래도 많음을 興한 것으로 여겼으니, 孟夏는 봄의 뒤를 바로 이어 그래도 좋은 철이 되니, 시집가야 할 나를 찾는 남자들은 마땅히 맹하의 좋은 철에 미쳐서 혼사를 받들어야 함을 말한 것이다.

【疏】 箋'梅實'至'始衰' ○ 正義曰：箋知不以梅記時者, 以序云'男女得以及時', 而經有三章, 宜一章喩一月, 若爲記時則梅已有落, 不久則盡, '其實七兮', 與'頃筐塈之', 正同一月, 非本歷陳及時之意, 故爲喩也.

箋의 〔梅實〕에서 〔始衰〕까지

○ 正義曰：箋에서 매실로 철을 기록한 것이 아님을 안 것은, 序에서 '男女가 제때에 혼인할 수 있었다.〔男女得以及時〕'라고 하였고, 經의 세 章이 의당 장마다 한 달씩을 비유하기 때문이다. 만약 철을 기록한 것이라면 매실이 떨어지기 시작하면 머지않아 전부 떨어져서, 〈첫 장의〉 '남은 열매 일곱이네.〔其實七兮〕'와 〈마지막 장의〉 '광주리 기울여 담도다.〔頃筐塈之〕'가 바로 같은 달이니, 본래 때에 미치는 뜻을 하나하나 표시한 것이 아니다. 그리하여 비유가 되는 것이다.

【疏】 箋'我 我當嫁者' ○ 正義曰：言此者, 以女被文王之化, 貞信之敎興, 必不自呼其夫, 令及時之取己, 鄭恐有女自我之嫌, 故辨之, 言我者, 詩人我此女之當嫁者, 亦非女自我.

箋의 〔我 我當嫁者〕

○ 正義曰：〈鄭玄이〉 이를 말한 것은, 여인이 文王의 교화를 받아 곧고 신실한 가르침이 일어나 반드시 스스로 남자를 불러 알맞은 철에 자기를 데려가게 하지 않을 것인데, 鄭玄은 女를 '自我'라고 의심하는 자가 있을까 염려하였기 때문이다. 그리하여 분변한 것이니, 我는 시인이 시집가야 할 이 여인을 我라고 한 것이지, 여인이 스스로 我라고 한 것이 아님을 말한 것이다.

摽有梅여 **其實三兮**로다

매실 떨어져

남은 열매 세 개네

【傳】 在者三也라

남아 있는 것이 세 개이다.

【箋】 箋云 此夏鄉晩하여 梅之隋落差多하여 在者餘三耳라 ○ 鄉은 本亦作嚮하고 又作向하니 同이라

箋云 : 이는 여름이 깊어지면서 떨어진 매실이 조금 많아져 남아 있는 것이 세 개뿐임을 말한다.

○ 鄉은 嚮으로 되어 있기도 하고 向으로도 쓰는데 音이 같다.

求我庶士는 迨其今兮리라

나를 찾는 남자들은
오늘 와야 하리

【傳】 今은 急辭也라

今은 다급하여 하는 말이다.

摽有梅 頃筐塈之로다

매실 떨어져
소쿠리 기울여 담네

【傳】 塈는 取也라

塈는 '취함'이다.

【箋】 箋云 頃筐取之는 謂夏已晩하여 頃筐取之於地라

箋云 : '頃筐取之'는 여름이 다 지나 소쿠리를 기울여 매실을 땅에서 주워 담음을 말한다.

求我庶士는 **迨其謂之**리라

나를 찾는 남자들은
말만 하면 되리

【傳】 不待備禮也라 三十之男과 二十之女는 禮未備라도 則不待禮會而行之者니 所以蕃育民人也라

합당한 예를 갖추기를 기다리지 않는 것이다. 30세의 남자와 20세의 여인은 합당한 예가 아직 갖추어지지 않았더라도 예로 만날 것을 기다리지 않고 혼인을 하는 자이니, 이는 백성을 늘리기 위한 것이다.

【箋】 箋云 謂는 勤也라 女年二十而無嫁端이면 則有勤望之憂라 不待禮會而行之者는 謂明年仲春엔 不待以禮會之也니 時禮雖不備나 相奔不禁이라

箋云 : 謂는 '애씀'이다. 여인의 나이가 20세인데도 시집갈 단서가 없으면 애써 바라는 걱정이 있게 된다. '不待禮會而行之者'는 다음해 중춘에는 합당한 예로 만나는 것을 기다리지 않음을 이르니, 제철에 맞는 禮가 비록 갖추어지지 않더라도 서로 몰래 만나는 것을 금하지 않는다.

【疏】 '摽有'至'謂之' ○ 毛以爲隋落者是有梅, 此梅落盡, 故以頃筐取之 以興女年二十, 顏色甚衰, 而用蕃育之禮以取之, 求我當嫁者之衆士, 宜及其此時而謂之以成昏. 謂者, 以言謂女而取之, 不待備禮.

經의 〔摽有〕에서 〔謂之〕까지

○ 毛亨은 '매실이 다 익으면 떨어지는데, 이 매실이 모두 떨어졌다. 그리하여 소쿠리를 기울여 주워 담는 것으로, 여인의 나이가 20세이면 예쁜 모습이 많이 가시어 백성을 늘리는 예로 취하게 되니, 시집가야 할 나를 찾는 남자들은 이때에 이르면 나에게 말만 하여도 혼인을 이룰 수 있음을 興한 것'으로 여긴 것이다.

'謂'는 여인에게 말만 하여 혼인을 하고, 합당한 예가 갖추어지기를 기다리지 않는다는 것이다.

【疏】 鄭以隋落者是梅, 此梅落〔盡〕[1), 故頃筐取之於地, 以興漸衰者善時, 此善時已盡, 故待至明年仲春, 以時已過, 不可復昏故也, 求我當嫁者之衆士, 宜及明年仲春, 女勤望之時, 謂女年二十而不嫁, 至明年仲春, 則有勤望之憂, 宜及此時取之.

1) 〔盡〕: 저본의 교감기에 따라 보충하여 번역하였다.

鄭玄은 '다 익으면 떨어지는 매실이 이제 모두 떨어졌다. 그리하여 소쿠리를 기울여 땅에서 주워 담는 것으로, 조금 지난 철도 괜찮은 때이지만 이제 좋은 철이 다 지나갔다. 그리하여 다음해의 중춘이 되기를 기다리는 것이니, 이는 철이 다 지나가 더 이상 혼인할 수 없기 때문이다. 시집가야 할 나를 찾는 남자들은 의당 여인이 애써 바라는 다음해의 중춘에 미쳐서 해야 함을 興한 것'으로 여겼으니, 여인은 나이 20세에 시집가지 못하고 다음해의 중춘이 되면 애써 바라는 걱정이 있게 되니 마땅히 이때에 미쳐 혼인해야 함을 말한 것이다.

【疏】 傳'不待'至'民人' ○ 正義曰 : 傳先言'不待備禮'者, 解'謂之'之意, 所以得謂之而成昏者, 由不待備禮故也. 又解'不待備禮'之意, 言三十之男二十之女, 禮雖未備, 年期旣滿, 則不待禮會而行之, 所以蕃育民人也, 謂多得成昏, 令其有子, 所以蕃息生育人民, 使之衆多.

傳의 〔不待〕에서 〔民人〕까지

○ 正義曰 : 傳에서 '不待備禮'를 먼저 말한 것은 '謂之'의 뜻을 해석한 것이니, 말만 하여 혼인을 이룰 수 있는 것은 합당한 예를 갖추기를 기다리지 않기 때문이다. 또 '不待備禮'의 뜻을 풀이하여 '30세의 남자와 20세의 여인은 비록 예가 갖추어지지 않았더라도, 혼기가 다 지나갔기 때문에 합당한 예로 만나는 것을 기다리지 않고 혼인을 하니 이는 백성을 늘리는 방법이다.'라고 하였으니, 혼인을 많이 하여 자식을 두게 하는 것이 백성을 늘려 많아지게 하는 방법임을 말한 것이다.

【疏】 箋'不待'至'不禁' ○ 正義曰 : 傳意三十之男, 二十之女, 其年仲春, 卽不待禮會而行之, 故鄭易之, 言'不待禮會而行之', 謂明年仲春, (如)〔始〕[1]不待禮會之也. 又稱不待禮者, 禮雖不備, 相奔不禁, 卽周禮 '仲春之月, 令會男女於是時也, 相奔者不禁', 是也.

1) (如)〔始〕: 저본의 교감기에 따라 '始'로 번역하였다.

箋의 〔不待〕에서 〔不禁〕까지

○ 正義曰 : 傳의 뜻은, 30세의 남자와 20세의 여인은 그해 중춘이 되면 합당한 예로 만남을 기다리지 않고 혼인을 한다는 것이다. 그리하여 鄭玄이 이를 바꾸어 '不待禮會而行之'라고 하였으니, 다음해 중춘에야 비로소 합당한 예를 기다리지 않고 만남을 말한 것이다. 또 합당한 예를 기다리지 않음을 말한 것은 禮가 비록 갖추어지지 않았더라도 서로 몰래 만나는 것을 금하지 않는다는 것이니, 바로 ≪周禮≫ 〈地官 媒氏〉의 '중춘에는 남녀를 이때에 만나게 하여 서로 몰래 만나는 것을 금하지 않는다.'라는 것이 이것이다.

摽有梅三章이니 **章四句**라

〈摽有梅〉는 3章이니 章마다 4句이다.

小星(소성)

【序】 **小星**은 **惠及下也**라 **夫人**이 **無妒忌之行**하여 **惠及賤妾**하니 **進御於君**에 **知其命有貴賤**하여 **能盡其心矣**라

〈小星〉은 은혜가 아래에 미친 것을 읊은 시이다.

夫人이 妒忌하는 행실이 없어 은혜가 천첩에 미치니, 〈천첩들이〉 군주에게 나아가 모실 적에 禮命에 귀천이 있음을 알아 그 마음을 다한 것이다.

【箋】 **以色曰妒**요 **以行曰忌**라 **命**은 **謂禮命**[1] **貴賤**이라

1) 禮命 : 국가의 官階와 品級에 따른 禮數와 군왕의 策命을 말한다. ≪周禮≫ 〈天官 小宰〉에 "〈舊法에 의해 이루어진 官府의 여덟 가지 品式으로 나라를 다스리니〉 祿의 多少와 지위의 前後에 다툼이 있으면 그 사람의 禮命의 策書로 따지는 것이다.〔聽祿位以禮命〕"라고 하였는데, 王安石은 ≪周官新義≫에서 "禮엔 數가 있고 命엔 등급이 있으니 祿位를 이 禮數와 策命의 일로 살피는 것이다.〔聽祿位以禮命者 禮有數 命有等 祿位視此制之故也〕"라고 하였다.

표정으로 함을 妬라고 하고, 行動으로 함을 忌라고 한다. 命은 禮命의 귀천을 말한다.

【疏】'小星(二章章五句)'至'其心矣' ○ 正義曰：作小星詩者, 言夫人以恩惠, 及其下賤妾也. 由夫人無妬忌之行, 能以恩惠及賤妾, 令得進御於君, 故賤妾亦自知其禮命, 與夫人貴賤不同, 能盡其心, 以事夫人焉. 言夫人惠及賤妾, 使進御於君, 經二章上二句是也, 衆妾自知卑賤, 故抱衾而往御, 不當夕[1], 下三句是也. 旣荷恩惠, 故能盡心, 述夫人惠下之美, 於經無所當也. 此賤妾, 對夫人而言, 則摠指衆妾媵與姪·娣, 皆爲賤妾也. 曲禮下云 "公侯有妾." 謂在九女[2]之外, 若內司服女御. 注'以衣服進'者, 彼暫時之事, 不得次序進御', 明不在此賤妾之中.

1) 不當夕：여기서는 첩은 부인이 인군을 모시는 날의 저녁에는 가서 모시지 못함을 말한다. 반면 ≪禮記正義≫ 〈內則〉의 疏에는 "妾은 항상 부인이 〈인군을〉 모시는 날을 피해야 한다. 妾은 부인이 모시는 날을 감히 담당하지 못할 뿐 아니라, 설사 본인이 모시는 날이라도 밤에는 감히 담당하지 못한다.〔妾恒辟女君之御日 非但不敢當女君之御日 縱令自當君之御日 猶不敢當夕而往〕"라고 하였다.

2) 九女：제후의 부인과 첩을 말하는데, 부인 1인과 그의 姪·娣 2인 및 媵妾 2인과 그들의 姪·娣 4인이다. ≪春秋公羊傳≫ 莊公 9년에 "諸侯가 한 나라에 장가들면 두 나라에서 잉첩을 보내면서 姪과 娣를 딸려 보낸다. 姪은 누구인가? 오빠의 딸이고, 娣는 누구인가? 동생이니, 諸侯는 한 번에 九女를 맞아 들이는 것이다.〔諸侯娶一國 則二國往媵 以姪娣從 姪者何 兄之子也 娣者何 弟也 諸侯一聘九女〕"라고 하였다.

序의 〔小星〕에서 〔其心矣〕까지

○ 正義曰：〈小星〉시를 지은 것은 부인의 은혜가 아래의 천첩에게 미침을 말한 것이다. 부인이 투기하는 행실이 없어 은혜가 천첩에게 미쳐 인군에게 나아가 모실 수 있게 하였다. 그리하여 천첩들도 스스로 자신의 禮命이 부인과는 귀천이 같지 않음을 알아 마음을 다하여 부인을 잘 섬긴 것이다.

'부인의 은혜가 천첩에 미쳐 인군에게 나아가 모시게 하였다.'라고 한 것은 經 두 장의 위 두 구가 이것이고, '衆妾이 스스로 비천함을 알았기 때문에 이불을 가지고 가서 모시되, 저녁때에는 가서 모시지 못한다.'라고 한 것은 아래 세 구가 이것이다. '은혜를 받았기 때문에 마음을 다할 수 있다.'는 것은 부인의 은혜가 아래에 미친 아름다움을 기술한 것이나, 經에는 해당되는 곳이 없다. 여기의 천첩은 부인을 상대하여 말한 것이니, 곧 중첩인 媵과 姪·娣를 통틀어 가리킨 것이니, 모두 賤妾이다. ≪禮記≫ 〈曲禮 下〉에 "公

과 侯는 첩이 있다."라고 한 것은 九女 이외에 있음을 말한 것이니, ≪周禮≫ 〈天官 內司服〉의 여자 시종〔女御〕과 같다. 〈內司服〉의 注에 '의복을 올린다.'라고 한 것은 여자 시종이 잠시 모시는 일이지 순서대로 나아가 모시는 것이 아니니, 분명 이 천첩 가운데 포함되지 않는다.

【疏】 箋'命謂禮命貴賤' ○ 正義曰：命謂貴賤者, 夫人禮命, 貴與君同, 故稱曰小君, 衆妾則賤, 故喪服注云 "貴者視卿, 賤者視大夫也." 妾之貴者, 夫人姪娣也, 即喪服所謂貴臣(賤)〔貴〕[1]妾也, 左氏皆言以夫人之姪娣爲繼室, 明其貴也. 何休云 "夫人無子, 立右媵之子, 右媵無子, 立左媵之子." 以二媵爲貴, 與禮不合, 故韓奕箋 '獨言娣, 擧其貴'者, 是姪娣貴於媵之義.

1) (賤)〔貴〕: 저본의 교감기에 따라 '貴'로 번역하였다.

箋의 〔命謂禮命貴賤〕

○ 正義曰：命은 귀천을 말한다는 것은, 부인의 禮命은 귀함이 인군과 같으므로 '小君'이라 칭하고, 衆妾은 천하다는 것이다. 그리하여 ≪儀禮≫ 〈喪服〉의 注에서 "귀한 자는 卿의 예에 견주고, 천한 자는 大夫의 예에 견준다."라고 한 것이다. 첩 중에 귀한 자는 부인의 姪과 娣이니, 곧 〈喪服〉에서 말한 貴臣과 貴妾이니, ≪春秋左氏傳≫에서 모두 '부인의 姪과 娣를 繼室로 삼는다.'라고 한 것은 그들의 귀함을 밝힌 것이다. 何休는 "부인이 아들이 없을 경우에는 右媵妾의 아들을 양자로 세우고, 右媵妾이 아들이 없으면 左媵妾의 아들을 세운다."라고 하였는데, 두 잉첩을 귀하게 여기는 것은 禮와 부합하지 않는다. 그리하여 〈大雅 韓奕〉의 〈'여러 娣들이 따르니〔諸娣從之〕'에 대한〉 箋에 '〈經에서〉 娣만을 말한 것은 그의 귀함을 든 것이다.'라고 하였으니, 이는 부인의 姪과 娣가 잉첩보다 귀하다는 뜻이다.

嘒彼小星이여 三五在東이로다

희미한 저 작은 별들

心宿와 噣(주)宿 동쪽에 있네

【傳】 嘒는 微貌라 小星은 衆無名者라 三은 心이요 五는 噣宿니 四時更見(경현)이라

嘒는 희미한 모습이다. 小星은 이름 없는 뭇별들이다. 三은 心宿이고 五는 噣宿이니 계절에 따라 번갈아 나타난다.

【箋】 箋云 衆無名之星이 隨心噣하여 在天이 猶諸妾隨夫人하여 以次序進御於君也라 心在東方은 三月時也요 噣在東方은 正月時也니 如是終歲列宿(수)更見이라 ○ 爾雅云 噣는 謂之柳[1)]이라

1) 柳 : 南方朱雀 7宿 중에 세 번째 宿를 말한다.

箋云 : 이름 없는 뭇별들이 心宿와 噣宿를 따라 하늘에 있는 것이, 여러 첩들이 부인을 따라 순서대로 인군에게 나아가 모시는 것과 같다. 心宿가 동방에 있을 때는 3월이고, 噣宿가 동방에 있을 때는 정월이니, 이와 같이 한 해를 마칠 때까지 28宿가 번갈아 나타난다.

○ ≪爾雅≫ 〈釋天〉에는 "噣는 柳宿를 말한다."라고 하였다.

肅肅宵征하여 夙夜在公하니 寔命不同이라

빠른 걸음으로 밤에 가서
이른 새벽 늦은 밤 공소에 있으니
이는 禮命이 같지 않아서라오

【傳】 肅肅은 疾貌라 宵는 夜라 征은 行이라 寔은 是也라 命不得同於列位也라

肅肅은 '빠른 모양'이다. 宵는 '밤'이다. 征은 '감'이다. 寔은 '이것'이다. 禮命이 부인의 列位와 같을 수 없어서이다.

【箋】 箋云 夙은 早也라 謂諸妾이 肅肅然夜行하여 或早或夜에 在於君所하여 以次序進御者는 是其禮命之數不同也라 凡妾은 御於君에 不當夕이라 ○ 寔은 韓詩作實하니 云有也라

箋云 : 夙은 '일찍'이다. 여러 첩들이 빠른 걸음으로 밤에 가서, 이른 새벽이나 늦은 밤에 인군의 처소에 있으면서 순서대로 나아가 모시는 것은 禮命의 數가 같지 않기 때문임을 말한 것이다. 첩들은 인군을 모심에 있어 侍寢하지는 못한다.

○ 寔은 ≪韓詩≫에는 '實'자로 되어 있으니, '있음'을 이른다.

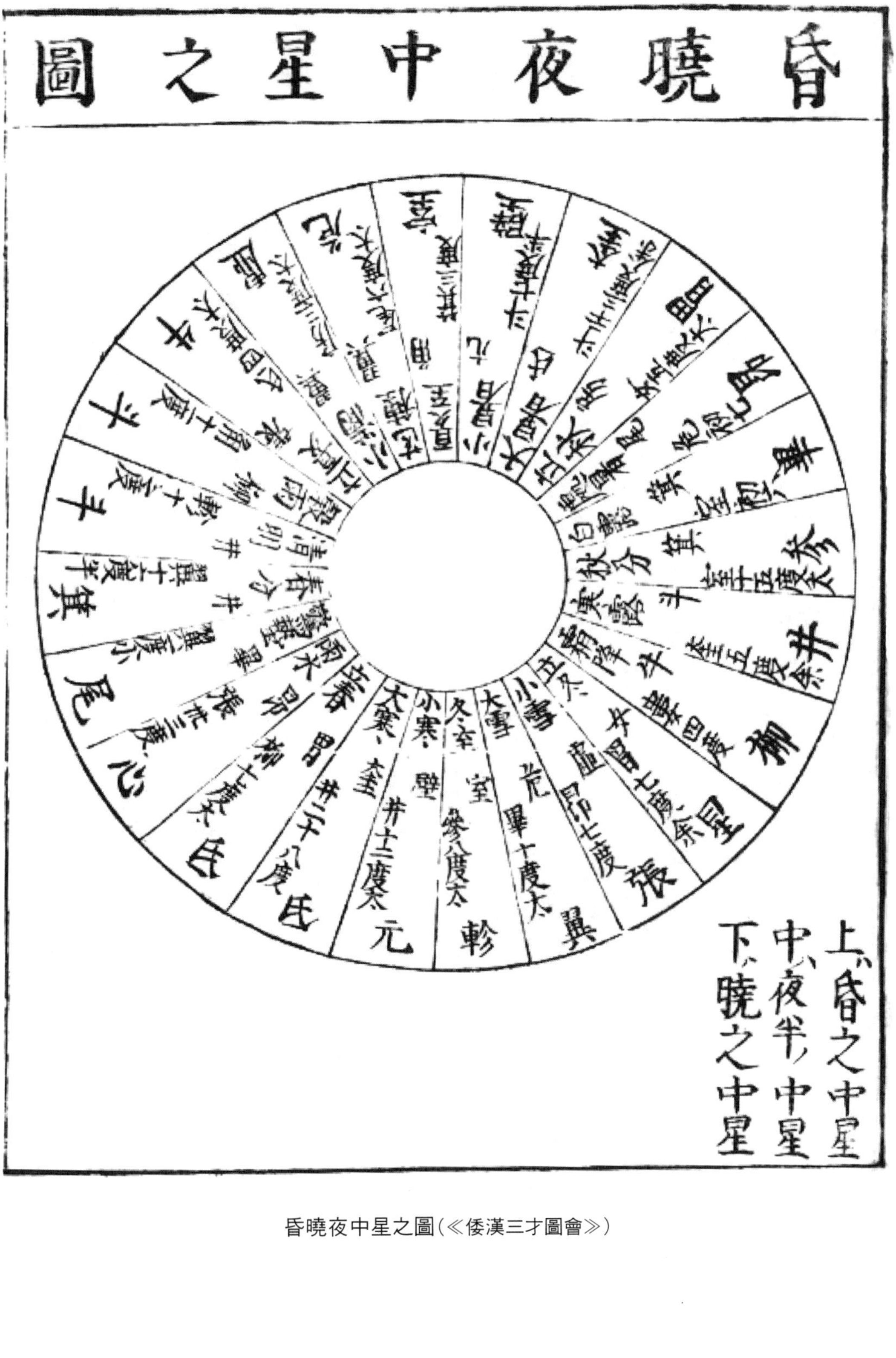

昏曉夜中星之圖(≪倭漢三才圖會≫)

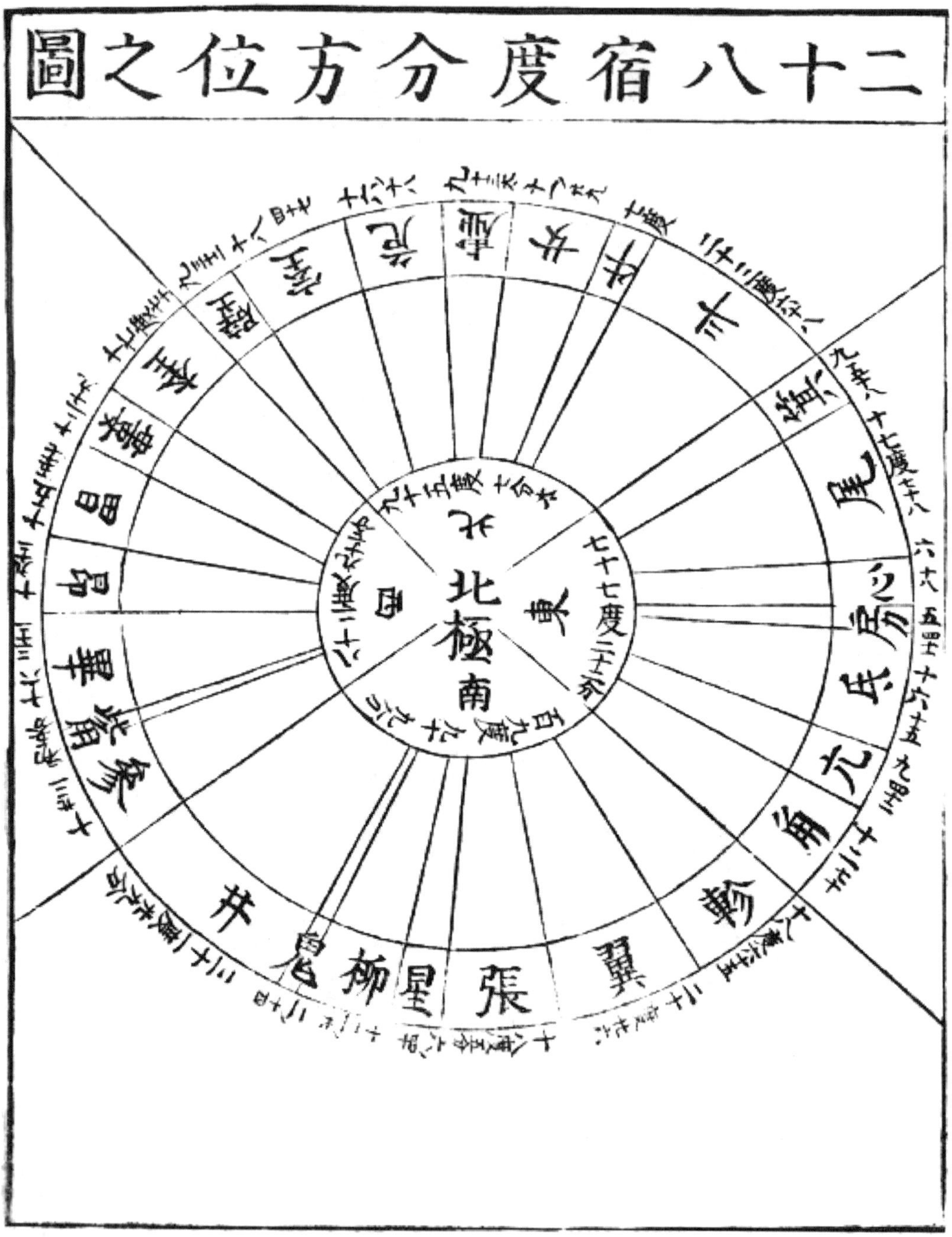

二十八宿度分方位之圖(≪倭漢三才圖會≫)

【疏】'嘒彼'至'不同' ○正義曰：言嘒然微者，彼小星，此星雖微，亦隨三星之心，五星之噣，以次列在天，見於東方，以興禮(雖)〔命〕[1]卑者，是彼賤妾，雖卑，亦隨夫人，以次序進御於君所，由夫人不妬忌，惠及故也。衆妾自知己賤，不敢同於夫人，故肅肅然夜行，或早或夜，在於君所。夜來早往，或夜往而早來，不敢當夕，是禮命之數，不得同於夫人故也。

1) (雖)〔命〕：저본의 교감기에 따라 '命'으로 번역하였다.

經의 〔嘒彼〕에서 〔不同〕까지

○正義曰：嘒然히 희미한 것은 저 작은 별들인데, 이 별들이 비록 희미하지만 또한 세 개의 별인 心宿와 다섯 개의 별인 噣宿를 따라 하늘에 차례로 줄지어 동방에 나타남을 말한 것이다. 이것으로 禮命이 낮은 자는 바로 저 천첩들인데 비록 지위가 낮지만, 역시 부인을 따라 순서대로 인군의 처소에 나아가 모시니, 이는 부인이 투기하지 않아 은혜가 미쳤기 때문임을 興한 것이다. 여러 첩들이 스스로 자기가 천하여 감히 부인과 같을 수 없음을 알기 때문에, 빠른 걸음으로 밤에 가서 혹 이른 새벽이나 혹 밤에 인군의 처소에 있는 것이니, 밤에 왔다가 새벽에 돌아가거나, 밤에 돌아갔다가 이른 새벽에 오기도 하여, 감히 侍寢하지 못하는 것은 禮命의 數가 부인과 같을 수 없기 때문이다.

【疏】傳'嘒彼'至'更見' ○正義曰：此言小星，故爲微貌。雲漢傳曰"嘒，星貌"者，以宣王仰視，不止小星，故直言星貌，兼大星皆在也。嘒之爲貌，不甚大明，比於日月爲小，故大星小星，皆得爲小貌。知三爲(星)〔心〕[1]者，下章云"維參與昴。"昴不五星，則五，非下章之昴也，五旣非昴，則三亦非參，列宿之大，房·心·參伐，三旣非參，而心亦三星，故知三謂心也。綢繆傳曰'三星 參也'者，以其刺昏姻不得其時，擧正時以刺之。冬日之昏，在天在戶，唯參爲然。故知非心也。

1) (星)〔心〕：저본의 교감기에 따라 '心'으로 번역하였다.

傳의 〔嘒彼〕에서 〔更見〕까지

○正義曰：여기는 小星을 말하였기 때문에 〈嘒가〉 희미한 모양이 된다. 〈大雅 雲漢〉〈'반짝이는 별 있으니〔有嘒其星〕'의〉 傳에서 "嘒는 별의 모양이다."라고 한 것은 宣王이 쳐다본 것이 작은 별만이 아니기 때문이다. 그리하여 '星貌'라고만 하였으나, 큰 별들도

겸하여 모두 있는 것이다. 희미한 모양은 그다지 크게 밝지 못하고, 해나 달에 비하면 작다. 그리하여 큰 별이나 작은 별이 모두 작은 모양이 되는 것이다. 三이 心宿임을 안 것은, 아래 장에서 "參宿와 昴宿이다."라고 하였는데, 昴宿는 5개의 별이 아니다. 그렇다면 이 五는 아래 장의 昴宿가 아니다. 五가 昴宿가 아니고 보면 三도 參宿가 아니다. 28宿에서 큰 별은 房宿・心宿・參伐宿인데, 三이 參宿가 아니고 心宿 역시 세 개의 별이다. 그리하여 三을 心宿라 한 것을 안 것이다. 〈唐風 綢繆〉〈'세 개의 별이 동방에 있다〔三星在天〕'의〉 傳에 "세 개의 별은 參宿이다."라고 하였는데, 이 시는 혼인을 제때에 하지 못한 것을 풍자한 것이니, 바른 때를 들어 풍자한 것이다. 겨울철의 저물녘 하늘에 보이고 창문에 보이는 별은 參宿만이 그러하다. 그리하여 〈〈綢繆〉에서 말한 3개의 별은〉 心宿가 아님을 안 것이다.

【疏】 三星在罶(류)[1]皆爲心, 心實三星, 而傳不明說, 蓋從此爲心, 以其心稱三爲正, 故此稱三以對參也. 箋則三皆爲心, 以其心實三星而列宿之尊, 故元命苞曰 "心爲天王." 公羊又云 "心爲大辰(신)." 故言三星, 此及綢繆・苕之華皆云心也. 知五是噣者, 元命苞云 "柳五星." 釋天云 "咮謂之柳." 天文志曰 "柳謂鳥喙." 則喙者柳星也, 以其爲鳥星之口, 故謂之喙. 心東方之宿, 柳南方之宿, 著明者, 故以比夫人也. 言'四時更見'者, 見連言在東, 恐其俱時在東, 故云 '四時之中更迭見之'.

1) 三星在罶(류) : 〈小雅 苕之華〉의 詩語로서 心宿가 과부가 설치한 물고기 잡는 통발을 잠깐 비추고 지나감을 말한 것인데, 이는 부도덕한 周 왕실이 곧 망하여 오래갈 수 없음을 노래한 것이다.

세 개의 별이 통발에 있는 것은 모두 心宿이다. 心宿는 실제 세 개의 별인데도 傳에서 분명하게 설명하지 않았으니, 이는 이 별이 心宿인 것을 따라 心宿를 三으로 칭함이 옳다고 여겼기 때문이다. 그리하여 여기에서 三을 말하여 參宿와 대응시킨 것이다. 箋에서는 三을 모두 心宿로 여겼으니, 이는 心宿가 실제 세 개의 별로서 列宿 중에 존귀하기 때문이다. 그리하여 ≪春秋緯≫ 〈元命苞〉에서 "心宿는 天王이다."라고 하고, ≪春秋公羊傳≫에 또 "心宿는 大辰이다."라고 하였다. 그리하여 '三星'이라고 한 것이고, 이 편과 〈唐風 綢繆〉와 〈小雅 苕之華〉에서 모두 心宿라 한 것이다. 五가 이 噣宿임을 안 것은 〈元命苞〉에서 "柳宿는 다섯 개의 별이다."라고 해서이다. ≪爾雅≫ 〈釋天〉에 "咮(噣)를 柳라 한다."라고 하고, ≪漢書≫ 〈天文志〉에 "柳宿는 새의 부리〔鳥喙〕를 말한다."라고 하였으니, 喙는 柳宿이니 柳宿를 鳥星의 입으로 여긴 것이다. 그리하여 喙라 한 것이다. 心宿는 동방의 宿이고 柳宿는 남방의 宿인데 밝게 드러난 별이다. 그리하여 이것을 부인에 비유한 것이다. '四時更見'이라고 한 것은 〈三과 五에〉 '在東'을 이어 말한 것을 보고는 이들이 같은 때에 동방에 있는 것이라고 여길까 해서이다. 그리하여 '계절에 따라서 번갈아 나타난다.'라고 한 것이다.

【疏】 箋'衆無'至'更見' ○ 正義曰：經言'在東', 箋云'在天'者, '在東', '據初見之方, 此不取所見之方爲義, 直取星之在天, 似婦人之進於夫, 故變言'在天, 綢繆言'三星在天', 傳曰 "見於東方者." 彼取記候, 須所在之方爲義, 故變言'在東'. 經取其韻, 注說其義, 故皆反其經也. 又心在東方, 三月時, 喙在東方, 正月時, 是不同時見也, 二者同在春見, 但異月耳. 云'四時'者, '如是終歲列宿更見', 因明二十八宿更迭而見, 不止於心喙也.

箋의 〔衆無〕에서 〔更見〕까지

○ 正義曰：經에서는 '在東'이라고 하고, 箋에서는 '在天'이라고 한 것은, '在東'이 별이 처음 나타난 방위를 근거로 한 것인데, 箋에서는 나타난 방위를 취하여 뜻으로 삼지 않고, 별이 하늘에 나타난 것이 마치 부인이 남편에게 나아감과 비슷한 것만을 취하였기 때문이다. 그리하여 '在天'으로 바꾸어 말한 것이다. 〈唐風 綢繆〉에서 '三星在天'을 말하였는데, 그 傳에서 "동방에 나타난 것이다."라고 한 것은, 〈綢繆〉에서는 節侯를 기록하면서 반드시 별이 나타난 방위를 뜻으로 삼았기 때문이다. 그리하여 '在東'으로 바꾸어 말한 것이다. 經은 韻을 맞추었고, 注는 그 뜻을 설명하였다. 그리하여 두 注가 모두 經과 반대이다. 또 心宿가 동방에 있는 때는 3월이고, 喙宿가 동방에 있는 때는 정월이니 같은 때에 나타나지는 않으니, 이 둘은 똑같이 봄에 나타나고 달만 다르다. 傳의 '四時'에 대하여 箋에서 '이와 같이 한 해를 마칠 때까지 28宿가 번갈아 나타난다.〔如是終歲 列宿更見〕'라고 한 것은 이를 통하여 28宿가 계절에 따라 번갈아 나타나는 것이 心宿와 喙宿에만 한정되지 않음을 밝힌 것이다.

【疏】 傳'命不得同於列位' ○ 正義曰：雖同事於君, 夫人貴而妾賤, 禮命之數, 不得同於行(항)列等位.

傳의 〔命不得同於列位〕

○ 正義曰 : 비록 인군을 같이 모시지만, 부인은 귀하고 첩은 천하여 禮命의 數가 항렬의 등위와 같을 수 없는 것이다.

【疏】 箋'諸妾'至'當夕' ○ 正義曰 : 書傳曰 "古者, 后夫人將侍君, 前息燭, 後擧(獨)〔燭〕[1], 至於房中, 釋朝服, 襲燕服, 然後入御於君, 雞鳴, 大師奏雞鳴於階下, 然後夫人鳴佩玉於房中, 告去." 由此言之, 夫人往來舒而有儀, 諸妾則肅肅然夜而疾行, 是其異也. 言'或早或夜 在於君所'者, 謂諸妾, 夜晩始往, 及早來也, 亦異於夫人也.

1) (獨)〔燭〕 : 저본의 교감기에 따라 '燭'으로 번역하였다.

箋의 〔諸妾〕에서 〔當夕〕까지

○ 正義曰 : ≪尙書大傳≫에 "옛날에 后夫人이 인군을 모시려 할 때에는, 앞은 등불을 끄고 뒤는 등불을 들고 방안에 이르러 조복을 벗고 燕服을 덧입은 뒤에 들어가서 임금을 모시고, 닭이 울어 악사가 계단 아래서 〈齊風 雞鳴〉을 연주하면 그 뒤에 부인이 방안에서 패옥을 울려 나갈 것을 고한다."라고 하였다. 이를 통해 말해보면, 부인은 왕래를 여유롭게 하여 의표가 있으나, 여러 첩들은 빠른 걸음으로 밤에 가야 되니 이것이 다른 점이다. '或早或夜 在於君所'란 첩들이 늦은 밤에야 〈임금의 처소로〉 비로소 갔다가 이른 새벽이 되면 〈자기 처소로〉 돌아옴을 말하니, 역시 부인과 다르다.

【疏】 或以爲早謂夜初, 妾有貴賤, 往有早晩. 知不然者, 以其詩言夙夜者, 皆記昏爲夜, 晨初爲早, 未有以初昏爲夙者. 又序云'知其命有貴賤', 與此'寔命不同', 一也, 明此亦不同於夫人, 非妾中自不同也. 言'凡妾御於君 不當夕'者, 解所以夜晩, 乃往之意, 由妾御於君不當夕故也. 內則云 "妻不在, 妾御莫敢當夕." 注云 "避女君之御日." 與此不同者, 彼妻不在, 妾不往御, 此自往御之時, 不敢當夕而往, 文取於彼, 義隨所證, 亦斷章之義也.

혹자는 '早는 밤의 초저녁을 말하니, 첩 중에 귀천이 있어 인군에게 가는데 早晩이 있는 것이다.'라고 하였다. 그렇지 않음을 안 것은, 시에서 夙夜를 말할 경우에 모두 '昏'을 夜로, '晨初'를 早로 기록하여 '初昏'을 夙이라 한 곳은 없다. 또 序에서 말한 '知其命有貴賤'은 여기의 '寔命不同'과 같으니, 이 또한 분명 첩들이 부인과 같지 않은 것이지, 첩들 가운데서 본래 같지 않은 것이 아니다. '凡妾御於君 不當夕'이란 첩들은 늦은 밤에야 비로소 간다는 뜻을 해석한 것이니, 첩은 인군을 모심에 저녁때를 당하여 가지 못하기 때문이다. ≪禮記≫ 〈內則〉에 "처가 없더라도 첩은 감히 모시고 자지 못한다."라고 하였는데, 그 注에 "女君이 모시는 날을 피한 것이다."라고 하여, 이 시와 다른 것은 〈內則〉은 처가 없을 때라도 첩은 가서 대신 모시지 못한다는 것이고, 여기는 자기가 가서 모실 때에 감히 저녁때를 당하여 가지 못한다는 것이다. 〈內則〉의 글을 가져다가 뜻에 따라 증명하였으니, 또한 斷章取義한 것이다.

嘒彼小星이여 維參與昴로다

희미한 작은 별들
參宿와 昴宿를 따르네

【傳】 參은 伐也요 昴는 留也라

參은 伐宿이고 昴는 留宿이다.

【箋】 箋云 此言衆無名之星이 亦隨伐留在天이라 ○ 參은 星名也니 一名伐이요 昴는一名留니 二星은 皆西方宿也라

箋云 : 이는 이름 없는 뭇 별들 역시 伐宿와 留宿를 따라 하늘에 있음을 말한 것이다. ○ 參은 별이름인데 一名 伐宿이고, 昴는 一名 留宿이니, 두 별(參과 昴)은 모두 서방의 宿이다.

【疏】 傳'參伐 昴留' ○ 正義曰 : 天文志云 "參, 白虎宿, 三星直, 下有三星, 旒曰伐, 其外四星, 左右肩股也." 則參, 實三星, 故綢繆傳曰 "三星, 參也." 以伐與參連體, 參爲列宿, 統名之, 若同一宿然, 但伐亦爲大星, 與參互見, 皆得相統, 故周禮'熊旂六旒以象伐', 注云 "伐屬白虎宿, 與參連體而六星, 言六旒, 以象伐." 明伐得統參也. 是以演孔圖云 "參以斬伐." 公羊傳曰 "伐爲大辰." 皆互擧相見之文也, 故言'參伐'也, 見同體之義. 元命苞云 "昴六星, 昴之爲言留, 言物成就繫留." 是也. 彼昴留爲一, 則參伐, 明亦爲一也.

傳의 〔參伐 昴留〕

○ 正義曰：≪漢書≫〈天文志〉에 "參星은 白虎宿인데, 세 개의 별이 가로로 나란히 있고, 그 아래에 세 개의 별이 있는데, 술〔旒〕처럼 늘어진 별을 '伐宿'라 하며, 바깥쪽의 네 개의 별은 좌우의 어깨와 다리이다."라고 하였으니, 그렇다면 參宿는 실제 세 개의 별이다. 그리하여 〈唐風 綢繆〉의 傳에서 "三星은 參宿이다."라고 한 것이다. 이는 伐宿가 參宿에 이어져 있고 參宿는 列宿이기 때문에 총칭하여 마치 하나의 별자리인 듯이 한 것이다. 다만 伐宿도 큰 별로 參宿와 나란히 나타나 모두 서로를 거느린다. 그리하여 ≪周禮≫〈冬官考工記 輈人〉에 '곰을 그리고 여섯 개의 술을 드리운 깃발로 伐宿를 상징한다.'의 注에 "伐宿는 白虎宿에 속하는데 參宿와 이어져 여섯 개의 별이니, '六旒'를 말하여 伐宿 상징한 것이다."라고 하였으니, 분명 伐宿가 參宿를 거느린다. 이 때문에 ≪春秋緯≫〈演孔圖〉에서 "參宿가 伐宿를 斬한다."라고 하고, ≪春秋公羊傳≫에 "伐宿는 큰 별이다."라고 하였으니, 모두 서로 나타남을 번갈아 거론한 글이다. 그리하여 參宿와 伐宿를 말하여 同體인 뜻을 나타낸 것이다. 〈元命苞〉에서 "昴宿는 여섯 개의 별이니, 昴를 留라 한 뜻은 物의 완성이 여기에 달려 있음을 말한 것이다."라고 한 것이 이것이다. 저 昴宿와 留宿는 같은 별이니 그렇다면 參宿와 伐宿도 분명 같은 별이다.

肅肅宵征이여 **抱衾與**裯(주)하니 **寔命不猶**로다

빠른 걸음으로 밤에 가네
이불 홑이불 안고 가니
이는 禮命이 달라서라오

【傳】 衾은 被也요 裯는 襌被也라 猶는 若也라

衾은 '이불'이고 裯는 '홑이불'이다. 猶는 '같음'이다.

【箋】 箋云 裯는 牀帳也라 諸妾夜行에 抱(衾)〔被〕[1]與牀帳은 待進御之次序不若이니 亦言尊卑異也라

1) (衾)〔被〕: 저본의 교감기에 따라 '被'로 번역하였다.

箋云 : 裯는 침상에 치는 휘장이다. 첩들이 밤에 갈 적에 이불과 침상의 휘장을 가지

고 가는 것은 인군에게 나아가 모시는 차례를 기다림이 같지 않아서이니, 역시 존비가 다름을 말한 것이다.

【疏】 傳'衾被 裯襌被' ○ 正義曰：葛生曰 "錦衾爛兮." 是衾爲臥物, 故知爲被也. 今名曰被, 古者曰衾, 論語謂之寢衣[1)]也. 以衾旣是被, 裯亦宜爲臥物, 故爲襌被也.

1) 論語謂之寢衣：≪論語≫ 〈鄕黨〉에 "반드시 寢衣를 두셨으니, 길이는 키의 한배 반이다.〔必有寢衣 長一身有半〕"라고 하였는데, 注에 孔安國이 "寢衣는 지금의 被이다.〔今之被也〕"라고 한 것을 말한다.

傳의 〔衾被 裯襌被〕

○ 正義曰：〈唐風 葛生〉에 "비단이불 찬란하네.〔錦衾爛兮〕"라고 하였는데, 이 衾은 눕는 데 쓰는 것이다. 그리하여 被임을 안 것이다. 지금은 被라고 하는데, 옛날에는 衾이라고 하였고 ≪論語≫에는 寢衣라고 하였다. 衾이 被이고 보면 裯도 눕는 데 쓰는 것이 된다. 그리하여 홑이불로 여긴 것이다.

【疏】 箋'裯牀帳' ○ 正義曰：鄭以衾旣爲被, 不宜復云襌被也, 漢世名帳爲裯, 蓋因於古, 故以爲牀帳. 鄭志張逸問 "此箋不知何以易傳, 又諸妾抱帳, 進御於君, 有常寢, 何其碎." 答曰 "今人名帳爲裯, 雖古無名被爲裯. 諸妾何必人抱一帳, 施者因之, 如今漢抱帳也." 是鄭之改傳之意. 云施者因之, 內則注云 "諸侯取九女, 姪娣兩兩而御, 則三日也, 次兩媵, 則四日也, 次夫人(連)〔專〕[1)]夜, 則五日也." 是五日之中, 一夜夫人, 四夜媵妾, 夫人御後之夜, 則次御者, 抱衾而往, 其後三夜, 御者因之, 不復抱也, 四夜旣滿, 其來者, 又抱之而還, 以後夜, 夫人所專, 不須帳也.

1) (連)〔專〕：저본의 교감기에 따라 '專'으로 번역하였다.

箋의 〔裯 牀帳〕

○ 正義曰：鄭玄은 衾이 被이면 다시 襌被를 말함은 합당하지 않고, 漢나라 때에는 帳을 裯라 하였으니 이는 옛것을 그대로 따른 것이기 때문에 침상에 치는 휘장으로 여긴 것이다. ≪鄭志≫에 張逸이 "여기의 箋에서 어찌하여 傳의 내용을 바꾸었는지 모르겠습니다. 또 첩들이 휘장을 가지고 간다면, 인군을 모신 곳에는 항상 사용하는 침구가 놓여있는데, 어찌 이와 같이 번거롭게 하는 것입니까?"라고 하니, 鄭玄이 "지금 사람들은 帳을 裯라고 하니, 비록 옛날이라도 被를 裯라고 이른 적은 없었다. 또 첩들이

어찌 반드시 사람마다 휘장을 하나씩 가지고 가겠는가. 설치한 것을 그대로 사용하니, 지금 漢나라의 '抱帳'과 같은 것이다."라고 답하였으니, 이것이 鄭玄이 傳의 뜻을 바꾼 것이다. '설치한 것을 그대로 사용한다.'라고 한 것은, ≪禮記≫ 〈內則〉의 注에 "제후가 9녀에게 장가들면 姪과 娣가 둘씩 모시니 곧 3일간이고, 다음은 두 媵이 모시니 곧 4일째이고, 다음은 부인이 온밤을 차지하니 곧 5일째이다."라고 하였으니, 바로 5일 가운데 하룻밤은 부인이 모시고 4일 밤은 媵과 妾들이 모시니, 부인이 모신 다음 날 밤에는 다음 모실 잉첩이 衾을 가지고 가고, 그 뒤 3일간의 밤에는 모시는 자들이 그대로 사용하고 다시 가져가지 않다가, 4일째 밤이 끝나면 그날 모시는 잉첩이 다시 가지고 돌아가는 것이니, 이 다음날의 밤은 부인이 오로지 모시는 밤이어서 휘장이 필요하지 않기 때문이다.

【疏】 所施帳者, 爲二人共侍於君, 有須在帳者. 妾往必二人俱往, 不然不須帳. 故天子九嬪以下, 九人一夜, 明九人更迭而往來矣. 其御, 望前先卑, 望後先尊, 宜二媵下姪娣畢, 次二媵, 次夫人下姪娣, 次夫人, 望後乃反之, 則望前, 最賤妾抱帳往, 貴者抱之還, 望後, 貴者抱之往, 賤者抱之還, 帳爲諸妾而有, 異於夫人也.

휘장을 치는 것은 두 사람이 인군을 함께 모시기 때문이고, 휘장을 친 곳에서 기다리는 것은 첩이 모시러 갈 적에는 반드시 두 사람이 함께 가서이니, 그렇지 않다면 휘장이 필요하지 않다. 그리하여 천자의 경우 9嬪 이하는 9인이 한 밤씩을 모시니, 분명 9인이 번갈아 왕래하는 것이다. 모시는 순서는 보름 전까지는 신분이 낮은 자를 우선으로 하고, 보름 후에는 존귀한 자를 우선으로 한다. 그러니 〈보름 전까지는〉 반드시 두 媵을 따라온 姪과 娣들이 모시고 난 뒤에 두 媵이 모시고, 다음으로 부인을 따라온 姪과 娣가 모시며, 다음으로 부인이 모시고, 보름 후에는 이와 반대로 하니, 그렇다면 보름 전에는 가장 천한 첩이 휘장을 가지고 가서 귀한 자가 이를 가지고 돌아오고, 보름 후에는 귀한 자가 가지고 가서 천한 자가 가지고 돌아오는 것이다. 휘장은 첩들을 위하여 있는 것이니, 부인의 경우와는 다르다.

小星二章이니 章五句라

〈小星〉은 2章이니 章마다 5句이다.

江有汜(강유사)

【序】 江有汜는 美媵也라 勤而無怨하여 嫡能悔過也라 文王之時에 江沱之間에 有嫡不以其媵備數러니 媵遇勞而無怨하니 嫡亦自悔也라

〈江有汜〉는 잉첩을 찬미한 시이다.

〈잉첩이〉 힘들면서도 원망함이 없어 정실부인이 잘못을 뉘우칠 수 있었다. 文王의 때에 江水와 沱水 사이에 잉첩을 숫자대로 갖추지 않은 정실부인이 있었는데, 잉첩들이 힘들면서도 원망함이 없자 정실부인도 스스로 뉘우친 것이다.

【箋】 勤者는 以己宜媵而不得하여 心望之라 ○ 汜는 江水名이라 媵은 古者에 諸侯娶夫人이면 則同姓二國이 媵之라 嫡은 正夫人也니 下同이라 沱는 江水之別也니 篇內同이라

勤은 자기가 잉첩으로 따라갔어야 하는데 그렇지 못하여 마음으로 바란 것이다.

○ 汜는 江이름이다. 媵은 옛날에 제후가 부인을 맞아들이면 〈부인과〉 姓이 같은 두 나라에서 잉첩을 보내는 것이다. 嫡은 정실부인이니 아래도 같다. 沱는 江水에서 갈라진 곳이니, 이 편 안에서는 동일하다.

【疏】 '江有汜(三章章五句)'至'自悔' ○ 正義曰：作江有汜詩者, 言美媵也. 美其勤而不怨, 謂宜爲媵而不得行, 心雖勤勞, 而不怨於嫡, 故嫡亦能自悔過, 謂悔其不與俱行也. 當文王之時, 江沱之間, 有嫡不以其媵備妾御之數, 媵遇憂思之勞而無所怨, 而嫡有所思, 亦能自悔過也. 此本爲美媵之不怨, 因言嫡之能自悔, 故美媵而後兼嫡也.

序의 〔江有汜〕에서 〔自悔〕까지

○ 正義曰：〈江有汜〉 시를 지은 것은 잉첩을 찬미한 것임을 말한다.

〈잉첩이〉 힘들면서도 원망하지 않았음을 찬미한 것이니, 합당하게 잉첩이 되었는데도 같이 가지 못하여 마음이 비록 힘들면서도 정실부인을 원망하지 않았음을 말한다. 그리하여 정실부인도 스스로 잘못을 뉘우칠 수 있었으니, 잉첩을 데리고 가지 않음을 뉘우친 것을 말한다. 文王의 때에 江水와 沱水 사이에 잉첩으로 妾御

의 수를 채우지 않은 정실부인이 있었는데, 잉첩이 근심하는 괴로움을 겪으면서도 원망함이 없자, 정실부인도 생각함이 있어서 스스로 잘못을 뉘우칠 수 있었던 것이다. 이는 본래 잉첩이 원망하지 않음을 찬미한 것이지만, 그로 인하여 정실부인이 스스로 뉘우칠 수 있음을 말하였다. 그리하여 잉첩을 찬미하고 뒤에 정실부인을 겸하여 말한 것이다.

【疏】 嫡謂妻也, 媵謂妾也. 謂之媵者, 以其從嫡, 以送爲名, 故士昏禮注云 "媵, 送也." 古者, 女嫁, 必姪娣從, 謂之媵也. 士昏禮云 "雖無娣, 媵先."[1] (言姪若無姪娣猶先媵)〔言若或無娣, 猶先姪媵〕[2], 是士有娣, 娣但不必備耳. 喪大記'大夫撫姪娣'[3], 是大夫有姪娣矣. 公羊傳曰 "諸侯一取九女, 二國媵之." 所從皆名媵, 獨言二國者, 異國主爲媵, 故特名之, 其實雖夫人姪娣, 亦爲媵也.

1) 雖無娣 媵先 : 姪媵이 侍御보다 우선임을 말한 것이다. ≪儀禮≫ 〈士昏禮〉에 철상을 하고 남은 음식을 媵과 侍御들이 먹을 때에, 서열이 높은 娣媵이 없을 경우에도 낮은 姪媵이 侍御보다 우선한다고 하였다.

2) (言姪若無姪娣猶先媵)〔言若或無娣 猶先姪媵〕: 저본의 교감기에 따라 '言若或無娣 猶先姪媵'으로 번역하였다.

3) 大夫撫姪娣 : 大夫가 姪과 娣를 貴妾으로 삼아 그가 죽으면 복을 입어줌을 말한다. ≪禮記≫ 〈喪大記〉의 注에 "대부는 室老를 貴臣으로 삼고 姪과 娣를 貴妾으로 삼아 죽으면 그를 위하여 복을 입어준다.〔大夫以室老爲貴臣 以姪娣爲貴妾 死則爲之服〕"라고 하였다.

'嫡'은 '처'를 이르고 '媵'은 '첩'을 이른다. '媵'이라고 한 것은 정실부인을 따라서 보내는 것으로 명칭을 삼은 것이다. 그리하여 ≪儀禮≫ 〈士昏禮〉의 注에 "媵은 보냄이다."라고 한 것이다. 옛날에 여인이 시집갈 때에는 반드시 姪과 娣가 따라가니, 이를 '媵'이라 한다. 〈士昏禮〉에 "비록 娣가 없을 경우에도 媵이 우선 한다."라고 하였으니, 만약 娣媵이 없으면 그런 경우에도 오히려 姪媵을 우선으로 함을 말한 것이니, 이는 士의 경우에는 娣媵이 있지만 娣媵을 반드시 갖출 필요는 없어서이다. ≪禮記≫ 〈喪大記〉의 '大夫는 姪과 娣를 어루만진다.'는 것이 바로 大夫의 경우에 姪과 娣의 媵이 있는 것이다. ≪春秋公羊傳≫ 莊公 9년에 "제후는 한 번에 9녀를 취하니 2국이 잉첩을 보낸다."라고 하였으니, 따르는 여인들을 모두 잉첩으로 이름해야 하는데도 2국이라고만 말한 것은 다른 나라가 잉첩을 주관해서이다. 그리하여 특별히 이름한 것이니, 실제로는 정실부인의 姪과

娣라도 잉첩이다.

【疏】 此言嫡媵, 不指其諸侯大夫及士庶, 雖文得兼施, 若夫人, 宜與小星同言夫人, 此直云'有嫡', 似大夫以下, 但無文以明之. 媵之行否, 所由嫡者, 嫡尊專妬, 抑之而不得行, 後思之而悔也. 勤・勞, 一也. 勤者, 心企望之, 望之而不得, 所以成勞, 故云'遇勞'也. '不以其媵備數', 經三章次二句是也, '嫡亦自悔', 皆卒句是也. 首章一句, 爲下而設. 遇勞不怨, 經無所當, 稱美媵之本心耳.

여기에서 嫡과 媵을 말하면서 諸侯・大夫・士・庶를 지칭하지 않아 글로는 같이 표현하였지만, 만약 부인의 경우라면 의당 〈召南 小星〉과 마찬가지로 '夫人'이라 해야 한다. 그런데 여기에서는 '有嫡'만을 말하였으니 대부 이하인 듯하지만 밝힌 글이 없다. 잉첩이 따라가느냐의 여부는 정실부인에 달려 있으니, 지위가 높은 정실부인이 투기를 많이 하여 잉첩을 제지하여 가지 못하게 하였다가 뒤에 이를 생각하고 뉘우친 것이다. 勤과 勞는 같은 것이다. 勤은 마음으로 바라는 것이니, 바라지만 얻지 못하여 괴로움이 된 것이다. 그리하여 '遇勞'라 한 것이다. '不以其媵備數'는 經의 세 장의 두 번째 2구가 이것이고, '嫡亦自悔'는 모든 장의 마지막 구가 이것이다. 첫 장의 1구는 아랫구들을 위해 가설한 것이다. '遇勞不怨'은 經에 해당된 곳이 없지만 잉첩의 본심을 일컬어 찬미한 것이다.

江有汜하니

강물 갈라졌다 다시 합치는데

【傳】 興也라 決復入爲汜라

興이다. 갈라졌다가 다시 합하는 것이 汜이다.

【箋】 箋云 興者는 喩江水大하고 汜水小라 然而竝流 似嫡媵宜俱行이라

箋云 : 興한 것은, 江水는 크고 汜水는 작다. 그러나 나란히 흐르는 것이, 정실부인과 잉첩이 함께 가야 하는 것과 비슷함을 비유한 것이다.

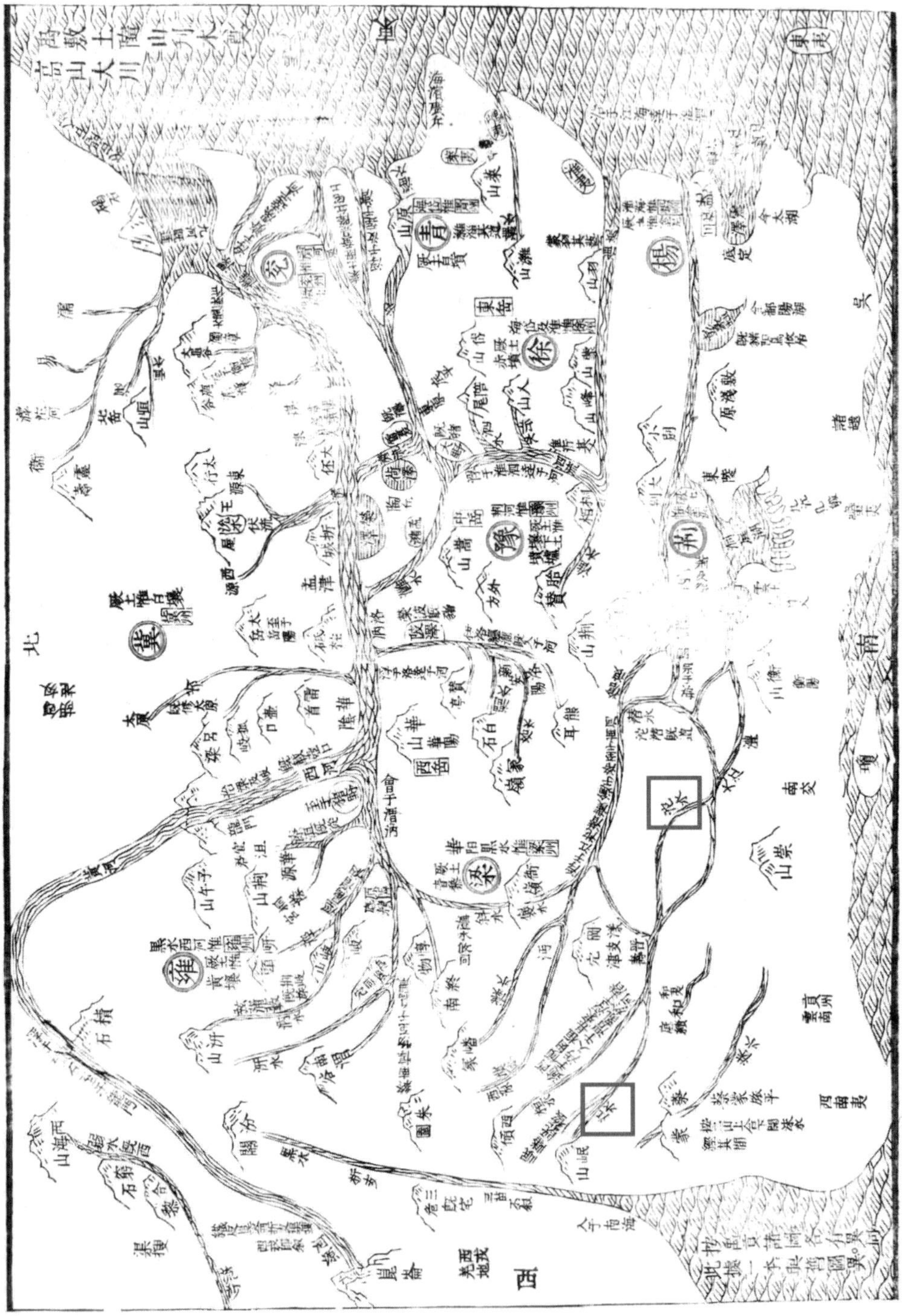

江水와 沱水(《五經圖彙》)

之子歸에 **不我以**로다 **不我以**러니 **其後也悔**로다

아씨 시집갈 때
날 데려가지 않았네
날 두고 가더니
뒤에는 뉘우쳤네

【傳】 嫡能自悔也라

정실부인이 스스로 뉘우친 것이다.

【箋】 箋云 之子는 是子也니 是子는 謂嫡也라 婦人謂嫁曰歸라 以는 猶與也라

箋云：之子는 是子이니, 是子는 정실부인을 말한다. 부인이 시집가는 것을 歸라 한다. 以는 '함께'와 같다.

【疏】 '江有'至'也悔' ○ 正義曰：江水大, 似嫡, 汜水小, 似媵. 言江之有汜, 得竝流, 以興嫡之有媵, 宜俱行, 言是子嫡妻, 往歸之時, 不共我以俱行, 由不以我俱去, 故其後也悔.

經의 〔江有〕에서 〔也悔〕까지

○ 正義曰：江水는 크니 정실부인과 같고, 汜水는 작으니 잉첩과 같다. 江水에 있는 갈라진 물줄기가 나란히 흐르는 것을 말하여 정실부인의 잉첩이 마땅히 함께 가야 함을 興한 것이니, 이 정실부인이 시집갈 때에 나와 함께 가지 않았는데, 나와 함께 가지 않았기 때문에 뒤에 뉘우친 것을 말한 것이다.

【疏】 傳'決復入爲汜' ○ 正義曰：釋水文也. 此毛解汜之狀, 其興與鄭同, 知毛不以興夫人初過而後悔者, 以後悔之文, 下章自見, 故不解.

傳의 〔決復入爲汜〕

○ 正義曰：이는 ≪爾雅≫ 〈釋水〉의 글이다. 이는 毛亨이 '汜'의 모양을 풀이한 것이니, 興으로 여긴 부분은 鄭玄과 같다. 毛亨이 부인이 처음 잘못했다가 나중에 뉘우친 것까지 興한 것으로 여기지 않았음을 안 것은 나중에 뉘우친 글이 아래 장에 절로 드러나

기 때문이다. 그리하여 풀이하지 않은 것이다.

江有渚하니

갈래진 강에는 모래섬 있는데

【傳】 渚는 小洲也니 水(岐)〔枝〕[1)]成渚라

1) (岐)〔枝〕: 저본의 교감기에 따라 '枝'로 번역하였다.

渚는 작은 모래섬이니, 물줄기가 나누어진 곳에 모래섬이 만들어진 것이다.

【箋】 箋云 江水流而渚留하니 是嫡與己異心하여 使己獨留不行이라 ○ 韓詩云 一溢一否(비)曰渚라 渚小洲也는 本或無此注라

箋云 : 江水는 흐르는데 모래섬은 그 자리에 있으니, 이는 정실부인이 자기(잉첩)와 마음을 달리하여 자기만 남게 하여 가지 못한 것이다.

○ ≪韓詩≫에는 "한쪽으론 넘치고 한쪽으론 막힌 것을 渚라 한다."라고 하였다. '渚小洲也'는 이 注가 없는 본도 있다.

之子歸에 不我與로다 不我與러니 其後也處로다

아씨 시집갈 때
나와 함께 가지 않았네
함께 가지 않더니
뒤에는 데려갔네

【傳】 處는 止也라

處는 '그침'이다.

【箋】 箋云 嫡悔過自止라

箋云 : 정실부인이 잘못을 뉘우쳐 스스로 그친 것이다.

江有沱하니

강에는 샛강 있는데

【傳】 沱는 江之別者라

沱는 강물이 갈라진 곳이다.

【箋】 箋云 岷山道江이 東別爲沱라 ○ 岷은 本又作嶓하니 山名이니 在蜀이라 道는 本亦作導하니 下篇注同이라

箋云 : 岷山에서 발원한 江水가 동쪽으로 나뉘어 沱水가 된 것이다.

○ 岷은 '嶓'자로 쓰여 있는 본이 있는데, 산의 이름이니 蜀 땅에 있다. 道는 '導'자로 되어 있는 本도 있는데, 아래편의 注도 같다.

之子歸에 不我過로다 不我過러니 其嘯也歌로다

아씨 시집갈 때
나를 찾지 않았네
날 찾지도 않더니
한숨 쉬다 노래하였네

【箋】 箋云 嘯는 蹙口而出聲이라 嫡有所思而爲之라가 旣覺에 自悔而歌니 歌者는 言其悔過하여 以自解說(열)也라 ○ 蹙은 本亦作蹴이라

箋云 : 嘯는 입을 오므려 소리를 내는 것이다. 정실부인이 의도한 것이 있어 그렇게 하였다가 깨닫고서 스스로 뉘우치고 노래한 것이니, 노래한 것은 잘못을 뉘우치고서 스스로 기뻐한 것을 말한다.

○ 蹙은 蹴으로 되어 있는 本도 있다.

江有汜三章이니 章五句라

〈江有汜〉는 3章이니 章마다 5句이다.

野有死麕(야유사균)

【序】 野有死麕은 惡(오)無禮也라 天下大亂하니 彊暴相陵하여 遂成淫風이어늘 被文王之化하여 雖當亂世나 猶惡無禮也라

〈野有死麕〉은 無禮함을 싫어한 시이다.

세상이 크게 혼란하니 사납고 포악한 자들이 서로 침해하여 마침내 음란한 풍속이 되었다. 그러나 文王의 교화를 받아 비록 혼란한 세상을 만났지만 오히려 무례함을 싫어한 것이다.

【箋】 無禮者는 爲不由媒妁하고 雁幣不至하고 劫脅以成昏이니 謂紂之世라 ○ 麕은 本亦作麏(균)하고 又作麇(균)이라 麏은 獸名也니 草木疏云 麏은 麞(장)也니 靑州人은 謂之麏이라

無禮란 매파를 통하지도 않고 기러기와 폐백을 보내오지도 않고 겁박하여 혼인을 한 것이니, 殷나라의 紂 시대를 말한다.

○ 麕은 '麏'자로 쓰여 있는 본도 있고, 또 '麇'자로 쓰여 있는 본도 있다. 麏은 짐승의 이름인데, ≪毛詩草木鳥獸蟲魚疏≫에는 "麏은 노루인데 靑州 사람들은 麏이라 한다."라고 하였다.

【疏】 '野有死麕(三章二章章四句一章三句)'至'惡無禮' ○ 正義曰:作野有死麕詩者, 言惡無禮, 謂當紂之世, 天下大亂, 彊暴相陵, 遂成淫風之俗, 被文王之化, 雖當亂世, 其貞女猶惡其無禮. 經三章, 皆惡無禮之辭也.

序의 〔野有死麕〕에서 〔惡無禮〕까지

○ 正義曰:〈野有死麕〉의 시를 지은 것은 無禮를 싫어함을 말하니, 紂의 때에 세상이 크게 혼란하여 사납고 포악한 자들이 서로 침해하여 마침내 음란한 풍속이 이루어졌는데, 文王의 교화를 받아 비록 혼란한 세상을 만났지만 정숙한 여인이 오히려 그들의 무례함을 싫어하였음을 말한 것이다. 經의 세 장은 모두 무례를 싫어하는 말이다.

【疏】 箋'無禮'至'紂之世' ○ 正義曰:經言'吉士誘之', 女思媒氏導之, 故知不由媒妁也,

思其麕肉爲禮, 故知雁幣不至也, 欲令舒而脫脫(태태)兮, 故知劫脅以成昏也. 箋反經爲說, 而先媒後幣, 與經倒者, 便文, 見昏禮先媒, 經主'惡無禮', 故先思所持之物也. 或有俗本, 以天下大亂以下, 同爲鄭注者, 誤, 定本集注皆不然.

箋의 〔無禮〕에서 〔紂之世〕까지

○ 正義曰 : 經에서 말한 '吉士誘之'는 여인이 매파가 인도해주길 생각한 것이다. 그리하여 매파를 통하지 않았음을 알고, 노루고기를 예물로 삼을 것을 생각했기 때문에 기러기와 폐물이 오지 않았음을 알고, 천천히 와 여유롭게 해주길 바랐기 때문에 겁박하여 혼인을 이룬 것임을 안 것이다. 箋에서 經과 반대로 媒를 먼저하고 幣를 뒤에 설명하여 經과 순서를 바꾼 것은 글을 편하게 써서 혼례에는 매파가 먼저임을 나타낸 것이고, 經에서는 無禮를 싫어함을 위주로 하였기 때문에 가지고 올 물건을 먼저 생각한 것이다. 혹 '天下大亂' 이하의 글을 동일하게 鄭玄의 注로 삼은 속본이 있는데 잘못이니, 定本과 ≪毛詩集注≫는 모두 그러하지 않다.

白茅(≪毛詩品物圖攷≫)

野有死麕하니 白茅包之면

들판에 잡은 노루고기 있으니

깨끗한 띠풀로 싸온다면

【傳】郊外曰野라 包는 裹也라 凶荒則殺(쇄)禮나 猶有以將之라 野有死麕은 群田之하여 獲而分其肉이라 白茅는 取絜淸也라

교외를 野라고 한다. 包는 '포장함'이다. 흉년이 들면 예물을 줄여야 하지만, 그래도 예로 행해야 한다. '野有死麕'은 여럿이 사냥하여 잡은 고기를 나눈 것이다. '白茅'는 깨끗함을 취한 것이다.

【箋】 箋云 亂世之民貧하고 而彊暴之男多行無禮라 故貞女之情은 欲令人以白茅裹束野中田者所分麕肉하여 爲禮而來라

箋云 : 혼란한 세상에는 백성들은 가난하고, 사납고 포악한 남자들은 無禮한 짓을 많이 행한다. 그리하여 정숙한 여인의 심정은 훌륭한 사람이 들판에서 사냥하여 나눈 노루고기를 깨끗한 띠풀로 싸서 예물로 삼아 오기를 바란 것이다.

有女懷春에 吉士誘之로다

여인은 이봄에
吉士의 인도를 바라네

【傳】 懷는 思也라 春은 不暇待秋也라 誘는 道也라

懷는 '생각함'이다. 春은 가을까지 기다릴 겨를이 없음이다. 誘는 '인도함'이다.

【箋】 箋云 有貞女思仲春에 以禮與男會라 吉士使媒人道成之니 疾時無禮而言然이라

箋云 : 정숙한 여인이 중춘에 예로 남자와 만날 것을 생각한 것이다. 吉士가 매파를 시켜 인도해 〈혼례를〉 이루게 하여야 하는데, 이때에 합당한 禮가 없음을 싫어하여 그렇게 말한 것이다.

【疏】 '野有'至'誘之' ○毛以爲 "皆惡無禮之辭也. 言凶荒則殺(쇄)禮, 猶須禮以將之, 故貞女欲男於野田中有死麕之肉, 以白茅裹之, 爲禮而來也. 旣欲其禮, 又欲其及時, 故有貞女思開春, 以禮與男會, 不欲過時也, 又欲令此吉士先使媒人導成之, 不欲無媒妁而自行也."

經의 〔野有〕에서 〔誘之〕까지

○毛亨은 "이 편 모두 禮가 없음을 싫어하는 말이다. 흉년이 들면 예물을 줄여야 하

지만 그래도 반드시 예로 행하여야 하므로 정숙한 여인이 남자가 들에서 잡은 노루고기를 깨끗한 띠풀로 싸서 예물로 삼아 오기를 바란 것이다. 禮가 갖추어지길 바라고 또 제때에 미치기를 바랐다. 그리하여 정숙한 여인이 초봄에 예로 남자와 만날 것을 생각하였으니 이는 제 철을 넘기지 않고자 한 것이고, 또 이 吉士가 우선 매파로 하여금 인도하여 혼례를 이루게 해주길 바랐으니 이는 매파 없이 스스로 시집감을 원하지 않은 것임을 말한 것이다."라고 하였다.

【疏】 鄭唯懷春爲異, 言思仲春正昏之時, 以禮與男會也, 餘與毛同. 言春, 據成昏之時, '吉士誘之', 乃於納采之先, 在春前矣, 但以昏時爲重, 故先言'懷春'也. 此詩所陳, 皆是女之所欲, 計'有女懷春'之文, 應最在上, 但昏禮主於交接, 春是合昏之時, 故以女懷配春爲句, 見春是所思之主. 其實裹束麕肉, 亦是女之所思, 故箋云'貞女之情, 欲令以白茅, 裹束死麕肉, 爲禮而來' 是也.

鄭玄은 '懷春'만을 다르게 해석하여 正婚의 때인 중춘에 예로 남자와 만날 것을 생각한다고 말한 것으로 여기고, 나머지는 毛亨의 의견과 같다. '春'이라 한 것은 혼인을 이루는 때를 근거한 것이고, '吉士誘之'는 바로 納采하기 전에 하는 것으로 봄 이전에 행하는 것인데, 다만 혼인의 시기를 중하게 여겼기 때문에 먼저 '懷春'을 말한 것이다. 이 시에서 한 말은 모두 여인이 바란 것이니, 생각건대 '有女懷春'의 글이 가장 앞에 있어야 하지만, 혼례는 서로 만남을 위주로 하고 春이 혼례에 합당한 때이므로, '女懷'를 '春'에 짝지어 문구를 만들어 春이 바로 생각하는 주제임을 나타낸 것이다. 그러나 실제 노루고기를 싸는 것도 여인이 생각한 것이다. 그리하여 箋에서 '정숙한 여인의 생각은 남자가 깨끗한 띠풀로 죽은 노루고기를 포장하여 예물로 삼아 오기를 바란 것이다.'라고 한 것이 이것이다.

【疏】 傳'凶荒'至'絜淸' ○正義曰：解以死麕之意. 昏禮五禮用雁, 唯納徵用幣, 無麕鹿之肉, 言死麕者, 凶荒則殺禮, 謂減殺其禮, 不如豐年也. 禮雖殺, 猶須有物以將行之, 故欲得用麕肉也. 此由世亂民貧, 故思以麕肉當雁幣也, 故有狐序曰 "古者凶荒則殺禮多昏." 司徒 "以荒政十有二聚萬民, 十曰多昏"[1], 鄭司農云 "多昏, 不備禮而昏, 娶者多." 是也. 傳文解野中所以有死麕者, 由群聚於田獵之中, 獲而分得其肉. 續人注云 "齊人謂麕爲獐[2]." 則麕是獐也. 必以白茅包之者, 由取其絜淸也, 易曰 "藉用白茅, 无昏.” 傳曰 “爾貢包茅不入, 王祭不供, 無以縮酒, 以供祭祀[3].” 明其絜淸.

1) 以荒政十有二聚萬民 十曰多昏 : 多昏은 흉년일 때 백성의 離散을 방지하기 위하여 쓰는 12가지의 조치중 하나이다. 12가지는 구제물자를 방출하는 散利, 薄征, 緩刑, 노역을 줄이는 弛力, 山澤의 禁令을 없애는 舍禁, 關市의 세금징수를 정지하는 去幾, 吉禮의 禮數를 줄이는 眚禮, 凶禮의 예수를 줄이는 殺(쇄)哀, 악기를 걷어 보관하고 연주를 정지하는 蕃樂, 예물을 줄여 결혼을 쉽게 하는 多婚, 귀신에 기도하는 索鬼神, 除盜賊 등이다. ≪周禮 地官 大司徒≫

2) 齊人謂麕爲獐 : ≪周禮≫ 〈冬官 繢人〉의 고대 옷에 수놓는 방법 중에 나온 '獐'을 해설한 말이다. 土를 황색으로 하여 天時의 변화를 형상하고, 火를 圜으로 하여 둥근 불꽃을 형상하고, 山을 獐으로 하여 산짐승을 형상하고, 水를 龍으로 하여 水物을 형상하였다.

3) 爾貢包茅不入……以供祭祀 : ≪春秋左氏傳≫ 喜公 4년 봄에 齊 桓公이 楚나라를 침공할 때에, '楚나라가 周 王室에서 祭祀用 술을 거를 때 묶어서 쓰는 包茅를 공물로 바치지 않았다.'라고 管仲이 구실삼아 한 말이다.

傳의 〔凶荒〕에서 〔絜淸〕까지

○ 正義曰 : '死麕'의 뜻을 해석한 것이다. 혼례 중에 〈納采, 問名, 納吉, 請期, 親迎의〉 五禮에는 기러기를 사용하고 納徵에만 幣帛을 사용한다. 폐백 중에 죽은 노루와 사슴고기는 없는데도 '死麕'을 말한 것은 흉년이 들면 예를 줄여 행하여야 하기 때문이니, 禮를 줄여 풍년과 다르게 함을 말한다. 예를 비록 줄이더라도 반드시 예물을 갖추어 〈혼례를〉 행하여야 하므로 노루고기를 쓰기 바란 것이다. 이는 세상이 어지럽고 백성이 가난하기 때문에 노루고기로 雁幣의 대용을 생각한 것이다. 그리하여 〈衛風 有狐〉의 序에 "옛날에 흉년이 들면 예를 줄여 혼인을 많이 하게 하였다."라고 하고, ≪周禮≫ 〈地官 大司徒〉의 "荒政에는 12가지 방법으로 백성을 모이게 하는데, 10번째가 多昏이다."라고 한 것에 대하여 鄭司農이 "多昏이란 禮를 갖추지 않고 혼인하여 많이 장가들게 하는 것이다."라고 한 것이 이것이다. 傳文에서 들판에 잡은 노루고기가 있는 이유는 여럿이 모여 사냥하는 가운데 잡은 고기를 나누기 때문이라고 풀이하였다. ≪周禮≫ 〈冬官 繢人〉의 注에 "齊나라 사람들은 '麕'을 '獐'이라고 하였다."라고 하였으니, 그렇다면 麕은 바로 노루이다. 반드시 깨끗한 띠풀로 포장하는 것은 깨끗함을 취한 것이니, ≪周易≫ 大過卦 初六爻辭에 "깨끗한 띠풀을 깐 격이니 허물이 없다."라고 하고, ≪春秋左氏傳≫ 喜公 4년에 "너희 초나라가 菁茅를 바치지 않아 周 王室의 祭祀에 제공하지 못했으니, 이 때문에 술을 걸러 제사에 올리지 못하였다."라고 하였으니, 그 깨끗함을 밝힌 것이다.

【疏】 傳'春不暇待秋' ○ 正義曰：傳以秋冬爲正昏, 此云春者, 此女年二十, 期已盡, 不暇待秋也. 此思春, 思開春, 欲其以禮來, 若仲春則不待禮會而行之, 無爲思麕肉矣. 此女惡其無禮, 恐其過晩, 故擧春而言, 其實往歲之秋冬, 亦可以爲昏矣. 釋詁云 "誘, 進也." 曲禮注 "進客, 謂導之." 明進導一也, 故以誘爲導也.

傳의 〔春不暇待秋〕

○ 正義曰：傳에서 秋와 冬을 正婚의 때로 여기면서도 여기에서 '春'을 말한 것은 여기의 여인이 나이 20세로 혼인의 기한이 다 되어 가을까지 기다릴 여유가 없기 때문이다. 여기의 '思春'은 초봄에 합당한 예로 올 것을 생각한 것이니, 만약 중춘의 경우라면 예로 만나기를 기다리지 않고 혼례를 하여 노루고기를 생각함이 없을 것이다. 이 여인이 '無禮'를 싫어함은 지나치게 늦을까 걱정한 것이다. 그리하여 春을 들어 말한 것이나, 실제는 지난해의 추와 동에도 혼인을 할 수 있는 것이다. ≪爾雅≫ 〈釋詁〉에 "誘는 들어가게 함이다."라고 하고, ≪禮記≫ 〈曲禮〉의 注에 "손님을 들어가게 함을 導之라고 한다."라고 하였으니 분명 進과 導는 하나이다. 그리하여 '誘'를 '導'로 여긴 것이다.

【疏】 箋'有貞'至'言然' ○ 正義曰：箋以仲春爲昏時, 故知貞女思仲春之月, 以禮與男會也. 言'吉士誘之'者, 女欲令吉士使媒人導達成昏禮也, 疾時無媒, 故言然也. 言'懷春', 自思及時與男會也, 言'誘之', 自吉士遣媒也, 非謂仲春之月, 始思遣媒. 何者, 女十五許嫁, 已遣媒以納采, 二十仲春, 始親迎, 故知非仲春月始思媒也. '吉士'者, 善士也, 述女稱男之意, 故以善士言之. '士如歸妻', '求我庶士', 皆非女所稱, 故不言吉, 卷阿云'用吉士' 謂朝廷之士有善德, 故稱吉士也.

箋의 〔有貞〕에서 〔言然〕까지

○ 正義曰：箋은 중춘을 혼인의 때로 여겼다. 그리하여 정숙한 여인이 중춘에 합당한 예로 남자와 만나고자 하였음을 안 것이다. '吉士誘之'라고 한 것은 여인이 길사로 하여금 매파를 시켜 인도하여 혼례를 이루게 할 것을 바란 것이니, 당시에 매파가 없음을 싫어하였기 때문에 그렇게 말한 것이다. '懷春'이라고 한 것은 때에 맞게 남자와 만날 것을 스스로 생각한 것이고, '誘之'라고 한 것은 본래 길사가 매파를 보내는 것이다. 그러나 중춘에야 비로소 매파를 보내 줄 것을 생각한다고 말한 것이 아니다. 어째서인가? 여인은 15세가 되면 시집감을 허락하는데 이때에 이미 매파를 보내 '納采'를 하고, 20세의 중춘에야 비로소 '親迎'을 하기 때문이다. 그리하여 중춘의 달에야 비로소 매파를 생각

하는 것이 아님을 안 것이다. '吉士'는 善士이니 여인이 남자를 호칭한 뜻을 기술한 것이다. 그리하여 善士로 말한 것이다. 〈邶風 匏有苦葉〉의 '남자가 만약 여인으로 하여금 자기에게 시집오게 하려면〔士如歸妻〕'의 '士'와 〈召南 摽有梅〉의 '나를 구하는 여러 남자들〔求我庶士〕'의 '士'는 모두 여인이 직접 호칭한 것이 아니다. 그리하여 '吉'을 말하지 않은 것이고, 〈大雅 卷阿〉의 傳에서 '吉士를 등용함이다.〔用吉士〕'의 '士'는 조정의 '士'중에 선한 덕이 있는 자를 말한다. 그리하여 '吉士'라고 칭한 것이다.

林有樸樕(복속)하며 野有死鹿하니 白茅純(돈)束이면

숲속엔 작은 나무 덤불 있고
들판엔 잡은 사슴 있으니
깨끗한 띠풀로 싸온다면

樸樕(≪毛詩品物圖攷≫)

【傳】 樸樕은 小木也라 野有死鹿은 廣物也라 純束은 猶包之也라

樸樕은 작은 나무이다. 野有死鹿은 예물의 종류를 넓힌 것이다. 純束은 싸는 것과 같다.

【箋】 箋云 樸樕之中及野有死鹿을 皆可以白茅로 (包)[1]裹束以爲禮는 廣可用之物이니 非獨麕也라 純은 讀如屯이라 ○ 沈云 屯은 聚也라

1) (包) : 저본의 교감기에 따라 衍字로 처리하였다.

箋云 : 樸樕 가운데와 들에

있는 잡은 사슴고기를 모두 깨끗한 띠풀로 싸서 예물로 삼을 수 있는 것은 사용할 수 있는 물건〔種類〕을 넓힌 것이니, 비단 노루만이 아니다. '純'은 '屯'과 같이 읽는다.

○ 沈重은 "屯은 모으는 것이다."라고 하였다.

有女如玉이로다

여인의 덕 옥과 같네요

【傳】 德如玉也라

德이 玉과 같은 것이다.

【箋】 箋云 如玉者는 取其堅而絜白이라

箋云 : 如玉은 단단하고 깨끗한 의미를 취한 것이다.

【疏】 '林有'至'如玉' ○ 正義曰 : 言凶荒殺禮, 非直麕肉可用, 貞女又欲男子於林中有樸樕小木之處, 及野之中有群田所分死鹿之肉, 以白茅純束而裹之, 以爲禮而來也. 由有貞女堅而絜白, 德如玉然, 故惡此無禮, 欲有以將之.

經의 〔林有〕에서 〔如玉〕까지

○ 正義曰 : 흉년에는 예를 줄이지만 노루고기만 쓸 수 있는 것이 아니기 때문에, 정숙한 여인이 또 남자가 숲속 樸樕의 작은 나무가 있는 곳이나 여럿이 모여 사냥하는 들에서 잡아 나눈 사슴고기를 깨끗한 띠풀로 묶어 싸서 예물로 가져오기 바란 것이다. 정숙한 여인이 단단하면서도 깨끗하여 덕이 옥과 같았기 때문에, 이 無禮를 싫어하여 이것으로 행하기를 바랐음을 말한 것이다.

【疏】 傳'樸樕 小木' ○ 正義曰 : 釋木云 "樸樕, 心." 某氏曰 "樸樕, 斛樕也, 有心能濕, 江河間以作柱." 孫炎曰 "樸樕, 一名心." 是樸樕爲木名也. 言小木者, 以林有此木, 故言小木也. '林有樸樕', 謂林中有樸樕之木也, 故箋云'樸樕之中 及野有死鹿', 不言林者, 則林與樸樕爲一也. 知不別者, 以樸樕, 木名, 若一木, 不得有死鹿, 若木衆, 卽是林矣, 不得林與樸樕竝言也. 且下云'有死鹿', 言有, 足得蒙林, 林下之有, 不爲鹿施, 明是林中有樸樕之處也. 樸樕與林不別, 正月箋云 "林中大木之處." 此小木得爲林者, 謂林中有此小木, 非小木獨爲林也, 此宜云'林中小木之處'.

傳의 〔樸樕 小木〕

○ 正義曰 : ≪爾雅≫ 〈釋木〉에 "樸樕은 心이다."라고 하고, 某氏는 "樸樕은 斛樕인데, 나무 속이 습기를 잘 견디기 때문에 江水와 河水 지역에서는 持柱木으로 쓴다."라고 하고, 孫炎은 "樸樕은 一名 心이다."라고 하였으니, 이 樸樕은 나무이름이다. 小木이라 한 것은 숲 가운데 이 나무가 있기 때문이다. 그리하여 소목이라고 한 것이다. '林有樸樕'은 숲 가운데 樸樕의 나무가 있음을 말한다. 그리하여 箋에서 '樸樕之中 及野有死鹿'을 말하고 林을 말하지 않았으니, 바로 林과 樸樕은 한가지이다. 구별하지 않았음을 안 것은 樸樕이 나무이름으로 만약 한 그루의 나무라면 죽은 사슴이 있을 수 없고 나무가 많다면 바로 숲이니, 林과 樸樕을 함께 말할 수 없다. 또 아래서 말한 '有死鹿'에서의 '有'는 무성한 숲을 충분히 이루어 숲 아래에도 있음을 말한 것이지 사슴을 위주로 쓴 것이 아니니, 분명 이는 숲 가운데에 樸樕이 있는 곳이다. 樸樕은 林과 구별할 수 없으니, 〈小雅 正月〉의 箋에서는 "숲 가운데 큰 나무가 있는 곳이다."라고 하였는데, 여기의 소목이 숲이 된다는 것은 숲 가운데 이 작은 나무가 있다는 것이지 소목만이 숲이 되는 것이 아님을 말하니, 여기에서는 마땅히 "숲 가운데 작은 나무가 있는 곳이다."라고 하여야 한다.

【疏】 箋'純 讀如屯' ○ 正義曰 : 純讀爲屯者, 以純非束之義, 讀爲屯, 取肉而裹束之, 故傳云'純束 猶包之'.

箋의 〔純 讀如屯〕

○ 正義曰 : '純을 屯으로 읽는 것'은 純이 묶는다는 뜻이 아니기 때문이다. 〈純을〉 屯으로 읽으면 고기를 싸서 묶는 것이다. 그리하여 傳에서 '純束은 싸는 것과 같다.〔純束 猶包之〕'라고 한 것이다.

【疏】 箋'如玉'至'絜白' ○ 正義曰 : 此皆比白玉, 故言堅而絜白. 弁師云 "五采玉"[1], 則非一色, 獨以白玉比之者, 比其堅而絜白, 不可汙以無禮. 小戎箋云 "玉有五德." 不云堅而絜白者, 以男子百行, 不可止貞絜故也.

1) 五采玉 : 王의 冕旒冠의 술에 사용하는 玉의 종류가 五色임을 말한다. ≪周禮≫ 〈夏官 弁師〉에 "王의 五冕은 다섯 색채로 술을 만들어 冕의 앞과 뒤에 12개씩 달고, 술

마다 다섯 색채의 玉을 12개씩 꿰맨다.〔王之五冕 五采繅 十有二就皆五采玉十有二〕"라고 하였다.

箋의 〔如玉〕에서 〔絜白〕까지

○ 正義曰 : 이는 모두 백옥에 비유한 것이다. 그리하여 '단단하고 깨끗하다.〔堅而絜白〕'라고 한 것이다. ≪周禮≫ 〈夏官 弁師〉에 "五采玉"이라고 하였으니, 한 가지 색이 아닌데도 여기에서 백옥만으로 비유한 것은 단단하면서도 깨끗하여 無禮로 더럽힐 수 없음을 비유한 것이다. 〈秦風 小戎〉의 箋에서 "玉엔 五德이 있다."라고 하고 '堅而絜白'을 말하지 않은 것은, 男子의 온갖 행실은 貞絜에만 그칠 수 없기 때문이다.

舒而脫脫(태태)兮하여

천천히 여유롭게 와서

【傳】 舒는 徐也요 脫脫는 舒遲也라

舒는 '천천히'이고, 脫脫는 '여유 있고 느린 것'이다.

【箋】 箋云 貞女欲吉士以禮來하되 脫脫然舒也니 又疾時無禮하여 彊暴之男이 相劫脅이라

箋云 : 정숙한 여인이 吉士가 예를 갖추어 오되 여유 있게 서서히 하길 바란 것이니, 또 당시 無禮하여 사납고 포악한 남자가 겁박함을 싫어한 것이다.

無感我帨兮하며

내 수건 흔들리지 않게 하고

【傳】 感은 動也요 帨는 佩巾也라

感은 '움직임'이고 帨는 차는 수건이다.

【箋】 箋云 奔走失節하여 動其佩飾이라

箋云 : 급하게 서둘러 절도를 잃어 차고 있는 수건을 흔들리게 한 것이다.

無使尨也吠하라

삽살개 짖지 않게 하세요

【傳】 尨은 狗也니 非禮相陵則狗吠라

尨은 '개'이니 非禮로 능멸하면 개가 짖는다.

尨(≪毛詩品物圖攷≫)

【疏】 '舒而'至'也吠' ○正義曰：此貞女思以禮來, 惡其劫脅. 言吉士當以禮而來, 其威儀舒遲而脫脫兮, 無動我之佩巾兮, 又無令狗也吠, 但以禮來, 我則從之. 疾時劫脅成昏, 不得安舒, 奔走失節, 動其佩巾, 其使尨也吠, 已所以惡之, 是謂惡無禮也.

經의 〔舒而〕에서 〔也吠〕까지

○正義曰：이는 정숙한 여인이 남자가 예를 갖추어 오기를 바라고 겁박함을 싫어한 것이다.

'吉士가 예를 갖추어 오되 행동거지를 천천히 여유 있게 하여 내가 차고 있는 수건이 흔들리지 않게 하고 또 개들이 짖지 않게 하여 예에 맞게만 온다면 나는 그대를 따를 것이다.'라고 한 것이다. 이때에 겁박하여 혼례를 이루어 편안히 하지 못하고, 급하게 서둘러 절도를 잃어 차고 있는 수건을 흔들리게 하고 삽살개가 짖게 함을 싫어한 것이니, 자기가 싫어하는 것은 바로 無禮를 싫어함을 말한 것이다.

【疏】 傳'脫脫 舒遲' ○正義曰：'脫脫', 舒遲之貌, 不言貌者, 略之, 采蘩傳曰 '僮僮, 竦敬. 祁祁, 舒遲.' 亦略而不言貌.

傳의 〔脫脫 舒遲〕

○正義曰：'脫脫'는 여유 있고 느린 모습인데 '貌'를 말하지 않은 것은 생략한 것이니, 〈周南 采蘩〉의 傳에 "僮僮은 엄숙히 공경함이고 祁祁는 여유 있고 느림이다."라고 한 것도 貌를 생략하고 말하지 않은 것이다.

【疏】 傳'帨 佩巾' ○ 正義曰：內則云'子事父母, 婦事舅姑', 皆云"左佩紛帨." 注云"帨, 拭物之巾." 又曰"女子設帨於門右." 然則帨者是巾, 爲拭物, 名之曰'帨紛', 其自佩之, 故曰'佩巾'.

傳의 〔帨 佩巾〕

○ 正義曰：≪禮記≫ 〈內則〉에 '아들이 부모를 섬김과 며느리가 시부모를 섬김'을 말하면서 모두 "왼쪽에 紛帨를 찬다."라고 하였는데, 그 注에 "帨는 물건을 닦는 수건이다."라고 하고, 또 "〈자식이 태어나면 남자는 문의 왼편에 활을 걸어두고〉 여자는 수건을 문의 오른편에 걸어둔다."라고 하였으니, 그렇다면 帨는 바로 수건이니 물건을 닦기 때문에 '帨紛'이라고 하고, 스스로 차기 때문에 '佩巾'이라고 한 것이다.

【疏】 傳'尨 狗'至'狗吠' ○ 正義曰：'尨狗', 釋畜文. 李巡[1]曰"尨, 一名狗." 非禮相陵, 主不迎客, 則有狗吠. 此女願其禮來, 不用驚狗, 故鄭志答張逸云"正行昏禮, 不得有狗吠." 是也.

1) 李巡：汝南의 汝陽 사람으로 東漢 末年의 宦官이다. ≪爾雅≫를 注하였다고 하나 전해지지 않는다.

傳의 〔尨 狗〕에서 〔狗吠〕까지

○ 正義曰：'尨 狗'는 ≪爾雅≫ 〈釋畜〉의 글이다. 李巡은 "尨은 一名 狗이다."라고 하였는데, 非禮로 능멸하여 주인이 맞이하지 않은 손님이면 개가 짖는다. 이 여인이 그가 예를 갖추어 와서 개를 놀라게 하지 않길 바란 것이다. 그리하여 ≪鄭志≫에서 張逸에게 답하기를 "바르게 혼례를 행하면 개가 짖지 않는다."라고 한 것이 이것이다.

野有死麕三章이니 **二章四句**요 **一章三句**라

〈野有死麕〉은 3章이니 두 章은 4句이고, 한 章은 3句이다.

何彼襛矣(하피농의)

【序】 **何彼襛矣**는 **美王姬也**라 **雖則王姬**라도 **亦下嫁於諸侯**니 **車服不繫其夫**하고 **下王**

后一等이어늘 **猶執婦道**하여 **以成肅雝之德也**라

〈何彼襛矣〉는 王姬를 찬미한 詩이다.

비록 왕의 딸이라도 제후에게 낮추어 시집을 가니, 이때에는 수레와 복식을 그 남편의 신분에 연계하지 않고 王后보다 한 등급만 낮춘다. 그런데도 오히려 부인의 도리를 지켜 엄숙하게 공경하고 화목하게 하는 덕을 이루었기 때문이다.

【箋】 下王后一等은 謂車乘厭(엽)翟[1]하되 勒面[2]繢(회)總[3]하고 服則褕翟이라 ○ 襛은 韓詩에 作茙(융)하니 茙은 說文云 衣厚貌라 王姬는 武王女니 姬는 周姓也라 杜預云 王姬以(上)〔王〕爲尊[4]이라 釋名[5]云 古者曰 車聲如居하니 所以居人也라하야늘 今曰車音을 尺奢反하니 云舍也라 韋昭曰 古皆音尺奢反이러니 從漢以來로 始有居音이라 繫는 本或作繼라 厭翟은 王后五路[6]之第二者也라 翟은 雉也니 次其羽相迫이라 故曰厭也라 褕翟은 音遙요 翟은 或作狄하니 王后六服[7]之第二也라

1) 厭翟 : 왕후의 다섯 가지 수레 중 두 번째로, 덮개가 있고 꿩의 깃털을 나란히 이어 장식하는데, 왕을 따라 제후에게 賓饗할 때에 타는 것이다.
2) 勒面 : 말 얼굴에 씌우는 玉龍과 같이 새긴 가죽 장식물이다.
3) 繢(회)總 : 馬勒에 부착하여 양쪽 귀와 양쪽 재갈을 곧게 하는 靑色과 黑色의 비단으로 아름답게 만든 장식물이다.

厭翟(≪六經圖考≫)

4) 王姬以(上)〔王〕爲尊 : 왕과 동성인 일반 內女의 경우는 '伯姬' 등 字를 표시하는데, 여기에서는 왕의 딸임을 존귀하게 여겨 字를 쓰지 않고 '王姬'라고만 호칭한 것이다. ≪春秋左氏傳≫ 注疏에는 '杜預云 王姬 不稱字 以王爲尊 且別於內女'라고 하여 底本의 上자가 王자로 되어 있어 바로잡아 번역하였다.

5) 釋名：한나라 劉熙가 찬한 것으로, 모두 8권이다. 訓詁字書의 하나로, ≪逸雅≫라고도 한다. ≪爾雅≫의 체제를 모방하여 釋天, 釋地 등 27類로 나누어 기술하였다.
6) 五路：고대 帝王이 타는 5種의 수레이니, 즉 玉路, 金路, 象路, 革路, 木路를 말한다.
7) 六服：五侯의 六服을 말하니, 褘衣, 揄翟, 闕翟, 鞠衣, 展衣, 褖衣이다.

'下王后一等'은 厭翟의 수레를 타되 말은 勒面에 繢總을 하고, 옷은 褕翟을 입는 것을 말한다.

○ 襛은 ≪韓詩≫에는 '茙'자로 되어 있는데, 茙은 ≪說文解字≫에 "옷이 두터운 모양이다."라고 하였다. '王姬'는 武王의 딸인데, 姬는 周나라 姓이다. 杜預는 "王姬는 왕을 존귀하게 여긴 것이다."라고 하였다. ≪釋名≫에 "옛날에 車의 音이 居와 같다 하였는데, 사람을 태울 수 있기 때문이다."라고 하였다. 그런데 지금 車의 音을 '차'로 하니 '머무는 것'을 말한다. 韋昭는 "옛날에는 모두 음을 '차'로 하였는데, 漢代로부터 비로소 居의 音이 있게 되었다."라고 하였다. '繫'는 繼로 되어 있는 본도 있다. '厭翟'은 王后의 다섯 가지 수레 중 두 번째이다. '翟'은 '꿩'인데, 꿩 깃을 차례로 이어 붙여 끝이 서로 겹치기 때문에 厭이라고 한 것이다. '褕翟'의 褕는 음이 遙이고 翟은 '狄'자로 쓰기도 하는데, 왕후의 6服 중 두 번째이다.

【疏】 '何彼襛矣(三章章四句)'至'之德' ○ 正義曰：作何彼襛矣詩者, 美王姬也. 以其雖則王姬, 天子之女, 亦下嫁於諸侯, 其所乘之車, 所衣之服, 皆不繫其夫爲尊卑, 下王后一等而已, 其尊如是, 猶能執持婦道, 以成肅敬雝和之德, 不以己尊而慢人, 此王姬之美, 卽經云'曷不肅雝 王姬之車', 是也. 定本雖王姬, 無則字.

序의 〔何彼襛矣〕에서 〔之德〕까지

○ 正義曰：〈何彼襛矣〉의 시를 지은 것은 王姬를 찬미한 것이다.

비록 왕희가 천자의 딸이지만 역시 제후에게 낮추어 시집을 가니, 이때에는 그녀가 타는 수레와 입는 복식을 모두 남편과 연계하여 높이거나 낮추지 않고 왕후보다 한 등급만 낮추는 것이니, 존귀함이 이와 같은데도 도리어 婦道를 잘 지켜 엄숙하고 공경하면서도 화목한 덕을 이루고, 자신의 존귀함으로 남을 업신여기지 않았기 때문이다. 이는 왕희의 아름다움이니, 바로 經에서 '어찌 엄숙하고 화목하지 않으리오. 王姬의 수레로다.'라고 한 것이 이것이다. 定本에는 〈'雖則王姬'가〉 雖王姬로 되어 있고 '則'字가 없다.

【疏】 此詩主美肅雝之德, 因言顔色之美. 以善道相求之事, 敍者本其作意, 略不言耳. 王姬者, 王女而姬姓, 春秋 '築王姬之館于外', 杜預云 "不稱字, 以王爲尊." 是也. 言雖則王姬亦下嫁於諸侯者, 以諸侯之女嫁於諸侯, 是其常令, 雖則王姬之尊, 亦下嫁於諸侯, 亦謂諸侯主也, 然上無二王, 王姬必當嫁於諸侯, 言雖則者, 欲美其能執婦道, 故言雖則, 爲屈尊之辭. 言下嫁於諸侯, 雖嫁於王者之後[1], 亦是也.

1) 王者之後 : 夏나라의 후손인 杞나라와 商나라의 후손인 宋나라를 말한다.

이 시는 공경하고 화목한 덕을 위주로 찬미하고, 이어서 안색의 아름다움을 말한 것인데, '바른 도로 서로 구하는 일'에 대해서는 서술하는 자가 작자의 뜻을 기본으로 하여 생략하고 말하지 않은 것이다. '王姬'는 왕의 딸로서 '姬'姓이니, ≪春秋≫ 莊公 元年에 '왕희의 관사를 밖에 지었다.'라고 한 것에 대하여 杜預가 "왕희의 字를 말하지 않은 것은 왕을 존귀하게 여긴 것이다."라고 한 것이 이것이다. '雖則王姬 亦下嫁於諸侯'라고 한 것은, 제후의 딸이 제후에게 시집가는 것은 일상의 법이고, 비록 존귀한 왕의 딸이라도 제후에게 낮추어 시집가야 하니, 역시 제후가 주체임을 말한다. 그러나 위〔上〕에는 두 왕이 없으므로 왕희는 반드시 제후에게 시집을 가야 하는데, '雖則'이라고 말한 것은 왕희가 婦道를 잘 지킴을 찬미하고자 한 것이다. 그리하여 '雖則'이라고 말하여 존귀함을 굽힌 말로 만든 것이다. '下嫁於諸侯'란 것은 비록 二王의 후손에게 시집가는 경우라도 그러한 것이다.

【疏】 禮記注云 "周女因魯嫁卒, 服之如內女, 天子爲之無服[1], 嫁於王者之後, 乃服之." 則王姬嫁於王者之後, 似非下嫁, 言王姬必下嫁者, 必二王之後, 通天三統, 自行正朔, 有與天子敵義[2], 其實列土諸侯, 不得純敵天子, 亦爲下嫁也. 因姑・姊・妹女子有恩, 二王後有敵義, 故服之, 非實敵也. 若二王之後嫁女於諸侯, 爵雖尊, 非下嫁也, 故魯之孝・惠娶於商, 及宋人來媵, 皆無異於諸侯也, 然得行禮樂, 唯祭爲然也.

1) 周女因魯嫁卒……天子爲之無服 : 魯 莊公 2년 가을에 魯나라가 주관하여 齊나라로 시집보낸 왕희가 죽자 魯나라에 부고하니, 莊公은 內女의 경우와 같이 姊妹服인 大功服을 입어주고, 천자는 무복이기 때문에 복을 입지 않은 일을 말한다. ≪春秋左氏傳≫

2) 通天三統……有與天子敵義 : '通天三統'은 전왕조의 후손에게 왕의 작위를 주어 하늘에 郊제사를 지내고, 천자의 예로 시조에게 제사를 지내고, 正朔과 服色을 달리 쓰도록 하는 것인데, 이렇게 되면 천자와 대등한 義가 있게 됨을 말한다. ≪尙書大傳 微子

之命 注≫

≪禮記≫ 〈檀弓〉의 注에 "周나라의 왕희가 魯나라의 주관으로 齊나라에 시집갔다가 죽자, 상복을 內女와 같이 입어주었으나, 천자는 그를 위한 服이 없었으니 二王의 후손에게 시집간 경우에야 복을 입어준다."라고 하였다. 그렇다면 왕희가 二王의 후손에게 시집가는 것은 '下嫁'가 아닌 듯한데 '王姬는 반드시 낮추어 시집을 간다.'라고 한 것은, 二王의 후손은 반드시 '通天三統'하여 스스로 正朔을 시행하여 천자와 대등한 義가 있기는 하다. 그러나 실제로는 땅을 하사받은 제후로서 천자와 완전하게 대등할 수는 없어 역시 下嫁가 되고, 姑・姊・妹의 여자에게는 恩義가 있고, 二王의 후손에게는 대등한 의가 있어 服을 입어주는 것이지 실제로 대등한 것이 아니기 때문이다. 만약 二王의 후손이 딸을 제후에게 시집보낼 경우에는 작위는 비록 높지만 下嫁는 아니다. 그리하여 魯나라의 孝公과 惠公이 商에 장가들고, 宋人이 잉첩으로 오기까지 하였으니 모두 諸侯와 다름이 없다. 그러나 禮樂은 행할 수 있으니 祭禮에서만 그러하다.

【疏】 此王姬體王之尊, 故下王后一等, 不繫夫之尊卑, 唯二王後之夫人, 得與王后同, 亦降一等, 不繫於夫也. 此時齊侯子, 未爲諸侯. 若爲諸侯, 其夫人車服, 自當下王后一等, 要本王姬車服不爲繫於夫也. 天子尊無二上, 故其女可下王后一等, 若諸侯之女下嫁, 則各從夫之爵, 不得下其母一等也. 何休云 "天子嫁女於諸侯, 備姪娣, 如諸侯禮義, 不可以天子之尊, 絶人繼嗣之路." 皇甫謐云 "武王五男二女, 元女妻胡公[1], 王姬宜爲媵, 今何得適齊侯之子, 何休事無所出, 未可據信也. 或以尊, 故命同族爲媵."

1) 元女妻胡公 : 周 武王이 맏딸 太姬를 虞 胡公에 시집보내고 호공을 陳에 봉한 것을 말한다.〔周武王 以元女大姬 配虞胡公而封之陳〕≪國語≫

이 왕희는 왕의 존귀함을 이어받았다. 그리하여 왕후보다 한 등급을 낮추고, 남편의 높고 낮음과 연계하지 않는 것이다. 二王 후손의 부인만은 지위가 왕후와 동일하다. 그러나 역시 한 등급을 낮추고 남편과 연계하지 않는다. 이때에 齊侯의 아들이 아직 제후가 되지 않았다. 만약 제후가 되었다면 그 부인의 수레와 복식은 자연 왕후보다 한 등급을 낮추어야 되니, 要旨는 왕희의 수레와 복식이 남편에 연계하지 않는 것이다. 천자의 존귀함은 둘이 없다. 그리하여 천자의 딸은 왕후보다 한 등급 낮출 수 있지만, 만약 제후의 딸이 낮추어 시집가는 경우라면 각각 남편의 작위를 따르고 자기 어머니보다 한 등급 낮출 수 없다. 何休가 "천자가 딸을 제후에게 시집보낼 때에 姪과 娣를 제후의 예의와 똑같이 갖추는 것은 천자의 존귀함 때문에 남의 後嗣를 잇는 길을 끊을 수 없기 때문이다."라고 하였는데, 皇甫謐은 "武王의 5남 2녀 중에 맏딸이 胡公에게 시집을 갔으니 〈그렇다면〉 왕희는 잉첩이 되었어야 하는데, 지금 어떻게 齊侯의 아들에게 갈 수 있었겠는가. 何休가 언급한 일은 출처가 없으니, 근거해 믿을 수 없다. 혹 왕희가 존귀하기 때문에 동족을 명하여 잉첩으로 하였는가 보다."라고 하였다.

【疏】 箋'下王后'至'褕翟' ○正義曰：王后五路, 重翟爲上, 厭翟次之, 六服, 褘衣爲上, 褕翟次之. 今言下王后一等, 故知車乘厭翟, 服則褕翟也. 巾車職云 "王后之五路, 重翟, 錫(양)面朱總, 厭翟, 勒面繢總, 安車, 彫面鷖(예)總, 皆有容蓋."

箋의 〔下王后〕에서 〔褕翟〕까지

○ 正義曰：왕후의 五路에는 重翟이 첫째이고 厭翟이 다음이며, 六服에는 褘衣가 첫째이고 褕翟이 다음이다. 지금 왕후보다 한 등급을 낮추는 것을 말하였다. 그리하여 수레는 '厭翟'을 타고 옷은 '褕翟'을 입는 것을 안 것이다. ≪周禮≫ 〈春官 巾車〉에 "왕후의 五路에, 重翟은 錫面에 朱總을 하며, 厭翟은 勒面에 繢總을 하며, 安車는 彫面에 鷖總을 하니, 이들 수레 모두 휘장과 덮개가 있다."라고 하였는데,

【疏】 注云 "重翟, 重翟雉之羽也, 厭翟, 次其羽, 使相迫也. 勒面, 謂以如(王)〔玉〕[1]龍勒之韋, 爲當面飾也. 彫者, 畫之, 不龍其韋. 安車, 坐乘車, 凡婦人車皆坐乘. 鄭司農云 '錫, 馬面錫也. 鷖總者, 靑黑色, 以繒爲之. 總著馬勒, 直兩耳與兩鑣. 容謂幨車, 山東謂之裳幃, 或曰潼容'. 玄謂 '朱總繢總, 其施之如鷖總, 車衡輨亦宜有焉.' 繢, 畫文也. 蓋, 如今小車蓋也. 皆有容有蓋, 則重翟厭翟謂蔽也. 重翟, 后從王祭祀所乘, 厭翟, 后從王賓饗諸侯所乘. 安車無蔽, 后朝見於王所乘, 謂去飾也. 詩國風碩人曰 '翟蔽以朝', 謂諸侯夫人始來, 乘翟蔽之車, 以朝見於君, 以盛之也. 此翟蔽, 蓋厭翟也. 然則王后始來乘重翟矣.'" 巾車又云 "翟車, 貝面組總, 有握, 輦車, 組(綄)〔輓〕[2], 有翣(삽)羽蓋." 注云 "翟車以出桑, 輦車宮中所乘." 此王后五等車所用也.

1) (王)〔玉〕: 저본의 교감기에 따라 '玉'으로 번역하였다.
2) (綄)〔輓〕: 北京大本의 교감기에 따라 '輓'으로 번역하였다.

注에 "重翟은 꿩의 깃털을 중첩한 것이고, 厭翟은 꿩의 깃털을 차례로 이어 붙여 서로 겹친 것이다. 勒面은 玉龍처럼 새긴 가죽으로 말의 얼굴을 꾸미는 것이고, 彫는 가죽에

그림을 그리고 용을 새기지 않은 것이다. 安車는 앉아서 타는 수레인데 부인의 수레는 모두 앉아서 탄다. 鄭司農은 '鍚은 말의 얼굴에 붙이는 鍚 장식이다. 鷖總은 청흑색이니 비단으로 만든다. 總은 말의 굴레에 붙여 두 귀와 양 재갈을 곧게 한 것이다. 容은 수레의 휘장을 말하는데, 山東에서는 裳幃라 부르고, 혹은 潼容이라고도 한다.'라고 하였는데, 나(鄭玄)는 아래와 같이 생각한다. '朱總과 繢總은 鷖總처럼 설치하니 수레의 멍에와 바퀴통 휘갑쇠에도 설치한다. 繢는 무늬를 그린 것이다. 蓋는 지금의 작은 수레의 덮개와 같다. 모두 容과 蓋가 있는 경우는 곧 重翟과 厭翟의 가림막을 말한다. 重翟은 왕후가 왕을 따라 제사할 때 타는 수레이고, 厭翟은 왕후가 왕을 따라 제후를 賓饗할 때 타는 수레이다. 安車에는 蔽가 없는데, 왕후가 왕을 朝見할 때 타는 수레이니 장식을 제거한 것을 말한다. ≪詩經≫ 〈國風 碩人〉에서 「翟蔽 타고 조회 드리네.〔翟蔽以朝〕」라고 하였으니, 이는 제후의 부인이 처음 시집올 때에 翟蔽의 수레를 타고 와서 인군을 뵙는 것을 말하니, 성대하게 한 것이다. 이 翟蔽는 厭翟이다. 그렇다면 왕후가 처음 시집올 때는 重翟을 타는 것이다.'"라고 하였다. 〈巾車〉에 또 "翟車는 貝面에 織組한 總을 하고 휘장이 있으며, 輦車는 직조한 輓을 하고 먼지를 막는 翣과 일산이 있다."라고 하였는데, 注에 "翟車는 뽕밭에 나갈 때 타고, 輦車는 궁중에서 타는 것이다."라고 하였으니, 이는 왕후의 5등급 수레가 쓰이는 곳이다.

【疏】 其諸侯之夫人始嫁, 及常乘之車則無文, 說者各爲其見, 崔靈恩以爲"二王之後夫人, 各乘本國先王之上車, 魯之夫人乘重翟. 知者, 以魯夫人服褘衣, 與王后同, 故知車亦同也. 其同姓異姓侯伯夫人皆乘厭翟, 子男夫人乘翟車, 所用助祭饗賓朝見各依差次, 其初嫁之時, 侯伯以下夫人所乘車皆上攝一等. 知者, 以士妻乘墨車, 上攝大夫之車故也."

제후의 부인이 처음 시집갈 때와 평상시 타는 수레에 대한 글은 없으나, 해설하는 자들이 각자 자기의 견해를 설명하였다. 崔靈恩은 "二王 後孫의 부인은 각각 자기 나라의 선왕이 타던 으뜸의 수레를 타는데, 魯나라의 부인이 重翟을 탔다. 이를 알 수 있는 것은 魯나라의 부인이 褘衣를 입어 왕후와 동등하였기 때문에 수레도 같음을 안 것이다. 同姓이나 異姓의 구분 없이 侯와 伯의 부인은 모두 厭翟을 타고, 子와 男의 부인은 翟車를 타는데, 助祭·饗賓·朝見의 용도에는 각각 차등을 따르지만, 처음 시집올 때에는 侯와 伯 이하의 부인이 타는 수레는 모두 위로 한 등급 올린다. 이를 알 수 있는 것은

士의 처가 墨車를 타 위로 대부의 수레로 대체하기 때문이다."라고 하였다가,

【疏】崔又一解云"諸侯夫人初嫁不得上攝, 以其逼王后故也, 卿大夫之妻得上攝一等." 案鄭注巾車引詩翟茀以朝, 謂厭翟也, 衛是侯爵, 故厭翟, 崔氏後解與鄭注同. 旣不上攝, 鄭注巾車云"乘翟茀之車以盛之者, 以乘祭祀之車, 故言盛也." 二劉[1]以五等諸侯夫人初嫁皆乘厭翟, 與鄭不合. 其三公之妻與子男同, 其孤妻夏篆, 卿妻夏縵, 大夫墨車, 士乘棧車, 初嫁皆上攝一等. (始嫁其嫁)〔其始嫁〕[2]之衣, 皆以祭服, 加以纁袡, 約士昏禮女次純衣纁袡故也. 其諸侯夫人用自祭之服, 卿大夫之妻用助祭之服, 此序以經有王姬之車, 故因言車服, 謂嫁時之車服耳, 若其在國, 則繫於其夫, 各從其爵也.

1) 二劉 : 隋나라의 經學者인 劉焯과 劉炫을 말한다.
2) (始嫁其嫁)〔其始嫁〕: 저본의 교감기에 따라 '其始嫁'로 번역하였다.

崔靈恩이 또 다시 해석하여 "제후의 부인이 처음 시집갈 때에 상위의 수레로 대체하지 못하는 것은 왕후와 대등해지기 때문이지만, 卿大夫의 처는 위로 한 등급을 높일 수 있다."라고 하였는데, 살펴보면 鄭玄이 〈巾車〉에 注를 내면서 〈衛風 碩人〉 시에 '翟車를 타고 가 조회하네〔翟茀以朝〕'라고 한 것을 인용하였으니, 厭翟을 이른다. 衛나라는 侯의 작위이기 때문에 厭翟인 것이니, 崔氏의 나중 해석은 鄭玄의 注와 같다. 이미 위로 높이지 못하는데, 鄭玄이 〈巾車〉에서 "翟茀의 수레를 타 성대하게 하는 것은 제사 지내려 갈 때 타는 수레이기 때문에 '성대함'을 말한 것이다."라고 注하였으니, 두 劉氏가 5등급의 諸侯夫人은 처음 시집갈 때 모두 厭翟을 탄다고 한 것은 鄭玄과 부합하지 않는다. 三公의 처는 子·男의 처의 경우와 동일하고, 孤卿의 처는 夏篆의 수레를 타고, 卿의 처는 夏縵의 수레를 타고, 대부의 처는 墨車를 타고, 士의 처는 棧車를 타는데, 처음 시집올 때에는 모두 한 등급을 높인다. 처음 시집갈 때의 옷은 모두 祭服에 검은색 단을 대니, ≪儀禮≫ 〈士昏禮〉의 '시집가는 여인은 次髮를 하고 純衣에 검은색 단을 댄다.'라고 한 것을 간략히 한 것이기 때문이다. 제후 부인은 자신이 제사 지낼 때의 예복을 입고, 卿大夫의 처는 제사를 도울 때의 예복을 입는데, 여기의 序에서는 經에 왕희의 수레가 있기 때문에 이로 인하여 수레와 복식을 말하였으니, 시집갈 때의 수레와 복식을 말한다. 만약 자기 나라에 있는 경우라면 자기 남편에 연계하여 각기 그의 작위를 따른다.

何彼襛**矣**오 **唐**棣(체)**之華**로다

저리도 무성한건 무엇인가
산앵두 꽃이로세

【傳】 興也라 襛은 猶戎戎也라 唐棣는 移(이)也라

興이다. 襛은 '무성함'과 같다. 唐棣는 '산앵두'이다.

【箋】 箋云 何乎아 彼戎戎者는 乃移之華라 興者는 喩王姬顔色之美盛이라 ○ 移는 郭璞[1]云 今白移也니 似白楊이요 江東呼夫移라

1) 郭璞 : 東晉의 著名한 訓詁學者로 ≪爾雅≫, ≪周易≫, ≪山海經≫, ≪穆天子傳≫, ≪方言≫, ≪楚辭≫ 등을 주석하였다.

箋云 : 저리 무성한 것은 무엇인가. 바로 산앵두의 꽃이다. 興한 것은 왕희의 안색이 매우 아름다움을 비유한 것이다.

산앵두 꽃(≪毛詩品物圖攷≫)

○ 移는 郭璞은 "지금의 흰 산앵두이니 '白楊과 비슷하고, 江東에서는 夫移라 부른다." 라고 하였다.

曷不肅雝(옹)이리오 **王姬之車**로다

어찌 공경하고 화목하지 않으리오
王姬의 수레로세

【傳】 肅은 敬이요 雝은 和라

肅은 '공경'이고, 雝은 '화목함'이다.

【箋】 箋云 曷은 何요 之는 往也라 何不敬和乎리오 王姬往乘車也라하니 言其嫁時에 始乘車則已敬和라 ○ 車는 協韻이니 尺奢反이요 又音居라 或云古讀華爲敷니 與居爲韻이라 後放此하다

箋云 : 曷은 '어찌'이고, 之는 '감'이다. '어찌 공경하고 화목하지 않겠는가. 왕희가 시집가면서 탄 수레이다.'라고 하였으니, 시집갈 때 처음 수레를 탔는데 이미 공경하고 화목하였음을 말한다.

○ 車는 協韻이니 尺과 奢의 反切인 '차'이며 또 다른 음은 居이다. 或者는 之華의 華를 敷로 읽어 居자와 韻이 된다고 하였다. 뒤의 경우도 이와 같다.

【疏】 '何彼'至'之車' ○ 正義曰 : 何乎彼戎戎者, 乃唐棣之華, 以興王姬之顏色, 亦如此華然. 王姬非直顏色之美, 又能執持婦道, 何事不敬和乎. 王姬往乘車時, 則已敬和矣. 以其尊而適卑, 恐有傲慢, 今初乘車時, 已能敬和, 則每事皆敬和矣.

經의 〔何彼〕에서 〔之車〕까지

○ 正義曰 : 저리 무성한 것이 무엇인가. 바로 산앵두의 꽃이니, 이것으로 왕희의 얼굴이 이 꽃처럼 아름다움을 興한 것이다. 왕희가 얼굴만 아름다운 것이 아니고 부인의 도리까지도 잘 지키니, 무슨 일인들 공경하고 화목하지 않겠는가. 왕희가 시집가러 수레를 탈 때에 이미 공경하고 화목하였다. 존귀함으로 신분이 낮은 곳에 시집을 오니 오만함이 있을까 염려되었는데, 지금 처음 수레를 탔을 때 이미 공경하고 화목하였으니, 그렇다면 일마다 모두 공경하고 화목할 것이다.

【疏】 傳'穠 猶戎戎' ○ 正義曰 : 以戎戎者華形貌, 故重言之, 猶柏舟以汎爲汎汎之義. 言戎戎者, 毛以華狀物色言之, 不必有文.

傳의 〔穠 猶戎戎〕

○ 正義曰 : '戎戎'은 꽃의 모습이기 때문에 거듭하여 말한 것이니, 〈邶風 柏舟〉에서 汎을 汎汎의 뜻으로 여긴 것과 같다. 戎戎이라 한 것은 毛亨이 꽃의 모습으로 物色을 말한 것이니, 〈箋에서〉 굳이 말할 필요가 없었다.

【疏】 傳'唐棣 栘' ○ 正義曰：釋木文, 舍人曰 "唐棣, 一名栘." 郭璞曰 "今白栘也, 似白楊, 江東呼夫栘."

傳의 〔唐棣 栘〕

○ 正義曰：≪爾雅≫ 〈釋木〉의 글인데, 舍人은 "唐棣는 一名 栘이다."라고 하고, 郭璞은 "지금의 白栘이니 白楊과 비슷하고, 江東에서는 夫栘라고 부른다."라고 하였다.

【疏】 箋'何不'至'敬和' ○ 正義曰：詩美王姬肅雝, 非云何事不敬和乎, 言事事皆敬和. 王姬始乘車則已敬和, 後至齊侯之家, 自然敬和, 故樂記云 "肅肅, 敬也, 雝雝, 和也." 夫敬與和, 何事不行也.

箋의 〔何不〕에서 〔敬和〕

○ 正義曰：시가 왕희의 공경함과 화목함을 찬미하였으니, '무슨 일로 공경하고 화목치 않으리오.' 한 것이 아니고, 일마다 모두 공경하고 화목하였음을 말한 것이다. 왕희가 처음 수레를 탔을 때에 이미 공경하고 화목하였으니, 齊侯의 집에 이른 뒤에도 자연 공경하고 화목할 것이다. 그리하여 ≪禮記≫ 〈樂記〉에 "肅肅은 공경함이고, 雝雝은 화목함이다."라고 하였으니, 공경하고 아울러 화목한다면 무슨 일인들 행하지 못하겠는가.

李(오얏)(≪毛詩品物圖攷≫)

何彼襛矣오 華如桃李로다

저리도 무성한건 무엇인가
화사하네 복숭아 오얏 꽃처럼

平王之孫이요 齊侯之子로다

문왕의 손녀요
齊侯의 아들이로세

【傳】 平은 正也라 武王女文王孫이 適齊侯之子라

平은 '바름'이다. 武王의 딸이자 文王의 손녀인 〈王姬가〉 齊侯의 아들에게 시집간 것이다.

【箋】 箋云 華如桃李者는 興王姬與齊侯之子 顏色俱盛이라 正王者는 德能正天下之王이라

箋云 : '華如桃李'는 왕희와 齊侯의 아들이 모두 안색이 출중함을 興한 것이다. 正王은 덕이 천하를 바르게 한 왕이다.

【疏】 '何彼'至'之子' ○ 正義曰 : 言何乎彼戎戎者, 其華之色, 如桃李華也, 以興王姬顏色之盛, 與齊侯之子, 誰能有此顏色者, 是平王之孫, 與齊侯之子耳. 上章言唐棣之華, 此章不言木名, 直言華如桃李, 則唐棣之華, 如桃李之華也. 以王姬顏色, 如齊侯之子顏色, 故擧二木也. 箋云'華如桃李者 興王姬與齊侯之子顏色俱盛', 是以華比華然後爲興.

經의 〔何彼〕에서 〔之子〕까지

○ 正義曰 : 저리도 무성한 것은 무엇인가. 꽃의 색이 마치 복숭아와 오얏 꽃과 같다고 말한 것이니, 이것으로 안색이 출중한 왕희와 齊侯의 아들을 興하여, '누가 이 아름다운 얼굴을 가졌는가. 바로 文王의 손녀와 齊侯의 아들이다.'라고 한 것이다. 上章에서 '唐棣之華'를 말하였는데, 이 장에서는 나무의 이름을 말하지 않고 '華如桃李'라고만 말하였으니, 그렇다면 '唐棣之華는 桃·李의 꽃과 같은 것이다. 왕희의 안색이 齊侯의 아들 안색과 같았다. 그리하여 두 나무를 든 것이다. 箋에서 '華如桃李는 왕희와 齊侯의 아들이 모두 안색이 출중함을 興한 것이다.'라고 한 것은 화사함을 꽃과 비유한 뒤에 興으로 여

긴 것이다.

【疏】 傳'平正也' 箋 '正〔王〕[1]者 德能正天下之王' ○ 正義曰 : 此文王也. 文者, 謚之正名也. 稱之則隨德不一, 故以德能正天下則稱平王. 鄭志張逸問 "箋云'德能正天下之王', 然則不必要文王也." 答曰 "德能平正天下, 則稱爲平, 故以號文王焉." 又大誥注, "受命曰寧王, 承平曰平王." 故君奭云'割申勸寧王之德'[2], 是文王也. 又洛誥云 "平(팽)來毖殷, 乃命寧[3]." 卽云 "予以秬鬯二卣, 曰明禋[4]." "文王騂牛一, 武王騂牛一." 則乃命寧, 兼文・武矣, 故注云 '周公謂文王爲寧王'. 成王亦謂武王爲寧王, 此一名二人兼之. 武王亦受命, 故亦稱寧王, 理亦得稱平王, 但無文耳.

1) 〔王〕: 저본의 교감기에 따라 '王'을 보충하여 번역하였다.
2) 割申勸寧王之德 : 주공이 소공인 君奭에게 한 말로 '옛날 상제께서 의를 결단하여 문왕에게 덕을 권면하게 하여 문왕이 자신에게 大命을 이루었다.'라고 훈계한 것이다.〔在昔上天 割制其義 重勸文王之德 故能成其大命於其身〕 ≪尙書 君奭 注疏≫
3) 平來毖殷 乃命寧 : 周公이 낙읍을 정하고 군신에게 한 말로, '우리가 이룬 바른 법은 바로 文朝의 德(典禮)을 다하였기 때문이고, 中土에 살 수 있음은 문왕과 무왕이 나를 보내 은나라 백성을 잘 가르쳐 이에 명을 받아 편안케 하였기 때문이다.〔我所成明子法 乃盡文祖之德 謂典禮也 所以居土中 是文武使己來愼敎殷民 乃見命而安之〕'라고 한 것이다. ≪尙書 洛誥 注疏≫
4) 予以秬鬯二卣 曰明禋 : 周公이 攝政한 지 7년에 태평성대를 이루어, 黑黍의 술 두 잔을 정성을 다해 깨끗이 하여 文王과 武王에게 올리면서 한 말이다.〔周公攝政七年致太平 以黑黍酒二器 明絜致敬 告文武以美享〕 ≪尙書 洛誥 注疏≫

傳의 〔平正也〕와 箋의 〔正王者 德能正天下之王〕

○ 正義曰 : 이 〈平王〉은 文王이다. '文'은 시호의 정식 명칭이니, 文이라 시호할 때에는 그 덕에 따라 의미가 다르다. 그리하여 '덕이 천하를 바르게 하면 平王이다.'라고 한 것이다. ≪鄭志≫에서 張逸이 "箋에서 '덕이 천하를 바르게 한 왕이다.'라고 하였으니, 그렇다면 반드시 文王일 필요는 없을 듯합니다."라고 묻자, "덕이 천하를 평정하면 平이라 한다. 그리하여 文王이라 한 것이다."라고 답하였다. 또 ≪尙書≫ 〈大誥〉의 注에서 "천명을 받으면 寧王이라 하고, 태평함을 서로 이어받으면 平王이라고 한다."라고 하였다. 그리하여 ≪尙書≫ 〈君奭〉에서 '〈上帝께서 義를〉 결단하여 寧王에게 덕을 거듭 권면하였다.〔割申勸寧王之德〕'라고 할 때의 〈寧王은〉 文王이다. 또 ≪尙書≫ 〈洛誥〉에 "사람

을 보내어 은나라 사람을 경계하고 마침내 命을 받아 편안하게 하였다."라고 하고, 이어서 "내가 검은 기장과 울금으로 빚은 술 두 잔을 올리고 '밝게 공경하노이다.'라고 하였다."라고 하고, "烝祭祀에 文王에게는 붉은 소 한 마리를 올리고, 武王에게도 붉은 소 한 마리를 올렸다."라고 하였으니, 그렇다면 '乃命寧'은 文王과 武王을 겸한다. 그리하여 注에서 '周公이 文王을 寧王으로 부른 것이다.'라고 한 것이다. 成王도 武王을 寧王으로 불렀으니, 이는 하나의 명칭에 文·武 두 왕을 겸한 것이다. 武王도 천명을 받았다. 그리하여 역시 寧王이라 한 것이나, 이치상 平王으로도 부를 수 있었을 것인데 다만 관련된 글이 없다.

其釣維何오 維絲伊緡이로다
齊侯之子요 平王之孫이로다

낚시는 무엇으로 하는가
명주 낚싯줄이라네
제후의 아들이요
문왕의 손녀라네

【傳】 伊는 維요 緡은 綸也라

伊는 〈어조사인〉 維이고, 緡은 '낚싯줄'이다.

【箋】 箋云 釣者는 以此有求於彼니 何以爲之乎아 以絲(之爲)〔爲之〕[1]綸이면 則是善釣也니 以言王姬與齊侯之子 以善道相求라 ○ 綸은 繩也라

1) (之爲)〔爲之〕: 저본의 교감기에 따라 '爲之'로 번역하였다.

箋云 : 낚시란 이것으로 저것을 구하는 것이니, 무엇을 가지고 하는가? 명주실로 낚싯줄을 만들면 낚시를 잘할 수 있다. 이로써 王姬와 齊侯의 아들이 선한 도로 서로 구함을 말한 것이다.

○ 綸은 '줄'이다.

【疏】 '其釣'至'之孫' ○ 正義曰 : 其釣魚之法, 維何以爲乎, 維以絲爲繩, 則是善釣, 以興其娶妻之法, 亦何以爲之乎, 維以禮爲之, 則是善娶. '釣者 以此有求於彼', 執絲緡以求魚, 娶者, 以己有求於人, 用善道而相呼. 誰能以善道相求呼者, 乃齊侯之子, 求平王之孫. 上章, 主美王姬適齊侯之子, 故先言'平王之孫', 此章, 主說齊侯之子, 以善道求王姬, 故先言'齊侯之子'.

經의 〔其釣〕에서 〔之孫〕까지

○ 正義曰 : 낚시질 하는 방법은 어떻게 해야 하는가? 명주실로 낚싯줄을 만들면 이것이 낚시를 잘하는 것이다. 이것으로 장가가는 법을 또한 어떻게 해야 하는가? 합당한 예로 하면 이것이 훌륭하게 장가가는 것임을 興한 것이다. 箋의 '釣者 以此有求於彼'는 명주 낚싯줄로 물고기를 잡는 것이고, 장가감은 자기가 남에게 구함이 있는 것이니 바른 도로 서로 부르는 것이다. 바른 도로 서로 찾아 부른 자는 누구인가? 바로 齊侯의 아들이 平王의 손녀를 찾은 것이다. 윗장은 왕희가 齊侯의 아들에게 시집감을 위주로 하여 찬미하였기 때문에 '平王의 손녀〔平王之孫〕'를 먼저 말하고, 이 장은 齊侯의 아들이 바른 도로서 왕희를 구함을 위주로 말하였다. 그리하여 '齊侯의 아들〔齊侯之子〕'을 먼저 말한 것이다.

【疏】 傳'緡 綸' ○ 正義曰 : 釋言文, 孫炎曰 "皆繩名也." 故采綠箋云 "綸 釣繳." 抑又云 "言緡之絲." 傳曰'緡 被'者, 以荏染柔木, 宜被之以弦, 故云'緡 被', 謂被絲爲弦也. 綸 禮記云 "王言如絲, 其出如綸." 謂嗇夫所佩, 與此別.

傳의 〔緡 綸〕

○ 正義曰 : ≪爾雅≫ 〈釋言〉의 글인데, 孫炎은 "〈緡과 綸은〉 모두 줄의 이름이다."라고 하였다. 그리하여 〈小雅 采綠〉의 箋에 "綸은 낚싯대에 매다는 줄이다."라고 하고, 〈大雅 抑〉에도 "명주 줄을 매닮이여.〔言緡之絲〕"라고 하였는데, 그 傳에서 말한 '緡은 줄을 나무에 거는 것이다.〔緡 被〕'는 유연한 나무가 활시위를 매기 알맞다. 그리하여 '緡 被'라고 한 것이니, 명주실을 매어 활시위를 만든 것을 말한다. '綸'을 ≪禮記≫ 〈緇衣〉에서 "왕의 말씀이 처음에는 실같이 가늘고 작은 소리이더니, 나오고 나서는 綸과 같았다."라고 하였으니, 〈이 綸은〉 嗇夫(獄訟을 담당하는 관리)가 지니는 것을 말하니, 이 시와는 다르다.

何彼禯矣三章이니 章四句라

〈何彼襛矣〉는 3章이니 章마다 4句이다.

騶虞(추우)

【序】 騶虞는 **鵲巢之應也**라 **鵲巢之化行**하여 **人倫既正**하고 **朝廷既治**하여 **天下純被文王之化**하니 **則庶類蕃殖**하고 **蒐田以時**하여 **仁如騶虞**하니 **則王道成也**라

〈騶虞〉는 〈召南 鵲巢〉의 효험을 읊은 시이다.

〈鵲巢〉의 교화가 행해져서 인륜이 바르게 되고, 조정이 다스려져서 천하가 文王의 교화를 잘 받으니, 만물이 번식하고, 사냥을 때에 맞게 하여, 인자함이 騶虞와 같았으니 곧 왕도가 이루어진 것이다.

【箋】 應者는 **應德自遠而至**라 ○ **騶**는 **側留反**이니 **周書王會**[1]와 **草木疏竝同**이라 **又云 尾長於身**하고 **不履生草**라하고 **尙書大傳云 尾倍於身**이라 **應**은 **應對之應**이니 **注皆同**이라 **蕃**은 **多也**라 **春獵爲蒐**니 **田獵也**라 **杜預云 蒐**는 **索**(색)이니 **擇取不孕者也**라하고 **穀梁傳云 四時之田**은 **春曰田**이요 **夏曰苗**요 **秋曰蒐**요 **冬曰狩**라

1) 周書王會 : ≪逸周書≫ 〈王會〉편을 말한다. 본명은 ≪周書≫였는데, 晉代에 비로소 ≪逸周書≫라는 이름을 얻었다. 총 10卷 70篇이나 11篇은 내용이 없다. 晉나라의 五經博士 孔晁의 注가 있다. ≪隋書≫ 〈經籍志〉에는 ≪汲冢周書≫라 표기되어 있으나 실제는 汲冢에서 출토된 것이 아님이 밝혀졌다. 作者未詳이다. 현재 四庫全書 소재 ≪逸周書≫ 〈王會〉편에는 여기서 말하는 騶에 대한 내용은 보이지 않는다. ≪四庫全書 逸周書 提要≫

應이란 덕에 응하여 먼 곳에서 이른 것이다.

○ 騶는 〈音이〉 '추〔側留反〕'이니 ≪逸周書≫ 〈王會〉와 ≪毛詩草木鳥獸蟲魚疏≫도 모두 같다. 또 ≪毛詩草木鳥獸蟲魚疏≫에 "꼬리가 몸보다 길고 살아 있는 풀은 밟지 않는다."라고 하고, ≪尙書大傳≫에는 "꼬리가 몸의 배가 된다."라고 하였다. 應은 응대한다는 應이니, 注도 모두 같다. 蕃은 '많음'이다. 春獵을 蒐라 하니 사냥함이다. 杜預는 "蒐는 索이니 새끼배지 않은 놈을 골라잡는 것이다."라고 하고, ≪春秋穀梁傳≫ 桓公 4년에 "사철의 사냥은, 봄에는 田이라 하고, 여름에는 苗라 하고, 가을에는 蒐라 하고, 겨울에는

狩라 한다."라고 하였다.

【疏】'騶虞(二章章三句)'至'道成' ○正義曰 : 以騶虞處末者, 見鵲巢之應也. 言鵲巢之化行, 則人倫夫婦旣已得正, 朝廷旣治, 天下純被文王之化, 則庶類皆蕃息而殖長, 故國君蒐田以時, 其仁恩之心, 不忍盡殺, 如騶虞, 然則王道成矣. '鵲巢之化', 謂國君之化, 行於天下也. '人倫旣正', 謂夫人均一[1)], 不失其職[2)], 是也, '朝廷旣治', 謂以禮自防[3)], 聽訟決事[4)], 是也, '天下純被文王之化', 謂羔羊以下也.

1) 夫人均一 : 부인이 國君과 균일한 덕을 소유하여 국군과 짝할 수 있게 되었음을 노래한 〈鵲巢〉 小序의 내용이다.
2) 不失其職 : 부인이 제사를 잘 모시는 등 자신의 직무를 잘 수행한 것을 노래한 〈采蘩〉 小序의 내용이다.
3) 以禮自防 : 대부의 처가 禮로 스스로를 방비한 것을 노래한 〈草蟲〉 小序의 내용이다.
4) 聽訟決事 : 召伯이 室家간의 소송을 잘 판결한 것을 노래한 〈行露〉 小序의 내용이다.

序의 〔騶虞〕에서 〔道成〕까지

○ 正義曰 : 〈騶虞〉를 마지막에 둔 것은 〈鵲巢〉의 효험을 나타낸 것이다. 〈鵲巢〉의 教化가 행해지니 인륜과 부부의 의리가 바르게 되고 조정이 다스려지며, 천하가 文王의 교화를 온전히 받으니 만물이 번식하여 자라났다. 그리하여 國君이 때에 맞추어 사냥을 하고, 어질고 은혜로운 마음으로 차마 다 잡지 아니하여 〈인자함이〉 騶虞와 같았으니, 그렇다면 왕도가 이루어졌음을 말한 것이다. '鵲巢之化'는 국군의 교화가 천하에 행해짐을 말한 것이다. '人倫旣正'은 부인의 덕이 균일함과 자기의 직분을 잃지 않음을 말한 것이 이것이고, '朝廷旣治'는 예로 스스로를 방어함과 소송을 잘 살펴 판단함을 말한 것이 이것이고, '天下純被文王之化'는 〈召南 羔羊〉 이하를 말한다.

【疏】 此處騶虞於末, 以爲鵲巢之應, 以故, 歷序鵲巢以下, 然後言騶虞當篇之義. 由文王之化, 被於天下也, 故得庶類蕃殖, 卽豝豵, 是也. 國君'蒐田以時', 卽章首一句, 是也, '仁如騶虞', 下二句, 是也. 言'王道成'者, 以此篇處末, 故摠之, 言天下純被文王之化, 庶類又蒙其澤, 仁心能如騶虞, 則王化之道成矣, 所謂周南召南, 王化之基也.

여기에서 〈騶虞〉를 마지막에 놓은 것은 〈鵲巢〉의 효험이라고 여겨서이다. 이 때문에 〈鵲巢〉 이하를 차례로 서술한 뒤에 〈騶虞〉가 해당되는 편의 뜻을 말한 것이다. 文王의 교화가 천하에 행해졌다. 그리하여 만물이 번식한 것이니, 바로 '큰 돼지, 작은 돼지'가 이것이다. 國君의 '蒐田以時'는 바로 章의 첫 구가 이것이고, '仁如騶虞'는 다음 둘째 구가 이것이다. '王道成'을 말한 것은 이 편이 끝에 있기 때문이다. 그리하여 총괄하여 '천하가 文王의 교화를 잘 받으니.〔天下純被文王之化〕'라고 한 것이다. 모든 사물이 또 문왕의 은택을 입고, 〈국군의〉 어진 마음이 騶虞와 같다면 王化의 도가 이루어진 것이니 이른바 '周南과 召南은 왕화의 바탕'이란 것이다.

【疏】 箋'應者'至'而至' ○ 正義曰：敍解德爲應之意, 故箋解 '應者, 應國君之德, 若自遠而至', 然非實至也.

箋의 〔應者〕에서 〔而至〕까지 ○ 正義曰：敍에서 덕에 응한 것이라는 뜻으로 풀이하였다. 그리하여 箋에서 '應이란 국군의 덕에 응하여 마치 먼 곳에서 이른 것과 같다.'라고 풀이한 것이다. 그러나 실제로 이른 것이 아니다.

彼茁者葭(가)에

저 자라나는 갈대밭에

【傳】 茁은 出也요 葭는 蘆也라

茁은 '나옴'이고, 葭는 '갈대'이다.

【箋】 箋云 記蘆始出者는 著春田之早晩이라 ○ 蘆는 草也라

箋云：갈대가 처음 자란 것을 쓴 것은 봄 사냥의 시기를

葭(≪毛詩品物圖攷≫)

나타낸 것이다.

○ 蘆는 '풀'이다.

壹發五豝(파)하니

암돼지 다섯 마리에
한 발의 화살을 쏘니

【傳】豕牝曰豝라 虞人翼五豝하여 以待公之發이라

암돼지를 豝라고 한다. 虞人이 암돼지 다섯 마리를 몰아서 公이 화살을 쏠 때에 대비한 것이다.

【箋】箋云 君射一發而翼五豬者는 戰禽獸之命이니 必戰之者는 仁心之至라

箋云 : 國君이 한 발의 화살을 쏘는데 돼지 다섯 마리를 몰아오는 것은 〈차마 다 죽일 수가 없어서〉 금수들에게 생명을 다투게 한 것이니, 반드시 다투게 하는 것은 지극히 어진 마음이다.

于嗟乎騶虞로다

아! 騶虞로세

【傳】騶虞는 義獸也니 白虎黑文으로 不食生物하며 有至信之德이면 則應之라

騶虞는 의로운 짐승인데, 검은 무늬가 있는 白虎로 살아 있는 것은 먹지 않으며, 지극히 진실한 덕이 있으면 나타난다.

【箋】箋云 于嗟者는 美之也라

箋云 : 于嗟는 '찬미함'이다.

【疏】'彼茁'至'騶虞' ○ 正義曰 : 言彼茁茁然出而始生者, 葭草也. 國君, 於此草生之時, 出田獵, 壹發矢而射五豝獸. 五豝唯壹發者, 不忍盡殺, 仁心如是, 故于嗟乎歎之, 歎國君仁心如騶虞. 騶虞義獸, 不食生物, 有仁心, 國君亦有仁心, 故比之.

經의 〔彼茁〕에서 〔騶虞〕까지

○ 正義曰 : 이 파릇파릇하게 나와 처음 자라나는 것이 갈대풀임을 말한 것이다. 國君이 이 풀이 자랄 때에 사냥을 나가 한 발의 화살로 암퇘지 다섯 마리를 쏘는 것이다. 암퇘지 다섯 마리에 화살을 한 발만 쏘는 것은 차마 다 죽이지 못해서이니, 어진 마음이 이와 같았다. 그리하여 '아!' 하고 감탄하였으니, 국군의 어진 마음이 騶虞와 같음을 감탄한 것이다. 騶虞는 의로운 짐승으로 살아 있는 것은 먹지 아니하여 어진마음이 있는데, 국군도 어진마음이 있기 때문에 비유한 것이다.

騶虞(≪毛詩品物圖攷≫)

【疏】 傳'茁出葭蘆' ○ 正義曰 : 謂草生茁茁然出, 故云'茁 (茁)〔出〕[1]'也, 非訓爲出. 葭蘆, 釋草文, 李巡曰 "葦初生."

1) (茁)〔出〕: 저본의 교감기에 따라 '出'로 번역하였다.

傳의 〔茁出 葭蘆〕

○ 正義曰 : 풀이 싹터 파릇파릇 나옴을 말한 것이다. 그리하여 '茁은 나옴이다.〔茁 出

也〕'라고 한 것이지 訓이 '出'인 것은 아니다. '葭 蘆'는 ≪爾雅≫ 〈釋草〉의 글인데, 李巡은 "갈대가 처음 나온 것이다."라고 하였다.

【疏】 傳'豕牝'至'之發' ○ 正義曰：'豕牝曰豝', 釋獸文. 又解君射一發而翼五豝者, 由虞人翼驅五豝, 以待公之發矢故也. 多士云 "敢翼殷命." 注云 "翼, 驅也." 則此翼亦爲驅也. 知有驅之者, 吉日云 "漆沮之從, 天子之所." 傳曰 "驅禽而至天子之所." 又曰 "悉率左右, 以燕天子." 傳曰 "驅禽之左右, 以安待天子之射." 又易曰 "王用三驅[1), 失前禽也." 故知田獵有使人驅禽之義.

1) 王用三驅 : 왕이 사냥할 때에 三面에서 몰이할 때의 禮이니, ≪周易注疏≫ 比卦 九五에 "三驅의 禮는 금수가 역으로 자기에게 달려오면 놓아 주고 자기를 등지고 도망가면 화살을 쏘니, 오는 것을 사랑하고 도망가는 것을 미워한 것이다.〔夫三驅之禮 禽逆來趣己則舍之 背己而走則射之 愛於來而惡於去也〕"라고 하였다.

傳의 〔豕牝〕에서 〔之發〕까지

○ 正義曰 : '豕牝曰豝'는 ≪爾雅≫ 〈釋獸〉의 글이다. 또 군주가 한 발의 화살만을 발사하는데 암퇘지 다섯 마리를 몰아오는 것은 虞人이 다섯 마리의 암퇘지를 몰아서 군주가 화살을 쏠 때에 대비하기 위한 이유임을 해석한 것이다. ≪尙書≫ 〈多士〉에 "감히 은나라의 천명을 翼하겠는가."라고 하였는데, 注에서 "翼은 驅이다."라고 하였으니, 그렇다면 여기의 翼도 몰아오는 것이 된다. 몰아오는 자가 있음을 아는 것은, 〈小雅 吉日〉에 "漆水와 沮水의 물가를 따라 天子가 있는 곳에."라고 하였는데, 傳에서 "짐승을 몰아 천자가 있는 곳에 이른 것이다."라고 하고, 또 "모두 좌우로 몰아 천자를 편안케 하네."라고 하였는데, 傳에 "짐승을 좌우로 몰아서 천자가 편안하게 활을 쏘게 하는 것이다."라고 하고, 또 ≪周易≫ 比卦에 "王이 三面으로 모는 예를 사용하여 앞면으로 달려오는 짐승은 놓아준다."라고 하였다. 그리하여 사냥에는 사람을 시켜 짐승을 모는 義가 있음을 안 것이다.

【疏】 知虞人驅之者, 以田獵則虞人之事, 故山虞云 "若大田獵則萊山田之野." 澤虞云 "若大田獵則萊澤野." 天子田獵, 使虞人, 則諸侯亦然, 故駟驖箋云 "奉是時牡者, 謂虞人." 田僕云 "設驅逆之車." 則僕人設車, 虞人乘之以驅禽也. 言驅・逆, 則驅之逆之皆爲驅也.

虞人이 짐승을 몰아오는 것을 안 것은, 사냥은 우인의 일이기 때문이다. 그리하여 ≪周禮≫ 〈地官 山虞〉에 "큰 사냥을 할 경우에는 산이나 들판의 나무와 풀을 베어낸다."라고 하고, 〈地官 澤虞〉에 "큰 사냥을 할 경우에는 못이나 들판의 풀을 베어낸다."라고 하였다. 천자가 사냥할 때에 우인을 부리니, 제후에 있어도 그러하다. 그리하여 〈秦風 駟驖〉의 箋에서 "제철의 살찐 수짐승을 바치는 사람은 우인을 말한다."라고 하고, ≪周禮≫ 〈夏官 田僕〉에서 "〈田僕이〉 驅逆의 수레를 설치한다."라고 하였다. 그렇다면 僕人이 수레를 설치하면 우인이 이를 타고서 짐승을 몰아오는 것이다. 여기에서 '驅'와 '逆'을 말하였으니 그렇다면 몰아오는 것과 도망가지 못하게 하는 것이 모두 驅가 된다.

【疏】 箋'君射'至'之至' ○ 正義曰：解云君止一發, 必翼五豝者, '戰禽獸之命', 必云戰之者, 不忍盡殺, 令五豝止一發, 中則殺一而已, 亦不盡殺之, 猶如戰然, 故云'戰禽獸之命'也, 而必云戰之者, 仁心之至, 不忍盡殺故也.

箋의 〔君射〕에서 〔之至〕까지

○ 正義曰：'군주가 한 발의 화살만을 쏘는데 반드시 다섯 마리의 암퇘지를 몰아간다.'고 풀이한 것은 금수들에게 생명을 다투게 하는 것〔戰禽獸之命〕임을 해석한 것이고, 반드시 '戰之'라고 한 것은 차마 다 죽이지 못하여, 다섯 마리의 암퇘지를 화살 한 발만 쏘아 적중시키면 한 마리만 죽게 할 뿐이니, 역시 다 잡지 않는 것이 마치 〈살기를〉 다투게 하는 것과 같다. 그리하여 '戰禽獸之命'이라고 한 것이니, 반드시 '戰之'라 한 것은 仁한 마음이 지극하여 차마 다 죽이지 못하기 때문이다.

【疏】 傳'騶虞'至'應之' ○ 正義曰：'白虎', 西方毛蟲[1), 故云'義獸'. 鄭志張逸問 "傳曰'白虎黑文', 又禮記曰 '樂官備', 何謂." 答曰 "白虎黑文, 周(史)〔書〕[2)]王會云. 備者, 取其一發五豝, 言多賢也." 射〔義〕[3)]注及答志, 皆喩得賢多, 引詩斷章也. 言'不食生物'者, 解其仁心, 故序云'仁如騶虞'. 云'至信之德則應之'者, 騶虞之爲瑞, 應至信之德也. 陸機云 "騶虞, 白虎黑文, 尾長於(驅)〔軀〕[4)], 不食生物, 不履生草, 應信而至者也."

1) 西方毛蟲：네 가지 靈物 중에 서방의 白虎를 말하는데, 동방은 龍이고, 남방은 鳳凰이고, 북방은 龜이다.

2) (史)〔書〕：저본의 교감기에 따라 '書'로 번역하였다.

3) 〔義〕: 저본의 교감기에 따라 '義'를 보충하여 번역하였다.
4) (驅)〔軀〕: 저본의 교감기에 따라 '軀'로 번역하였다.

傳의 〔騶虞〕에서 〔應之〕까지

○ 正義曰 : '白虎'는 서방의 짐승이다. 그리하여 '義獸'라고 한 것이다. ≪鄭志≫에 張逸이 "傳에서 '騶虞는 검은 무늬가 있는 白虎이다.'라고 하고, 또 ≪禮記≫ 〈射義〉에는 '〈騶虞는〉 관원이 갖추어짐을 즐거워하는 것이다.'라고 하였으니, 무엇을 말하는 것입니까?"라고 묻자, "騶虞는 검은 무늬가 있는 白虎이니, ≪周書(逸周書)≫ 〈王會〉에서 備란 한 발의 화살에 다섯 마리의 암퇘지란 뜻을 취한 것이니, 賢士가 많음을 말한다."라고 하였다. 〈射義〉의 注와 ≪鄭志≫의 답한 뜻은 모두 많은 賢士를 얻음을 비유한 것이니, 이 시를 인용하여 斷章取義한 것이다. '不食生物'을 말한 것은 騶虞의 仁한 마음을 풀이한 것이다. 그리하여 小序에서 '인자함이 騶虞와 같다.〔仁如騶虞〕'라고 한 것이다. '有至信之德則應之'는 騶虞의 상서로움이 지극히 진실한 덕에 호응함을 말한다. 陸機는 "騶虞는 검은 무늬가 있는 白虎인데, 꼬리가 몸보다 길고 살아 있는 것은 먹지 않으며 살아 있는 풀은 밟지 않고 진실한 덕에 응하여 나타나는 놈이다."라고 하였다.

蓬(≪毛詩品物圖攷≫)

彼茁者蓬에

저 파릇파릇 자란 쑥밭에

【傳】 蓬은 草名也라

蓬은 '풀이름'이다.

壹發五豵(종)이로니

작은 돼지 다섯 마리에 한 발의 화살을 쏘니

【傳】 一歲曰豵이라

한 살짜리를 豵이라고 한다.

【箋】 箋云 豕生三曰豵이라

箋云 : 한 배에 세 마리만 낳은 돼지 새끼를 豵이라고 한다.

于嗟乎騶虞로다

아! 騶虞로세

【疏】 傳'一歲曰豵' ○ 正義曰 : 傳以七月云 "言私其豵, 獻豜(견)於公." 大司馬云 "大獸公之, 小獸私之." (豜)〔豵〕[1]言私, 明其小, 故彼亦云 "一歲曰豵", 獻豜於公, 明其大, 故彼與還傳皆云 "三歲曰豜". 伐檀傳曰 '三歲曰特', 蓋異獸別名, 故三歲者, 有二名也. 大司馬職注云 "一歲爲豵, 二歲爲豝, 三歲爲特, 四歲爲肩, 五歲爲愼." 其說與毛或異或同, 不知所據.

1) (豜)〔豵〕: 저본에는 '豜'으로 되어 있으나 經文의 '言私其豵'에 따라 '豵'으로 번역하였다.

傳의 〔一歲曰豵〕

○ 正義曰 : 傳은, 〈豳風 七月〉에 "豵은 자기가 갖고, 豜은 공에게 올린다."라고 하고, ≪周禮≫ 〈夏官 大司馬〉에 "큰 짐승은 공의 소유로 하고, 작은 짐승은 내 소유로 한다."라고 하였는데, 豵에 私를 말한 것은 작은 놈임을 밝힌 것으로 여겼다. 그리하여 〈七月〉의 傳에서도 "한 살짜리를 豵이라고 한다.〔一歲曰豵〕"라고 하였고, '獻豜於公'은 큰 놈임을 밝힌 것으로 여겼다. 그리하여 〈七月〉의 傳과 〈齊風 還〉의 傳에서 모두 "세 살짜리를 豜이라고 한다.〔三歲曰豜〕"라고 한 것이다. 〈衛風 伐檀〉의 傳에서 말한 '세 살짜리를 特

이라고 한다.〔三歲曰特〕'라고 한 것은 아마도 다른 짐승의 다른 이름일 것이다. 그리하여 '三歲'에 2개의 명칭이 있는 것이다. 〈夏官 大司馬〉의 注에는 "한 살짜리를 豵이라 하고, 두 살짜리를 豝라고 하고, 세 살짜리를 特이라 하고, 네 살짜리를 肩이라 하고, 다섯 살짜리를 慎이라 한다."라고 하였는데, 설명이 모형의 설과 다르기도 하고 같기도 하니 무엇을 근거로 한 것인지 모르겠다.

【疏】 箋'豕生三曰豵' ○ 正義曰：箋以豵者豕生之數, 非大小之名, 故釋獸云 "豕生三豵, 二師, 一特." 郭璞曰 "豬生子常多, 故別其少者." 鄭志張逸問 "豕生三曰豵, 不知母豕也, 豚也." 答曰 "豚也. 過三以往, 猶謂之豵, 以自三以上, 更無名也." 故知過三亦爲豵. 一解雖生數之名, 大小皆得名之. 言私其豵, 謂小時, 此國君蒐田所射, 未必小也. 釋獸, 麕・鹿, 皆云'絶有力者麉(견)', 則'有懸特', 謂豕生一名, 獻豜從兩. 肩爲(麕)〔麉〕[1], (麕)〔麉〕, 鹿也. 絶有力者, 非三歲矣. 肩・麉, 字雖異, 音實同也.

1) (麕)〔麉〕: 저본의 교감기에 따라 '麉'으로 번역하였다. 아래도 같다.

箋의 〔豕生三曰豵〕

○ 正義曰：箋에 豵은 돼지가 한 배에 낳은 새끼의 숫자이지, 大小의 명칭이 아닌 것으로 여겼다. 그리하여 ≪爾雅≫ 〈釋獸〉에 "돼지가 한 배에 새끼를 세 마리 낳은 경우 이 세 마리가 豵이고, 두 마리가 師이고, 한 마리가 特이다."라고 하였는데, 郭璞은 "돼지는 새끼를 항상 많이 낳기 때문에 적게 낳는 것을 구별한 것이다."라고 하고, ≪鄭志≫에 張逸이 "豕生三曰豵의 豵이 어미인지 새끼인지 모르겠습니다."라고 묻자, "새끼이다. 세 마리를 초과한 이후에도 그대로 豵이라고 하고 세 마리로부터 이상에 대하여는 달리 이름이 없다."라고 하였으니, 세 마리를 초과하여 낳은 새끼도 '豵'임을 알 수 있다. 한편으로는 비록 한 배에 낳은 새끼의 숫자를 말한 것으로 해석하였지만, 새끼의 크기도 모두 명명할 수 있다. '言私其豵'은 돼지가 작을 때를 말하지만, 이는 국군이 사냥에서 활을 쏘는 대상이니 꼭 작지만은 않은 것이다. 〈釋獸〉에 麕과 鹿에 대하여 모두 '뛰어나게 힘이 있는 놈이 麉이다.'라고 하였다. 그렇다면 〈衛風 伐檀〉의 '有懸特'은 돼지가 한 배에 한 마리 낳은 명칭을 말하고, 〈七月의〉 獻豜은 〈絶有力과 豕生一〉 두 가지를 취한다. 肩은 麉이고 麉은 '사슴'이다. 뛰어나게 힘이 있는 놈은 3년 된 놈이 아니다. 肩과 麉은 글자는 다르지만 음은 실제 같다.

騶虞二章이니 **章三句**라

〈騶虞〉는 2章이니 章마다 3句이다.

召南之國十四篇이니 **四十章**이요 **百七十七句**라

召南의 國風은 14篇이니 40章이고 177句이다.

毛詩注疏 卷第二(二之一)

唐 國子祭酒 上護軍 曲阜縣 開國子 孔穎達 奉勅撰

邶(패)柏舟詁訓傳 第三

○ 陸曰：鄭云 邶鄘衛者는 殷紂畿內地名이니 屬古冀州라 自紂城[1]而北曰邶요 南曰鄘이요 東曰衛라 衛在汲郡朝歌縣이니 時康叔[2] 正封[3] 于衛라 其末子孫稍幷兼彼二國하고 混其地而名之로되 作者各有所傷하여 從其本國而異之라 故有邶鄘衛之詩라 王肅[4]同이라 從此訖豳七月히 十二國幷變風[5]也라 邶는 本又作鄁(배)하고 柏은 字又作栢이라

1) 紂城 : 紂王의 都城인 朝歌를 가리킨다.
2) 康叔 : 康叔은 文王의 아들이고 武王의 同母弟이며 이름은 封이다. 武王이 誥命하여 康叔을 衛侯로 삼을 때 일러준 말이 ≪尙書≫ 〈周書 康誥〉의 내용이다. 〈康誥〉에 "孟侯인 朕의 아우 小子 封아.〔侯朕其弟小子封〕"라고 하였다.
3) 正封 : 正封은 천자가 제후에게 일정한 지역을 封地로 정해주어 自治하도록 하는 것을 말한다. ≪春秋左氏傳≫ 昭公 7년에 "天子는 天下를 다스리고 諸侯는 封地를 다스리는 것이 예로부터 내려오는 制度이다.〔天子經略 諸侯正封 古之制也〕"라 하였고, 杜預의 注에 "封地로 받은 疆域에 정해진 몫이 있다.〔封疆有定分〕"라 하였다.
4) 王肅 : 중국 삼국시대의 魏나라 학자이자 정치가로 賈逵, 馬融과 사귀면서 그들의 고문경학을 존숭했고, 鄭玄에 대해서는 고문을 세운 점은 인정했지만 今文說을 채용했다 하여 ≪聖證論≫을 지어 논박하였다. ≪尙書駁議≫, ≪毛詩駁議≫, ≪毛詩奏事≫, ≪毛詩問難≫ 등의 저술도 정현의 설을 논박한 것이다.
5) 十二國幷變風 : ≪詩經≫의 國風은 正風인 周南・召南과 變風인 13개의 국풍을 가리키는데 여기서 12개국이라 한 것은 變風의 시작인 邶風을 빼고 말한 것이다.

○ 陸德明이 말하였다. "鄭玄은 '邶・鄘・衛는 殷나라 紂王 때 畿內의 지명이니 옛 冀州에 속한다. 紂王의 都城 이북은 邶이고 이남은 鄘이고 도성 동쪽은 衛이다. 衛는 汲郡朝歌縣에 있으니, 당시에 康叔이 衛 땅에 正封되었다. 말기에 衛나라 자손들이 점차 저

두 나라(邶와 鄘)를 병합하고 그 지역을 합쳐서 衛라고 이름하였는데 시를 지은 자들이 각자 그것을 마음아파해서 그 본래의 나라 이름을 따라 시의 편명을 달리하였다. 그리하여 邶風·鄘風·衛風의 시가 있게 되었다.'라고 하였다. 王肅도 같은 의견이다. 여기서부터 〈豳風 七月〉편까지 열 두 나라의 시는 모두 變風이다. 邶가 鄁로 되어 있는 본도 있고 柏이 栢자로 되어 있는 본도 있다."

邶鄘衛譜

邶鄘衛者는 商紂畿內方千里之地니

邶·鄘·衛는 商나라 紂王의 畿內 사방 천리의 지역이니

【疏】 ○ 正義曰：地理志云"河內, 本殷之舊都, 周旣滅殷, 分其畿內爲三國, 詩風, 邶·鄘·衛是也." 如志之言, 故知畿內, 以畿內, 故知方千里也.

正義曰：≪漢書≫〈地理志〉에 "河內는 본래 殷나라의 옛 도읍인데 周나라가 殷나라를 멸하고 그 畿內를 나누어 세 나라로 만들었으니 ≪詩經≫ 國風에 나오는 邶·鄘·衛가 이곳이다."라고 하였다. ≪漢書≫〈地理志〉의 말과 같기 때문에 〈殷나라의〉 畿內임을 알 수 있고, 畿內이기 때문에 그 사방이 천리임을 안 것이다.

其封域在禹貢冀州[1]니 大行(태항)[2] 之東이라

1) 冀州：≪尙書≫〈禹貢〉冀州에 "삼면이 黃河에 접해 있으니, 兗河의 서쪽이요 雍

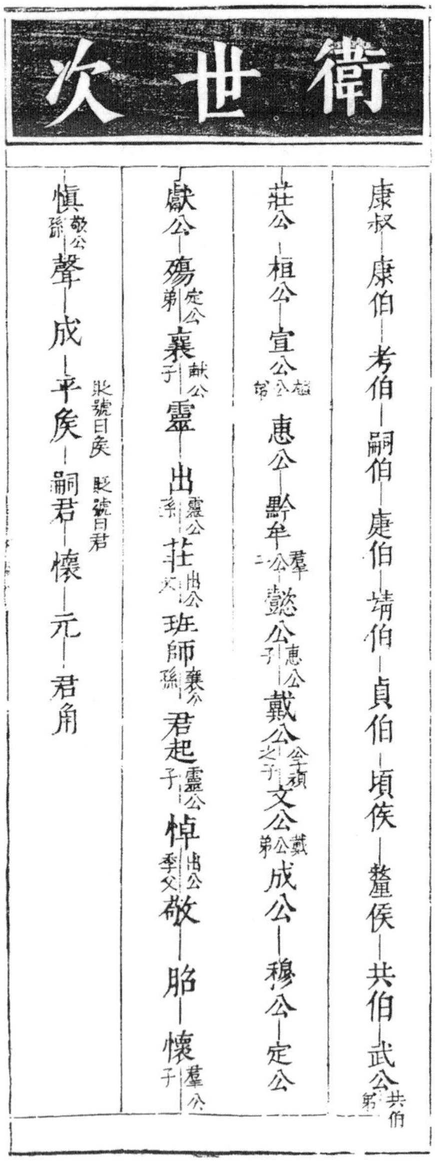

衛世次(≪宋板六經圖≫)

河의 동쪽이요 豫河의 북쪽이니, ≪周禮≫ 〈職方〉에 '河內를 冀州라 한다.'"라고 하였다.

2) 大行：大行山이다. 중국 하남성과 산서성 경계에 있는 산으로 ≪漢書≫ 〈地理志〉에 "지금의 懷州 河內이다."라고 하였다.

〈康叔이〉 봉해진 지역은 ≪尙書≫ 〈禹貢〉의 冀州에 있었으니 大行山의 동쪽이다.

【疏】 ○ 正義曰：案禹貢, 大行屬冀州. 地理志云 "大行在河內山陽縣西北." 以詩言楚丘・桑中・淇水・漕・浚[1] 皆在山東, 故皆云在大行之東. 大行屬河內, 河內卽紂都, 而西不逾大行者, 蓋其都近西也.

1) 楚丘……浚：楚丘는 ≪詩經≫ 〈鄘風 定之方中〉에, 桑中은 〈鄘風 桑中〉에, 淇水는 〈衛風 淇奧〉에, 漕는 〈鄘風 載馳〉에, 浚은 〈衛風 干旄〉에 나오는 지명이다.

○ 正義曰：≪尙書≫ 〈禹貢〉을 살펴보니 大行山은 冀州에 속한다. ≪漢書≫ 〈地理志〉에 "大行山은 河內 山陽縣의 西北쪽에 있다."라고 하였고, ≪詩經≫에서 楚丘・桑中・淇水・漕邑・浚邑이 모두 산 동쪽에 있다고 하였기에 모두 大行山의 동쪽에 있다고 한 것이다. 大行山은 河內에 속하는데 河內는 바로 紂王 때의 도읍이었고, 서쪽으로 大行山을 넘지 않았다는 것은 그 도읍이 서쪽에 가까웠다는 것이다.

北逾衡漳[1]이요

1) 衡漳：옛 水名이다. ≪尙書≫ 〈禹貢〉에 "覃懷에서 공적을 이루어 衡漳에 이르게 하였다.〔覃懷底績 至于衡漳〕"라고 하였고, ≪尙書正義≫에 "衡漳은 水名이다. 衡은 橫의 古字이다."라고 하였다. 衡漳의 衡은 橫의 의미이다. 옛날 黃河가 남에서 북으로 흘렀는데 지금의 河北 남부를 지날 때 서쪽에서 동으로 흐르던 漳水가 橫으로 황하의 물줄기로 유입된다. 그리하여 衡漳이라고 한 것이다.

북쪽으로는 衡漳을 넘고,

【疏】 ○ 正義曰：鄭注禹貢云 "衡漳者, 漳水橫流." 地理志云 "漳水(在)〔出〕[1]上黨沾縣大黽谷, 東北至安平・阜城[2]入河." 以漳水自上黨而過鄴城之北, 南距紂都百餘里耳, 故知踰之.

1) (在)〔出〕：저본의 교감기에 따라 '出'로 번역하였다.

2) 安平阜城 : ≪尙書≫ 〈禹貢〉에는 渤海 阜城으로 되어 있는데, ≪漢書≫ 〈地理志〉에는 涿郡의 安平縣 서남쪽이 渤海郡 阜城縣의 남쪽과 인접해 있기 때문에 漳水의 물길을 구체적으로 밝힌 것으로 보인다고 하였다.

○ 正義曰 : 鄭玄의 ≪尙書≫ 〈禹貢〉 注에 "衡漳은 漳水가 가로로 흘러서 河水로 들어가는 것이다."라고 하였고, ≪漢書≫ 〈地理志〉에 "漳水는 上黨郡 沾縣 大黽谷에서 나와 동북쪽으로 安平縣과 阜城縣에 이르러 하수로 흘러든다."라고 하였다. 漳水는 上黨에서 나와 鄴城 북쪽을 지나므로 남쪽으로 紂王의 도읍과 백여 리 떨어져있다. 그러므로 그 곳을 넘어감을 알 수 있다.

東及兗州桑土之野라

동쪽으로는 兗州 桑土의 들에 미친다.

【疏】 ○ 正義曰 : 禹貢兗州云 "桑土既蠶[1)]" 注云 "其地尤宜蠶桑, 因以名之." 今濮水之上, 地有桑間者, 僖三十一年 "衛遷于帝丘[2)]", 杜預云 "帝丘, 今東郡濮陽縣也." 濮陽在濮水之北, 是有桑土明矣.

1) 桑土旣蠶 : ≪尙書≫ 〈禹貢〉에 "뽕나무가 잘 자라는 곳이라 누에를 칠 수 있으니 이 때문에 언덕에서 내려와 평지에 산다.〔桑土旣蠶 是降丘宅土〕"라고 하였다.
2) 衛遷于帝丘 : ≪春秋左氏傳≫ 僖公 31년에 狄이 포위하여 衛나라가 12월에 帝丘로 도읍을 옮겼다는 내용이 보인다.

○ 正義曰 : ≪尙書≫ 〈禹公〉 兗州에 "뽕나무가 잘 자라는 곳이라 누에를 칠 수 있으니"라고 하였는데, 그 注에 "그 땅이 누에치기에 알맞아서 그 때문에 이름한 것이다."라고 하였다. 지금의 濮水 가에 桑間이라는 곳이 있고, ≪春秋左氏傳≫ 僖公 31년에 "衛나라가 도읍을 帝丘로 옮겼다."라고 하였는데, 杜預는 "帝丘는 지금의 東郡 濮陽縣이다."라고 하였다. 濮陽은 濮水 북쪽에 있으니 이곳에 桑土가 있었음이 분명하다.

周武王이 伐紂하고 以其京師로 封紂子武庚하여 爲殷後라

周나라 武王이 紂를 정벌하고 그 도읍을 紂의 아들 武庚에게 봉하여 殷의 후예로 삼았다.

【疏】 ○ **正義曰：此皆史記衛世家文.**

○ **正義曰**：이것은 모두 ≪史記≫ 〈衛世家〉의 글이다.

庶殷頑民이 被紂化日久하여 未可以建諸侯라 乃三分其地하고 置三監[1)]하여 使管叔蔡叔霍叔으로 尹而教之라

1) 三監：≪漢書≫ 〈地理志〉에 "邶에는 紂王의 아들 武庚을 봉하고, 鄘은 管叔에게 맡기고, 衛는 蔡叔에게 맡겨서 殷나라 백성들을 감독하게 하였으니 이것을 三監이라고 하였다."라고 하였는데 공영달은 ≪古文尙書≫의 〈蔡仲之命〉에 "周公이 冢宰로 있으면서 百官을 바로잡자 群叔들이 유언비어를 퍼뜨렸다. 마침내 管叔을 商나라에서 주륙하고 蔡叔을 郭隣에 가두고 霍叔을 庶人으로 강등시켜 3년 동안 반열에 끼지 못하게 하였다.〔惟周公位冢宰 正百工 群叔流言 致辟管叔于商 囚蔡叔于郭隣 降霍叔于庶人 三年不齒〕"라고 한 것에 근거하여 衛는 管叔, 鄘은 蔡叔, 邶는 霍叔에게 감독하게 하였고 이 셋을 총칭하여 三監이라고 하니, 武庚은 三監에 들지 않는다는 설을 옳게 여겼다. ≪尙書正義≫

모든 殷나라의 頑民들은 紂王의 다스림을 받은 지가 오래되어 제후로 세울 만하지 않기에 마침내 그 땅을 셋으로 나누고, 세 監官을 두어 管叔·蔡叔·霍叔으로 하여금 맡아서 교화하게 하였다.

【疏】 **正義曰：地理志云 "邶, 以封紂子武庚, 鄘, 管叔尹之, 衛, 蔡叔尹之, 以監殷民, 謂之三監." 則三監者, 武庚爲其一, 無霍叔矣. 王肅·服虔皆依志爲說. 鄭不然者, 以書傳曰 "武王殺紂, 立武庚〔而〕[1)]繼公子祿父[2)], 使管叔·蔡叔監祿父, 祿父及三監叛." 言使管·蔡監祿父, 祿父不自監也. 言祿父及三監叛, 則祿父(也)〔已〕[3)] 外更有三人爲監, 祿父非一監矣.**

1) 〔而〕: 저본에는 없으나, ≪尙書大傳≫에 근거하여 보충하여 번역하였다.
2) 祿父：武庚의 이름이다. ≪尙書大傳≫ 〈金縢〉에 "周王이 紂를 죽이고 公子 祿父로 왕업을 잇게 하였다.〔周王殺紂 而繼公子祿父〕"라고 하였고, 그 주에 鄭玄은 "'繼'라는 것은 武庚을 商의 후예로 삼은 것이다.〔繼者 以武庚爲商後也〕"라고 하였다.
3) (也)〔已〕: 저본의 교감기에 따라 '已'로 번역하였다.

○ **正義曰**：≪漢書≫ 〈地理志〉에 "邶는 紂王의 아들 武庚에게 봉해주고, 鄘은 管叔에게 다스리게 하고, 衛는 蔡叔에게 다스리게 하여 殷나라 백성들을 감찰하니 이를 三監이라고 하였다."라고 하였으니, 三監에는 武庚이 그중 하나이고, 霍叔은 三監에 들어있

지 않다. 王肅과 服虔도 모두 〈地理志〉의 설을 따랐는데 鄭玄이 그렇게 하지 않은 것은 ≪尙書大傳≫에 "武王이 紂를 죽이고 武庚을 세우고 公子 祿父로 왕업을 잇게 하였다. 管叔・蔡叔으로 하여금 祿父를 감찰하게 하였는데 祿父와 三監이 배반하였다."라고 해서이니, 管叔・蔡叔으로 하여금 祿父를 감찰하게 한 것이고 祿父가 스스로 감찰한 것은 아니다. 祿父와 三監이 배반했다고 말했으니, 祿父 이외에 따로 세 사람을 三監으로 삼은 것이지 祿父는 三監 중 하나가 아니다.

【疏】 古文尙書蔡仲之命曰"惟周公位冢宰, 正百工, 群叔流言[1), 乃致辟管叔于商, 囚蔡叔于郭隣, 降霍叔于庶人, 三年不齒", 則以管・蔡・霍三叔爲三監明矣. 孫毓[2) 亦云"三監當有霍叔, 鄭義爲長." 然則書敍唯言伐管叔・蔡叔, 不言霍叔者, 鄭云"盖赦之也[3)".

1) 群叔流言 : ≪尙書≫〈金縢〉에 "武王이 죽자, 管叔과 여러 아우들이 나라에 流言을 퍼뜨리기를 '公(周公)이 孺子(成王)에게 불리하게 할 것이다.〔武王旣喪 管叔及其群弟 乃流言於國曰 公將不利於孺子〕"라고 하였다. 流言을 퍼뜨렸다는 것은 三叔이 武庚과 난을 일으킨 일을 가리킨다.

2) 孫毓 : 晉나라 사람으로 長沙 太守와 博士 등의 관직을 지냈으며, ≪毛詩異同評≫ 10권, ≪春秋左氏傳義注≫ 18권 등을 저술하였다.

3) 盖赦之也 : ≪尙書≫〈周書 蔡仲之命〉의 注에 "곽숙은 庶人으로 강등되어 3년 동안 반열에 끼지 못하다가 3년 뒤에야 비로소 끼워 기록하여 그 나라를 회복하게 하였다. 三叔에 대한 형벌의 경중은 그 죄의 크기에 따랐을 뿐이다.〔降霍叔于庶人 三年不齒 三年之後 方齒錄以復其國也 三叔刑罰之輕重 因其罪之大小而已〕"라고 하였다.

≪古文尙書≫〈蔡仲之命〉에 "周公이 冢宰로 있으면서 百官을 바로잡자 群叔들이 유언비어를 퍼뜨렸다. 마침내 管叔을 商나라에서 주륙하고 蔡叔을 郭隣에 가두고 霍叔을 庶人으로 강등시켜 3년 동안 반열에 끼지 못하게 하였다."라고 하였으니 管叔・蔡叔・霍叔이 三監임이 분명하다. 孫毓도 "三監에는 당연히 霍叔이 들어가니 鄭玄의 의견이 가장 타당하다."라고 하였다. 그렇다면 ≪尙書≫〈康誥〉의 小序에서 管叔・蔡叔을 친 것만을 말하고 霍叔을 말하지 않은 것에 대해 鄭玄은 "이는 사면해주었기 때문이다."라고 하였다.

【疏】 王制 "使大夫監於方伯之國, 國三人." 謂使大夫三人監州長[1)也. 此爲殷民難化,且使監之. 武庚又非方伯, 不與王制同也. 史記云"武王爲武庚未集, 恐其有賊心, 乃令弟管叔·蔡叔傅相之, 三分其地, 置三監." 則三叔各監一國, 不知所監之國爲誰也. 地理志雖云管叔尹鄘, 蔡叔尹衛, 以武庚在三監之中, 未可據信, 則管·蔡所監不足明矣, 故鄭不指言之. 監者, 且令監之, 非所封也. 封, 卽管·蔡·霍, 是也.

1) 州長 : 한 주의 長이다. ≪周禮≫ 〈地官 司徒 敍官〉에 "州長은 매 州의 中大夫 1인으로 한다.〔州長 每州中大夫一人〕"라고 하였고, ≪周禮≫ 〈地官 司徒 州長〉에 "그 州의 敎治와 政令의 법을 관장한다.〔各掌其州之敎治政令之法〕"라고 하였다.

≪禮記≫ 〈王制〉에 "大夫로 하여금 方伯의 나라를 감찰하게 하되 한 나라에 3인을 두었다."라고 하니, 大夫 3인으로 하여금 州長을 감찰하게 했음을 말한 것이다. 이는 殷나라 백성을 교화시키기 어렵기 때문에 우선 대부로 하여금 감찰하게 한 것이다. 武庚은 또 方伯이 아니니 〈王制〉와는 다르다. ≪史記≫ 〈衛世家〉에 "武王은 武庚이 복종하지 않자 그가 모반하려는 마음을 품을까 걱정하여 마침내 아우 管叔·蔡叔으로 하여금 그를 보좌하게 하고 그 땅을 셋으로 나누어 三監을 두었다."라고 하였으니, 三叔이 각각 한 나라를 감찰하였지만 감찰한 나라가 어느 나라인지는 알 수 없다. ≪漢書≫ 〈地理志〉에서 비록 管叔이 鄘을 다스리고, 蔡叔이 衛를 다스리고, 武庚을 三監에 두었다고 하였지만 근거하여 믿을 만한 것은 아니니 管叔·蔡叔이 감찰했다는 것을 증명하기에 부족하다. 그러므로 鄭玄이 지적하여 말하지 않은 것이다. '監'이라는 것은 시켜서 감찰하게 한 것이지 봉해준 것이 아니다. 봉해준 것은 곧 管叔·蔡叔·霍叔이 이것이다.

自紂城而北을 謂之邶요 南을 謂之鄘이요 東을 謂之衛라

紂王의 도성 이북을 邶라 하고, 도성 이남을 鄘이라 하고, 도성 동쪽을 衛라 하였다.

【疏】 ○ 正義曰 : 此無文也. 以詩人之作, 自歌土風, 驗其水土之名, 知其國之所在. 衛曰"送子涉淇, 至于頓丘", 頓丘今爲(郡)〔縣〕[1]名, 在朝歌紂都之東也. 紂都河北, 而鄘曰"在彼中河", 鄘境在南明矣. 都旣近西, 明不分國, 故以爲邶在北. 三國之境地相連接, 故邶曰"亦流于淇", 鄘曰"送我乎淇之上矣", 衛曰"瞻彼淇奧", 是以三國皆言淇也.

1) (郡)〔縣〕: 저본의 교감기에 따라 '縣'으로 번역하였다.

○ 正義曰 : 이 부분은 문헌이 없다. 시인이 시를 지을 때 그 지역의 풍속을 읊었기 때문에 그 물과 땅의 이름을 징험하여 그 나라의 소재를 알 수 있다. 〈衛風 氓〉에 "그대를

전송하느라 淇水를 건너 頓丘에 이르렀노라."라고 하였으니, 頓丘는 지금 縣의 이름이니 紂王의 도읍인 朝歌의 동쪽에 있다. 紂王은 河北에 도읍하였는데 〈鄘風 柏舟〉에 "저 황하 가운데 있도다."라고 하였으니, 鄘의 경계가 남쪽이었던 것이 분명하다. 도읍이 이미 서쪽에 가까웠다면 나라를 나누지 않은 것이 분명하다. 그러므로 邶는 북쪽에 있다고 한 것이다. 세 나라의 경계지역이 서로 연접하였으므로 〈邶風 泉水〉에 "淇水로 흐르도다."라고 하였고, 〈鄘風 桑中〉에 "나를 淇水 가에서 전송하였도다."라고 하였고, 〈衛風 淇奧〉에 "저 淇水 벼랑을 보니"라고 하였으니, 이것이 삼국의 시에 모두 淇水를 언급한 이유이다.

【疏】 戴公[1)]東徙, 渡河, 野處漕邑, 則漕地在鄘也. 而邶曰 "土國城漕", 國人所築之城也, "思須與漕", 衛女所經之邑也, "河水瀰瀰", 宣公作臺之處也. 此詩人本述其事, 作爲自歌其土也. 王肅・服虔以爲鄘在紂都之西. 孫毓云 "據鄘風定之方中, 楚丘[2)] 之歌, 鄘在紂都之南, 相證自明, 而城以西無驗. 其城之西, 迫於西山[3)], 南附洛邑[4)], 檀伯[5)]之封, 溫·原·樊·州[6)]皆爲列國, 鄘風所興, 不出于此, 鄭義爲長."

1) 戴公 : ≪春秋左氏傳≫ 閔公 원년에 "衛 懿公 9년 겨울에 오랑캐가 衛나라를 침입하자, 懿公이 오랑캐와 熒澤에서 싸우다가 패전하여 죽었다. 宋 桓公이 衛나라의 遺民들을 맞이하여 黃河를 건너 남쪽으로 가서 宣姜의 아들 申을 세워 漕邑에 임시로 초막을 짓고 살게 하니, 이가 戴公이다."라고 하였다.
2) 楚丘 : 〈鄘風 定之方中〉에 "定星이 바야흐로 昏中星이 되거늘 楚宮을 지으니 해 그림자로써 헤아려 楚丘에 宮室을 짓고〔定之方中 作于楚宮 揆之以日 作于楚室〕"라고 하였다.
3) 西山 : 太行山을 가리킨다.
4) 洛邑 : 西周의 2대 국왕인 成王 재위 시에 건설되었으며 成周라고도 불린다. 周나라의 東都로 지금 하남 洛陽 王城公園 일대의 지역에 해당된다. 西周가 멸망한 후 周 平王이 동천하여 도읍을 낙읍에 두었으며 이때부터 王城으로 불리었다.
5) 檀伯 : ≪春秋左氏傳≫ 桓公 15년에 "9월에 鄭伯 突이 櫟(정나라의 큰 고을) 지방 사람을 시켜서 檀伯을 죽였다. 檀伯은 曼伯으로 정나라의 櫟을 지키는 대부이다."라고 하였다.
6) 溫原樊州 : 溫은 지금의 溫縣 西部 孟州市 東部이니, 魯 隱公 3년에 "溫의 보리를 베었다."라고 한 곳이고, 原은 濟源市 北部이니, ≪濟源誌≫에 "西周 武王이 아우 原叔을 봉하고 原國이라 하였다."라고 실려 있다. 樊은 周 宣王 元年에 宣王이 仲山甫를 봉한 곳이고, 州는 지금의 河內縣이다.

戴公이 동쪽으로 옮겨가 황하를 건너 漕邑에서 임시로 거처했으니, 그렇다면 漕邑은 鄘에 있다. 그런데 〈邶風 擊鼓〉에 "서울에서 흙일도 하고 漕邑에서 築城도 하거늘"이라고 한 것은 國人들이 쌓은 성이고, "須邑과 漕邑을 생각하니"라고 한 것은 衛나라의 딸이 경유하는 읍이고, "河水가 넘실넘실 흐르도다."라고 한 것은 宣公이 臺를 만든 곳이다. 이는 詩人이 그 일에 근본하여 서술해서 시를 지어서 그 지역을 스스로 노래한 것이다. 王肅·服虔은 "鄘이 紂王의 도읍 서쪽에 있었다."라고 하였는데 孫毓은 "〈鄘風 定之方中〉에서 楚丘를 읊은 것에 근거해보면 鄘은 紂王의 도읍 남쪽에 있었음이 서로 증명되어 자명하고 '도성 서쪽에 있었다.'라는 설은 징험할 게 없다. 그 도성 서쪽은 西山에 닿아 있고 남쪽으로는 洛邑에 가까운데 檀伯을 봉해준 곳이고, 溫·原·樊·州가 다 그 열국이었으니 鄘風에서 詩情을 일으킨 것은 여기(물과 땅의 이름)에서 벗어나지 않는다. 鄭玄의 의견이 가장 타당하다."라고 하였다.

武王既喪에 管叔及其群弟見周公將攝政하고 乃流言於國曰 公이 將不利於孺子라

武王이 죽자 管叔과 무왕의 여러 아우들은 周公이 섭정하려는 것을 보고 마침내 나라에 유언비어를 퍼뜨려 "주공이 孺子에게 불리하게 할 것이다."라고 하였다.

【疏】 ○ 正義曰：此皆金縢之文, 唯'見周公將攝政'一句非耳. 彼注云 "管, 國名, 叔, 字. 周公兄, 武王弟, 封於管. 群弟, 蔡叔·霍叔." 武王崩, 周公免喪, 欲居攝, 小人不知天命而非之, 故流"公將不利於孺子"之言於京師. 孺子, 謂成王也. 知管叔周公之兄者, 孟子文也[1].

1) 孟子文也：陳賈가 공자에게 주공이 관숙을 주벌한 일에 대해 묻자, 공자가 답하기를 "周公은 아우요 管叔은 형이니, 周公의 과실이 당연하지 않은가.〔周公弟也 管叔兄也 周公之過 不亦宜乎〕"라고 하였다. ≪孟子 公孫丑 下≫

○ 正義曰：이것은 모두 ≪尙書≫ 〈周書 金縢〉의 글인데, 다만 '見周公將攝政'이 한 구절만은 〈金縢〉의 글이 아니다. 그 주에 "管은 나라 이름이고, 叔은 字이다. 周公의 형이고, 武王의 아우인데 管에 봉해졌다. 群弟는 蔡叔과 霍叔이다."라고 하였다. 武王이 죽어 周公이 상을 마치고서 섭정하려 하자 소인들이 천명임을 알지 못하고 그르게 여겼다. 그리하여 "주공이 孺子에게 불리하게 할 것이다."라는 말을 도성에 퍼뜨린 것이다. 孺子는 成王을 이른다. 管叔이 周公의 형임을 안 것은 ≪孟子≫의 글에 근거한 것이다.

周公避之하여 居東都二年秋에 大熟未穫이어늘 有雷電疾風之異라 乃後成王悅而迎之하니 反而遂居攝이라

주공이 피하여 東都에 머문 지 2년 되는 해 가을에 곡식이 잘 여물었는데 수확하기 전에 천둥과 번개가 치고 폭풍이 부는 재앙이 있었다. 그 후에 成王이 기뻐하면서 주공을 맞이하자 돌아와 마침내 섭정하였다.

【疏】 ○ 正義曰：知者, 準的金縢之文. 如鄭注金縢 "周公初出, 成王年十三, 避居二年, 成王年十四. 秋, 大熟, 遭雷風, 成王迎而反之, 是成王年十五, 避居三年." 云'二年'者, 不數初出之年故也.

○ 正義曰：이를 안 것은 ≪尙書≫ 〈周書 金縢〉의 글을 기준으로 삼은 것이다. 鄭玄의 〈金縢〉 注에 "周公이 처음 피해 나온 해는 成王의 나이가 13세이고, 피해 산 지 2년째인 해는 成王의 나이가 14세이다. 가을에 곡식이 잘 여물었는데 천둥 번개가 치고 폭풍이 불자 成王이 주공을 맞이하여 돌아오게 하였으니, 이해는 성왕의 나이 15세이고 피해 산 지 3년째가 된다."라고 하였으니, '2년'이라고 한 것은 처음 피해 나온 해를 세지 않았기 때문이다.

三監이 導武庚叛하니

三監이 武庚을 先導하여 배반하니

【疏】 ○ 正義曰：書序云 "武王崩, 三監及淮夷叛." 注云 "周公還攝政, 懼誅, 因開導淮夷與俱叛. 居攝一年之時[1], 繫之武王崩者, 其惡之初自崩始也." 又書傳曰 "使管叔·蔡叔監祿父, 武王死, 成王幼, 管·蔡疑周公而流言. 奄君蒲姑[2] 謂祿父曰 '武王旣死矣, 成王尙幼矣, 周公見疑矣, 此百世之時也, 請擧事.' 然後祿父及三監叛", 奄君導之, 祿父遂與三監叛, 則三監亦導之矣, 故左傳曰 "管·蔡啓商, 惎間王室."是也.

1) 注云……居攝一年之時：鄭玄의 주이다. 단, ≪尙書今古文注疏≫에 인용된 것을 살펴보니 '因遂其惡 開導淮夷與俱叛'으로 되어 있고, '居攝二年之時'로 되어 있어 약간의 오탈이 있는 것으로 보인다.

2) 奄君蒲姑：蒲姑는 山東 濱州 博興縣 동북쪽에 있었다. ≪漢書≫ 〈地理志〉에 "殷나라 말엽에 蒲姑氏가 諸侯가 되었는데 周 成王 때에 蒲姑氏가 네 나라와 난을 일으켜 성왕

이 멸하였다."라고 하였고, ≪尙書注疏≫ 권16 周書에 "成王이 奄을 멸하고 그 君을 蒲姑로 옮기고 주공이 소공에게 고하여 〈將蒲姑〉를 지었다."라고 하였으니, 蒲姑는 奄君을 가리키는 듯하다.

○ 正義曰 : ≪尙書≫ 〈大誥〉의 小序에 "武王이 죽자 三監과 淮夷가 배반하였다."라고 하였는데, 注에 "周公이 돌아와 섭정하자 〈三監이〉 주벌당할 것이 두려워 그로 인해 淮夷를 開導하여 함께 배반하였으니 섭정한 지 1년이 되었을 때의 일이다. 그런데 武王이 崩한 것에 연계시킨 것은 그 악의 시초가 무왕이 죽은 때로부터 시작되어서이다."라고 하였다. 또 ≪尙書大傳≫에 "管叔·蔡叔으로 하여금 녹보를 감찰하게 하였는데 무왕이 죽고 성왕은 어려 管叔·蔡叔이 周公을 의심하여 유언비어를 퍼뜨렸고, 奄君 蒲姑가 祿父에게 '武王은 죽었고 成王은 아직 어린데다 周公은 의심을 받고 있으니, 이는 백세에 한 번 있는 기회이니 군사를 일으키기를 청합니다.'라고 하자, 그 뒤에 祿父가 三監과 배반하였다."라고 하였으니, 奄의 군주가 인도하여 祿父가 마침내 三監과 배반한 것이니 그렇다면 三監도 녹보를 인도한 것이다. 그러므로 ≪春秋左氏傳≫에서 "管叔·蔡叔이 商의 餘民을 인도하여 왕실을 해치고 이간질하였다."라고 한 것이 이것이다.

成王旣黜殷命하여 殺武庚하고 復伐三監이라

成王이 殷나라의 命을 내쳐 武庚을 죽이고 다시 三監을 쳤다.

【疏】 ○ 正義曰 : "成王旣黜殷命, 殺武庚." 書序文也. 彼[1]注云 "黜殷命, 謂誅武庚", 是也. 旣殺武庚, 復伐三監, 爲異時伐者, 以書序'黜殷命', '伐管·蔡', 別文言之, 明非一時也. 殺武庚, 伐三監, 皆在攝政二年, 故書傳曰 "二年克殷", 注云 "誅管·蔡及祿父等也."

1) 彼 : '彼'는 정현을 가리킨다.

○ 正義曰 : "成王이 殷나라의 命을 내쳐 武庚을 죽였다."는 것은 ≪尙書≫ 〈微子之命〉 小序의 글인데, 정현의 주에 "殷나라의 명을 내쳤다는 것은 武庚을 죽인 것을 이른다."라고 한 것이 이것이다. 武庚을 죽이고 나서 다시 三監을 친 것은 각각 다른 때에 주벌한 것이 되니, ≪尙書≫ 〈微子之命〉 小序에 '黜殷命'과 '伐管·蔡'를 별도의 문장으로 말하였으니 같은 때가 아님이 분명하다. 武庚을 죽이고 三監을 친 것이 모두 섭정 2년에 있었기 때문에 ≪尙書大傳≫에 "2년에 殷을 이겼다."라고 하였고, 注에 "管叔·蔡叔과

祿父 등을 주벌하였다."라고 한 것이다.

更於此三國에 建諸侯하고 以殷餘民으로 封康叔於衛하여 使爲之長이러니

다시 이 세 나라에 제후를 세우고 殷나라의 餘民을 〈康叔에게 내려주고〉 康叔을 衛에 봉하여 그들의 우두머리로 삼았는데

【疏】 ○ 正義曰 : 以未可建諸侯, 故置三監, 今旣伐三監, 明於此建諸侯矣. 書序曰 "成王旣伐管叔·蔡叔, 以殷餘民封康叔, 作康誥[1]." 攝政二年伐管·蔡, 四年建侯於衛, 則伐管·蔡, 封康叔, 異年, 而書序連言之者, 注云 "言伐管·蔡者, 爲因其國也."

1) 成王旣伐管叔蔡叔……作康誥 : 〈康誥〉의 小序에 "成王이 관숙과 채숙을 주벌한 뒤에 은나라의 남은 백성들을 강숙에게 봉해주고 〈康誥〉와 〈酒誥〉와 〈梓材〉를 지었다.〔成王旣伐管叔蔡叔 以殷餘民 封康叔 作康誥酒誥梓材〕"라고 하였다.

○ 正義曰 : 제후를 세울 만하지 않았으므로 삼감을 두었는데 이제 삼감을 주벌하였으니, 이곳에 제후를 세운 것이 분명하다. ≪尙書≫ 〈康誥〉의 小序에 "成王이 管叔과 蔡叔을 주벌한 뒤에 殷의 餘民을 康叔에게 봉해주고 〈康誥〉를 지었다."라고 하였다. 섭정 2년에 관숙과 채숙을 주벌하고, 섭정 4년에 위나라에 제후를 세웠으니, 관숙과 채숙을 주벌한 것과 강숙을 봉한 것은 각기 다른 해인데도 〈康誥〉의 小序에서 연이어 말한 것에 대하여 注에서는 "관숙과 채숙을 주벌했다고 한 것은 그 나라를 가지고 배반했기 때문이다."라고 하였다.

【疏】 王肅康誥注云 "康, 國名, 在千里之畿內. 旣滅管·蔡, 更封爲衛侯." 鄭無明說, 義或當然. 或者康謚也. 言爲之長者, 以周公建國不過五百里, 明不以千里之地盡封康叔, 故知更建諸侯也. 妹邦於諸國屬鄘, 酒誥命康叔云 "明大命於妹邦." 注云 "妹邦者, 紂都所處, 其民尤化紂嗜酒. 今祿父見誅, 康叔爲其連屬之監, 是康叔幷監鄘也." 又季札見歌邶·鄘·衛, 言"康叔·武公之德如是." 故知爲之長.

王肅은 〈康誥〉 注에서 "康은 나라 이름이니 畿內 천 리 안에 있었다. 관숙과 채숙을 멸하고 나서 다시 衛侯를 봉하였다."라고 하였는데, 정현의 분명한 설명이 없으니, 이는 義理상 옳게 여긴 것이다. 혹자는 康을 謚號라 하였다. '爲之長'이라 한 것은 周公이 받은 땅이 500리에 불과하니 천리의 땅을 다 강숙에게 봉하지는 않았음이 분명하다. 그러

므로 다시 다른 제후를 세웠다는 것을 안 것이다. 妹邦은 諸國 중에 鄘에 속하니 〈酒誥〉에서 康叔에게 명하기를 "大命을 妹邦에 밝혀라."라고 하였는데, 注에 "妹邦은 紂王이 도읍한 곳으로 그 백성이 紂王의 술을 좋아하는 습성에 더욱 물들어 있었다. 이제 녹보가 주륙당하고 강숙이 그들을 이어서 監이 되었으므로 이에 강숙이 鄘을 아울러 감찰하게 된 것이다."라고 하였고, 또 季札이 邶風·鄘風·衛風의 음악을 듣고 "康叔과 武公의 덕이 이러하구나."라고 하였으므로 그가 우두머리가 되었음을 알 수 있다.

後世子孫이 稍幷彼二國하고 混而名之라

후세 자손들이 점차 저 두 나라를 병합하고 합쳐서 이름하였다.

【疏】 ○ 正義曰：以康叔不得二國, 故知後世子孫也. 頃公之惡, 邶人刺之, 則頃公以前已兼邶, 其鄘或亦然矣. 周自昭王以後, 政教陵遲, 諸侯或强弱相陵, 故得兼彼二國, 混一其境, 同名曰衛也. 此殷畿千里, 不必邶·鄘之地止建二國也. 或多建國數, 漸幷於衛, 不必一時滅之, 故云稍幷兼也.

○ 正義曰：康叔 때 두 나라를 차지한 것이 아니므로 후세 자손 때임을 안 것이다. 頃公의 惡을 邶人들이 풍자하였으니 頃公 이전에 이미 邶를 병합한 것이고 鄘도 아마 그러했을 것이다. 周나라가 昭王 이후로 政教가 점점 쇠미해지자 강한 제후들이 약한 제후를 능멸하였다. 그러므로 〈衛侯가〉 저 두 나라를 병합하여 그 국경을 하나로 합치고 국명을 동일하게 '衛'라 하였다. 이는 殷나라 畿內 千里이니 꼭 邶와 鄘 지역에 두 나라만을 세운 것은 아닐 것이다. 어쩌면 세워진 나라의 수가 많았을 것인데 점차 衛나라에 합병되었고, 반드시 일시에 멸한 것도 아니므로 '점차 병합하였다.'라고 한 것이다.

【疏】 地理志云 "武王崩, 三監叛, 周公誅之, 盡以其地封弟康叔, 號曰孟侯, 遷邶·鄘之民於洛邑, 故邶·鄘·衛三國之詩相與同風." 如志之言, 則康叔初卽, 兼彼二國, 非子孫矣. 服虔依以爲說, 鄭不然者, 以周之大國不過五百里, 王畿千里, 康叔與之同, 反過周公, 非其制也.

≪漢書≫ 〈地理志〉에 "武王이 죽자 三監이 배반하니 周公이 그들을 주륙하고 그 땅을 전부 아우 康叔에게 봉하고서 孟侯라 이름하고, 邶와 鄘의 백성을 洛邑에 옮겼다. 그리하여 邶·鄘·衛 삼국의 시가 서로 나란히 風이 되었다."라고 하였으니, ≪漢書≫ 〈地理

志〉의 말과 같다면 康叔이 당초에 衛侯에 즉위했을 때에 저 두 나라를 병합한 것이지 자손 때가 아니다. 服虔은 이를 따라 설명하였는데 정현이 그렇게 여기지 않은 것은, 周나라의 大國은 500리를 넘지 않았는데, 王畿 1,000리를 康叔에게 주어 같아지면 도리어 周公보다 커지게 되니, 이는 알맞은 제도가 아니다.

七世至頃侯하니 當周夷王時라 衛國政衰하여 變風始作이라

7대〈를 지나〉 頃侯에 이르니 周 夷王 때이다. 衛나라의 정사가 쇠퇴해지자 變風이 비로소 지어졌다.

【疏】 ○ 正義曰：衛世家云 "康叔卒, 子康伯立, 卒, 子(孝)〔考〕[1)]伯立, 卒, 子嗣伯立, 卒, 子疌伯立, 卒, 子靖伯立, 卒, 子貞伯立, 卒, 子頃侯立." 除頃侯, 故七世也. 又曰 "頃侯厚賂周夷王, 夷王命爲衛侯." 故知當夷王時. 此鄭數君世, 諸國不同. 齊・陳幷數有詩之君, 此及曹不數, 頃公・共公[2)] 又不數, 及魯則幷數, 此皆隨便而言, 不爲例也.

1) (孝)〔考〕: 저본의 교감기에 따라 '考'로 번역하였다.
2) 共公 : 소인을 가까이하고 군자를 멀리한 曹의 군주로, 〈曹風 候人〉에서 그를 풍자하였다.

○ 正義曰：≪史記≫ 〈衛世家〉에 "康叔이 죽자 아들 康伯이 즉위하고, 그가 죽자 아들 考伯이 즉위하고, 그가 죽자 아들 嗣伯이 즉위하고, 그가 죽자 아들 疌伯이 즉위하고, 그가 죽자 아들 靖伯이 즉위하고, 그가 죽자 아들 貞伯이 즉위하고, 그가 죽자 아들 頃侯가 즉위하였다."라고 하였으니, 頃侯를 뺐으므로 7대인 것이다. 또 "頃侯가 周 夷王에게 많은 뇌물을 주어 夷王이 명하여 衛侯로 삼았다."라고 하였으므로 그때가 夷王 때임을 안 것이다. 정현이 헤아린 君의 대수가 諸國의 경우와 달랐다. 齊나라와 陳나라의 경우는 시에서 읊은 군주를 다 세었는데, 衛나라와 曹나라의 경우는 다 세지 않아서 頃公과 共公이 또한 世數가 맞지 않고, 魯나라 군주는 대수를 다 세었으니 이는 모두 편의에 따라 말한 것이어서 사례가 되지 못한다.

故作者各有所傷하여 從其國本而異之하여 爲邶・鄘・衛之詩焉이라

그리하여 지은이가 각자 마음 아파하는 바가 있어서 나라의 本源을 따라 구별하여 邶風・鄘風・衛風의 시로 삼은 것이다.

【疏】 ○ 正義曰：綠衣・日月・終風・燕燕・柏舟・河廣・泉水・竹竿，述夫人衛女之事，而得分屬三國者，如此譜說，定是三國之人所作，非夫人衛女自作矣．泉水・竹竿，俱述思歸之女，而分在異國，明是二國之人作矣．

○ 正義曰：〈綠衣〉・〈日月〉・〈終風〉・〈燕燕〉・〈柏舟〉・〈河廣〉・〈泉水〉・〈竹竿〉은 夫人이 된 衛나라 여인의 일을 서술한 것인데 세 나라에 나누어 소속시킨 것은 ≪詩譜≫에서 말한 것과 같이 분명 이 세 나라의 사람들이 지은 것이고, 夫人이 된 衛나라 여인 스스로 지은 것은 아니기 때문이다. 〈泉水〉・〈竹竿〉은 모두 돌아갈 것을 생각하는 여인의 마음을 서술한 것인데 나누어 각기 다른 나라에 두었으니 두 나라 사람이 지은 것이 분명하다.

【疏】 女在他國，衛人得爲作詩者，蓋大夫聘問往來，見其思歸之狀，而爲之作歌也．唯載馳一篇序云"許穆夫人作也"，左傳曰"許穆夫人賦載馳"，列女傳稱"夫人所親作"，或是自作之也．若許穆夫人所作，而得入鄘風者，蓋以於時國在鄘地，故使其詩屬鄘也．

衛女가 타국에 있는데 위나라 사람들이 그녀에 대해 시를 지을 수 있었던 것은 대부가 빙문 차 왕래하며 그녀가 돌아갈 것을 생각하는 모습을 보고 그녀를 위해 시를 지어서이다. 다만 〈載馳〉 한 편은 序에 "許 穆公의 夫人이 지었다."라고 하였는데, ≪春秋左氏傳≫에 "許 穆公의 夫人이 〈鄘風 載馳〉를 지었다."라고 하고, ≪列女傳≫에서도 "夫人이 직접 지은 것이다."라고 하였으니, 아마도 이는 자작시일 것이다. 許 穆公의 夫人이 지었는데 鄘風에 넣은 것은 이때에 許나라가 용 땅에 있었기 때문에 그 시를 鄘風에 둔 것이다.

【疏】 木瓜[1]美齊，猗嗟[2] 刺魯，各從所作之風，不入所述之國．許穆夫人之詩得在衛國者，以夫人身是衛女，辭爲衛發，故使其詩歸衛也，宋襄之母[3] 則身已歸(宋)〔衛〕[4]，非復宋婦，其詩不必親作，故在衛焉．幷邶・鄘分爲三國，鄭幷十邑不分之者，以鄭在西都，十邑之中無鄭名．又皆國小，土風不異，不似邶・鄘之地，大與衛同，又先有衛名，故分之也．雖分從邶・鄘，其實衛也，故序每篇言衛，明是衛詩，猶唐實是晉，故序亦每篇言晉也．

1) 木瓜：衛風의 편명으로 衛나라가 狄人에게 패하여 曹邑에 임시로 거처할 때에 齊 桓公이 구원하여 나라를 봉해주고 車馬와 器服을 보내주었으므로 위나라 사람들이 보답하

고자 이 시를 지었다는 내용이 毛氏의 序에 보인다.

2) 猗嗟 : 齊風의 편명으로, 齊 僖公의 딸 文姜이 魯 桓公의 부인이 되었는데 행실이 음란해서 오빠인 齊 襄公과 간통하였으며 환공이 이를 알고 노여워하자 양공에게 일러서 환공을 죽이게 하였다. 제나라 사람들이 魯 莊公이 禮로써 어머니의 악행을 막지 못한 것을 서글퍼하며 이 시를 지었다.

3) 宋襄之母 : 〈衛風 河廣〉의 화자로, 衛나라 宣姜의 딸이 宋 桓公의 부인이 되었는데 襄公을 낳고는 쫓겨나서 위나라에 돌아왔다. 양공이 즉위하자 부인이 송나라를 그리워했으나 義理상 갈 수 없어 〈河廣〉의 시를 지었다는 내용이 序에 보인다.

4) (宋)〔衛〕 : 저본의 교감기에 따라 '衛'로 번역하였다.

〈衛風 木瓜〉는 齊 桓公을 찬미하고, 〈齊風 猗嗟〉는 魯 莊公을 풍자한 시이니, 각기 지은 사람이 속한 나라의 風에 두고 시에 서술된 나라에 두지 않았다. 그런데 許 穆公의 夫人이 지은 시를 衛나라에 둔 것은 부인 자신이 위나라 여인이고 시의 내용이 위나라를 위하는 말이기 때문에 그 시를 衛風에 둔 것이고, 송 양공의 어머니는 몸이 위나라에 돌아왔으므로 더 이상 宋나라 부인이 아니고, 그 시를 직접 지은 것도 아니므로 〈河廣〉을 衛風에 둔 것이다. 邶와 鄘 땅을 병합했지만 시는 세 나라로 나누었는데 鄭나라가 10개 읍을 병합했는데도 시를 〈10개 국으로〉 나누지 않은 것은 정나라는 주왕의 도읍 서쪽에 있었는데 10개 읍 가운데 이름이 鄭인 읍이 없고 또 모두 나라가 작아 각 땅의 풍속이 다르지 않아서이니, 邶·鄘의 땅이 크기가 衛와 같고, 또 병합하기 전에 먼저 衛라는 명칭이 있었기 때문에 〈패풍·용풍·위풍으로〉 나눈 것과는 같지 않다. 비록 邶와 鄘을 나누었으나 실제로는 衛이므로 매 편의 序에 衛를 말하였으니 이는 衛나라의 詩임이 분명하다. 이는 唐이 실은 晉이므로 唐風의 序에서도 매 편마다 晉을 말한 것과 같다.

【疏】 其秦仲[1]·陳佗[2] 皆以字配國, 當謚號之稱, (舜)〔非〕[3] 爲國名而施也, 若異國之君, 必以國配謚, 恐與其君相亂, 若河廣宋襄, 木瓜齊桓, 猗嗟魯莊公之輩是也. 三國如此次者, 以君世之首在前者爲先, 故世家"頃侯卒, 子釐侯立, 四十二年卒, 子共伯餘立爲君, 共伯弟和襲攻共伯於墓上, 共伯自殺, 衛人立和爲衛侯, 是爲武公." 以頃公三國詩之最先, 故邶在前也.

1) 秦仲 : 姓은 嬴이고, 秦 公伯의 아들로 나라 이름인 '秦'과 그의 字인 '仲'을 붙여 그를 秦仲이라고 하였다. 〈秦風 車隣〉은 秦仲이 나라를 강대하게 만들어 車馬와 禮樂과 侍御

의 아름다움이 있음을 찬미한 것이다.

2) 陳佗 : ≪春秋左氏傳≫ 桓公 5년에 "陳侯 鮑가 죽자……文公의 아들 佗가 태자 免을 죽이고 그를 대신하여 즉위했다."라고 하였고 ≪春秋左氏傳≫ 桓公 6년에 "蔡人이 陳佗를 죽였다."라고 하였으니 이때부터 '陳'에 그의 字인 '佗'를 붙여 부른 것으로 보인다. 〈陳風 墓門〉은 陳佗의 악이 만민에게 가해짐을 풍자한 것이다.

3) (舜)〔非〕: 저본의 교감기에 따라 '非'로 번역하였다.

秦仲과 陳佗는 모두 字를 國名에 붙인 것이다. 謚號를 일컬을 때에는 國名을 쓰지 않는데, 다른 나라의 군주에게는 반드시 시호 앞에 국명을 붙인 것은 아마도 자기 나라의 군주들과 혼동할까 해서이니, 〈河廣〉의 宋 襄公, 〈木瓜〉의 齊 桓公, 〈猗嗟〉의 魯 莊公의 무리가 이것이다. 세 나라를 이와 같이 차례지은 것은 君의 代數가 가장 앞선 나라를 먼저 한 것이다. 그러므로 〈衛世家〉에 "頃侯가 죽자 아들 釐侯가 즉위하였다. 그가 42년 만에 죽자 아들 共伯 餘가 즉위하여 군주가 되었는데 共伯의 아우 和가 共伯을 墓上에서 습격하여 共伯이 자살하자 衛나라 사람들이 和를 衛侯로 삼았으니 이가 武公이다."라고 하였으니, 이 때문에 頃公을 읊은 것을 세 나라 시 중 가장 앞에 둔 것이다. 그러므로 邶風이 衛風・鄘風보다 앞에 있게 된 것이다.

【疏】鄘柏舟與淇奧, 雖同是武公之詩, 共姜守義事, 在武公政美入相之前, 故鄘次之, 衛爲後也. 凡編詩以君世爲次, 此三國當其君之時, 或作或否, 其有詩者, 各於其國以君世爲次也. 世家曰 "武公卽位, 脩康叔政, 百姓和集. 五十〔五〕[1]年卒, 子莊公楊立, 二十三年卒, 太子完立, 是爲桓公. 二年, 弟州吁驕奢, 桓公黜之, 十六年, 州吁襲殺桓公而自立. 九月殺州吁于濮, 迎桓公(子)〔弟〕[2] 晉於邢而立之, 是爲宣公. 十九年卒, 太子朔立, 是爲惠公. 四年奔齊, 立公子黔牟, 黔牟立八年, 惠公復入, 三十(三)〔一〕[3] 年卒, 子懿公赤立, 九年爲狄所滅. 立昭伯頑之子申, 爲戴公, 元年卒, 立弟燬, 是爲文公." 此其君次也. 序者, 或以事明主, 或言其謚, 或終始備言, 或與初見末義相發明, 要在理著而已. 若一君止一篇者, 明言號謚, 多則文有詳略.

1) 〔五〕: 저본의 교감기에 따라 보충하여 번역하였다.

2) (子)〔弟〕: 저본의 교감기에 따라 '弟'로 번역하였다.

3) (三)〔一〕: 저본의 교감기에 따라 '一'로 번역하였다.

鄘風의 〈柏舟〉와 〈淇奧〉은 비록 똑같이 武公을 읊은 시이지만 共姜이 절의를 지킨 일은 武公이 정사를 잘하고 周나라에 들어가 보좌하기 전의 일이다. 그러므로 鄘風을 두 번째에 두고 衛風을 그 뒤에 둔 것이다. 시의 편차는 君의 代數를 기준으로 차례지었으니, 이 세 나라의 해당 君主 代에 지은 시가 있기도 하고 없기도 하였는데, 지은 시가 있는 경우는 각각 그 나라 군주의 대수에 따라 차례지었다. ≪史記≫ 〈衛世家〉에 "武公이 즉위하여 康叔의 정사를 본받자 백성들이 화합하고 결집하였다. 즉위 55년에 무공이 죽자 아들 莊公 楊이 즉위하고, 즉위 23년에 장공이 죽자 太子 完이 즉위하였으니 이가 桓公이다. 환공 2년에 아우 州吁가 교만 방자하여 환공이 그를 내쫓았는데, 16년에 州吁가 桓公을 엄습하여 죽이고 스스로 즉위하였다. 9월에 州吁를 濮에서 죽이고 桓公의 아우 晉을 邢에서 맞이하여 군주로 세웠으니 이가 宣公이다. 즉위 19년 만에 선공이 죽자 태자 朔이 즉위하니 이가 惠公이다. 즉위 4년에 惠公이 齊로 달아나자 公子 黔牟를 세웠는데, 黔牟 즉위 8년에 惠公이 다시 들어왔고, 혜공 31년에 그가 죽자 아들 懿公 赤이 즉위하고, 의공 9년에 狄에게 멸망당하였다. 뒤에 昭伯 頑의 아들 申을 세워 戴公이 되었는데 그가 원년에 죽자 그 아우 燬를 세웠으니 이가 文公이다."라고 하였으니, 이것이 위나라 군주의 순차이다. 序는 일로써 군주를 드러내거나, 그 시호로 말하거나, 終始를 갖추어 말하거나, 처음의 견해가 끝의 결론과 서로 發明되거나 하지만 요점은 이치를 드러냄에 있을 뿐이다. 한 군주에 대하여 한 편뿐인 것은 시호를 분명히 말했고, 여러 편인 경우에는 글마다 자세함과 소략함의 차이가 있다.

【疏】 邶柏舟云'頃公之時', 則頃公詩也, 綠衣'莊姜傷己, 妾上僭', 當莊公時, 則莊公詩也. 詩述莊姜而作, 故序不言莊公也. 燕燕云'莊姜送歸妾也', 妾非夫人所當出, 出不當夫人送, 今云'送歸妾', 明子死[1]乃送之, 是州吁詩也. 日月·終風·擊鼓, 序皆云州吁, 凱風從上明之, 皆州吁詩也. 雄雉·匏有苦葉序言宣公, 擧其始, 新臺·二子乘舟復言宣公, 詳其終, 則谷風·式微·旄丘·簡兮·泉水·北門·北風·靜女在其間, 皆宣公詩也.

1) 子死 : 莊公의 后인 莊姜이 자식이 없어 장공이 陳나라에 장가들어 孝伯을 낳았는데 그는 일찍 죽었고 잉첩 戴嬀가 完(桓公)을 낳자 장강이 그를 자신의 아들로 삼았다. 莊公이 죽고 완이 즉위한 2년에 아우 州吁가 그를 죽이자 대규가 陳나라로 돌아가게 된 일이다. ≪春秋左氏傳 隱公 3년·4년≫

〈邶風 柏舟〉의 序에 '頃公之時'라 하였으니 이는 頃公 때의 시이고, 〈綠衣〉의 序에 '莊

姜傷己 妾上僭'이라 하였으니 莊公 때에 해당되니 이는 莊公 때의 시이다. 하지만 시가 莊姜의 일을 서술하여 지은 것이므로 序에 莊公을 언급하지 않은 것이다. 〈燕燕〉의 序에 '莊姜送歸妾也'라 하였는데 첩은 부인이 내보내야 할 대상이 아니고, 내보낼 때에 부인이 전송해서도 안 되는 것인데, 지금 '送歸妾'이라고 하였다면 자식이 죽어 이에 그녀를 전송한 것이 분명하니 이는 州吁 때의 시이다. 〈日月〉·〈終風〉·〈擊鼓〉의 序에서 모두 州吁를 언급하였고, 〈凱風〉은 위의 시를 따라 밝혔으니 모두 州吁 때의 시이다. 〈雄雉〉·〈匏有苦葉〉의 序에 宣公을 언급한 것은 그 악행의 시작을 든 것이고, 〈新臺〉·〈二子乘舟〉의 序에 다시 宣公을 언급한 것은 그 악행의 끝을 자세히 말한 것인데, 〈谷風〉·〈式微〉·〈旄丘〉·〈簡兮〉·〈泉水〉·〈北門〉·〈北風〉·〈靜女〉는 그 사이에 있으므로 모두 宣公 때의 시이다.

【疏】 鄘柏舟云'共伯蚤死, 其妻守義.', 明武公時作, 則武公詩也. 牆有茨'公子頑通於君母', 君母則惠公母, 則惠公詩也. 鶉之奔奔云'宣姜', 亦是惠公之母, 則君子偕老・桑中在其間, 亦皆惠公詩也. 定之方中・蝃蝀・相鼠・干旄, 序皆云文公, 文公詩可知. 載馳序云'懿公爲狄人所滅, 露於漕邑.' 則戴公詩也, 在文公下者, 後人不能盡得其次第, 爛於下耳.

〈鄘風 柏舟〉의 序에 '〈衛 世子〉 共伯이 일찍 죽자, 그의 처 〈共姜이〉 절의를 지켰다.〔共伯蚤死 其妻守義〕'라고 하였으니 武公 때에 지어진 것이 분명하니 이는 武公 때의 시이다. 〈牆有茨〉의 序에 '公子 頑이 君母와 정을 통하였다.〔公子頑通於君母〕'라고 하였으니 君母는 惠公의 母이니 惠公 때의 시이고, 〈鶉之奔奔〉의 序에 '宣姜'이라고 하였으니 또한 이가 惠公의 母인데, 〈君子偕老〉·〈桑中〉이 그 사이에 있으니 또한 모두 惠公 때의 시이다. 〈定之方中〉·〈蝃蝀〉·〈相鼠〉·〈干旄〉의 序에서 모두 文公을 언급하였으니 이는 文公 때의 시임을 알 수 있다. 〈載馳〉의 序에 '懿公이 狄人에게 멸망당하고 漕邑에서 露宿하였다.〔懿公爲狄人所滅 露於漕邑〕'라고 하였으니 이는 戴公 때의 시인데 文公 때의 시 아래에 있는 것은 후인들이 그 차례를 다 살피지 못하고 〈제 순서보다〉 아래에 뒤섞어 놓은 것일 뿐이다.

【疏】 衛淇奧云'美武公', 則武公詩矣, 考槃・碩人, 序皆云'莊公', 則莊公詩也. 氓云'宣公之時', 則宣公詩也, 竹竿從上言之, 亦宣公詩也. 芄蘭刺惠公, 則惠公詩也. 河廣云

'宋襄公母歸于衛', 母雖父所出, 而文繫於襄公, 明襄公卽位乃作, 襄公以魯僖十年卽位, 二十(一)〔三〕[1]年卒, 終始當衛文公, 則文公詩矣.

1) (一)〔三〕: 저본의 교감기에 따라 '三'으로 번역하였다.

〈衛風 淇奧〉의 序에 '武公〈의 德〉을 찬미한 시이다.〔美武公〕'라고 하였으니 이는 武公 때의 시이고, 〈考槃〉·〈碩人〉은 序에 모두 莊公을 언급하였으니 莊公 때의 시이다. 〈氓〉의 序에 '宣公之時'라고 하였으니 〈氓〉은 宣公 때의 시이고, 〈竹竿〉은 앞 詩의 序를 따라 말하였으니 또한 宣公 때의 시이다. 〈芄蘭〉은 惠公을 풍자하였으니 惠公 때의 시이다. 〈河廣〉의 序에 '宋 襄公의 어머니가 衛로 돌아갔다.〔宋襄公母歸于衛〕'라고 하였는데 어머니가 아버지에게 쫓겨났지만 글은 襄公에 연계되어 있으니 襄公이 즉위하고 나서 바로 지어진 것이 분명한데, 襄公은 魯 僖公 10년에 즉위하여 僖公 23년에 죽어 그 始終이 衛 文公 때에 해당되니 文公 때의 시이다.

【疏】 伯兮云'爲王前驅', 有狐序云'衛之男女失時', 皆不言謚, 在河廣·木瓜之間, 則似文公詩矣. 但文公·惠公之時, 無從王征伐之事, 惟桓五年秋, 蔡人·衛人·陳人, 從王伐鄭, 當宣公時, 則伯兮宣公詩也.

〈伯兮〉의 序에 '왕을 위해 선봉에 서다.〔爲王前驅〕'라 하고 〈有狐〉의 서에 '衛나라의 남녀가 〈혼인할〉 시기를 잃었다.〔衛之男女失時〕'라 하여 모두 시호를 말하지는 않았지만 〈河廣〉과 〈木瓜〉의 사이에 있으니 文公 때의 시인 듯하다. 다만 文公과 惠公 때에는 王을 따라 정벌한 일이 없고 오직 환공 5년 가을에 蔡人·衛人·陳人이 王을 따라 鄭나라를 정벌한 것은 宣公 때에 해당하니, 그렇다면 〈伯兮〉는 宣公 때의 시이다.

【疏】 伯兮旣爲宣公詩, 則有狐亦非文公詩也. 文公滅而復興, 詩無刺者, 不得有男女失時之歌, 則有狐亦宣公詩也, 與伯兮俱爛於此, 本在芄蘭之上, 序者於氓擧國公以明下, 故不復言宣公耳. 推此則換爛在作序之後, 故擧上明下. 若本第於此[1], 則伯兮宜言謚以辨嫌, 不宜越芄蘭·河廣而蒙氓詩之序也. 木瓜云'齊桓公救而封之', 則文公詩也, 故鄭於左方[2]中, 皆以此知之也. 然鄭於其君之下云'某篇某作'者, 準其時之事而言, 其作未必卽此君之世作也. 何則, 文王之詩有在成王時作者, 是不必其時卽作也.

1) 第於此: 衛風 시편의 차례는 〈淇奧〉, 〈考槃〉, 〈碩人〉, 〈氓〉, 〈竹竿〉, 〈芄蘭〉, 〈河廣〉, 〈伯兮〉, 〈有狐〉, 〈木瓜〉 순으로 되어 있는데, 여기에서는 〈伯兮〉의 본래 위치가 위의

순서대로 〈芄蘭〉의 뒤가 맞다면 序에서 시호를 언급했어야 하는데 실제로는 그렇지 않음을 말한 것이다.

2) 左方 : 저본의 교감기에 따르면 정현이 ≪詩譜≫ 내용의 왼쪽 옆줄 상단에 해당 시의 편명과 君主의 世系를 행 옆에 기록한 것을 가리키는데, 南宋 때 자료를 병합하면서 빼버려서 지금은 없다고 한다.

〈伯兮〉가 宣公 때의 시이면 〈有狐〉도 文公 때의 시가 아니다. 文公은 멸망한 나라를 다시 부흥시켰기에 시에 풍자한 것도 없고, 남녀가 혼인할 시기를 놓친 시도 있을 수 없으니, 〈有狐〉도 선공 때의 시인데 〈伯兮〉와 함께 여기에 뒤섞어 놓은 것이니 본 위치는 〈芄蘭〉의 앞이다. 〈氓〉의 序에서 나라의 군주를 거론하여 아래의 시를 밝혔다. 그리하여 뒤에 다시 宣公을 언급하지 않은 것일 뿐이다. 이것을 미루어보면 순서가 뒤죽박죽이 된 것은 序를 지은 뒤의 일일 것이다. 그리하여 序에서는 위의 시를 들어 아래 시를 밝힌 것이다. 만약 본래 여기가 제 위치라면 〈伯兮〉의 序에 시호를 언급해서 의문스러운 점을 분변했어야 하고, 〈芄蘭〉·〈河廣〉을 뛰어넘어서까지 〈氓〉의 序에 연결시켜서는 안 된다. 〈〈木瓜〉의 序〉에 '齊 桓公이 구원하고서 봉해주었다.〔齊桓公救而封之〕'라 하였으니 이는 文公 때의 시이다. 그러므로 정현이 좌방에 기록한 것은 모두 이 序를 통해 안 것이다. 그러나 정현이 해당 군주의 아래에 某 편은 某가 지었다고 한 것은 그 당시의 일을 근거해서 말한 것이지 그 시가 반드시 그 군주 때에 지어졌다는 것은 아니다. 어째서인가? 문왕의 시가 成王 때 지어진 것이 있으니 이것이 〈그 군주의 시가〉 반드시 그 군주 때에 바로 지어진 것은 아닌 점이다.

【疏】 春秋之義, 未踰年不成君[1], 而州吁以春弑君, 九月死於濮, 不成君而得有詩者, 以其已在君位, 百姓蒙其惡, 故得作詩以刺之也. 柏舟共姜自誓, 不爲共伯詩者, 以共伯已死, 其妻守義, 當武公之時, 非共伯政教之所及. 所以爲武公詩也.

1) 未踰年不成君 : ≪春秋公羊傳≫에 "군주가 살아 있으면 嗣子를 '世子'라고 하고, 군주가 薨하면 '子某'라고 하고, 장례를 마쳤으면 '子'라고 하고 그해를 넘기면 '君'이라고 한다."라고 하였다. 魯 莊公 32년 겨울 8월에 장공이 薨하여 子般이 즉위하였는데 그해를 넘기지 못하고 10월에 죽었기 때문에 이름 앞에 子라는 호칭을 붙여 기록하였다. ≪春秋左氏傳 莊公 32년≫

≪春秋≫의 義理는 〈선왕을 계승하여 즉위하였으나〉 그해를 넘기지 못하면 君이 되지 못하는데 州吁는 봄에 군주를 시해하고 9월에 濮에서 죽어 君이 되지 못하였는데도

시가 있게 된 것은 그가 군주의 자리에 있을 때에 백성들이 그 惡政의 지배를 받았기 때문이다. 그리하여 시를 지어 그를 풍자한 것이다. 〈柏舟〉는 共姜 스스로 맹세한 것인데 共伯 때의 시가 아닌 것은, 공백은 이미 죽었고 그의 처가 절의를 지킨 일은 무공 때이니, 공백의 정사와 교화가 미친 결과가 아니어서이다. 이 때문에 무공 때의 시가 되는 것이다.

【疏】 諸變詩, 一君有數篇者, 大率以事之先後爲次, 故衛宣公先(蒸)〔烝〕[1]於夷姜, 後納伋妻[2], 邶詩先匏有苦葉, 後次新臺, 是以事先後爲次也. 擧此而言, 則其餘皆以事次也. 牆有茨・鶉之奔奔, 皆刺宣姜, 其篇不次, 而使桑中間之, 則編篇之意, 或以事義相類, 或以先後相次, 序・注無其明說, 難以言之.

1) (蒸)〔烝〕: 저본의 교감기에 따라 '烝'으로 번역하였다.
2) 衛宣公先(蒸)〔烝〕於夷姜 後納伋妻 : 衛 宣公이 庶母인 夷姜과 간통하여 伋을 낳았는데 뒤에 伋의 처가 될 齊나라 여인을 가로채서 壽와 朔을 낳은 일이다. ≪春秋左氏傳 桓公 16년≫ 단, ≪春秋左氏傳≫에는 '伋'이 '急子'로 되어 있다.

變風의 시에서 한 군주에 여러 편의 시가 있는 경우는 대부분 일의 선후에 따라 차례지은 것이다. 그러므로 衛 宣公이 서모인 夷姜과 먼저 간통하고 뒤에 伋의 妻가 될 제나라 여인을 들였으므로 패풍의 〈匏有苦葉〉이 앞에 있고 〈新臺〉가 뒤에 있는 것이니, 이것이 일의 선후에 따라 차례지은 것이다. 이에 근거해서 말해보면 그 나머지도 모두 일의 선후에 따라 차례지은 것이다. 〈牆有茨〉・〈鶉之奔奔〉은 다 宣姜을 풍자한 것인데 두 편을 차례로 두지 않고 〈桑中〉이 그 사이에 끼게 한 것은 편을 엮은 뜻이 事義가 비슷한 것을 따랐거나 일이 선후로 차례가 되는 것을 따른 것일 텐데 序나 注에 분명한 설명이 없어 단정 짓기가 어렵다.

柏舟 (백주)

【序】 柏舟는 言仁而不遇也라 衛頃公之時에 仁人不遇하고 小人在側이라

柏舟는 어질지만 不遇함을 읊은 시이다.
衛 頃公 때에 어진 사람이 대우받지 못하고 소인이 군주 곁에 있었다.

【箋】不遇者는 君不受己之志也라 君近小人이면 則賢者見侵害라 ○ 柏은 木名이요 近은 附近之近이라

不遇는 군주가 자기의 뜻을 받아들이지 않는 것이다. 군주가 소인을 가까이하면 어진 자들이 침해를 당한다.

○ 柏은 나무 이름이고, 近은 附近의 近이다.

【疏】柏舟(五章, 章六句) ○'不遇'至'侵害' ○ 正義曰：箋以仁人不遇, 嫌其不得進仕, 故言'不遇者 君不受己之志'. 以言'亦汎其流', 明與小人竝列也. 言'不能奮飛', 是在位不忍去也. 穀梁傳曰 "遇者何. 志相得." 是不得君志, 亦爲不遇也. 二章云'薄言往愬 逢彼之怒', 是'君不受己之志也', 四章云 '覯閔既多 受侮不少', 是'賢者見侵害'也.

柏(≪毛詩品物圖攷≫)

箋의 〔不遇〕에서 〔侵害〕까지

○ 正義曰：箋에서는 어진 사람이 不遇함을 벼슬길에 나가지 못하는 것으로 이해할까 嫌疑하였으므로 '不遇者 君不受己之志'라고 하였다. 經의 '亦泛其流'는 소인들과 나란히 있는 것이 분명하고, '不能奮飛'는 자리에 있으면서 차마 떠나지 못함을 말하는 것이다. ≪春秋穀梁傳≫에 "遇라는 것은 무엇인가? 뜻이 서로 맞는 것이다."라고 하였으니, 군주의 뜻을 얻지 못한 것도 '不遇'가 되는 것이다. 둘째 장의 '薄言往愬 逢彼之怒'는 箋의 '君不受己之志也'이고, 넷째 장의 '覯閔既多 受侮不少'는 箋의 '賢者見侵害'이다.

汎彼柏舟도 亦汎其流라

둥둥 저 측백나무 배도
물 가운데 떠 있구나

【傳】 興이라 汎(汎)[1]은 流貌라 柏은 木이니 所以宜爲舟也라 亦汎汎其流는 不以濟度也라

1) (汎) : 저본의 교감기에 따라 衍字로 처리하였다.

興이다. 汎은 흘러가는 모양이다. 柏은 나무이니 배를 만들기에 알맞은 것이다. 물 가운데 둥둥 떠 있는 것은 타고 건너지 못하는 것이다.

【箋】 箋云 舟는 載渡物者어늘 今不用하여 而與(衆)[1]物汎汎然俱流水中이라 興者는 喩仁人之不見用하여 而與群小人幷列이 亦猶是也라 ○ 汎은 流貌라 本或作汎汎流貌者는 此從王肅注加라

1) (衆) : 저본의 교감기에 따라 衍字로 처리하였다.

箋云 : 배는 타고 건너는 것인데 지금 쓰지 않아서 다른 물건들과 함께 둥둥 흐르는 물 가운데 떠 있는 것이다. 興한 것은 어진 이가 쓰이지 못하여 소인들과 나란히 있는 것이 이 배와 같음을 비유한 것이다.

○ 汎은 흘러가는 모양이다. '汎汎 流貌'로 되어 있는 本도 있는데, 이는 왕숙의 注를 따라 첨가한 것이다.

耿耿不寐하여 如有隱憂라

불안하여 잠 못 들고서
괴로운 근심 있는 듯하여라

【傳】 耿耿은 猶儆儆也라 隱은 痛也라

耿耿은 '경계하고 주의하는 것'과 같다. 隱은 '아픔'이다.

【箋】 箋云 仁人旣不遇하여 憂在見侵害라

箋云 : 어진 이가 군주의 뜻을 얻지 못하여 소인들에게 침해를 당할까 하는 근심이 있는 것이다.

微我無酒 以敖以遊니라

내게 즐기고 놀며 근심 잊게 할
술이 없지는 않다네

【傳】 非我無酒 可以敖遊忘憂也라 ○ 敖는 本亦作遨라

나에게 즐기고 놀면서 근심을 잊을 수 있는 술이 없는 것은 아니라는 것이다.
○ 敖는 遨로 되어 있는 본도 있다.

【疏】 '汎彼'至'以遊' ○ 正義曰：言汎然而流者，是彼柏木之舟，此柏木之舟，宜用濟渡，今而不用，亦汎汎然，其與衆物，俱流水中而已，以興在列位者，是彼仁德之人，此仁德之人，宜用輔佐，今乃不用，亦與衆小人竝列於朝而已．仁人旣與小人竝列，恐其害於己，故夜儆儆然，不能寐，如人有痛疾之憂，言憂之甚也．非我無酒，可以敖遊而忘此憂，但此憂之深，非敖遊可釋也．

經의 〔汎彼〕에서 〔以游〕까지

○ 正義曰：둥둥 떠 흘러가는 것은 저 측백나무로 만든 배이니, 측백나무 배는 물을 건너는데 써야 하는데 지금 쓰이지 않아서 다른 물건들과 모두 물 가운데 둥둥 떠 있을 뿐임을 말하여, 반열의 자리에 있는 자 중에 어진 덕을 지닌 이가 있으니, 이 어진 덕을 지닌 사람은 마땅히 나라를 다스리는 일에 輔佐로 써야 하는데 지금은 쓰이지 않아서 역시 뭇 소인들과 조정에 나란히 있을 뿐임을 興한 것이다. 어진 덕을 지닌 사람이 소인들과 나란히 있게 되면 그들이 자신을 해칠까 두려워한다. 그러므로 밤에 불안하여 잠 못 드는 것이 마치 아픈 근심이 있는 사람과 같으니 이는 근심이 심함을 말한 것이다. 내가 즐기고 놀면서 이 근심을 잊을 수 있는 술이 없는 것이 아니라, 다만 이 근심이 깊어 즐기고 노는 것으로 풀 수 있는 것이 아닌 것이다.

【疏】 〔傳〕[1]'汎流'至'濟度' ○ 正義曰：竹竿云"檜楫松舟"，菁菁者莪云"汎汎楊舟"，則松楊皆可爲舟，言柏木所以宜爲舟者，解以舟喩仁人之意，言柏木所以宜爲舟，猶仁人所以宜爲官，非謂餘木不宜也．

1)〔傳〕：저본의 교감기에 따라 보충하여 번역하였다.

傳의 〔汎流〕에서 〔濟度〕까지

○ 正義曰 : 〈衛風 竹竿〉에 "전나무로 만든 노와 소나무로 만든 배로다."라고 하고, 〈小雅 菁菁者莪〉에 "둥둥 떠 있는 버드나무 배"라고 하였으니 소나무와 버드나무가 다 배를 만들 수 있는데 측백나무가 배를 만들기에 알맞다고 말한 이유는 배로써 어진 사람을 비유한 뜻을 해석한 것이니, 측백나무가 배를 만들기에 마땅한 이유가 어진 사람이 벼슬하기에 적합한 이유와 같음을 말한 것이지 다른 나무가 적당하지 않다고 말한 것은 아니다.

我心匪鑒이라 不可以茹니

내 마음은 거울이 아니라네
거울은 속마음 헤아리지 못하니

【傳】 鑒은 所以察形也라 茹는 度(탁)也라

鑒은 '모습을 살피는 것'이다. 茹는 '헤아림'이다.

【箋】 箋云 鑒之察形이로되 但知方圓白黑이요 不能度其眞僞라 我心非如是鑒이니 我於衆人之善惡外內에 心度知之라 ○ 監은 本作鑒이니 鏡也라

箋云 : 거울은 사물의 모습을 살피지만 다만 모나거나 둥근 것, 희거나 검은 것을 알 뿐 그 참과 거짓을 헤아릴 수 없다. 내 마음은 이 거울과 달라서 사람들의 선악과 안팎을 내 마음으로 헤아려 알 수 있다는 것이다.

○ 監은 鑒으로 되어 있는 本이 있으니 거울이다.

亦有兄弟나 不可以據라

형제도 있으나
의지할 수가 없네

【傳】 據는 依也라

據는 의지함이다.

【箋】 箋云 兄弟至親이라 當相據依하니 言亦有不相據依以爲是者는 希耳라 責之以兄弟之道는 謂同姓臣也라

箋云 : 형제는 지극히 가까우므로 마땅히 서로 의지해야 하니, 또한 서로 의지하지 않으면서 형제라고 하는 경우는 드묾을 말한 것이다. 형제의 道로 나무란 것은 동성의 신하임을 말한 것이다.

薄言往愬나 逢彼之怒라

가서 하소연했으나
저들의 노여움만 샀네

【傳】 彼는 彼兄弟라

彼는 저 형제이다.

【疏】 '我心'至'之怒' ○ 正義曰 : 仁人不遇, 故自稱己德宜所親用, 言我心非如鑒然, 不可以茹也. 我心則可以茹, 何者. 鑒之察形, 但能知外之方圓白黑, 不能度知內之善惡眞僞, 我心則可以度知內之善惡, 非徒如鑒然. 言能照察物者, 莫明於鑒, 今己德則踰之, 又與君同姓, 當相據依, 天下時亦有兄弟, 不可以據依者, 猶尙希耳, 庶君應不然, 何由亦不可以據乎. 我旣有德, 又與君至親而不遇, 我薄往君所愬之, 反逢彼君之恚怒, 不受己志也.

經의 〔我心〕에서 〔之怒〕까지

○ 正義曰 : 仁人이 不遇하므로 스스로 자기의 덕이 친히 중용하기에 마땅함을 들어 내 마음은 거울처럼 헤아릴 수 없는 것이 아니라고 한 것이다. 내 마음은 헤아릴 수 있다는 것은 무엇인가? 거울은 겉모습은 살피지만 외면의 둥글거나 모남과 희거나 검은 것만을 알 수 있을 뿐 내면의 선악과 진위는 헤아릴 수 없는데, 내 마음은 내면의 선악을 헤아려 알 수 있으니 거울과 같지만은 않은 것이다.

모습을 살펴 알 수 있는 것은 거울보다 분명한 것이 없는데 지금 자신의 덕이 그보다 낫고, 또 군주와는 同姓이니 마땅히 서로 의지해야 하고, 천하에 때로는 형제가 있으면서도 의지할 수 없는 경우는 오히려 드물거늘, 여러 군주의 응대는 그렇지 않으니 어째

서 의지할 수 없는 것인가? 내가 덕이 있고 군주와 지극히 가까운데 불우하여 내가 군주에게 가서 하소연하였으나 도리어 저 군주의 노여움만 사게 되었으니 그가 자기의 뜻을 받아주지 않아서이다.

【疏】 箋'責之'至'姓臣' ○正義曰：此責君而言兄弟者, 此仁人與君同姓, 故以兄弟之道責之. 言兄弟者, 正謂君與已爲兄弟也, 故'逢彼之怒', 傳曰 '彼 彼兄弟', 正謂逢遇君之怒, 以君爲兄弟也.

箋의 〔責之〕에서 〔姓臣〕까지

○正義曰：여기에서 군주를 책망하면서 형제를 언급한 것은 이 어진 사람이 군주와 동성이므로 형제의 도리로 책망한 것이다. '형제'라 한 것은 곧 군주와 자신이 형제가 됨을 말한 것이다. 그리하여 '逢彼之怒'의 傳에 말한 '彼는 저 兄弟이다.'는 곧 군주의 노여움을 샀어도 군주를 형제로 여겼음을 말한다.

我心匪石이라 不可轉也요

我心匪席이라 不可卷也라

내 마음 돌이 아니라
굴릴 수 없고
내 마음 자리가 아니라
말 수가 없네

【傳】 石雖堅이나 尙可轉이요 席雖平이나 尙可卷이라

돌은 비록 단단하지만 오히려 굴릴 수 있고, 자리는 비록 평평하지만 오히려 말 수 있다.

【箋】 箋云 言已心志堅平이 過於石席이라

箋云：자기 심지의 단단하고 평평함이 돌이나 자리보다 나음을 말한 것이다.

威儀棣棣하여 不可選也로다

바른 몸가짐 여유롭고 익숙하여
흠잡아 말할 게 없네

【傳】 君子는 望之儼然可畏하고 禮容俯仰이 各有威儀耳라 棣棣는 富而閑習也라 物有其容이면 不可數也라

군자는 바라보기에 위엄 있어 두려워할 만하고, 예의 있는 용모와 일거일동이 각각 위의가 있다. 棣棣는 여유 있고 익숙한 것이다. 군자가 올바른 용모를 지니면 흠잡아 따질 수 없다는 것이다.

【箋】 箋云 稱己威儀如此者는 言己德備而不遇하니 所以慍也라 ○ 棣는 本或作逮라 選은 選也라 儼은 本或作嚴이라

箋云 : 자신의 위의가 이와 같음을 든 것은 자신의 덕이 갖추어졌는데도 不遇하니 이 때문에 원망한다고 말하는 것이다.

○ 棣는 逮로 되어 있는 本도 있다. 選은 '가려냄'이다. 儼은 嚴으로 되어 있는 本도 있다.

【疏】 '我心'至'可選' ○ 正義曰 : 仁人既不遇, 故又陳己德, 以怨於君, 言我心非如石然, 石雖堅, 尚可轉, 我心堅, 不可轉也. 我心又非如席然, 席雖平, 尚可卷, 我心平, 不可卷也. 非有心志堅平, 過於石席, 又有儼然之威, 俯仰之儀, 棣棣然富備, 其容狀不可具數, 內外之稱其德如此, 今不見用, 故己所以怨.

經의 〔我心〕에서 〔可選〕까지

○ 正義曰 : 어진 이가 불우하므로 또 자신의 덕을 말하여 군주를 원망하기를 '내 마음은 돌과 같지 않으니 돌은 단단해도 굴릴 수 있는데 내 마음의 견고함은 굴릴 수 없다. 내 마음은 또 자리와 같지 않으니 자리는 평평해도 말 수 있는데 내 마음의 평평함은 말 수 없다. 마음의 단단함과 평평함이 돌과 자리보다 나을 뿐 아니라 엄연한 위엄과 일거일동의 의절이 익숙하고 충분하게 갖추어져서 그 모습과 실상을 모두 흠잡아 따질 수 없으니, 안팎으로 그 덕에 알맞음이 이와 같은데 지금 등용되지 않았으므로 내가 이 때문에 원망하고 있다.'라고 한 것이다.

【疏】 傳'君子'至'可數' ○ 正義曰：此言'君子望之 儼然可畏', 解經之威也, '禮容俯仰 各有(宜)〔威儀〕[1]耳', 解經之儀也. 論語曰 "君子正其衣冠, 尊其瞻視, 儼然人望而畏之." 左傳曰 "有威而可畏, 謂之威, 有儀而可象, 謂之儀." 是也. 言威儀棣棣然, 富備而閑曉, 貫習爲之. 又解'不可選'者, 物各有其容, 遭時制宜, 不可數, 昭九年左傳曰 "服以旌禮, 禮以行事, 事有其物, 物有其容." 是也.

1) (宜)〔威儀〕: 저본의 교감기에 따라 '威儀'로 번역하였다.

傳의 〔君子〕에서 〔可數〕까지

○ 正義曰：傳의 '君子望之 儼然可畏'는 경문의 '威'를 푼 것이고, '禮容俯仰 各有威儀耳'는 경문의 '儀'를 푼 것이다. ≪論語≫ 〈堯曰〉에 "君子가 衣冠을 바르게 하고, 모습을 존엄하게 하면 그 위엄 있는 모습을 사람들이 바라보고 경외한다."라고 하고, ≪春秋左氏傳≫에 "위엄이 있어 두려워할 만한 것을 '威'라 하고, 바른 몸가짐이 있어 본받을 만한 것을 '儀'라 한다."라고 한 것이 이것이다. 威儀가 충분하게 두루 갖추어지고 익숙하여 자연스럽게 하는 것을 말한 것이다. 또 '不可選'은 군자가 각자 바른 용모를 지니고 때마다 알맞게 행동하면 흠잡아 따질 수 없음을 푼 것이니, ≪春秋左氏傳≫ 昭公 9년에 "복식으로 吉凶의 예를 표현하고 예로 吉凶의 일을 행하니, 일에는 합당한 物이 있고 物에는 그에 합당한 용모가 있다."라고 한 것이 이것이다.

憂心悄悄어늘 慍于群小로다

근심하는 마음 애타는데
소인들의 노여움을 샀네

【傳】 慍은 怒也라 悄悄는 憂貌라

慍은 '노여움'이다. 悄悄는 '애타는 모습'이다.

【箋】 箋云 群小는 衆小人在君側者라

箋云：群小는 군주 곁에 있는 여러 소인들이다.

覯閔旣多어늘 受侮不少로다

괴롭힘 당한 것 많은데
수모 받은 것도 적지 않네

【傳】 閔은 病也라

閔은 '괴로움'이다.

靜言思之하고 寤辟有摽로다

차분히 생각해보고
자다 깨어 가슴을 쾅쾅 치네

【傳】 靜은 安也라 辟은 拊心也라 摽는 拊心貌라

靜은 '안정함'이다. 辟은 '가슴을 치는 것'이다. 摽는 '가슴을 치는 모습'이다.

【箋】 箋云 言은 我也라 ○ 辟은 本又作擘이라

箋云 : 言은 '나'이다.
○ 辟은 擘으로 되어 있는 本도 있다.

【疏】 '憂心'至'有摽' ○ 正義曰 : 言仁人憂心悄悄然, 而怨此群小人在於君側者也. 又小人見困病於我既多, 又我受小人侵侮不少, 故怨之也. 既不勝小人所侵害, 故我於夜中, 安靜而思念之, 則寤覺之中, 拊心而摽然, 言怨此小人之極也. '覯閔既多 受侮不少', 言'覯', 自彼加我之辭, 言'受', 從己受彼之稱耳.

經의 〔憂心〕에서 〔有摽〕까지

○ 正義曰 : 어진 이가 근심으로 애가 타서 군주 곁에 있는 여러 소인들을 원망함을 말한 것이다. 또 소인들이 나에게 괴로움을 준 것이 많은데다, 내가 소인들에게 수모 당한 것도 적지 않으므로 원망한 것이다. 소인들의 침해를 이겨낼 수 없으므로 내가 밤중에 차분히 생각해보고 자다가도 깨어나 가슴을 쾅쾅 치는 것이니, 이 소인들을 원망함이 극심함을 말한 것이다. '覯閔既多 受侮不少'에서 '覯'는 저들쪽에서 나에게 가한 것을 이르는 말이고, '受'는 자기쪽에서 저들에게 당한 것을 이르는 명칭이다.

【疏】 傳'摽 拊心貌' ○ 正義曰：辟旣爲拊心, 卽云有摽, 故知'摽 拊心貌', 謂拊心之時, 其手摽然.

傳의 〔摽 拊心貌〕

○ 正義曰：辟은 '가슴을 치는 것이다.'라고 하였으니, 곧 經의 '有摽'를 말한 것이다. 그리하여 '摽 拊心貌'가 가슴을 칠 때 손으로 쾅쾅 치는 것을 말함을 안 것이다.

日居月諸여 胡迭而微오

해가 달과 같이
어찌 자주 이지러지는가

【箋】 箋云 日은 君象也요 月은 臣象也라 微는 謂虧傷也라 君道는 當常明如日이요 而月有虧盈이어늘 今君失道而任小人하여 大臣專恣하니 則日如月然이라 ○ 迭은 韓詩에 作䥫하니 同音이라 云 䥫은 常이라

箋云：해는 군주의 상징이고, 달은 신하의 상징이다. 微는 이지러짐을 말한다. 군주의 도는 항상 해와 같이 밝아야 하는 것이고, 달은 이지러졌다 차오르는 것인데, 지금 군주가 도를 잃고 정사를 소인에게 맡겨 대신들이 전횡하고 방자하니, 해가 달처럼 된 것이다.

○ 迭은 ≪韓詩≫에 '䥫'로 되어 있으니 음은 같다. 〈그 傳에〉 "䥫은 常이다."라고 하였다.

心之憂矣여 如匪澣衣로다

수심에 찬 이 마음
빨지 않은 옷인 듯하네

【傳】 如衣之不澣矣라

빨지 않은 옷인 듯하다는 것이다.

【箋】 箋云 衣之不澣이면 則憒辱無照察이라

箋云 : 옷을 빨지 않으면 더러워 밝게 분간할 수 없는 것이다.

靜言思之하니 不能奮飛로다

차분히 생각해보니
떨쳐 벗어나지도 못하겠네

【傳】 不能如鳥奮翼而飛去라

새가 날개짓하여 날아가듯 하지 못하는 것이다.

【箋】 箋云 臣이 不遇於君이로되 猶不忍去라하니 厚之至也라

箋云 : 군주가 알아주지 않는데도 신하가 오히려 차마 떠나지 못한다고 하였으니, 지극히 충후한 것이다.

【疏】 '日居'至'奮飛' ○正義曰 : 日當常明, 月卽有虧, 今日何爲與月更迭而虧傷乎, 猶君何爲與臣更迭而屈伸乎. 日實無虧傷, 但以日比君, 假以言之耳. 君旣失道, 小人縱恣, 仁人不遇, 故心之憂矣, 如不澣之衣. 衣不澣, 憒辱無照察, 似己之憂, 煩憒無容樂. 仁人憂不自勝, 言我安靜而思, 君惡如是. 意欲逃亡, 但以君臣之故, 不能如鳥奮翼而飛去, 鳥能擇木, 故取譬焉.

經의 〔日居〕에서 〔奮飛〕까지

○正義曰 : '해는 응당 항상 밝고 달은 이지러짐이 있는데, 지금의 해는 어찌하여 달처럼 차올랐다 이지러지는가.'라고 한 것은 '군주가 어찌하여 신하와 함께 자꾸 변덕스럽게 처신하는가.'라고 한 것과 같은 의미이다. 해는 실제로 이지러짐이 없는데 다만 해를 군주에 견주어 가탁하여 말한 것일 뿐이다. 군주가 도를 잃으면 소인이 멋대로 하고 방자해져서 어진 이가 不遇하게 되므로 마음의 근심이 빨지 않은 옷과 같은 것이다. 옷을 빨지 않으면 더러워서 밝게 분간할 수 없는 것이 자기가 근심으로 심란하여 즐거울 수 없는 것과 같다. 이에 어진 이가 근심을 이겨내지 못하고 "내가 차분히 생각해보니 군주는 어찌 이러하는가. 마음은 도망하고 싶지만 다만 군신간이므로 새처럼 날개짓하여 날아 떠나지 못하는구나."라고 한 것이니, 새는 나무를 고를 수 있으므로 그 점에서

비유를 취한 것이다.

【疏】 箋'(日居)〔日君〕[1]'至'月然' ○ 正義曰 : 禮器曰 "大明生於東, 月生於西, 陰陽之分, 夫婦之位." 則日月喩夫婦也. 孝經識曰 "兄日姊〔月〕", 日月又喩兄姊, 以其陰陽之象, 故隨尊卑爲喩. 居・諸者, 語助也, 故日月傳曰 "日乎月乎", 不言居・諸也. 檀弓云 "何居, 我未之前聞也." 注云 "居, 語助也." 左傳曰 "皐陶庭堅不祀, 忽諸."[3] 服虔云 "諸, 辭", 是居・諸, 皆不爲義也.

1) (日居)〔日君〕: 저본에는 '日居'로 되어 있으나, 鄭箋에 의거하여 '日君'으로 바로잡아 번역하였다.
2) 〔月〕: 저본의 교감기에 따라 '月'을 보충하여 번역하였다.
3) 皐陶庭堅不祀 忽諸 : '諸'가 '어조사'로 사용된 사례를 제시한 것이다. 楚나라의 成大心과 仲歸가 六나라가 東夷에 붙자 초나라를 배반했다는 이유로 皐陶의 후손인 六나라를 멸하고, 같은 해 겨울에 공자 燮이 庭堅의 후손인 蓼를 멸하였다는 소식을 듣고 魯나라의 대부 臧文仲이 "皐陶와 庭堅의 제사가 갑자기 끊기게 되었구나."라고 말한 데서 인용한 말이다. ≪春秋左氏傳 文公 5년≫

箋의 〔日君〕에서 〔月然〕까지

○ 正義曰 : ≪禮記≫ 〈禮器〉에 "해는 동쪽에서 뜨고 달은 서쪽에서 뜨니, 음양의 구분이요 부부의 위치이다."라고 하였으니, 해와 달을 부부에 비유한 것이다. ≪孝經識≫에 "오라비는 해이고 누이는 달이다."라고 하였으니, 해와 달을 또 오누이에 비유한 것은 이것이 음양의 상징이기 때문이다. 그리하여 대상의 존비에 따라 비유를 삼은 것이다. '居'와 '諸'는 어조사이다. 그리하여 〈日月〉의 傳에 '日乎月乎'라고 하고, '居'와 '諸'를 말하지 않고, ≪禮記≫ 〈檀弓〉 "어째서 그렇게 하는가. 나는 일찍이 듣지 못하였다.〔何居 我未之前聞也〕"의 注에 "'居'는 어조사이다."라고 하고, ≪春秋左氏傳≫에 "皐陶와 庭堅의 제사가 갑자기 끊기게 되었구나.〔皐陶庭堅不祀忽諸〕"라고 하였는데, 服虔은 "諸는 어조사이다."라고 하였으니 여기서 '居'와 '諸'는 모두 뜻이 없는 말이다.

【疏】 微謂虧傷者, 禮運云 "三五而盈, 三五而闕" 注云 "一盈一闕, 屈伸之義." 是也. 十月之交云 "彼月而微, 此日而微", 箋云 "微, 謂不明也." 以爲日月之食. 知此微非食者, 以經責日云 "(何)〔胡〕[1]迭而微", 是日不當微也. 若食, 則日月同有, 何責云 "胡迭而微", 故知謂虧傷也. 彼十月之交陳食事, 故微謂食, 與此別.

1) (何)〔胡〕: 위의 經에 '胡迭而微'로 되어 있어 저본의 '何'를 '胡'로 바로잡아 번역하였다.

'微謂虧傷'은 ≪禮記≫ 〈禮運〉에 "달은 15일 만에 차고 다시 15일 만에 이지러진다."라고 하였는데, 주에 "한 번 찼다 한 번 이지러지는 것이 屈伸하는 이치이다."라고 한 것이 이것이다. 〈小雅 十月之交〉에 "저 달은 어두워질 수 있지만 이 해의 어두워짐이여."라고 하였는데, 箋에 "微는 밝지 않음을 이른다."라고 하였으니 일식과 월식을 말한 것이다. 여기의 '微'가 '食'이 아님을 안 것은 經文에서 해를 책망하면서 '胡迭而微'라고 하였으니, 해는 응당 이지러지는 것이 아니기 때문이다. 먹히는 현상으로 말해보면 해나 달에 똑같이 있는데 어찌 해를 책망하면서 '胡迭而微'라고 하였겠는가. 그리하여 이지러짐을 말함을 안 것이다. 저 〈十月之交〉에서는 일식과 월식을 말하였으므로 '微'를 '食'이라고 한 것이니 여기서의 '微'와는 다르다.

【疏】 箋'臣不'至'之至' ○ 正義曰: 此仁人以兄弟之道責君, 則同姓之臣, 故恩厚之至, 不忍去也. 以箴膏肓云 "楚鬻拳[1]同姓, 有不去之恩", 論語注云 "箕子·比干, 不忍去." 皆是同姓之臣, 有親屬之恩, 君雖無道, 不忍去之也. 然君臣義合, 道終不行, 雖同姓, 有去之理, 故微子去之, 與箕子·比干同稱三仁, 明同姓之臣, 有得去之道也.

1) 鬻拳: 楚 文王 때의 충신인데, 강력히 간언해도 문왕이 듣지 않자 무기로 위협하여 그의 말을 따르게 했다. 그러나 그는 군주를 위협했다는 죄책감에 스스로 자기의 두 발을 잘랐다. 문왕은 그를 大閽으로 삼아 태백이라 칭하고 자손에게 대대로 관직을 맡겼다. 이에 대해 군자들이 논평하기를 "육권은 임금을 사랑했다고 칭할 만하다."라고 하였다. ≪春秋左氏傳 莊公 19년≫

箋의 〔臣不〕에서 〔之至〕까지

○ 正義曰: 이는 어진 사람이 형제의 도로 군주를 책망한 것이니 동성의 신하이다. 그리하여 은혜가 지극히 두터워 차마 떠나지 못한 것이다. 鄭玄의 ≪箴膏肓≫에 "楚나라의 鬻拳은 군주와 동성이므로 떠나지 못할 은혜가 있었다."라고 하고, ≪論語≫ 注에 "箕子와 比干은 차마 떠나지 못하였다."라고 하였는데, 이들은 모두 동성의 신하로서 친속간의 恩情이 있어서 군주가 비록 무도하더라도 차마 떠나지 못한 것이다. 그러나 군신간은 의리로 만난 관계이니 도가 끝내 행해지지 않으면 비록 동성이더라도 떠날 수 있는 이치가 있다. 그리하여 微子는 떠났는데도 기자·비간과 함께 똑같이 三仁으로 일컬어졌으니 분명 동성의 신하라도 떠날 수 있는 도리가 있는 것이다.

柏舟五章이니 **章六句**라

〈柏舟〉는 5章이니 章마다 6句이다.

綠衣(녹의)

【序】 **綠衣**는 **衛莊姜傷己也**라 **妾上僭**하여 **夫人失位**하고 **而作是詩也**라

綠衣는 衛나라 莊姜이 자신의 처지를 서글퍼한 것을 읊은 시이다.

첩이 위로 참람하여 부인이 지위를 잃고서, 이 시를 지은 것이다.

【箋】 綠當爲褖이라 故作褖이어늘 轉作綠하니 字之誤也라 莊姜은 莊公夫人이니 齊女로 姓은 姜氏라 妾上僭者는 謂公子州吁之母니 母嬖而州吁驕라 ○ 綠은 毛如字라 綠은 東方之間色也라 鄭改作褖이라 嬖는 謚法云 賤而得愛曰嬖라하니 嬖는 卑也요 媟也라

綠은 당연히 '褖'이 되어야 하므로 '褖'으로 써야 하는데 '綠'으로 바꾸어 썼으니 오자이다. 莊姜은 莊公의 부인이니, 齊나라 여인으로 성은 강씨이다. '妾上僭'은 公子 州吁의 母를 말한 것인데, 母가 총애를 입어 주우가 교만했다.

○ '綠'은, 毛亨의 傳에는 '綠'으로 되어 있다. 녹색은 東方의 間色이다. 鄭玄은 '褖'으로 고쳤다. 嬖는 謚法에 "천한데 총애를 얻은 것을 '嬖'라 한다."라고 하였으니, 嬖는 '낮음'이고 '친압함'이다.

【疏】 '綠衣(四章章四句)'至'是詩' ○ 正義曰：作綠衣詩者, 言衛莊姜傷己也. 由賤妾爲君所嬖而上僭, 夫人失位而幽微, 傷己不被寵遇. 是故而作是詩也, 四章皆傷辭. 此言'而作是詩'及'故作是詩', 皆序作詩之由, 不必卽其人自作也, 故淸人序云 "危國亡師之本, 故作是詩." 非高克自作也, 雲漢云 "百姓見憂, 故作是詩." 非百姓作之也. 若新臺云 "國人惡之, 而作是詩." 碩人云 "國人憂之, 而作是詩." 卽是國人作之, 各因文勢言之, 非一端, 不得爲例也.

序의 〔綠衣〕에서 〔是詩〕까지

○ 正義曰：〈綠衣〉詩를 지은 것은 衛나라 莊姜이 자신의 처지를 슬퍼하였음을 말한

것이다. 賤妾이 군주의 총애를 받아 위로 참람하기 때문에 부인이 지위를 잃고 미약해져서 자신이 총애 받지 못함을 서글퍼하여 이 때문에 이 시를 지은 것이니 네 장이 모두 서글퍼하는 내용이다. 여기에서 '而作是詩'와 '故作是詩'는 모든 序에서 〈밝힌〉 시를 지은 이유인데, 곧 반드시 그 사람 자신이 지은 詩에만 〈쓴 표현이〉 아니다. 그리하여 〈鄭風 淸人〉의 序에 "나라를 위태롭게 하고 군대를 잃게 되는 근원이 되었다. 그리하여 이 시를 지은 것이다.〔故作是詩〕"라고 하였는데, 이는 高克이 스스로 지은 것이 아니었고, 〈大雅 雲漢〉의 序에 "백성들이 군주의 걱정을 받게 되었다. 그리하여 이 시를 지은 것이다.〔故作是詩〕"라고 하였는데, 이는 백성이 지은 것이 아니었다. 그런데 〈邶風 新臺〉의 序에서 "國人들이 그를 미워하여 이 시를 지었다.〔而作是詩〕"라고 하고, 〈衛風 碩人〉의 序에 "國人들이 그를 걱정하여 이 시를 지은 것이다.〔而作是詩〕"라고 하였으니, 이는 바로 國人들이 지은 것이었다. 각각 文勢에 따라 말한 것이어서 한 가지가 아니니, 이것이 하나의 體例가 될 수는 없다.

【疏】 箋'綠當'至'吁驕' ○正義曰：必知綠誤而褖是者, 此綠衣與內司服綠衣字同. 內司服掌王后之六服[1), 五服不言色, 唯綠衣言色, 明其誤也. 內司服注引雜記曰 "夫人復稅(단)衣褕翟[2)", 又喪大記曰 "士妻以褖衣", 言褖衣者甚衆, 字或作稅. 此綠衣者, 實作褖衣也. 以此言之, 內司服無褖衣而禮記有之, 則褖衣是正也. 彼綠衣宜爲褖衣, 故此綠衣亦爲褖衣也. 詩者詠歌, 宜因其所有之服而言, 不宜擧實無之綠衣以爲喩, 故知當作褖也. 隱三年左傳曰 "衛莊公娶於齊東宮得臣之妹, 曰莊姜." 是齊女, 姓姜氏也, 又曰 "公子州吁, 嬖人之子." 是州吁之母嬖也, 又曰 "有寵而好兵, 石碏諫曰 '寵而不驕, 鮮矣.'" 是州吁驕也. 定本'妾上僭者, 謂公子州吁之母也. 母嬖而州吁驕.'

1) 六服：褘衣·揄狄·闕狄·鞠衣·展衣·褖衣이다

2) 稅衣褕翟：부인 喪의 처음에, 신분에 따라 稅衣(褖衣)에서 위로 褕翟(揄狄)까지를 써서 招魂하는 것을 말한다. 稅衣는 붉은색 선을 두른 검은 옷이다. ≪禮記 雜記≫

箋의 〔綠當〕에서 〔吁驕〕까지

○正義曰：〈箋에서〉 반드시 綠이 잘못이고 褖이 옳음을 안 것은 여기의 綠衣가 ≪周禮≫ 〈天官 內司服〉의 綠衣와 글자가 같아서이다. 內司服이 왕후의 六服을 담당하는데, 五服의 명칭에는 색을 말하지 않고, 오직 綠衣에만 색을 나타냈으니, 오류임이 분명하다. 〈天官 內司服〉의 주에서, ≪禮記≫ 〈雜記〉에서 "부인의 招魂에 稅

衣에서 위로 褕翟까지이다."라고 하고, ≪禮記≫ 〈喪大記〉에서 "士의 처는 褖衣를 쓴다."라고 한 것을 인용하여 褖衣를 말한 것이 매우 많은데, 글자가 혹 稅로 되어 있으니 여기의 綠衣는 실제로 褖衣가 된다. 이로써 말해보면, 〈內司服〉에는 褖衣가 없고 ≪禮記≫에는 있으니, 褖衣가 옳다. 저기의 綠衣는 마땅히 褖衣가 되어야 한다. 그리하여 이 箋에서 綠衣를 또한 褖衣라고 한 것이다. 시인이 시를 지을 때에는 당연히 있는 옷을 가지고 말했을 것이고, 실제로 없는 綠衣를 들어 비유를 삼지는 않았을 것이다. 그리하여 褖이 되어야 함을 안 것이다. ≪春秋左氏傳≫ 隱公 3년에 "衛 莊公이 齊나라 東宮 得臣의 누이를 아내로 맞이하였으니 그가 莊姜이다."라고 하니 이는 장강이 齊나라 여인으로 성은 姜氏이고, 또 "公子 州吁는 嬖人의 아들이다."라고 하니 이는 州吁의 어미가 총애를 받은 것이고, 또 "총애를 입어 兵事를 좋아하였는데, 石碏이 간언하기를 '총애를 받으면서도 교만하지 않은 자는 드뭅니다.' 하였다."라고 하였으니, 이는 州吁가 교만했던 것이다. 定本에는 '妾上僭者 謂公子州吁之母也 母嬖而州吁驕'로 되어 있다.

綠兮衣兮여 綠衣黃裏로다

녹색 옷이여
녹색 옷에 황색 안감이네

【傳】 興也라 綠은 間色이요 黃은 正色[1]이라

1) 正色 : 靑·朱·黃·白·黑의 다섯 色이다. 東方인 靑은 本色인데 동방의 間色은 綠(靑色과 黃色의 혼합)이고, 南方인 朱는 火色인데 남방의 間色은 紅(赤色과 白色의 혼합)이고, 中央인 黃은 土色인데 중앙의 間色은 騮黃(黃色과 黑色의 혼합)이고, 西方인 白은 金色인데 서방의 間色은 碧(靑色과 白色의 혼합)이고, 北方인 黑은 水色인데 북방의 間色은 紫(赤色과 黑色의 혼합)이다. ≪論語注疏 陽貨≫

興이다. 綠은 間色이고 黃은 正色이다.

【箋】 箋云 褖兮衣兮者는 言褖衣自有禮制也라 諸侯夫人祭服[1]之下에 鞠衣爲上이요 展衣次之요 褖衣次之니 次之者는 衆妾亦以貴賤之等服之라 鞠衣黃이요 展衣白이요 褖衣黑이니 皆以素紗爲裏어늘 今褖衣反以黃爲裏하니 非其禮制也라 故以喩妾上僭이라 ○ 間은 間厠之

間이라 鞠은 居六反[2]이면 言如菊花之色也하고 又去六反이면 言如麴塵之色이라 王后之服四曰鞠衣니 色黃也이라 展은 字亦作襢하니 音同이라 王后之服五曰襢衣니 毛氏(云)〔馬〕[3]融皆云 色赤이라하고 鄭云 色白이라

1) 諸侯夫人祭服 : 제후부인은 褘衣·揄狄·闕狄 이 세 가지를 祭服으로 쓴다.
2) 居六反 : 反切音을 말한다. 즉 '거'의 초성인 'ㄱ'과 '육'의 중성과 종성인 'ᅲᆨ'을 합하여 '국'으로 발음함을 말한다. 물론 지금 우리나라의 음과는 다르지만, 중국의 음으로 따지면 '居六反'으로 발음할 때와 '去六反'으로 발음할 때의 뜻이 다름을 말하고 있다.
3) (云)〔馬〕 : 저본에는 '云'으로 되어 있으나, ≪經典釋文≫, 武英殿本에 의거하여 '馬'로 바로잡았다.

箋云 : '褖兮衣兮'는 褖衣에는 본래 알맞은 예법이 있음을 말한 것이다. 제후 부인의 祭服 이하로는, 鞠衣가 가장 위이고, 展衣가 그 다음이고, 褖衣가 그 다음이니, 차례한 것은 첩들도 귀천의 등급에 따라 옷을 입었기 때문이다. 鞠衣는 황색이고, 展衣는 백색이고, 褖衣는 흑색이니, 모두 흰 비단으로 안감을 대는데, 지금의 褖衣는 도리어 황색으로 안감을 댔으니, 알맞은 예법이 아니다. 그리하여 첩이 위로 참람함을 비유한 것이다.

○ 間은 '사이에 끼다〔間厠〕'의 間이다. 鞠은 居와 六의 反切音이면 국화와 같은 색임을 말하고, 또 去과 六의 反切音이면 누룩과 같은 색임을 말한다. 王后의 의복 중에 네 번째가 鞠衣인데 황색이다. 展은 글자를 襢으로도 쓰는데 음이 같다. 王后의 의복 중에 다섯 번째가 襢衣인데, 毛氏와 馬融은 모두 '적색이다.'라고 하였고, 정현은 '백색이다.'라고 하였다.

心之憂矣여 曷維其已리오

마음의 근심
어느 때에나 그치려나

【傳】 憂雖欲自止나 何時能止也리오

근심을 비록 스스로 그치고자 하지만 어느 때에나 그칠 수 있겠는가.

【疏】 '綠兮'至'其已' ○ 毛以 "間色之綠, 不當爲衣, 猶不正之妾, 不宜嬖寵. 今綠兮乃爲衣兮, 間色之綠, 今爲衣而見, 正色之黃, 反爲裏而隱, 以興今妾兮乃蒙寵兮." 不正之妾, 今蒙寵而顯, 正嫡夫人, 反見疏而微, 綠衣以邪干正, 猶妾以賤陵貴. 夫人旣見疏遠, 故心之憂矣, 何時其可以止也.

經의 〔綠兮〕에서 〔其已〕까지

○ 毛亨은 "間色인 녹색 옷이 합당한 옷이 아님이, 정실이 아닌 첩이 총애를 받아서는 안 되는 것과 같다. 그런데 지금은 녹색이 도리어 '衣'가 됨은, 間色인 綠衣를 지금 겉에 입어 드러내고 正色인 황색을 도리어 안감으로 대서 가린 것이다. 이로써 지금 첩이 도리어 총애를 받고 있음을 興한 것이다."라고 여긴 것이다. 정실이 아닌 첩은 지금 총애를 받아 높아지고, 정실부인은 도리어 소외를 당해 미약해졌으니, 녹색 옷이 순색이 아니면서 정색을 침범한 것이, 첩이 천한 이로서 귀한 이를 능멸한 것과 같은 것이다. 부인이 소외를 당했기 때문에 마음에 근심한 것이니, 어느 때에나 그칠 수 있겠는가.

【疏】 ○ 鄭以爲 "婦人之服有褖衣, 今見妾上僭, 因以褖衣失制, 喩嫡妾之亂. 言褖兮衣兮, 褖衣自有禮制, 當以素紗爲裏, 今褖衣反以黃爲裏, 非其制也, 以喩賤兮妾兮, 賤妾自有定分, 當以謙恭爲事, 今賤妾反以驕僭爲事, 亦非其宜. 妾之不可陵尊, 猶衣之不可亂制, 汝賤妾何爲上僭乎." 餘同.

○ 정현은 "婦人의 의복에 褖衣가 있는데, 지금 첩이 위로 참람함을 보고, 인하여 褖衣가 알맞은 예법이 아닌 것으로 嫡妾간의 위계가 문란해짐을 비유한 것이다. '褖衣여, 褖衣에는 본래 예법이 있어 흰 비단 안감을 대야 하는데, 지금 褖衣에 도리어 황색 안감을 댔으니 알맞은 법도가 아님'을 말하여, '賤妾이여, 미천한 첩은 본래 정해진 분수가 있어 겸손하고 공손함을 일삼아야 하는데, 지금 미천한 첩이 도리어 교만하고 참람함을 일삼으니, 또한 합당한 일이 아님'을 비유한 것이다. 첩이 존귀한 정실부인을 능멸해서는 안 됨이, 의복의 제도가 문란해져서는 안 되는 것과 같으니, 그대는 미천한 첩으로 어찌하여 위로 참람하는가."라고 한 것으로 여긴 것이다. 나머지는 毛亨의 의견과 같다.

【疏】 傳'綠 間色 黃 正色' ○ 正義曰 : 綠, 蒼黃之間色, 黃, 中央之正色, 故云 "綠, 間色. 黃, 正色.", 言間・正者, 見衣正色, 不當用間, 故玉藻云 "衣正色, 裳間色", 王肅云 "夫人正嫡而幽微, 妾不正而尊顯." 是也.

傳의 〔綠 間色 黃 正色〕

○ 正義曰 : 綠은 청색과 황색을 섞은 間色이고, 黃은 中央의 正色이다. 그리하여 "綠

은 間色이고 黃은 正色이다.'라 한 것이니, 間과 正을 말한 것은, 의복은 正色을 입고 間色을 입어서는 안 됨을 나타낸 것이다. 그리하여 ≪禮記≫ 〈玉藻〉에 "윗옷은 正色으로 하고 치마는 間色으로 한다."라고 하고, 이 시에 대하여 王肅이 "부인은 정실인 처인데 미약해지고, 첩은 정실이 아닌데도 존귀해졌다."라고 한 것이 이것이다.

【疏】 箋'褖兮'至'上僭' ○ 正義曰：褖衣黃裏爲非制, 明'褖兮衣兮', 言其自有禮制也, 禮制者, '素紗爲裏', 是也. 又言'諸侯夫人祭服以下'至'褖衣黑'者, 解以褖衣爲喩之意, 由諸侯之妾有褖衣, 故假失制以喩僭也. 內司服 "掌王后之六服, 褘衣·褕翟·闕翟[1]·鞠衣·展衣·褖衣, 素紗." 注云 "后從王祭先王, 則服褘衣, 祀先公, 則服褕翟, 祭群小祀, 則服闕翟." 后以三翟爲祭服. 夫人於其國, 衣服與王后同, 亦三翟爲祭服, 衆妾不得服之, 故鞠衣以下, 衆妾以貴賤之等服之也.

1) 褕翟·闕翟：≪周禮≫ 〈天官 內司服〉에는 褕狄·闕狄으로 되어 있다.

箋의 〔褖兮〕에서 〔上僭〕까지

○ 正義曰：褖衣에 황색 안감이 예법에 맞지 않으니 '褖兮衣兮'는 분명 예법이 있음을 말한 것이니, 禮制는 '흰 비단으로 안감을 댄다.'라고 하는 것이 이것이다. 또 '諸侯夫人祭服以下'에서 '褖衣黑'까지 말한 것은 經文에서 褖衣로써 비유한 뜻을 풀이한 것인데, 諸侯의 첩이 褖衣를 입었기 때문에 예법에 맞지 않는 것에 가탁하여 참람함을 비유한 것이다. ≪周禮≫ 〈天官 內司服〉에는 "王后의 六服을 담당하는데 〈六服은〉 褘衣·褕翟·闕翟·鞠衣·展衣·褖衣니, 흰 비단으로 안감을 댄다."라고 하였는데 注에는 "왕후가 왕을 따라 선왕을 제사할 때에는 褘衣를 입고, 先公을 제사할 때에는 褕翟을 입고, 여러 小祀에는 闕翟을 입는다."라고 하였으니, 王后는 三翟을 祭服으로 삼는다. 제후국 부인은 자기 나라에서 입는 의복이 王后의 의복과 같으니, 역시 三翟이 부인의 祭服이어서 첩들은 입을 수 없다. 그리하여 鞠衣 이하는 첩들이 귀천의 등급에 따라 입는 것이다.

【疏】 內司服又曰 "辨外[1]·內命婦之服, 鞠衣·展衣·褖衣, 素紗." 注云 "內命婦之服, 鞠衣, 九嬪也, 展衣, 世婦也, 褖衣, 女御也." 鄭以 "經稱命婦之服, 王之三夫人與諸侯夫人名同, 則不在命婦之中矣," 故注云 "三夫人其闕翟以下乎." 自九嬪以下三等, 故爲此次也. 夫人於其國, 與王后同, 明鞠衣以下, 衆妾各以其等服之, 可知也.

1) 辨外：辨은 辦(판)의 古字로, 內司服이 外命婦의 의복을 담당하는 것을 말하니, 남편이

孤卿이면 鞠衣를 입고, 卿大夫이면 展衣를 입고 士이면 褖衣를 입는다. ≪周禮注疏 天官 內司服≫

≪周禮≫ 〈天官 內司服〉에 또 "外命婦와 內命婦가 입을 의복을 담당하니, 鞠衣·展衣·褖衣에는 흰 비단으로 안감을 댄다."라고 하였는데, 注에 이르기를 "內命婦의 의복에, 鞠衣는 九嬪의 옷이고, 展衣는 世婦의 옷이고, 褖衣는 女御의 옷이다."라고 하였다. 鄭玄은 "經文에서 命婦의 의복을 언급하였으나, 王의 三夫人과 諸侯 夫人은 명칭이 같으니, 그렇다면 이들은 命婦 가운데 들어 있지 않다."라고 여겼다. 그리하여 注에는 "三夫人이 闕翟 이하를 입겠는가."라고 한 것이다. 九嬪 이하는 세 등급이다. 그리하여 이처럼 차등한 것이다. 夫人은 자기 나라에서 王后와 같으니, 분명 鞠衣 이하의 의복은 첩들이 각기 자신의 등급에 따라 입는 것임을 알 수 있다.

六服(褘衣·褕翟·闕翟·鞠衣·展衣·褖衣)(≪新定三禮圖≫)

【疏】 此服既有三, 則衆妾亦分爲三等. 蓋夫人下, 姪娣鞠衣, 二媵展衣, 其餘褖衣也. 知鞠衣黃·展衣白·褖衣黑者, 以士冠禮陳服於房中[1], 爵弁服·皮弁服·玄端, 及士喪禮陳襲事於房中, 爵弁服·皮弁服·褖衣, 以褖衣當玄端, 玄端黑則褖衣亦黑也, 故內〔司〕[2]服注, 以男子之褖衣黑, 則知婦人之褖衣亦黑也. 又子羔之襲褖衣纁袡, 袡用纁, 則衣用黑明矣. 褖衣既黑, 以四方之色逆而差之, 則展衣白, 鞠衣黃, 可知. 皆以素紗爲裏者, 以周禮六服之外, 別言素紗, 明皆以素紗爲裏也. 今褖衣反以黃爲裏, 非其制, 故以喩妾上僭也. 然則鞠衣·展衣, 亦不得以黃爲裏, 獨擧褖衣者, 詩人意所偶言,無義例也.

1) 房中 : ≪儀禮≫ 〈士冠禮〉에는 '房中西墉下'로 되어 있다.
2) 〔司〕 : 저본의 교감기에 따라 '司'를 보충하여 번역하였다.

내명부의 의복에 세 등급이 있으니, 그렇다면 妾들의 의복도 세 등급으로 나뉘게 된다. 夫人 아래로는, 姪과 娣는 鞠衣이고, 두 잉첩은 展衣이고, 그 나머지는 褖衣이다. 鞠衣가 황색이고, 展衣가 백색이고, 褖衣가 흑색임을 안 것은, ≪儀禮≫ 〈士冠禮〉의 '방 안에 의복을 진열한다.'의 주에 '爵弁服과 皮弁服과 玄端服이다.'라고 한 것과 ≪儀禮≫ 〈士喪禮〉의 '방 안에 염습할 옷을 진열한다.'의 注에 '爵弁服과 皮弁服과 褖衣이다.'라고 한 것에서 〈士喪禮〉의 褖衣가 〈士冠禮〉의 玄端服에 해당되니, 玄端服이 검으면 褖衣도 검기 때문이다. 그리하여 ≪周禮≫ 〈天官 內司服〉의 注에서 '남자의 褖衣가 검으니, 그렇다면 부인의 단의도 검다는 것을 알 수 있다.'고 한 것이다. 子羔의 襲衣가 붉은 가선을 댄 褖衣이니, 붉은색으로 가선을 댔다면, 옷은 검은 색임이 분명하다. 褖衣가 검으니, 四方의 색으로 옷의 아래 단계에서부터 색을 배정해보면, 展衣는 백색이고, 鞠衣는 황색임을 알 수 있다. 모두 흰 비단으로 안감을 댄 것은, ≪周禮≫에는 六服 외에 별도로 素紗를 말했기 때문이니, 분명 모두 흰 비단으로 안감을 댄 것이다. 그런데 지금 褖衣는 도리어 황색으로 안감을 댔으니 알맞은 제도가 아니다. 그리하여 첩이 위로 참람함을 비유한 것이다. 그렇다면 鞠衣·展衣도 황색 안감을 댈 수 없는 것인데, 褖衣만을 거론한 것은 詩人이 생각나는 대로 互言한 것이니, 별다른 뜻이 있는 사례는 아니다.

爵弁服 · 皮弁服 · 玄端服(≪新定三禮圖≫)

綠兮衣兮여 **綠衣黃裳**이로다

녹색 옷이여
녹색 저고리에 황색 치마로다

【傳】 上曰衣요 下曰裳이라

상의를 衣라 하고, 하의를 裳이라 한다.

【箋】 箋云 婦人之服은 不殊衣裳하여 上下同色이어늘 今衣黑而裳黃이니 喩亂嫡妾之禮라 ○ 嫡은 本亦作適이라

箋云 : 부인의 의복은 상의와 하의를 달리 하지 않아 상하가 같은 색이어야 하는데, 지금 상의는 검고 하의는 황색이니 이는 정실과 첩 사이의 禮가 문란함을 비유한 것이다.

○ 嫡은 適으로 되어 있는 본도 있다.

【疏】 '綠衣黃裳' ○ 毛以爲 "間色之綠, 今爲衣而在上, 正色之黃, 反爲裳而處下, 以興不正之妾, 今蒙寵而尊, 正嫡夫人, 反見疏而卑." 前以表裏興幽顯, 則此以上下喩尊卑, 雖嫡妾之位不易, 而莊公禮遇有薄厚也. 鄭以 "婦人之服不殊裳, 褖衣當以黑爲裳, 今反以黃爲裳, 非其制, 以喩賤妾當以謙恭爲事, 今反上僭爲事, 亦非其宜."

經의 〔綠衣黃裳〕

○ 毛亨은 "間色인 녹색이 지금 상의가 되어 위에 있고, 正色인 황색이 도리어 하의가 되어 아래에 있는 것으로, 정실이 아닌 첩은 총애를 받아 높아지고, 정실부인은 도리어 소외당하여 낮아진 것을 興한 것"이라고 여긴 것이다. 앞장에서는 겉감과 안감으로 幽와 顯을 興한 것이고, 여기는 저고리와 치마로 尊과 卑를 비유한 것이니, 비록 嫡妾간의 지위가 바뀌지는 않았지만 莊公이 부인과 첩을 대하는 禮에 厚薄이 있었던 것이다. 정현은 "부인의 의복은 裳을 윗옷과 달리 하지 않으니, 褖衣에는 흑색 裳을 입어야 한다. 그런데 지금 도리어 황색 裳을 입음은 알맞은 예법이 아닌 것으로, 미천한 첩이 겸손과 공손을 일삼아야 하는데 도리어 위로 참람함을 일삼음은 또한 알맞은 법도가 아님을 비유한 것이다."라고 여긴 것이다.

【疏】 箋'婦人'至'同色' ○ 正義曰：言不殊裳者，謂衣裳連，連則色同，故云 '上下同色' 也. 定本・集注皆云 '不殊衣裳'，喪服云 "女子子在室爲父，布總，箭笄，髽[1]，衰，三年." 直言衰，不言裳，則裳與衰連，故注云 "不言裳者，婦人之服不殊裳." 是也. 知非吉凶異者，士昏禮云 "女次純衣[2]"，及禮記'子羔之襲，褖衣纁袡爲一.' 稱譏襲婦服[3]，皆不言裳，是吉服亦不殊裳也. 若男子，朝服則緇衣素裳，喪服則斬衰素裳，吉凶皆殊衣裳也.

1) 髽：喪 중에 부인이 끈으로 머리를 묶는 것이다. 露紒라고도 하는데 斬衰의 경우는 삼을 사용하고 齊衰의 경우는 베를 사용한다. ≪禮記 喪服小記≫
2) 純衣：鄭玄은 注에서 純衣는 명주 실로 짠 옷이라 하였다.
3) 譏襲婦服：曾子가 子羔의 염습하는 옷에 붉은 가선을 댄 것을 비판하였다. ≪禮記正義 雜記≫

箋의 〔婦人〕에서 〔同色〕까지

○ 正義曰：裳의 색을 달리 하지 않는다고 한 것은 저고리와 치마가 연결됨을 말하니, 연결되고 보면 색이 같은 것이다. 그리하여 '上下同色'이라고 한 것이다. 定本과 集注에 모두 '不殊衣裳'이라고 하고 ≪儀禮≫ 〈喪服〉에는 "딸이 시집가기 전에는 아버지를 위하여 베로 머리를 묶고〔布總〕, 대로 만든 비녀〔箭笄〕를 꽂고, 髽를 하고, 참최 3년복을 입는다."라고 하여 衰服만 말하고 裳을 말하지 않은 것은 裳이 衰服에 연결되어 있기 때문이다. 그리하여 注에 "裳을 말하지 않은 것은 부인의 의복은 裳을 달리 하지 않기 때문이다."라고 한 것이 이것이다. 吉服과 凶服에 있어 다르지 않음을 안 것은 ≪儀禮≫ 〈士昏禮〉에 "신부가 次로 머리를 꾸미고 純衣를 입는다."라고 한 것과 ≪禮記≫ 〈雜記〉의 "子羔의 염습하는 옷은 붉은 가선을 댄 褖衣가 한 벌이다."의 注에서 염습하는 옷에 부인의 의복처럼 가선을 댄 것을 비판한 것에서 모두 裳을 말하지 않았으니, 이것이 吉服도 치마를 달리 하지 않는 것이다. 남자의 경우에는, 朝服은 緇衣에 素裳이고, 喪服은 斬衰에 素裳이니, 바로 吉服과 凶服에 모두 衣와 裳을 달리 하는 것이다.

心之憂矣여 曷維其亡이리오

마음속 근심이여
언제나 잊히려나

【箋】 箋云 亡之言은 忘也라

箋云 : 亡의 뜻은 '잊음'이다.

綠兮絲兮여 女所治兮로다

녹색이여 실이여

네가 다루어야 하네

【傳】 綠은 末也요 絲는 本也라

綠은 말단이고 絲는 근본이다

【箋】 箋云 女는 女(汝)니 妾上僭者라 先染絲, 後製衣는 皆女之所治爲也어늘 而女反亂之하니 亦喩亂嫡妾之禮하여 責以本末之行(항)이라 禮에 大夫以上衣織(지)[1]라 故本於絲也라 ○ 女는 崔云 毛如字라하고 鄭音汝라

1) 大夫以上衣織 : ≪禮記≫ 〈玉藻〉 "士는 실을 염색하여 짠 옷을 입지 못한다.〔士不衣織〕"의 鄭玄 注에 "織는 실을 염색하여 짠 것이다. 士의 의복은 繒에 염색을 한다."라고 하였다.

箋云 : 女는 '너'이니 妾으로서 위로 참람한 자이다. 먼저 실을 염색하고 뒤에 옷을 만드는 것은 모두 네가 다루어야 할 일인데, 네가 도리어 어지럽히고 있다는 것이니, 또한 정실과 첩 사이의 禮를 문란케 함을 비유하여 本末의 서열로 나무란 것이다. 禮에 大夫 이상은 織로 옷을 만들어 입기 때문에 絲를 本으로 여긴 것이다.

○ 女는 崔氏(崔靈恩)는 "毛亨은 본음대로 읽었다."라고 하고, 정현은 讀音이 '汝'라고 하였다.

我思古人하니 俾無訧兮로다

내 옛사람을 생각해보니

허물이 없게 하였네

【傳】 俾는 使요 訧는 過也라

俾는 '하게 함'이고, 訧는 '잘못'이다.

【箋】 箋云 古人은 謂制禮者라 我思此人定尊卑하니 使人無過差之行이라하니 心善之也라 ○ 訧는 音尤니 本或作尤라

箋云 : 古人은 예법을 정한 이를 말한다. 내가 이 사람이 尊卑를 정한 것을 생각해보니, 사람에게 잘못된 행동이 없도록 한 것이라 하였으니 그것을 마음으로 옳게 여긴 것이다.

○ 訧는 音이 尤이니 尤로 되어 있는 本도 있다.

【疏】 '綠兮'至'訧兮' ○ 毛以爲 "言綠兮而由於絲兮, 此女人之所治, 以興使妾兮而承於嫡兮, 此莊公之所治. 由絲以爲綠, 卽綠爲末, 絲爲本, 猶承嫡而使妾, 則妾爲卑, 而嫡爲尊, 公定尊卑, 不可亂, 猶女治絲, 本末不可易. 今公何爲使妾上僭, 而令尊卑亂乎, 莊姜旣見公不能定尊卑, 使己微而妾顯, 故云我思古之君子." 妻妾有序, 自使其行無過差者, 以莊公不能然, 故思之.

經의 〔綠兮〕에서 〔訧兮〕까지

○ 毛亨은 "녹색은 실을 염색하는 일에서 말미암은 것이니, 이는 여인들이 다루는 일임을 말하여 첩으로 하여금 정실부인에게 받들어지게 하니, 이는 莊公이 부인을 다스리는 법임을 興한 것이다. 실인 상태에서부터 녹색으로 물들이니, 녹색이 末이 되고 실이 本이 됨은 정실부인을 받들고 첩을 부리는 것과 같으니, 첩은 낮고 정실부인은 높아, 장공이 尊卑를 정하여 어지럽혀서는 안 됨이, 여인이 실을 다룰 때에 그 본말(녹색과 실)을 바꿀 수 없음과 같다. 그러나 지금 장공은 어찌하여 첩으로 하여금 위로 참람하게 하여 尊卑를 어지럽히게 하는가. 莊姜은 장공이 바른 尊卑의 지위를 정해주지 않아서 자기는 미약해지고 첩은 드러나게 된 것임을 알았다. 그리하여 내가 옛 君子를 생각한다."라고 한 것으로 여겼다. 妻와 妾이 질서가 있어 본래 위차의 잘못됨이 없게 해야 하는데 莊公은 그렇게 하지 못하였다. 그리하여 옛 군자를 생각한 것이다.

【疏】 ○ 鄭 "言爲褖衣兮, 當先染絲而後製衣, 是汝婦人之所爲兮, 汝何故亂之, 先製衣而後染, 使失制度也, 以興嫡在先而尊貴, 妾在後而卑賤, 是汝賤妾之所爲, 汝何故亂, 令妾在先而尊, 嫡在後而卑. 是亂嫡妾之禮, 失本末之行. 莊姜旣見此妾上僭, 違於禮制, 故我思古制禮之人定尊卑, 使人無過差之行者.” 禮令下不僭上, 故思之.

○ 鄭玄은 “褖衣를 만들 때에는 응당 먼저 실을 염색한 후에 옷을 만들어야 하니 ‘이는 너희 부인들이 하는 일인데도 너는 어찌하여 이를 어지럽혀 먼저 옷을 만든 후에 염색하여 제도에 어긋나게 하는가.’라고 말하여, ‘정실부인은 앞에 있어 존귀하고, 첩은 뒤에 있어 비천한 것이 너와 같은 첩의 자리인데, 너는 어찌 이를 어지럽혀 첩이 앞에 있어 높고 정실부인이 뒤에 있어 낮게 하는가. 정실과 첩 사이의 예를 어지럽혀 本末의 서열을 잃었음’을 興한 것이다. 장강이, 첩이 위로 참람하여 예법에 어긋나게 한 일을 당하였다. 그리하여 내가 옛날에 예법을 제정한 이가 尊卑를 정한 것을 생각해보니, 사람들로 하여금 잘못된 행동이 없게 하였다.”라고 여긴 것이다. 예법은 아랫사람으로 하여금 윗사람을 참람하지 못하게 한다. 그리하여 〈옛 군자를〉 생각한 것이다.

【疏】 傳‘綠 末 絲 本’ ○ 正義曰：織絲而爲繒, 染之以成綠, 故云‘綠末絲本’, 以喩妾卑嫡尊也. 上章言其反幽顯, 此章責公亂尊卑.

傳의 〔綠 末 絲 本〕

○ 正義曰：실을 짜서 繒을 만들고 염색하여 녹색이 되게 한다. 그리하여 ‘綠末絲本’이라 한 것이니, 첩이 낮고 정실부인이 높은 것을 비유한 것이다. 윗장은 幽와 顯을 뒤바꾼 것을 말하고, 이 장은 公이 尊과 卑를 어지럽힌 것을 나무란 것이다.

【疏】 箋‘女妾’至‘於絲’ ○ 正義曰：以此詩傷妾之僭己, 故知‘汝, 汝, 妾之上僭者’. 大夫以上衣織, 故知‘先染絲, 後製衣.’, 染絲製衣, 是婦人之事, 故言汝所治爲也. 此衣非上僭之妾所自治, 但衣者婦人所作, 假言衣之失製, 以喩妾之上僭耳, 故汝上僭之妾, 言汝反亂之, 喩亂嫡妾之禮也. 云 ‘亂嫡妾之禮 責之以本末之行’, 本末者, 以先染絲爲本, 後製衣爲末, 大意與毛同, 但毛以染綠爲末, 箋以製衣爲末耳. 箋亦以本喩嫡, 以末喩妾, 故云 ‘亂嫡妾之禮 責之以本末之行’. 又解本絲之意, 由大夫以上衣織, 故本之. 知者, 玉藻云 “士不衣織”, 士不得, 明大夫以上得也. 染人掌染絲帛, 染絲謂衣織者也.

箋의 〔女妾〕에서 〔於絲〕까지

○ 正義曰：이 시가 첩이 자신에게 참람함을 서글퍼한 내용이기 때문에 ‘汝는 위로 참람하는 너’임을 안 것이다. 대부 이상은 織로 옷을 만들어 입기 때문에, 먼저 실을 염색한 후에 옷을 만듦을 안 것이니, 실을 염색하고 옷을 만드는 것은 여인의 일이다. 그리

하여 '네가 다루어야 할 바이다.'라고 말한 것이다. 이 옷을 위로 참람한 첩이 손수 만들었다는 것이 아니라, 다만 옷은 부인이 만드는 것인데, 옷이 제도를 잃은 것을 가설하여 첩이 위로 참람함을 비유한 것뿐이다. 그리하여 위로 참람한 첩인 '너'에게 '汝反亂之'라 하여 정실과 첩 사이의 예가 어지럽혀짐을 비유한 것이다. 그리하여 '亂嫡妾之禮 責之以本末之行'이라 하였는데, '本末'은 먼저 실을 염색하는 것이 本이 되고, 뒤에 옷을 만드는 것이 末이 되니, 대의는 毛亨과 같은데, 다만 毛亨은 녹색으로 염색하는 것을 末로 여기고, 箋은 옷을 만드는 것을 末로 여긴 것이다. 箋은 또한 本으로 정실부인을 비유하고, 末로 첩을 비유하였다. 그리하여 '亂嫡妾之禮 責之以本末之行'이라 한 것이다. 또 絲를 本이라고 해석한 뜻은 '大夫 이상은 織로 옷을 만들어 입기 때문이다. 그리하여 실을 本으로 여긴 것이다.'라고 하였다. 이를 안 것은 ≪禮記≫ 〈王藻〉에 "士는 織로 옷을 만들어 입지 못한다."라고 하였으니 士가 사용할 수 없다면 분명 大夫 이상만 사용할 수 있는 것이다. 染人이 실〔絲〕과 비단〔帛〕의 염색을 담당하는데, 여기의 染絲는 '衣織'를 말한다.

絺兮綌兮여 凄其以風이로다

고운 갈옷 거친 갈옷에
부는 바람 차갑구나

【傳】 凄는 寒風也라

凄는 '찬바람'이다.

【箋】 箋云 絺綌은 所以當暑어늘 今以待寒이니 喩其失所也라

箋云 : 絺綌은 더울 때 입는 옷인데 지금 추운데도 입고 있으니, 이는 제자리를 잃음을 비유한 것이다.

我思古人하니 實獲我心이로다

내 옛사람 생각하니
참으로 내 마음 아셨네

【傳】 古之君子가 實得我之心也라

옛 군자가 참으로 내 마음을 안 것이다.

【箋】 箋云 古之聖人制禮者가 使夫婦有道하고 妻妾貴賤에 各有次序라

箋云 : 禮를 제정한 옛 성인이 부부간에 도리가 있게 하고 정실과 첩의 貴賤에 각각 차서가 있게 하였다.

【疏】 '絺兮'至'我心' ○ 毛以爲 "絺兮綌兮, 當服之以暑時, 今用之於凄其以風之月, 非其宜也, 以興嫡兮妾兮, 當節之以禮, 今使之飜然以亂之, 亦非其宜也." 言絺綌不以當暑, 猶嫡妾不以其禮, 故莊姜云 '我思古之君子定尊卑, 實得我之心.'

經의 〔絺兮〕에서 〔我心〕까지

○ 毛亨은, "고운 갈옷이나 거친 갈옷은 응당 더울 때에 입는 옷인데 지금 쌀쌀하게 바람 부는 달에 입고 있으니 적절한 것이 아님을 가지고, 정실과 첩은 예로 서열을 정해야 하는데 지금 뒤집어 어지럽게 하니 또한 합당하지 않음을 興한 것"으로 여긴 것이다. 갈옷을 덥지 않을 때에 입는 것이 마치 정실과 첩 사이가 예로 정해지지 않음과 같음을 말한 것이다. 그리하여 장강이 '옛 군자가 尊卑를 정한 것을 생각해보니 참으로 내 마음을 아셨다.'라고 한 것이다.

【疏】 ○ 鄭以爲 "言絺兮綌兮, (不)〔本〕[1]當暑, 今以待凄然寒風, 失其所, 以興賤兮妾兮, 所以守職, 今以上僭於尊位, 亦失其所, 故思古之人制禮, 使妻妾貴賤有次序, 令妾不得上僭者, 實得我之心也."

1) (不)〔本〕: 저본의 교감기에 따라 '本'으로 번역하였다.

○ 鄭玄은 "고운 갈옷이나 거친 갈옷은 본래 더위에 적당한 옷인데, 지금 쌀쌀하게 찬 바람이 불 때 입으니 제때를 잃은 것임을 말하여, 천한 첩은 직분을 지켜야 하는데 지금 위로 높은 자리의 정실에게 참람하니 또한 제자리를 잃었음을 興한 것이다. 그리하여 옛사람이 禮를 제정한 것을 생각해보니, 정실과 첩 사이의 貴賤에 서열이 있게 하여 첩으로 하여금 위로 참람할 수 없게 한 것이 실로 내 마음을 아셨다고 한 것"으로 여긴 것이다.

【疏】傳'凄 寒風' ○正義曰：四月云"秋日凄凄", 凄, 寒涼之名也. 此連云以風, 故云寒風也.

傳의〔凄 寒風〕

○正義曰：〈小雅 四月〉에 "가을 날씨 쌀쌀하여"라고 하였으니 凄는 싸늘함을 가리키는 말이다. 여기에서는 〈經에서 凄에〉'以風'을 이어 말했으므로 '寒風'이라고 한 것이다.

【疏】傳'古之君子' ○正義曰：傳以章首二句, 皆責莊公不能定其嫡妾之禮, 故以爲思古之君子, 謂能定尊卑, 使妻妾次序者也.

傳의〔古之君子〕

○正義曰：傳은, "이 장의 처음 두 구는 모두 장공이 정실과 첩 사이의 禮를 정하지 못한 것을 나무란 것이다. 그리하여 '옛 군자를 생각해보건대, 尊卑를 정하여 정실과 첩 사이에 서열이 있게 할 수 있었던 자였다.'라고 말한 것"으로 여긴 것이다.

【疏】箋'古之聖人制禮者' ○正義曰：箋以上二句, 皆責妾之上僭, 故以爲思古之聖人制禮者, 使貴賤有序, 則妾不得上僭, 故思之.

箋의〔古之聖人制禮者〕

○正義曰：箋은, '위의 두 구가 모두 첩이 위로 참람함을 나무란 것이므로, '예를 제정한 옛 성인을 생각해보건대, 貴賤에 서열이 있게 하였으니, 첩이 위로 참람할 수 없었다. 그리하여 〈옛 군자를〉 생각한다고 말한 것'으로 여긴 것이다.

綠衣四章이니 **章四句**라

〈綠衣〉는 4章이니 章마다 4句이다.

燕燕(연연)

【序】**燕燕**은 **衛莊姜送歸妾也**라

燕燕은 衛나라 莊姜이 친정으로 돌아가는 첩을 전송한 것을 읊은 시이다.

【箋】莊姜無子어늘 陳女戴嬀生子하니 名完이라 莊姜以爲己子라 莊公薨하고 完立이러니 而州吁殺之라 戴嬀於是大歸하니 莊姜遠送之于野하고 作詩見(현)己志라 ○ 戴는 諡也요 嬀는 陳姓也라 完은 字니 又作皃요 俗音丸이니 即衛桓公也라 殺은 如字니 又申志反이라

莊姜이 자식이 없었는데 陳나라 여인 戴嬀가 아들을 낳으니, 이름이 完이었다. 莊姜이 그를 자기의 아들로 삼았다. 莊公이 죽고 完이 즉위하였는데 州吁가 그를 죽였다. 戴嬀가 이 때문에 영원히 친정으로 돌아가게 되었으니, 莊姜이 멀리 들에까지 가서 전송하고서 시를 지어 자신의 마음을 표현한 것이다.

○ 戴는 시호이고, 嬀는 陳나라의 姓이다. 完은 字인데 皃로 되어 있기도 하고 俗音은 丸이니, 바로 衛 桓公이다. 殺는 本音대로 읽는데, 申과 志의 反切音(시)으로 읽기도 한다.

【疏】'燕燕(四章章六句)'至'歸妾' ○ 正義曰：作燕燕詩者, 言衛莊姜送歸妾也, 謂戴嬀大歸, 莊姜送之. 經所陳, 皆訣別之後, 述其送之之事也.

序의 〔燕燕〕에서 〔歸妾〕까지

○ 正義曰：〈燕燕〉의 詩를 지은 것은, '衛莊姜送歸妾也'라고 말했으니 戴嬀가 친정으로 영영 돌아갈 때에 莊姜이 그녀를 전송한 것을 이른다. 經에 표현된 것은 모두 헤어진 뒤에 그녀가 전송하던 일을 기술한 것이다.

【疏】箋'莊姜'至'己志' ○ 正義曰：隱三年左傳曰 "衛莊公娶于齊東宮得臣之妹, 曰莊姜. 美而無子. 又娶于陳, 曰厲嬀. 生孝伯, 早死. 其娣戴嬀生桓公, 莊姜以爲己子." 四年春, 州吁殺桓公, 經書"弑其君完", 是莊姜無子, 完立, 州吁殺之之事也. 由其子見殺, 故戴嬀於是大歸. 莊姜養其子, 與之相善, 故越禮遠送於野, 作此詩以見(현)莊姜之志也.

箋의 〔莊姜〕에서 〔己志〕까지

○ 正義曰：≪春秋左氏傳≫ 隱公 3년에 "衛 莊公이 齊나라 東宮 得臣의 누이에게 장가드니, 이가 莊姜이다. 〈장강은〉 아름다웠으나 자식이 없었다. 〈莊公이〉 다시 陳나라에 장가들었으니 이가 厲嬀이다. 厲嬀가 孝伯을 낳았는데 일찍 죽었다. 厲嬀의 동생인 戴嬀가 桓公을 낳자 莊姜이 자기의 아들로 삼았다."라고 하고, 隱公 4년 봄에 州吁가 桓公을 죽였는데 經에 "군주 完을 시해하였다."라고 기록하였으니, 이것이 莊姜이 자식

이 없어 完이 즉위하였는데 州吁가 그를 죽인 일이다. 그 아들이 살해당했기 때문에 戴嬀가 영영 친정으로 돌아간 것이다. 莊姜이 戴嬀의 아들을 키우며 그녀와 잘 지냈다. 그리하여 禮에 넘치게 멀리 들에까지 가서 전송하고, 이 시를 지어 莊姜의 마음을 표현한 것이다.

【疏】 知歸是戴嬀者, 經云"先君之思", 則莊公薨矣. 桓公之時, 母不當輒歸, 雖歸, 非莊姜所當送歸, 明桓公死後. 其母見子之殺, 故歸, 莊姜養其子, 同傷桓公之死, 故泣涕而送之也. 言'大歸'者, 不反之辭, 故文十八年夫人姜氏歸於齊[1], 左傳曰"大歸也", 以歸寧者有時而反, 此卽歸不復來, 故謂之大歸也.

1) 姜氏歸於齊 : ≪春秋左氏傳≫ 魯 文公 18년에 문공이 갑작스레 죽자, 襄仲이 齊나라에서 시집온 부인 姜氏가 낳은 아들 惡과 視를 죽이고 宣公을 세웠다. 姜氏는 아들이 죽었으므로 齊나라로 돌아간 것이다.

돌아가는 이가 戴嬀임을 안 것은, 經에 "先君을 생각하여"라고 하였으니 莊公이 죽은 것이다. 桓公의 때이면 어미는 마음대로 돌아가서는 안 되는 것이고, 비록 돌아가게 되더라도 莊姜이 돌아가는 것을 전송해야 할 상대는 아니니, 분명 桓公이 죽은 뒤이다. 어미가 아들이 죽는 일을 당하였으므로 돌아가게 된 것인데, 莊姜이 그녀의 아들을 키웠으므로 환공의 죽음을 함께 가슴 아파하였다. 그리하여 눈물로 전송한 것이다. '大歸'라고 한 것은 돌아오지 않는다는 말이다. 그리하여 文公 18년에 부인 姜氏가 齊나라로 돌아간 것에 대하여 ≪春秋左氏傳≫에서 '大歸'라고 하였으니, '歸寧'은 기한 내에 되돌아오는 것인데, 이것은 돌아간 뒤에 다시 오지 않는 것이기 때문이다. 그리하여 '大歸'라 한 것이다.

【疏】 衛世家云"莊公娶齊女爲夫人而無子, 又娶陳女爲夫人, 生子早死. 陳女女娣亦幸於莊公, 而生子完, 完母死, 莊公命夫人齊女子之, 立爲太子." 禮諸侯不再娶, 且莊姜仍在, 左傳唯言"又娶於陳", 不言爲夫人, 世家云'又娶陳女爲夫人', 非也. 左傳唯言戴嬀生桓公, 莊姜養之, 以爲己子, 不言其死, 云'完母死', 亦非也. 然傳言又娶者, 蓋謂媵也, 左傳曰"同姓媵之, 異姓則否[1]." 此陳其得媵莊姜者, 春秋之世不能如禮.

1) 同姓媵之 異姓則否 : ≪春秋左氏傳≫ 成公 8년에, 魯나라가 伯姬를 宋나라에 시집보낼 때에 衛나라에서 여인을 데려와 媵妾으로 삼은 일에 대한 傳의 내용이다. 반드시 同姓

國의 여인을 媵女로 삼음은 正室과 至親이므로 陰行의 송사를 그치게 하여 繼嗣가 잘 이루어질 수 있기 때문이다.

≪史記≫ 〈衛世家〉에 "莊公이 齊나라 여인에게 장가들어 夫人을 삼았는데 자식이 없었고, 또 陳나라 여인을 아내로 맞이하여 부인을 삼았는데 아들을 낳았지만 일찍 죽었다. 陳나라 여인의 여동생이 또한 장공에게 총애를 받아 아들 完을 낳았는데 完의 어미가 죽자 장공이 부인인 齊女에게 명하여 아들을 삼게 하고, 그를 세워 태자로 삼았다." 라고 하였다. 그러나 禮에 제후는 두 번 장가들지 않고, 또 莊姜이 그대로 있고, ≪春秋左氏傳≫에 "다시 陳나라에 장가들었다."라고만 하고 '夫人으로 삼았다.'라고는 말하지 않았으니, 〈衛世家〉에 "又娶陳女爲夫人'이라고 한 것은 잘못이다. ≪春秋左氏傳≫에 '戴嬀가 桓公을 낳으니 莊姜이 그를 길러 자신의 아들로 삼았다.'라고만 말하고 戴嬀가 죽은 것을 말하지 않았으니, 〈衛世家〉에서 '完母死'라고 한 것도 잘못이다. 그러나 ≪春秋左氏傳≫에서 '又娶'라고 한 것은 媵妾임을 말하니, ≪春秋左氏傳≫에 "同姓國은 딸을 媵女로 보내지만 異姓國은 그렇게 하지 않는다."라고 하였는데 여기서 陳女가 莊姜의 잉첩이 될 수 있었던 것은, 春秋時代에는 禮대로 하지 않았기 때문이다.

燕燕于飛여 **差**(치)**池其羽**로다

날아가는 제비
그 깃 활짝 펴네

燕燕(≪毛詩品物圖攷≫)

【傳】 **燕燕**은 **鳦也**라 **燕之于飛**에 **必差池其羽**라

燕燕은 제비이다. 제비가 날아갈 때에는 반드시 그 깃을 활짝 편다.

【箋】 **箋云** 〔**于**는 **往也**[1]라〕 **差池其羽**는 **謂張舒其尾翼**하니 **興戴嬀將歸**에 **顧視其衣服**이라
○ **池**는 **如字**라 **鳦**은 **本又作乙**이라

1) 〔于는 往也라〕: 저본의 교감기에 따라 보충하여 번역하였다. 교감기에 또 "經에 나오는 세 '于'자 중에 앞의 두 '于'자는 '往'의 뜻이고, 뒤의 한 자는 '於'의 뜻이다."라고 하였다.

箋云 : 于는 往이다. '差池其羽'는 꽁지와 깃을 활짝 폄을 말하니, 戴嬀가 돌아가려 할 때에 자신의 옷을 살펴본 것을 興한 것이다.

○ 池는 本音대로 읽는다. 鳦은 乙로 되어 있는 本도 있다.

之子于歸에 遠送于野로다

그녀 돌아갈 때에
멀리 들에서 전송하였네

【傳】 之子는 去者也라 歸는 歸宗也라 遠送은 過禮라 于는 於也라 郊外曰野라

之子는 떠나는 사람이다. 歸는 출가한 여인이 친정집으로 돌아감이다. 遠送은 禮에 넘치게 대우함이다. 于는 於이다. 郊外를 野라 한다.

【箋】 箋云 婦人之禮는 送迎不出門이어늘 今我送是子하여 乃至于野者는 舒己憤하고 盡己情이라 ○ 野는 如字라

箋云 : 婦人의 禮는 전송하고 맞이할 때에 문을 벗어나지 않는 것인데 지금 내가 이 사람을 전송하면서 마침내 들에까지 이른 것은 자신의 울분을 펴고 자신의 情을 다 표현한 것이다.

○ 野는 本音대로 읽는다.

瞻望弗及이라 泣涕如雨로다

바라보다 보이지 않아
눈물 콧물 비 오듯 흐르네

【傳】 瞻은 視也라

瞻은 '보는 것'이다.

【疏】 '燕燕'至'如雨' ○ 正義曰 : 燕燕往飛之時, 必舒張其尾翼, 以興戴嬀將歸之時, 亦顧視其衣服. 既視其衣服, 從此而去, 是此去之子, 往歸於國, 我莊姜遠送, 至於郊外之野. 旣至於野, 與之訣別, 己留而彼去, 稍稍更遠, 瞻望之不復能及, 故念之泣涕如雨然也. 上二句, 謂其將行, 次二句, 言已在路, 下二句, 言旣訣之後.

經의 〔燕燕〕에서 〔如雨〕까지

○ 正義曰 : 제비가 날아갈 때에는 반드시 꽁지와 깃을 활짝 펴니, 이것을 가지고 '戴嬀가 돌아가려 할 때에 또한 그 의복을 살펴본 것'을 興한 것이다. 의복을 살펴보고 나서 여기에서 떠났으니, 이 떠나는 여인이 자기 나라로 돌아갈 때에 장강이 멀리까지 전송하느라 교외의 들에 이르렀다. 들에 이르러 그녀와 결별함에 자신은 남고, 戴嬀는 떠나 점점 멀어져서 바라보아도 다시 보이지 않게 되었다. 그리하여 그녀를 생각하며 눈물 콧물이 비처럼 흐른 것이다. 위의 두 구는 떠나려 함을 말하고, 다음 두 구는 자신이 길에 있음을 말하고, 아래 두 구는 이별하고 난 뒤를 말한 것이다.

【疏】 傳'燕燕 鳦' ○ 正義曰 : 釋鳥, '巂周. 燕燕, 鳦.' 孫炎曰 "別三名", 舍人曰 "巂周, 名燕燕, 又名鳦." 郭璞曰 "一名玄鳥, 齊人呼鳦." 此燕, 卽今之燕〔燕〕[1]也, 古人重言之, 漢書童謠云 "燕燕尾(涎涎)〔䜩䜩〕[2]", 是也. 鳦乙字異, 音義同.

1) 〔燕〕 : 저본의 교감기에 따라 보충하여 번역하였다.
2) (涎涎)〔䜩䜩〕 : 저본의 교감기에 따라 '䜩䜩'으로 번역하였다.

傳의 〔燕燕 鳦〕

○ 正義曰 : ≪爾雅≫ 〈釋鳥〉에 "巂周(자규새)이다. 燕燕은 鳦이다."라고 하였는데, 孫炎은 "한 사물에 대한 세 개의 별칭이다."라고 하고, 舍人은 "巂周는 燕燕이라 불리고 또 鳦이라 불린다."라고 하였는데, 郭璞은 "鳦은 일명 玄鳥니, 齊나라 사람들은 鳦이라 부른다."라고 하였다. 이 燕은 곧 지금의 제비〔燕燕〕인데, 옛사람들은 중복하여 말을 하였으니, ≪漢書≫의 동요에 "제비의 꽁지가 반짝이니〔燕燕尾䜩䜩〕"라고 한 것이 이것이다. 鳦과 乙은 글자는 다른데 音과 義는 같다.

【疏】 箋'差池'至'衣服' ○ 正義曰 : '差池'者, 往飛(之)〔時〕[1]之貌, 故云 '舒張其尾翼', 實翼也, 而兼言尾者, 以飛時尾亦舒張故也. 鳥有羽翼, 猶人有衣服, 故知以羽之差池, 喩顧視衣服. 旣飛而有上下, 故以頡之頏之, 喩出入前却, 旣上下而有音聲, 故以上下其音, 喩言語大小, 取譬連類, 各以其次.

1) (之)〔時〕 : 저본의 교감기에 따라 '時'로 번역하였다.

箋의 〔差池〕에서 〔衣服〕까지

○ 正義曰 : '差池'는 날아갈 때의 모습이다. 그리하여 '꽁지와 깃을 활짝 편다.'라고 하였으니 실제로는 날개의 모습인데 꽁지를 겸하여 말한 것은 날 때에는 꽁지도 펴기 때문이다. 새에게 날개가 있는 것은 사람에게 의복이 있는 것과 같다. 그리하여 날개를 활짝 펴는 것을 가지고 의복을 살피는 것에 비유한 것임을 안 것이다. 날아오른 뒤에도 오르고 내림이 있으므로, '頡之頏之'로 머뭇거리며 감을 비유한 것이고, 오르고 내리면서 소리를 내므로 '上下其音'으로 말소리가 높고 낮은 것을 비유하였으니, 비유를 통해 유사한 것끼리 연결하되 각기 일의 순서를 따른 것이다.

【疏】 箋'婦人 送迎不出門' ○ 正義曰 : 僖二十二年左傳文.

箋의 〔婦人 送迎不出門〕

○ 正義曰 : 이는 ≪春秋左氏傳≫ 僖公 22년의 글이다.

燕燕于飛여 頡之頏之로다

날아가는 제비

오르락내리락

【傳】 飛而上曰頡이요 飛而下曰頏이라

날아오르는 것을 頡이라 하고 날아내리는 것을 頏이라 한다.

【箋】 箋云 頡頏은 興戴嬀將歸에 出入前却이라

箋云 : 頡頏은 戴嬀가 돌아가려 할 때에 머뭇거리며 감을 興한 것이다.

【疏】 傳'飛而'至'曰頏' ○ 正義曰 : 此及下傳'上音'·'下音', 皆無文, 以經言'往飛之時 頡之頏之', 明頡頏非一也, 故知'上曰頡 下曰頏'. 下經言'下上其音', 音無上下, 唯飛有上下耳, 知飛而上爲音曰上音, 飛而下爲音曰下音也.

傳의 〔飛而〕에서 〔曰頏〕까지

○ 正義曰 : 여기와 아래 傳의 '上音'·'下音'은 모두 참고할 글이 없지만, 經에서 '往飛

之時 頡之頏之'라 말하였으니, 분명 頡과 頏은 하나가 아니다. 그리하여 '上曰頡 下曰頏'임을 안 것이다. 아래 經文에 '下上其音'이라 하였는데, 음에는 오르내림이 없고 오직 나는 것에 오르고 내림이 있으니, 날아오를 때 내는 음이 上音이고 날아내릴 때 내는 음이 下音임을 알 수 있다.

之子于歸여 **遠于將之**로다

돌아가는 그녀
멀어져가네

【傳】 將은 行也라

將은 '감'이다.

【箋】 箋云 將은 亦送也라

箋云 : 將은 또한 '전송함'이다.

瞻望弗及이라 **佇立以泣**이로다

바라보다 보이지 않아
우두커니 서서 눈물만 흘렸네

【傳】 佇立은 久立也라

佇立은 오래도록 서 있는 것이다.

燕燕于飛여 **下上其音**이로다

날아가는 제비들
오르내리며 지저귀네

【傳】 飛而上曰上音이요 飛而下曰下音이라

날아오를 때 내는 소리를 '上音'이라고 하고, 날아내릴 때 내는 소리를 '下音'이라고 한다.

【箋】 箋云 下上其音은 興戴嬀將歸에 言語感激하여 聲有小大라

箋云 : '下上其音'은 戴嬀가 돌아가려 할 때에 말하면서 감정이 복받쳐 소리에 높고 낮음이 있음을 興한 것이다.

之子于歸여 遠送于南이라

그녀 돌아갈 제
멀리 남쪽에서 전송하였네

【傳】 陳은 在衛南이라

陳나라는 衛나라의 남쪽에 있다.

瞻望弗及이라 實勞我心이로다

바라보다 보이지 않아
실로 내 마음 괴로웠네

○ 實은 是也니 本亦作寔이라

實은 '진실로'인데 寔으로 되어 있는 本도 있다.

仲氏任只하니 其心塞淵이로다

仲氏가 훌륭하니
그 마음 진실하고 깊었네

【傳】 仲은 戴嬀字也라 任은 大요 塞은 瘞(예)요 淵은 深也라

仲은 戴嬀의 字이다. 任은 '훌륭함'이고 塞은 '충실함'이며 淵은 '깊음'이다.

【箋】 箋云 任者는 以恩相親信也니 周禮六行[1]孝友睦婣任恤이라 ○ 任은 崔集注本作實이라

1) 周禮六行 : 鄕에서 六德・六行・六禮로 만민을 가르쳐 그중 뛰어난 인재를 빈객으로 삼아 추천하였다. 六德은 智・仁・聖・義・忠・和이고, 六禮는 禮・樂・射・御・書・數이다. ≪周禮 地官 大司徒≫

箋云 : 任은 은정으로 서로 친애하고 믿는 것이니, ≪周禮≫ 〈地官 大司徒〉의 六行인 효도・우애・화목・친애・믿음・긍휼 가운데의 하나이다.

○ 任은 崔氏(崔靈恩)가 集注한 本에는 實로 되어 있다.

終溫且惠하여 淑愼其身이요

시종 온화하고 순종하여
몸가짐을 잘 삼갔고

【傳】 惠는 順也라

惠는 '순종함'이다.

【箋】 箋云 溫은 謂顔色和也라 淑은 善也라

箋云 : 溫은 안색이 온화한 것을 말한다. 淑은 '잘함'이다.

先君之思로 以勗寡人이로다

선군을 생각하라
나를 권면하였네

【傳】 勗은 勉也라

勗은 '권면함'이다.

【箋】 箋云 戴嬀思先君莊公之故라 故將歸에 猶勸勉寡人以禮義라 寡人은 莊姜自謂也라

箋云 : 戴嬀가 先君인 莊公과의 일을 생각하였다. 그리하여 돌아가려 할 때에도 오히려 寡人에게 예의로 권면한 것이다. 寡人은 장강 자신을 말한 것이다.

【疏】 '仲氏'至'寡人' ○ 正義曰：莊姜旣送戴嬀, 而思其德行及其言語, 乃稱其字, 言仲氏有大德行也, 其心誠實而深遠也. 又終當顔色溫和, 且能恭順, 善自謹愼其身, 內外之德, 旣如此, 又於將歸之時, 思先君之故, 勸勉寡人以禮義也.

經의 〔仲氏〕에서 〔寡人〕까지

○ 正義曰：莊姜이 戴嬀를 전송하고 戴嬀의 덕행과 말씨를 생각하여 이내 그녀의 字를 일컬어 '仲氏가 큰 덕행이 있고 마음이 진실하고 깊었다. 더욱이 끝까지 안색을 온화하게 하고 매우 공순하며, 스스로 자신을 잘 삼가서 안팎의 덕이 이와 같았고, 또 돌아가려고 할 때에는 선군과의 일을 생각하여 나를 예의로 권면하였다.'라고 말한 것이다.

【疏】 鄭唯任字爲異, 言仲氏有任之德, 能以恩相親信也.

鄭玄은 任字에 대해서는 〈毛亨과〉 달리 여겨서, '仲氏가 미더운 덕이 있어 은정으로 서로 친애하고 믿을 수 있었다.'고 말한 것이다.

【疏】 傳'仲戴'至'任大' ○ 正義曰：婦人不以名行(항), 今稱仲氏, 明是其字. 禮記男女異長[1], 注云 "各自爲伯季", 故婦人稱仲氏也. '任 大', 釋詁文也, 定本'任大'之下云 '塞, 瘗也'. 俗本'塞, 實也.'

1) 男女異長：伯・仲・叔・季의 서열을 남자와 여자는 따로 함을 말한다. ≪禮記 曲禮≫

傳의 〔仲戴〕에서 〔任大〕까지

○ 正義曰：부인은 이름과 항렬로 부르지 않으니, 지금 仲氏라 한 것은 바로 그녀의 字임이 분명하다. ≪禮記≫ 〈曲禮〉의 '男女異長'의 注에 "각자 절로 伯・仲・叔・季가 된다."라고 하였다. 그리하여 婦人을 仲氏라 부른 것이다. '任 大'는 ≪爾雅≫ 〈釋詁〉의 글이다. 定本에는 '任 大' 아래에 '塞은 瘗이다.'라고 하고, 俗本에는 '塞은 實이다.'라고 하였다.

【疏】 箋'任者'至'任恤' ○ 正義曰：箋以此二句, 說戴嬀之操行, 故知爲任恤, 言其能以恩相親信也, 故引'六行'之'任'以證之. 周禮注云 "善於父母爲孝, 善於兄弟爲友, 睦, 親於九族, 婣, 親於外親, 任, 信於友道, 恤, 振於憂貧."

箋의 〔任者〕에서 〔任恤〕까지

○ 正義曰 : 箋은 이 두 句가 戴嬀의 품행을 말한 것이므로 그녀가 미덥고 동정심이 있음을 알아서, 은정으로 서로 친애하고 믿을 수 있었음을 말한 것이다. 그리하여 '六行' 중의 '任'을 인용하여 증명하였다. ≪周禮≫의 注에 "부모에게 잘하는 것이 효이고, 형제에게 잘하는 것이 우애이며, 睦은 九族을 친애함이고, 姻은 外親을 친애함이며, 任은 벗의 도리에 진실함이고, 恤은 가난한 이를 구휼함이다."라고 하였다.

【疏】 箋'戴嬀'至'禮義' ○ 正義曰 : 以勸勉之, 故知是禮義也. 坊記引此詩, 注以爲夫人定姜之詩[1], 不同者, 鄭志答炅模云 "爲記注時就盧君[2], '先師亦然', 後乃得毛公傳, 既古書義又(且)〔宜〕[3]然, 記注已行, 不復改之."

1) 定姜之詩 : ≪禮記≫ 〈坊記〉에 인용된 '先君之思 以畜寡人'에 대하여 정현은 '衛夫人 定姜의 시이다. 정강은 衛 定公의 부인인데 자식이 없어 庶子 衎을 세우니 이가 獻公이다. 獻公이 定姜에게 무례하니 定姜이 先君인 定公을 생각해서 자기에게 효도해야 한다고 말한 것'으로 注하여 다르게 해석한 것을 지적한 것이다. ≪禮記正義≫

2) 盧君 : 盧植이다. 後漢의 經學家로 정현과 함께 馬融을 사사했다. 저서로 ≪尙書章句≫, ≪三禮解詁≫ 등이 있다.

3) (且)〔宜〕 : 저본의 교감기에 따라 '宜'로 번역하였다.

箋의 〔戴嬀〕에서 〔禮義〕까지

○ 正義曰 : 戴嬀가 권면하였기 때문에 禮義로 했음을 안 것이다. ≪禮記≫ 〈坊記〉에서 이 시를 인용하였는데, 注에서 이를 부인 定姜의 시로 여겨, ≪詩經≫과 다른 것에 대하여 ≪鄭志≫에서 炅模에게 답하기를, "≪禮記≫에 주를 낼 때에 盧君에게 가서 〈물어보니〉 先師도 그렇게(定姜이라고) 말했다고 하였다. 나중에야 비로소 毛公의 傳을 얻어 보니, 定姜의 시로 여기는 것이 古書(〈坊記〉)의 뜻에도 부합하고, ≪禮記≫의 注가 간행된 뒤이므로 다시 고치지 않은 것이다."라고 하였다.

燕燕四章이니 **章六句**라

〈燕燕〉은 4章이니 章마다 6句이다

日 月 (일월)

【序】 日月은 衛莊姜이 傷己也라 遭州吁之難하여 傷己不見答於先君하여 以至困窮之詩也라

〈日月〉은 衛나라 莊姜이 자신의 처지를 서글퍼한 것을 읊은 시이다.

州吁의 난을 당하여 자신이 先君에게 보답을 받지 못하여 곤궁한 지경에 이른 것을 서글퍼한 시이다.

○ 以至困窮之詩也는 舊本皆爾하니 俗本或作以至困窮而作是詩也는 誤라

○ '以至困窮之詩'는 舊本에 모두 이렇게 되어 있으니, 俗本에 혹 '以至困窮而作是詩也'로 되어 있는 것은 잘못이다.

【疏】 '日月(四章章六句)'至'困窮' ○ 正義曰 : 俗本作'以致困窮之詩'者, 誤也.

序의 〔日月〕에서 〔困窮〕까지

○ 正義曰 : 俗本에 '以致困窮之詩'로 되어 있는 것은 잘못이다.

日居月諸(저) 照臨下土어늘

해와 달은
아래 세상을 비추어주는데

【傳】 日乎月乎 照臨之也라

해와 달이 비추어주는 것이다.

【箋】 箋云 日月은 喩國君與夫人也니 當同德齊意하여 以治國者가 常道也라

箋云 : 日과 月은 國君과 夫人을 비유한 것이니, 덕과 뜻을 함께하여 나라를 다스려야 하는 것이 당연한 법도이다.

乃如之人兮여 **逝不古處**로다

이 사람은
예전처럼 대해주지 않네

【傳】 逝는 逮요 古는 故也라

逝는 '미침'이고, 古는 '옛날'이다.

【箋】 箋云 之人은 是人也니 謂莊公也라 其所以接及我者를 不以故處하니 甚違其初時라

箋云 : 之人은 '이 사람'이니 莊公을 말한다. 자기를 대우해주기를 예전처럼 하지 않으니 처음과는 매우 다른 것이다.

胡能有定이리오마는 **寧不我顧**로다

어찌 일정함이 있겠는가마는
나를 돌아보지 않았었네

【傳】 胡는 何요 定은 止也라

胡는 '어찌'이고, 定은 '그침'이다.

【箋】 箋云 寧은 猶曾也라 君之行如是하니 何能有所定乎아 曾不顧念我之言은 是其所以不能定完也라 ○ 顧는 本又作頋니 如字라

箋云 : 寧은 曾과 같다. 군주의 행실이 이와 같으니 어찌 일정함이 있겠는가. 일찍이 나의 말을 돌아보지 않았다고 한 것은 그가 完을 태자로 세우지 않았기 때문이다.
○ 顧는 頋로 되어 있는 本도 있으니, 本音대로 읽는다.

【疏】 '日居'至'我顧' ○ 正義曰 : 言日乎, 〔日〕[1]以照晝, 月乎, 月以照夜, 故得同曜齊明, 而照臨下土, 以興國君也夫人也, 國君視外治, 夫人視內政, 當亦同德齊意, 以治理國事, 如此是其常道. 今乃如是人莊公, 其所接及我夫人, 不以古時恩意處遇之, 是不與之同德齊意, 失月配日之義也. 公於夫婦, 尙不得所, 於衆事, 亦何能有所定乎, 適曾不顧念我之言而已, 無能有所定也.

1) 〔日〕: 저본의 교감기에 따라 보충하여 번역하였다.

經의 〔日居〕에서 〔我顧〕까지

○ 正義 : '日乎'는 해가 낮에 비추어주는 것이고 '月乎'는 달이 밤에 비추어주는 것이기 때문에 빛과 밝음을 함께하여 아래 세상을 비추어 줄 수 있음을 말하여, '國君과 夫人은, 國君은 外政을 살피고 夫人은 內政을 살피되, 덕과 뜻을 함께하여 나랏일을 다스려야 하니, 이와 같이 하는 것이 당연한 법도이다. 지금 이와 같이 해야 할 莊公이 부인인 나를 대할 때에 예전의 은정으로 대우하지 않으니, 이는 그와 덕과 뜻을 함께하지 못하여 달이 해와 짝하는 의리를 잃은 것이다. 장공이 부부의 도리에서도 오히려 법도에 맞지 못하는데, 여러 일에 대해 어찌 일정한 법도가 있을 수 있겠는가. 다만 일찍이 내 말을 돌이켜 생각해보지 않아서일 뿐이니, 일정함이 있을 수 없음'을 興한 것이다.

【疏】 傳'逝逮' ○ 正義曰 : 釋言文也, 又曰 "逮, 及也," 故箋云 '其所以接及我者', 下章傳云 '不及我以相好', 皆爲及也. 顧下章傳, 亦宜倒讀[1), 云'不及我以故處'也. 雖倒, 義與鄭同, 但鄭順經文, 故似與傳異耳.

1) 亦宜倒讀 : 위 箋의 '其所以接及我者 不以故處'를 傳의 '不及我以相好' 형태로 고쳐 읽어야 함을 말한다.

傳의 〔逝 逮〕

○ 正義曰 : ≪爾雅≫ 〈釋言〉의 글인데, 또 "逮는 及이다."라고 하였다. 그리하여 箋에서 '其所以接及我者'라고 하고 아래 장의 傳에서 '不及我以相好'라고 하였으니, 모두 '及'으로 여긴 것이다. 아래 장의 傳을 보면 또한 〈箋의〉 앞뒤를 바꾸어 읽어 '不及我以故處'라고 해야 한다. 비록 앞뒤를 바꾸어 읽더라도 뜻은 정현과 같은데, 다만 정현은 經文을 따랐기 때문에 傳과 다른 것처럼 보일 뿐이다.

【疏】 箋'是其'至'定完' ○ 正義曰 : 此本傷君不答於已, 言夫婦之道, 尙如是, 於衆事, 何能有所定乎. 然則莊公是不能定事之人. 鄭引不能定事之驗, 謂莊公不能定完者. 隱三年左傳曰 "公子州吁有寵而好兵, 公不禁. 石碏諫曰 '將立州吁, 乃定之矣. 若猶未也, 階之爲禍.'" 是公有欲立州吁之意, 故杜預云 "完雖爲莊姜子, 然太子之位未定." 是完不爲太子也. 左傳唯言莊姜以爲己子, 不言爲太子, 而世家云 "命夫人齊女子之, 立爲太子." 非也.

箋의 〔是其〕에서 〔定完〕까지

○ 正義曰 : 이는 본래 남편이 나에게 응답해주지 않음을 서글퍼하여 '부부의 도가 오히려 이와 같은데 많은 일에 어찌 일정한 도리가 있을 수 있겠는가. 그렇다면 장공은 일을 일정하게 할 수 없는 사람이다.'라고 한 것이다. 정현이 일을 일정하게 하지 못한 근거를 들어, 장공이 完을 태자로 정하지 못한 일을 말한 것이다. ≪春秋左氏傳≫ 隱公 3년에 "公子 州吁가 총애를 받아 兵事를 좋아했는데, 공이 금하지 않았다. 이에 石碏이 간언하기를 '州吁를 세우고자 하신다면 즉시 그를 태자로 정하십시오. 만약 그렇게 하지 않으시면 화의 빌미가 될 것입니다.' 했다."라고 하였는데 이는 공이 州吁를 세우고자 하는 뜻이 있었기 때문이다. 그리하여 杜預는 "完이 비록 莊姜의 아들이 되었지만 太子의 지위가 정해진 것은 아니었다."라고 한 것이니, 이는 完이 太子가 되지 못한 것이다. ≪春秋左氏傳≫에는 莊姜이 그를 자기의 아들로 삼은 것만 말하고 태자가 되었음을 말하지 않았는데, ≪史記≫ 〈衛世家〉에는 "부인 齊女에게 명하여 아들을 삼게 하고, 그를 세워 태자로 삼았다."라고 하였으니 이는 잘못이다.

日居月諸 下土是冒어늘

해와 달은

이 세상을 덮어주는데

【傳】 冒는 覆也라

冒는 '덮음'이다.

【箋】 箋云 覆는 猶照臨也라

箋云 : 覆는 '비추어 줌'과 같다.

乃如之人兮여 逝不相好로다

이 사람은

좋았던 때처럼 하지 않았네

【傳】 不及我以相好라

서로 좋았던 때처럼 나를 대하지 않는 것이다.

【箋】 箋云 其所以接及我者를 不以相好之恩情하고 甚於己薄也라

箋云 : 그가 나를 대하기를 서로 좋았던 때의 恩情으로 하지 않고 나를 박대하기를 심하게 함이다.

胡能有定이리오마는 寧不我報아

어찌 일정함이 있겠는가마는
어이 내게 보답해주지 않는가

【傳】 盡婦道而不得報라

부인의 도리를 다했는데도 보답을 받지 못한 것이다.

日居月諸 出自東方이어늘

해와 달은
동쪽에서 뜨는데

【傳】 日始月盛이 皆出東方이라

처음 나오는 해와 보름달은 모두 동쪽에서 나오는 것이다.

【箋】 箋云 自는 從也라 言夫人當盛之時에 與君同位라

箋云 : 自는 '부터'이다. 부인이 존엄할 때에는 군주와 지위가 같음을 말한 것이다.

乃如之人兮여 德音無良이로다

이 사람은
그 말이 매정하네

【傳】 音은 聲이고 良은 善也라

音은 목소리이고 良은 '좋음'이다.

【箋】 箋云 無善恩意之聲으로 語於我也라

箋云 : 恩情이 없는 말로 나를 상대하는 것이다.

胡能有定하여 俾也可忘가

어찌 일정함이 있어
잊을 수 있게 하였겠는가

【箋】 箋云 俾는 使也라 君之行如此하니 何能有所定하여 使是無良可忘也리오

箋云 : 俾는 使이다. 군주의 행실이 이와 같으니, 어찌 일정함이 있어 그 무정함을 잊을 수 있게 하였겠는가.

【疏】 '日居'至'可忘' ○ 正義曰 : 言日乎月乎, 日之始照, 月之盛望, 皆出東方. 言月盛之時, 有與日同, 以興國君也・夫人也, 國君之平常, 夫人之隆盛, 皆秉其國事. 夫人之盛時, 亦當與君同, 如此是其常. 今乃如之人莊公, 曾無良善之德音以處語夫人, 是疏遠己, 不與之同位, 失月配日之義. 君之行如是, 何能有所定, 使是無良之行可忘也.

經의 〔日居〕에서 〔可忘〕까지

○ 正義曰 : 해와 달이, 해가 처음 비추고 달이 보름달일 때에는 모두 동쪽에서 나옴을 말한 것이다. 달이 온달일 때에 해와 같은 점이 있음을 말하여 '國君과 夫人은, 國君은 항상 지존이고 夫人은 존귀해진 이로서 함께 國事를 관장한다. 夫人이 존귀할 때에는 또한 國君과 지위를 함께해야 하니, 이와 같이 함이 國君의 당연한 도리이다. 그러나 지금 이와 같이 해야 할 莊公이 일찍이 은정이 없는 말로써 부인을 상대하였으니, 이는 장공이 자기를 멀리하여 더불어 지위를 함께하지 않아 달이 해에 짝하는 뜻을 잃은 것이다. 군주의 행실이 이와 같으니 어찌 일정함이 있어 이 무정한 행실을 잊을 수 있게 하였겠는가.'를 興한 것이다.

【疏】 傳'日始'至'東方' ○ 正義曰 : 日月雖分照晝夜, 而日恒明, 月則有盈有闕, 不常盛. 盛則與日皆出東方, 猶君與夫人, 雖各聽內外, 而君恒伸, 夫人有屈有伸, 伸則與君同居尊位, 故箋云 '夫人當盛之時 與君同位'.

傳의 〔日始〕에서 〔東方〕까지

○ 正義曰 : 해와 달이 비록 낮과 밤을 나누어 비추지만 해는 항상 밝고 달은 차고 이지러짐이 있어 항상 보름달은 아니다. 〈그런데〉 보름달일 때에는 해와 함께 모두 동방에서 나오니, 이것이 國君과 夫人이 비록 각자 內政과 外政을 다스리지만, 國君은 항상 지존이고 夫人은 〈부인으로서〉 존중 받지 못하거나 존중 받거나 함이 있으니, 존중 받을 때에는 國君과 尊位에 같이 있는 것이다. 그리하여 箋에서 '夫人當盛之時 與君同位'라고 한 것이다.

【疏】 箋'無善'至'于我' ○ 正義曰 : 如箋所云, 則當倒讀云 '無良德音', 謂無善恩意之音聲處語我夫人也.

箋의 〔無善〕에서 〔于我〕까지

○ 正義曰 : 箋에서 말한 바와 같다면 바꾸어 읽어 '無良德音'이라 해야 하니, 은정이 없는 말로 '부인인 나'를 상대함을 이른다.

日居月諸 東方自出이어늘
父兮母兮 畜我不卒이로다

해와 달은
동쪽에서 솟는데
아비 어미 같은 이는
나를 대우하기 끝까지 하지 않았네

【箋】 箋云 畜은 養이요 卒은 終也라 父兮母兮者는 言已尊之如父요 又親之如母어늘 乃反養遇我不終也라

箋云 : 畜은 '보살펴줌'이고 卒은 '마침'이다. '父兮母兮'는 내가 그를 아버지처럼 존중하고 또 어머니처럼 친히 여기는데, 도리어 나를 보살피고 대우해주기를 끝까지 하지

않음을 말한 것이다.

胡能有定이리오마는 **報我不述**이로다

어찌 일정함이 있겠는가마는
내게 예로 보답하지 않았네

【傳】 述은 循也라

述은 '따름'이다.

【箋】 箋云 不循은 不循禮也라 ○ 述은 本亦作術이라

箋云 : 不循은 '예대로 하지 않음'이다.
○ 述은 術로 되어 있는 本도 있다.

日月四章이니 **章六句**라

〈日月〉은 4章이니 章마다 6句이다.

終風(종풍)

【序】 **終風**은 **衛莊姜傷已也**라 **遭州吁之暴**하여 **見侮慢而不能正也**라

〈終風〉은 衛나라 莊姜이 자신의 처지를 서글퍼한 것을 읊은 시이다.
州吁의 포악함을 만나 업신여김을 당하면서도 그치게 할 수 없었다.

【箋】 正은 猶止也라

正은 止와 같다.

【疏】 '終風(四章章四句)'至'不能正' ○ 正義曰 : 暴, 與難一也. 遭困窮, 是厄難之事, 故上篇言難, 見侮慢, 是暴戾之事, 故此篇言暴. 此經皆是暴戾見侮慢之事.

序의 〔終風〕에서 〔不能正〕까지

○ 正義曰 : 暴는 難과 같다. 곤궁함을 만남은 바로 재난에 해당하는 일이므로 앞 편에서는 難이라 한 것이고, 侮慢을 당함은 사납고 모진 일이므로 이 편에서는 暴라 한 것이다. 이 經文에서는 모두 포악한 이에게 모욕을 당한 일이다.

終風且暴러니 顧我則笑라

종일 바람 세차더니
날 보고는 비웃네

【傳】 興也라 終日風爲終風이라 暴는 疾也라 笑는 侮之也라

興이다. 종일 바람이 부는 것이 終風이다. 暴는 '빠름'이다. 笑는 업신여기는 것이다.

【箋】 箋云 旣竟日風矣요 而又暴疾이라 興者는 喩州吁之爲不善이 如終風之無休止요 而其間又有甚惡하여 其在莊姜之旁에 視莊姜則反笑之하니 是無敬心之甚이라 ○ 終風은 韓詩云 西風也라

箋云 : 종일 바람이 불고 게다가 세찬 것이다. 興한 것은 州吁가 선하지 않은 짓을 함이 마치 종일 바람이 불어 그침이 없는 것과 같고, 그 사이에 또 심한 악행을 하며 莊姜 곁에 있으면서 莊姜을 보고는 도리어 조소하는 것을 비유하였으니, 이는 매우 공경심이 없는 것이다.

○ 終風은 ≪韓詩≫에 "西風이다."라고 하였다.

謔浪笑敖하니

농지거리하며 오만하게 구니

【傳】 言戲謔不敬이라 ○ 浪은 韓詩云 起也라 笑는 本又作咲니 俗字也라

농지거리하며 공경하지 않음을 말한 것이다.

○ 浪은 ≪韓詩≫에 "起이다." 하였다. 笑는 咲로 되어 있는 本도 있는데 俗字이다.

中心是悼로다

내 마음 서글퍼지네

【箋】 箋云 悼者는 傷其如是나 然而已不能得而止之라

箋云 : 悼는 그가 이와 같은데도 자기가 멈추게 할 수 없음을 서글퍼한 것이다.

【疏】 '終風'至'是悼' ○ 正義曰 : 言天旣終日風, 且其間有暴疾, 以興州吁旣不善, 而其間又有甚惡, 在我莊姜之傍, 顧視我則反笑之, 又戲謔調笑而敖慢已, 莊姜無如之何, 中心以是(慆)〔悼〕[1]. 傷, 傷其不能止之.

1) (慆)〔悼〕: 저본의 교감기에 따라 '悼'로 번역하였다.

經의 〔終風〕에서 〔是悼〕까지

○ 正義曰 : 날씨가 종일 바람이 불고 게다가 간간이 세찬 것을 말하여, 州吁가 不善한 짓을 하고 그 사이에 또 심한 악행을 하고서 莊姜 옆에 있을 때에 '나'를 돌아보고는 도리어 비웃고, 또 농지거리하고 조소하여 자신에게 오만하게 구는데도, 莊姜이 어찌할 수 없어 마음이 이 때문에 서글퍼짐을 興한 것이다. 傷은 멈추게 할 수 없음을 서글퍼한 것이다.

【疏】 傳'暴 疾' ○ 正義曰 : 釋天云 "日出而風爲暴." 孫炎曰 "陰雲不興, 而大風暴起." 然則爲風之暴疾, 故云疾也.

傳의 〔暴 疾〕

○ 正義曰 : ≪爾雅≫ 〈釋天〉에 "해가 떠 있는데 바람이 부는 것이 暴이다."라고 하였는데, 孫炎은 "먹구름이 끼지 않았는데도 큰 바람이 갑자기 이는 것이다."라고 하였다. 그렇다면 바람이 갑자기 세차게 부는 것이다. 그리하여 疾이라 한 것이다.

【疏】 傳'言戲謔不敬' ○ 正義曰 : 釋詁云 "謔浪笑敖, 戲謔也." 舍人曰 "謔, 戲謔也, 浪, 意(明)〔萌〕[1]也, 笑, 心樂也, 敖, 意舒也, 戲笑, 邪戲也. 謔, 笑之貌也." 郭璞曰 "謂調戲也." 此連云笑敖, 故爲不敬. 淇奧云 "善戲謔兮", 明非不敬也.

1) (明)〔萌〕: 저본의 교감기에 따라 '萌'으로 번역하였다.

傳의 〔言戲謔不敬〕

○ 正義曰 : ≪爾雅≫ 〈釋詁〉에 "謔浪笑敖는 농지거리이다."라고 하였는데, 舍人은 "謔은 농지거리이고 浪은 뜻이 싹튼 것이며 笑는 내심 즐기는 것이고 敖는 거리낌 없이 〈뜻을〉 펼침이니 희롱하며 즐기는 것은 못된 장난이다. 謔은 비웃는 모습이다."라고 하였고, 郭璞은 "희롱함을 말한다."라고 하였다. 여기에서는 笑와 敖를 이어서 말하였으므로 불경함이 된다. 반면 〈衛風 淇奧〉에서 말한 "해학도 잘하시니"는 분명 불경한 것이 아니다.

終風且霾(매)러니

종일 바람 불고 흙비 오더니

【傳】 霾는 雨土也라 ○ 風而雨土爲霾라

霾는 흙비이다.

○ 바람 불면서 흙비 오는 것이 霾이다.

惠然肯來나

순순한 마음으로 기꺼이 오기도 했지만

【傳】 言時有順心也라

때로는 순순한 마음이 있음을 말한 것이다.

【箋】 箋云 肯은 可也라 有順心然後에 可以來至我旁이니 不欲見其戲謔이라 ○ 肯來는 如字라

箋云 : 肯은 '수긍함'이다. 순종하는 마음이 있은 뒤에야 내 옆에 올 수 있으니, 농지거리함을 당하고 싶지 않은 것이다.

○ 肯과 來는 本音대로 읽는다.

莫往莫來니 悠悠我思로다

오고 감이 없으니
내 마음 막막하여라

【傳】 人無子道以來事已하니 已亦不得以母道往加之라

그가 아들의 도리로 와서 자기를 섬김이 없으니, 자기도 어미의 도리로 가서 그를 대할 수 없는 것이다.

【箋】 箋云 我思其如是하니 心悠悠然이라 ○ 我思는 如字라

箋云 : 내가 이와 같음을 생각하니 마음이 막막해진다는 것이다.
○ 我와 思는 本音대로 읽는다.

【疏】 '終風'至'我思' ○ 毛以爲 "天旣終日風, 且又有暴甚雨土之時, 以興州吁常爲不善, 又有甚惡恚怒之時. 州吁之暴, 旣如是, 又不肯數(삭)見莊姜, 時有順心然後肯來, 雖來, 復侮慢之, 與上互也. 州吁旣然, 則無子道以來事已, 是'莫來'也, 由此已不得以母道往加之, 是'莫往'也. 今旣莫往莫來, 母子恩絶, 悠悠然我心思之." 言思其如是, 則悠悠然也.

經의 〔終風〕에서 〔我思〕까지
○ 毛亨은, "날씨가 종일 바람 불고 또 심한 흙비까지 내리는 때가 있다는 것으로 州吁가 항상 선하지 않고 게다가 심한 악행을 하고 성을 내는 때도 있음을 興한 것이다. 州吁의 난폭함이 이와 같았고, 게다가 자주 기꺼이 장강을 만나 보려 하지도 않고, 때로 순순한 마음을 지닌 후에 기꺼이 오기도 하지만, 비록 오더라도 다시 오만하게 굴었으니 윗사람과 맞선 것이다. 州吁가 그러했으니, 이는 자식의 도리로 와서 자기를 섬김이 없는 것이니 바로 '莫來'이고, 이로 말미암아 자기도 어미의 도리로 가서 대할 수 없는 것이니 바로 '莫往'이다. '이제는 오지도 가지도 않아 모자간의 정이 끊어졌으니 막막한 심정으로 이것을 생각한다.'라고 한 것"으로 여겼다. 그리하여 〈箋에서〉 '이와 같음을 생각하니 〈마음이〉 막막해지네.'라고 한 것이다.

【疏】 ○ 鄭唯'惠然肯來'爲異, 以上云 '顧我則笑', 是其來無順心, 明莊姜不欲其來, 且州吁之暴, 非有順心肯來也, 故以爲若有順心, 則可來我傍, 旣無順心, 不欲見其來而戲謔也.

정현이 '惠然肯來'만을 달리 해석한 것은, 위에서 말한 '顧我則笑'가 바로 부드러운 마음이 없이 온 것이니, 분명 莊姜이 그가 오기를 바라지도 않았고, 또 포악한 州吁가 순종하는 마음을 지니고 기꺼이 온 것이 아니기 때문이다. 그리하여 만약 순종하는 마음이 있다면 내 곁에 올 수 있지만, 순종하는 마음이 없으니 그가 와서 농지거리함을 보고 싶지 않은 것으로 여긴 것이다.

【疏】 傳'霾 雨土' ○ 正義曰 : 釋天云 "風而雨土爲霾", 孫炎曰 "大風揚塵, 土從上下也".

傳의 〔霾 雨土〕

○ 正義曰 : ≪爾雅≫ 〈釋天〉에 "바람 불고 흙비가 오는 것이 霾이다."라고 하였는데, 孫炎은 "태풍이 불어 흙먼지가 위에서 아래로 날리는 것이다."라고 하였다.

【疏】 傳'人無'至'加之' ○ 正義曰 : 以本由子不事己, 己乃不得以母道往加之, 故先解莫來, 後解莫往, 經先言莫往者, 蓋取便文也.

傳의 〔人無〕에서 〔加之〕까지

○ 正義曰 : 본래 아들이 자신을 섬기지 않기 때문에 자기도 마침내 어미의 도리로 가서 대할 수 없었다. 그리하여 傳에서 먼저 '莫來'를 풀이하고, 뒤에 '莫往'을 풀이한 것인데, 經文에 '莫往'을 먼저 말한 것은 편한 대로 쓴 글이다.

終風且曀(애)러니 不日有曀라

종일 바람 음산터니
하루도 안 되어 또 흐리네

【傳】 陰而風曰曀이라

흐리면서 바람 부는 것을 曀라 한다.

【箋】 箋云 有는 又也라 旣竟日風이요 且復曀不見日矣어늘 而又曀者는 喩州吁闇亂甚也라

箋云 : 有는 '또'이다. 종일 바람 불고 또 게다가 어두워 해가 보이지 않는데 다시 어두

워졌다는 것은 州吁의 어둡고 문란함이 심함을 비유한 것이다.

寤言不寐하고 **願言則**嚏(체)[1]로다

1) 嚏(체) : 저본의 교감기를 살펴보면, 毛亨은 '疐'자로 되어 있는 本을 보고 '跲'자로 해석하였는데, 鄭玄은 '嚏'자로 고쳐 해석하였다. 唐石經 이후의 經과 傳이 모두 鄭玄의 의견을 따라 口변에 쓰게 된 것이다. 번역은 毛亨의 傳을 따랐다.

자다 깨어 잠 못 들고
생각하면 가슴이 메이네

【傳】 嚏는 跲(겁)**也**라

嚏는 '막힘'이다.

【箋】 **箋云 言我願思也**라 嚏는 **讀當爲不敢嚏咳**[1]**之**嚏라 **我其憂悼**하여 **而不能寐**하니 **汝思我心如是**면 **我則嚏也**라 **今俗人**嚏면 **云人道我**라하니 **此古之遺語也**라 ○ 疌(嚏)는 **本又作**嚏하고 **又作疐**하니 **劫也**라 **鄭作**嚏라 **劫也**는 **居業反**이라 **本又作跲**하니 **音同**이요 **孫毓同**이라 **崔云 毛訓疌爲**㰦(거)하니 **今俗人云 欠欠㰦㰦**가 **是也**니 **不作劫字**라 **人體倦則伸**하고 **志倦則**㰦이라하니 **案音丘據反**이라 **玉篇云** 㰦欠은 **張口也**라

1) 不敢嚏咳 : 감히 재채기 하거나 기침하지 않는다는 말로, 父母와 舅姑가 계신 곳에 오르내릴 때에 하지 말아야 할 행동 중에 하나이다. ≪禮記 內則≫

箋云 : 나를 생각해주기를 원함을 말한 것이다. 嚏는 '不敢嚏咳(감히 재채기하고 기침하지 말라.)'의 '嚏'로 읽어야 한다. 내가 근심하고 슬퍼서 잠들 수 없으니 네가 이런 내 마음을 생각해준다면 나는 재채기를 할 것이다. 지금 세속에 사람이 재채기를 하면 '누가 내 말을 하는 것이다.'라고 하니 이는 예로부터 전해오는 말이다.

○ 疌(저본의 嚏)는 嚏로 되어 있거나 疐로 되어 있는 本도 있는데 劫이다. 鄭玄은 嚏로 썼다. 劫은 音이 '居와 業의 反切音(겁)'이다. 跲으로 되어 있는 本도 있는데 音은 같으며 孫毓도 같게 여겼다. 崔靈恩은 "毛亨은 疌(嚏)를 㰦로 訓하였으니 지금 俗人들이 '입을 벌리고 하품한다〔欠欠㰦㰦〕'라고 하는 것이 이것이니, 劫자로 쓰지 않았다. 사람은 몸이 지치면 기지개를 켜고 마음이 지치면 하품을 한다."라고 하였는데, 살펴보니 㰦의

音은 '丘와 據의 反切音(거)'이다. 玉篇에 "㰦欠은 입을 크게 벌림이다."라고 하였다.

【疏】'終風'至'則嚔' ○ 毛以爲"天旣終日風, 且復陰而曀, 不見日光矣, 而又曀, 以興州吁旣常不善, 且復怒而甚, 不見喜悅矣, 而又甚. 州吁旣暴如是矣, 莊姜言我寤覺而不能寐, 願以母道往加之, 我則嚔跆而不行." ○ 鄭唯下一句爲異, 具在箋.

經의 〔終風〕에서 〔則嚔〕까지

○ 毛亨은, "날이 종일 바람 불고 또 어둡고 음침하여 햇빛을 보지 못했는데 더욱 음산해진 것으로, 州吁가 항상 不善함을 행하고 또 다시 심하게 성을 내어 기쁜 기색을 보지 못했는데 더 심해짐을 興하였다. 州吁의 포악함이 이와 같았으니, 莊姜이 '내 깨어나 잠들지 못하고 어미의 도리로 가서 대할 것을 생각해보지만 나는 가슴이 메어 가지 못한다.'라고 한 것"으로 여겼다.

○ 鄭玄은 아래 한 구를 달리 보았는데, 箋에 자세히 갖추어져 있다.

【疏】傳'陰而風曰曀' ○ 正義曰：釋天文, 孫炎曰"雲風曀日光".

傳의 〔陰而風曰曀〕

≪爾雅≫ 〈釋天〉의 글인데, 孫炎은 "구름 끼고 바람 불어 햇빛을 가리는 것이다."라고 하였다.

【疏】箋'旣竟'至'亂甚' ○ 正義曰：此州吁暴益甚, 故見(현)其漸也. 言'且曀'者, 且陰往曀日, 其陰尙薄, 不見日, 則曰曀也, 復云'曀', 則陰雲益甚, 天氣彌闇, 故云'喩州吁之闇亂甚也'. 以'且曀', 已喩其闇, '又曀', 彌益其闇, 故云甚也.

箋의 〔旣竟〕에서 〔亂甚〕까지

○ 正義曰：이는 州吁의 포악함이 더욱 심해진 것이다. 그리하여 그 점차 심해짐을 나타낸 것이다. 經의 '且曀'는 흐려서 해를 가린 것인데 그 음산함이 아직 옅은데도 해가 보이지 않으니 '曀'라 한 것이고, 다시 '曀'를 말하였으니 먹구름이 더욱 짙어져 날이 더욱 어두워진 것이다. 그리하여 '喩州吁之闇亂甚也'라고 말한 것이다. '且曀'로 그가 이미 어두움을 비유하였으니 '又(有)曀'는 더욱 어두운 것이다. 그리하여 '甚'을 말한 것이다.

【疏】 傳'噎 跲' ○正義曰：王肅云 "願以母道往加之，則噎劫而不行." 跲與劫，音義同也. 定本集注竝同.

傳의 〔噎 跲〕

○ 正義曰：王肅은 "어미의 도리로 가서 대하고자 하나 가슴이 메어 가지 못하는 것이다."라고 하니 跲과 劫은 音과 義가 같다. 定本과 集注도 모두 같다.

【疏】 箋'噎讀'至'遺語' ○正義曰：內則云 "子在父母之所，不敢噦噫嚔咳." 此讀如之也. 言'汝思我心如是'，解經之願也，言'我則噎'，解經言'則噎'也. 稱'俗人云'者，以俗之所傳有驗於事，可以取之. 左傳每引'諺曰'，詩稱'人亦有言'，是古有用俗之驗.

箋의 〔噎讀〕에서 〔遺語〕까지

○ 正義曰：≪禮記≫ 〈內則〉에 "자식이 부모가 계신 곳에서는 감히 딸꾹질이나 트림, 재채기나 기침을 하지 말아야 한다."라고 하였으니, 여기의 箋도 〈噎를〉 이와 같이 읽은 것이다. '汝思我心如是'는 經의 '願'을 풀이한 것이고, '我則噎'는 經文에서 말한 '則噎'를 풀이한 것이다. '俗人云'이라고 칭한 것은 세속에 전해진 말 중에 일에서 징험되어 취할 만한 것이 있었기 때문이다. ≪春秋左氏傳≫에서 매번 '諺曰'을 인용하고 ≪詩經≫에서도 '人亦有言'이라 하였으니, 이는 옛사람이 속언의 징험을 따른 경우이다.

曀曀其陰이며

으스스하게 음산하며

【傳】 如常陰曀曀然이라

계속 음산하게 흐린 것이다.

虺(훼)虺其靁로다

우르릉거리는 우레 소리로다

【傳】 暴若震靁之聲虺虺然이라

사납기가 마치 우르릉거리는 우레 소리와 같은 것이다.

寤言不寐하여 願言則懷라

자다 깨어 잠 못들어

생각하니 서글퍼지네

【傳】 懷는 傷也라

懷는 서글퍼함이다

【箋】 箋云 懷는 安也라 女思我心如是면 我則安也라 ○ 女는 音汝니 下同이라 後可以意求之로되 疑者更出이라

箋云 : 懷는 '편안함'이다. 네가 내 마음이 이와 같음을 생각해준다면 나는 편안해질 것이다.

○ 女는 音이 '여'이니 아래도 같다. 뒤에 나오는 것은 뜻에 따라 찾으면 되는데, 의심스러운 경우는 다시 〈'女音汝'라는 주석을〉 냈다.

【疏】 '曀曀'至'則懷' ○ 毛以爲"天旣曀曀然其常陰, 又虺虺然其震雷也, 以興州吁之暴如是, 故莊姜言我夜覺, 常不寐, 願以母道往加之, 我則傷心." ○ 鄭唯下句爲異, 言汝州吁思我心如是, 我則安.

經의 〔曀曀〕에서 〔則懷〕까지

○ 毛亨은, "하늘이 이미 음산하게 계속 흐리고 또 우레가 우르릉거리는 것으로, 州吁의 포악함이 이와 같음을 興한 것이다. 그리하여 莊姜이 '자다 깨어나 항상 잠들지 못하여 어미의 도리로 가서 그를 대할 것을 바라지만 내 마음은 서글퍼진다.'라고 한 것"으로 여겼다.

○ 鄭玄은 아래 구만을 달리 보아, '州吁가 내 마음이 이와 같음을 생각해준다면 나는 편안해질 것이다.'라고 말한 것으로 여겼다.

【疏】 傳'如常陰曀曀然' ○ 正義曰 : 上終風且曀, 且其間有曀時, 不常陰, 此重言曀曀, 連云其陰, 故云常陰也. 言曀復曀, 則陰曀之甚也. 爾雅云"陰而風爲曀", 則此曀亦有風, 但前風有不陰, 故曀連終風, 此則常陰, 故直云曀, 有風可知也.

傳의 〔如常陰曀曀然〕

○ 正義曰 : 위의 장에서는 종일 바람 불고 어둡고, 그 사이에 다시 어두워진 때가 있었으니 항상 어두운 것은 아니고, 여기는 반복하여 '曀曀'라 말하고 '其陰'을 이어 말하였기 때문에 '常陰'이라 한 것이다. 어두운데 더 어두워짐을 말하였으니 매우 컴컴해진 것이다. ≪爾雅≫ 〈釋天〉에 "구름 끼고 바람 부는 것이 曀이다."라고 하였으니, 그렇다면 여기의 '曀'에도 바람이 있는데, 다만 바람 불기 전에는 음침하지 않으므로 '曀'를 '終風'에 이은 것이고, 여기는 항상 어둡기 때문에 '曀'라고만 했어도 바람이 부는 것을 알 수 있는 것이다.

【疏】 傳'暴若'至'虺然' ○ 正義曰 : 雨雷則殷殷然, 此喩州吁之暴, 故以爲震雷奮擊之聲虺虺然, 十月之交曰 "爗爗震電", 皆此類也.

傳의 〔暴若〕에서 〔虺然〕까지

○ 正義曰 : 우레가 우르릉거림은 州吁의 사나움을 비유한 것이다. 그리하여 우레가 진동하며 치는 우르릉 소리로 여긴 것이니, 〈小雅 十月之交〉에 "번쩍번쩍 천둥 번개〔爗爗震電〕"라고 한 것이 모두 이런 類이다.

終風四章이니 **章四句**라

〈終風〉은 4章이니 章마다 4句이다.

擊鼓 (격고)

【序】 擊鼓는 **怨州吁也**라 **衛州吁用兵暴亂**하여 **使公孫文仲**으로 **將而平陳與宋**하니 **國人怨其勇而無禮也**라

〈擊鼓〉는 州吁를 원망함을 읊은 시이다.

衛나라 州吁가 군대를 동원해서 포악스럽게 난을 일으켜 公孫文仲을 장수로 삼아 陳나라, 宋나라와 연합하게 하니, 國人이 그가 용맹하되 無禮함을 원망한 것이다.

【箋】將者는 將兵以伐鄭也라 平은 成也라 將伐鄭에 先告陳與宋하여 以成其伐事라 春秋傳曰 宋殤公之卽位也에 公子馮出奔鄭하니 鄭人欲納之라 及衛州吁立하여 將修先君之怨於鄭하여 而求寵於諸侯하여 以和其民하여 使告於宋曰 君若伐鄭하여 以除君害면 君爲主하여 敝邑以賦[1]하여 與陳蔡從이 則衛國之願也라하니 宋人許之라 於是에 陳蔡方睦於衛라 故宋公陳侯蔡人衛人伐鄭이라하니 是也라 伐鄭은 在魯隱四年이라 ○ 將은 子亮反이니 注將者同이라 馮은 本亦作憑이라

1) 賦 : 옛날에는 田畝에 징수하는 賦稅를 계산해서 병사를 차출했으므로 병사를 '賦'라 한 것이다. ≪論語注疏≫

'將'은 병사를 거느리고 鄭나라를 친 것이다. '平'은 '이룸'이다. 鄭나라를 치려 할 때에 먼저 陳나라와 宋나라에 고하여 그 정벌하는 일을 성사시킨 것이다. ≪春秋左氏傳≫에 "宋 殤公이 즉위하자 公子 馮이 鄭나라로 도망가니 정나라 군주가 그를 귀국시켜 군주가 되게 하려 하였다. 衛나라 州吁가 즉위하고는 정나라에 대한 先君의 원한을 갚아서 제후들의 지지〔寵〕를 구하여 자기 나라의 민심을 화합하고자 하여 사신을 보내 宋나라에 고하기를 '君께서 만약 鄭나라를 쳐서 君의 걱정거리를 제거하려 하신다면 君을 盟主로 모시고 우리나라가 군대를 일으켜 陳나라 蔡나라와 함께 종군하는 것이 우리 衛나라의 소원입니다.'라고 하니, 宋人이 허락하였다. 이에 陳나라와 蔡나라가 비로소 衛나라와 우호하게 되었다. 그리하여 宋公・陳侯・蔡人・衛人이 鄭나라를 쳤다."라고 한 것이 이것이다. 鄭나라를 친 것은 魯 隱公 4년의 일이다.

○ 將은 子와 亮의 反切音(장)이니, 注(箋)의 '將者'〈의 反切音〉도 같다. 馮은 憑으로 되어 있는 本도 있다.

【疏】'擊鼓(五章章四句)'至'無禮' ○ 正義曰 : 作擊鼓詩者, 怨州吁也. 由衛州吁用兵暴亂, 乃使其大夫公孫文仲爲將, 而興兵伐鄭. 又欲成其伐事, 先告陳及宋, 與之俱行, 故國人怨其勇而無禮. 怨與刺, 皆自下怨上之辭, 怨者, 情所恚恨, 刺者, 責其愆咎, 大同小異耳, 故論語注云 "怨謂刺上政", 譜云 "刺怨相尋", 是也. 言用兵暴亂者, 阻兵而安忍, 暴虐而禍亂也. 古者謂戰器爲兵, 左傳曰 "鄭伯朝於楚, 楚子賜之金, 曰'無以鑄兵'." 兵者, 人所執, 因號人亦曰兵, 左傳曰 "敗鄭徒兵", 此箋云 '將者 將兵', 是也. 然則此序云 '用兵'者, 謂用人兵也, 經云 '踊躍用兵', 謂兵器也. 國人怨其勇而無禮, 經五章, 皆陳兵役之怨辭.

序의 〔擊鼓〕에서 〔無禮〕까지

○ 正義曰 : 〈擊鼓〉 詩를 지은 것은 州吁를 원망한 것이다.

衛나라 州吁가 군대를 동원해서 포악스럽게 난을 일으켜 그 대부 公孫文仲을 장수로 삼아 군대를 출동시켜 鄭나라를 치게 하였다. 또 그 정벌하는 일을 이루고자 하여 먼저 陳나라와 宋나라에 고하여 그들과 함께 갔다. 그리하여 國人들이 그의 용맹하되 무례함을 원망하였다. 怨과 刺는 모두 아래 사람이 위를 원망한다는 말인데, 怨은 감정상의 원한이고, 刺는 그 잘못을 나무라는 것이니, 대동소이한 것이다. 그리하여 ≪論語≫의 注에 "怨은 윗사람의 정사를 풍자하는 것을 이른다."라고 하고, 〈詩譜〉에 "풍자와 원망이 서로 이어졌다."라고 한 것이 이것이다. '用兵暴亂'은 군대를 믿고 잔인한 짓을 편안히 여겨 포악스럽게 난을 일으킨 것이다. 옛날에는 무기를 '兵'이라 하였으니, ≪春秋左氏傳≫에 "鄭伯이 楚나라에 朝見하니 楚子가 銅을 주고는 '〈이 銅으로〉 병기를 만들지 말라.' 하였다."라고 하였다. '兵'은 사람이 잡는 것이니, 이 때문에 〈병기를 잡는〉 사람도 '兵'이라고 지칭하니, ≪春秋左氏傳≫에 "鄭나라의 보병을 패퇴시켰다."라고 한 것과, 이 箋에서 '將者 將兵'이라 한 것이 이것이다. 그렇다면 이 序에서 말한 '用兵'은 '군사를 일으킴'을 말하고, 經의 '踊躍用兵'은 '兵器'를 말한다. 國人이 그가 용맹하여 무례함을 원망하였으니, 經文 다섯 章은 모두 兵役에 대해 원망하는 말을 한 것이다.

【疏】 箋'將者'至'隱四年' ○ 正義曰 : 知將兵伐鄭者, 州吁以隱四年春弑君, 至九月被殺, 其中唯夏秋, 再有伐鄭之事, 此言州吁用兵暴亂, 是伐鄭可知. 時無伐陳・宋之事, 而經・序云"平陳與宋", 傳有告宋使除君害之事, 陳侯又從之伐鄭, 故訓平爲成也, 告陳與宋, 成其伐事也. '春秋曰'以下, 皆隱四年左傳文也, 引之以證州吁有伐鄭, 先告陳之事也. 末言'在魯隱四年'者, 以州吁之立, 不終此年, 唯有此伐鄭之事, 上直引傳曰, 其年不明, 故又詳之也. 宋殤公之卽位, 公子馮所以出奔鄭者, 殤公, 宋穆公之兄子, 公子馮則其子也, 穆公致位於殤公, 使馮避之出居於鄭也. 鄭人欲納之, 欲納於宋以爲君也.

箋의 〔將者〕에서 〔隱四年〕까지

○ 正義曰 : '병사를 거느리고 정나라를 친 줄 안 것은 州吁가 隱公 4년 봄에 군주를 시해하고 9월에 살해 될 때까지 그 사이 여름과 가을 동안에 정나라를 두 번 정벌한 일만 있었기 때문이니, 序에서 말한 '州吁用兵暴亂'이 정나라를 친 일임을 알 수 있다. 당

시에 陳나라나 宋나라를 친 일이 없고 經과 序에 "平陳與宋"이라 하고 ≪春秋左氏傳≫에 宋나라에 '군주의 해를 제거하는 것'을 고한 일이 있고, 陳侯도 鄭나라를 치는 일에 참여하였다. 그리하여 '平'을 訓하기를 '成'으로 한 것이니, 陳나라와 宋나라에 고하여 정벌하는 일을 이룬 것이다. '春秋曰' 이하는 모두 ≪春秋左氏傳≫ 隱公 4년의 글인데 이를 인용하여 州吁가 鄭나라를 칠 때에 먼저 陳나라에 고한 일이 있었음을 증명한 것이다. 끝에 '在魯隱四年'을 말한 것은 州吁가 즉위하여 그해를 마치기도 전에 죽어 정나라를 친 일만 있었는데, 위에서는 다만 ≪春秋左氏傳≫의 말만 인용하고 연도를 밝히지 않았기 때문이다. 그리하여 다시 자세히 언급한 것이다. 宋 殤公이 즉위하자 公子 馮이 정나라로 도망한 까닭은, 殤公은 宋 穆公의 형의 아들이고, 公子 馮은 穆公의 아들인데, 穆公이 殤公에게 왕위를 물려주고 공자 馮으로 하여금 피하여 정나라에 나가 거주하게 했기 때문이다. 鄭人이 그를 들여보내고자 한 것은 그를 송나라에 들여보내 군주로 삼고자 한 것이다.

【疏】'先君之怨', 服·杜皆云 "隱二年鄭人伐衛", 是也. 譜依世家, 以桓公爲平王三十七年卽位, 則鄭以先君爲桓公矣, 服虔云莊公, 非也. 言'求寵於諸侯'者, 杜預云 "諸侯雖簒弑而立, 旣列於會, 則不得復討." 欲求此寵也. 言'以除君害'者, 服虔云 "公子馮, 將爲君之害." 言'以賦與陳·蔡從'者, 服虔云 "賦, 兵也, 以田賦出兵, 故謂之賦." 正謂以兵從也. 傳又說衛州吁欲和其民, 宋殤公欲除其害, 故二國伐鄭, 所以陳·蔡亦從者, 是時陳·蔡方親睦於衛, 故宋公·陳侯·蔡人·衛人伐鄭. 春秋之例, 首兵者爲主, 今伐鄭之謀, (則)〔州〕[1]吁爲首, 所以衛人敍於陳·蔡之下者, 服虔云 "衛使宋爲主, 使大夫將, 故敍衛於陳·蔡下." 傳唯云告宋使爲主, 此箋先言告陳與宋者, 以陳亦從之衛告可知. 但傳見使宋爲主, 故不言告陳之事, 此言平陳與宋, 故箋兼言告陳也.

1) (則)〔州〕: 저본의 교감기에 따라 '州'로 번역하였다.

'先君之怨'은 服虔·杜預가 모두 "隱公 2년에 鄭人이 衛나라를 쳤다."라고 한 것이 이것이다. 〈詩譜〉는 ≪史記≫ 〈衛世家〉를 따라 桓公이 平王 37년에 즉위하였다고 여겼으니, 정현은 '先君'을 桓公으로 여긴 것이다. 服虔이 莊公이라고 한 것은 잘못이다. '求寵於諸侯'라고 한 것은 杜預가 "諸侯는 비록 군주를 시해하고 즉위했더라도 일단 회맹에 참석했으면 다시 토벌할 수는 없다."라고 하였으니, 이런 원조를 구하고자 한 것이다. '以除君害'라고 한 것은 服虔이 "公子 馮은 君에게 해가 될 것입니다."라고 한 것이고, '以

賦與陳蔡從'이라고 한 것은 服虔이 "賦는 兵이니, 田賦에 따라 징병하였으므로 '賦'라 한다."라고 하였으니, 바로 군대를 거느리고 종군하는 것을 말한다. ≪春秋左氏傳≫에서 또 衛 州吁는 그 민심을 화합하고자 하고, 宋 殤公은 자신에게 해로운 것을 제거하고자 하였으므로 두 나라가 정나라를 친 것을 말하였는데, 陳나라와 蔡나라도 종군한 것은 이때에 陳나라와 蔡나라가 비로소 衛나라와 우호하였기 때문이다. 그리하여 宋公・陳侯・蔡人・衛人이 鄭나라를 치게 된 것이다. ≪春秋≫의 例에 먼저 군대를 일으킨 자가 盟主가 되는데, 지금 정나라를 치려고 모의할 때에 州吁가 앞장섰는데도 衛人을 陳나라・蔡나라 다음에 둔 것에 대하여는, 服虔은 "衛나라가 宋나라를 盟主가 되게 하고 大夫로 하여금 장수가 되게 하였다. 그리하여 陳나라・蔡나라의 다음에 둔 것이다."라고 하였다. ≪春秋左氏傳≫에서는 宋나라에 고하여 맹주가 되게 하였다고만 말했는데 여기의 箋에서 먼저 '告陳與宋'을 말한 것은 陳나라가 따른 것도 衛나라가 고한 것임을 알 수 있기 때문이다. 다만 ≪春秋左氏傳≫에서는 宋나라를 맹주로 삼은 일만을 나타냈기 때문에 陳나라에 고한 일을 말하지 않은 것이고, 여기서는 陳나라와 宋나라가 동맹하게 한 것을 말하였기 때문에 箋에서 陳나라에 고한 일을 겸하여 말한 것이다.

擊鼓其鏜하여 踊躍用兵이라

둥둥 북소리에 맞추어
무기 들고 훈련 하네

【傳】 鏜然은 擊鼓聲也니 使衆皆踊躍用兵也라

鏜然은 북을 치는 소리이니 병사들로 하여금 모두 무기를 들고 훈련하게 하는 것이다.

【箋】 箋云 此用兵은 謂治兵時라

箋云 : 이 '用兵'은 훈련하는 때를 말한다.

土國城漕어늘 我獨南行이라

도성에선 공사하고 조읍에선 성 쌓는데
나만이 싸우러 남쪽으로 떠났네

【傳】 漕는 衛邑也라

漕는 衛나라의 邑이다.

【箋】 箋云 此言衆民皆勞苦也니 或役土功於國하고 或修理漕城이어늘 而我獨見使從軍南行伐鄭하니 是尤勞苦之甚이라

箋云 : 이는 많은 백성들이 다 수고롭고 괴로움을 말한 것이니, 누구는 도성에서 토목공사에 종사하고, 누구는 漕邑의 성을 수리하는데, 나만이 남쪽으로 가서 정나라를 정벌하는 일에 종군하게 되었으니, 이는 수고롭고 괴로움이 더 심한 것이다.

【疏】 '擊鼓'至'南行' ○ 正義曰 : 言州吁初治兵出國, 命士衆將行, 則擊此鼓, 其聲鏜然, 使士衆皆踊躍用兵也. 軍士將行, 以征伐爲苦, 言今國人或役土功於國, 或修理漕城, 而我獨見使南行, 不得在國也.

經의 〔擊鼓〕에서 〔南行〕까지

○ 正義曰 : 州吁가 처음 군대를 동원하여 도성을 나설 때에 병사들에게 명하여 행군하려 하면 이 북을 쳐 그 소리가 둥둥 울려서 병사들로 하여금 모두 무기를 들고 훈련하게 한 것이다. 군사가 떠나려 할 적에 정벌하는 일을 괴롭게 여겨서, 지금 나라 사람들 중에 누구는 도성에서 토목공사를 하고 누구는 조읍의 성을 수리하는 일을 하는데, 자신만 홀로 남쪽으로 가서 나라 안에 있지 못하게 됨을 말한 것이다.

【疏】 傳'鏜然'至'用兵' ○ 正義曰 司馬法[1]云 "鼓聲不過閶(당)[2]", 字雖異, 音實同也. 左傳曰 "夫戰勇氣也. 一鼓作氣[3]." 又曰 "金鼓以聲氣[4]", 故先擊其鼓, 而衆皆踊躍用兵也.

1) 司馬法 : 중국의 兵法에 관한 일곱 가지 책 중의 하나이다. ≪司馬法≫ 외에 ≪六韜≫·≪孫子≫·≪吳子≫·≪黃石公三略≫·≪尉繚子≫·≪李衛公問對≫가 있다.

2) 鼓聲不過閶 : ≪周禮注疏≫에 ≪司馬法≫의 '鼓聲不過閶 鼙聲不過闒 鐸聲不過琅'을 인용하면서 '鼓聲不過閶' 이하는 鼓와 鼙(馬上의 작은 북)과 방울 소리의 차이를 증명한 부분이라고 해석한 것에 근거하여 '閶'을 북의 소리로 번역하였다.

3) 夫戰勇氣也 一鼓作氣 : 魯 莊公 10년에 제나라가 침략하자 장공이 應戰하였는데, 전투에 임하여 진격의 북을 치려 하자 曹劌(궤)가 때가 아니라고 만류하고, 제나라가 북을 세 차례 치자 그때서야 공격을 개시하게 하였다. 후에 노나라가 승리한 까닭을 조궤에

게 묻자, 조궤가 대답한 내용이다. ≪春秋左氏傳≫

4) 金鼓以聲氣 : ≪春秋左氏傳≫ 僖公 22년의 글이다.

傳의 〔鏜然〕에서 〔用兵〕까지

○ 正義曰 : ≪司馬法≫에 "북의 소리는 '당'보다 높지 않다."라고 하니, 〈鏜과 闐이〉 글자는 다르지만 음은 실제로 같다. ≪春秋左氏傳≫에 "전쟁의 〈관건은〉 용기입니다. 북을 한 번 울리면 용기가 진작됩니다." 하고, 또 "金鼓는 소리로 사기를 북돋우는 것입니다."라고 하였다. 그리하여 먼저 북을 치면 병사들이 모두 무기를 들고 훈련하는 것이다.

【疏】 箋'此用兵 謂治兵時' ○ 正義曰 : 以下始云從孫子仲在路之事, 故知此謂治兵時, 穀梁傳曰 "出曰治兵, 入曰振旅." 是也.

箋의 〔此用兵 謂治兵時〕

○ 正義曰 : 이 아래 經文에 비로소 孫子仲을 따라 정벌하러 나선 일을 말하였다. 그리하여 여기는 출병할 때를 말한 것임을 안 것이니, ≪春秋穀梁傳≫에 "출병을 '治兵'이라 하고, 회군을 '振旅'라 한다."라고 한 것이 이것이다.

【疏】 傳'漕 衛邑' ○ 正義曰 : 定之方中序云 "野處漕邑", 載馳序云 "露於漕邑", 是也.

傳의 〔漕 衛邑〕

○ 正義曰 : 〈鄘風 定之方中〉의 序에 "漕邑의 들에서 살았다."라고 하고, 〈鄘風 載馳〉의 序에서 "漕邑에서 露宿하였다."라고 한 것이 이것이다.

【疏】 箋'此言'至'之甚' ○ 正義曰 : 州吁虐用其民, 此言衆民雖勞苦, 猶得在國, 己從征役, 故爲尤苦也. 禮記曰 "五十不從力政, 六十不與服戎." 注云 "力政, 城郭道渠之役", 則戎事六十始免, 輕於土功, 而言尤苦者, 以州吁用兵暴亂, 從軍出國, 恐有死傷, 故爲尤苦. 土國城漕, 雖用力勞苦, 無死傷之患, 故優於兵事也. 若力政之役, 則二十受之, 五十免之, 故韓詩說 "二十從役", 王制云 "五十不從力政", 是也. 戎事, 則韓詩說曰 "三十受兵, 六十還兵." 王制云 "六十不與服戎", 是也. 蓋力政用力, 故取丁壯之時, 五十年力始衰, 故早役之, 早捨之. 戎事, 當須閑習, 三十乃始從役, 未六十年, 力雖衰, 戎事希簡, 猶可以從軍, 故受之旣晩, 捨之亦晩, 戎事非輕於力役.

箋의 〔此言〕에서 〔之甚〕까지

○ 正義曰 : 州吁가 그 백성을 가혹하게 부렸는데 여기에서는 '많은 백성이 비록 수고롭고 괴롭지만 그래도 나라 안에 있을 수 있는데, 자신은 정벌하는 일에 종군하기 때문에 더욱 괴롭게 여김'을 말한 것이다. ≪禮記≫ 〈王制〉에 "50세에는 부역에 종사하지 않고 60세에는 병역을 부여하지 않는다."라고 하였는데, 注에 "力政은 城郭과 道渠의 요역이다."라고 하였으니, 군역을 60세에 비로소 면한다면 戎事가 토목공사보다 가벼운 일인데도 더욱 괴롭다고 말한 것은 州吁가 군대를 동원하여 포악스럽게 난을 일으켜 從軍하는 일로 出國하게 되자 죽거나 다칠까 두렵기 때문이다. 그리하여 더욱 괴롭게 여긴 것이다. 도성에서 토목공사 일을 하고 漕邑에서 성을 쌓는 일은 비록 힘들고 수고로운 일이지만 죽거나 다칠까 하는 근심은 없다. 그리하여 군역보다는 나은 것이다. 부역하는 일은 20세에 부여 받아 50세에 면제된다. 그리하여 ≪韓詩≫에 "20세에 부역에 종사한다."라고 말하고, ≪禮記≫ 〈王制〉에 "50세가 되면 부역에 종사하지 않는다."라고 한 것이 이것이다. 戎事는 ≪韓詩≫에 "30세에 병역의 임무를 받고 60세에는 병역의 의무에서 벗어난다."라고 하고, ≪禮記≫ 〈王制〉에 "60세가 되면 병역을 부여하지 않는다."라고 한 것이 이것이다. 부역은 힘을 쓰기 때문에 나이가 건장한 이를 취하는 것이고, 50세가 되면 힘이 비로소 쇠약해지므로 〈군역보다〉 일찍 부리고 일찍 면제해주는 것이다. 그런데 戎事는 응당 숙련됨을 필요로 하니 30세가 되어야 비로소 종군하는 것이고, 60세가 되기 전까지는 나이와 힘이 비록 쇠하더라도 전쟁은 드물게 일어나니 오히려 종군할 수 있다. 그리하여 군역의 임무를 〈부역보다〉 늦게 부여 받고 늦게 면제하는 것이니, 군역이 부역보다 가벼워서 그런 것은 아니다.

從孫子仲하여 平陳與宋이라

孫子仲을 따라
陳나라 宋나라와 연합을 하였네

【傳】 孫子仲은 謂公孫文仲也라 平陳於宋이라

孫子仲은 公孫文仲을 말한다. 陳나라·宋나라와 동맹한 것이다.

【箋】 箋云 子仲은 字也라 平陳於宋은 謂使告宋曰 君爲主하고 敝邑以賦로 與陳蔡從이라

箋云 : 子仲은 字이다. '平陳於宋'은 宋나라에 사신을 보내 "君을 맹주로 모시고 우리나

라가 군대를 일으켜 陳나라・蔡나라와 종군하겠습니다."라고 한 것을 말한다.

不我以歸라 憂心有忡이로다

나와 돌아갈 기약 없으니
가슴에 시름만 깊어라

【傳】 憂心忡忡然이라

마음속 근심이 깊은 것이다.

【箋】 箋云 以는 猶與也니 與我南行이어늘 不與我歸期라 兵은 凶事니 懼不得歸하여 豫憂之라

箋云 : 以는 與와 같으니, 나와 남쪽으로 갔지만 나와 돌아갈 날을 기약하지 않음이다. 兵은 凶事니 돌아갈 수 없을까 두려워 미리 근심하는 것이다.

【疏】 '從孫'至'有忡' ○ 正義曰 : 國人從軍之士云 '我獨南行, 從孫子仲, 成伐事於陳與宋.' 成伐事者, 先告陳, 使從於宋, 與之俱行也. 當往之時, 不於我以告歸期, 不知早晩得還, 故我憂心忡忡然, 豫憂不得歸也.

經의 〔從孫〕에서 〔有忡〕까지

○ 正義曰 : 國人 중에 從軍하는 병사가 '나만이 남쪽으로 가서 孫子仲을 따라 정벌하는 일을 陳나라・宋나라와 함께 이루었네.'라고 한 것이다. 정벌하는 일을 이루었다는 것은 陳나라에 먼저 고하여 宋나라를 따르게 하고 함께 〈정벌하러〉 간 것이다. 가려 할 때에 나에게 돌아갈 기한을 고해주지 않아 언제 돌아갈 수 있을지를 알지 못하였다. 그리하여 마음속 근심이 깊어 돌아가지 못할까 미리 걱정한 것이다.

【疏】 傳'孫子'至'文仲' ○ 正義曰 : 經敍國人之辭, 旣言從於文, 不得言公孫也. 箋云 '子仲 字', 仲, 長幼之稱, 故知是字, 則文是謚也. 國人所言時未死, 不言謚, 序從後言之, 故以謚配字也.

傳의 〔孫子〕에서 〔文仲〕까지

○ 正義曰 : 經은 國人의 말을 기술할 때에 당시에 말하던 것을 그대로 글에 썼으니,

'公孫'이라 말하지 못한 것이다. 箋에 '子仲은 字이다.'라 하였으니, 仲은 長幼를 이르는 호칭이다. 그리하여 이것이 字임을 안 것이니, 文은 시호이다. 國人들이 노래하던 때에는 그가 아직 죽지 않아서 시호를 말하지 않은 것이고, 序는 뒷날에 말한 것이기 때문에 시호를 字에 짝지은 것이다.

【疏】 傳'憂心忡忡然' ○ 正義曰：傳重言忡忡者, 以忡爲憂之意, 宜重言之. 出車云"憂心忡忡", 是也.

傳의 〔憂心忡忡然〕

○ 正義曰：傳에서 '忡忡'이라 거듭 말한 것은 '忡'을 '근심하다'라는 뜻으로 여겨서이니, 중복하여 말하는 것이 마땅하다. 〈小雅 出車〉에 "근심하는 마음 깊으니"라고 한 것이 이것이다.

【疏】 箋'與我'至'豫憂之' ○ 正義曰：采薇云"曰歸曰歸, 歲亦莫止." 是與之歸期也, 故云'兵 凶事 懼不得歸 豫憂之', 解言不得歸期之意也. 言'兵, 凶事'者, 戰有必死之志, 故云凶也.

箋의 〔與我〕에서 〔豫憂之〕까지

○ 正義曰：〈小雅 采薇〉에 "돌아가리라, 돌아가리라. 올해도 저무는구나."라고 하였으니, 이는 돌아갈 기한을 정해준 것이다. 그리하여 '兵 凶事 懼不得歸 豫憂之'라고 하였으니, 돌아갈 기한을 통보받지 못한 뜻을 풀이하여 말한 것이다. '兵은 凶事이다.'라고 말한 것은 전쟁에 〈나가는 이는〉 필사의 의지가 있다. 그리하여 '凶'을 말한 것이다.

爰居爰處하고 爰喪其馬라

여기 머물고 여기 남고
여기서 말을 잃었으니

【傳】 有不還者하고 有亡其馬者라

돌아가지 못한 자가 있고, 말을 잃어버린 자가 있는 것이다.

【箋】 箋云 爰은 於也라 不還은 謂死也傷也病也니 今於何居乎며 於何處乎며 於何喪其馬

乎아하니라

箋云 : 爰은 '에서'이다. '不還'은 죽거나 다치거나 병든 것을 말하니, 지금 어디에 머물며, 어디에 남았으며, 어디에서 말을 잃었느냐고 한 것이다.

于以求之 于林之下로다

찾아볼 곳은
숲 아래라네

【傳】 山木曰林이라

산속의 나무들을 林이라 한다.

【箋】 箋云 于는 於也라 求不還者及亡其馬者는 當於山林之下니 軍行必依山林이라 求其故處면 近得之라 ○ 近은 附近之近이라

箋云 : 于는 '에서'이다. 돌아가지 못한 자와 말을 잃어버린 자를 찾는 것은 마땅히 산속 수풀 아래에서 해야 하니, 군사 행동은 반드시 산속의 숲에 의존하므로 전에 머물던 곳을 수색하면 부근에서 찾을 수 있는 것이다.

○ 近은 '附近'의 近이다.

【疏】 '爰居'至'之下' ○ 正義曰 : 從軍之士懼不得歸, 言我等從軍, 或有死者・病者・有亡其馬者, 則於何居乎, 於何處乎, 於何喪其馬乎, 若我家人, 於後求我, 往於何處求之, 當於山林之下. 以軍行必依山林, 死・傷・病・亡當在其下, 故令家人於林下求之也.

經의 〔爰居〕에서 〔之下〕까지

○ 正義曰 : 종군하는 병사가 돌아가지 못할까 두려워하여 '우리들이 종군할 때에 혹시 죽거나 병들거나 말을 잃어버리는 자가 생길 터인데, 어디에 머물고 어디에 남으며 어디서 말을 잃을까? 만약 우리 가족이 나중에 나를 찾는다면 어디에 가서 찾아야 할 것인가? 응당 산속 수풀 아래이리라. 이는, 군사행동은 반드시 산속 숲에 의존하므로, 죽거나 다치거나 병들거나 말을 잃는 곳도 응당 그 아래이기 때문이다. 그리하여 가족들

로 하여금 숲 아래에서 찾게 하려 한다.'라고 한 것이다.

【疏】 傳'有不'至'馬者' ○ 正義曰：此解從軍之人所以言'爰居爰處'者，由恐有不還者也，言'爰喪其馬'者，恐有亡其馬者故也.

傳의 〔有不〕에서 〔馬者〕까지

○ 正義曰：이는, 종군하는 사람이 '爰居爰處'라고 말한 것은 돌아가지 못하는 이가 있을까 두려웠기 때문이고 '爰喪其馬'라고 말한 것은 말을 잃어버릴까 두려웠기 때문임을 풀이한 것이다.

【疏】 箋'不還'至'馬乎' ○ 正義曰：古者兵車(十)〔一〕[1]乘，甲士三人，步卒七十二人，則死傷及病，兼步卒，亡其馬，唯甲士耳.

1) (十)〔一〕：저본의 교감기에 따라 '一'로 번역하였다.

箋의 〔不還〕에서 〔馬乎〕까지

○ 正義曰：옛날에는 兵車 1乘에 甲士는 3명이고 步卒은 72명이었으니, 죽거나 다치거나 병든 이는 步卒까지 아우른 것이고, 말을 잃어버리는 것은 甲士뿐이다.

【疏】 箋'軍行'至'得之' ○ 正義曰：以軍行爲所取給易，必依險阻，故於山林也. 是以肆師云"祭兵于山川"注云"蓋軍之所依止也". 求其故處，謂求其所依止之處，近於得之.

箋의 〔軍行〕에서 〔得之〕까지

○ 正義曰：군사행동은 전술상의 용이함을 위하여 반드시 험하고 막힌 곳에 의존한다. 그리하여 산속 숲에서 하는 것이다. 이 때문에 ≪周禮≫ 〈春官宗伯 肆師〉에 "군대의 안위를 위해 산천에 告祭한다."라고 하였는데, 注에 "〈산천은〉 군대가 의존하여 머무는 곳이다."라고 하였다. '求其故處'는 의존하여 머물던 곳을 찾으면 그 부근에서 발견할 수 있음을 말한 것이다.

死生契(결)闊이라도 與子成說(열)하리라

생사를 함께하며 고생스러워도

그대와의 기약 이루리라

【傳】 契闊은 勤苦也라 說은 數也라

契闊은 힘들고 괴로움이다. 說은 '기약함'이다.

【箋】 箋云 從軍之士 與其伍約하되 死也生也에 相與處勤苦之中이나 我與子成相說(열)愛之恩이라하니 志在相存救也라 ○ 契은 本亦作挈이라 闊은 韓詩云 約束也라 說은 音悅이라

箋云 : 從軍하는 병사가 자기 대오의 병사와 약속하기를 '죽거나 살거나 간에 서로 함께 힘들고 괴로운 전장에 있지만 내 너와 서로 전우애를 지키겠다.'라고 한 것이니, 뜻이 서로 구하여 살려줌에 있는 것이다.

○ 契은 挈로 되어 있는 본도 있다. 闊은 ≪韓詩≫에 "약속이다."라고 하였다. 說은 음이 悅이다.

執子之手하여 與子偕老하리라

그대의 손 잡고서
그대와 해로하리라

【傳】 偕는 俱也라

偕는 '함께'이다.

【箋】 箋云 執其手하고 與之約誓하여 示信也라 言俱老者는 庶幾俱免於難이라

箋云 : 손을 잡고 상대와 약속하고 맹세하여 신의를 보인 것이다. '俱老'라고 함은 함께 어려움에서 벗어나기를 바란 것이다.

【疏】 '死生'至'偕老' ○ 毛以爲 "從軍之士 與其伍約云 '我今死也生也, 共處契闊勤苦之中, 親莫是過, 當與子危難相救, 成其軍伍之數, 勿得相背, 使非理死亡也. 於是執子之手, 殷勤約誓, 庶幾與子俱得保命, 以至於老, 不在軍陳而死." 王肅云 "言國人室家之志, 欲相與從生死, 契闊勤苦而不相離, 相與成男女之數, 相扶持俱老." 此似述毛, 非毛旨也. 卒章傳曰 "不與我生活", 言與是軍伍相約之辭, 則此爲軍伍相約, 非室家之謂也. ○ 鄭唯成說爲異, 言我與汝共受勤苦之中, 皆相說愛, 故當與子成此相悅愛之恩, 志在相救. 餘同.

經의 〔死生〕에서 〔偕老〕까지

○ 毛亨은 "從軍하는 병사가 자기 隊伍의 병사와 약속하기를 '내가 지금 죽거나 살거나 간에 함께 힘들고 괴로운 전장에 있어서 친근한 정이 이보다 더할 수 없으니, 그대와 위급한 전란에서 서로 구원해 우리 대오의 약속을 이루어야 한다. 그러니 서로 배반하여 의리가 아닌 것으로 사망하게는 말아야 한다. 이에 그대의 손을 잡고 간절히 서약하니, 그대와 함께 목숨을 보전하여 해로하고 전장에서 죽지 않기를 바란다.'라고 한 것"으로 여긴 것이다. 王肅은 "병사 아내들의 뜻이 '서로 죽거나 살거나 간에 함께하여 힘들고 괴롭더라도 서로 헤어지지 말아서 함께 부부간의 약속을 이루어 서로 부지하여 해로하기를 바라는 것'임을 말한 것이다."라고 하였는데, 이는 毛氏의 생각을 기술한 듯하지만 모씨의 뜻이 아니다. 卒章의 傳에 말한 "나와 함께 살아남지 못하겠네.〔不與我生活〕"는 대오의 병사와 서로 약속한 내용을 말한 것이니, 그렇다면 이는 같은 대오의 병사와 약속한 것이지 아내와의 약속이 아니다.

○ 鄭玄은 '成說'만을 달리 해석하여 '내가 너와 함께 고생하는 중에 모두 서로 정이 들었다. 그리하여 응당 그대와 함께 서로 전우애를 이루어야 한다.'라고 하였으니, 뜻이 서로를 구원해줌에 있는 것으로 여겼다. 나머지는 같다.

【疏】 傳'契闊 勤苦' ○ 正義曰 : 此敍士衆之辭. 連云死生, 明爲從軍勤苦之義, 則'契闊', 勤苦之狀.

傳의 〔契闊 勤苦〕

○ 正義曰 : 이는 병사들의 말을 서술한 것이다. '死生'에 이어 말하여 분명 종군하며 고생하는 뜻임을 밝혔으니, 契闊은 고생하는 모습이다.

【疏】 箋'從軍'至'伍約' ○ 正義曰 : 大司馬云 "五人爲伍", 謂與其伍中之人約束也. 軍法有兩・卒・師・旅[1], 其約亦可相及, 獨言伍者, 以執手相約, 必與親近, 故昭二十一年左傳曰 "不死伍乘, 軍之大刑也." 是同伍相救, 故擧以言之.

1) 兩卒師旅 : 軍制는, 25인이 兩이고 100인이 卒이고 500인이 旅師이고 2,500인이 師旅이다. ≪周禮 地官 小司徒≫

箋의 〔從軍〕에서 〔伍約〕까지

○ 正義曰：≪周禮≫〈夏官 大司馬〉에 "다섯 사람이 伍이다."라고 하였으니, 자기 대오 안의 사람과 약속한 것을 말한다. 軍法에 兩·卒·師·旅가 있으니, 약속이 또한 이들에게도 미칠 수 있는데, 伍만을 말한 것은, 손을 잡고서 서로 약속하는 것은 반드시 친근한 이와 하는 것이기 때문이다. 그리하여 ≪春秋左氏傳≫ 昭公 21년에 "〈한 兵車에〉 同乘한 대오의 병사와 함께 죽지 않는 것은 군법 중에 큰 형벌에 해당한다."라고 하였으니, 이것이 같은 대오의 병사를 서로 구원하는 것이다. 그리하여 이를 들어 말한 것이다.

于嗟闊兮하니 不我活兮리라

아 흩어지고 말았으니
나와 함께 살아남지 못하겠네

【傳】 不與我生活也라

나와 함께 살아남지 못함이다.

執子之手하고 與子偕老러니

그대의 손 잡고서
함께 해로하려 했는데

【箋】 箋云 州吁阻兵安忍하니 阻兵이면 無衆이요 安忍이면 無親이라 衆叛親離하여 軍士棄其約하고 離散相遠이라 故(吁)〔于〕[1] 嗟歎之호대 闊兮여 女不與我相救活이라하니 傷之라

1) (吁)〔于〕: 저본의 교감기에 따라 '于'로 번역하였다.

箋云：州吁가 兵力을 믿고 잔인한 짓을 편안히 하였으니, 兵力을 믿으면 따르는 무리가 없고 잔인한 짓을 편안히 하면 친한 이가 없다. 대중이 배반하고 친한 이가 떠나 군사들이 약속을 저버리고 흩어져 서로 멀어졌다. 그리하여 한탄하기를 '흩어지고 말았구나. 그대가 나와 서로 구원하여 살아남지 못하겠구나.'라고 한 것이니, 슬퍼한 것이다.

于嗟洵兮하니 不我信兮로다

아 멀어지고 말았으니
내 목숨 다하지 못하겠네

【傳】 洵은 遠이요 信은 極也라

洵은 '멀어짐'이고 信은 '다함'이다.

【箋】 箋云 歎其棄約하고 不與我相親信하니 亦傷之라 ○ 洵은 本或作詢하니 誤也라 韓詩作夐이니 夐亦遠也라 信은 毛音申이니 案信卽古伸字也라 鄭如字라

箋云 : 약속을 저버리고 나와 서로 친애하고 믿어주지 않음을 한탄하였으니 역시 슬퍼한 것이다.

○ 洵은 詢으로 되어 있는 본도 있는데 잘못된 것이다. 洵은 ≪韓詩≫에 夐으로 되어 있는데 夐도 '멀다'이다. 信은, 毛亨은 音이 申이라고 하였으니, 살펴보건대 信字는 바로 伸의 古字이다. 鄭玄은 本音대로 읽었다.

【疏】 '于嗟'至'信兮' ○ 毛以爲 "旣臨伐鄭, 軍士棄約而乖散, 故其在軍之人歎而傷之云'于嗟乎, 此軍伍之人, 今日與我乖闊兮, 不與我相存救而生活兮', 又重言之云 '于嗟乎, 此軍伍之人, 與我相疏遠兮, 不與我相存救, 使性命得申極兮'." '乖闊'・'疏遠', 及'性命不得申極', 與'不得生活兮', 一也, 下句配成上句耳. ○ 鄭唯'信兮'爲異, 言"從軍之人, 與我疏遠, 不復與我相親信. 由不親信, 故不與己相救活." 義相接成也.

經의 〔于嗟〕에서 〔信兮〕까지

○ 毛亨은 "鄭나라를 칠 때가 되었는데 軍士들이 약속을 저버리고 흩어졌으므로 軍中에 남아 있던 이가 한탄하고 슬퍼하면서 '아, 우리 대오의 병사가 오늘 나와 흩어져 서로 구원하여 살아남지 못하겠네.'라고 하고, 또 거듭 말하기를 '아 우리 대오의 병사가 나와 떨어져서 서로 구원하여 목숨을 다하게 해주지 않네.'라고 한 것"으로 여긴 것이다. '乖闊'과 '疏遠' 및 '性命不得申極'은 '不得生活兮'와 같은 뜻인데, 아래 구는 윗구에 짝한 것일 뿐이다.

○ 鄭玄은 '信兮'만은 달리 해석하여 "'종군하는 사람이 나와 소원해져서 다시 나와 서로 친애하고 믿지 않네. 친애하고 믿지 않으므로 나와 함께 서로 구원하여 살아남지 못하겠네.'라고 한 것"으로 여겼지만, 의미는 서로 연결된다.

【疏】 箋'州吁'至'傷之' ○ 正義曰：四年左傳曰 "夫州吁阻兵而安忍, 阻兵無衆, 安忍無親, 衆叛親離, 難以濟矣." 杜預云 "恃兵則民殘, 民殘則衆叛, 安忍則刑過, 刑過則親離." 然則以州吁恃兵安忍, 故衆叛親離, 由是軍士棄其約, 散而相遠. 是以在軍之人, 傷其不相救活也, 時州吁不自行, 言州吁阻兵安忍者, 以伐鄭之謀, 州吁之由, 州吁暴虐, 民不得用, 故衆叛親離, 棄其約束, 不必要州吁自行乃致此也. 案左傳'伐鄭, 圍其東門, 五日而還.', 則不戰矣. 而軍士離散者, 以其民不得用, 雖未對敵, 亦有離心, 故有闊兮洵兮之歎也.

箋의 〔州吁〕에서 〔傷之〕까지

○ 正義曰：≪春秋左氏傳≫ 隱公 4년에 "州吁가 병력을 믿고 잔인한 짓을 편안히 여겼으니, 병력을 믿으면 따르는 무리가 없고 잔인한 짓을 편안히 여기면 친한 이가 없어지게 되니, 대중이 배반하고 친한 이가 떠나면 일을 이루기가 어렵다."라고 하였는데, 杜預는 "병력을 믿으면 백성이 쇠잔해지고 백성이 쇠잔해지면 대중이 배반하며, 잔인한 짓을 편안히 하면 형벌이 지나치게 되고 형벌이 지나치면 친한 이가 떠난다."라고 하였다. 그렇다면 州吁가 병력을 믿고 잔인한 짓을 편안히 여긴 것이다. 그리하여 무리가 배반하고 친한 이가 떠난 것이니 이로 말미암아 군사들이 약속을 저버리고 흩어져 서로 멀어진 것이다. 이 때문에 군중에 있는 병사가 서로 구원하여 살아남지 못할 것임을 슬퍼한 것이다.

이때에 州吁가 직접 가지는 않았는데 '州吁阻兵安忍'을 말한 것은 鄭나라를 치려는 모의가 州吁로부터 시작되었는데도 州吁가 暴虐하여 백성들이 따를 수 없기 때문에 무리가 배반하고 친한 이가 흩어져 약속을 저버린 것이니, 반드시 州吁가 직접 가야만 마침내 이런 지경에 이르는 것은 아니다. ≪春秋左氏傳≫을 살펴보니, '鄭나라를 칠 때에 그 東門을 포위했다가 5일 만에 돌아왔다.'라고 하였으니, 그렇다면 싸우지는 않은 것이다. 그런데도 군사들이 흩어진 것은 백성들이 따를 수 없어서 비록 아직 대적하기 전인데도 흩어지려 하는 마음이 있었기 때문이다. 그리하여 '흩어지고 말았네', '멀어지고 말았네'라는 탄식이 나온 것이다.

【疏】 傳'信 極' ○ 正義曰：信, 古伸字, 故易曰 "引而信之", 伸卽終極之義, 故云 '信極也'.

傳의 〔信 極〕

○ 正義曰 : 信은 伸의 古字이다. 그리하여 ≪周易≫ 〈繫辭傳 上〉에 "끌어다 펴다."라고 하였으니, 伸은 '다하다'라는 뜻이다. 그리하여 '信은 다함이다.'라고 한 것이다.

擊鼓五章이니 **章四句**라

〈擊鼓〉는 5章이니 章마다 4句이다.

毛詩注疏 卷第二(二之二)

凱風(개풍)

【序】 **凱風**은 **美孝子也**라 **衛之淫風流行**하여 **雖有七子之母**나 **猶不能安其室**이라 **故美七子能盡其孝道**하여 **以慰其母心而成其志爾**라

〈凱風〉은 효자를 찬미한 시이다.

衛나라에 음란한 풍속이 유행하여 비록 아들 일곱을 둔 어머니였지만 오히려 집안에 편히 있지 못하였다. 그리하여 아들 일곱이 효도를 극진히 하여 어머니의 마음을 위로하고 그 뜻을 이룬 것을 찬미한 것이다.

【箋】 不安其室은 欲去嫁也라 成其志者는 成言孝子自責之意라

不安其室은 개가하려는 것이다. 成其志는 孝子가 자책하여 말한 뜻을 이룬 것이다.

【疏】 '凱風(四章章四句)'至'志爾' ○ 正義曰：作凱風詩者, 美孝子也. 當時衛之淫風流行, 雖有七子之母, 猶不能安其夫室而欲去嫁, 故美七子能自盡其孝順之道, 以安慰其母之心, 作此詩而成其孝子自責之志也. 此與孝子之美, 以惡母之欲嫁, 故云'雖有七子之母, 猶不能安其室', 則無子者, 不能安室可知也. 此敍其自責之由, 經皆自責之辭. 將欲自責, 先說母之勞苦. 故首章二章上二句, 皆言母氏之養己, 以下自責耳. 俗本作'以成其志', '以'字誤也. 定本'而成其志'.

序의 〔凱風〕에서 〔志爾〕까지

○ 正義曰：〈凱風〉 詩를 지은 것은 효자를 찬미한 것이다. 당시 위나라에 음란한 풍속이 유행하여 비록 일곱 아들을 둔 어머니지만 오히려 남편의 집을 편안히 여기지 않고 개가하려 하였다. 그리하여 아들 일곱이 스스로 효도하고 순종하는 도리를 다하여 어머니의 마음을 위로하고, 이 시를 지어 효자가 자책하는 뜻을 이룬 것을 찬미한 것이다. 여기서 효자의 아름다움을 허여하여 어머니가 개가하려는 것을 미워하였다. 그리하여 '비록 아들 일곱을 둔 어머니였지만 오히려 집안에 편히 있지 못하였다.'라고 한 것이니,

그렇다면 아들이 없는 이는 집을 편안히 여길 수 없음을 알 수 있다. 이 序는 자책하는 사유를 서술하였고, 經文은 모두 자책하는 말이다. 자책하고자 하여 먼저 어머니의 수고로움을 말하였다. 그리하여 1장과 2장의 앞 두 句에서는 모두 어머니가 자기를 기름을 말하고, 그 아래에서는 자책함을 말하였다. 속본에는 '以成其志'로 쓰여 있으니 '以'字는 잘못 쓴 것이다. 정본에는 '而成其志'로 쓰여 있다.

【疏】 箋'不安'至'之意' ○ 正義曰：以序云不安其室，不言已嫁，則仍在室，但心不安耳，故知'欲去嫁'也．此母欲有嫁之志，孝子自責已無令人，不得安母之心，母遂不嫁，故美孝子能慰其母心也．以美其能慰母心，故知'成其志者 成言孝子自責之意'也．

箋의 〔不安〕에서 〔之意〕까지

○ 正義曰：序에서 '不安其室'이라고 하고 개가했다고 말하지 않았으니, 그렇다면 그대로 집에 있지만 다만 마음이 편치 않은 것이다. 그리하여 '개가하려는 것'을 안 것이다. 이는 어머니가 개가하고자 하는 뜻이 있었는데 효자가 자기들 중에 착한 사람이 없어 어머니의 마음을 편안하게 해드리지 못해서라고 자책하니 어머니가 마침내 개가하지 않았다. 그리하여 효자가 어머니의 마음을 잘 위로했다고 찬미한 것이다. 어머니의 마음을 잘 위로한 것을 찬미한 것이기 때문에 '成其志는 孝子가 자책하여 말한 뜻을 이룬 것'임을 안 것이다.

凱風自南으로 吹彼棘心이로다

남풍이 남쪽에서
저 가시나무 싹에 부네

【傳】 興也라 南風謂之凱風이니 樂夏之長養이요 〔棘難長養〕[1)]者라

1) 〔棘難長養〕 : 저본의 교감기에 따라 보충하여 번역하였다.

興이다. 南風을 凱風이라고 하니, 여름이 〈만물을〉 잘 길러주는 것을 즐거워한 것이다. 가시나무는 키우기 어려운 것이다.

【箋】 箋云 興者는 以凱風으로 喻寬仁之母라 棘은 猶七子也라

箋云 : 興한 것은 凱風으로 너그럽고 어진 어머니를 비유하였다. 棘은 일곱 아들과 같다.

棘心夭夭어늘 母氏劬勞로다

가시나무 싹은 무성한데
우리 어머니는 괴로웠네

【傳】 夭夭는 盛貌이다 劬勞는 病苦也라

夭夭는 '무성한 모습'이다. 劬勞는 괴로운 것이다.

【箋】 箋云 夭夭以喻七子少長이니 母養之病苦也라

箋云 : 夭夭로 일곱 아들이 조금 성장함을 비유하였으니, 어머니가 아들을 키우느라 괴로운 것이다.

【疏】 '凱風'至'劬勞' ○ 正義曰 : 言凱樂之風, 從南長養之方而來, 吹彼棘木之心, 故棘心夭夭然得盛長, 以興寬仁之母, 以己慈愛之情, 養我七子之身, 故七子皆得少長. 然棘木之難長者, 凱風吹而漸大, 猶七子亦難養者, 慈母養之以成長, 我母氏實亦劬勞病苦也.

經의 〔凱風〕에서 〔劬勞〕까지

○ 正義曰 : 온화하고 좋은 바람이 남쪽의 길러주는 방향에서부터 불어와 저 가시나무 순에 불어왔다. 그리하여 가시나무 순이 무성하게 자랐음을 말하여, 너그럽고 인자한 어머니가 자신의 자애로운 정으로 우리 일곱 아들을 길렀기 때문에 일곱 아들이 모두 성장하게 되었음을 興하였다. 그러나 가시나무는 잘 기르기 어려운 것인데 남풍이 불어와 점점 크게 되었으니, 이는 일곱 아들도 키우기 힘든 것인데 자애로운 어머니가 길러 성장시킨 것과 같으니, 우리 어머니가 실제로 수고롭고 괴로운 것이다.

【疏】 傳'南風'至'長養' ○ 正義曰 : '南風謂之凱風', 釋天文, 李巡曰 "南風長養萬物, 萬物喜樂. 故曰'凱風', 凱, 樂也." 傳以風性樂養萬物, 又從南方而來, 故云'樂夏之長養'也. 又言'棘難長養'者, 言母性寬仁, 似凱風, 己難長養, 似棘. 故箋云'凱風喻寬仁之母棘猶七子也'.

傳의 〔南風〕에서 〔長養〕까지

○ 正義曰 : '南風謂之凱風'은 ≪爾雅≫ 〈釋天〉의 글인데, 李巡은 "南風은 萬物을 길러 주어 萬物이 기뻐하고 즐거워한다. 그리하여 '凱風'이라고 한 것이니, 凱는 즐거워함이다."라고 하였다. 傳은 바람의 성질이 萬物을 기르는 것을 좋아하고, 또 남쪽으로부터 온다고 여겼기 때문에 '여름이 〈만물을〉 잘 길러주는 것을 즐거워한 것이다.'라고 한 것이다. 또 '棘難長養'이라고 한 것은, 어머니의 성품은 너그럽고 인자하여 凱風과 같고, 자기를 키우기 어려운 것은 가시나무와 같음을 말한 것이다. 그리하여 箋에서 '凱風은 너그럽고 어진 어머니를 비유하고, 棘은 일곱 아들과 같다.'고 한 것이다.

凱風自南으로 吹彼棘薪이로다

남풍이 남쪽에서
저 가시나무 섶에 부네

【傳】 棘薪은 其成就者라

棘薪은 가시나무가 다 자란 것이다.

母氏聖善이어늘 我無令人이로다

어머니는 지혜롭고 훌륭한데
우리는 착한 자식이 없네

【傳】 聖은 叡也라

聖은 '슬기로움'이다.

【箋】 箋云 叡作聖이라[1] 令은 善也라 母乃有叡知之善德이어늘 我七子無善人能報之者라 故母不安我室하고 欲去嫁也라 ○ 知音智이니 本亦作智라

1) 叡作聖 : ≪尙書≫ 〈洪範〉에 '五事(貌 · 言 · 視 · 聽 · 思)' 중 다섯 번째가 思인데, '思는 슬기로운 것〔叡〕이다.', '슬기로우면 聖人이 된다.〔叡作聖〕'는 구절에서 인용하였다.

箋云 : 슬기로우면 聖人이 된다. 令은 착함이다. 어머니는 지혜로운 착한 덕을 지녔는데 우리 일곱 아들은 그에 보답할 착한 자식이 없다. 그리하여 어머니가 우리 집을 편안히 여기지 못하고 개가하려는 것이다.

○ 知는 음이 '智'인데, '智'로 쓰여 있는 本도 있다.

【疏】'凱風'至'令人' ○ 正義曰 : 言凱風, 樂夏之風, 從南長養之方而來, 吹彼棘木, 使得成薪, 以興寬仁之母, 能以己慈愛之情, 養我七子, 皆得長成. 然風吹難養之棘以成就, 猶母長養七子以成人, 則我之母氏有叡智之善德, 但我七子無善人之行以報之, 故母不安而欲嫁也.

經의 〔凱風〕에서 〔令人〕까지

○ 正義曰 : 凱風은 좋은 여름 바람으로 남쪽의 길러주는 방향으로부터 저 가시나무에 불어 다 자라게 하였음을 말하여, 너그럽고 인자한 어머니가 자기의 자애로운 정으로 우리 일곱 아들을 길러 모두 성장시킴을 興하였다. 그러나 바람이 키우기 어려운 가시나무에 불어 다 자라게 한 것은 어머니가 일곱 아들을 성인으로 길러준 것과 같으니, 그렇다면 우리 어머니는 슬기로운 착한 덕을 지녔는데, 우리 일곱 아들은 착한 사람의 행실로 보답함이 없었다. 그리하여 어머니가 편안하게 여기지 못하고 개가하려는 것이다.

【疏】傳'棘薪 其成就者' ○ 正義曰 : 上章言'棘心夭夭', 是棘之初生, 風長之也, 此不言長之狀, 而言棘薪, 則棘長已成薪矣. 月令注云 "大者可析謂之薪." 是薪者, 木成就.

傳의 〔棘薪 其成就者〕

○ 正義曰 : 위의 장에서 '가시나무 싹 무성한데'라고 한 것은 처음 가시나무 순이 나올 때 바람이 길러 준 것이고, 여기서 자라는 모습은 말하지 않고 가시나무 섶이라고 하였으니 가시나무가 자라 섶이 된 것이다. ≪禮記≫ 〈月令〉의 注에서 "쪼갤 수 있을 만큼 큰 것을 薪이라 한다."라고 하였으니, 薪은 나무가 다 자란 것이다.

【疏】傳'聖 叡' ○ 正義曰 : 聖者通智之名, 故言叡也. 箋申說所以得爲叡之意, 故引洪範以證之, 由'叡作聖', 故得爲叡也. 洪範云 "思曰叡", 注云 "叡通於政事." 又曰 "叡作聖", 注云 "君思叡則臣賢智." 是也. 然則彼叡謂君也, 聖謂臣也, 所以得爲一者, 以彼五行各以事類相感, 由君叡而致臣聖, 則叡・聖義同. 此'母氏聖善', 人之齊聖, 皆以明智言之, 非必要如周・孔也.

傳의〔聖 叡〕

○ 正義曰 : 聖은 통달하고 슬기로움을 이르는 명칭이므로 '叡'라고 한 것이다. 箋에서 叡라고 할 수 있는 뜻을 거듭 설명하였다. 그리하여 ≪尙書≫ 〈洪範〉을 인용하여 증명하였으니, '슬기로우면 聖人이 된다.'라고 하였기 때문에 '叡'라 한 것이다. ≪尙書≫ 〈洪範〉에서 "생각하는 것은 슬기로워야 한다."라고 하였는데, 注에서 "슬기로우면 정사에 통한다."라고 하였고, 또 "슬기로우면 聖人이 된다."라고 하였는데, 鄭玄의 注에서 "군주의 생각이 슬기로우면 신하는 어질고 지혜롭게 된다."라고 한 것이 이것이다. 그렇다면 〈洪範〉의 叡는 군주를 말한 것이고 聖은 신하를 말한 것인데, 같은 것이 될 수 있는 까닭은 오행이 같은 종류의 일로서 서로 감응하고, 군주가 叡함으로 말미암아 신하의 聖을 이루니 '叡'와 '聖'은 뜻이 같다. 여기의 '母氏聖善'의 聖善과 〈小雅 小宛〉의 '사람이 총명하고 슬기롭다.〔人之齊聖〕'의 齊聖은 모두 총명하고 지혜로운 것으로 말하였으니, 반드시 주공이나 공자와 같아야 할 필요는 없다.

爰有寒泉이 在浚之下로다

차가운 샘물
浚邑의 아래에 있네

【傳】 浚은 衛邑也라 在浚之下는 言有益於浚이라

浚은 衛나라 읍이다. '在浚之下'는 浚邑에 유익함이 있음을 말한 것이다.

【箋】 箋云 爰은 曰也이니 曰有寒泉者 在浚之下浸潤之하여 使浚之民逸樂으로 以興七子不能如也라

箋云 : 爰은 曰이니, 차가운 샘물이 浚邑의 아래에서 적셔주어 浚邑의 백성들을 편안하고 즐겁게 한다는 것으로, 일곱 아들은 이와 같지 못함을 興한 것이다.

有子七人이나 母氏勞苦로다

아들 일곱인데

어머니 고생하셨네

【疏】'爰有'至'勞苦' ○ 正義曰 : 此孝子自責, 無益於母, 使母不安也. 言曰有寒泉, 在浚邑之下, 以喩七子在母之前. 寒泉有益於浚, 浸潤浚民, 使得逸樂, 以興七子無益於母, 不能事母, 使母勞苦, 乃寒泉之不如. 又自責云 "母無子者, 容可勞苦, 今乃有子七人, 而使母氏勞苦, 思欲去嫁, 是其七子之咎也." 母欲嫁者, 本爲淫風流行, 但七子不可斥言母淫, 故言母爲勞苦而思嫁也. 上章言'母氏劬勞', 謂少長七子, 實劬勞也. 此言'母氏勞苦', 謂母今日勞苦而思嫁, 與上不同也.

經의 〔爰有〕에서 〔勞苦〕까지

○ 正義曰 : 이는 효자가 어머니에게 도움 됨이 없어 어머니로 하여금 편안하게 하지 못함을 자책한 것이다. 차가운 샘물이 浚邑의 아래에 있음을 말하여 일곱 아들이 어머니 앞에 있음을 비유하였다. 차가운 샘물이 浚邑에 도움을 주어 浚邑의 백성에게 은택을 널리 베풀어주어 편안하고 즐겁게 하니, 이는 일곱 아들이 어머니에게 도움 됨이 없고 어머니를 잘 섬기지 못하여 어머니로 하여금 고생하게 한 것이 곧 차가운 샘물만 못함을 興한 것이다. 또 자책하여 "자식이 없는 어머니는 고생할 수 있지만, 지금 아들이 일곱이 있는데도 어머니로 하여금 고생하여 개가할 것을 생각하게 하였으니, 이는 일곱 아들의 허물이다."라고 한 것이다. 어머니가 개가하려는 것은 본래 음란한 풍속이 유행하여 그런 것인데 일곱 아들이 어머니의 음란함을 가리켜 말할 수가 없었다. 그리하여 어머니가 고생하였기 때문에 개가를 생각한 것이라고 말한 것이다. 위의 장에서 말한 '母氏劬勞'는 일곱 아들을 길러 실제로 수고로움을 말한 것이고, 여기서 말한 '母氏勞苦'는 어머니가 지금 고생하여 개가를 생각함을 말한 것이니, 위의 장과는 다르다.

【疏】傳'浚 衛邑' ○ 正義曰 : 干旄云 "在浚之都", 傳曰 "下邑曰都", 是衛邑也.

傳의 〔浚 衛邑〕

○ 正義曰 : 〈鄘風 干旄〉에 "浚의 都에 있도다."라고 하였는데, 傳에서 "下邑(國都 이외의 邑)을 都라 한다."라고 하였으니, 이는 위나라의 읍이다.

【疏】箋'爰曰'至'不能如' ○ 正義曰 : '爰 曰', 釋詁文. 知不以寒泉興母之長養已, 而云喩'七子不能如'者, 以上棘薪爲喩, 則子已成長矣. 此及下章皆云'有子七人', 則以寒泉・

黃鳥喩七子可知也.

箋의 〔爰曰〕에서 〔不能如〕까지

○ 正義曰 : '爰 曰'은 ≪爾雅≫ 〈釋詁〉의 글이다. 차가운 샘물로 어머니가 자기를 길러 줌을 興한 것이 아니고 '일곱 아들이 이 차가운 샘물과 같지 못함'을 비유한 것임을 안 것이니, 위의 '가시나무 섶'으로 비유를 삼은 것은 자식이 이미 성장하였기 때문이다. 여기와 아래 장에서 모두 '일곱 아들'이라고 하였으니, 차가운 샘물과 꾀꼬리로 일곱 아들을 비유하였음을 알 수 있다.

睍睆黃鳥여 載好其音이로다

고운 꾀꼬리
그 소리도 어여쁘네

【傳】 睍睆은 好貌라

睍睆은 '고운 모습'이다.

【箋】 箋云 睍睆以興顔色說(열)也요 好其音者는 興其辭令順也니 以言七子不能如也라

箋云 : 睍睆으로 안색을 온화하게 함을 興한 것이고, 好其音은 말을 부드럽게 함을 興한 것이니, 일곱 아들이 이 꾀꼬리와 같지 못함을 말한 것이다.

有子七人이나 莫慰母心이로다

아들 일곱인데
어머니 마음 편케 못해드렸네

【傳】 慰는 安也라

慰는 '편안함'이다.

【疏】 '睍睆'至'母心' ○ 正義曰 : 言黃鳥有睍睆之容貌, 則又和好其音聲, 以興孝子當和其顔色, 順其辭令也. 今有子七人, 皆莫能慰母之心, 使有去嫁之志, 言母之欲嫁, 由顔色不悅, 辭令不順故也, 自責言黃鳥之不如也.

經의 〔睍睆〕에서 〔母心〕까지

○ 正義曰 : 꾀꼬리에게 고운 모습이 있으니 그렇다면 소리도 온화하고 좋을 것임을 말하여, 효자가 안색을 온화하게 하고 말을 부드럽게 해야 함을 興한 것이다. 지금 아들 일곱이 있지만 모두 어머니의 마음을 위로하지 못하여 개가하려는 뜻을 가지게 하였으니, 어머니가 개가하려는 것은 〈일곱 아들이〉 안색을 온화하게 하지 못하고, 말을 부드럽게 하지 못한 것에서 연유하였음을 말한 것이니, 꾀꼬리만 못하다고 자책한 것이다.

【疏】 箋'睍睆'至'令順' ○ 正義曰 : 興必以類, 睍睆是好貌, 故興顏色也. 音聲猶言語, 故興辭令也. 論語曰 '色難'注云 "和顏悅色, 是爲難也." 又內則云 "父母(之所)〔有過〕[1], 下氣怡聲." 是孝子當和顏色, 順辭令也.

1) (之所)〔有過〕 : 저본에는 '之所'로 되어 있으나, ≪禮記正義≫와 ≪孝經注疏≫의 내용에 의거하여 '有過'로 번역하였다.

箋의 〔睍睆〕에서 〔令順〕까지

○ 正義曰 : 興은 반드시 같은 종류로써 하니 '睍睆'은 고운 모습이므로 顏色을 興한 것이고, 음성은 언어와 같으므로 말을 興한 것이다. ≪論語≫ 〈爲政〉 '色難'의 注에서 "안색을 온화하게 하고 얼굴빛을 부드럽게 하는 것이 어렵다."라고 하고, 또 ≪禮記≫ 〈內則〉에서 "부모에게 잘못이 있으면 자식은 기운을 가라앉히고 목소리를 부드럽게 한다."라고 하였으니, 이것이 효자가 안색을 온화하게 하고 말을 부드럽게 하는 것이다.

凱風 四章이니 **章四句**라

〈凱風〉은 4章이니 章마다 4句이다.

雄雉(웅치)

【序】 **雄雉**는 **刺衛宣公也**라 **淫亂**하여 **不恤國事**하고 **軍旅數起**하여 **大夫久役**하여 **男女怨**

曠하니 國人患之하여 而作是詩라

〈雄雉〉는 衛 宣公을 풍자한 시이다.

淫亂하여 나랏일을 돌보지 않고 군사를 자주 일으켜 大夫들이 오랫동안 군역에 종사하여 남녀가 짝없이 홀로 지냄을 원망하니 백성들이 이를 걱정하여 이 詩를 지은 것이다.

【箋】 淫亂者는 荒放於妻妾하고 烝於夷姜之等이라 國人久處軍役之事라 故男多曠하고 女多怨也하니 男曠而苦其事하고 女怨而望其君子라 ○ 刺는 俗作㓨(차)라 恤은 本亦作䘏이라

淫亂은 宣公이 妻妾들과 방탕한 짓을 하고, 위로 夷姜과 정을 통하는 것 등이다. 백성들이 오래도록 군역의 일에 종사하였다. 그리하여 남자는 아내 없이 홀로 지내는 경우가 많았고 여인은 남편 없이 홀로 지내는 경우가 많았으니, 남자는 홀로 지내며 그 일을 괴로워하고, 여인은 독수공방을 원망하며 그 남편을 그리워한 것이다.

○ 刺는 俗本에 '㓨'로 되어 있다. 恤은 䘏로 되어 있는 本도 있다.

【疏】 '雄雉(四章章四句)'至'是詩' ○ 正義曰：男旣從役於外, 女則在家思之, 故云'男女怨曠'. 上二章, 男曠之辭, 下二章, 女怨之辭.

序의 〔雄雉〕에서 〔是詩〕까지

○ 正義曰：남자가 외지에서 부역에 종사하여 여인이 집에서 그리워한 것이다. 그리하여 '남녀가 짝 없이 홀로 지냄을 원망한 것'이라 한 것이다. 위의 두 장은 남자가 홀로 지내는 것에 대한 말이고, 아래 두 장은 여인이 독수공방을 원망하는 말이다.

【疏】 箋'淫亂'至'君子' ○正義曰：'淫', 謂色欲過度, '亂', 謂犯悖人倫, 故言'荒放於妻妾'以解淫也, '烝於夷姜'以解亂也. 大司馬職曰 "外內亂, 鳥獸行, 則滅之[1]." 注引王霸記[2]曰 "悖人倫, 外內無以異于禽獸." 然則宣公由上烝父妾, 悖亂人倫, 故謂之'亂'也. 君子偕老・桑中皆云'淫亂'者, 謂宣公上烝夷姜, 下納宣姜[3], 公子頑通於君母[4], 故皆爲亂也. 南山刺襄公鳥獸之行, 淫於其妹, 不言亂者, 言鳥獸之行, 則亂可知, 文勢不可言亂於其妹, 故言'淫'耳. 若非其匹配, 與疏遠私通者, 直謂之'淫', 故澤陂云 "靈公君臣淫於其國[5]", 株林云 "淫於夏姬", 不言亂, 是也. 言'荒放'者, 放恣情欲, 荒廢政事, 故雞

鳴云 "荒淫怠慢", 五子之歌云 "內作色荒, 外作禽荒", 是也. 言'烝'者, 服虔云 "上淫曰烝", 則烝, 進也, 自進上而與之淫也.

1) 大司馬職曰……則滅之 : 大司馬가 九伐의 法을 담당하였는데, 이 법은 그중 아홉 번째 법이다. ≪周禮≫ 〈夏官 大司馬〉
2) 王霸記 : 潘傑이 지은 역사책으로 총 3권으로 되어 있다. ≪隋書≫ 권33
3) 宣公上烝夷姜 下納宣姜 : 宣公이 위로 자신의 庶母인 夷姜과 정을 통하여 伋을 낳고, 아래로는 伋의 처가 될 齊나라의 여인 宣姜을 가로챈 것을 말한다.
4) 公子頑通於君母 : 宣公이 죽자 宣姜이 낳은 朔이 즉위하였으니, 이가 惠公이다. 그 후에 惠公의 庶兄인 公子 頑이 君母인 宣姜과 사통하였다. 君母는 ≪儀禮≫ 〈喪服〉의 注에서 '아버지의 適妻이다.'라고 하였다.
5) 靈公君臣淫於其國 : 陳 靈公이 그의 대부인 孔寧과 儀行父와 함께 陳나라의 대부 夏御叔의 처 夏姬와 사통한 것을 말한다. ≪史記 卷36 陳杞世家≫

箋의 〔淫亂〕에서 〔君子〕까지

○ 正義曰 : '淫'은 색욕이 지나친 것을 이르고, '亂'은 인륜을 어그러뜨리는 것을 이른다. 그리하여 '妻妾과 방탕한 짓을 함'을 말하여 '淫'을 풀이하고, '위로 夷姜과 정을 통함'을 말하여 '亂'을 풀이한 것이다. ≪周禮≫ 〈夏官 大司馬〉에 大司馬의 직임은 "안과 밖이 모두 문란하여 금수와 같은 행실을 하는 자가 있으면 誅滅한다."라고 하였는데, 注에서 ≪王霸記≫를 인용하여 "인륜을 어그러뜨려 안과 밖이 금수와 다름이 없는 것이다."라고 하였으니, 그렇다면 宣公이 위로 아버지의 첩과 사통하여 인륜을 어기고 어지럽힌 것이다. 그리하여 '亂'이라고 한 것이다. 〈鄘風 君子偕老〉와 〈鄘風 桑中〉에서 모두 '淫亂'이라고 한 것은 宣公이 위로 夷姜과 정을 통하고 아래로 宣姜을 들인 것과 公子 頑이 君母와 정을 통한 것을 말한다. 그리하여 모두 '亂'이라고 한 것이다. 〈齊風 南山〉에서는 襄公의 금수와 같은 행실을 풍자하여 그의 누이와 淫行을 하였다고 하고 '亂'이라고 하지 않은 것은 '금수의 행실'이라고 하였으면 '亂'임을 알 수 있으나, 文勢상 그 누이에 대해 '亂'이라고 할 수 없기 때문에 '淫'이라 한 것이다. 만약 그 배우자가 아니고 남과 사통한 경우에는 '淫'이라고 한다. 그리하여 〈陳風 澤陂〉의 序에서 "靈公과 신하가 그 나라에서 淫行을 하였다."라고 하고, 〈陳風 株林〉의 序에서 "夏姬와 淫行을 하였다."라고 하고 '亂'이라고 말하지 않은 것이 이것이다. '荒放'이라 한 것은 함부로 情欲을 부려 政事를 황폐하게 한 것이다. 그리하여 〈齊風 雞鳴〉의 序에서 "여색에 빠져 방탕하고 태만하였다."라고 하고, ≪尙書≫ 〈五子之歌〉에서 "안으로 여색에 빠지고, 밖으로 사냥만을 좋

아한다."라고 한 것이 이것이다. '烝'이라 한 것은 服虔이 "윗사람과 淫行을 하는 것을 烝이라 한다."라고 하였으니, 그렇다면 烝은 나아감이니 직접 윗사람에게 나아가 함께 淫行을 하는 것이다.

【疏】 左傳曰 "文姜如齊, 齊侯通焉."[1] 服虔云 "傍淫曰通", 言傍者, 非其妻妾, 傍與之淫, 上下通名也. 牆有茨云 "公子頑通於君母", 左傳曰 "孔悝(괴)之母與其豎渾良夫通"[2], 皆上淫也, 齊莊公通於崔杼之妻, 蔡景侯爲大子般娶於楚, 通焉, 皆下淫也. 以此知通者摠名, 故服虔又云 "凡淫曰通", 是也. 又宣公三年傳曰 "文公報鄭子之妃", 服虔曰 "鄭子, 文公叔父子儀也. 報, 復也, 淫親屬之妻曰報." 漢律 '淫季父之妻曰報', 則報與亂爲類, 亦鳥獸之行也. 宣公納伋之妻, 亦是淫亂, 箋於此不言者, 是時宣公或未納之也, 故匏有苦葉譏 "雉鳴求其牡", 夫人爲夷姜, 則此亦爲夷姜明矣.

1) 文姜如齊 齊侯通焉 : 文姜은 魯 桓公의 부인이며 齊 襄公의 여동생인데, 환공과 齊나라에 갔을 때 오라비 襄公과 정을 통한 것을 말한다.
2) 孔悝(괴)之母與其豎渾良夫通 : 孔悝는 위나라 孔文子의 아들이다. 孔文子가 죽은 뒤 그의 어머니 孔姬가 종인 渾良夫와 정을 통한 것을 말한다.

≪春秋左氏傳≫ 桓公 18년에 "文姜이 齊나라에 가서 齊侯와 정을 通하였다."라고 하였는데, 服虔이 "傍淫을 通이라 한다."라고 하였으니, '傍'은 그 妻妾이 아닌 다른 사람과 淫行을 한 것을 말하니, 위와 아래에 통하는 명칭이다. 〈鄘風 牆有茨〉의 序에서 "公子 頑이 君母와 정을 通하였다."고 하였고, ≪春秋左氏傳≫ 哀公 15년에 "孔悝의 어머니가 종인 渾良夫와 정을 通하였다."라고 한 것은 모두 위로 淫行을 한 것이고, 齊 莊公이 崔杼의 처와 정을 통한 것과 蔡 景侯가 태자 般이 장가든 초나라의 여인과 정을 通한 것은 모두 아래로 淫行한 것이다. 이로써 '通'이 총괄하는 명칭임을 안 것이다. 그리하여 服虔이 또 "모든 淫行을 通이라 한다."라고 한 것이 이것이다. 또 ≪春秋左氏傳≫ 宣公 3년에 "文公이 鄭子의 妃와 報(간음)하였다."라고 하였는데, 服虔은 "鄭子는 文公의 숙부 子儀이다. 報는 復인데, 친속의 처와 淫行을 하는 것을 '報'라고 한다."라고 하고, 漢나라 법률에 '季父의 처와 淫行을 하는 것을 報라고 한다.'고 하였다. 그렇다면 報와 亂은 같은 類이니 이 또한 금수의 행실이다. 宣公이 伋의 처를 들인 것도 淫亂인데, 箋에서 이에 관해 말하지 않은 것은, 이때에는 宣公이 혹 들이지 않았기 때문이다. 그리하여 〈邶風 匏有苦葉〉에서 "까투리 울면서 수짐승 찾네."라고 기롱하였는데 夷姜이 夫人이었으니,

그렇다면 여기도 夷姜임이 분명하다.

【疏】 由國人久處軍役之事, 故'男多曠 女多怨'也. 序直云'男女怨曠', 知'男曠女怨'者, 以書傳云"外無曠夫, 內無怨女." 故謂男爲曠, 女爲怨. 曠, 空也, 謂空無室家, 故'苦其事'. 書傳'曠夫', 謂未有室家者, 此男雖有室家, 久從軍役, 過時不歸, 與無不異, 猶何草不黃云"何人不矜(환)"也. 此相對, 故爲'男曠女怨', 散則通言也. 故采綠刺怨曠, 經無男子, 則摠謂婦人也, 大司徒云"以陰禮教親則民不怨."[1)] 怨者, 男女俱兼, 是其通也. 此男女怨曠, 不違於禮, 故擧以刺宣公, 采綠婦人不但憂思而已, 乃欲從君子於外, 非禮, 故并刺婦人也.

1) 陰禮 : 혼인의 예를 말한다. ≪周禮注疏≫에서 "혼인의 예는 드러낼 수 없으므로 '陰禮'라고 한다.〔以陰禮謂昏姻之禮 不可顯露 故曰陰禮也〕"고 하였다.

백성들이 오래도록 군역의 일에 처하였기 때문에 '남자는 아내 없이 홀로 지냄이 많았고 여인은 독수공방을 원망함이 많았다.'고 한 것이다. 序에서 '남녀가 짝 없이 홀로 지냄'이라고만 하였는데, '남자가 홀로 지내고 여인이 독수공방을 원망한 것'임을 안 것은 ≪尙書大傳≫에 "밖으로는 아내 없이 혼자 사는 남자가 없었고, 안으로는 남편이 없어 원망하는 여인이 없었다."라고 하였기 때문이니, 그리하여 남자가 홀로 지낸다고 하고 여인이 독수공방을 원망한다고 한 것이다. '曠'은 空이니 아내가 없는 것을 이른다. 그리하여 그 일을 괴로워한 것이라고 한 것이다. ≪尙書大傳≫의 '曠夫'는 아내가 없는 자를 이르는데, 여기서는 남자가 비록 아내가 있지만 오래도록 군역에 종사하여 때가 지나도 돌아가지 못하여 〈아내가〉 없는 것과 다르지 않으니, 〈小雅 何草不黃〉에서 "누군들 홀아비 아니겠는가."라고 한 것과 같다. 여기서는 相對한 것이므로 남자가 홀로 지내고 여인이 독수공방을 원망한 것이라 하였으나, 같이 쓰면 의미가 서로 통한다. 그리하여 〈小雅 采綠〉은 홀로 지내는 것과 원망한 것을 풍자한 것인데, 經文의 글에는 '男子'가 없으니 그렇다면 모두 부인에 대하여 말한 것이고, ≪周禮≫ 〈地官 大司徒〉에 "혼인의 예〔陰禮〕로 친함을 가르치면 백성이 원망하지 않는다."라고 하였으니, 원망은 〈여자뿐만 아니라〉 남녀 모두에 해당되니 이것이 그 통하는 것이다. 여기의 '남녀가 짝 없이 홀로 지냄을 원망하는 것'은 禮에 어긋나지 않는다. 그리하여 이를 거론하여 宣公을 풍자한 것이고, 〈小雅 采綠〉은 부인이 걱정할 뿐만 아니라 도리어 밖으로 남편을 따르고자 하였으니, 禮가 아니다. 그리하여 부인을 아울러 풍자한 것이다.

雄雉于飛여 泄(예)泄其羽로다

날아가는 장끼
여유롭게 날개 치네

【傳】 興也라 雄雉見雌雉하고 飛而鼓其翼泄泄然이라

興이다. 장끼가 까투리를 보고 여유롭게 날개를 치면서 나는 것이다.

【箋】 箋云 興者는 喩宣公整其衣服而起하여 奮訊其形貌니 志在婦人而已요 不恤國之政事라

箋云 : 興한 것은 宣公이 그의 의복을 갖추어 입고 일어나 재빠르게 움직이는 모습을 비유한 것이니, 뜻이 부인에게 있을 뿐이고 나라의 정사를 돌보지 않은 것이다.

雄雉(≪陸氏草木鳥獸蟲魚疏圖解≫)

我之懷矣여 自詒伊阻로다

내 편안케 여김이
자신에게 괴로움 주었네

【傳】 詒는 遺라 伊는 維요 阻는 難也라

詒는 '주는 것'이다. 伊는 維이고, 阻는 '어려움'이다.

【箋】 箋云 懷는 安也라 伊는 當作緊(예)니 緊는 猶是也라 君之行如是로대 我安其朝而不去러니 今從軍旅하여 久役不得歸하니 此自遺以是患難이라

箋云 : 懷는 '편안함'이다. 伊는 '緊'가 되어야 하니, 緊는 '是'와 같다. 人君의 행실

이 이와 같은데도 나는 조정을 편안히 여기고 떠나가지 않았는데, 지금 군대에 종사하여 오래도록 군역을 하느라 돌아가지 못하였으니, 이는 스스로에게 이 괴로움을 준 것이다.

【疏】 '雄雉'至'伊阻' ○ 正義曰：毛言雄雉往飛向雌雉之時, 則泄泄然鼓動其羽翼, 以興宣公往起就婦人之時, 則奮訊其衣服, 言志在婦人而已, 不恤國之政事也. 又數(삭)起軍旅, 使大夫久役. 大夫傷本見君之行如是, 志在婦人之時, 卽應去之, 我之安其朝而不去矣, 今見使從軍, 久不得歸, 自遺此患難也, 旣處患難, 自悔以怨君. 伊訓爲維, 毛爲語助也, 鄭唯以伊字爲異, 義勢同也.

經의 〔雄雉〕에서 〔伊阻〕까지

○ 正義曰：毛亨은 장끼가 까투리를 향하여 날아갈 때에 여유롭게 날개를 치는 것을 말하여 宣公이 부인에게 나아갈 때에 의복을 떨쳐입음을 興하였으니, 이는 뜻이 부인에게 있을 따름이고 나라의 정사를 돌보지 않음을 말한 것이다. 또 자주 군대를 일으켜 대부로 하여금 오래도록 군역을 하게 하였다. 대부가 본래 人君의 행실이 이와 같음을 보고 가슴 아파하고, 人君의 뜻이 부인에게 있었을 때 응당 떠났어야 했는데도 조정을 편안히 여기고 떠나지 않고, 지금 군대에 종사하여 오래도록 돌아가지 못하게 되어 스스로 이 괴로움을 준 것을 알았으니, 괴로움에 처한 뒤에 스스로 후회하고 人君을 원망한 것이다. 傳에서 '伊'자를 '維'로 풀이하였으니, 毛亨은 어조사로 여겼고, 鄭玄은 다만 '伊'자를 다르게 보았으나, 뜻과 文勢는 같다.

【疏】 箋'伊當'至'患難' ○ 正義曰：箋以宣二年左傳趙宣子曰"嗚呼, 我之懷矣, 自詒(伊)〔緊〕[1]慼."[2] 小明云"自詒伊慼", 爲義旣同, 明伊有義爲'緊'者, 故此及蒹葭·東山·白駒各以伊爲緊.[3] 小明不易者, 以'伊慼'之文與傳正同, 爲'緊'可知. 此云"自詒伊阻", 小明云"心之憂矣", 宣子所引, 竝與此不同者, 杜預云"逸詩也", 故文與此異.

1) (伊)〔緊〕: 저본의 교감기에 따라 '緊'로 번역하였다.

2) 宣二年左傳趙宣子曰……自詒(伊)〔緊〕慼 : 晉나라의 대부인 趙宣子가 자신을 죽이려던 晉 靈公이 시해되자 국경을 넘어 다른 나라로 망명하려다가 국경을 넘지 않고 다시 돌아왔다. 이로 인해 사관이 '靈公을 시해하였다.'고 기록하자 이를 탄식하며 이 시를 인용하여 자신이 나라를 그리워하여 떠나지 못한 마음을 표현한 것이다.

3) 蒹葭東山白駒各以伊爲緊 : 〈秦風 蒹葭〉의 '所謂伊人 在水一方'의 箋과 〈豳風 東山〉의

'不可畏也 伊可懷也'의 箋과 〈小雅 白駒〉의 '所謂伊人於焉逍遙'의 箋에서 모두 "伊는 당연히 繄가 되어야 하니, 繄는 是와 같다.〔伊當作繄 繄猶是也〕"라고 한 것을 말한다.

箋의 〔伊當〕에서 〔患難〕까지

○ 正義曰 : 箋은 ≪春秋左氏傳≫ 宣公 2년에 趙宣子가 "아, 나의 그리움이여, 스스로에게 이 근심 주었네.〔我之懷矣 自詒繄慼〕"라고 하고, 〈小雅 小明〉에 "스스로에게 이 근심 주었도다.〔自詒伊慼〕"라고 하여 뜻이 같으니 분명 '伊'자에 '繄'의 뜻이 있다고 여긴 것이다. 그리하여 여기와 〈秦風 蒹葭〉·〈豳風 東山〉·〈小雅 白駒〉에서 모두 '伊'를 '繄'로 여긴 것이다. 〈小雅 小明〉에서 〈伊를 繄로〉 바꾸지 않은 것은 '伊慼'의 글이 ≪春秋左氏傳≫과 같기 때문이니, '繄'가 됨을 알 수 있다. 여기서 '自詒伊阻'라고 하고 〈小雅 小明〉에서 "마음의 근심이여.〔心之憂矣〕"라고 하였는데, 趙宣子가 인용하여 "我之懷矣 自詒伊慼"이라고 하여, 모두 이와는 다르니, 杜預가 "〈趙宣子가 인용한 시는〉 逸詩이다."라고 하였다. 그리하여 글이 이와 다른 것이다.

雄雉于飛여 下上其音이로다

날아가는 장끼여
크고 작은 소리를 내네

【箋】 箋云 下上其音은 興宣公小大其聲하여 怡悅婦人이라

箋云 : 下上其音은 宣公이 크고 작은 소리를 내어 부인을 기쁘게 하는 것을 興한 것이다.

展矣君子여 實勞我心이로다

진실로 군자여
내 마음 힘들게 하네

【傳】 展은 誠也라

展은 진실로이다.

【箋】 箋云 誠矣君子는 愬於君子也라 君之行如是하여 實使我心勞矣니 君若不然이면 則我無軍役之事라

箋云 : '진실로 군자여'는 남편에게 하소연한 것이다. 人君의 행실이 이와 같아서 진실로 내 마음을 수고롭게 하니, 人君이 만약 그렇지 않았다면 나에게 군역의 일은 없었을 것이다.

【疏】 '雄雉'至'我心' ○正義曰 : 言雄雉飛之時, 下上其音聲, 以怡悅雌雉, 以興宣公小大其言語, 心怡悅婦人. 宣公旣志在婦人, 不恤政事, 大夫憂之, 故以君行訴於君子, 言君之誠如是, 志在婦人矣. 君子聞君行如此, 實所以病勞我心也. 此大夫身旣從役, 乃追傷君行者, 以君若不然, 則無今日之役故也.

經의 〔雄雉〕에서 〔我心〕까지

○ 正義曰 : 장끼가 날아갈 때 크고 작은 소리를 내어 까투리를 기쁘게 함을 말하여 宣公이 크고 작은 소리를 내어 부인을 기쁘게 함을 興하였다. 宣公의 뜻이 부인에게 있어 정사는 돌보지 않으니 대부가 이를 걱정하였다. 그리하여 人君의 행실에 대해 君子에게 하소연하여 人君이 진실로 이와 같아서 뜻이 부인에게 있음을 말한 것이다. 君子가 人君의 행실이 이와 같음을 듣고 진실로 자신의 마음에 괴로워한 것이다. 이는 대부가 몸소 군역에 종사하고 人君의 행실을 추념하여 가슴 아파한 것이니, 人君이 만약 그렇지 않았다면 지금의 군역은 없었을 것이기 때문이다.

瞻彼日月하니 悠悠我思로다

저 해와 달을 보니
내 그리움 가없어라

【傳】 瞻은 視也라

瞻은 '보는 것'이다.

【箋】 箋云 〔視〕[1] 日月之行하니 迭往迭來어늘 今君子獨久行役而不來하여 使我心悠悠然思之니 女怨之辭라

1)〔視〕: 저본의 교감기에 의거하여 보충하여 번역하였다.

箋云 : 해와 달의 운행을 바라보니 번갈아 가고 오는데, 지금 남편은 홀로 오래도록 군역에 나가 돌아오지 못하여 내 마음으로 하여금 오래도록 그립게 한다고 하였으니, 이는 여인이 원망한 말이다.

道之云遠하니 曷云能來리오

길이 멀다 하니
언제나 돌아오실까

【箋】 箋云 曷은 何也니 何時能來望之也라

箋云 : 曷은 '언제'이니, 어느 때 돌아와 볼 수 있는가라고 한 것이다.

【疏】 '瞻彼'至'能來' ○ 正義曰 : 大夫久役, 其妻思之, 言我視彼日月之行, 迭往迭來, 今君子獨行役而不來, 故悠悠然我心思之, 道路之遙, 亦云遠矣, 我之君子, 何時可云能來, 使我望之也.

經의 〔瞻彼〕에서 〔能來〕까지

○ 正義曰 : 대부가 오래도록 군역에 나가 그 처가 그리워한 것이니, '내가 저 해와 달의 운행을 보니 번갈아 가고 오는데, 지금 남편은 홀로 군역에 나가 돌아오지 못하였다. 그리하여 오래도록 내 마음이 그리워 한 것이다. 길이 아득하고도 멀다 하니, 우리 남편은 어느 때에 돌아와서 나로 하여금 바라보게 하겠는가.'라고 한 것이다.

百爾君子는 不知德行가

모든 君子들은
德行을 모르는가

【箋】 箋云 爾는 女也라 女衆君子여 我不知人之德行何如者라야 可謂爲德行이라 (事)〔而〕[1] 君或有所留아하니 女怨이라 故問此焉이라

1) (事)〔而〕: 저본의 교감기에 의거하여 '而'로 번역하였다.

箋云 : 爾는 '그대'이다. '그대 많은 君子들이여, 나는 사람의 德行이 어떠해야 德行이라고 할 수 있는지 모르겠다. 그런데 군주는 어찌다가 〈남편을〉 외지에 머물게 하는가.'라고 하였으니, 여인이 원망한 것이다. 그리하여 이를 물은 것이다.

不忮不求하니 何用不臧이리오

해치지 않고 요구하지 아니하니
어찌 善하지 않으리오

【傳】 忮는 害요 臧은 善也라

忮는 '해침'이고, 臧은 '善함'이다.

【箋】 箋云 我君子之行은 不疾害하고 不求備於一人하니 其行何用爲不善이리오 而君獨遠使之在外하여 不得來歸아하니 亦女怨之辭라 ○ 忮는 字書云 很也라

箋云 : '우리 남편의 행실은 남을 미워하여 해치지 아니하고 한 사람에게 갖추어지기를 요구하지 아니하니, 그 행실이 어찌 善하지 않다 하겠는가, 그런데 人君은 유독 그이만을 멀리 밖에 있게 하여 돌아오지 못하게 하는가?'라고 한 것이니, 이 또한 여인이 원망한 말이다.

○ 忮는 ≪字書≫에 "很(사나움)이다."라고 하였다.

【疏】 '百爾'至'不臧' ○ 正義曰 : 婦人念夫, 心不能已, 見大夫或有在朝者, 而己君子從征, 故問之云 "汝爲衆之君子, 我不知人何者謂爲德行, 若言我夫無德而從征也, 則我之君子, 不疾害人, 又不求備於一人, 其行如是, 何用爲不善, 而君獨使之在外乎."

經의 〔百爾〕에서 〔不臧〕까지

○ 正義曰 : 부인이 남편을 생각하는 마음을 멈출 수 없었고, 대부 중에 간혹 조정에 있는 자를 보았는데 자기의 남편은 정벌에 종사하였다. 그리하여 '그대 여러 君子들이여, 나는 사람의 어떤 행실을 德行이라고 하는지 모르겠으나, 만약 우리 남편이 德이 없어서 군역에 종사한 것이라고 한다면, 우리 남편은 남을 미워하여 해치지 아니하고, 또 한 사람에게 갖추어지기를 요구하지 아니하니, 행실이 이와 같은데 어찌 善하지 않다 하겠는가. 그런데 人君은 어찌 그이만 외지에 있게 하는가?'라고 물은 것이다.

雄雉는 **四章**이니 **章四句**라

〈雄雉〉는 4章이니 章마다 4句이다.

匏有苦葉(포유고엽)

【序】 匏有苦葉은 **刺衛宣公也**라 **公與夫人**이 **竝爲淫亂**이라

〈匏有苦葉〉은 衛 宣公을 풍자한 시이다.

宣公과 부인이 같이 淫亂하였다.

【箋】 夫人은 謂夷姜이라

夫人은 夷姜을 이른다.

【疏】 '匏有苦葉(四章章四句)'至'淫亂' ○ 正義曰：竝爲淫亂, 亦應刺夫人, 獨言宣公者, 以詩者主爲規諫君, 故擧君言之, 其實亦刺夫人也. 故經首章·三章責公不依禮以娶, 二章·卒章責夫人犯禮求公, 是竝刺之.

序의 〔匏有苦葉〕에서 〔淫亂〕까지

○ 正義曰：〈宣公과 夫人이〉 같이 음란하였으면 응당 부인도 풍자해야 하는데 宣公만을 말한 것은, 詩는 人君에게 바른 말로 諫하는 것을 위주로 하였기 때문에 人君을 들어 말하였지만, 실제로는 부인도 풍자한 것이다. 그리하여 經文의 1章과 3章에서는 公이 禮에 따라 장가들지 않음을 책망하고, 2章과 마지막 章에서는 夫人이 禮를 범하여 公을 구한 것을 책망하였으니, 이는 아울러 풍자한 것이다.

【疏】 箋'夫人謂夷姜' ○ 正義曰：知非宣姜者, 以宣姜本適伋子, 但爲公所要, 故有魚網離鴻之刺[1]. 此責夫人云 "雉鳴求其牡", 非宣姜之所爲, 明是夷姜求宣公, 故云'竝爲淫亂'.

1) 魚網離鴻之刺：〈邶風 新臺〉에 "고기 잡는 그물에 기러기가 걸렸다.〔魚網之設 鴻則離之〕" 고 하였는데, 세자 伋에게 시집온 宣姜을 宣公이 妾으로 맞아들인 것을 풍자한 시이다.

箋의 〔夫人謂夷姜〕

○ 正義曰 : 夫人이 宣姜이 아님을 안 것은 宣姜이 본래 伋子에게 시집을 갔는데 宣公이 맞이하는 바가 되었기 때문이다. 그리하여 어망에 기러기가 걸렸다는 풍자가 있게 된 것이다. 여기에서는 부인을 책망하여 "까투리 울며 수짐승 찾네."라고 하였으니, 宣姜이 한 것이 아니고 분명 夷姜이 宣公을 구한 것이다. 그리하여 '같이 음란하였다'고 한 것이다.

匏有苦葉이어늘 **濟有深涉**이로다

박에 쓴 잎 있는데
건너는 곳은 물이 깊네

【傳】 興也라 匏謂之瓠니 瓠葉苦不可食也라 濟는 渡也라 由膝以上爲涉이라

興이다. 匏는 '瓠'를 말하니, 박의 잎이 써서 먹을 수가 없는 것이다. 濟는 건너는 곳이다. 물의 깊이가 무릎 이상인 것이 涉이다.

【箋】 箋云 瓠葉苦而渡處深은 謂八月之時니 陰陽交會[1]하여 始可以爲昏禮하여 納采問名이라

1) 八月之時 陰陽交會 : 음과 양의 기운이 교차하는 때는 2월 春分과 8월 秋分인데, 여기서는 8월 秋分을 가리킨다. ≪周易≫에 四陽 二陰인 大壯卦(䷡)는 2월에 해당되며 四陰 二陽인 觀卦(䷓)는 8월에 해당된다고 하였다.

匏(≪毛詩品物圖攷≫)

箋云 : 박의 잎이 쓰고 건너는 곳이 깊다는 것은 8월을 말하니, 음과 양의 기운이 교

차하여 비로소 혼례를 올려 納采와 問名의 예를 행할 수 있는 것이다.

深則厲요 **淺則揭**니라

깊으면 옷을 입은 채로 건너고
얕으면 걷고서 건너니라

【傳】 以衣涉水爲厲[1]이니 謂由帶以上也요 揭는 褰衣也라 遭時制宜하여 如遇水深則厲하고 淺則揭矣니 男女之際에 安可以無禮義리오 將無以自濟也라

1) 以衣涉水爲厲 : 옷을 입은 채로 물을 건너는 것을 말한다. ≪爾雅注疏≫의 注에 '衣'는 '褌'이라 하고, ≪春秋左傳注疏≫ 襄公 14년조의 疏에서는 '옷을 벗지 않고 물을 건너는 것을 厲라고 한다.〔不解衣而渡水曰厲〕'라고 하였다.

옷을 입은 채로 건너는 것이 厲이니 물의 깊이가 帶 이상인 것을 말하고, 揭는 옷을 걷는 것이다. 만나는 때에 따라 알맞게 하여, 마치 깊은 물을 만나면 옷을 입은 채로 건너고 얕은 물을 만나면 옷을 걷고 건너듯 해야 하니, 남녀가 만날 때 어찌 예의가 없어서야 되겠는가. 〈예의가 없다면〉 스스로 일을 이룰 수 없을 것이다.

【箋】 箋云 旣以深淺記時하고 因以水深淺으로 喩男女之才性賢與不肖와 及長幼也니 各順其人之宜하여 爲之求妃耦라 ○ 厲는 韓詩云 至心曰厲라하고 說文作砅(려)하니 云 履石渡水也라 則揭는 褰衣渡水也라 揭는 揭衣니 一本作揭褰衣라 求妃는 音配니 本亦作配라 下同이라

箋云 : 깊고 얕음으로 때를 기록하고, 이로 인하여 물의 깊고 얕은 것으로 남녀 성품의 어짊과 어리석음 및 나이의 많고 적음을 비유하였으니, 각각 그 사람의 합당함에 따라 자기의 배필을 구하는 것이다.

○ 厲는 ≪韓詩≫에 "물이 가슴까지 이르는 것을 厲라 한다."라고 하고, ≪說文解字≫에는 '砅'로 쓰여 있는데 "돌을 밟고 물을 건너는 것이다."라고 하였다. '則揭'는 옷을 걷고 물을 건너는 것이다. 揭는 옷을 걷는 것이니, '揭 褰衣'로 되어 있는 本도 있다. 求妃의 〈妃는〉 음이 配이니 '配'로 되어 있는 본도 있다. 아래도 같다.

【疏】 '匏有'至'則揭' ○ 毛以爲, 匏有苦葉不可食, 濟有深涉不可渡, 以興禮有禁法不可越. 又云若過深水則厲, 淺水則褰衣, 過水隨宜, 期之必渡, 以興用禮當隨豐儉之異. 若

時豐則禮隆, 時儉則禮殺(쇄), 遭時制宜, 不可無禮, 若其無禮, 將無以自濟, 故雖貧儉, 尙不可廢禮, 君何爲不以正禮娶夫人, 而與夷姜淫亂乎. ○ 鄭以爲, 匏葉先不苦, 今有苦葉, 濟處先不深, 今有深涉, 此匏葉苦, 渡處深, 謂當八月之中時, 陰陽交會之月, 可爲昏禮之始, 行納采·問名之禮也. 行納采之法如過水, 深則厲, 淺則揭, 各隨深淺之宜, 以興男女相配, 男賢則娶賢女, 男愚則娶愚女, 各順長幼之序以求昏, 君何不八月行納采之禮, 取列國之女, 與之相配, 而反犯禮而烝於夷姜乎.

經의 〔匏有〕에서 〔則揭〕까지

○ 毛亨은 '박에 쓴 잎이 있어 먹을 수 없고, 건너는 곳에 깊은 곳이 있어 건널 수 없다는 것으로 禮에 금하는 法이 있어 범할 수 없음을 興하였고, 또 만약 깊은 물을 만나면 옷을 입은 채로 건너고 얕은 물을 만나면 옷을 걷고 건너서, 물을 건너는 것을 상황에 알맞게 따라 하여 반드시 건널 것을 기약해야 함을 말하여, 예를 사용할 때는 풍흉의 다름을 따라야 함을 흥하였다. 만약 풍년이면 예를 융성하게 하고, 흉년이면 예를 줄여서 때에 따라 알맞게 하여 예가 없을 수 없으니, 만약 예가 없다면 스스로 일을 이룰 수 없을 것이다. 그리하여 비록 가난하여 검소하게 할지라도 오히려 예를 폐할 수가 없는데, 人君은 어찌하여 바른 예로 부인을 맞아들이지 않고 夷姜과 음란한 짓을 하는가.'라고 여긴 것이다.

○ 鄭玄은 '박의 잎이 예전에는 쓰지 않다가 지금은 쓴 잎이 있고, 건너는 곳이 예전에는 깊지 않았는데 지금은 깊어진 곳이 있으니, 이 박의 잎이 쓰고 건너는 곳이 깊다는 것은 8월의 때에는 음과 양의 기운이 교차하는 달이니, 혼례를 시작하여 納采와 問名의 예도 행할 수 있음을 말한 것이다. 納采의 법을 행하는 것이 물을 건너는 것과 같아서 깊으면 옷을 입은 채로 건너고 얕으면 옷을 걷고 건너서 각기 깊고 얕음의 알맞음에 따르는 것으로, 남녀가 서로 짝을 구할 때에 어진 남자는 어진 여인에게 장가들고 어리석은 남자는 어리석은 여인에게 장가들어 각기 나이의 많고 적음의 차례에 따라 짝을 구하는데, 人君은 어찌하여 8월에 納采의 예를 행하여 列國의 여인을 취하여 서로 짝하지 않고 도리어 예를 범하여 위로 夷姜과 정을 통하는가라고 한 것을 흥한 것이다.'라고 여긴 것이다.

【疏】 傳'匏謂'至'可食' ○ 正義曰 : 陸機云 "匏葉少時可爲羹, 又可淹煮, 極美, 故詩曰 '幡幡瓠葉 采之烹之', 今河南及揚州人恒食之. 八月中, 堅强不可食, 故云苦葉." 瓠, 匏一也, 故云'謂之瓠'. 言葉苦不可食, 似禮禁不可越也. 傳以二事爲一興, 詩有此例多矣. 涉言深不可渡, 似葉之苦不可食. 外傳魯語[1]曰 "諸侯伐秦, 及涇不濟. 叔向見叔孫穆子, 穆子曰 '豹之業 及匏有苦葉矣.' 叔向曰 '苦葉不材於人, 供濟而已.'"[2] 韋昭注云 "'不材於人', 言不可食, '供濟而已', 佩匏可以渡水也." 彼云取匏供濟, 與此傳不同者, 賦詩斷章也.

1) 外傳魯語 : ≪春秋左氏傳≫을 春秋內傳이라 하는 데 대하여, ≪國語≫를 春秋外傳이라 한다. 周나라 左丘明이 지은 ≪國語≫는 周 穆王 20년(B.C. 990)에서 晉나라의 智伯이 被殺될 때(B.C. 453)까지 각국의 역사를 모아 편찬한 것으로, 〈周語〉 3권, 〈魯語〉 2권, 〈齊語〉 1권, 〈晉語〉 9권, 〈鄭語〉 1권, 〈楚語〉 2권, 〈吳語〉 1권, 〈越語〉 2권으로 되어 있다.

2) 穆子曰……供濟而已 : 〈匏有苦葉〉의 시를 인용하면서 본래의 뜻과는 다르게 사용한 예를 말한 것이다. 襄公 14년에 제후들이 秦나라를 치러갈 때 涇水에 이르러 건너지 못하였는데, 叔孫穆子가 이 詩를 읊었다는 말을 듣고, '叔向이 〈匏有苦葉〉을 노래하였으니 반드시 건널 것이다.' 하고 배를 준비하게 하여 涇水를 건넜다는 내용이다. ≪國語 魯語 卷5≫ ≪春秋左傳 襄公 14년≫

傳의 〔匏謂〕에서 〔可食〕까지

○ 正義曰 : 陸機는 "박 잎이 어릴 때는 국을 끓일 수도 있고, 또 조림도 할 수 있는데 맛이 매우 좋다. 그리하여 〈小雅 瓠葉〉 시에서 '너풀대는 박 잎 따서 삶았네.'라고 한 것이니, 지금 하남과 양주 사람들은 항상 먹는다. 8월에는 뻣뻣하여 먹을 수가 없다. 그리하여 쓴 잎이라 한 것이다."라고 하였으니, 瓠와 匏는 같은 것이므로 '謂之瓠'라고 한 것이고, 잎이 써서 먹을 수 없는 것은 禁하는 禮를 범할 수 없는 것과 같다. 傳에서 두 가지 일을 한 가지로 興하였으니, ≪詩經≫에는 이런 예가 많다. '涉'은 깊어서 건널 수 없음을 말한 것이니, 잎이 써서 먹을 수 없는 것과 같다. ≪國語≫ 〈魯語〉에 "諸侯가 秦나라를 정벌하려 할 때 涇水에 이르러 건너지 못하였다. 叔向이 叔孫穆子(叔孫豹)를 만났는데 叔孫穆子가 '나의 일은 〈匏有苦葉〉에 있다.'고 하니, 叔向이 '박의 쓴 잎은 사람에게는 쓸모가 없고, 물을 건너는 데 이바지할 따름이다.' 하였다."라고 하였는데, 韋昭의 注에 "'不材於人'은 먹을 수 없는 것을 말한 것이고, '供濟而已'는 박을 차면 물을 건널 수 있는 것이다."라고 하였다. ≪國語≫에서 박을 가지고 '供濟'라고 하였으니, 여기의 傳과 다른 것은 시를 읊을 때 필요한 부분만을 인용하여 사용하였기 때문이다.

【疏】 傳'由膝以上爲涉', 後傳'以衣涉水爲厲 謂由帶以上 揭 褰衣' ○ 正義曰：今定本如此. 釋水云 "濟有深涉, 深則厲, 淺則揭. 揭者, 褰衣也, 以衣涉水爲厲. 由膝以上爲涉, 由帶以上爲厲." 孫炎曰 "揭衣, 褰裳也. 衣涉, 濡褌也." 爾雅旣引此詩, 因揭在下, 自人體以上釋之, 故先揭, 次涉, 次厲也. 傳依此經先後, 故引爾雅不次耳. 然傳不引爾雅由膝以下爲揭者, 略耳. 涉者, 渡水之名, 非深淺之限, 故易曰 "利涉大川", 謂乘舟也, '褰裳涉洧', 謂膝下也.

앞의 傳〔由膝以上爲涉〕과 뒤의 傳〔以衣涉水爲厲 謂由帶以上 揭 褰衣〕

○ 正義曰：지금의 定本이 이와 같다. ≪爾雅≫ 〈釋水〉에서 "물을 건너는 곳에 깊은 곳 있으니, 물이 깊으면 옷을 입은 채로 건너고, 얕으면 옷을 걷고 건넌다. 揭는 옷을 걷는 것이고, 옷을 입은 채로 건너는 것이 厲이다. 물이 무릎 이상인 것이 涉이고, 帶 이상인 것이 厲이다."라고 하였는데, 孫炎은 "揭衣는 下衣를 걷는 것이다. 衣涉은 잠방이가 젖는 것이다."라고 하였다. ≪爾雅≫에서 이 詩를 인용하면서 揭가 아래에 있음으로 인하여 인체의 아래에서부터 위로 올라가면서 풀이하였다. 그리하여 먼저 揭를, 그 다음에 涉을, 그 다음에 厲를 말한 것이다. 傳에서는 이 經의 순서를 따랐으므로 ≪爾雅≫를 인용하면서 순서를 따르지 않았다. 그러나 傳에서 ≪爾雅≫의 '由膝以下爲揭'를 인용하지 않은 것은 생략한 것이다. 涉은 물을 건너는 것을 이르는 명칭이지 깊이를 구분하는 말은 아니다. 그리하여 ≪周易≫에서 "큰 내를 건너는 것이 이롭다."라고 한 것은 배를 타고 건너는 것을 이르고, 〈鄭風 褰裳〉의 '하의를 걷어 올리고 유수를 건넌다.'는 것은 물이 무릎 아래인 것을 이른다.

【疏】 深淺者, 各有所對, 谷風云 "就其淺矣 泳之游之", 言泳, 則深於厲矣, 但對'方之舟之', 則爲淺耳. 此深涉不可渡, 則深於厲矣, 厲言深者, 對揭之淺耳. 爾雅以深淺無限, 故引詩以由帶以上·由膝以下釋之, 明過此不可厲深淺, 異於餘文也. 揭者, 褰衣, 止得由膝以下, 若以上, 則褰衣不得渡, 當須以衣涉爲厲也. 見水不沒人, 可以衣渡, 故言由帶以上. 其實以由膝以上亦爲厲, 因文有三等, 故曰由膝以上爲涉, 傳因爾雅成文而言之耳, 非解此經之深涉也. 鄭注論語及服注左傳皆云'由膝以上爲厲'[1)]者, 以揭衣·褰衣止由膝以下, 明膝以上至由帶以上摠名厲也. 鄭以此'深涉'謂深於先時, 則隨先時深淺, 至八月水長深於本, 故云'深涉'. 涉亦非深淺之名. 旣以深淺記時, 故又假水深淺, 以喩下'深'字亦不與'深涉'同也.

1) 鄭注論語及服注左傳皆云由膝以上爲厲 : 위의 주석 내용은 ≪論語注疏≫ 〈憲問〉과 ≪春秋左傳正義≫ 권32 襄公 14년에 나온다.

深과 淺은 각기 상대되는 바가 있으니, 〈邶風 谷風〉에 "얕은 곳을 건널 때는 헤엄치거나 자맥질 했네."라고 하여 헤엄치는 것을 말하였으니 厲보다 깊지만, 다만 "뗏목을 타거나 배를 탄다."는 것과 상대하면 얕은 것이 된다. 여기의 '깊어 건널 수 없다'는 것은 厲보다 깊은 것인데, 厲를 깊다고 말한 것은 얕은 揭와 상대한 것이다. ≪爾雅≫에서는 깊고 얕음의 한계가 없기 때문에 이 詩를 인용하여 帶 이상과 무릎 이하로 풀이하였으니, 분명 이보다 깊으면 厲의 깊이를 헤아릴 수 없어 나머지 글과 다르게 된다. 揭는 옷을 걷는 것이니 무릎 아래인 경우이고, 만약 무릎 이상이면 옷을 걷고 건널 수 없고 옷을 입은 채로 건너야 하니 厲이다. 물에 사람이 빠지지 않을 줄 알면 옷을 입은 채로 건널 수 있기 때문에 帶 이상이라고 한 것이나, 실제로는 무릎 이상도 厲가 되기 때문에 글에 세 등급을 둔 것이다. 그리하여 무릎 이상을 涉이라 한 것이니, 傳에서는 ≪爾雅≫의 글을 따라 말하였을 따름이고, 이 經文의 '深涉'을 풀이한 것이 아니다. 鄭玄의 ≪論語≫ 注와 服虔의 ≪春秋左氏傳≫ 注에서 모두 '무릎 이상인 것이 厲이다.' 한 것은 '揭衣'와 '褰衣'가 다만 무릎 이하이기 때문이니, 분명 무릎 이상에서 帶 이상에 이르기까지를 총괄하여 厲라고 한 것이다. 鄭玄이 여기에서 '深涉'을 예전보다 수심이 깊어진 것이라고 여긴 것은, 예전에는 깊기도 하고 얕기도 하다가 8월에 이르러서 수심이 본래보다 더욱 깊어진 것을 따른 것이다. 그리하여 '深涉'이라고 한 것이다. '涉' 또한 깊이를 이르는 명칭이 아니고, 깊고 얕은 것으로 때를 기록하였다. 그리하여 또 물의 깊고 얕은 것에 가탁하여 아래의 '深'字 또한 '深涉과 같지 않음을 비유한 것이다.

【疏】 箋'瓠葉'至'問名' ○正義曰 : 二至寒暑極, 二分溫涼中, 春分則陰往陽來, 秋分則陰來陽往, 故言'八月之時 陰陽交會'也. 以昏禮者令會男女[1], 命其事必順其時, 故昏禮目錄云 "必以昏時者, 取陽往陰來之義." 然則二月陰陽交會, 禮云 "令會男女", 則八月亦陰陽交會, 可以納采・問名明矣. 以此月則匏葉苦, 渡處深, 爲記八月之時也, 故下章 "雝雝鳴鴈, 旭日始旦", 陳納采之禮. 此記其時, 下言其用, 義相接也.

1) 令會男女 : 媒氏가 仲春에 남녀를 만나게 하는데, 만약 특별한 사유가 없는데도 어기고 따르지 않으면 벌을 내린다고 하였다. ≪周禮 地官 媒氏≫

箋의 〔瓠葉〕에서 〔問名〕까지

○ 正義曰 : 冬至와 夏至에는 추위와 더위가 가장 심하고, 春分과 秋分에는 따뜻하고 서늘한 기운이 고르며, 春分이면 陰이 가고 陽이 오고, 秋分이면 陰이 오고 陽이 간다. 그리하여 '8월에 陰과 陽이 교차한다.'고 한 것이다. 昏禮는 남녀를 서로 만나게 하여 혼인의 일을 반드시 제때에 따르도록 命하였다. 그리하여 ≪士昏禮目錄≫에 "반드시 혼례를 어두울 때 하는 것은 양이 가고 음이 오는 뜻을 취한 것이다."라고 한 것이다. 그렇다면 2월에 음과 양의 기운이 교차하여 禮에서 "남녀를 서로 만나게 한다."라고 하였으니, 그렇다면 8월에도 음과 양의 기운이 교차하여 納采와 問名을 할 수 있음이 분명하다. 이 달은 박의 잎이 쓰고 건너는 곳이 깊어서 8월의 때라고 기록한 것이다. 그리하여 아래 장에 "정답게 우는 기러기 해 뜨는 아침에 우네."라고 한 것이니 納采의 禮를 말한 것이다. 여기서는 때를 기록하고 아래에서는 쓰임을 말하였으니, 뜻이 서로 이어져 있다.

【疏】 納采者, 昏禮之始, 親迎者, 昏禮之終, 故皆用陰陽交會之月. 昏禮"納采用鴈". 賓旣致命, 降, 出. "(賓)〔擯〕[1]者, 出請, 賓執雁, 請問名." 則納采・問名同日行事矣, 故此納采・問名連言之也. 其納吉・納徵, 無常時月, 問名以後, 請期以前, 皆可也. 請期在親迎之前, 亦無常月, 當近親迎乃行, 故下箋云 "歸妻謂請期. '冰未散', 正月中以前也, 二月可以爲昏." 禮以二月當成昏, 則正月中當請期, 故云'迨冰未泮', 則冰之未散, 皆可爲之. 以言及, 故云正月中, 非謂唯正月可行此禮. 女年十五已得受納采, 至二十始親迎, 然則女未二十, 納采之禮, 雖仲春亦得行之, 不必要八月也. 何者, 仲春亦陰陽交會之月, 尙得親迎, 何爲不可納采乎. 此云八月之時, 得行納采, 非謂納采之禮必用八月也.

1) (賓)〔擯〕: 저본의 교감기에 따라 '擯'으로 번역하였다.

納采는 昏禮의 처음이고, 親迎은 昏禮의 끝이다. 그리하여 모두 음과 양의 기운이 교차하는 달에 행하는 것이다. ≪儀禮≫ 〈士昏禮〉에 "納采에는 기러기를 사용한다."라고 하고, 賓이 〈사당 위에서 동쪽을 바라보며〉 명을 전하고 내려온다. 〈賓이 문 밖으로〉 나간 후에 "〈신부측의〉 擯이 문밖으로 나와 '무슨 일로 왔는가?' 하고 물으면, 賓이 기러기를 들고 서서 여인의 성과 이름을 청하여 묻는다."라고 하였으니, 그렇다면 納采와 問名을 같은 날 거행한 것이다. 그리하여 여기서 納采와 問名을 이어서 말한 것이다. 納吉과 納徵은 일정한 때가 없으니 問名 이후나 請期 이전에 모두 행할 수 있다. 請期는 親迎의 앞에 있는데, 또 일정한 달이 없고 親迎할 때가 가까워지면 행한다. 그리하여 아래 箋에서 "歸妻는 請期를 이른다. '冰未散'은 正月 중순 이전이니, 2월에는 昏禮를 올릴 수 있다."라고 한 것이다. ≪周禮≫에서 2월에 昏禮를 올린다고 하였으니, 그렇다면 정월 중에 마땅히 請期를 해야 한다. 그리하여 '얼음 녹기 전에 가라.〔迨冰未泮〕'라고 한 것이니, 얼음이 녹기 전이면 모두 할 수 있는 것이다. '及(미치다)'이라고 하였기 때문에 정월이라고 한 것이지, 오직 정월에만 이 예를 행할 수 있다는 것은 아니다. 여인의 나이 15세에 이미 納采를 허락 받고, 20세에 이르러서 비로소 親迎을 한다. 그렇다면 여인이 20세 이전에는 納采의 禮를 비록 仲春이라도 행할 수 있으니, 반드시 8월일 필요는 없다. 왜인가. 仲春도 음과 양의 기운이 교차하는 달이니 오히려 親迎을 할 수 있는데, 어찌 納采는 행할 수 없겠는가. 이는 8월에 納采를 행할 수 있음을 말한 것이지, 納采의 禮를 반드시 8월에 행한다는 말은 아니다.

【疏】 傳'遭時'至'自濟' ○正義曰：此以貧賤責尊貴之辭, 言遭所遇之時, 而制其所宜, 隨時而用禮, 如遇水之必渡也. '男女之際', 謂昏姻之始, 故禮記大傳曰"異姓主名治際會", 注云"名, 謂母與婦之名, 際會, 謂昏禮交接之會." 是也. 言遭時制宜, 不可無禮, 況昏姻人道之始, 安可以無禮義乎. 禮者, 人所以立身, 行禮乃可度世難, 無禮將無以自濟, 言公之無禮, 必遇禍患也.

傳의 〔遭時〕에서 〔自濟〕까지

○正義曰：이는 貧賤의 예를 가지고 尊貴한 자가 〈예를 지키지 않음을〉 책망한 말이니, 만나는 때에 따라 알맞게 하여 때에 따라 禮를 행함이 마치 물을 만나면 〈깊으면 옷을 입은 채로, 얕으면 옷을 걷고 건너〉 반드시 건너는 것과 같음을 말한 것이다. '男女之際'는 昏姻의 처음을 말한 것이다. 그리하여 ≪禮記≫ 〈大傳〉에 "異姓은 名을 밝혀 際會를 바르게 한다."라고 하였는데, 注에서 "名은 시어머니와 며느리의 이름을 이르고, 際會는 昏禮할 때에 異姓이 만나는 것이다."라고 한 것이 이것이다. 때에 따라 알맞게 하여 禮가 없어서는 안 되는데 하물며 昏姻은 人道의 시작이니, 어찌 禮義가 없을 수 있겠는가. 禮는 사람답게 하는 방도이니 예를 행하여야 어지러운 세상을 바르게 살 수 있는데, 禮가 없다면 장차 바르게 살 수 없다. 宣公이 무례하여 반드시 禍患을 만날 것임을 말한 것이다.

【疏】 箋'既以'至'妃耦' ○正義曰：箋解上爲記時, 此爲喩意. 上既以深涉記時, 此因以深淺爲喩, 則上非喩, 此非記時也. '男女才性賢與不肖'者, 若大明云 "天作之合", (傳)〔箋〕[1]曰 "賢女妃, 聖人得禮之宜." 言'長幼'者, 禮 '女年十五得許嫁', 男年長於女十年, 則女十五, 男二十五, 女二十, 男三十, 各以長幼相敵, 以才性長幼而相求, 是各順其人之宜, 爲之求妃耦.

1) (傳)〔箋〕: 저본의 교감기에 의거하여 '箋'으로 바로잡아 번역하였다.

箋의 〔旣以〕에서 〔妃耦〕까지

○ 正義曰 : 箋은 위에서는 시기를 기록한 것으로 풀이하고 여기서는 비유한 뜻으로 풀이하였다. 위에서는 深淺을 시기를 기록한 것으로, 여기서는 深淺을 비유로 여겼으니, 그렇다면 위의 深淺은 비유한 것이 아니고 여기의 深淺은 시기를 기록한 것이 아니다.

'男女才性賢與不肖'는 마치 〈大雅 大明〉의 "하늘이 배필을 내리셨네."의 箋에서 "어진 여인이 妃가 된 것은 聖人이 禮를 마땅하게 한 것이다."라고 한 것과 같다. '長幼'라고 한 것은, ≪禮記≫ 〈內側〉에서 여인은 나이 15세에 혼인을 허락한다고 하였는데, 〈혼인하는 나이는〉 남자가 여인보다 10세가 많다. 여인 15세와 남자 25세, 여인 20세와 남자 30세가 각기 나이에 서로 걸맞으니, 성품과 나이의 많고 적음에 따라 서로 짝을 구하는 것이 각기 사람의 마땅함에 따라 배필을 구하는 것이다.

有瀰濟盈이어늘 有鷕(요)雉鳴이로다

나루엔 물 넘실거리는데
꿩꿩 까투리가 우네

【傳】 瀰는 深水也요 盈은 滿也라 深水는 人之所難也라 鷕는 雌雉聲也라 衛夫人有淫佚之志하여 授人以色하고 假人以辭하니 不顧禮義之難하여 至使宣公有淫昏之行이라

瀰는 '깊은 물'이고, 盈은 '가득 참'이다. 깊은 물은 사람들이 어려워하는 것이다. 鷕는 까투리 우는 소리이다. 衛나라 夫人이 음란한 뜻이 있어 사람에게 요염한 모습으로 기쁘게 하고 아양 떠는 말로 유혹하니, 삼가야 할 禮義는 돌아보지 아니하여 宣公으로 하여금 음란한 행동을 하게 한 것이다.

【箋】 箋云 有瀰濟盈은 謂過於厲이니 喩犯禮深也라 ○ 鷕는 雌雉聲이라

箋云：有瀰濟盈은 厲보다 깊은 곳을 이르니, 예를 범함이 심함을 비유한 것이다.
○ 鷕는 까투리 우는 소리이다.

濟盈不濡軌(범)하며 雉鳴求其牡로다

깊은 나루 물 바퀴축도 못 적시며
까투리는 울어 수짐승을 찾네

【傳】 濡는 漬也라 由輈(주)以上爲軓이다 違禮義하고 不由其道 猶雉鳴而求其牡矣라 飛曰雌雄이요 走曰牝牡라

濡는 젖는 것이다. 끌채 위가 軓이다. 禮義를 어기고 올바른 도리를 따르지 않은 것이, 꿩이 울며 수짐승을 찾는 것과 같다. 날짐승을 '雌雄'이라 하고, 길짐승을 '牝牡'라고 한다.

【箋】 箋云 渡深水者는 必濡其軌이어늘 言不濡者는 喩夫人犯禮而不自知요 雉鳴反求其牡는 喩夫人所求非所求라 ○ 軌은 謂車轊(세)頭也니 依傳意直音犯이라 案說文云 軌은 車轍也니 從車九聲이라하고 軓은 車軾前也니 從車凡聲이라하니 音犯이라 車轊頭를 所謂軓也라하니 相亂이라 故具論之라 輈는 車轅也라

箋云：깊은 물을 건널 때는 반드시 수레굴대가 젖는데 젖지 않는다고 말한 것은 부인이 예를 범하고도 스스로 알지 못하는 것을 비유한 것이고, 까투리가 울며 도리어 수짐승 찾는 것은 부인이 찾아서는 안 될 것을 찾음을 비유한 것이다.

○ 軌은 수레굴대의 끝을 이르니, 傳의 뜻에 따라 音만 '犯'이라고 한 것이다. ≪說文解字≫를 살펴보면 "軌은 수레바퀴 자국인데, 形部는 車이고, 聲部는 九이다."라고 하고, "軓은 수레의 軾 앞이니, 形部는 車이고, 聲部는 凡이다."라고 하였는데, 音이 犯이다. 수레굴대의 끝머리를 '軓'이라 하니 서로 혼란스럽다. 그리하여 함께 논한 것이다. 輈는 수레 끌채이다.

【疏】 '有瀰'至'其牡' ○ 正義曰：言有瀰然深水者, 人所畏難, 今有人濟此盈滿之水, 不

避其難, 以興有儼然禮義者, 人所防閑, 今夫人犯防閑之禮, 不顧其難. 又言夫人犯禮, 猶有鷕雉鳴也, 有鷕然求其妃(배)耦之聲者, 雌雉之鳴, 以興有求爲淫亂之辭者, 是夫人之聲. 此以辭色媚悅於公, 是不顧禮義之難, 又言夫人犯禮旣深, 而不自知. 言濟盈者, 必濡其(軌)〔軓〕[1], 今言不濡(軌)〔軓〕, 是濟者, 不自知, 以興淫亂者, 必違禮義. 今云不違禮, 是夫人不自知, 夫人違禮淫亂, 不由其道, 猶雉鳴求其牡也. 今雌雉(鳴)〔鳥〕[2]也, 乃鳴求其走獸之牡, 非其道, 以興夷姜, 母也, 乃媚悅爲子之公, 非所求也. 夫人非所當求而求之, 是犯禮不自知也.

1) (軌)〔軓〕: 저본의 교감기에 따라 '軓'으로 번역하였다. 아래도 같다.
2) (鳴)〔鳥〕: 저본의 교감기에 따라 '鳥'로 번역하였다.

經의 〔有瀰〕에서 〔其牡〕까지

○ 正義曰 : 가득 찬 깊은 물은 사람이 꺼리고 삼가는 곳인데, 지금 어떤 사람이 넘실대는 깊은 물을 건너면서 삼갈 곳을 피하지 않음을 말하여, 엄격한 예의는 사람의 잘못을 방비하기 위한 것인데, 지금 부인이 방비하는 예를 범하고도 삼갈 것(禮義)을 돌아보지 않음을 興한 것이다. 또 부인이 예를 범하는 것이 까투리 우는 소리와 같으니, 꿩꿩 울며 짝을 구하는 소리가 까투리 우는 소리임을 말하여, 상대를 구할 때 음란한 말을 하는 것이 부인의 소리임을 興한 것이다. 이는 유혹하는 말과 美色으로 公에게 아첨하고 기쁘게 한 것이니, 바로 삼가야 할 예의를 돌아보지 않는 것이고, 또 부인이 예를 범함이 심한데도 스스로 알지 못함을 말한 것이다. 깊은 곳을 건너면 반드시 수레 바닥의 나무가 젖는데 지금 수레 바닥이 젖지 않는다고 말하였으니, 이는 건너는 자가 스스로 알지 못함을 말하여, 음란한 자가 반드시 예의를 어김을 興한 것이다. 지금 예를 어기지 않았다고 하면 이는 부인이 스스로 알지 못한 것이니, 부인이 예를 어기고 음란하여 올바른 도를 따르지 않는 것은 까투리가 울며 수짐승을 찾는 것과 같다. 지금 까투리가 곧 걸어 다니는 수짐승을 찾으며 우는 것이니, 올바른 도가 아니다. 이것으로 夷姜이 어머니인데도 도리어 아들뻘인 公에게 아첨하였으니, 찾을 바가 아님을 興한 것이다. 부인이 마땅히 찾지 말아야 할 바를 찾은 것이니, 이것이 예를 범하고도 스스로 알지 못하는 것이다.

【疏】傳'瀰深'至'之行' ○ 正義曰 : 下言雉求其牡, 則非雄雉, 故知'鷕, 雌雉聲也'. 又小弁云"雉之朝雊, 尙求其雌", 則雄雉之鳴曰'雊'也. 言'衛夫人有淫佚之志, 授人以色, 假人以辭', 解'有鷕雉鳴'也, '不顧禮義之難', 解'有瀰濟盈'也, '致使公有淫昏之行', 解所以責夫人之意也. 以經上句, 喻夫人不顧禮義之難, 卽下句言其事. 故傳反而覆之也. 言'授人以色假人以辭', 謂以顏色言辭怡悅於人, 令人啓發其心, 使有淫泆之志. 雌雉之鳴(以)〔似〕[1]'假人以辭', 幷言'授人以色'者, 以爲辭必怡悅顏色, 故連言之.

1) (以)〔似〕: 저본의 교감기에 따라 '似'로 번역하였다.

傳의 〔瀰深〕에서 〔之行〕까지

○ 正義曰 : 아래에서 꿩이 수짐승을 구한다고 하였으니 그렇다면 장끼가 아니다. 그리하여 '鷕는 까투리 우는 소리'임을 안 것이다. 또 〈小雅 小弁〉에 "꿩이 아침에 울며 오히려 까투리 찾네."라고 하였으니, 그렇다면 장끼의 울음소리를 '雊'라고 한 것이다. '衛나라 夫人이 음란한 뜻이 있어 사람에게 요염한 모습으로 기쁘게 하고 아양 떠는 말로 유혹함'을 말하여 '꿩꿩 까투리가 우네.'를 풀이하고, '삼가야 할 禮義는 돌아보지 아니함'을 말하여 '나루엔 물 넘실거리는데.'를 풀이하고, '宣公으로 하여금 음란한 행동을 하게 한 것'은 부인의 뜻을 책망하는 까닭을 풀이한 것이다. 經의 윗句는 부인이 삼가야 할 예의를 돌아보지 않은 것을 비유한 것이고, 바로 아랫句는 그 일을 말한 것이기 때문에 傳에서 반복하여 말한 것이다. '요염한 모습으로 기쁘게 하고, 아양 떠는 말로 유혹함'은 顏色과 言辭로 남을 기쁘게 하여 사람으로 하여금 그러한 마음을 생기게 하여 방탕한 뜻을 갖게 하는 것을 말한다. 까투리의 울음소리는 '아양 떠는 말로 유혹함'과 유사한데, '요염한 모습으로 기쁘게 함'을 아울러 말한 것은 말을 할 때에는 반드시 기뻐하는 안색을 짓기 때문이다. 그리하여 이어서 말한 것이다.

【疏】 箋'有瀰'至'禮深' ○ 正義曰 : 前厲衣可渡, 非人所難, 以深不可渡而人濟之. 故知過於厲, 以喻犯禮深.

箋의 〔有瀰〕에서 〔禮深〕까지

○ 正義曰 : 앞의 厲는 옷을 입은 채로 건널 수 있으니 사람들이 어려워하는 바가 아니지만, 깊은 곳은 건널 수 없는데도 사람들이 건너기 때문에, 厲보다 깊은 것으로 예를 범함이 심함을 비유한 것임을 안 것이다.

【疏】 傳'由輈'至'牝牡' ○ 正義曰 : 說文云 "軓, 車轍也.", "(軌)〔軓〕[1], 車軾前也." 然則軾前謂之軓也, 非軌也. 但軌聲九, 軓聲凡, 於文易爲誤, 寫者亂之也. 少儀云 "祭左右

軌范, 乃飮.” 注云 “周禮大馭‘祭兩軹, 祭軌, 乃飮.’ 軌與軹(지)於車同謂轊頭也, 軌與范聲同, 謂軾前也.” 輈人云 “軌前十尺而策半之.” 鄭司農云 “軌謂軾前也, 書或作軌.” 玄謂“軌是軌法也, 謂(與)〔輿〕[2]下三面之材, 輢軾之所樹, 持車正.”者. 大馭云 “祭兩軹, 祭軓, 乃飮.” 注云 “古書‘軹’爲‘斩’, ‘軓’爲‘範’, 杜子春云‘文當如此.’ 又云‘斩當作軹, 軹謂兩轊, 範當爲軓, 軓車軾前.’” 鄭不易之, 是依杜子春軓爲正也. 然則諸言軾前, 皆謂‘軓’也.

1) (軌)〔軓〕: 저본의 교감기에 따라 ‘軓’으로 번역하였다. 아래도 같다.
2) (與)〔輿〕: 저본의 교감기에 따라 ‘輿’로 번역하였다.

傳의 〔由輈〕에서 〔牝牡〕까지

○ 正義曰 : ≪說文解字≫에 “軌은 수레바퀴 자국이다.” 하고 “軓은 수레 軾의 앞이다.”라고 하였으니, 그렇다면 軾의 앞을 軓이라 하니 軌가 아니다. 다만 軌의 聲部는 九이고, 軓의 聲部는 凡인데 글을 바꾸어 써서 잘못된 것이니 베껴 쓴 자가 헷갈린 것이다. ≪禮記≫ 〈少儀〉에 “좌우의 軌과 范에 祭를 지내고 술을 마신다.”라고 하였는데, 注에서 “≪周禮≫ 〈夏官 大馭〉에 ‘양쪽 굴대 끝에〔軹〕 祭를 지내고, 軌에도 祭를 지내고 나서 술을 마신다.’라고 하였으니, 軌과 軹는 수레에서 모두 차축 끝을 이른다. 軌과 范은 음이 같은데 軾의 앞을 이른다.”라고 하고, ≪周禮≫ 〈輈人〉에 “軌의 앞의 길이는 10尺이고, 채찍은 5尺이다.”라고 하였는데, 鄭司農이 “軌은 軾의 앞을 이르는데, 간혹 ‘軌’로도 쓰여 있는 책도 있다.”라고 하고, 鄭玄은 “軌은 軌法이다 하였는데, 수레바탕 아래 삼 면의 목재로 軾을 붙여 세워서 수레를 바르게 지탱해주는 것을 말한다.”라고 하였다. ≪周禮≫ 〈夏官 大馭〉에 “양쪽 軹에 祭를 지내고 軓에도 祭를 지내고 나서 술을 마신다.”라고 하였는데 注에서 “古書에는 ‘軹’가 ‘斩’로 되어 있고, ‘軓’이 ‘範’으로 되어 있는데, 杜子春은 ‘글이 마땅히 이와 같아야 한다.’라고 하고, 또 ‘斩는 마땅히 軹가 되어야 하니, 軹는 두 차축 끝을 이르고, 範은 마땅히 軓이 되어야 하니, 軓은 수레 軾의 앞이다.’”라고 하였다. 鄭玄이 이를 바꾸지 않는 것은 杜子春이 말한 軓의 의견을 옳게 여긴 것이다. 그렇다면 ‘軾前’이라고 말한 것들은 모두 ‘軓’을 이른다.

【疏】 小戎傳曰 “陰, 揜軌也.” 箋 “揜軌在軾前垂輈上.” 文亦作軌, 非軌也, 軌自車轍耳. 中庸云 “車同軌”, 匠人云 “經途九軌”, 注云 “軌, 謂轍廣.” 是也. 說文又云 “軹, 輪小穿也, 轊, 車軸端也.” 考功記注鄭司農云 “軹, 轊也.” 又云 “軹, 小穿也.” 玄謂 “軹, 轂末也.” 然則轂末・軸端共在一處而有軹・轊二名, 亦非軌也. 少儀注云 “軌與軹, 於車同謂轊頭”者, 以少儀與大馭之文事同而字異, 以‘范’當大馭之‘軌’, ‘軌’當大馭之‘軹’. 故竝其文而解其義, 不復言其字誤耳. 其實少儀‘軌’字誤, 當爲‘軹’也.

〈秦風 小戎〉의 傳에 “陰은 軌을 가린 것이다.”라고 하고, 箋에서 “軌을 가린 것은 軾의 앞 끌채 위에 드리운 곳이다.”라고 하고, 글자도 軌으로 되어 있으니 軌가 아니다. 軌는 본래 수레바퀴 자국일 따름이다. ≪中庸≫에 “수레의 바퀴자국 간격이 같다.”라고 하고, ≪周禮≫ 〈匠人〉에 “經途는 아홉 軌가 나란히 지나가는 길이다.”고 하였는데, 注에 “軌는 수레바퀴 자국의 너비이다.” 한 것이 이것이다. ≪說文解字≫에 또 “軹는 수레바퀴의 작은 구멍이고, 轊는 수레 차축 끝이다.”라고 하고, ≪周禮≫ 〈考功記〉의 注에서 鄭司農은 “軹는 轊이다.”라고 하고, 또 “軹는 작은 구멍이다.”라고 하고, 鄭玄은 “軹는 바퀴통의 끝이다.”라고 하였으니, 그렇다면 바퀴통의 끝과 차축 끝은 모두 같은 곳에 있는데, 軹와 轊의 두 가지 이름이 있는 것이니, 역시 軌가 아니다. ≪禮記≫ 〈少儀〉의 注에서 “軌과 軹는 수레에서 모두 차축 끝을 이른다.”고 한 것은 ≪禮記≫ 〈少儀〉와 ≪周禮≫ 〈夏官 大馭〉의 글이 사실은 같으나 글자가 다르기 때문에, ‘范’은 〈夏官 大馭〉의 ‘軌’에 해당되고, ‘軌’은 〈夏官 大馭〉의 ‘軹’에 해당되는 것이다. 그리하여 글을 아울러 써서 뜻을 풀이하고, 글자의 잘못 쓴 것은 다시 말하지 않은 것이다. 실제로 ≪禮記≫ 〈少儀〉의 軌은 잘못 쓴 것이니, 마땅히 ‘軹’자가 되어야 한다.

【疏】 此經皆上句責夫人之犯禮, 下句言犯禮之事, 故傳釋之, 言‘違禮義不由其道 猶雌雉鳴求牡’也, ‘違禮義’者, 卽‘濟盈’也, ‘不由其道’者, 猶‘雉鳴求其牡’也. 釋鳥云 “鳥之雌雄不可別者, 以翼右掩左雄, 左掩右雌.” 是‘飛曰雌雄’也, 釋獸云 “麋, 牡麔, 牝麎.” 是‘走曰牝牡’也. 此其定例耳, 若散則通, 故書曰 “牝雞之晨”, 傳曰 “獲其雄狐”[1]是也. 鄭志答張逸云 “雌雉求牡, 非其耦. 故喩宣公與夫人, 言夫人與公非其耦, 故以飛雌求走牡爲喩, 傳所以幷解之也.”

1) 書曰……獲其雄狐 : 날짐승인 닭에게 길짐승의 ‘牝’자를 사용하고, 길짐승인 여우에게 날짐승의 ‘雄’자를 사용한 예를 말한 내용이다. ‘獲其雄狐’는 ≪周易≫ 蠱卦의 爻辭이다.

이 經文은 모두 앞의 句에서는 夫人이 예를 범한 것을 책망하였고, 뒤의 句에서는 예를 범한 일을 말하였다. 그리하여 傳에서 풀이하여 ‘禮義를 어기고 올바른 도리를 따르지 않은 것이, 꿩이 울며 수짐승을 찾는 것과 같다.’고 한 것이니, ‘禮義를 어기는 것’은 바로 '깊은 나루'와 같고, '올바른 도리를 따르지 않은 것'은 '꿩이 울며 수짐승을 찾는 것'과 같다. ≪爾雅≫ 〈釋鳥〉에 "새의 雌雄을 구별할 수 없는 경우에는 〈새가 나란히 앉았을 때〉 오른쪽 날개로 왼쪽을 감싸는 것이 雄이고, 왼쪽 날개로 오른쪽을 감싸는 것이 雌이다."라고 하였으니, 이것이 '飛曰雌雄'이고, ≪爾雅≫ 〈釋獸〉에 "麋는 牡(수컷)가 麔이고, 牝(암컷)이 麎이다."라고 하였으니, 이것이 '走曰牝牡'이다. 이것이 定例인데, 만약 散文이면 의미가 통한다. 그리하여 ≪尙書≫ 〈牧誓〉에 "牝雞(암탉)가 새벽에 운다."라고 하고, ≪春秋左氏傳≫ 僖公 15년에 "그 雄狐(수여우)를 잡는다."라고 한 것이 이것이다. ≪鄭志≫에서 張逸에게 답하기를 "까투리가 수짐승 찾으니 제 짝이 아니다. 그리하여 宣公과 夫人을 비유하여 夫人과 公이 제 짝이 아님을 말한 것이다. 그리하여 나는 까투리가 달리는 수짐승을 찾는 것으로 비유하였으니, 傳에서 이 때문에 아울러 풀이한 것이다."라고 하였다.

雝雝鳴鴈은 旭日始旦이니라

다정한 기러기 소리
동트는 첫 아침에 우네

【傳】 雝雝은 鴈聲和也라 納采에 用鴈이라 旭日始出은 謂大昕之時라

雝雝은 기러기 소리가 다정한 것이다. 納采에 기러기를 사용한다. 旭日始出은 동틀 무렵을 이른다.

雁(기러기)(≪毛詩品物圖攷≫)

【箋】 箋云 鴈者는 〔陰〕[1]隨陽而處하니 似婦人從夫라 故昏禮用焉이라 自納采至請期는 用昕하고 親迎은 用昏이라

1) 〔陰〕: 저본의 교감기에 따라 '陰'을 보충하여 번역하였다.

箋云 : 기러기는 陰에서 陽을 따라서 머무니 아내가 남편을 따르는 것과 같다. 그리하

여 昏禮에 사용하는 것이다. 納采로부터 請期까지는 새벽에 예를 행하고, 親迎은 저녁에 예를 행한다.

士如歸妻인댄 迨冰**未泮**이로다

남정네 장가가려거든
얼음 녹기 전에 맞이해야 하네

【傳】 迨는 及이라 泮은 散也라

迨는 미침이다. 泮은 풀림이다.

【箋】 箋云 歸妻는 使之來歸於己니 謂請期也라 冰未散은 正月中以前也니 二月可以昏矣라

箋云 : 歸妻는 자기에게 시집오게 하는 것이니 請期를 이른다. 얼음이 풀리지 않는 것은 正月 이전이니, 二月에는 昏禮를 올릴 수 있다.

【疏】 '雝雝'至'未泮' ○ 毛以爲, 宣公淫亂, 不娶夫人, 故陳正禮以責之, 言此雝雝然聲和之鳴鴈, 當於旭然日始旦之時, 以行納采之禮, 旣行納采之等禮成, 又須及時迎之. 言士如使妻來歸於己, 當及冰之未散, 正月以前迎之, 君何故不用正禮, 及時而娶, 乃烝父妾乎. ○ 鄭唯下二句及冰未散・請期爲異.

經의 〔雝雝〕에서 〔未泮〕까지

○ 毛亨은 '宣公이 淫亂하여 夫人에게 장가들지 않았다. 그리하여 正禮를 말하여 책망한 것이니, 여기서 다정한 소리로 화답하여 우는 기러기가 동트는 첫 아침에 우는 것으로, 納采의 禮를 행함을 말하였고, 納采 등의 예를 행한 뒤에는 또 제때에 맞이해야 한다. 그래서 남자가 만일 아내가 자기에게 시집오게 하려면 마땅히 얼음이 녹기 전에 서둘러 正月 이전에 맞이해야 하는데, 人君은 무슨 까닭으로 正禮를 사용하여 제때 장가들지 않고 도리어 아버지의 妾과 위로 사통하느냐고 말한 것이다.'라고 여긴 것이다.

○ 鄭玄은 아래 두 번째 句의 얼음이 녹기 전에 미치는 것과 請期만을 다르게 여기었다.

【疏】 傳'雝雝'至'之時' ○ 正義曰 : 鴈生執之以行禮, 故言'鴈聲', 舜典云 "二生", 注云

"謂羔・鴈也." 言納采者, 謂始相采擇, 擧其始, 其實六禮唯納徵用幣, 餘皆用鴈也. 親迎雖用鴈, 非昕時, 則此鴈不兼親迎. 前經謂納采, 下經謂親迎, 摠終始, 其餘可知也. 旭者, 明著之名, 故(爲爲日出)〔爲日始出〕[1]. 昕者, 明也, 日未出已名爲昕(生)〔矣〕[2], 至日出益明, 故言'大昕'也. 禮記注"大昕謂朔日"者, 以言'大昕之朝, 奉種浴於川.'[3] 若非朔日, 恒日出皆可, 無爲特言大昕之朝, 故知'朔日'與此不同.

1) (爲爲日出)〔爲日始出〕: 저본의 교감기에 따라 '爲日始出'로 번역하였다.
2) (生)〔矣〕: 저본의 교감기에 따라 '矣'로 번역하였다.
3) 大昕之朝 奉種浴於川 : '大昕之朝'는 季春 초하루를 말한다. 이때 3宮의 夫人과 世婦 중에 길한 사람을 점쳐서 골라 잠실로 들여보내 누에를 치게 하였는데, 잠실로 들어간 사람은 누에 종자를 받들고 시내로 가서 씻은 다음 公桑에서 뽕을 따 바람에 말려 누에에게 먹였다고 한다. ≪禮記≫ 〈祭義〉

傳의 〔雝雝〕에서 〔之時〕까지

○ 正義曰 : 기러기는 산채로 가지고 가서 禮를 행하기 때문에 '기러기 소리'라고 한 것이니, ≪尙書≫ 〈舜典〉에 "〈폐백은〉 두 가지 살아 있는 것이다."의 注에서 "염소와 기러기를 이른다."고 하였다. 納采를 말한 것은 처음에 서로 采擇하는 것을 이르니, 그 처음을 거론하였으나 실제로는 六禮에서 納徵만이 幣帛을 사용하고, 나머지는 모두 기러기를 사용한다. 親迎에 비록 기러기를 사용하지만 동틀 무렵이 아니니, 그렇다면 이 기러기는 親迎에 겸하여 사용하지 않은 것이다. 앞의 經文은 納采를 말하고, 뒤의 經文은 親迎을 말하여 처음과 끝을 총괄하였으니, 그 나머지는 〈말하지 않아도〉 알 수 있다.

旭은 밝게 드러남의 뜻이다. 그리하여 해가 처음 뜨는 것이 된다. 昕은 밝음인데, 해가 아직 뜨지 않은 것을 昕이라고 이름하고, 해가 뜨면 더욱 밝아지므로 '大昕'이라 한 것이다. ≪禮記≫ 〈祭義〉의 注에 "大昕은 초하루를 이른다."라고 한 것은 '大昕의 아침에 누에 종자를 받들고 시내에 가서 씻는다.'고 했기 때문이다. 만약 초하루가 아니라도 항상 해가 뜰 때면 모두 가능하니, 특별히 大昕의 아침을 말할 이유는 없다. 그리하여 '朔日'이 여기와 같지 않음을 안 것이다.

【疏】 箋'鴈者'至'用昏' ○ 正義曰 : 此皆陰陽竝言, 禹貢注云 "陽鳥, 鴻鴈之屬, 隨陽氣南北." 不言陰者, 以其彭蠡之澤, 近南恒暖, 鴻鴈之屬避寒隨陽而往居之, 故經云 "陽鳥攸居", 注釋其名曰'陽鳥'之意, 故不言陰耳. 定本(木)〔云〕[1]'鴈隨陽', 無陰字. 又言'納采

至請期用昕 親迎用昏'者, 因此旭日用鴈, 非徒納采而已. 唯納徵不用鴈, 亦用昕, 此摠言其禮耳. 下'歸妻'謂請期, 則鄭於此文不兼親迎日用昕者, 君子行禮貴其始. 親迎用昏, 鄭云取陽往陰來之義. 然男女之家, 或有遠近, 其近者卽夜而至於夫家, 遠者則宜昏受其女, 明發而行, 其入蓋亦以昏時也. 儀禮士昏禮執燭而往婦家, 其夜卽至夫氏, 蓋同城郭者也.

1) (木)〔云〕: 저본의 교감기에 따라 '云'으로 번역하였다.

箋의 〔雁者〕에서 〔用昏〕까지

○ 正義曰 : 여기서는 모두 陰과 陽을 아울러 말하였는데, ≪尙書≫ 〈禹貢〉의 注에 "陽鳥는 기러기 무리인데, 따뜻한 陽氣를 따라 南과 北으로 옮겨 다닌다."라고 하고 陰을 말하지 않은 것은 彭蠡의 못이 남쪽에 가까워 항상 따뜻하여 기러기 무리가 추위를 피해 따뜻한 곳을 따라 이곳에 가서 살기 때문이다. 그리하여 ≪尙書≫ 〈禹貢〉의 經文에 "陽鳥가 사는 곳이다."라고 하였는데, 그 注에서 '陽鳥'라고 이름한 뜻을 풀이하였다. 그리하여 陰은 말하지 않은 것이다. 定本에는 '雁隨陽'이라고 하고 '陰'字가 없다. 또 '納采至請期用昕 親迎用昏'이라고 말한 것은 동틀 무렵에 기러기를 사용하니 納采만이 아니다. 納徵만은 기러기를 사용하지 않고 또한 동틀 무렵에 이 禮를 행한다. 이것은 그 예를 총괄하여 말한 것이다. 아래에서 '歸妻'는 請期를 이른다고 하였으니, 그렇다면 鄭玄이 이 글에서 親迎을 동틀 무렵에 행하는 것으로 포함시키지 않은 것이니, 君子는 예를 행함에 그 처음을 귀하게 여기기 때문이다. 親迎을 어두울 때 한다고 한 것은, 鄭玄은 陽이 가고 陰이 오는 뜻을 취한 것이라고 하였다. 그러나 남녀의 집은 혹 멀거나 가까울 수 있으니, 가까울 경우는 당일 밤에 신랑 집에 이르고, 멀 경우는 어두울 때 신부를 맞이해야 하니, 밝을 때 출발하여 가서 도착하면 또한 어두울 때이다. ≪儀禮≫ 〈士昏禮〉에 촛불을 잡고 신부 집에 가서 그날 밤에 바로 신랑의 집에 이른다고 한 것은 아마도 같은 城郭 안에 사는 경우이다.

【疏】 箋'歸妻'至'昏矣' ○ 正義曰 : 以冰未散, 未二月, 非親迎之時, 故爲'使之來歸於己謂請期'也, 以正月尙有魚上負冰, 故知'冰未散', 正月中以前也. 所以正月以前請期者, 二月可以爲昏故也. 正月冰未散, 而月令孟春云 "東風解凍." 出車云 "雨雪載塗", 謂陸地也. 其冰必二月乃散, 故溱洧箋云 "仲春之時, 冰始散, 其水渙渙然." 是也.

箋의 〔歸妻〕에서 〔昏矣〕까지

○ 正義曰 : 얼음이 녹지 않았으면 아직 2월이 아니니 親迎의 때가 아니다. 그리하여 '자기에게 시집오게 하는 것이니 請期를 이른다.'고 한 것이고, 正月에는 아직 물고기 위로 얼음이 있기 때문에 '얼음 녹기 전'이 正月 이전임을 안 것이다. 正月 이전에 請期하는 까닭은 〈그래야〉 2월에 昏禮를 올릴 수 있기 때문이다. 正月에 얼음이 녹지 않아서 ≪禮記≫ 〈月令〉의 孟春에 "東風에 얼음이 녹는다."라고 하고, 〈小雅 出車〉에서는 "진눈깨비에 길이 질척이네."라고 하였으니, 陸地에서의 일을 이른다. 얼음은 반드시 2월에야 녹는다. 그리하여 〈鄭風 溱洧〉의 箋에서 "仲春에 얼음이 비로소 녹아 물이 많아진다."라고 한 것이 이것이다.

招招舟子에 人涉卬否로다

뱃사공 소리쳐 부르는데
남들 가도 나는 아니 갔네

【傳】 招招는 號召之貌라 舟子는 舟人이니 主濟渡者라 卬은 我也라

招招는 소리쳐 부르는 모습이다. 舟子는 뱃사공이니, 물을 건너는 것을 주관하는 사람이다. 卬은 나이다.

【箋】 箋云 舟人之子號召當渡者 猶媒人之會男女無夫家者하여 使之爲妃(배)匹이라 人皆從之而渡어늘 我獨否라 ○ 王逸云 以手曰招요 以言曰召라하고 韓詩云 招招는 聲也라 卬은 我也니 本或作仰이니 音同라

箋云 : 뱃사공이 물을 건너야 할 자를 소리쳐 부르는 것이, 중매인이 남편과 아내가 없는 남녀를 만나게 하여 배필이 되게 하는 것과 같다. 남들은 모두 따라 건너는데 나만 건너지 않는 것이다.

○ 王逸은 "손짓으로 부르는 것을 '招'라고 하고, 말로 부르는 것을 '召'라고 한다."라고 하고, ≪韓詩≫에는 "招招는 소리이다."라고 하였다. 卬은 나이니, 간혹 '仰'으로 되어 있는 本도 있는데 音은 같다.

人涉卬否는 卬須我友니라

남들 가도 나 아니 감은
바른 내 짝 기다려서라네

【傳】 人皆涉이어늘 我友未至하여 我獨待之而不涉으로 以言室家之道에 非得所適이면 貞女不行하고 非得禮義면 昏姻不成이라

남들은 모두 건넜는데 내 짝이 이르지 않아 나만 기다리며 건너지 않은 것으로, 혼인하는 도리에서 합당한 상대를 만나지 못하면 정숙한 여인은 가지 않고, 합당한 예의를 얻지 못하면 昏姻이 이루어지지 않음을 말한 것이다.

【疏】 '招招'至'我友' ○ 正義曰：言招招然號召當渡者, 是舟人之子, 人見號召, 皆從渡而我獨否, 所以人皆涉, 我獨否者, 由我待我友, 我友未至, 故不渡耳, 以興招招然欲會合當嫁者, 是爲媒之人, 女見會合, 餘皆從嫁, 而我貞女獨否者, 由我待我匹, 我匹未得, 故不嫁耳. 此則非得所適, 貞女不行, 非得禮義, 昏姻不成耳, 夫人何以不由禮而與公淫乎.

經의 〔招招〕에서 〔我友〕까지

○ 正義曰：물을 건너야 할 자들을 소리쳐 부르는 것은 뱃사공인데, 남들은 뱃사공이 소리쳐 부르는 것을 보고 모두 따라 건너는데 나만 건너지 않았으니, 남들은 모두 건넜는데 나만 건너지 않은 것은 나의 짝을 기다려서인데 나의 짝이 이르지 않았다. 그리하여 건너지 않았음을 말하여, 시집가야 할 이들을 불러서 만나게 하는 자는 중매인인데 여인들이 상대를 만나보고 다른 여인은 모두 따라 시집가는데, 정숙한 여인인 나만 따라가지 않은 것은 내가 나의 짝을 기다려서이니 나의 짝을 얻지 못하였다. 그리하여 시집가지 않은 것이다. 이는 바로 합당한 짝을 만나지 못하면 정숙한 여인이 따라가지 않고, 합당한 禮義를 얻지 못하면 昏姻이 이루어지지 않은 것이다. 그런데 夫人은 무엇 때문에 禮를 따르지 않고 公과 淫亂한 행동을 하는가라고 한 것을 興한 것이다.

【疏】 傳'招招 號召之貌' ○ 正義曰：號召必手招之, 故云'之貌'. 是以王逸云"以手曰招, 以口曰召." 是也.

傳의 〔招招 號召之貌〕

○ 正義曰：소리쳐 부를 때 반드시 손으로 부른다. 그리하여 '之貌'라고 한 것이다. 이

때문에 王逸이 "손으로 부르는 것을 '招'라고 하고, 입으로 부르는 것을 '召'라고 한다."라고 한 것이 이것이다.

匏有苦葉은 **四章**이니 **章四句**라

〈匏有苦葉〉은 4章이니 章마다 4句이다.

谷風(곡풍)

【序】 谷風은 **刺夫婦失道也**라 **衛人化其上**하여 **淫於新昏而棄其舊室**하니 **夫婦離絶**하여 **國俗傷敗焉**이라

〈谷風〉은 夫婦간의 도리를 잃음을 풍자한 시이다.

衛나라 사람들이 윗사람에게 물들어서 새로 혼인한 여인에게 빠져 옛 아내를 버리니, 夫婦가 헤어져 나라의 풍속이 무너졌다.

【箋】 新昏者는 新所與爲昏禮라

新昏은 새로 같이 혼례를 치룬 것이다.

【疏】 '谷風(六章章八句)'至'敗焉' ○ 正義曰：作谷風詩者, 刺夫婦失其相與之道, 以至於離絶. 言衛人由化效其上, 故淫於新昏而棄其舊室, 是夫婦離絶, 致令國俗傷敗焉. 此指刺夫接其婦不以禮, 是'夫婦失道', 非謂夫婦竝刺也, 其婦既與夫絶, 乃陳夫之棄己, 見遇非道, 淫於新昏之事, 六章皆是.

序의 〔谷風〕에서 〔敗焉〕까지

○ 正義曰 : 〈谷風〉의 詩를 지은 것은 夫婦가 함께하는 도리를 잃어서 헤어짐에 이른 것을 풍자한 것이다. 衛나라 사람이 윗사람에게 물들었기 때문에 새로 혼인한 여인에게 빠져 옛 부인을 버렸으니, 이것이 夫婦가 헤어져서 나라의 풍속이 손상되고 무너지게 된 것임을 말한 것이다. 이는 남편이 부인을 禮로 대하지 않음을 가리켜 풍자한 것이니, 이 '夫婦간의 도리를 잃음'은 夫婦를 같이 풍자한 것이 아니다. 부인이 남편과 헤어져서

남편이 자기를 버리고 바른 도리로 대하지 않고 새로 혼인한 여인에게 빠진 일을 말한 것이니, 이 詩의 여섯 章이 모두 그러하다.

習習谷風에 以陰以雨나니

부드러운 동풍에
흐리고 비 내리니

【傳】 興也라 習習은 和舒貌라 東風謂之谷風이라 陰陽和而谷風至니 夫婦和則室家成하고 室家成而繼嗣生이라

興이다. 習習은 부드러운 모습이다. 東風을 谷風이라 한다. 陰과 陽이 조화를 이루어 谷風이 부는 것이니, 夫婦가 화합하면 집안이 잘 다스려지고, 집안이 잘 다스려져야 뒤를 이을 자손이 태어난다.

黽勉同心이언정 不宜有怒니라

한 마음이기 힘쓸지언정
화를 내면 안 되지요

【傳】 言黽勉者는 思與君子同心也라

黽勉이라고 말한 것은 君子와 마음을 같이할 것을 생각한 것이다.

【箋】 箋云 所以黽勉者는 以爲見譴怒者 非夫婦之宜라 ○ 黽勉은 本亦作僶이니 黽勉猶勉勉也라

箋云 : 힘써 노력하는 까닭은 화를 내는 것이 부부의 합당한 도리가 아니라고 여기기 때문이다.

○ 黽勉의 黽은 '僶'으로 되어 있는 本도 있는데, 黽勉은 '부지런히 힘씀〔勉勉〕'과 같다.

采葑采菲는 無以下體니

순무 캐고 무 뽑는 건

밑동 때문만은 아니니

【傳】 葑은 須也요 菲는 芴(물)也요 下體는 根莖也라

葑은 순무〔須〕이고, 菲는 무〔芴〕이고, 下體는 뿌리와 줄기이다.

【箋】 箋云 此二菜者는 蔓菁與葍之類也니 皆上下可食이라 然而其根有美時하고 有惡時하니 采之者이 不可以根惡時로 幷棄其葉으로 喩夫婦以禮義合하여 顔色相親이어늘 亦不可以顔色衰로 棄其相與之禮라 ○ 葑은 字書作蘴이니 草木疏云 蕪菁也라하고 郭璞云 今菘菜也라한대 案江南有菘하고 江北有蔓菁이니 相似而異라 爾雅云 菲는 芴이라하고 又云 菲는 息菜라하여늘 郭以菲芴爲土瓜하고 解息菜云 似蕪菁하고 華紫赤色이니 可食이라하다 蔓은 本又作蕪라 葍은 本又作蕾니 爾雅에 葍은 蕾라하고 郭云 大葉白華하고 根如指요 色白이니 可食이라하다

箋云 : 이 두 가지 채소는 순무〔蔓菁〕와 무〔葍〕 종류인데, 둘 다 잎과 뿌리를 먹을 수 있다. 그러나 그 뿌리는 맛이 좋을 때도 있고 나쁠 때도 있으니, 캐는 자가 뿌리가 맛이 없을 때라고 하여 잎까지 같이 버려서는 안 된다는 것으로, 부부는 禮義로 만나서 서로 좋은 얼굴로 대하여야 하는데 얼굴색이 노쇠했다고 하여 함께하는 禮까지 버려서는 안 됨을 비유한 것이다.

菲와 葑(≪陸氏草木鳥獸蟲魚疏圖解≫)

○ 葑은 ≪字書≫에 '蘴'으로 되어 있는데, ≪毛詩草木鳥獸蟲魚疏≫에 "순무〔蕪菁〕이다."라고 하고, 郭璞은 "지금의 배추〔菘

菜]이다."라고 하였는데, 살펴보면 江南에 菘이 있고 江北에 蕪菁이 있으니 서로 비슷하지만 다르다. ≪爾雅≫ 〈釋草〉에 "菲는 芴이다."라고 하고, 또 "菲는 息菜이다."라고 하였는데, 郭璞은 菲와 芴을 쥐참외〔土瓜〕로 여기고, 息菜를 풀이하기를 "蕪菁과 비슷하고 꽃은 紫赤色인데 먹을 수 있다."라고 하였다. 蔓은 '蕪'로 되어 있는 本도 있다. 葍은 '蕾'로 되어 있는 本도 있는데, ≪爾雅≫ 〈釋草〉에 "葍은 메꽃〔蕾〕이다."라고 하고, 郭璞은 "큰 잎에 흰 꽃이 피고, 뿌리는 손가락만 하고 흰색인데 먹을 수 있다."라고 하였다.

德音莫違면 及爾同死리라

좋은 언약 어기지 않으면
그대와 해로할 텐데

【箋】 箋云 莫은 無라 及은 與也라 夫婦之言을 無相違者면 則可與女長相與處至死라 顔色은 斯須之有라

箋云 : 莫은 없음이다. 及은 함께이다. 夫婦 사이의 약속을 서로 어김이 없으면 그대와 오래도록 함께 해로할 수 있을 것이다. 顔色의 아름다움은 얼마 못가는 것이다.

【疏】 '習習'至'同死' ○ 正義曰 : 習習然和舒之谷風, 以陰以雨而潤澤行, 百物生矣, 以興夫婦和而室家成, 卽繼嗣生矣, 言己黽勉然勉力思與君子同心, 以爲夫婦之道, 不宜有譴怒故也. 言采葑菲之菜者, 無以下體根莖之惡, 幷棄其葉, 以興爲室家之法, 無以其妻顔色之衰, 幷棄其德. 何者, 夫婦之法, 要道德之音, 無相違, 卽可與爾君子俱至於死, 何必顔色斯須之有乎, 我之君子, 何故以顔色衰而棄我乎.

經의 〔習習〕에서 〔同死〕까지

○ 正義曰 : 살랑살랑 온화한 谷風이 불어 흐리고 비가 와서 윤택해지면 만물이 생장한다는 것으로, 부부가 화합하여 가정이 잘 다스려지면 뒤를 이을 자손이 태어남을 興하였으니, 자기가 부지런히 힘써 군자와 마음을 같이할 것을 생각한 것은, 부부간의 도리는 화를 내는 것이 마땅하지 않다고 여기기 때문임을 말한 것이다. 순무와 무를 채취할 때 밑동인 뿌리와 줄기가 좋지 않다고 해서 그 잎까지 함께 버리지 말아야 함을 말하여, 부부의 법도는 아내의 얼굴이 늙었다고 해서 그 덕까지 함께 버리지 말아야 한다. 왜인가. 부부의 법도는 도리에 맞는 말을 서로 어김이 없으면 곧 그대 君子와 함께 해로

할 수 있는데, 하필 얼마 못가는 안색의 아름다움을 따지겠는가. 우리 군자는 무엇 때문에 안색의 아름다움이 쇠했다고 해서 나를 버리는가라는 것을 興한 것이다.

【疏】 傳'東風'至'嗣生' ○ 正義曰 : '東風謂之谷風', 釋天文也. 孫炎曰 "谷之言穀, 穀, 生也, 谷風者, 生長之風." 陰陽不和, 卽風雨無節. 故陰陽和, 乃谷風至. 此喩夫婦, 故取於生物, 小雅谷風以喩朋友, 故直云'潤澤行', '恩愛成'[1]而已.

1) 潤澤行 恩愛成 : 〈小雅 谷風〉의 箋에 "바람 불고 또 비가 오면 윤택해지는 것이 朋友가 뜻을 같이 하면 恩愛가 이루어짐을 비유한 것이다.〔風而有雨則潤澤行 喩朋友同志則恩愛成〕"라고 하였으니, 여기의 '谷風'과 다름을 설명한 것이다.

傳의 〔東風〕에서 〔嗣生〕까지

○ 正義曰 : '東風謂之谷風'은 ≪爾雅≫ 〈釋天〉의 글이다. 孫炎은 "谷의 뜻은 穀이니, 穀은 낳아줌이니, 谷風은 만물을 생장하게 하는 바람이다."라고 하였으니, 陰과 陽이 조화롭지 않으면 바람과 비가 알맞지 못하게 된다. 그리하여 陰과 陽이 조화로워야 谷風이 부는 것이다. 여기서는 夫婦를 비유하였으므로 만물을 낳는 것에서 뜻을 취하였고, 〈小雅 谷風〉에서는 朋友를 비유하였기 때문에 〈箋에서〉 다만 '윤택해짐〔潤澤行〕'이 바로 '恩愛가 이루어짐'이라고 한 것이다.

【疏】 傳'葑 須 菲 芴', 箋'此二菜'至'之類' ○ 正義曰 : 釋草云 "須, 葑蓯." 孫炎曰 "須, 一名葑蓯." 坊記注云 "葑, 蔓菁也, 陳・宋之間謂之葑." 陸機云 "葑, 蕪菁, 幽州人或謂之芥." 方言云 "蘴蕘, 蕪菁也. 陳・楚謂之蘴, 齊・魯謂之蕘, 關西謂之蕪菁, 趙・魏之(部)〔郊〕[1]謂之大芥." 蘴與葑, 字雖異, 音實同, 卽葑也・須也・蕪菁也・蔓菁也・葑蓯也・蕘也・芥也, 七者一物也. 釋草又云 "菲, 芴也." 郭璞曰 "土瓜也." 孫炎曰 "葍類也." 釋草又云 "菲, 蒠菜." 郭璞曰 "菲草, 生下溼地, 似蕪菁, 華紫赤色, 可食." 陸機云 "菲似葍, 莖麤, 葉厚而長, 有毛, 三月中烝(鬻)〔鬻〕[2]爲茹, 滑美可作羹. 幽州人謂之芴, 爾雅謂之蒠菜, 今河內人謂之宿菜." 爾雅'菲', 芴與蒠菜異釋, 郭注似是別草, 如陸機之言, 又是一物. 某氏注爾雅, 二處引此詩, 卽菲也・芴也・蒠菜也・土瓜也・宿菜也, 五者一物也. 其狀似葍而非葍, 故云'葍類'也. 箋云'此二菜者 蔓菁與葍之類'者, 蔓菁謂葑也, 葍類謂菲也.

1) (部)〔郊〕 : 저본의 교감기에 따라 '郊'로 번역하였다.

2) (鬻)〔鬻〕: 王先謙의 ≪詩三家義集疏≫에 의거하여 '鬻'로 번역하였다.

傳의 〔葑 須 菲 芴〕과 箋의 〔此二菜〕에서 〔之類〕까지

○ 正義曰 : ≪爾雅≫ 〈釋草〉에 "須는 葑蓯(순무)이다."라고 하였는데, 孫炎은 "須는 一名 葑蓯이다." 하고, ≪禮記≫ 〈坊記〉의 注에는 "葑은 蔓菁인데, 陳과 宋에서는 '葑'이라 한다."라고 하고, 陸機는 "葑은 蕪菁인데, 幽州 사람들은 '芥'라고도 한다."라고 하고, ≪方言≫에는 "蘴蕘는 蕪菁이니, 陳과 楚에서는 '蘴'이라 하고, 齊와 魯에서는 '蕘'라고 하고, 關西에서는 '蕪菁'이라 하고, 趙와 魏의 교외에서는 '大芥'라고 한다."라고 하였으니, 蘴과 葑은 글자는 비록 다르지만 음은 실제로 같으니, 葑・須・蕪菁・蔓菁・葑蓯・蕘・芥 일곱 가지는 같은 식물이다. 〈釋草〉에 "菲는 芴이다."라고 하였는데, 郭璞은 "土瓜이다."라고 하고, 孫炎은 "葍의 종류이다."라고 하고, 또 〈釋草〉에 "菲는 葸菜이다."라고 하였는데, 郭璞은 "菲草는 지대가 낮고 습한 곳에서 사는데, 蕪菁과 같고, 꽃은 紫赤色인데 먹을 수 있다."라고 하고, 陸機는 "菲는 葍과 같은데, 줄기는 거칠고 잎은 두터웁고 길며 털이 있다. 3월에 찌거나 삶으면 먹을 수 있는데, 부드럽고 맛이 좋아 국을 만들 수 있다. 幽州 사람들은 '芴'이라 한다. 〈釋草〉에는 '葸菜'라고 하였는데, 지금 河內 사람들은 '宿菜'라고 한다."라고 하였으니, ≪爾雅≫에서 '菲'를 芴과 葸菜로 다르게 풀이하였고, 郭璞의 注도 별개의 풀인 듯하나 陸機의 말대로라면 이것도 같은 식물이고, 某氏가 ≪爾雅≫ 注를 내면서 두 곳에서 이 詩를 인용하였으니, 그렇다면 菲・芴・葸菜・土瓜・宿菜 다섯 가지는 같은 식물이다. 그 모습이 葍과 비슷하나 葍은 아니다. 그리하여 '葍의 종류'라고 한 것이고, 箋에서 말한 '이 두 가지 채소는 순무〔蔓菁〕와 무〔葍〕 종류이다.'에서의 蔓菁은 葑을 이르고 葍의 종류는 菲를 이른다.

【疏】 箋'皆上下'至'之禮' ○ 正義曰 : 坊記引此詩, 證君子不盡利於人, 故注云 "無以其根美則幷取之." 與此異也.

箋의 〔皆上下〕에서 〔之禮〕까지

○ 正義曰 : ≪禮記≫ 〈坊記〉에서 이 詩를 인용하여 君子는 남에게서 다 이롭기를 바라지 않음을 증명하였다. 그리하여 注에서 "그 뿌리가 맛있다고 하여 모두 취하지는 않는다."라고 하였으니, 여기와는 다르다.

行道遲遲하여 中心有違어늘

더디고 더딘 이 발걸음
마음 내키지 않아선데

【傳】 遲遲는 舒行貌라 違는 離也라

遲遲는 느리게 가는 모습이다. 違는 '어긋남'이다.

【箋】 箋云 〔違〕[1]는 徘徊也라 行於道路之人이 至將於別이면 尙舒行하고 其心徘徊然이니 喩君子於已不能如也라 ○ 違는 如字라 韓詩云 違는 很也라하니라

1) 〔違〕: 저본의 교감기에 따라 보충하여 번역하였다.

箋云 : 違는 배회함이다. 길을 가던 사람이 헤어질 때가 되면 더욱 느려지고 마음도 망설이게 되니, 君子가 자기에게 이와 같이 하지 않음을 비유한 것이다.

○ 違는 본음대로 읽는다. ≪韓詩≫에서 "違는 따르지 않음이다."라고 하였다.

不遠伊邇하여 薄送我畿로다

멀리 아니나와 가까이서
잠깐 문안에서 날 전송하네

【傳】 畿는 門內也라

畿는 '문 안'이다.

【箋】 箋云 邇는 近也라 言君子與已訣別에 不能遠이요 維近耳니 送我裁於門內는 無恩之甚이라 ○ 訣은 本或作決이라 裁於門內는 一本作裁至於門이요 又一本作裁至於門內라

箋云 : 邇는 근처이다. 君子가 자기와 결별할 때 멀리까지 나오지 않고 가까이서 결별하였음을 말하였으니, 나를 겨우 문안에서 전송했다는 것은 매우 정이 없는 것이다.

○ '訣'은 간혹 '決'로 되어 있는 本이 있다. '裁於門內'는 '裁至於門'으로 되어 있는 本도 있고, '裁至於門內'로 되어 있는 本도 있다.

誰謂荼苦오 其甘如薺로다

누가 씀바귀 쓰다 했나
내게는 냉이같이 달다네

【傳】荼는 苦菜也라

荼는 쓴 나물이다.

【箋】箋云 荼誠苦矣로되 而君子於己之苦毒이 又甚於荼하니 比方之면 荼則甘如薺라

箋云 : 씀바귀는 참으로 쓴 것인데, 君子가 자기에게 모질게 하는 것이 씀바귀보다 더 심하니, 〈자기와〉 견주어보면 씀바귀는 달기가 냉이 같다는 것이다.

荼(≪毛詩品物圖攷≫)

宴爾新昏하여 **如兄如弟**로다

그이는 새 여인에 빠져
형제처럼 다정하게 지내네

【傳】宴은 安也라 ○ 宴은 本又作燕이라

宴은 편안함이다.
○ 宴은 '燕'으로 되어 있는 本도 있다.

【疏】'行道'至'如弟' ○ 毛以爲, 婦人旣已被棄, 追怨見薄, 言相與行於道路之人, 至將離別, 尙遲遲舒行, 心中猶有乖離之志, 不忍卽別, 況已與君子猶是夫婦, 今棄已訣別之時, 送我不遠, 維近耳, 薄送我於門內而已, 是恩意不如行路之人也. 又說遇已之苦, 言人誰謂荼苦乎, 以君子遇我之苦毒比之, 荼卽其甘如薺. 君子苦已猶得新昏, 故又言安愛汝之新昏, 其恩如兄弟也, 以夫婦坐圖可否, 有兄弟之道,[1] 故以兄弟言之. ○ 鄭唯

'有違'爲異, 以傳訓爲離, 無眷戀之狀, 於文不足, 故以違爲徘徊也.

1) 夫婦坐圖可否 有兄弟之道 : 부부에게 형제의 도리가 있는 이유를 말한 것이다. 〈小雅 黃鳥〉의 疏에서 夫婦를 兄弟라고 하였는데, ≪列女傳≫에서 "혼례를 치르면 兄弟의 도리를 행한다.〔執禮而行兄弟之道〕"라고 하였고, 何休는 "安危와 可否를 도모하는 것이 형제의 의리이다.〔圖安危可否 兄弟之義〕"라고 하였다. ≪毛詩正義 11권≫, ≪春秋公羊傳注疏 8권≫

經의 〔行道〕에서 〔如弟〕까지

○ 毛亨은 '婦人이 버림을 받고 난 뒤에 업신여김을 당한 것을 미루어 원망한 것이니, 함께 길을 가던 사람도 헤어질 때가 되면 더욱 천천히 가고 마음은 헤어지기 싫어 차마 곧바로 이별하지 못하는데, 하물며 자기와 君子는 夫婦간인데도 지금 자기를 버리고 결별함에 멀리 나와 나를 전송하지 않고 가까이서 전송하여 박절하게 문안에서 나를 전송했을 뿐이니, 이는 은혜로운 정이 길가는 사람만도 못함을 말한 것이다. 또 자기가 당한 고통을 말하여, 누가 씀바귀가 쓰다고 하는가. 君子가 나에게 준 고통에 비하면 씀바귀는 달기가 냉이 같다고 한 것이다. 君子가 나를 고통스럽게 하면서도 오히려 새 여인을 얻었다. 그리하여 또 어찌 그대는 새로 혼인한 여인을 사랑하여 그 은혜로운 정이 형제와 같은가 하였으니, 부부는 함께 可否를 도모하여 兄弟의 도리가 있다. 그리하여 兄弟라고 말한 것이다.'라고 여긴 것이다.

薺(≪毛詩品物圖攷≫)

○ 鄭玄은 '有違'만을 다르게 보아 傳에서 '離'라고 풀이한 것은, 돌아보고 그리워하는 모습이 없어 문세상 부족하다고 여기었다. 그리하여 違를 '徘徊'라고 한 것이다.

【疏】 傳'畿 門內' ○ 正義曰：以言'畿'者, 期限之名, 故周禮'九畿'及'王畿千里'[1], 皆期限之義, 故楚茨傳曰"畿, 期也." 經云不遠, 言至有限之處, 故知是門內.

1) 九畿及王畿千里：王畿는 王城의 사방 千里를 말하고, 九畿는 侯畿・甸畿・男畿・采畿・衛畿・蠻畿・夷畿・鎭畿・藩畿이다. 王畿 밖 500리마다 나무를 심어 경계를 지어 一畿로 구획하고, 모두 九畿를 두어 제후의 영지로 삼거나 외족들이 와서 살게 하였다. ≪周禮 夏官 大司馬 鄭玄注≫, ≪周禮 地官 小司徒 賈公彦疏≫

傳의 〔畿 門內〕

○ 正義曰：'畿'는 경계를 한정하는 명칭이다. 그리하여 ≪周禮≫ 〈夏官 大司馬〉의 '九畿'와 '王畿千里'는 모두 경계를 한정짓는 뜻이다. 그리하여 〈小雅 楚茨〉의 傳에서 "畿는 한정이다."라고 한 것이다. 經文에서 말한 '不遠'은 경계를 한정한 곳에 이르렀음을 말한다. 그리하여 문 안임을 안 것이다.

涇以渭濁이나 湜湜其沚니라

渭水 때문에 涇水 흐려보여도
모래톱엔 맑은 곳도 있다네

【傳】 涇渭相入하여 而清濁異라

涇水와 渭水가 서로 합쳐져서 清과 濁이 구분된 것이다.

【箋】 箋云 小渚曰沚라 涇水以有渭라 故見渭濁이라 湜湜은 持正貌이니 喩君子得新昏이라 故謂己惡也나 己之持正守初如沚然하여 不動搖라 此絶去所經見하여 因取以自喩焉이라 ○ 涇은 濁水也요 渭는 清水也라 湜은 說文云 水清見底라 故見渭濁은 舊本如此나 一本渭作謂니 後人改耳라

箋云：작은 모래톱을 '沚'라고 한다. 涇水는 〈맑은〉 渭水가 있기 때문에 渭水를 보고 〈涇水가〉 탁하다고 하는 것이다. 湜湜은 바른 도리를 지키는 모습이니 君子가 새로 혼인한 여인을 얻었기 때문에 자기를 못났다고 하나 자기는 올바른 도리를 지키고 처음에 품은 뜻을 이룸이 모래톱과 같아서 동요되지 않음을 비유한 것이다. 이는 버림당하여 떠나가면서 지나가는 길에 본 것을 취하여 자신을 비유한 것이다.

○ 涇水는 탁한 물이고, 渭水는 맑은 물이다. '湜'은 ≪說文解字≫에 "물이 맑아 바닥이

보이는 것이다."라고 하였다. '故見渭濁'은 舊本도 이와 같은데, '渭'가 '謂'로 되어 있는 本도 있으니, 後人이 고친 것이다.

宴爾新昏하여 不我屑以로다

그이는 새 여인에게 빠져
나를 곱게 대하지 않네

【傳】 屑은 絜(결)也라

屑은 정결함이다.

【箋】 箋云 以는 用也니 言君子不復絜用我當室家라

箋云 : 以는 '사용함'이니, 君子가 다시는 나를 곱게 아내로 인정하지 않음을 말한 것이다.

毋逝我梁하여 毋發我笱언마는

내 魚梁에 가지 말아
내 통발 들추지 말라 하고 싶지만

【傳】 逝는 之也라 梁은 魚梁이라 笱는 所以捕魚也라

逝는 감이다. 梁은 魚梁이다. 笱는 물고기 잡는 도구이다.

【箋】 箋云 毋者는 (諭)〔喻〕[1]禁新昏也니 女毋之我家하여 取我爲室家之道라 ○ 笱는 捕魚器라 韓詩云 發은 亂也라하니라

1) (諭)〔喻〕: 저본의 교감기에 따라 '喻'로 번역하였다. 아래도 같다.

箋云 : 毋는 새로 혼인한 여인에게 금지한 것을 비유한 것이니, 너는 내 집에 가서 내가 하던 아내의 도리를 취하지 말라는 것이다.

○ 笱는 물고기를 잡는 기구이다. ≪韓詩≫에 "發은 어지럽힘이다."라고 하였다.

我躬不閱이온 **遑恤我後**[1)]아

1) 我後 : 傳에는 풀이가 없고, 箋에서 '뒤의 자손'이라고 풀이하였으나, 문맥상 앞의 經의 내용과 연결해보면 '떠난 뒤'라는 朱子의 풀이가 합당하여 '떠난 뒤'로 번역하였다.

내 한 몸도 용납 받지 못하는데
어느 겨를에 내 떠난 뒤를 걱정하랴

【傳】 閱은 容也라

閱은 '용납함'이다.

【箋】 箋云 躬은 身이라 遑은 暇요 恤은 憂也라 我身尙不能自容이온 何暇憂我後所生子孫也아

箋云 : 躬은 자신이다. 遑은 겨를이고, 恤은 걱정이다. 나 자신도 오히려 용납 받지 못하는데, 어느 겨를에 내 뒤에 태어난 자손을 걱정하겠는가.

【疏】 '涇以'至'我後' ○ 正義曰 : 婦人旣言君子苦己, 又本己見薄之由, 言涇水以有渭水清, 故見涇水濁, 以興舊室以有新昏美, 故見舊室惡. 本涇水雖濁, 未有彰見, 由涇渭水相入而淸濁異, 言己顏色雖衰, 未至醜惡, 由新舊竝而善惡別.

經의 〔涇以〕에서 〔我後〕까지

○ 正義曰 : 婦人이 君子가 자기를 괴롭게 한 것을 말하고 또 본래 자기가 업신여김을 당한 이유를 따져서, 涇水는 맑은 渭水가 있기 때문에 涇水를 보고 탁하다고 함을 말하여 옛 부인은 예쁜 새 여인이 있기 때문에 옛 부인을 보고 못났다고 함을 興한 것이다. 본래 涇水는 탁했지만 드러나게 탁하지 않았는데, 渭水와 涇水가 서로 합류하고부터 맑음과 탁함이 구분되었으니, 이는 자기의 얼굴이 비록 노쇠했으나 추악한 데 이르지는 않았는데, 새 여인과 나란히 있고부터 예쁨과 못남이 구분되어짐을 말한 것이다.

【疏】 新昏旣駮己爲惡, 君子益憎惡於己. 己雖爲君子所惡, 尙湜湜然持正守初, 其狀如沚然, 不動搖, 可用爲室家矣, 君子何爲安樂汝之新昏, 則不復絜飾用我. 己不被絜用事, 由新昏, 故本而禁之, 言人無之我魚梁, 無發我魚笱, 以之人梁, 發人笱, 當有盜魚之罪, 以興禁新昏, 汝無之我夫家, 無取我婦事, 以之我夫家, 取我婦事, 必有盜寵之過. 然雖禁新昏, 夫卒惡己, 至於見出, 心念所生, 己去必困, 又追傷遇己之薄, 卽自訣, 言我身尙不能自容, 何暇憂我後所生之子孫乎, 母子至親, 當相憂念, 言己無暇, 所以自怨, 痛之極也.

새 여인으로 인해 자신을 못났다고 공박하고 君子는 더욱 자기를 미워하였다. 자기가 비록 君子에게 미움을 받았으나, 오히려 깨끗하게 바른 도리를 지키고 처음에 품은 뜻을 이루어 그 모습이 마치 모래톱 같이 흔들림 없어 아내가 될 만한데, 君子는 어찌하여 새로 혼인한 여인과 즐겁게 지내면서 다시는 나를 곱게 아내로 인정하지 않는가. 자기가 곱게 인정받지 못한 것은 새로 혼인한 여인 때문이다. 그리하여 근본을 따져 금지시킨 것이니, 너는 나의 魚梁에 가지 말고, 나의 통발을 들추지 말라고 한 것은 남의 魚梁에 가는 것과 남의 통발을 들추는 것이 물고기를 훔치는 죄에 해당되기 때문임을 말하여, 새 여인에게 너는 내 남편의 집에 가지 말고 내가 하는 부녀자의 일을 빼앗지 말라고 금지한 것은 내 남편의 집에 가는 것과 내가 하는 부녀자의 일을 뺏는 것이 반드시 총애를 훔치는 잘못이 있기 때문임을 興한 것이다. 그러나 새 여인에게 금지시켰으나 남편은 끝내 자기를 미워하여 내쫓았으니, 마음속으로 자기가 낳은 자식이 자기가 떠나면 반드시 곤궁해질까 근심하고, 또 자기가 업신여김을 당한 것을 미루어 가슴 아파하고, 바로 결단하여 '나 자신도 오히려 용납 받지 못하는데 어느 겨를에 내 뒤에 태어난 자손을 걱정하겠는가?'라고 하였으니, 모자간은 지극히 친애하여 응당 서로를 걱정해야 하는데도 자기가 걱정할 겨를이 없다고 한 것은 스스로 원통해함이 지극하기 때문이다.

【疏】 傳'涇渭'至'濁異' ○正義曰：禹貢云 "涇屬渭汭." 注云 "涇水・渭水, 發源皆幾二千里. 然而涇小渭大, 屬於渭而入於河." 又引地理志云 "涇水出今安定涇陽西開頭山, 東南至京兆(陵陽)〔陽陵〕[1], 行千六百里入渭." 卽涇水入渭也. 此以涇濁喩舊(至)〔室〕[2], 以渭淸喩新昏, 取相入而淸濁異, 似新舊相竝而善惡別, 故云'涇渭相入', 不言渭水入涇也.

1) (陵陽)〔陽陵〕: 저본의 교감기에 따라 '陽陵'으로 번역하였다.
2) (至)〔室〕: 저본의 교감기에 따라 '室'로 번역하였다.

傳의 〔涇渭〕에서 〔濁異〕까지

○ 正義曰：≪尙書≫ 〈禹貢〉에서 "涇水는 渭水 북쪽으로 이어진다."라고 하였는데, 注

에서 "涇水와 渭水는 발원하여 모두 거의 2,000리를 흐른다. 그러나 涇水는 작고 渭水는 커서 渭水로 합류되어 황하로 흘러 들어간다."라고 하였고, 또 ≪地理志≫에서 말한 "涇水는 지금 安定郡 涇陽縣의 서쪽 開頭山에서 발원하여 東南쪽으로 京兆郡 陽陵縣에 이르고, 1,600리를 더 가서 渭水로 들어간다."고 한 것을 인용하였으니, 바로 涇水가 渭水로 들어가는 것이다. 여기서는 탁한 涇水로써 옛 부인을 비유하고, 맑은 渭水로써 새로 혼인한 여인을 비유하여, 〈涇水와 渭水가〉 서로 합류하여 맑음과 탁함이 구분되는 것이 새로 혼인한 여인과 옛 부인이 서로 나란히 있어 예쁨과 못남이 구분되는 것과 같음을 취한 것이다. 그리하여 '涇水와 渭水가 서로 합류한다.'고 한 것이고, 渭水가 涇水로 들어간다고 하지 않은 것이다.

【疏】 箋'涇水'至'喩焉' ○正義曰：此婦人以涇比己, 箋將述婦人之心, 故先述涇水之意. 涇水言以有渭, 故人見謂己濁, 猶婦人言以有新昏, 故君子見謂己惡也. '見(渭)〔謂〕[1]濁', 言人見(渭)〔謂〕己涇之濁, 由與淸濁相入故也. 定本'涇水以有渭 故見其濁'. 漢書溝洫志云 "涇水一碩[2], 其泥數斗." 潘岳西征賦云 "淸渭濁涇", 是也. 此已絶去, 所經見涇渭之水, 因取以自喩也. 鄭志張逸問"何言絶去." 答曰 "衛在東河, 涇在西河, 故知絶去, 不復還意." 以涇不在衛境, 作詩宜歌土風, 故信絶去. 此婦人旣絶, 至涇而自比己志, 邶人爲詩得言者, 蓋從送者言其事, 故詩人得述其意也. 禮, 臣無境外之交, 此詩所述, 似是庶人得越國而昏者. 左傳[3]曰 "大夫越境逆女, 非禮." 卽士以下不禁, 故士昏禮云 "若異邦, 則贈丈夫送者以束錦." 是士得外娶, 卽庶人得越國娶明矣.

1) (渭)〔謂〕: 저본의 교감기에 따라 '謂'로 번역하였다. 아래도 같다.
2) 一碩 : 碩은 石과 통용된다.
3) 左傳 : '大夫越境逆女 非禮'는 ≪春秋左氏傳≫의 글이 아니고, ≪春秋公羊傳≫에 나오는 내용이다.

箋의 〔涇水〕에서 〔喩焉〕까지

○ 正義曰 : 이는 婦人이 涇水를 자신에 비유한 것이다. 箋에서 婦人의 마음을 말하려고 하였으므로 먼저 涇水의 뜻을 말한 것이다. 涇水에 渭水가 있기 때문에 사람들이 보고서 涇水가 탁하다고 한 것이 婦人에게 새로 혼인한 여인이 있기 때문에 君子가 보고서 부인을 못났다고 한 것과 같다.

'見謂濁'은 사람들이 〈渭水를〉 보고서 저 涇水가 탁하다고 이르는 것을 말하니 맑은 물과 탁한 물이 서로 합쳐졌기 때문이다. 定本에는 '涇水以有渭 故見其濁'으로 되어 있다. ≪漢書≫ 〈溝洫志〉에 "涇水 1섬〔石〕에 진흙이 여러 말이다."라고 하였고, 潘岳의 〈西征賦〉에 "맑은 渭水, 탁한 涇水"라고 한 것이 이것이다. 이는 부인 자신이 떠나면서 지나가는 길에 涇水와 渭水를 보고서 취하여 자신을 비유한 것이다. ≪鄭志≫에서 張逸이 "어찌 '버림받아 떠나는 것'이라고 한 것입니까?"라고 하니, 답하기를 "衛나라는 東河에 있고, 涇水는 西河에 있다. 그리하여 떠나서 다시 돌아갈 뜻이 없음을 안 것이다."라고 하였으니, 涇水가 衛나라의 경내에 있지 않지만, 시를 지을 때는 마땅히 그 지역의 풍토를 노래하기 때문에 떠나는 것을 확신한 것이다. 이는 婦人이 이미 떠나 涇水에 이르러 스스로 자신의 뜻을 비유한 것이니, 邶의 사람이 시를 지어 말하게 된 것은 아마도 전송하는 자가 그 일을 말한 것을 따른 것일 것이다. 그리하여 詩人이 그 뜻을 말하게 된 것이다. 禮에 '신하는 국경 밖의 사람과 교제하는 의리가 없다.'고 하였으니, 이 시에서 말한 것은 庶人이 다른 나라 사람과 혼인한 것인 듯하다. ≪春秋左氏傳≫에서 "大夫가 국경을 넘어가서 여자를 맞이하는 것은 禮가 아니니다."라고 하였으니, 곧 士 이하는 금하지 않은 것이다. 그리하여 ≪儀禮≫ 〈士昏禮〉에 "다른 나라일 경우에는 부인을 호송해온 丈夫에게 비단 묶음을 보낸다."라고 하였다. 이것은 士가 다른 나라에 장가든 경우이니, 庶人은 다른 나라에 장가들 수 있는 것이 분명하다.

【疏】 傳'屑 絜' ○ 正義曰：絜者, 飾也, 謂不絜飾而用己也.

傳의 〔屑 絜〕

○ 正義曰：絜은 飾이니, 곱게 여겨 나를 부인으로 인정하지 않음을 말한다.

【疏】 傳'梁魚'至'捕魚' ○ 正義曰：此與小弁及"敝笱在梁", 皆云'笱', 笱者捕魚之器, 卽梁爲魚梁明矣, 何人斯云 "胡逝我梁", 我者, 己所自專之辭, 卽亦爲魚梁也. 有狐云 "在彼淇梁", 傳曰 "石絶水曰梁." 候人云 "維鵜在梁", 傳曰 "梁, 水中之梁." 鴛鴦云 "鴛鴦在梁", 箋云 "石絶水之梁." 白華亦云 "有鶖在梁", 又云 "鴛鴦在梁", 皆鳥獸所在, 非人所往還之處, 卽皆非橋梁矣, 故以'石絶水'解之. 此石絶水之梁, 亦是魚梁, 故王制云 "獺祭魚然後, 虞人入澤梁." 注云 "梁, 絶水取魚者." 白華箋云 "鶖也, 鶴也, 皆以魚爲美食者也. 鶖之性貪惡, 而今在梁." 表記注云 "鵜, 洿澤, 善居泥水之中, 在魚梁." 是梁皆魚梁明矣.

傳의 〔梁魚〕에서 〔捕魚〕까지

○ 正義曰：여기와 〈小雅 小弁〉 및 〈齊風 敝笱〉의 "해진 통발이 魚梁에 있으니〔敝笱在梁〕"에서 모두 '笱'라고 하였는데, 笱는 물고기 잡는 기구이니 곧 梁은 魚梁임이 분명하고, 〈小雅 何人斯〉에서 "어찌하여 내 魚梁에는 가면서〔胡逝我梁〕"라고 하였는데, 我는 자기 혼자 소유함을 말하니 또한 魚梁이다. 〈衛風 有狐〉에서 "저 기수가의 魚梁에 있네〔在彼淇梁〕"라고 하였는데, 傳에서 "돌로 물길을 막은 것을 '梁'이라 한다."라고 하고, 〈曹風 候人〉에서 "도요새가 魚梁에 있네〔維鵜在梁〕"라고 하였는데, 傳에서 "梁은 물속의 梁이다."라고 하고, 〈小雅 鴛鴦〉에서 "원앙새가 魚梁에 있네〔鴛鴦在梁〕"라고 하였는데, 箋에서 "돌로 물길을 막은 것이 梁이다."라고 하고, 〈小雅 白華〉에서도 "무수리 魚梁에 있네〔有鶖在梁〕"라고 하고, 또 "원앙새 魚梁에 있네〔鴛鴦在梁〕"라고 하였으니, 모두 鳥獸가 머무는 곳이고 사람들이 왕래하는 곳이 아니니, 모두 橋梁이 아니다. 그리하여 '石絶水'라고 풀이한 것이다. 여기의 돌로 물길을 막은 梁도 魚梁인 것이다. 그리하여 ≪禮記≫ 〈王制〉에 "수달이 물고기를 잡아 제사 지낸 뒤에 虞人이 澤梁에 들어간다."라고 하였는데, 注에서 "梁은 물길을 막아 물고기를 잡는 것이다."라고 하였고, 〈小雅 白華〉의 箋에서 "무수리와 학은 모두 물고기를 맛있는 먹이로 여긴다. 무수리의 본성은 욕심이 많고 사나운데 지금 魚梁에 있다."라고 하였고, ≪禮記≫ 〈表記〉의 注에서 "鵜는 洿澤(鵜의 別稱)이니 진흙물 속에 살기를 좋아하여 魚梁에 있다."라고 하였으니, 이 梁은 모두 魚梁임이 분명하다.

【疏】 其制, 䱷人 "掌以時䱷爲梁." 鄭司農云 "梁, 水堰, 堰水而爲關空, 以笱承其空." 然則梁者爲堰, 以鄣水, 空中央承之以笱, 故云'笱 所以捕魚'也. 然則水不絶, 云絶水者, 謂兩邊之堰是絶水, 堰則以土, 皆云石者, 蓋因山石之處, 亦爲梁以取魚也. 月令 "孟冬謹關梁." 大明云 "造舟爲梁"之類, 皆謂橋梁, 非絶水, 故月令注云 "梁, 橫橋."是也.

그 제도는 ≪周禮≫ 〈天官 䱷人〉에 "䱷人은 때에 맞춰 〈물고기를〉 바치기 위해 梁을 만드는 것을 관장한다."라고 하였는데, 鄭司農이 "梁은 물막이 제방이니, 물에 제방을 쌓아 빈 공간을 만들어 통발을 그 곳에 설치한다."라고 하였으니, 그렇다면 梁은 제방이고 물길을 막아 가운데를 비게 하여 통발을 설치하기 때문에 '笱는 물고기 잡는 도구이다.'라고 한 것이다. 그렇다면 물이 끊긴 것이 아닌데 물길을 끊었다고 한 것은 양 쪽에 쌓은 제방이 물길을 끊은 것이고, 제방은 흙으로 만드는데 모두 돌이라고 한 것은 산골

짜기 돌이 많이 있는 곳에서도 魚梁을 만들어 물고기를 잡기 때문이다. ≪禮記≫ 〈月令〉에서 "孟冬에 關梁(관문과 교량)을 살핀다."라고 한 것과 〈大雅 大明〉에서 "배를 만들어 배다리를 놓는다."라고 한 것은 모두 橋梁을 이른 것이니 물길을 끊은 것이 아니다. 그리하여 ≪禮記≫ 〈月令〉 注에서 "梁은 가로 놓은 다리이다."라고 한 것이 이것이다.

【疏】 箋'毋者 喻禁新昏' ○正義曰：以毋，禁辭，禁人無逝我梁，是喻禁新昏無乃之我家也，故角弓箋云"毋，禁辭." 說文云"毋，從女，象有姦之者." 禁令勿姦，故毋爲禁辭.

箋의 〔毋者 喩禁新昏〕

○正義曰：毋는 금지하는 말이니, 상대에게 내 魚梁에 가지 말라고 금지한 것은 새로 혼인한 여인에게 내 집에 가지 말라고 금지한 것을 비유한 것이다. 그리하여 〈小雅 角弓〉의 箋에서 "毋는 금지하는 말이다."라고 하였고, ≪說文解字≫에 "毋는 女의 부수를 따르니 간음하는 자가 있음을 형상한 것이다."라고 하였으니, 〈간음하는 자가 있으면〉 금지하여 간음하지 말게 한 것이다. 그리하여 毋를 금지하는 말이라고 한 것이다.

【疏】 箋'我身'至'子孫' ○正義曰：以此婦人去夫，故知憂所生之子孫也. 時未必有孫，言之協句耳. 小弁云大(태)子身被放逐，明恐身死之後，憂其父更受讒，故文同而義異.

箋의 〔我身〕에서 〔子孫〕까지

○正義曰：여기서 婦人이 남편을 떠났기 때문에 자기가 낳은 자손을 걱정함을 안 것이다. 이때에 반드시 손자가 있지는 않을 텐데, 손자라고 말한 것은 운을 맞춘 것일 뿐이다. 〈小雅 小弁〉은 태자가 자신이 쫓겨난 것을 말한 것이니, 아마도 자신이 죽은 뒤에 그 아버지가 다시 참소를 받을까 걱정한 것이 분명하다. 그리하여 글은 같으나 뜻이 다른 것이다.

就其深矣란 **方之舟之**요

就其淺矣란 **泳之游之**호라

깊은 물 건널 때는
뗏목이나 배를 탔고
얕은 물 건널 때는

자맥질도 헤엄도 쳤네

【傳】 舟는 船也라

舟는 '배'이다.

【箋】 箋云 方은 泭也라 潛行爲泳이라 言深淺者는 喩君子之家事無難易하고 吾皆爲之라

箋云 : 方은 뗏목이다. 물속으로 가는 것이 泳이다. 深과 淺을 말한 것은, 남편의 집안 일은 어렵고 쉬움을 가리지 않고 내가 모두 하였음을 비유한 것이다.

何有何亡(무)오하여 黽勉求之하고

있고 없음 살펴서

애써 살림 늘렸고

【傳】 有는 謂富也요 亡는 謂貧也라

有는 부유함을 이르고, 亡는 가난함을 이른다.

【箋】 箋云 君子何所有乎아 何所亡乎아 吾其黽勉勤力爲求之하여 有求多하고 亡求有라

箋云 : 남편에게 있는 것이 무엇이며 없는 것이 무엇인가. 내가 부지런히 힘써 구하여 있는 것은 더 많게 하고 없는 것은 있게 한 것이다.

凡民有喪에 匍匐救之호라

이웃의 어려운 일엔

힘을 다해 돌봐주었네

【箋】 箋云 匍匐은 言盡力也라 凡於民有凶禍之事면 隣里尙盡力往救之온 況我於君子(家之)〔之家〕[1]事難易乎아 固當黽勉이니 以疏喩親也라

1) (家之)〔之家〕: 저본의 교감기에 따라 '之家'로 번역하였다.

箋云 : 匍匐은 힘을 다한다는 말이다. 남에게 흉한 일이 있으면 이웃인데도 오히려 온

힘을 다해 도와주었는데, 하물며 내 남편의 집안일은 어찌 어렵고 쉬움을 가리겠는가. 진실로 마땅히 힘을 써야 하니, 소원함으로 친근함을 비유한 것이다.

【疏】 '就其'至'救之' ○ 毛以爲, 婦人既怨君子棄己, 反追說己本勤勞之事, 如人之渡水, 若就其深矣, 則方之舟之, 若就其淺矣, 則泳之游之, 隨水深淺, 期於必渡, 以興己於君子之家事, 若値其難也, 則勤之勞之, 若値其易也, 卽優之游之, 隨事難易, 期於必成. 匪直於君子之家事無難易, 又於君子之家財業, 何所富有乎, 何所貧(亡)〔無〕[1]乎, 不問貧富, 吾皆勉力求之. 所以君子家事己皆勉力者, 以其凡民於有喪禍之事, 其隣里尙盡力以救之, 隣里之疏猶能如是, 況我於君子家事難易, 何得避之, 故己所以盡力也, 而君子棄己, 故怨之. ○ 鄭唯'何有何亡'爲小異.

1) (亡)〔無〕: 저본의 교감기에 따라 '無'로 번역하였다.

經의 〔就其〕에서 〔救之〕까지

○ 毛亨은 '부인이 남편이 자기를 버린 것을 원망하고 자기가 본래 부지런히 노력한 일을 돌이켜 말하였으니, 사람이 물을 건널 때에 깊은 곳을 건너려면 뗏목을 타거나 배를 타고, 얕은 물을 건너려면 자맥질 하거나 헤엄쳐서 물의 깊고 얕음에 따라 반드시 건널 것을 기약하는 것과 같다. 이로써 자기가 남편의 집안일 중에 어려운 일을 만나면 부지런히 노력하고, 쉬운 일을 만나면 느긋하고 여유롭게 하여 일의 어렵고 쉬움에 따라 반드시 이룰 것을 기약하였음을 興한 것이다. 남편의 집안일은 어렵고 쉬움을 가리지 않을 뿐만 아니라 또 남편 집의 살림에 어떤 것이 있는지, 어떤 것이 없는지를 살펴 있고 없음을 따지지 않고 내가 모두 힘써 구하였다. 남편의 집안일을 자신이 모두 힘써 노력한 까닭은 이웃 사람에게 흉한 일이 있으면 이웃인데도 오히려 온 힘을 다해 도와주었기 때문이니 소원한 이웃도 오히려 이와 같이 하는데, 하물며 내 남편 집안의 어려운 일을 어찌 피할 수 있겠는가. 그리하여 자신이 노력을 다하였는데도 남편이 자기를 버렸다. 그리하여 원망한 것이다.'고 여긴 것이다.

○ 鄭玄은 '何有何亡'만을 조금 다르게 여기었다.

【疏】 傳'舟 船' ○ 正義曰 : 舟者, 古名也, 今名船. 易曰 "利涉大川, 乘木舟虛." 注云 "舟謂集板, 如今(自)〔船〕[1]. 空大木爲之, 曰虛." 卽古又名曰虛, 揔名皆曰舟.

1) (自)〔船〕: 저본의 교감기에 따라 '船'으로 번역하였다.

傳의〔舟 船〕

○ 正義曰 : 舟는 옛 명칭이고, 지금은 '船'이라 한다. ≪周易≫ 中孚卦에 "큰 내를 건너는 것이 이롭다고 한 것은 나무배로 건너되 배가 비어있기 때문이다."라고 하였는데, 注에서 "舟는 판자를 모은 것을 말하는데, 지금의 船과 같다. 큰 나무〈의 속을 파내어〉 비게 만든 것을 '虛'라고 한다."라고 하였으니, 곧 옛날에는 虛라고도 불렀는데, 총칭하여 모두 '舟'라고 한 것이다.

【疏】 傳'有謂富 亡謂貧' ○ 正義曰 : 以有謂有財, 故云富, 亡謂無財, 故曰貧. 言不問貧富, 皆勉力求之.

傳의〔有謂富 亡謂貧〕

○ 正義曰 : 有는 재물이 있는 것을 말하였기 때문에 '富'라고 한 것이고, 亡는 재물이 없는 것을 말하였기 때문에 '貧'이라 한 것이다. 貧富를 따지지 않고 모두 힘써 구함을 말한 것이다.

【疏】 箋'有求多 亡求有' ○ 正義曰 : 以有無, 謂於一物之上, 有此物無此物, 故言'有求多 亡求有'也. 以求財業, 宜於一事爲有亡, 故易傳.

箋의〔有求多 亡求有〕

○ 正義曰 : 有와 無는 한 가지 물건에 있어, 이 물건이 있거나 없는 것을 말하였기 때문에 '있는 것은 더 많게 하고 없는 것은 있게 한 것이다.'라고 한 것이다. 재산을 구하는 것은 하나의 일에서 있고 없음이 되기 때문에 傳의 내용을 바꾸어 말한 것이다.

【疏】 箋'匍匐 言盡力' ○ 正義曰 : 以其救恤凶禍, 故知宜爲盡力. 生民云 "誕實匍匐", 謂后稷之生爲小兒匍匐, 與此不同也. 問喪注云 "匍匐猶顚蹷." 然則匍匐者, 以本小兒未行之狀, 其盡力顚蹷似之, 故取名焉. 凡民有凶禍之事, 隣里尙盡力往救之, 謂營護凶事, 若有賵贈也.

箋의〔匍匐 言盡力〕

○ 正義曰 : 흉한 일을 도와주었기 때문에 온힘을 다한 것을 안 것이다. 〈大雅 生民〉에 "실로 엉금엉금 기어 다닐 때"라고 한 것은 后稷이 태어나 어린아이 때 엉금엉금 기어가는 것을 말하니 여기와는 다르다. ≪禮記≫ 〈問喪〉의 주에서 "匍匐은 넘어지는 것과 같

다.”라고 하였으니, 그렇다면 匍匐은 본래 어린아이가 아직 걷기 전의 모습이니 안간힘을 써도 넘어지는 것과 같기 때문에 이름을 취한 것이다. 남에게 흉한 일이 있으면 이웃도 오히려 온 힘을 다해 가서 도와준다는 것은 흉한 일을 구휼함을 이르니, 부의 같은 것이다.

不我能慉(휵)이요 反以我爲讎로다

날 보살펴주지 않고서
도리어 원수로 여기네

【傳】 慉은 養也라

慉은 ‘기름’이다.

【箋】 箋云 慉은 驕也니 君子不能以恩驕樂我하고 反憎惡我라 ○ 慉은 毛는 興也라하고 說文은 起也라하니라

箋云 : 慉은 ‘총애’이니, 남편이 은애로써 나를 즐겁게 하지 않고 도리어 나를 미워하는 것이다.

○ 慉은 毛亨은 “興이다.”라고 하였고, ≪說文解字≫에서는 “起(일으키다)이다.”라고 하였다.

旣阻我德하니 賈用不售로다

내 은덕 꺼리니
안 팔리는 물건 신세로다

【傳】 阻는 難(云)〔也〕[1]라

1) (云)〔也〕 : 저본에는 ‘云’으로 되어 있으나, 武英殿本에 의거하여 ‘也’로 고쳐 번역하였다.

阻는 ‘꺼림’이다.

【箋】箋云 既難却我하여 隱蔽我之善이로대 我脩婦道而事之하여 覬其察己나 猶見疏外하니 如賣物之不售라 ○ 賈는 市也라

箋云 : 나를 꺼리고 멀리하여 나의 잘한 것을 숨기려고 하나 나는 아녀자의 도리를 다하여 섬겨서 나를 보살펴주기를 바랐지만, 오히려 외면당하니 마치 팔리지 않는 물건과 같다는 것이다.

○ 賈는 파는 것이다.

昔育恐育鞫하여 及爾顚覆이러니

어려선 나이 들어 곤궁할까 두려워
그대와 함께 온 힘을 다했더니

【傳】育은 長이요 鞫은 窮也라

育은 '나이 듦'이고, 鞫은 '곤궁함'이다.

【箋】箋云 昔育의 育은 稚也라 及은 與也라 昔幼稚之時에 恐至長老窮匱라 故與女顚覆盡力於衆事하여 難易無所辟(피)라 ○ 鞫은 本亦作諊이라 稚는 本亦作穉라 匱는 乏也라 辟는 音避요 本亦作避라

箋云 : 昔育의 育은 어림이다. 及은 함께이다. 옛날 어릴 적에는 나이 들어 곤궁할까 걱정하였다. 그리하여 그대와 함께 모든 일에 온 힘을 다하여 어려운 일이든 쉬운 일이든 피함이 없었던 것이다.

○ 鞫은 '諊'으로 되어 있는 본도 있다. 稚는 '穉'로 되어 있는 본도 있다. 匱는 궁핍함이다. 辟는 음이 '피'이고, '避'로 되어 있는 본도 있다.

既生既育하얀 比予于毒가

살림 늘고 나이 들자
날 독충처럼 여기는가

【箋】箋云 生은 謂財業也요 育은 謂長老也라 于는 於也라 既有財業矣요 又既長老矣하여는

其視我如毒螫하니 言惡已甚也라

箋云：生은 재산을 이르고, 育은 나이 들어 늙음을 이른다. 于는 於이다. 재산도 있고, 또 나이가 들어서는 나를 독충 같이 보니 자기를 싫어함이 심함을 말한 것이다.

【疏】'不我'至'于毒' ○ 毛以爲, 婦人云, 君子假不能以善道養我, 何故反以我爲讎乎, 旣不被恩遇, 又爲善不報, 故言旣難却我, 而隱蔽我之善德, 謂先有善德, 已被隱蔽矣. 今我更修婦道以事之, 覬其察己, 而猶見疏外, 似賣物之不售. 又追說己本勤勞以責之, 言我昔日幼稚之時, 恐至長而困窮, 故我與汝顚覆盡力於家事, 難易無所避, 今日旣生有財業矣, 又旣長老矣, 汝何爲視我如蟲之毒螫乎. 言惡已至甚. '不我能慉', 當倒之云'不能慉我'. 鄭唯'不我能慉'爲異.

經의 〔不我〕에서 〔于毒〕까지

○ 毛亨은 '부인이 「남편은 좋은 도리로 나를 돌봐주지는 못할지언정 어찌하여 도리어 나를 원수같이 여기는가.」라고 하였으니, 은혜로운 대우를 받지 못하고 또 잘한 일에 보답을 받지 못한 것이다. 그리하여 「나를 꺼리고 멀리하여 나의 좋은 덕을 은폐한다.」고 한 것이니, 이전의 좋은 덕이 은폐 당함을 말한 것이다. 이제 내가 다시 부인의 도리를 다하여 섬겨서 나를 보살펴주기를 바랐지만 오히려 외면당하니 팔리지 않은 물건과 같다. 또 자기가 본래 부지런히 노력한 것을 돌이켜 말하여 책망하여, 「내가 옛날에 어렸을 적에 나이 들어 곤궁할까 걱정하였다. 그리하여 내가 그대와 집안일에 온힘을 다하고 어려운 일이든 쉬운 일이든 피하지 않았다.」고 한 것이고, 「지금 사는데 재산도 늘고 나이도 들었는데 그대는 어찌하여 나를 독충 같이 보는가.」 하였으니, 자기를 매우 싫어함을 말한 것이다.'라고 여긴 것이다. '不我能慉'은 도치하여 '不能慉我'라고 해야 한다. 鄭玄은 '不我能慉'만을 다르게 여기었다.

【疏】傳'慉 養', 箋'慉 驕'至'惡我' ○ 正義曰：徧檢諸本, 皆云'慉, 養', 孫毓引傳云 "慉, 興."非也. 爾雅不訓慉爲驕, 由養之以至於驕, 故箋訓爲驕. 驕者, 至恩之辭, 讎者, 至怨之稱. 君子遇己至薄, 怨切至痛. 故擧至愛以駮至惡.

傳의 〔慉 養〕과 箋의 〔慉 驕〕에서 〔惡我〕까지

○ 正義曰：여러 本을 두루 살펴보면 모두 '慉은 養이다.'라고 하였는데, 孫毓은 傳을 인용하여 "慉은 興이다."라고 하였으니, 잘못이다. ≪爾雅≫에서 慉을 驕라고 풀이하지

않았으나, 돌봐주는 것에서 시작하여 驕에 이르렀다. 그리하여 箋에서 '驕'라고 풀이한 것이다. 驕는 지극히 은애하는 말이고, 讎는 지극히 원망하는 명칭이다. 남편이 자기를 대우함이 매우 각박하여 비통하고 지극히 고통스러웠다. 그리하여 지극히 사랑함을 들어서 지극히 미워함을 공박한 것이다.

【疏】 箋'昔育'至'所辟' ○ 正義曰：以育得兩說, 故釋言爲稚, 釋詁爲長. 以經有二育, 故辨之云 '昔育'者, '育, 稚也'. 以下云'旣生'謂'財業', 又以黽勉・匍匐類之, 故'顚覆'爲盡力. 若黍離云 "閔周室之顚覆", 抑云 "顚覆厥德", 各隨其義, 不與此同.

箋의 〔昔育〕에서 〔所辟〕까지

○ 正義曰 : '育'에 두 가지 뜻이 있기 때문에 ≪爾雅≫ 〈釋言〉에서 '稚'라 하고, ≪爾雅≫ 〈釋詁〉에서 '長'이라 한 것이다. 經에 두 개의 育자가 있다. 그리하여 구분하여 '昔育'의 '育'은 '稚'라고 한 것이다. 아래에서 '旣生'을 '財業'이라 하였고, 또 '黽勉'과 '匍匐'도 같은 類이다. 그리하여 '顚覆'을 '힘을 다한 것'이라고 한 것이다. 〈王風 黍離〉의 序에서 "周나라 왕실이 전복됨을 슬퍼한 것이다."라고 한 것과, 〈大雅 抑〉에서 "그 덕마저 전복되면〔顚覆厥德〕"이라고 한 것 같은 경우는 각기 그 뜻을 따른 것이니, 여기와는 다르다.

【疏】 箋'生謂財業' ○ 正義曰：以上云昔年稚恐窮, 以生對窮. 故爲財業. 以財由人而生之, 故大學曰 "生財有大道, 生之者衆, 食之者寡."是也.

箋의 〔生謂財業〕

○ 正義曰 : 위에서 예전 어릴 때에 곤궁할까 걱정하였다고 하여 生이 窮과 對句가 되기 때문에 生을 '財業'이라 한 것이다. 재물은 사람으로 말미암아 늘어난다. 그리하여 ≪大學≫에 "재물을 늘리는 데 큰 道가 있으니, 생산하는 자는 많고 소비하는 자는 적어야 한다."라고 한 것이 이것이다.

我有旨蓄은 亦以御冬이러니

내 맛있는 채소 저장함은
겨울을 나기 위함이었더니

【傳】 旨는 美요 御는 禦也라

旨는 '맛있음'이고, 御는 '대비함'이다.

【箋】 箋云 蓄聚美菜者는 以禦冬月乏無時也라 ○ 蓄은 本亦作畜이라

箋云 : 맛있는 채소를 저장하는 것은 겨울에 음식이 부족할 때를 대비하기 위함이다.

○ 蓄은 '畜'으로 되어 있는 本도 있다.

宴爾新昏하니 以我御窮이로다

그대는 새 여인만 좋아하니
난 궁할 때만 대비한 사람이었네

【箋】 箋云 君子亦但以我御窮苦之時하여 至於富貴則棄我如旨蓄이라

箋云 : 남편 또한 나를 곤궁하고 힘들 때만 대비하는 사람으로만 여겨서, 부귀해지자 〈겨울에는 저장했다가 봄과 여름이 되면 버리는〉 저장해놓은 맛있는 채소처럼 나를 버린 것이다.

有洸有潰하여 既詒我肄하니

사납게 하고 화를 내어
나를 힘들게 하니

【傳】 洸洸은 武也요 潰潰는 怒也라 肄는 勞也라

洸洸은 '사나움'이고 潰潰는 '화냄'이다. 肄는 '수고로움'이다.

【箋】 箋云 詒는 遺也라 君子洸洸然하고 潰潰然하여 無溫潤之色하여 而盡遺我以勞苦之事하니 欲窮困我라 ○ 潰는 韓詩云 潰潰는 不善之貌라하니라 肄는 爾雅作勩라

箋云 : 詒는 '끼침'이다. 남편이 사납게 하고 화를 내어 온화한 기색이 없이 나에게 수고로운 일을 다 맡기니 나를 곤궁하게 하려는 것이다.

○ 潰는 ≪韓詩≫에 "潰潰는 좋지 않은 모습이다."라고 하였다. 肄는 ≪爾雅≫에 '勩'로

되어 있다.

不念昔者에 伊余來塈로다

생각지 않네 예전에
나 처음 와 편히 지내게 하던 일을

【傳】 塈는 息也라

塈는 '편히 쉼'이다.

【箋】 箋云 君子忘舊하고 不念往昔年稚我始來之時에 安息我라

箋云 : 남편이 옛날을 잊어버리고 예전 내가 젊었을 적 처음 왔을 때에 나를 편히 지내게 하던 것을 생각하지 않는 것이다.

【疏】 '我有'至'來塈' ○ 正義曰 : 婦人怨其惡己, 得新昏而見棄, 故稱人言我有美菜, 蓄之亦以禦冬月乏無之時, 猶君子安樂汝之新昏, 本亦但以我禦窮苦之時而已. 然窮苦取我, 至於富貴而見棄, 似冬月蓄菜, 至於春夏則見遺也. 君子旣欲棄己, 故有洸洸然威武之容, 有潰潰然恚怒之色, 於我又盡(道)〔遺〕[1]我以勞苦之事, 不復念昔者我幼稚始來之時安息我也. 由無恩如此, 所以見出, 故追而怨之. '亦以禦冬', 言'亦'者, 因亦己之禦窮. 伊, 辭也.

1) (道)〔遺〕: 저본의 교감기에 따라 '遺'로 번역하였다.

經의 '我有'에서 '來塈'까지

○ 正義曰 : 부인이 자기를 미워하고 새로 혼인한 여인을 얻어 자기가 버림받은 것을 원망하였다. 그리하여 다른 사람에게 말하기를 '나에게 맛있는 채소가 있어 저장하는 것은 또한 겨울에 음식이 모자라는 때를 대비하기 위함인데, 이는 마치 남편이 새로 혼인한 여인을 좋아하여 본래에도 나를 곤궁할 때만 대비하는 사람으로만 여기었을 따름인 것과 같다. 그러나 곤궁할 때에는 나를 취했다가 부귀해지자 나를 버린 것은, 겨울에는 채소를 저장했다가 봄과 여름이 되면 버려지는 것과 같다. 남편이 자기를 버리려고 하였다. 그리하여 무서운 모습을 하고 노엽게 성난 기색을 띠어 나에게 더욱 힘든

일을 다 떠맡기니, 옛날 내가 젊었을 적 처음 왔을 때 나를 편안하게 쉬게 하였던 것을 다시는 생각하지 않는다.'라고 한 것이다. 은애가 없음이 이와 같기 때문에 쫓겨난 것이다. 그리하여 돌이켜 원망한 것이다. '亦以禦冬'에서 '亦'을 말한 것은 자기도 곤궁함을 대비한 것이었기 때문이다. 伊는 어조사이다.

【疏】 箋'君子'至'旨蓄' ○ 正義曰：上經與此互相見, 以舊(至)〔室〕[1)]比旨蓄, 新昏以比新菜, 此云'宴爾新昏', 則上宜云得爾新菜, 上言'我有旨蓄', 此宜云爾有舊室. 得新菜而棄旨蓄, 猶得新昏而棄己. 又言己爲之生有財業, 故云'至於富貴'也. 已言爲致富耳, 言貴者, 協句也.

1) (至)〔室〕: 저본의 교감기에 따라 '室'로 번역하였다.

箋의 〔君子〕에서 〔旨蓄〕까지

○ 正義曰：위의 經文과 이 글을 대조해보면 옛 부인을 저장한 맛있는 채소에 비유하고, 새 여인을 새 채소에 비유하였으니, 여기서 '그대는 새로 혼인한 여인만 좋아하니'라고 했으면 앞에서는 '그대 새 채소를 얻었다'고 해야 하고, 앞에서 '내 맛있는 채소 저장함'이라고 했으면 여기서는 '그대에게 옛 부인이 있다.'라고 해야 한다. 새 채소를 얻고서 저장한 맛있는 채소를 버린 것은 새로 혼인한 여인을 얻고서 자기를 버린 것과 같다. 또 자기가 그를 위해 재산을 늘렸다고 하였다. 그리하여 '富貴를 이루었다'고 한 것이다. 자기는 富를 이룬 것만 말했을 뿐인데 '貴'까지 말한 것은 운을 맞춘 것이다.

【疏】 傳'肄 勞' ○ 正義曰：釋詁文. 爾雅或作勩, 孫炎曰"習事之勞也."

傳의 〔肄 勞〕

○ 正義曰：≪爾雅≫〈釋詁〉의 글이다. ≪爾雅≫에 간혹 '勩'로 되어 있는데, 孫炎은 "일을 익히는 수고로움이다."라고 하였다.

谷風 六章이니 章八句라

〈谷風〉은 6章이니 장마다 8구이다.

式微(식미)

【序】 式微는 **黎侯寓于衛**하니 **其臣勸以歸也**라

〈式微〉는 黎侯가 衛나라에서 더부살이하니 그의 신하가 〈黎로〉 돌아갈 것을 권한 것이다.

【箋】 寓는 **寄也**라 **黎侯爲狄人所逐**하여 **棄其國而寄於衛**어늘 **衛處之以二邑**하니 **因安之**하여 **可以歸而不歸**라 **故其臣勸之**라 ○ **黎**는 **國名**이니 **杜預云 在上黨壺關縣**이라하니라 **寓于**의 **于**는 **又作乎**라

寓는 더부살이이다. 黎侯가 狄人에게 쫓겨나 그 나라를 버리고 衛나라에 더부살이하였는데 衛나라가 두 읍을 주어 지내게 하니, 그가 편안히 여겨 돌아갈 수 있는데도 돌아가지 않았다. 그리하여 그의 신하들이 黎나라로 돌아가기를 권한 것이다.

○ 黎는 나라 이름이니, 杜預는 "上黨郡 壺關縣에 있다."라고 하였다. '寓于'의 于는 음이 遇이다. '乎'로도 되어 있다.

【疏】 '式微(二章章四句)'至'勸以歸' ○ 正義曰：此經二章, 皆臣勸以歸之辭. 此及旄丘, 皆陳黎臣之辭, 而在邶風者, 蓋邶人述其意而作, 亦所以刺衛君也.

序의 〔式微〕에서 〔勸以歸〕까지

○ 正義曰：이 經의 두 장은 모두 신하가 군주에게 돌아갈 것을 권한 말이다. 이 시와 〈旄丘〉는 모두 黎나라 신하의 말을 적은 것인데 邶風에 들어있는 것은 아마도 邶의 사람이 그 뜻을 서술하여 지은 것이고, 衛나라의 군주를 풍자한 것이기도 하다.

【疏】 箋'黎侯'至'勸之' ○ 正義曰：以旄丘之敍, 故知爲狄人所逐. 以經云'中露'·'泥中', 知處之以二邑, 勸之云'胡不歸', 知可以歸而不歸. 此被狄所逐, 而云'寄'者, 若春秋出奔之君, 所在亦曰'寄', 故左傳曰 "齊〔人〕[1)]以(郲)〔郲〕[2)]寄衛侯."是也. 喪服傳曰 "寄公者何, 失地之君也." 謂削地盡者, 與此別.

1) 〔人〕: 저본에는 '人'字가 없으나, ≪春秋左氏傳≫의 내용에 의거하여 보충하였다.

2) (邾)〔郲〕: ≪春秋左氏傳≫의 내용에 의거하여 '郲'로 번역하였다.

箋의 〔黎侯〕에서 〔勸之〕까지

○ 正義曰 : 〈旄丘〉의 序에서 서술하였기 때문에 狄人에게 쫓겨난 것을 안 것이다. 經에서 '中露'와 '泥中'이라고 하였기 때문에 두 읍에 거처함을 안 것이고, '어찌 돌아가지 않는가.'라고 권하였기에 돌아갈 수 있는데도 돌아가지 않음을 안 것이다. 여기서 狄人에게 내쫓긴 것인데 '寄(더부살이)'라고 한 것은 ≪春秋≫에서 쫓겨 도망간 군주가 있는 곳을 또한 '寄'라고 한 것과 같다. 그리하여 ≪春秋左氏傳≫ 襄公 14년에 "齊人이 郲를 衛侯에게 주어 더부살이하게 하였다."라고 한 것이 이것이다. ≪儀禮≫ 〈喪服傳〉에 "寄公은 무엇인가? 領地를 잃은 군주이다."라고 한 것은 領地를 다 빼앗긴 것을 이르니 여기와는 구별된다.

式微式微어늘 胡不歸오

쇠약하고 쇠약해졌는데
어이 돌아가지 않나요

【傳】 式은 用也라

式은 用이다.

【箋】 箋云 式微式微者는 微乎微者也라 君何不歸乎는 禁君留止於此之辭라 式은 發聲也라

箋云 : 式微式微는 쇠약하고 쇠약한 것이다. '군주는 어찌 돌아가지 않는가.'는 군주가 이곳에 머물러 있음을 금하는 말이다. 式은 발어사이다.

微君之故면 胡爲乎中露리오

군주의 일만 없다면
어이 中露에 머물리오

【傳】 微는 無也라 中露는 衛邑也라

微는 '없음'이다. 中露는 衛나라의 邑이다.

【箋】 箋云 我若無君이면 何爲處此乎아하니 臣又極諫之辭라

箋云 : '만약 군주께서 이곳에 머물고 있는 일만 없다면 우리가 어찌 이곳에 머물겠는가?'라고 한 것이니, 신하가 또 極諫한 말이다.

【疏】 '式微'至'中露' ○ 毛以爲, 黎之臣子責君久居於衛, 言君用在此而益微, 用此而益微, 君何不歸乎, 我等若無君在此之故, 何爲久處於此中露. 鄭以式爲發聲, 言微乎微者, 言君今在此, 皆甚至微, 君何不歸乎, 餘同.

經의 〔式微〕에서 〔中露〕까지

○ 毛亨은 '黎나라의 신하가 그의 군주가 오래도록 衛나라에 머물고 있음을 책망하여 군주가 이곳에 있어서 더욱 쇠약해졌고, 이 때문에 더욱 쇠약해졌는데 군주는 어찌하여 돌아가지 않는가. 군주가 이곳에 머물고 있는 일만 없다면 우리들이 어찌하여 오래도록 이 中露에 머물겠는가.'라고 여긴 것이다. 鄭玄은 '式을 발어사로 여기었으니, 쇠약하고 쇠약한 것이라고 한 것은 군주가 지금 이곳에 있어 모두 매우 쇠약해졌는데 군주는 어찌하여 돌아가지 않느냐고 한 것이다.'라고 여긴 것이다. 나머지는 같다.

【疏】 傳'式 用' ○ 正義曰 : 釋言文. 左傳曰 "榮成伯賦式微."[1] 服虔云 "言君用中國之道微." 亦以式爲用. 此勸君歸國, 以爲君用中國之道微, 未若君用在此微爲密也.

1) 榮成伯賦式微 : 군주가 귀국하기를 머뭇거리자 귀국할 것을 권하면서 이 시를 읊었다는 故事이다. 魯 襄公이 楚 康王의 장례식에 갔다가 돌아오는 길에 季孫宿이 卞縣을 점령하였다는 소식을 듣고, 귀국하려 하지 않자 榮成伯이 〈式微〉를 읊어 권하니 양공이 귀국하였다고 한다. ≪春秋左氏傳 襄公 29년≫

傳의 〔式 用〕

○ 正義曰 : ≪爾雅≫ 〈釋言〉의 글이다. ≪春秋左氏傳≫ 襄公 29년에 "榮成伯이 〈式微〉의 詩를 읊었다."라고 하였는데, 服虔이 "군주가 나라의 道가 쇠미해졌다고 여긴 것을 말한다."라고 하였으니, 또한 '式'을 '用'으로 여긴 것이다. 여기서 군주에게 歸國을 권한 것은 군주가 나라의 도가 쇠미해졌다고 여긴 것이니, 군주가 이곳에 머물면서 쇠약해졌다고 긴밀히 간한 것과는 다르다.

【疏】 箋'式微'至'發聲' ○ 正義曰 : '式微式微者 微乎微者也', 釋訓文, 郭璞曰 "言至微也. 以君被逐旣微, 又見卑賤, 是至微也." 不取式爲義, 故云發聲也.

箋의 〔式微〕에서 〔發聲〕까지

○ 正義曰 : '式微式微者 微乎微者也'는 ≪爾雅≫ 〈釋訓〉의 글인데, 郭璞은 "지극히 쇠미함을 말한다. 군주가 쫓겨나 쇠약해지고 또 천대를 당하였으니, 이것이 지극히 쇠미한 것이다."라고 하였으니, 式으로는 뜻을 삼지 않은 것이다. 그리하여 '발어사'라고 한 것이다.

【疏】 傳'中露 衛邑' ○ 正義曰 : 以寄於衛所處之, 下又責其不來迎我君[1], 明非衛都, 故知中露・泥中, 皆衛邑也.

1) 下又責其不來迎我君 : 다음 편인 〈旄丘〉의 詩에 '不來迎我君'의 내용이 있다. 그래서 '下'라고 한 것이다.

傳의 〔中露 衛邑〕

○ 正義曰 : 衛나라에서 제공한 더부살이하는 곳이고, 아래에 또 우리 군주를 와서 맞이하지 않음을 책망하였으니 衛나라의 도성이 아님이 분명하다. 그리하여 中露와 泥中이 모두 衛나라의 邑임을 안 것이다.

【疏】 箋'我若'至'之辭' ○ 正義曰 : 主憂臣勞, 主辱臣死, 固當不憚淹恤. 今言我若無君, 何爲處此, 自言己勞, 以勸君歸, 是極諫之辭.

箋의 〔我若〕에서 〔之辭〕까지

○ 正義曰 : 군주가 걱정하면 신하는 〈그 근심을 풀기 위해〉 힘써 노력하고, 군주가 욕됨을 당하면 신하는 〈그 욕됨을 씻기 위해〉 죽음을 무릅쓰니, 진실로 오랫동안 우환을 당하는 것을 꺼리지 않아야 한다. 그런데 지금 '우리들이 군주가 이곳에 머물고 있는 일만 없다면 어찌 이곳에 머물겠는가.'라고 하였으니, 스스로 자신의 수고로움을 말하여 군주에게 돌아갈 것을 권한 것이니, 이것이 極諫한 말이다.

式微式微어늘 胡不歸오

微君之躬이면 胡爲乎泥中고

쇠약하고 쇠약해졌는데

어이 돌아가지 않나요
군주 몸 아니면
어이 泥中에 머물리오

【傳】 泥中은 衛邑也라

泥中은 衛나라의 邑이다.

式微 二章이니 章四句라

〈式微〉는 2章이니 章마다 4句이다.

旄丘(모구)

【序】 旄丘는 責衛伯也라 狄人迫逐黎侯하여 黎侯寓于衛어늘 衛不能脩方伯連率(수)之職하니 黎之臣子以責於衛也라

〈旄丘〉는 衛伯을 책망한 시이다.

狄人이 黎侯를 쫓아내어 黎侯가 衛나라에 더부살이하였는데, 衛나라가 方伯과 連率의 직책을 다하지 못하니, 黎나라의 신하가 衛나라를 책망한 것이다.

【箋】 衛康叔之封爵稱侯어늘 今曰伯者는 時爲州伯也라 周之制에 使伯佐牧하고 春秋傳曰 五侯九伯이라하니 侯爲牧也라 ○ 旄丘는 音毛丘라 前高後下曰旄丘라 率는 禮記云 十國以爲連하고 連有率라 佐牧은 州牧之(牧)〔佐〕[1)]라

1) (牧)〔佐〕: 저본의 교감기에 따라 '佐'로 번역하였다.

衛 康叔의 封爵을 侯라고 칭해야 하는데, 여기서 '伯'이라 한 것은 당시에 '州伯'이었기 때문이다. 周나라의 제도에 伯으로 하여금 牧을 보좌하게 하였고, ≪春秋左氏傳≫ 僖公 4년에 "五侯와 九伯"이라고 하였으니, 侯는 牧이 된다.

○ 旄丘는 音이 毛丘이다. 앞이 높고 뒤가 낮은 것을 旄丘라고 한다. 率는 ≪禮記≫ 〈王制〉에 "10國을 連으로 삼고 連에 率를 둔다."라고 하였다. 佐牧은 州牧의 보좌이다.

【疏】'旄丘(四章章四句)'至'於衛' ○ 正義曰：作旄丘詩者，責衛伯也. 所以責之者，以狄人迫逐黎侯，故黎侯出奔來寄於衛，以衛爲州伯，當脩連率之職以救於己，故奔之，今衛侯不能脩方伯連率之職，不救於己，故黎侯之臣子，以此言責衛，而作此詩也. 狄者，北夷之號，此不斥其國. 宣十五年左傳，伯宗數赤狄路氏之罪云"奪黎氏地，三也." 服虔曰"黎侯之國." 此詩之作，責衛宣公. 宣公以魯桓〔十〕[1]二年卒，至魯宣十五年，百有餘歲，卽此時，雖爲狄所逐，後更復其國，至宣公之世，乃赤狄奪其地耳，與此不同. 彼奪地是赤狄，此唯言狄人迫逐，不必是赤狄也.

1) 〔十〕: 저본의 교감기에 따라 보충하여 번역하였다.

序의 〔旄丘〕에서 〔於衛〕까지

○ 正義曰：〈旄丘〉의 詩를 지은 것은 衛伯을 책망한 것이다. 책망한 까닭은 狄人이 黎侯를 쫓아내었기 때문에 黎侯가 도망가서 衛나라에 와서 더부살이하면서 衛나라가 州伯이니 連率의 직분을 다하여 자기를 구해줄 것이라고 여기었다. 그리하여 衛나라로 도망간 것인데, 지금 衛侯가 方伯 連率의 직분을 다하지 못하여 자기를 구해주지 못하였다. 그리하여 黎侯의 신하가 이 말로 衛나라를 책망하여 이 詩를 지은 것이다.

狄은 북쪽 오랑캐의 호칭이니, 이는 그 나라를 가리킨 것은 아니다. ≪春秋左氏傳≫ 魯 宣公 15년에 伯宗이 赤狄 路氏의 죄를 따지면서 "黎氏의 땅을 빼앗은 것이 세 번째 죄이다."라고 하였는데, 服虔이 "黎侯의 나라이다."라고 하였으니, 이 詩를 지은 것은 衛 宣公을 책망한 것이다. 衛 宣公은 魯 桓公 12년에 죽었으니, 魯 宣公 15년까지는 100여 년의 차이가 난다. 그렇다면 이때에 狄人에 의해 쫓겨났지만 뒤에 다시 나라를 회복하였고, 魯 宣公 때에 이르러서야 赤狄이 그 땅을 빼앗은 것이니, 여기와는 다르다. ≪春秋≫에서 땅을 뺏은 것은 赤狄인데 여기서는 狄人이 쫓아냈다고만 말했으니, 반드시 赤狄은 아니다.

【疏】言'方伯連率'者，王制云"五國以爲屬，屬有長. 十國以爲連，連有帥. 三十國以爲卒，卒有正，二百一十國以爲州，州有伯." 注云"凡長皆因賢侯爲之. 殷之州長曰伯，虞夏及周皆曰牧." 又曰"千里之外設方伯." 公羊傳曰"上無明天子，下無賢方伯." 方伯皆謂州長，則此方伯亦州長矣. 周謂之牧，而云方伯者，以一州之中爲長，故云方伯. 若牧下二伯，不得云方伯也.

'方伯連率'는 ≪禮記≫ 〈王制〉에 "5國을 屬으로 삼으니 屬에는 長을 두고, 10國을 連으로 삼으니 連에는 帥를 두고, 30國을 卒로 삼으니 卒에는 正을 두고, 210國을 州로 삼으니 州에는 伯을 둔다."라고 하였는데, 注에서 "무릇 長은 모두 어진 侯이기 때문에 長으로 삼은 것이다. 殷나라는 州의 長을 '伯'이라 하고, 虞夏와 周나라는 모두 '牧'이라 한다."라고 하고, 또 "천리의 밖에 方伯을 둔다."라고 하고, ≪春秋公羊傳≫에서는 "위로 밝은 天子가 없고, 아래로 어진 方伯이 없다."라고 하였으니, 方伯은 모두 州의 長을 이르니, 그렇다면 여기의 方伯도 州의 長이다. 周나라에서는 牧이라 하였는데 〈여기서〉 '方伯'이라 한 것은 한 州 안의 長이 되기 때문에 '方伯'이라 한 것이다. 만약 牧 아래의 二伯이라면 方伯이라 할 수 없다.

【疏】 '連率'者, 卽'十國以爲連, 連有帥.'是也. 不言'屬'·'卒'者, 擧其中也. 王制雖殷法, 周諸侯之數與殷同, 明亦十國爲連, 此詩周事, 有連率之文. 左傳曰"晉侯享公, 公請屬鄫." 是周亦有連·屬. 此宣公爲二伯, 非方伯, 又非連率, 而責不能脩之者, 以連帥屬方伯, 若諸侯有被侵伐者, 使其連·屬救之. 宣公爲州伯, 佐方伯, 今黎侯來奔之, 不使連率救己, 是'不能脩方伯·連率之職'也. 此敍其責衛伯之由, 經皆責衛之辭也. 經言叔·伯, 則責衛臣矣, 言責衛伯者, 以衛爲方伯, 故責其諸臣之廢事, 由君之不使, 亦是責衛伯也.

'連率'는 '10國을 連으로 삼으니 連에는 帥를 둔다.'고 한 것이 이것이다. '屬'과 '卒'을 말하지 않은 것은 중간을 들었기 때문이다. ≪禮記≫ 〈王制〉는 殷나라의 法이지만 周나라 諸侯의 수는 殷나라와 같으니, 또한 10國을 連으로 삼은 것이 분명하다. 이 詩는 周나라의 일이어서 '連率'의 글이 있는 것이다. ≪春秋左氏傳≫ 襄公 4년에 "晉侯가 襄公을 접대할 때에 公이 鄫國을 屬으로 삼기를 청하였다."라고 하였으니, 이것이 周나라에도 連과 屬이 있는 것이다. 宣公은 二伯이니 方伯이 아니고 連率도 아닌데 〈方伯과 連率의〉 직분을 다하지 못했다고 책망한 것은 連帥가 方伯의 屬官이고, 만약 侵伐을 당한 諸侯가 있으면 連과 屬으로 하여금 구하게 하였기 때문이다. 宣公이 州伯이 되어 方伯을 보좌하면서 지금 黎侯가 도망왔는데 連率를 시켜 자기를 구해주지 못했으니, 이것이 '方伯과 連率의 직책을 다하지 못한 것'이다. 여기서는 衛伯을 책망한 이유를 서술하였고, 經은 모두 衛나라를 책망한 말이다. 經에서 말한 叔과 伯은 衛나라의 신하를 책망한 것인데, 衛伯을 책망한 것이라 한 것은 衛나라가 方伯이기 때문이다. 그리하여 신하들이 직무를 수행하지 않은 것은 군주가 시키지 않았기 때문임을 책망한 것이니, 또한 衛伯을 책망한 것이다.

【疏】 箋'衛康'至'爲牧' ○ 正義曰：此解言衛伯之意, 故云'衛康叔之封爵稱侯, 今曰伯者, 時爲州伯也. 周之制, 使伯佐牧', 牧是州牧, 伯佐之, 是州伯也. 知者, 以春秋傳曰"五侯九伯", 是侯爲牧, 伯佐之也. 宣公爲侯爵, 見於春秋, 明矣. 今而本之康叔者, 以諸侯之爵, 皆因始封之君, 故本康叔也. 顧命云"乃同召太保奭, 畢公, 衛侯." 是爵稱侯也.

箋의 〔衛康〕에서 〔爲牧〕까지

○ 正義曰：여기서 衛伯이라 말한 뜻을 풀이하였다. 그리하여 '衛 康叔의 封爵을 侯라고 칭해야 하는데, 여기서 伯이라 한 것은 당시에 州伯이었기 때문이다. 周나라의 제도에 伯으로 하여금 牧을 보좌하게 한다.'라고 하였으니, 이 牧은 州牧이고, 伯이 보좌한 것은 州伯이다. 이를 안 것은 ≪春秋左氏傳≫에서 "五侯와 九伯"이라 하였기 때문이니, 이는 侯가 牧이고, 伯이 보좌하는 것이다. 宣公이 侯의 爵位인 것은 ≪春秋≫에 보이니 〈이 사실이〉 분명하다. 그런데 여기서 康叔을 근거로 하여 말한 것은, 諸侯의 爵位는 모두 처음 봉해진 군주를 따르기 때문이다. 그리하여 康叔을 근거로 하여 말한 것이다. ≪尙書≫ 〈顧命〉에 "이에 太保인 召公 奭과 畢公과 衛侯를 함께 불렀다."라고 하였으니, 이것이 侯를 작위로 칭한 것이다.

【疏】 案世家自康叔至貞伯不稱侯, 頃侯賂夷王始爲侯. 又平王命武公爲公, 不恒以康叔言康叔之封者, 以康叔之後, 自爲時王所黜, 頃侯因康叔本侯, 故賂夷王而復之. 命武公爲公, 謂爲三公, 爵仍侯也. 此云'責衛伯', 何以知宣公非州牧爲方伯, 而以爲牧下二伯者, 以周之州長曰牧, 以長一方言之, 得謂之方伯, 未有謂之州伯者. 此若是牧, 當言責衛牧, 今言責衛伯, 明非牧也, 故知爲二伯.

≪史記≫ 〈衛康叔世家〉를 살펴보면 康叔으로부터 貞伯 때까지는 侯라고 칭하지 않았고, 頃侯가 夷王에게 뇌물을 주어 처음으로 侯가 되었다고 하였고, 또 平王이 武公을 명하여 公으로 삼았다고 하였으니, 항상 康叔의 封爵을 가지고 康叔을 말하지 않는 것은 康叔의 뒤에 당시의 왕에 의해 쫓겨났다가 頃侯 때에 康叔이 본래 侯였던 것을 따랐다. 그리하여 周 夷王에게 뇌물을 주어 다시 侯를 회복한 것이다. 武公을 명하여 公을 삼은

것은 三公이 됨을 이르나 작위는 그대로 侯이다. 序에서 '衛伯을 책망한 것이다.'라고 하였는데, 어떻게 宣公이 州牧인 方伯이 아니고 牧 아래의 二伯임을 안 것인가. 周나라에서 州의 長을 牧이라 한 것은 한 지방의 長으로 말한 것이니, 그렇다면 方伯이라고 할 수는 있으나 州伯이라고 할 수는 없다. 이것이 만약 牧이라면 마땅히 衛牧을 책망한 것이라고 해야 하는데, 衛伯을 책망한 것이라고 하였으니, 분명 牧이 아니다. 그리하여 二伯임을 안 것이다.

【疏】 言'周之制 使伯佐牧'者, 以左傳所論周世之事, 前代必不然, 知指言周也. 此方伯連率皆是諸侯之身相爲長耳, 王制云"使大夫監於方伯之國, 國三人." 注云"使佐方伯, 領諸侯者." 謂天子命人爲方伯, 國內大夫監之, 非此牧伯之類. 王制雖是殷法, 於周亦當然, 故燕禮注云"言諸公者, 容牧有三監." 是鄭言周之牧國, 亦有三監也.

'周之制 使伯佐牧'이라고 말한 것은, ≪春秋左氏傳≫에서 논한 것은 周나라 때의 일이고 前代에는 반드시 그러하지는 않았으니 周나라만 가리켜 말한 것임을 알 수 있다. 여기의 方伯, 連率는 모두 諸侯의 신분으로 서로 長이 된 것일 뿐이다. ≪禮記≫ 〈王制〉에서 "大夫로 하여금 方伯의 나라를 감찰하게 하되 한 나라에 3명을 둔다."라고 하였는데, 注에서 "方伯을 보좌하여 제후를 다스리게 하는 것이다."라고 하였으니, 天子가 명한 사람을 方伯으로 삼고 나라 안의 대부로 감찰하게 한 것을 말하지, 여기서 말하는 牧伯의 부류가 아니다. 〈王制〉는 비록 殷나라의 法이지만 周나라 때에도 당연히 그 법을 사용하였다. 그리하여 ≪儀禮≫ 〈燕禮〉의 注에 "여러 公이라고 말한 것은 아마도 牧에 三監이 있는 것이다."라고 하였으니, 이것이 鄭玄이 말한 周나라 가운데 牧의 나라에도 三監이 있는 것이다.

【疏】 一解云"蓋牧國在先王之墟有舊法者, 聖王因而不改, 周之牧國則無三監矣." 太宰職云"建其牧, 立其監." 注云"監謂公·侯·伯·子·男各監一國." 又非牧下三監也. 所引'春秋傳曰', 僖四年管仲對楚辭也. 曰"昔召康公命我先君太公, '五侯九伯, 汝實征之, 以夾輔周室.'" 服虔云"五侯, 公·侯·伯·子·男, 九伯, 九州之長." 太公爲王官之伯, 掌司馬職, 以九伐之法征討邦國, 故得征之. 鄭不然者, 以司馬征伐, 由王命乃行, 不得云'汝實征之'. 且'夾輔'者, 左右之辭也, 故因漢張逸受春秋異讀.

다른 풀이에서 "아마도 牧의 나라가 先王의 옛터에 있고, 그 옛 법도가 잘 보존되어서

聖王이 이를 따르고 고치지 않은 것이니, 周나라 가운데 牧의 나라에는 三監이 없다."라고 하였고, ≪周禮≫ 〈天官 太宰職〉에 "牧을 세우고 監을 세운다."라고 하였는데, 注에서 "監은 公·侯·伯·子·男이 각각 한 나라를 감찰하는 것이다."라고 하였으니, 또한 牧 아래의 三監이 아니다. 箋에서 인용한 '春秋傳曰'은 僖公 4년에 管仲이 楚나라의 사신에게 대답한 말이다. ≪春秋左氏傳≫에 "옛날 召康公이 우리 先君 太公에게 명하기를 '五侯와 九伯을 그대가 실로 정벌하여 주나라 왕실을 호위하고 보좌하라.'고 하였다."라고 하였는데, 服虔이 "五侯는 公·侯·伯·子·男이고, 九伯은 九州의 長이다."라고 하였으니, 太公이 王官인 伯이 되어 司馬의 직무를 관장하여 九伐의 法으로 나라를 정벌한 것이다. 그리하여 정벌할 수 있었던 것이다. 그러나 鄭玄이 다르게 여긴 것은 司馬의 정벌은 왕의 명령이 있어야 하는 것이니, '그대가 실로 정벌하라.'고 할 수 없고, 또 '夾輔'는 左右에서 보좌한다는 말이라고 여겼다. 그리하여 漢나라의 張逸이 〈鄭玄에게서〉 ≪春秋≫를 전수받을 때 달리 읽은 것이다.

【疏】 鄭云"五侯, 侯爲州牧也, 九伯, 伯爲州伯也. 一州一牧, 二伯佐之." 太公爲王官之伯, 二人共分陝而治. 自陝以東, 當四侯半, 一侯不可分, 故言五侯. 九伯則九人, 若主五等諸侯, 九州之伯, 是天子何異, (乎)〔何〕[1]云夾輔之有也. 知侯爲牧伯者, 周禮上公九命作伯, 則東西(二伯)〔大伯〕[2], 上公爲之. 八命作牧, 非上公也, 公下唯侯耳. 且傳當言五牧, 而云五侯, 明牧於外曰侯. 是牧本侯爵, 故曲禮下云"九州之長, 入天子之國曰牧, 於外曰侯." 是牧本侯爵也. 侯旣爲牧, 其佐自然伯矣.

1) (乎)〔何〕: 교감기에 따라 '何'로 번역하였다.
2) (二伯)〔大伯〕: 교감기에 따라 '大伯'으로 번역하였다.

鄭玄이 "五侯의 侯는 州牧이고, 九伯의 伯은 州伯이다. 한 州에 한 명의 牧이 있고, 두 명의 伯이 그를 보좌한다."라고 하였으니, 太公이 王官인 伯이 되어 두 사람이 함께 陝을 나누어 다스린 것이다. 陝의 동쪽은 〈九侯의 半인〉 네 명 반의 侯가 다스려야 하는데, 한 명의 侯를 나눌 수가 없었다. 그리하여 '五侯'라고 한 것이다. 九伯은 아홉 사람인데, 만약 五等諸侯와 九州의 伯을 주관하는 것이라면, 이는 天子와 무슨 차이가 있으며, 어찌 호위하고 보좌함이 있다고 하겠는가. 侯가 牧伯이 됨을 안 것은 ≪周禮≫ 〈春官 大宗伯〉에 九命의 上公이 伯이 된다고 하였으니, 그렇다면 東西 大伯은 上公이 하는 것이다. 八命이 牧이 되니, 上公이 아니고 公 아래의 侯일 뿐이다. 또 傳에서 五牧이라고 해야 하는데 五侯라고 하였으니, 분명 牧을 나라 밖에서 칭할 때에는 侯라 한 것이다. 이 牧은 본래 侯의 작위이므로 ≪禮記≫ 〈曲禮 下〉에서 "九州의 長이 天子의 나라에 들어갈 때에는 '牧'이라 하고, 封한 나라 밖에서는 '侯'라고 한다."고 하였으니, 이는 牧이 본래 侯의 작위인 것이다. 侯가 牧이고 보면 그 보좌는 자연 伯이다.

【疏】此衛侯爵而爲伯者, 鄭志答張逸云"實當用伯, 而侯德適任之, 何嫌不可, 命人位以德, 古亦然也." 以此言, 則宣公德適任伯, 故爲伯. 下泉序云"思明王賢伯." 經云"四國有王, 郇伯勞之." 傳曰"郇伯, 郇侯." 箋云"文王之子爲州伯." 則郇侯侯爵而有賢德, 亦爲伯者, 蓋其時多賢, 故郇侯亦爲伯. 爲伯, 言其正法耳, 亦有侯爲伯, 伯爲牧者, 故周禮"八命作牧." 注云"謂侯伯有功德者, 加命得專征伐." 謂侯與伯皆得爲牧也. 是以雜問志云"五侯九伯, 選州中諸侯以爲牧, 以二伯爲之佐." 此正法也. 若一州之中無賢侯, 選伯之賢者以爲牧, 是也.

여기서 衛나라는 侯의 작위인데 伯이라고 한 것은 ≪鄭志≫에서 張逸에게 답하기를 "실제로 伯이어야 하고, 侯가 덕을 갖추어 적임자이니, 무엇을 혐의하여 하지 못하겠는가. 德에 따라 관직을 명하는 것은 옛날에도 그러하였다."라고 하였으니, 이 말을 살펴보면 宣公의 德이 伯을 맡기에 적합하였기 때문에 伯이 된 것이다. 〈曹風 下泉〉의 序에서 "현명한 왕과 어진 伯을 생각한다."라고 하고, 그 經文에서 "사방의 나라에 왕의 일 있거늘 郇伯이 수고하였네."라고 하였는데, 傳文에서 "郇伯은 郇侯이다."라고 하고, 箋에서 "文王의 아들로 州伯이 되었다."라고 하였으니, 그렇다면 郇侯는 侯의 작위로 어진 德이 있어 역시 伯이 된 자이니, 이는 그 당시에 어진 인재가 많았으므로 郇侯도 伯이 된 것이다. 伯이 된 것은 그 正法만을 말하였을 따름이니, 또한 侯로서 伯이 된 자도 있고, 伯으로서 牧이 된 자도 있었다. 그리하여 ≪周禮≫ 〈春官 大宗伯〉에서 "八命에 牧이 되었다."고 하였는데, 注에서 "功德이 있는 侯나 伯에게 命數를 올려주어 정벌을 전담할 수 있게 한 것을 말한다."라고 하였으니, 侯와 伯이 모두 牧이 될 수 있음을 말한 것이다. 이 때문에 ≪雜問志≫에서 "五侯九伯은 州 안의 諸侯를 뽑아 牧으로 삼고, 二伯을 보좌로 삼는다."라고 하였으니, 이것이 正法이다. 만약 한 州 안에 어진 侯가 없으면 어진 伯을 뽑아 牧으로 삼는다고 한 것이 이것이다.

旄丘之葛兮여 何誕之節兮오

旄丘의 칡넝쿨
어찌 저리 멀리 뻗었는가

【傳】興也라 前高後下曰旄丘라 諸侯以國相連屬하여 憂患相及이 如葛之蔓延相連及也라 誕은 闊也라

興이다. 앞이 높고 뒤가 낮은 곳을 旄丘라고 한다. 諸侯의 나라가 서로 이어져 우환이 서로 미치는 것이 칡이 멀리 뻗어 서로 이어져 있는 것과 같은 것이다. 誕은 '넓음'이다.

【箋】箋云 土氣緩이면 則葛生闊節이라 興者는 喩此時衛伯이 不恤其職이라 故其臣於君事亦疏廢也라

箋云：토질이 부드러우면 칡이 잘 자라 마디가 넓게 뻗는다. 興한 것은 이때에 衛伯이 그의 직분을 다하지 않았다. 그리하여 그 신하가 군주의 일을 소홀히 하고 버려둔 것을 비유한 것이다.

叔兮伯兮여 何多日也오

叔이여 伯이여
어이 이리 오래 걸리나

【傳】日月以逝而不我憂라

세월이 지나가는데도 우리를 걱정하지 않는 것이다.

【箋】箋云 叔과 伯은 字也라 呼衛之諸臣하여 叔與伯與여 女期迎我君而復之어늘 可來而不來하니 女日數何其多也라 先叔後伯은 臣之命不以齒라

箋云：叔과 伯은 字이다. 衛나라의 신하들을 불러 '叔이여, 伯이여, 너희가 우리 임금을 맞이하여 돌아가게 할 것을 기약하고는, 와야 하는데도 오지 않으니 너희는 어찌 이리 오랜 시간이 걸리는가.'라고 한 것이다. 叔을 먼저 말하고 伯을 뒤에 말한 것은 신하의 爵命은 나이로 하지 않기 때문이다.

【疏】‘旄丘’至‘多日也’ ○ 毛以爲, 言旄丘之葛兮, 何爲闊之節兮, 以當(蔓延)〔延蔓〕[1]相及, 以興方伯之國兮, 何爲使之連・屬兮, 亦當憂患相及. 今衛伯何爲不使連・屬救己而同其憂患乎, 又責其諸臣久不憂己, 言叔兮伯兮, 我處衛邑已久, 汝當早迎我而復之, 何故多日而不憂我哉. ○ 鄭以爲, 言旄丘之葛兮, 何由誕之節兮, 由旄丘之土, 其氣和緩, 故其葛之生長皆闊節, 以興衛伯之臣兮, 何由廢其事兮, 由衛伯不恤其職, 故其臣於君事亦疏廢. 臣旣廢事, 故責之云, 叔兮伯兮, 汝所期來迎我君而復之, 可來而不來, 何其多日數也.

1) (蔓延)〔延蔓〕: 저본의 교감기에 따라 ‘延蔓’으로 번역하였다.

經의 〔旄丘〕에서 〔多日也〕까지

○ 毛亨은 ‘「旄丘의 칡이여, 어찌 그리 마디가 넓게 자랐는가.」라고 한 것이 칡이 멀리 뻗어 서로 미치는 것에 해당됨을 말하여, 「方伯의 나라여, 어찌 連과 屬으로 구하게 하였는가.」라고 한 것 역시 우환이 서로 미치는 것임을 흥하였다. 지금 衛伯이 「어찌하여 連과 屬으로 하여금 자기를 구하여 그 근심을 함께하지 않는가.」라고 하고, 또 여러 신하들이 오래도록 자기를 걱정해주지 않음을 책망하여, 「叔이여, 伯이여, 우리 임금이 衛邑에 머문 지 오래되었으니, 너희는 일찍 우리 임금을 맞이하여 돌아와야 하는데, 무슨 까닭으로 오래되어도 우리를 걱정하지 않는가.」라고 한 것이다.’라고 여긴 것이다.

○ 鄭玄은 ‘「旄丘의 칡이여 무슨 까닭으로 마디 넓게 자랐는가.」라고 한 것이 旄丘의 토양은 그 기운이 부드럽기 때문에 칡이 잘 자라서 모든 마디가 넓게 자란 것임을 말하여, 「衛伯의 신하여 무슨 이유로 그 일을 폐기하는가.」라고 한 것이 衛伯이 그의 직분을 다하지 않았기 때문에 그 신하도 군주의 일을 소홀히 하고 버려둔 것임을 興하였다. 신하가 일을 버려두었다. 그리하여 책망하여 「叔이여 伯이여, 너희는 우리 군주를 와서 맞이하여 돌아가게 할 것을 기약하였는데, 와야 하는데도 오지 않으니 너희는 어찌 이리 오래 걸리나.」라고 한 것이다.’라고 여긴 것이다.

【疏】傳‘前高’至‘誕闊’ ○ 正義曰 : 釋丘云 “前高旄丘.” 李巡云 “謂前高後卑下.” 以前高後必卑下, 故傳亦言‘後下’. 傳以序云 “責衛不脩方伯連率之職.” 故以旄丘之葛闊節, 延蔓相及, 猶諸侯之國連屬, 憂患相及, 所以爲喩也. 又解言誕節者, 誕, 闊也, 謂葛節之間長闊, 故得異葛延蔓而相連也.

傳의 〔前高〕에서 〔誕闊〕까지

○ 正義曰 : ≪爾雅≫ 〈釋丘〉에 "앞이 높은 곳이 旄丘이다."라고 하였는데, 李巡은 "앞이 높고 뒤가 낮은 것을 이른다."라고 하였으니, 앞이 높으면 뒤가 반드시 낮기 때문에 傳에서도 '뒤가 낮은 곳'이라고 한 것이다. 傳은 序에서 "衛나라가 方伯 連率의 직분을 다하지 못함을 책망한 것이다."라고 말하였다. 그리하여 旄丘의 칡넝쿨이 길게 자라 멀리 뻗어 서로 미친 것이 諸侯의 나라가 연이어져서 우환이 서로 미치는 것과 같다고 여겼으니, 이 때문에 비유로 삼은 것이다. 또 '誕節'의 誕을 해석하여 '넓음'이라고 한 것은 칡넝쿨 마디가 길게 뻗은 것을 이른다. 그리하여 길게 뻗은 다른 칡과 서로 연이어질 수 있는 것이다.

【疏】 箋'土氣'至'疏廢' ○ 正義曰 : 箋以自此而下, 皆責諸臣, 將由疏廢而責之, 故以此土氣和緩, 生物能殖, 故葛生闊節, 以喩君政解緩, 不恤其職, 故臣亦疏廢. 君不恤職, 臣廢其事, 是'不能脩方伯連率之職'也. 凡興者, 取一邊相似耳, 不須以美地喩惡君爲難也.

箋의 〔土氣〕에서 〔疏廢〕까지

○ 正義曰 : 箋은 이로부터 이하는 모두 신하들을 책망한 것으로 여기었으니, 아마도 소홀히 하고 버려두었기 때문에 책망한 것이다. 그리하여 토질이 부드러워 식물이 잘 번식하였기 때문에 칡이 자라 마디가 길게 뻗었다는 것으로, 군주가 정사에 해이하여 그 직분을 돌보지 않았기 때문에 신하도 소홀히 하고 버려둔 것임을 비유한 것이다. 군주가 직분을 돌보지 않은 것과 신하가 그 일을 버려둔 것이 方伯과 連率의 직분을 다하지 못한 것이다. 모든 興은 한 부분이 서로 유사한 것을 취할 따름이니, 좋은 땅으로 나쁜 군주를 비유하는 것이 어렵지만은 않다.

【疏】 傳'日月'至'我憂' ○ 正義曰 : 傳以黎臣責衛, 稱己來之久, 言日月以往矣, 而衛之諸臣不憂我, 故責之云 '何多日而不憂我'.

傳의 〔日月〕에서 〔我憂〕까지

○ 正義曰 : 傳은 黎나라의 신하가 衛를 책망하여 자기 군주가 와서 머문 지 오래됨을 일컬어 '세월이 지나가는데도 衛나라의 신하들은 우리를 걱정해주지 않는다.'라고 하였다. 그리하여 '어찌 오래되었는데도 우리를 걱정해주지 않는가.'라고 책망한 것이라고 여긴 것이다.

【疏】 箋'叔伯'至'以齒' ○ 正義曰：鄭以呼爲叔伯，是責諸臣之辭. 以黎侯奔衛，必至卽求復矣. 衛且處之二邑，許將迎而復之，卒違其言，故責衛之諸臣，汝期來迎我君而復之，可來而不來，汝之日數，何其多也. 臣之爵命，自有高下，不以年齒長幼定尊卑也，故先叔後伯.

箋의 〔叔伯〕에서 〔以齒〕까지

○ 正義曰：鄭玄은 '叔이여，伯이여.'라고 부른 것을 신하들을 책망하는 말로 여기었다. 黎侯가 衛나라로 달아남에 반드시 이르면 즉시 돌아가게 할 방도를 찾아야 한다. 그런데 衛나라가 우선 두 읍에 머물게 하고 맞이하여 돌아가게 해줄 것을 허락하고는 끝내 그 약속을 어기었다. 그리하여 衛나라의 신하들을 책망하여 '너희가 우리 군주를 맞이하여 돌아가게 할 것을 기약하고는 와야 하는데도 오지 않으니，너희는 어찌 이리 오래 걸리는가.'라고 한 것이다. 신하의 爵命은 본래 높고 낮음이 있으니，나이의 長幼로 尊卑를 정하지는 않는다. 그리하여 叔을 먼저 말하고，伯을 뒤에 말한 것이다.

何其處也오 必有與也로다

어찌 이곳에 머무는가
필시 함께할 도리 있어서지요

【傳】 言與仁義也라

仁義를 함께함을 말한 것이다.

【箋】 箋云 我君何以處於此乎아 必以衛有仁義之道故也라하니 責衛今不行仁義라

箋云：'우리 군주는 무슨 까닭으로 이곳에 머무는가. 반드시 衛나라에 仁義의 道가 있을 것이라고 여겼기 때문이다.'라고 하였으니，이는 衛나라가 지금 仁義를 행하지 않음을 책망한 것이다.

何其久也오 必有以也로다

어찌 그리 오래 머무나요
필시 공덕이 있을 것이기 때문이로다

【傳】 必以有功德이라

필시 功德이 있을 것이라고 여기기 때문이다.

【箋】 箋云 我君何以久留於此乎아 必以衛有功德故也라하니 又責衛今不務功德也라

箋云 : '우리 군주가 무슨 까닭으로 이곳에 오래 머무는가. 반드시 衛나라가 功德이 있을 것이라고 여기기 때문이다.'라고 하였으니, 이는 또 衛나라가 지금 功德에 힘쓰지 않음을 책망한 것이다.

【疏】 '何其'至'有以也' ○正義曰 : 黎之臣子, 旣責衛之諸臣, 故又本己之情而責之, 言我何其久處於此也, 必以衛有仁義之道與, 我何其久留於此也, 必以衛有功德與我故也. 汝今何爲不行仁義, 不務功德, 而迎我復之乎.

經의 〔何其〕에서 〔有以也〕까지

○正義曰 : 黎나라의 신하가 衛나라의 신하들을 책망하였다. 그리하여 또 자기의 마음에 근거하여 책망하기를 '우리 군주가 어찌 이곳에 오래 머무는가. 필시 衛나라에 仁義의 道가 있을 것이기 때문이다. 우리 군주가 어찌 이곳에 오래 머무는가. 필시 衛나라가 功德을 우리와 함께함이 있을 것이라고 여겼기 때문이다. 그런데 너희는 지금 어찌하여 仁義를 행하지 않고, 功德을 닦아 우리 군주를 맞이하여 돌아가게 하지 않는가.'라고 한 것이다.

【疏】 傳'言與仁義' 又曰'必以有功德' ○正義曰 : 此言'必有'與下言'必有', 以二者別設其文, 故分爲仁義與功德. 言'仁義'者, 謂迎己復國, 是有仁恩, 且爲義事. 己得復國, 由衛之功, 是衛之德, 則仁義·功德一也. 據其心爲仁義, 據其事爲功德, 心先發而事後見(현), 故先言仁義, 後言功德也. 言'與', 言'以'者, 互文. '以'者, 自己於彼之辭, '與'者, 從彼於我之稱, 己望彼以事與己, 唯仁義功德耳, 故傳此'言與仁義', 不云'必', 由與自彼來. 下云'必以有功德', 是自己情, 故云'必'也.

傳의 〔言與仁義〕와 또 〔必以有功德〕

○正義曰 : 여기서 말한 '必有'와 아래에서 말한 '必有' 이 두 가지는 글을 별도로 설정하였기 때문에 仁義와 功德으로 나누어 말한 것이다. 仁義를 말한 것은 자기의 군주를 맞이하여 본국으로 돌아가게 함을 말한 것이니, 이것이 어진 은혜가 있는 것이고 또

의로운 일이 되는 것이다. 자기의 군주가 본국으로 돌아가는 것이 衛나라의 공에 달려 있으니, 이것이 衛나라의 德이다. 그렇다면 仁義와 功德은 한가지이다. 마음을 근거로 하면 仁義가 되고, 일을 근거로 하면 功德이 되니, 마음에서 먼저 시작하여 일에서 뒤에 드러난다. 그리하여 먼저 '仁義'를 말하고, 뒤에 '功德'을 말한 것이다. '與'라고 하고 '以'라고 한 것은 互文이니, '以'는 자기쪽에서 상대를 대한 말이고, '與'는 상대쪽에서 나를 대한 말이니, 자기가 상대에게 일로써 자기와 함께하기를 바라는 것이 仁義와 功德인 것이다. 그리하여 傳에서 이것을 '仁義를 함께함을 말한 것이다.'라고 하고, '必'이라고 하지 않은 것이니, 與는 상대에게서 오는 것이기 때문이다. 아래에서 '필시 功德이 있을 것이라 여기기 때문이다.'라고 한 것은 자기의 감정이다. 그리하여 '必'이라고 한 것이다.

狐裘蒙戎이여 匪車아 不東가

흐트러진 여우 갖옷 입은 이
융거가 없나 왜 동으로 오지 않나

【傳】 大夫는 狐蒼裘라 蒙戎은 以言亂也라 不東은 言不來東也라

大夫는 푸른 여우 갖옷을 입는다. 蒙戎은 '흐트러짐'을 말한 것이다. 不東은 동쪽으로 오지 않음을 말한 것이다.

【箋】 箋云 刺衛諸臣形貌蒙戎然하여 但爲昏亂之行하여 女非有戎車乎아 何不來東迎我君而復之아하다 黎國在衛西로대 今所寓在衛東이라 ○ 蒙如字요 戎如字이니 蒙戎은 亂貌라

箋云 : 衛나라의 신하들이 모습이 흐트러져 혼란스러운 행동만 함을 풍자하여 '너희는 戎車가 있지 않는가. 어찌 동쪽으로 와서 우리 군주를 맞이하여 돌아가게 하지 않는가.'라고 한 것이다. 黎나라는 衛나라의 서쪽에 있지만, 지금 더부살이하는 곳이 衛나라의 동쪽에 있는 것이다.

○ 蒙은 본음대로 읽고, 戎도 본음대로 읽으니, 蒙戎은 흐트러진 모습이다.

叔兮伯兮여 靡所與同이로다

叔이여 伯이여
어려움 함께하지 않네

【傳】 無救患恤同也라

재난을 구제해주고 어려움을 함께함이 없는 것이다.

【箋】 箋云 衛之諸臣行如是하여 不與諸伯之臣同하니 言其非之特甚이라

箋云 : 衛나라의 신하들은 행동이 이와 같아서 여러 伯의 신하와는 다르니, 그들의 잘못이 매우 심함을 말한 것이다.

【疏】 '狐裘'至'與同' ○ 毛以爲, 黎之臣子, 責衛諸臣服此狐裘, 其形貌蒙戎然, 但爲昏亂之行, 而不務行仁義也, 豈非有戎車乎, 何爲不來東迎我君而復之乎, 言實有戎車, 不肯迎己, 故又責之, 言叔兮伯兮, 爾無救患恤同之心迎我也. ○ 鄭唯下二句爲異.

經의 〔狐裘〕에서 〔與同〕까지

○ 毛亨은 '黎나라의 신하가 衛나라의 신하들이 이렇게 여우 갖옷을 입고 흐트러진 모습으로 어지러운 행동만 하고 仁義를 행할 것을 힘쓰지 않음을 책망하여 「어찌 戎車가 없겠는가. 어찌하여 동쪽으로 와서 우리 군주를 맞이하여 돌아가게 하지 않는가.」라고 하였으니, 이는 실제로 戎車가 있는데도 우리 군주를 맞이하려 하지 않음을 말한 것이다. 그리하여 또 책망하기를 「叔이여, 伯이여. 너는 재난을 구제해주고 어려움을 같이하는 마음으로 우리 군주를 맞이하지 않는구나.」라고 한 것이다.'라고 여긴 것이다.

○ 鄭玄은 아래 두 구절만 다르게 보았다.

【疏】 傳'大夫'至'來東' ○ 正義曰 : 以責衛諸臣, 不當及士, 故傳云'大夫'也. 玉藻云 "君子狐青裘豹褎, 玄綃衣以裼之." 青・蒼色同, 與此一也. 大夫息民[1]之服, 有黃衣狐裘, 又狐貉之厚以居, 在家之服. 傳以此刺其徒服其服, 明非蜡祭與在家之服, 知爲狐蒼裘也. 蒼裘所施, 禮無明文, 唯玉藻注云 "蓋玄衣之裘." 禮無玄衣之名, 鄭見'玄綃衣以裼之', 因言蓋'玄衣之裘', 兼無明說, 蓋大夫士玄端之裘也. 大夫士玄端裳雖異也, 皆玄裘象衣色, 故皆用狐青, 是以玉藻注云 "君子大夫士衣." 此傳亦云大夫, 當是大夫玄端之裘也. 以蒙戎者, 亂之貌, 故云'蒙戎以言亂也', 左傳曰 "士蔿賦詩云 '狐裘蒙戎.'" 杜預云“蒙戎, 亂貌.” 以此傳爲說. ‘不東’者, 言不來東迎我也, 故箋申之云‘黎國在衛西 今所寓在衛東’者. 杜預云“黎, 侯國. 上黨(壺)〔壺〕[2]關縣有黎亭.” 是在衛之西也.

1) 息民 : 수고한 농부를 쉬게 한다는 뜻이다. ≪禮記≫ 〈郊特牲〉에서 “〈蜡祭에서〉 黃衣를 입고 黃冠을 쓰고 제사 지내는 것은 농부를 쉬게 함이다.〔黃衣黃冠而祭 息田夫〕”라고 하였는데, 注에서 息田夫는 息民의 뜻이라고 하였다. ≪禮記正義 26卷≫

2) (壺)〔壺〕 : 저본의 교감기에 따라 ‘壺’로 번역하였다.

傳의 〔大夫〕에서 〔來東〕까지

○ 正義曰 : 衛나라의 신하들을 책망함에 士까지 언급할 필요가 없기 때문에 傳에서 ‘大夫’라고 한 것이다. ≪禮記≫ 〈玉藻〉에 “君子는 표피 소매를 단 푸른색 여우 갖옷〔青裘〕에 검은 비단 옷을 덧입는다.”라고 하였다. 青과 蒼은 같은 색이니 여기와 같다. 大夫가 息民의 제사에 입는 복장은 黃衣에 여우 갖옷이 있고, 또 여우와 담비의 두터운 가죽옷을 입고 거처한다는 것은 집에 있을 때의 복장이다. 傳은 여기서 푸른색 여우 갖옷만을 입은 것으로 풍자하였으니 분명 蜡祭와 집에 있을 때의 복장이 아니므로 ‘푸른색 여우 갖옷’임을 안 것이다. 푸른색 갖옷을 입는 경우는 禮에 분명한 글이 없고 ≪禮記≫ 〈玉藻〉의 注에서만 “아마도 玄衣의 갖옷일 것이다.”라고 하였으니, 禮에 玄衣라는 명칭이 없고, 鄭玄이 〈〈玉藻〉에〉 ‘검은색 비단 옷을 덧입는다.’라고 한 것을 보고서 ‘아마도 玄衣의 갖옷일 것이다.’라고 하고 아울러 분명한 해설이 없으니, 아마도 大夫와 士의 玄端服의 갖옷일 것이다. 大夫와 士의 玄端服의 裳은 비록 다르지만, 모두 검은 갖옷을 입는 것은 옷의 색을 따른 것이다. 그리하여 모두 여우의 푸른색을 사용한 것이다. 이 때문에 〈玉藻〉의 注에서 “君子인 大夫와 士의 옷이다.”라고 하고, 여기의 傳에서도 ‘大夫’라고 한 것이니, 당연히 이는 大夫의 玄端服의 갖옷이다. ‘蒙戎’은 흐트러진 모습이다. 그리하여 ‘蒙戎은 흐트러짐을 말한 것이다.’라고 한 것이니, ≪春秋左氏傳≫에 “士蔿가 읊은 詩에 ‘흐트러진 여우 갖옷 입은 이’라고 하였다.”라고 하였는데, 杜預가 “蒙戎은 흐트러진 모습이다.”라고 하였으니, 이 傳을 가지고 말한 것이다. ‘不東’은 동쪽으로 와서 우리 군주를 맞이하지 않음을 말한 것이다. 그리하여 箋에서 이를 설명하여 ‘黎나라는 衛나라의 서쪽에 있지만, 지금 더부살이하는 곳이 衛나라의 동쪽에 있는 것이다.’라고 한 것이다. 杜預가 “黎나라는 侯의 작위인 나라인데, 上黨郡 壺關縣에 黎亭이 있다.”라고 하였으니, 이것이 衛나라의 서쪽에 있는 것이다.

瑣兮尾兮 流離之子로다

어려서만 어여쁜
올빼미 새끼로다

流離之子(≪毛詩品物圖攷≫)

【傳】 瑣尾는 少好之貌라 流離는 鳥也니 少好長醜하니 始而愉樂이나 終以微弱이라

瑣尾는 어리고 예쁜 모습이다. 流離는 새인데, 어려서는 예쁘지만 자라서는 추해지니 처음에는 즐거워하지만, 끝내는 〈나라가〉 미약해질 것이다.

【箋】 箋云 衛之諸臣이 初有小善이나 終無成功하니 似流離也라 ○ 流는 本又作鶹라 離는 如字이니 爾雅云 鳥少美而長醜爲鶹鷅(유율)이라하고 草木疏云 梟也니 關西謂之流離하니 大則食其母라하니라

箋云 : 衛나라의 신하들이 처음에는 작은 선행이 있었으나 끝내는 공을 이룸이 없으니, 올빼미와 같은 것이다.

○ 流는 '鶹'로 되어 있는 本도 있다. 離는 본음대로 읽는데, ≪爾雅≫ 〈釋鳥〉에 "어려서는 예쁘지만 자라서는 추해지는 새가 鶹鷅이다."라고 하고, ≪毛詩草木鳥獸蟲魚疏≫에서 "梟인데, 關西에서는 流離라고 하니, 자라면 제 어미를 잡아먹는다."라고 하였다.

叔兮伯兮여 褎(유)如充耳로다

叔이여 伯이여
服飾은 잘 갖추었구나

【傳】 褎는 盛服也요 充耳는 盛飾也라 大夫褎然有尊盛之服이나 而不能稱也라

褎는 화려한 복장이고, 充耳는 화려한 장식이다. 大夫가 화려하게 존귀한 복장은 갖

추었으나 덕이 걸맞지 않은 것이다.

【箋】 箋云 充耳는 塞耳也니 言衛之諸臣이 顔色褎然하여 如見塞耳無聞知也하니 人之耳聾은 恒多笑而已라 ○ 褎는 本亦作裒니 鄭笑貌라하니라

箋云 : 充耳는 귀막이이니, 衛나라의 신하들이 웃는 얼굴을 지어 마치 귀를 막아 남의 말을 알아듣지 못하는 듯함을 말하였으니, 귀먹은 사람은 항상 많이 웃기만 할 따름이다.

○ 褎는 '裒'로 되어 있는 本도 있는데, 鄭玄은 '웃는 모습'이라고 하였다.

【疏】 '瑣兮'至'充耳' ○ 毛以爲, 黎之臣子責衛諸臣, 言瑣兮而少, 尾兮而好者, 乃流離之子也, 此流離之子, 少而美好, 長卽醜惡, 以興衛之諸臣, 始而愉樂, 終以微弱, 言無德自將, 不能常爲樂也, 故又責之, 言叔兮伯兮, 汝徒衣褎然之盛服, 汝有充耳之盛飾, 而無德以稱之也. ○ 鄭以爲, 衛之諸臣, 初許迎黎侯而復之, 終而不能, 故責之言流離之子, 少而美好, 長卽醜惡, 以興衛之臣子, 初有小善, 終無成功, 言初許迎我, 終不能復之, 故又疾而言之, 叔兮伯兮, 汝顔色褎褎然, 如似塞其耳無所聞知也. 恨其不納己, 故深責之.

經의 〔瑣兮〕에서 〔充耳〕까지

○ 毛亨은 '黎나라의 신하가 衛나라의 신하들을 책망하여, 「작고 어리며 곱고 예쁜 것이 바로 올빼미 새끼인데, 이 올빼미 새끼가 어릴 때에는 예쁘지만 크면 바로 추악해진다.」고 말하여, 衛나라의 신하들이 처음에는 즐거워하였지만 끝내는 미약해짐을 興한 것이니, 이는 德이 없으면서 잘난 체하여 항상 즐거울 수 없음을 말한 것이다. 그리하여 또 책망하여 「叔이여, 伯이여, 너는 단지 훌륭하게 화려한 옷을 차려입고 너는 화려한 장식인 充耳를 갖추었지만 그에 걸맞는 德이 없다.」고 한 것이다.'라고 여긴 것이다.

○ 鄭玄은 '衛나라의 신하들이 처음에는 黎侯를 맞이하여 돌아가게 해줄 것을 허락하였는데, 끝내 그렇게 하지 못하였다. 그리하여 책망하여 「올빼미의 새끼가 어려서는 예쁘지만 크면 바로 추악해진다.」고 말하여, 衛나라의 신하들이 처음에는 작은 선행이 있었으나 끝내는 공을 이룸이 없음을 興한 것이니, 이는 처음에는 우리 군주를 맞이할 것을 허락하였는데 끝내는 돌아가게 하지 못함을 말한 것이다. 그리하여 이를 미워하여 말하기를 「叔이여, 伯이여, 너의 얼굴은 웃음지어 마치 귀를 막아 알아듣지 못하는 듯이

하는구나.」라고 하였으니, 자기들의 의견을 받아들이지 않음을 원망한 것이다. 그리하여 깊이 책망한 것이다.'라고 여긴 것이다.

【疏】 傳'瑣尾'至'微弱' ○ 正義曰：瑣者, 小貌, 尾者, 好貌, 故并言'小好之貌'. 釋訓云"瑣瑣, 小也." 釋鳥云"鳥少美長醜爲鶹鷅." 陸機云"流離, 梟也, 自關西謂梟爲流離. 其子適長大, 還食其母." 故張奐云"鶹鷅食母", 許愼云"梟, 不孝鳥." 是也. 流與鶹, 蓋古今之字, 爾雅'離'或作'栗'. 傳以上三章, 皆責衛不納己之辭, 故以此章爲黎之臣惡衛之諸臣, 言汝等今好而苟且爲樂, 不圖納我, 爾無德以治國家, 終必微弱也. 定本'倫樂'作'愉樂'.

傳의 〔瑣尾〕에서 〔微弱〕까지

○ 正義曰：瑣는 어린 모습이고, 尾는 예쁜 모습이다. 그리하여 아울러 '어리고 예쁜 모습'이라고 한 것이다. ≪爾雅≫ 〈釋訓〉에 "瑣瑣는 어림이다."라고 하고, ≪爾雅≫ 〈釋鳥〉에 "어려서는 예쁘지만 크면 추해지는 새가 鶹鷅이다."라고 하였는데, 陸機는 "流離는 梟(올빼미)인데, 關西에서는 梟를 流離라고 한다. 새끼가 자라 커지면 도리어 제 어미를 잡아먹는다."라고 하였다. 그리하여 張奐이 "鶹鷅은 어미를 잡아먹는다."라고 한 것과 許愼이 "梟는 不孝鳥이다."라고 한 것이 이것이다. '流'와 '鶹'는 古字와 今字이고, ≪爾雅≫에서는 '離'가 '栗'로도 되어 있다. 傳은 위의 세 章을 모두 衛나라가 자기의 의견을 받아들이지 않음을 책망한 말로 보았다. 그리하여 이 章은 黎나라의 신하가 衛나라의 신하들을 미워한 것이라고 여겼으니, '너희들이 지금 좋아하고 구차하게 즐거워하여 우리의 의견을 받아들이기를 도모하지 않고, 너희는 나라를 다스리는 德이 없으니 끝내는 미약해질 것이다.'라고 한 것이다. 定本에는 '倫樂'이 '愉樂'으로 되어 있다.

旄丘 四章이니 章四句라

〈旄丘〉는 4章이니 章마다 4句이다.

毛詩注疏 卷第二(二之三)

簡兮(간혜)

【序】 簡兮는 刺不用賢也라 衛之賢者가 仕於伶官하니 皆可以承事王者也라

〈簡兮〉는 賢者를 등용하지 않음을 풍자한 것이다.

衛나라의 현자가 〈賤職인〉 樂官에 있으니 〈이들은〉 모두 왕을 받들어 섬길 만한 사람들이었다.

【箋】 伶官은 樂官也라 伶氏世掌樂官而善焉이라 故後世多號樂官爲伶官이라 ○ 簡은 或作蕑이나 是草名이니 非也라

伶官은 樂官이다. 伶氏가 대대로 악관을 맡아 〈일을〉 잘하였다. 그리하여 후세에 대부분 악관을 영관이라 하였다.

○ 簡은 간혹 '蕑'으로 쓰지만 이는 풀의 이름이니 잘못이다.

【疏】 '簡兮(三章章六句)'至'王者' ○ 正義曰：作簡兮詩者, 刺不能用賢也. 衛之賢者, 仕於伶官之賤職, 其德皆可以承事王者, 堪爲王臣, 故刺之. 伶官者, 樂官之摠名. 經言'公庭萬舞', 卽此仕於伶官, 在舞職者也. 周禮掌舞之官, 有舞師・籥師・旄人・韎師也, 舞師[1]云"凡野舞則皆教之"不教國子[2], 下傳曰'教國子弟', 則非舞師也. 籥師"掌教國子舞羽吹籥[3]", 則不教萬舞[4], 經言'公庭萬舞', 則非籥師也. 旄人[5]・韎師[6], 皆教夷樂, 非萬舞, 又不教國子, 且夷狄之樂, 諸侯所無, 非賢者所得爲也.

1) 舞師：兵舞・帗舞・羽舞・皇舞의 교육을 담당하였고, 野人으로 춤을 배우고자 하는 사람을 교육하였으며, 小祭祀에는 춤을 추지 않았다 ≪周禮 地官 司徒≫
2) 國子：공경대부의 자제를 일컫는 말로 國子弟라고도 한다.
3) 吹籥：단소처럼 생긴 대로 만든 관악기로 구멍이 세 개인 것을 말한다.
4) 萬舞：춤의 總名으로, 武舞는 干과 戚을 사용하는데 이를 干舞라 하고, 文舞는 피리〔籥〕와 꿩 깃〔翟羽〕을 사용하는데 이를 籥舞라 하였다. 宗廟나 山川에 제사 지낼 때 이 두 가지를 함께 사용하였다.
5) 旄人：散樂과 夷樂의 춤을 교육하는 일을 담당하였고, 사방의 춤추는 사람이 여기에 속

했으며, 제사와 빈객의 일에 燕樂에 맞추어 춤을 추었다. ≪周禮 春官 宗伯≫
6) 韎師 : 靺鞨의 음악을 교육하는 것을 담당하였으며, 제사에는 관속을 이끌고 춤을 추었으며, 大饗에도 그와 같이 하였다. ≪周禮 春官 宗伯≫

序의 〔簡兮〕에서 〔王者〕까지

○ 正義曰 : 〈簡兮〉詩를 지은 것은 현자를 잘 등용하지 못함을 풍자한 것이다. 衛나라의 현자가 악관 같은 천직에 있었으나 그들의 덕이 모두 왕을 받들어 섬겨 왕의 신하가 될 만한 사람이었으므로 풍자한 것이다. '伶官'은 악관의 총칭이다. 經에서 '조정의 뜰에서 萬舞를 추네.'라고 하였으니, 이는 악관으로 벼슬하여 춤추는 직책에 있는 사람이다. ≪周禮≫에 춤을 담당하는 관리로는 舞師·籥師·旄人·韎師가 있고, ≪周禮≫ 〈地官 司徒〉의 舞師에 "야인으로서 춤을 배우고자 하는 사람에게는 모두 가르친다."라고 하니, 國子를 가르친 것이 아니다. 그런데 아래 傳에 '教國子弟'라 하였으니, 그렇다면 舞師는 아니다. ≪周禮≫ 〈春官 宗伯〉의 籥師에 "國子에게 꿩 깃과 吹籥을 들고 춤을 추는 것을 가르치는 일을 담당한다."라고 하니, 萬舞를 가르친 것은 아니다. 그런데 經에서 '公庭萬舞'라 하였으니, 그렇다면 籥師는 아니다. 旄人과 韎師는 모두 오랑캐의 음악을 가르쳤으니 萬舞가 아니고, 또 國子를 가르치지 않았으며, 오랑캐의 음악은 제후에게는 없으니 〈衛의〉 현자가 담당할 수 있는 것이 아니다.

【疏】 唯大司樂云"以樂教國子" 樂師云"以教國子小舞[1)]" 其用人, 則大司樂, 中大夫二人, 樂師, 下大夫四人·上士八人·下士十有六人. 此乃天子之官也, 諸侯之禮, 亡其官屬, 不可得而知. 燕禮注云"樂正[2)]于天子爲樂師也" 則諸侯有樂正之屬乎. 首章傳曰"非但在四方, 親在宗廟·公庭[3)]" 二章傳曰"祭有畀韗·胞·翟·閽·寺[4)]者, 惠下之道." 禮記云"翟者, 樂吏之賤者也" 則此賢者身在舞位, 在賤吏之列, 必非樂正也. 又刺衛不用賢, 而箋云'擇人', 擇人則君所置用, 又非府史[5)]也. 若府史, 則官長所自辟除, 非君所擇也.

1) 小舞 : 나이가 어렸을 때 익히는 각종 춤을 통틀어서 말한다.
2) 樂正 : 樂官의 우두머리를 지칭한다. ≪儀禮≫ 〈鄕射禮〉의 疏에 "大司樂과 樂師가 있으니 천자의 관리이고, 樂正은 제후와 대부, 士의 관리로 천자의 大司樂에 해당한다.〔有大司樂 樂師 天子之官 此樂正者 諸侯及大夫士之官 當天子大司樂〕" 하였다.
3) 公庭 : 朝廷과 같은 의미로 쓰인다.
4) 韗胞翟閽寺 : 韗는 갑옷을 만드는 사람이고, 胞는 고기를 취급하는 사람이며, 翟은 음악

을 맡은 사람이고, 閽과 寺는 문의 파수를 맡는 천한 관리이다. ≪禮記 祭統≫

5) 府史 : ≪周禮≫ 〈天官 冢宰〉의 序官에 보이는데, 府는 창고를 담당하고 史는 문서를 담당하는 小吏이다.

≪周禮≫ 〈春官 大司樂〉에 "樂으로 國子를 가르친다."라고 하고, 〈春官 樂師〉에 "국자에게 小舞를 가르친다."라고 하였는데, 소요되는 인원으로 大司樂은 中大夫 2인이고, 樂師는 下大夫 4인・上士 8인・下士 16인이다. 이는 바로 천자에게 속한 관직이니, 제후의 禮에는 그러한 관속이 없으므로 알 수 없다. ≪儀禮≫ 〈燕禮〉 注에 "樂正은 天子에게는 樂師가 된다."라고 하였으니, 그렇다면 제후에게는 樂正의 관속이 있었을 것이다. 首章의 傳에 "사방에서만 추는 것이 아니고, 친히 종묘와 조정의 뜰에서도 추었다."라고 하고, 2章의 傳에 "제사의 남은 음식을 韗・胞・翟・閽・寺에게 내려준 것은 아래에 은혜를 베푸는 도이다."라고 하였는데, ≪禮記≫ 〈祭統〉에 "翟은 樂吏 중에 천한 자이다."라고 하였으니, 그렇다면 이 현자가 몸소 춤추는 대오에 있고 천한 관리의 대열에 있는 것이니, 반드시 樂正은 아니다. 또 衛나라가 현자를 쓰지 못함을 풍자한 것인데 箋에 '사람을 간택한다.'라고 하였으니, 사람을 간택한다는 것은 군주가 임용하여 쓰는 사람이고 府史도 아니다. 府史로 말하면 관장이 스스로 초빙하여 관직을 줄 수 있고 군주가 간택할 바가 아니기 때문이다.

【疏】 祭統曰 "尸飮九, 以散爵[1], 獻士." 下言祭之末, 乃賜之一爵, 又非士也, 蓋爲樂正之屬. 祭廟・敎國子, 皆在舞位則爲舞人也, 若周官旄人舞者衆寡無數, 韎師舞者十有六人之類也. 周官司樂・樂師, 其下無舞人, 此蓋諸侯官而有之. 然則此非府史, 而言樂吏者, 以賤故以吏言之, 故韗・胞・閽・寺, 悉非府史, 皆以吏言之也. 言 '皆可以'者, 見不用者非一, 或在其餘賤職, 故言皆也. 時周室卑微, 非能用賢, 而言 '可以承事王者', 見碩人德大, 堪爲王臣, 而衛不用, 非要周室所能任也. '仕於伶官', 首章是也. 二章言 '多才多藝', 卒章言 '宜爲王臣', 是可以承事王者之事也.

1) 散爵 : 5되들이 술동이를 말한다.

≪禮記≫ 〈祭統〉에 "尸童이 아홉 번을 마시면 〈주인이〉 산작을 士에게 내린다." 하였는데, 아래(2章의 箋)에 제사가 끝날 무렵 마침내 그에게 한 잔을 하사하였음을 말하였으니, 士도 아닌 것이니 아마도 樂正의 관속일 것이다. 종묘에 제사하는 자와 國子를 가르치는 자는 모두 춤추는 대열에 있으면 舞人이니, 그렇다면 춤추는 사람으로 ≪周禮≫

〈春官 旄人〉에 '舞者는 수가 정해져 있지 않다.'라고 한 것과 〈韎師〉의 '舞者는 16인이다.'라고 한 것과 같은 부류일 것이다. ≪周禮≫ 〈春官〉에 司樂과 樂師는 그 아래에 춤추는 사람이 없으니, 이는 아마도 諸侯의 관속에 있을 것이다. 그렇다면 이는 府와 史가 아닌데도 樂吏라고 한 것이니, 낮은 자리이기 때문에 吏라고 한 것이다. 그리하여 鞾·胞·閽·寺가 모두 府와 史가 아닌데도 모두 吏라 한 것이다.

'皆可以'라 한 것은 賢者로서 쓰이지 않은 사람이 碩人 한 사람만이 아니거나, 아니면 다른 사람들은 천한 직위에 있음을 보인 것이다. 그리하여 '皆'라 한 것이다. 당시 周나라 왕실이 약해져서 현자를 등용할 수 없었는데 '可以承事王者'라 한 것은, 碩人의 큰 덕이 王을 받들어 섬길 만한데도 衛나라가 쓰지 못함을 보인 것이지 周나라 왕실이 등용할 것을 요구한 것은 아니다.

'仕於伶官'은 首章이 이것이다. 2章의 〈箋에서〉 '재주와 기예가 많다.'라고 한 것과 끝장의 '마땅히 왕의 신하가 될 만하다.'라고 한 것은 '可以承事王者'의 사실이다.

【疏】 箋'伶官'至'爲伶官' ○ 正義曰：左傳鍾儀對晉侯曰 "伶人也. 使與之琴, 操南音." 周語曰 "周景王鍾成, 伶人告(縣)〔和〕[1)]" 魯語云 "伶簫詠歌及鹿鳴之三.[2)]" 此云'仕於伶官', '以伶氏世掌樂官而善焉, 故後世多號樂官爲伶官'. 呂氏春秋及律歷志云 "黃帝使伶倫氏, 自大夏之西, 崐崙之陰, 取竹, 斷兩節間而吹之, 爲黃鍾之宮[3)]" 周語 "景王鑄無射(역)[4)], 而問於伶州鳩" 是伶氏世掌樂官.

1) (縣)〔和〕: 저본의 교감기에 따라 '和'로 번역하였다.
2) 鹿鳴之三 : ≪詩經≫ 小雅 鹿鳴之什의 10편 가운데 제3편까지인 〈鹿鳴〉, 〈四牡〉, 〈皇皇者華〉를 말한다.
3) 爲黃鍾之宮 : 黃鍾은 12律의 기준 음이고 宮은 5音의 기준 음이니, 곧 宮商角徵羽의 기준 음을 삼은 것을 말한다. 12律은 黃鍾·太簇·姑洗·蕤賓·夷則·無射(역)인 陽律과 大呂·夾鍾·仲呂·林鍾·南呂·應鍾인 陰呂이다.
4) 無射 : 周 景王이 주조한 鐘의 이름이다.

箋의 〔伶官〕에서 〔爲伶官〕까지

○ 正義曰：≪春秋左氏傳≫ 成公 9년에 "楚나라의 鍾儀가 晉侯에게 '저는 伶人입니다.'라고 대답하자, 〈진후가〉 그에게 거문고를 주게 하니 그가 南方의 음악을 연주하였다."라고 하고, ≪國語≫ 〈周語〉에 "周 景王의 鍾이 완성되자 伶人이 음의 조화로움을 고했다."라고 하고, ≪國語≫ 〈魯語〉에 "伶人이 詩歌를 퉁소로 연주하여 小雅 鹿鳴의 세 편에

까지 이르렀다."라고 하였다. 이는 '仕於伶官'이니, '伶氏가 대대로 악관을 맡아 잘하였다. 그리하여 후세에 대부분 악관을 영관이라 하였다.'라고 한 것이다. ≪呂氏春秋≫와 ≪漢書≫ 〈律曆志〉에 "黃帝가 伶倫氏에게 大夏의 서쪽으로부터 崐崙의 북쪽에 이르도록 대나무를 취하여 두 마디를 잘라 불어 黃鍾의 宮音을 삼게 하였다."라고 하고, 〈周語〉에 "景王이 無射을 주조하고 악관 州鳩에게 물었다."라고 하였으니, 이는 伶氏가 대대로 음악을 맡은 관리인 것이다.

簡兮簡兮 方將萬舞로다

크고 훤칠한 사람
사방에서 만무를 추네

【傳】 簡은 大也요 方은 四方也요 將은 行也라 以干羽爲萬舞하여 用之宗廟山川이라 故言於四方이라

簡은 '큼'이고 方은 '四方'이며 將은 '행함'이다. 방패와 깃을 가지고 萬舞를 추어 종묘와 산천의 제사에 사용한다. 그리하여 사방을 말한 것이다.

【箋】 箋云 簡은 擇이요 將은 且也라 擇兮擇兮者는 爲且祭祀當萬舞也라 萬舞는 干(羽)〔舞〕[1]也라

1) (羽)〔舞〕: 저본의 교감기에 따라 '舞'로 번역하였다. 干舞는 방패를 가지고 추는 武舞이다.

箋云 : 簡은 '선발함'이고 將은 '장차'이다. 사람을 고르고 고른 것은 장차 제사에 萬舞를 추어야 하기 때문이다. 萬舞는 '干舞'이다.

日之方中인데 在前上處로다

해는 막 중천인데
앞줄 맨 앞자리에 있네

【傳】 教國子弟는 以日中爲期라

國子弟를 교육하는 것은 正午를 기준으로 삼는다.

【箋】 箋云 在前上處者는 在前列上頭也라 周禮에 大胥掌學士之版하여 以待致諸子라 春에 入學하여 舍(석)采[1]合舞[2]라하다 ○ 舍音釋이니 下篇舍軷同이라

1) 舍采 : 釋菜와 같은 뜻으로, 옛날에 학자들이 입학하면서 先聖과 先師에게 마름풀 등을 예물로 바치는 것을 이른다.

2) 合舞 : 춤출 때 동작을 똑같이 하여 절주에 응하는 것이다.

箋云 : '在前上處'는 앞줄의 맨 앞자리에 있는 것이다. ≪周禮≫ 〈春官 大胥〉에 "大胥가 학생들의 호적을 관리하여 자제들의 취학을 대비한다. 봄에 입학하여 舍采와 合舞를 한다."라고 하였다.

○ 舍의 음은 '석'이니 下篇의 '舍軷'도 같다.

碩人俁俁 公庭萬舞로다

큰 덕을 지닌 훤칠한 이
궁전 뜰에서 萬舞를 추네

【傳】 碩人은 大德也요 俁俁는 容貌大也라 萬舞는 非但在四方이요 親在宗廟公庭이라 ○ 俁는 韓詩(在)〔作〕[1]扈扈(호호)하니 云美貌라

1) (在)〔作〕: ≪毛詩傳箋通釋≫에 따라 '作'으로 번역하였다.

碩人은 큰 덕을 지닌 자이고 俁俁는 용모가 큰 것이다. 萬舞는 사방에서만 추는 것이 아니고 친히 종묘나 궁전의 뜰에서도 춘다.

○ 俁는 ≪韓詩≫에 '扈扈'로 되어 있는데 아름다운 모습을 말한다.

【疏】 '簡兮'至'萬舞' ○ 毛以爲"言衛不用賢, 有大德之人兮, 大德之人兮, 祭山川之時, 乃使之於四方, 行在萬舞之位. 又至於日之方中, 教國子弟習樂之時, 又使之在舞位之前行而處上頭, 親爲舞事以教之. 此賢者既有大德, 復容貌美大俁俁然, 而君又使之在宗廟・公庭, 親爲萬舞, 是大失其所也."

經의 〔簡兮〕에서 〔萬舞〕까지

○ 毛亨은 "衛나라가 賢者를 등용하지 못함을 말한 것이니, 큰 덕을 소유한 사람이여. 큰 덕을 소유한 사람이여! 산천에 제사할 때에 마침내 그에게 사방으로 가게 하여 萬舞를 추는 자리에서 춤추게 하였다. 또 정오에 이르러 國子弟에게 음악을 익히는 것을 교육할 때에 이르러서 또 그에게 춤추는 자리 앞줄의 맨 앞자리에 있게 하여 친히 춤을 추어 가르치게 하였다. 이 賢者가 큰 덕을 지녔고 게다가 용모가 아름답고 훤칠한데도 군주가 그에게 종묘와 궁전의 뜰에서 친히 萬舞를 추게 하니, 이는 인재가 제자리를 크게 잃은 것이다."라고 여긴 것이다.

○ 鄭以爲 "衛君擇人兮擇人兮, 爲有方且祭祀之時, 使之當爲萬舞. 又日之方中, 仲春之時, 使之在前列上頭, 而敎國子弟習樂. 爲此賤事, 不當用賢, 而使大德之人容貌俁俁然者, 於祭祀之時, 親在宗廟・公庭而萬舞." 言擇大德之人, 使爲樂吏, 是不用賢也.

○ 鄭玄은 "衛君이 사람을 고르고 고른 것은 사방에서 제사를 지낼 일이 있을 때에 그에게 萬舞를 추게 하기 위해서이다. 또 日之方中의 仲春에 그에게 앞줄의 맨 앞자리에서 國子弟에게 음악을 익히게 하기 위한 것이다. 이 일은 천한 일이니 賢者를 써서는 안 되는데도 용모가 훤칠한 큰 덕을 지닌 이로 하여금 제사를 지낼 때에 몸소 종묘와 궁전의 뜰에서 萬舞를 추게 한 것이다."라고 여긴 것이니, 큰 덕을 지닌 사람을 선발하여 樂吏로 삼은 것이 바로 賢者를 제대로 쓰지 못한 것임을 말한 것이다.

【疏】 傳'以干羽'至'四方' ○ 正義曰 : 萬, 舞名也. 謂之萬者, 何休[1]云 "象武王以萬人定天下, 民樂之, 故名之耳." 商頌曰 "萬舞有奕" 殷亦以武定天下, 蓋象湯之伐桀也. 何休指解周舞, 故以武王言之, 萬舞之名, 未必始自武王也. 以萬者, 舞之摠名, 干戚與羽籥皆是, 故云'以干羽爲萬舞 以祭山川宗廟'. 宜干羽竝有, 故云'用之宗廟・山川'. 由山川在外, 故云'於四方', 解所以言四方之意也.

1) 何休 : 後漢 靈帝 때의 학자로 ≪春秋公羊解詁≫를 지었다.

傳의 〔以干羽〕에서 〔四方〕까지

○ 正義曰 : 萬은 춤의 명칭이다. '萬'이라 한 것은, 何休가 "武王이 萬人으로 천하를 평정하고 백성이 즐거워하는 것을 형상하였다. 그리하여 명칭으로 삼은 것이다."라고 하였고, 〈商頌 那〉에 "萬舞가 질서정연하였다."라고 하였는데, 殷나라도 武力으로 천하를 평정하였으니, 이는 湯임금이 桀을 정벌함을 형상한 것이다. 何休가 周나라의 춤을 가

리켜 풀이하였기 때문에 武王으로 말한 것이지, '萬舞'의 명칭이 반드시 武王으로부터 시작된 것은 아니다. 萬은 춤의 총칭이니 방패와 도끼, 깃과 피리로 추는 춤이 모두 이것이다. 그리하여 '以干羽爲萬舞'라 한 것이다. 산천과 종묘에 제사할 때에는 의당 방패와 깃으로 추는 춤이 모두 있어야 하기 때문에 '用之宗廟山川'이라 한 것인데 山川이 밖에 있으므로 '於四方'이라 한 것이니, 사방이라 말한 뜻을 풀이한 것이다.

【疏】 周禮, 舞師教羽舞, 帥而舞四方之祭祀, 教兵舞, 帥而舞山川之祭祀, 則山川與四方別. 此言山川而云四方者, 以周禮言"天子法四方爲四望." 故注云"四方之祭祀, 謂四望也." 大司樂注云"四望, 謂五嶽[1]·四鎭[2]·四瀆[3]." 然則除此以外, 乃是山川也, 故山川與四方別舞. 諸侯之祭山川, 其在封內則祭之, 非其地則不祭, 無嶽瀆之異, 唯祭山川而已, 故以山川對宗廟在內爲四方也. 此傳干羽爲萬舞, 宗廟山川同用之, 而樂師注云"宗廟以人, 山川以干." 皆非羽舞, 宗廟山川又不同. 此得同者, 天子之禮大, 故可爲之節文, 別祀別舞, 諸侯, 唯有時王之樂, 禮數[4]少, 其舞可以同也.

1) 五嶽 : 다섯 靈山으로, 泰山·華山·衡山·恒山·嵩山을 말한다.
2) 四鎭 : 사방을 진압하는 네 개의 큰 산으로, 揚州의 會稽山, 青州의 沂山, 幽州의 醫無閭山, 冀州의 霍山을 말한다.
3) 四瀆 : 네 개의 큰 물로 揚子江·黃河·淮水·濟水를 말한다.
4) 禮數 : 사회적 신분과 지위에 상응하는 예의와 격식을 말한다.

≪周禮≫ 〈地官〉에 "舞師가 羽舞를 가르쳐 춤추는 무리를 거느리고 사방의 제사에 춤을 추고, 兵舞를 가르쳐 춤추는 무리를 거느리고 산천의 제사에 춤을 춘다."라고 하였으니, 그렇다면 산천과 사방은 구별된다. 여기에서 산천을 말하면서 사방을 말한 것은, ≪周禮≫ 〈地官〉에 "天子는 四方에 법이 되어 사방의 제사를 지낸다."라고 하였다. 그리하여 注에 "사방의 제사를 四望이라 한다."라고 하고, ≪周禮≫ 〈春官 大司樂〉의 注에

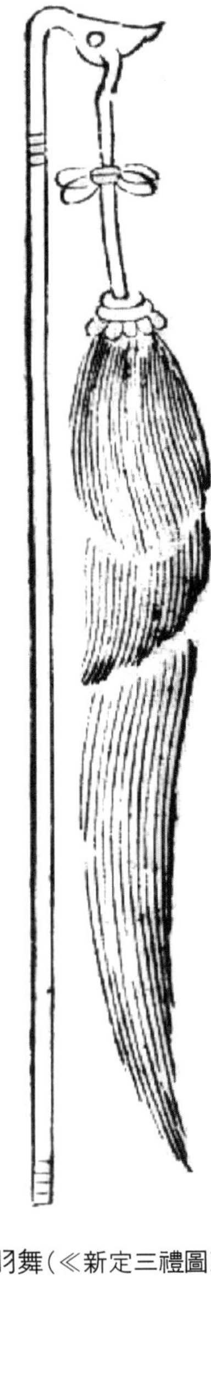

羽舞(≪新定三禮圖≫)

"四望은 5악과 4진과 4독을 말한다."라고 하였으니, 그렇다면 이 밖의 것이 바로 山川이다. 그리하여 산천과 사방에 춤을 달리한 것이다. 그런데 제후가 산천에 제사함은 산천이 領地의 안에 있으면 제사하고, 영지 안에 있는 것이 아니면 제사하지 않으니, 嶽과 瀆의 구분이 없어 오직 산천에만 제사 지낼 뿐이기 때문이다. 그리하여 산천을 종묘와 영지의 안과 대비하여 사방이라 한 것이다. 이 傳은 방패와 깃으로 추는 춤을 萬舞라 하여 종묘와 산천에서 함께 사용하는 것으로 여겼는데, ≪周禮≫ 〈春官 樂師〉의 注에는 "宗廟에는 소매로 춤을 추고 산천에는 방패로 춤을 춘다."라고 하였으니, 모두 깃으로 추는 춤이 아니고 또 종묘와 산천이 다르다. 그런데 여기에서 같을 수 있는 것은, 천자의 禮數는 방대하기 때문에 예의와 법도를 만들어 제사와 춤을 다르게 할 수 있지만, 諸侯는 당시 군주의 음악이 있고 예수가 적어 그 춤을 같게 할 수 있기 때문이다.

【疏】 箋'簡擇'至'干舞' ○ 正義曰：以下云'公言錫爵', 當祭末, 則'公庭萬舞', 是祭時. 此方論擇人爲萬舞, 故爲且祭祀也, 傳亦以此推之, 故用之宗廟山川爲祭也. 知萬舞爲干舞, 不兼羽籥者, 以春秋云"萬入去籥[1)]"別文. 公羊傳曰"籥者何, 籥舞, 萬者何, 干舞." 言干則有戚矣, 禮記云"朱干玉戚, 冕而舞大武." 言籥則有羽矣, 籥師曰"敎國子舞羽吹籥"羽・籥相配之物, 則羽爲籥舞, 不得爲萬也. 以干戚武事, 故以萬言之, 羽・籥文事, 故指體言籥耳.

1) 萬入去籥：소리가 나지 않는 萬舞를 들이고, 소리가 나는 籥舞를 내보낸 것이다. 이는 예가 아닌 것이 남에게 알려지는 것을 꺼려하였기 때문이니, 萬舞는 干舞이지 籥舞를 포함하지 않은 것이다. ≪禮記≫ 〈檀弓 下〉에 "仲遂가 垂에서 죽어 壬午日에 오히려 繹祭를 지내는데, 萬舞는 들이고 籥舞를 내보냈다. 孔子가 '禮가 아니다. 卿이 죽으면 繹祭를 지내지 않는다.'〔仲遂卒于垂 壬午 猶繹 萬入去籥 仲尼曰 非禮也 卿卒不繹〕"라고 하였다.

○ 正義曰：아래 장에서 '公이 한 잔 술을 내리네.'라고 한 것은 제사의 끝에 해당되니, 그렇다면 '公庭萬舞'는 제사할 때이다. 여기에서는 사람을 간택하여 '萬舞'를 추게 한 것을 막 말하였기 때문에 장차 제사하려는 것이 되고, 傳도 이것으로 미루었기 때문에 '用之宗廟山川'이 제사가 된다. 萬舞가 干舞이고 羽舞와 籥舞를 겸하지 않음을 안 것은, ≪春秋左氏傳≫ 宣公 8년에 "萬舞를 들이고 籥舞를 내보냈다."라고 하여 말을 구분하였기 때문이다. ≪春秋公羊傳≫ 宣公 8년에 "籥이란 무엇인가? 籥舞이고, 萬이란 무엇인가? 干舞이다."라고 하였으니, 干을 말했으면 戚이 있으니, ≪禮記≫ 〈明堂位〉에 "붉은

방패와 옥도끼로 면복을 입고서 '大武'에 맞추어 춤을 춘다."라고 한 것이고, 籥을 말했으면 羽가 있으니, ≪周禮≫ 〈春官 籥師〉에 "國子弟에게 깃으로 춤추고 피리를 부는 것을 가르친다."라고 한 것이다. 羽와 籥은 서로 짝하는 물건이니, 그렇다면 羽는 籥舞를 추는 것이니 萬舞가 될 수 없다. 방패와 도끼는 武事이기 때문에 萬으로 말한 것이고 깃과 피리는 文事이기 때문에 실물을 가리켜 籥이라 한 것이다.

【疏】 是以, 文王世子云 "春夏學干戈, 秋冬學羽籥." 注云 "干戈, 萬舞, 象武也, 羽籥, 籥舞, 象文也." 是干羽之異也. 且此萬舞并兼羽籥, 則碩人故能籥舞也. 下二章, 論碩人之才藝, 無爲復言 '左手執籥 右手秉翟'也, 明此言干戚舞, 下說羽籥舞也. 以此知萬舞唯干, 無羽也. 孫毓亦云 "萬舞, 干戚也, 羽舞, 翟之舞也." 傳'以干羽爲萬舞', 失之矣.

이 때문에 ≪禮記≫ 〈文王世子〉에 "봄과 여름에는 방패와 창으로 춤추는 것을 배우고, 가을과 겨울에는 깃과 피리로 춤추는 것을 배운다."라고 하였는데, 注에 "干戈는 萬舞이니 武를 형상한 것이고, 羽籥은 籥舞이니 文을 형상한 것이다."라고 하였으니, 이것이 羽舞와 籥舞가 다른 것이다. 그리고 이 萬舞가 羽舞와 籥舞를 아울러 겸한 것으로 말하면 碩人은 본래 籥舞에 능한 것인데, 아래 2章에서는 碩人의 才藝를 말하면서 거듭 '左手執籥 右手秉翟'을 말하지 않았으니, 분명 이 장은 干戚으로 추는 춤을 말하고 아래 장은 羽籥으로 추는 춤을 말한 것이다. 이것으로 萬舞는 방패만을 쓰고 깃을 씀이 없음을 안 것이다. 孫毓도 "萬舞는 방패와 도끼로 추는 것이고, 羽舞는 꿩의 깃으로 추는 춤이다."라고 하였으니, 傳의 '방패와 깃을 가지고 萬舞를 춘다.'는 것은 잘못이다.

【疏】 傳'教國'至'爲期' ○正義曰：知教國子弟者, 以言'在前上處', 在前列上頭, 唯教者爲然. 祭祀之禮, 旦明而行事, 非至日之方中, 始在前上處也, 此既爲樂官, 明其所教者國子也. 國子, 謂諸侯・大夫・士之適子. 言弟, 容諸侯之庶子, 於適子爲弟, 故王制云 "王太子・王子・群后之太子・卿大夫元士之適子" 彼雖天子之法, 推此諸侯, 亦有庶子在國學, 故言國子弟也. 傳言'日中爲期', 則謂一日之中, 非春秋日夜中也. 若春秋, (言不當)〔不當言〕[1)]爲期也, 故王肅云 "教國子弟, 以日中爲期, 欲其徧至" 是也.

1) (言不當)〔不當言〕: 孫毓의 교감기에 따라 '不當言'으로 번역하였다.

傳의 〔教國〕에서 〔爲期〕까지

○ 正義曰 : 國子弟를 가르친 것을 안 것은 '在前上處'를 말하였으니, 앞줄의 맨 앞자리에 있음은 가르치는 사람만이 그렇게 하기 때문이다. 祭祀의 예는 날이 밝을 무렵에 지내니 정오에 이르러서야 비로소 앞줄의 맨 앞자리에 있는 것이 아니며, 이 사람이 악관이고 보면 분명 가르치는 대상이 國子弟인 것이다. '國子'는 諸侯・大夫・士의 適子를 말한다. '弟'를 말한 것은 제후의 서자를 허용한 것이니, 적자에게는 아우가 된다. 그리하여 ≪禮記≫ 〈王制〉에서 "王太子와 王子, 제후의 太子, 卿大夫와 元士의 適子이다."라고 한 것이니, 이는 비록 天子의 法이지만 이를 제후에 미루어보면 서자도 국학에서 공부하였으므로 '國子弟'라 한 것이다. 傳에서 말한 '日中爲期'는 正午를 말한 것이지 춘분과 추분이 아니다. 만약 춘분과 추분이라면 '爲期'를 말하는 것이 마땅하지 않다. 그리하여 王肅이 "國子弟를 가르치되 정오를 기준으로 한 것은 두루 이르게 하고자 한 것이다."라고 한 것이 이것이다.

【疏】 箋'在前'至'合舞' ○ 正義曰 : 公羊傳曰 "諸侯四佾, 則舞者爲四列." 使此碩人, 居前列上頭, 所以敎國子諸子學舞者, 令法於己也. 周禮者, 皆春官大胥職文也. 彼注云 "學士, 謂卿大夫諸子學舞者. 版, 籍也. 大胥主此版籍, 以待當召聚學舞者卿大夫之諸子, 則案此籍以召之." 又云 "春, 入學"者, 注云 "春始以學士入學宮而學之 合舞[1), 等其進退, 使應節奏. 月令, 仲春之月, 命樂正習舞. 入學者, 必釋菜以禮先師, 謂蘋藻之屬也." 此賢者, 非爲大胥也. 引此者以證此'日之方中', 卽彼'春 入學', 是矣, 謂二月日夜中也. 尙書云 "日中星鳥[2)]" 左傳曰 "馬日中而出[3)]" 皆與此同也.

1) 合舞 : 合舞는 춤출 때 동작을 똑같이 하여 가락에 응하는 것을 말하며, 봄에 태학에 들어와 석채례를 행할 때 추는 춤이다. ≪周禮 春官 大胥≫
2) 日中星鳥 : 춘분의 별자리가 남방 朱雀의 일곱 별자리임을 말한다. 日中은 춘분을 가리킨다.
3) 馬日中而出 : 말은 춘분에 내보내고 추분에 마구간을 수리하여 들인다는 말이니, 日中은 춘분과 추분을 가리킨다.

箋의 〔在前〕에서 〔合舞〕까지

○ 正義曰 : ≪春秋公羊傳≫에 "諸侯는 四佾이니 그렇다면 춤추는 사람이 4열이다."라고 하였으니, 이 碩人으로 하여금 앞줄의 맨 앞자리에 서게 한 것이니, 國子와 諸子로 춤을 배우려는 자를 가르쳐서 자기를 법으로 삼게 한 것이다. ≪周禮≫라고 한 것은 모

두 〈春官 大胥職〉의 글이다. 그 注에 "學士는 경대부의 諸子로 춤을 배우려는 사람을 말한다. 版은 戶籍이다. 大胥가 이 호적을 주관하여 춤을 배우려는 경대부의 諸子를 불러 모아야 할 때를 기다려서 이 호적을 살펴보고 그들을 부른다."라고 하였고, 또 "春 入學"이라 한 것은, 注에 "봄에 처음으로 學士가 학궁에 입학하여 合舞를 배운 것이니, 進退의 동작을 똑같이 하여 박자에 맞게 하였다. ≪禮記≫ 〈月令〉에 仲春이 되면 樂正에게 춤을 가르치도록 하였다. 入學한 자들은 반드시 석채례를 하여 先師에게 예를 행했으니 蘋藻의 등속을 말한다."라고 하였으니, 여기의 현자는 大胥가 아니다. 이 글을 인용하여 '日之方中'은 바로 ≪周禮≫의 '春 入學'이 이것임을 증명하였으니, 2월의 춘분을 말한 것이다. ≪尙書≫ 〈堯典〉에 "日中星鳥"라고 한 것과 ≪春秋左氏傳≫ 莊公 29년에 "馬日中而出"이라고 한 것이 모두 이와 같다.

【疏】 傳'碩人'至'公庭' ○ 正義曰：碩者, 美大之稱, 故諸言碩人者, 傳皆以爲大德. 唯白華碩人, 傳不訓此, 及考槃傳意類之, 則亦爲大德也, 故王肅云 "碩人謂申后." 此刺不用賢, 則箋意亦以碩人爲大德. 其餘則隨義而釋, 不與此同, 故白華碩人, 爲妖大之人, 謂褒姒也. 碩旣爲大德, 故俁俁爲容貌大也. 上亦教國子, 此直云'非但在四方', 不竝言教國子者, 以'在前上處'文無舞, 故據萬舞言也.

傳의 〔碩人〕에서 〔公庭〕까지

○ 正義曰：碩은 '아름답고 훌륭함'의 호칭이다. 그리하여 碩人을 말한 모든 경우에는 傳에서 모두 大德이라 한 것이다. 오직 〈小雅 白華〉의 碩人만은 傳에서 이것을 注를 내지 않았으나, 〈衛風 考槃〉 傳의 뜻으로 유추하면 이 또한 大德이 된다. 그리하여 王肅이 "碩人은 〈幽王의 妃인〉 申后를 말한다."라고 한 것이다. 그러나 이는 賢者를 쓰지 못함을 풍자한 것이니, 그렇다면 여기 箋의 뜻도 碩人을 大德으로 여긴 것이다. 이 나머지는 뜻에 따라 주석하여 이와 같지 않다. 그리하여 〈白華〉의 箋에서 碩人을 '매우 요사스러운 사람이니 褒姒를 말한다.'고 한 것이다. 碩이 大德이 되기 때문에 俁俁는 용모가 훤칠함이 된다. 위의 傳에서 또한 '教國子'라 하였는데, 여기에서 다만 '非但在四方'이라 하고 '教國子'를 함께 말하지 않은 것은 '在前上處'의 글에 舞가 없기 때문이다. 그리하여 萬舞에 의거하여 말한 것이다.

有力如虎요 執轡如組로다

힘은 범 같고
말고삐 잡으면 베를 짜는듯

【傳】 組는 織組也라 武力比於虎는 可以御亂이요 御衆有文章은 言能治衆호대 動於近하여 成於遠也라

'組'는 베를 짜는 것이다. 武力을 범에 견준 것은 난을 막을 만함을 말한 것이고, 대중을 거느림에 법도가 있는 것은 대중을 다스리되 가까운 이를 감동시켜 먼 곳에서 이룰 수 있음을 말한 것이다.

【箋】 箋云 碩人有御亂御衆之德하여 可任爲王臣이라

箋云 : 碩人이 난을 막아내고 대중을 거느리는 덕을 지녀 왕의 신하가 될 만한 것이다.

左手執籥하고 右手秉翟이라

왼손엔 피리 잡고
오른손엔 꿩 깃 잡았네

【傳】 籥은 六孔이요 翟은 翟羽也라

籥은 구멍이 여섯 개이고, 翟은 꿩의 깃이다.

【箋】 箋云 碩人多才多藝하고 又能籥舞니 言文武道備라 ○ 籥은 以竹爲之하고 長三尺이니 執之以舞라 鄭注禮云 三孔이라하여늘 郭璞同云 形似笛而小라 廣雅云 七孔이라

箋云 : 碩人이 다재다능하고 또 '籥舞'에도 능하니, 文武의 도가 갖추어졌음을 말한 것이다.

○ 籥은 대나무로 만들고 길이가 3척인데 들고서 춤을 춘다. 鄭玄의 ≪周禮≫ 注에 "구멍이 세 개이다."라고 하였는데, 郭璞이 똑같이 "모양은 피리와 비슷하나 작다."라고 하였다. ≪廣雅≫에는 "구멍이 일곱 개이다."라고 하였다.

赫如渥赭어늘 **公言錫爵**이라

붉은색 바른 듯 얼굴 붉은데

공께서 술 한 잔을 내리시네

【傳】 赫은 赤貌요 渥은 厚(漬)[1]也라 祭有畀煇胞翟閽寺者는 惠下之道니 見惠不過一散[2]이라

1) (漬) : 교감기에 따라 '漬'를 衍文으로 처리하였다.

2) 散 : 다섯 되들이 술잔이다. 散을 쓰는 것은 천한 자에게 베푸는 예이다. ≪禮記≫ 〈禮器〉에 "작은 것을 귀하게 여기는 경우가 있으니, 宗廟의 祭祀에 귀한 자에게는 爵으로써 올리고 천한 자에게는 散으로써 올린다.〔有以小爲貴者 宗廟之祭 貴者獻以爵 賤者獻以散〕"라고 하였다.

赫은 '붉은 모습'이고 渥은 '흠뻑 젖는 것'이다. 제사에 煇·胞·翟·閽·寺에게 하사하는 것은 아랫사람을 仁愛하는 도리인데, 내리는 은혜가 一散에 불과함을 나타낸 것이다.

【箋】 箋云 碩人容色赫然하여 如厚傅丹이라 君徒賜其一爵而已니 不知其賢而進用之라 散은 受五升이라

箋云 : 碩人의 얼굴빛이 붉어 붉은색을 짙게 바른 듯하였다. 군주가 一爵만을 내렸을 뿐이니, 이는 그의 어짊을 알지 못하고 등용한 것이다. 散은 다섯 되들이 술잔이다.

【疏】 '有力'至'錫爵' ○正義曰 : 言碩人既有武力比如虎, 可以能御亂矣, 又有文德, 能治民, 如御馬之執轡, 使之有文章, 如織組矣. 以御者, 執轡於此, 使馬騁於彼, 織組者, 揔紕於此, 而成文於彼, 皆動於近, 成於遠. 以興碩人能治衆施化, 於己而有文章, 在民亦動於近, 成於遠矣. 碩人既有御衆御亂之德, 又有多才多藝之伎, 能左手執管籥, 右手秉翟羽而舞, 復能爲文舞矣. 且其顏色赫然而赤, 如厚漬之丹赭. 德能容貌若是, 而君不用, 至於祭祀之末, 公唯言賜一爵而已, 是不用賢人也.

經의 〔有力〕에서 〔錫爵〕까지

○正義曰 : 碩人이 武力을 지닌 것이 범에 견줄 만하여 난을 막을 수 있고, 또 文德을 지녀 백성을 다스리기를 말고삐를 잡은 듯이 하여 백성들로 하여금 법도가 있게 함이 천을 짜는 것과 같았다. 말을 모는 사람은 이쪽에서 고삐를 잡아 저쪽에 있는 말을 달려

가게 하고, 천을 짜는 사람은 이쪽에서 짜서 저쪽에서 문채를 이루니, 모두 가까운 이를 감동시켜 먼 곳에서 이룰 수 있음을 말하여 碩人이 대중을 다스리고 교화하여 자기에게는 법도가 있게 하고 백성에게 있어서도 가까운 이를 감동시켜 먼 곳에서 이룰 수 있음을 興한 것이다. 碩人이 대중을 다스리고 난을 막을 덕을 지니고, 또 다재다능한 기예를 지녀 왼손에는 피리를 잡고 오른손에는 꿩 깃을 잡고서 춤을 추어 다시 文舞를 출 수 있었다. 또 그 안색이 몹시 붉어 붉은색의 흙과 같았다. 그의 덕과 능력, 용모가 이와 같은데도 인군이 등용하지 못하고 제사가 끝나갈 무렵에 公이 다만 한 잔의 술을 내릴 뿐이니, 이는 賢者를 쓰지 못한 것임을 말한 것이다.

【疏】傳'組織'至'於遠' ○正義曰：以義取動近成遠，故知爲織組，非直如組也．武力比於虎，故可以御亂也．御，治也，謂有侵伐之亂，武力可以治之．又言'御衆有文章'者，御衆似執轡，有文章似織組．又云言'能治衆 動於近 成於遠'者，又摠解御衆有文章之事也．

傳의 〔組織〕에서 〔於遠〕까지

○正義曰：가까운 이를 감동시켜 먼 곳에서 이룬 뜻을 취하였다. 그리하여 천을 짜는 것이 됨을 안 것이니 인끈과 같을 뿐만이 아니다. 武力이 범과 견줄 만하므로 난을 막을 수 있다. 御는 '다스림'이니, 〈다른 나라의〉 공격을 받아 난이 있을 때에 무력으로 다스릴 수 있음을 말한다. 또 '御衆有文章'이라 한 것은 대중을 다스리기를 말고삐를 잡은 듯이 하여 법도가 있는 것이 천을 짜는 것과 같은 것이다. 또 '能治衆 動於近 成於遠'이라 한 것은 대중을 다스림에 법도가 있는 일을 총괄하여 풀이한 것이다.

【疏】以執轡及於如組與治衆，三者皆動於近成於遠也．此治民似執轡，執轡又似織組，轉相如，故經直云'執轡如組'，以喩御衆有文章也．大叔于田云'執轡如組'，謂段之能御車，以御車似織組．知此不然者，以彼說段之田獵之伎，故知爲實御，此碩大堪爲王臣，言'有力如虎'，是武也，故知'執轡如組'比其文德，不宜但爲御矣．

執轡를 '如組'와 '治衆'에까지 미치게 한 것은 세 가지 모두가 가까운 이를 감동시켜 먼 곳에서 이루기 때문이다. 여기에서 백성을 다스리는 것이 말고삐를 잡은 것과 비슷하고, 말고삐를 잡은 것이 천을 짜는 것과 같아서 이리저리 봐도 서로 같다. 그리하여 經에서 곧장 '執轡如組'만을 말하여 대중을 다스림에 법도가 있음을 비유한 것이다. 〈鄭風

大叔于田〉에서 말한 '執轡如組'는 共叔段이 수레를 모는 데 능하여 수레를 모는 것이 천을 짜는 것과 같음을 말한 것이다. 여기에서는 그렇지 않음을 안 것은, 〈鄭風 大叔于田〉에서는 共叔段의 사냥하는 기예를 말하였으므로 실제로 말을 모는 것이 됨을 알 수 있고, 여기에서는 大德이 있는 사람이 왕의 신하가 될 만하여 '有力如虎'라 하였으니, 이는 씩씩하기 때문이다. 그리하여 '執轡如組'를 그의 文德에 대비시킨 것이지 단지 말을 모는 것으로 여기는 것이 마땅치 않음을 안 것이다.

【疏】 傳'籥 六孔 翟 翟羽' ○ 正義曰：釋樂云 "大籥謂之産." 郭璞曰 "籥如笛, 三孔而短小." 廣雅云 "七孔." 鄭於周禮笙師及少儀・明堂位注, 皆云 "籥如笛, 三孔" 此傳云'六孔', 與鄭不同, 蓋以無正文, 故不復改. 傳'翟 翟羽', 謂雉之羽也, 故異義 "公羊說'樂萬舞, 以鴻羽, 取其勁輕, 一擧千里', 詩毛說'萬以翟羽', 韓詩說'以夷狄大鳥羽', 謹案詩云'右手秉翟', 爾雅說'翟, 鳥名, 雉屬也.' 知翟, 羽舞也."

傳의 〔籥 六孔 翟 翟羽〕

○ 正義曰：≪爾雅≫ 〈釋樂〉에 "大籥을 産이라 한다."라고 하였는데, 郭璞은 "籥은 피리와 같은데 구멍이 세 개이고 짧으며 작다."라고 하고, ≪廣雅≫에는 "구멍이 일곱 개이다."라고 하였으며, 鄭玄이 ≪周禮≫ 〈春官 笙師〉, ≪禮記≫의 〈少儀〉와 〈明堂位〉의 注에서 모두 "籥은 피리와 같은데 구멍이 세 개이다."라고 하였다. 여기의 傳에서는 구멍이 여섯 개라고 하여 鄭玄과 같지 않으니, 이는 正文이 없기 때문이다. 그리하여 다시 고치지 않은 듯하다. 傳의 '翟 翟羽'는 꿩의 깃을 말한다. 그리하여 ≪五經異議≫에서 "≪春秋公羊傳≫에서는 '음악에 맞추어 기러기 깃으로 萬舞를 추는 것은 깃털이 강하고 가벼워 한 번 날아오르면 천리를 나는 것을 취한 것이다.'라고 하고, ≪詩經≫에서는 毛亨이 '萬舞는 꿩 깃을 가지고 춘다.'라고 하며, ≪韓詩≫에서는 '夷狄은 큰 새의 깃을 가지고 춘다.'라고 하였다. 삼가 살펴보니 ≪詩經≫에서는 '右手秉翟'이라 하고, ≪爾雅≫에서는 '翟은 새의 이름이니 꿩의 부류이다.'라고 하였으니, '翟이 羽舞'임을 안 것이다."라고 하였다.

【疏】 箋'碩人'至'道備' ○ 正義曰：籥雖吹器, 舞時與羽竝執, 故得舞名. 是以賓之初筵云 "籥舞笙鼓" 公羊傳曰 "籥者何, 籥舞"是也. 首章云'公庭萬舞', 是能武舞, 今又說其籥舞, 是又能爲文舞也. 碩人有多才多藝, 又能爲此籥舞, 言文武備也. 言其能而已, 非謂碩人實爲之也. 何者, 此章主美其文德, 不論其在職之事.

箋의 〔碩人〕에서 〔道備〕까지

○ 正義曰 : 籥은 비록 부는 악기지만 춤을 출 때에 깃과 함께 잡는다. 그리하여 춤의 명칭을 얻었다. 이 때문에 〈小雅 賓之初筵〉에 "籥을 잡고 춤을 추며, 생황 불고 북을 치네."라고 하고, ≪春秋公羊傳≫에 "籥은 무엇인가? 籥舞이다."라고 한 것이 이것이다. 首章에서 말한 '公庭萬舞'는 武舞에 능한 것이고, 지금 또 籥舞를 말했으니, 이는 또 文舞를 잘 춘 것이다. 碩人이 다재다능하고 또 이 籥舞를 잘 출 수 있으니 문무를 겸비했음을 말한 것이다. 이는 그가 잘 할 수 있음을 말했을 뿐이고, 실제로 碩人이 그것을 했다고 말한 것은 아니다. 어째서인가. 이 章이 碩人의 문덕을 주로 찬미한 것이지 그가 직임에 있을 때의 일을 논한 것이 아니기 때문이다.

【疏】 傳'渥厚'至'一散' ○ 正義曰 : 渥者, 浸潤之名, 故信南山曰 "益之以霢霂, 既優既渥"是也. 故此及終南皆云 "渥, 厚漬也" 言漬之人厚則有光澤, 故以興顏色之潤. 是以, 終南箋云 "如厚漬之丹, 言赤而澤" 是也. 定本"渥 厚也" 無漬字. '祭有畀煇・胞・翟・閽・寺者 惠下之道', 皆祭統文. 彼又云 "畀之爲言與也, 能以其餘, 畀於下也. 煇者, 甲吏之賤者, 胞者, 肉吏之賤者, 翟者, 樂吏之賤者, 閽者, 守門之賤者." 注云 "煇, 周禮作韗, 蓋謂磔皮革之官." 周禮韗人爲鼓, 鮑人爲甲, 禮記是諸侯兼官, 故韗爲甲吏也. 胞, 卽周禮庖人, 故注云 "庖之言苞也, 裹肉曰苞苴, 其職供王之膳羞." 是肉吏是也, 其官次於韗人.

傳의 〔渥厚〕에서 〔一散〕까지

○ 正義曰 : 渥은 점점 젖어드는 것을 이르는 명칭이다. 그리하여 〈小雅 信南山〉에 "이슬비로써 더하니 흠뻑 적시었네."라고 한 것이 이것이다. 그리하여 이 편과 〈秦風 終南〉에 모두 "渥은 흠뻑 젖는 것이다."라고 하였으니, 사람에게 젖어듦이 넉넉하면 광택이 난다. 그리하여 이것으로 안색이 윤택함을 興한 것이다. 이 때문에 〈終南〉의 箋에 "흠뻑 젖은 붉은색과 같으니 붉으면서 윤택함을 말한 것이다."라고 한 것이 이것이다. 定本에는 "渥 厚也"라고 하여 '漬'字가 없다. '祭有畀煇・胞・翟・閽・寺者 惠下之道'는 모두 ≪禮記≫ 〈祭統〉의 글이다. 〈祭統〉에 또 "畀는 주는 것이니 그 남은 음식을 아래에 내려준 것이다. 煇은 甲吏 중의 천한 자이고, 胞는 肉吏 중의 천한 자이며, 翟은 樂吏 중의 천한 자이고, 閽은 문지기 중의 천한 자이다."라고 하였는데, 注에 "煇은 ≪周

禮≫에 韗으로 되어 있으니 이는 피혁을 자르는 관리를 말한다."라고 하였다. ≪周禮≫에서는 韗人은 북을 만들고 鮑人은 갑옷을 만드는데, ≪禮記≫는 諸侯의 경우로 관직을 겸하므로 '韗'을 甲吏라 한 것이다. 胞는 바로 ≪周禮≫의 '庖人'이다. 그리하여 注에 "庖의 뜻은 '苞'이다. 고기를 싸는 것을 '苞苴'라 하니, 직책이 왕에게 고기와 맛있는 음식을 제공하는 것이다."라고 하였으니, 肉吏가 이것이다. 관직은 韗人보다 아래이다.

【疏】周禮韗人亡(무). 庖人, 中士四人, 下士八人. 閽人, 王宮每門四人. 寺人, 王之正內[1]五人. 以庖人類之, 則皆非府・史, 不在獻[2], 又非士. 庖人於天子爲士, 於諸侯故亦非士. 引之證此碩人亦樂吏, 故於祭末乃是賜也. 知此亦是樂吏者, 以經云'錫爵', 若士, 則尸飮九而獻之, 不得旣祭乃賜之, 故知在惠下之中. 經云'爵', 傳言'散'者, 禮器云"禮有以小爲貴者, 貴者獻以爵, 賤者獻以散." 祭統云"尸飮九, 以散爵獻士." 士猶以散獻爵, 賤無過散, 故知不過一散. 散謂之爵, 爵摠名也.

1) 正內 : 王后의 路寢(寢殿)을 말한다. ≪周禮≫의 注疏에 "〈寺人이〉 正內에 다섯 사람이라 한 것은 后妃의 路寢에 두는 것을 말하니, 왕의 路寢이라면 內라 할 수 없다. 后宮의 노침이기 때문에 內로 말한 것이다.〔正內五人者 謂在后之路寢耳 若王之路寢 不得稱內 以后宮故 以內言之〕" 하였다.

2) 不在獻 : 술잔을 올리는 위치에 있지 않음을 말한다. ≪禮記≫ 〈祭統〉에 "시동이 다섯 번을 마시면 인군이 옥잔을 씻어서 卿에게 술을 올리고, 시동이 일곱 번을 마시면 인군이 瑤爵으로써 大夫에게 올리고, 시동이 아홉 번을 마시면 인군이 散爵으로써 士와 여러 有司에게 올리되 모두 年齒를 따르니, 이것은 尊卑의 등급을 밝히는 것이다.〔尸飮五 君洗玉爵 獻卿 尸飮七 以瑤爵 獻大夫 尸飮九 以散爵 獻士及群有司 皆以齒 明尊卑之等也〕" 하였다.

≪周禮≫에는 韗人이 없다. 庖人은 中士가 4명이고 下士가 8명이다. 閽人은 왕궁의 문마다 4명이다. 寺人은 王后의 침전에 5명이다. 庖人으로 유추하면 모두 府와 史가 아니어서 술잔을 올릴 위치에 있지 않으니 그렇다면 士도 아니다. 庖人은 天子에게는 士이지만, 諸侯에 있어서이므로 역시 士가 아니다. 이를 인용하여 이 碩人도 樂吏이기 때문에 제사가 끝났을 때에야 술을 하사함을 증명한 것이다. 이 碩人도 樂吏임을 안 것은 經에 '錫爵'이라 하였기 때문이니, 만약 士라면 시동이 아홉 번을 마시고 나면 인군이 술잔을 올리니 제사가 끝난 뒤에는 올릴 수 없다. 그리하여 '惠下'의 안에 포함됨을 안 것이다. 經에 爵이라 하고, 傳에 散이라 한 것은 ≪禮記≫ 〈禮器〉에 "禮에 작은 것을 귀하

게 여기는 경우가 있으니, 귀한 자에게 爵으로 올리고 천한 자에게 散으로 올린다."라고 하고, ≪禮記≫ 〈祭統〉에 "시동이 아홉 번을 마시고 나면 散爵으로 士에게 올린다."라고 하였으니, 士에게도 오히려 散으로 술을 올린다면 賤者는 散을 넘을 수 없다. 그리하여 一散을 넘지 않음을 안 것이다. 散을 爵이라 한 것은 爵이 총괄하는 명칭이기 때문이다.

山有榛이요 隰有苓이라

산에는 개암나무
습지에는 감초가 있네

【傳】 榛은 木名이라 下濕曰隰이라 苓은 大苦라

榛은 나무 이름이다. 낮고 습한 곳을 隰이라 한다. 苓은 감초이다.

【箋】 箋云 榛也苓也 生各得其所니 以言碩人處非其位라 ○ 榛은 本亦作蓁하니 子可食이라 苓은 本草云 甘草라

箋云 : 개암나무와 감초가 각기 제 자랄 곳에서 자라니, 이것으로 碩人이 알맞은 자리가 아닌 곳에 있음을 말한 것이다.

○ 榛은 蓁으로 되어 있는 본도 있는데 열매는 먹을 수 있다. 苓은 ≪本草綱目≫에는 甘草라 하였다.

榛(≪毛詩品物圖攷≫)

云誰之思오 西方美人이로다

누구를 그리워하는가
서방의 미인이라네

【箋】 箋云 我誰思乎아 思周室之賢者니 以其宜薦碩人하여 與在王位라

箋云 : 내가 누구를 그리워하는가? 周室의 현자를 그리워하니, 응당 석인을 천거하여 함께 왕실의 관직에 있어야 하기 때문이다.

彼美人兮여 西方之人兮로다

저 미인이여
서방에 있을 미인이로세

【傳】 乃宜在王室이라

바로 왕실에 있어야 한다.

【箋】 箋云 彼美人은 謂碩人也라

箋云 : 彼美人은 碩人을 말한다.

【疏】 '山有'至'人兮' ○ 正義曰 : 山之有榛木, 隰之有苓草, 各得其所, 以興衛之有碩人而在賤職, 可謂處非其位, 乃榛苓之不如. 碩人旣不寵用, 故令我云 誰思之乎, 思西方周室之美人. 若得彼美人, 當薦此碩人, 使在王朝也. 彼美好之碩人兮, 乃宜在王朝爲西方之人兮, 但無人薦之耳.

經의 〔山有〕에서 〔人兮〕까지

○ 正義曰 : 山에 개암나무가 있고 습지에 감초가 있는 것은 각기 알맞은 곳을 얻은 것이다. 이로써 衛나라에 碩人이 있는데 賤職에 있으니 알맞은 자리가 아닌 곳에 있어 도리어 개암나무와 감초만도 못하다고 말할 만함을 흥한 것이다. 저 碩人이 총애를 받지 못했다. 그리하여 나로 하여금 '누구를 생각하는가? 西方 周室의 賢者를 생각한다. 만약 저 賢者를 만날 수 있다면 당연히 이 碩人을 천거하여 왕의 조정에 있게 할 것이다. 저 훌륭한 碩人이 마침내 왕의 조정에 있어 왕실의 사람이 되었어야 하는데, 다만 아무도 천거하는 이가 없을 뿐이다.'라고 말하게 하였다는 것이다.

【疏】 傳'榛 木名 苓 大苦' ○ 正義曰 : 陸機云 "栗屬, 其子小, 似(柿)〔橡〕[1]子, 表皮黑, 味如栗." 是也. 榛字或作蓁, 蓋一木也. 釋草云 "蘦(영), 大苦." 孫炎曰 "本草云 '蘦, 今甘草' 是也. 蔓延生, 葉似荷, 青黃. 其莖赤, 有節, 節有枝相當. 或云蘦似地黃."

1) (柿)〔椽〕: 저본의 교감기에 따라 '椽'으로 번역하였다.

傳의 〔榛 木名 苓 大苦〕

○ 正義曰 : 陸機가 "榛은 밤의 종류로 열매는 작고 상수리와 비슷하니 껍질은 검고 맛은 밤과 같다."라고 한 것이 이것이다. 榛은 혹 蓁으로 쓰기도 하는데 모두 같은 나무이다. ≪爾雅≫〈釋草〉에 "苓은 蘦이니 大苦이다."라고 하였는데, 孫炎이 "≪本草綱目≫에 '蘦은 지금의 감초이다.'라고 한 것이 이것이다. 넝쿨로 자라고 있은 蓮과 같으며 靑黃色이다. 그 줄기는 붉고 마디가 있으며 마디에는 대칭을 이루는 가지가 있다. 어떤 이는 蘦은 地黃과 비슷하다고 했다."라고 하였다.

【疏】 箋'彼美人謂碩人' ○ 正義曰 : 上言西方之美人, 謂周室之賢人. 以薦此碩人, 故知彼美人謂碩人. 西方之人謂宜爲西方之人, 故傳曰'乃宜在王位', 言宜在王朝之位, 爲王臣也.

箋의 〔彼美人謂碩人〕

○ 正義曰 : 위에 말한 西方의 美人은 周 왕실의 賢者를 말한다. 이 碩人을 천거하기 때문에 '彼美人'은 碩人을 말한 것임을 안 것이다. '西方之人'은 응당 주 왕실의 사람이 되어야 함을 말한다. 그리하여 傳에 '乃宜在王位'라 하였으니, 周王 조정의 관직에 있어 왕의 신하가 되어야 함을 말한 것이다.

簡兮三章이니 章六句라

〈簡兮〉는 3章이니 章마다 6句이다.

泉水(천수)

【序】 泉水는 衛女思歸也라 嫁於諸侯러니 父母終에 思歸寧而不得이라 故作是詩以自見(현)也라

〈泉水〉는 衛나라의 여인이 〈친정으로〉 돌아갈 것을 생각한 것을 읊은 시이다.

諸侯에게 시집을 갔는데 父母가 죽자 친정으로 돌아가 문안할 것을 생각하였지만 갈

수가 없었다. 그리하여 이 시를 지어 자신의 뜻을 드러낸 것이다.

【箋】 以自見者는 見己志也라 國君夫人은 父母在則歸寧이어니와 沒則使大夫寧於兄弟라 衛女之思歸는 雖非禮나 思之至也라 ○ 見은 (上)〔注〕[1]同이라 思之至는 一本思作恩이라

1) (上)〔注〕: 저본에는 '上'으로 되어 있으나, ≪經典釋文≫에 의거하여 '注'로 바로잡았다.

'以自見'은 자신의 뜻을 드러낸 것이다. 國君의 夫人은 父母가 살아 있을 때에는 돌아가 문안할 수 있으나, 부모가 죽으면 大夫로 하여금 兄弟에게 안부를 묻게 한다. 衛나라의 여인이 친정으로 돌아갈 것을 생각한 것이 비록 예는 아니지만 생각은 지극하였다.
○ 見은 〈'현'으로 읽으니,〉 注의 '見(드러냄)'도 같다. '思之至'는 '思'가 '恩'으로 되어 있는 본도 있다.

【疏】 '泉水(四章 章六句)'至'以自見' ○ 正義曰 : 此時, 宣公之世, 宣父莊, 兄桓. 此言父母已終, 未知何君之女也. 言嫁於諸侯, 必爲夫人, 亦不知所適何國. 蓋時簡札不記, 故序不斥言也. 四章皆思歸寧之事.

序의 〔泉水〕에서 〔以自見〕까지
○ 正義曰 : 이때는 宣公의 시대인데, 宣公의 아버지는 莊公이고 兄은 桓公이다. 여기에서 부모가 죽었다고 말했으나 어느 군주의 딸인지 알 수 없다. 諸侯에게 시집갔다고 말했으니 반드시 제후의 夫人일 것이지만 또한 어느 나라로 시집갔는지 알 수 없다. 아마도 당시의 문서에 기록되지 않았으므로 序에서 지적하여 말하지 않았을 것이다. 4章이 모두 歸寧할 일을 생각한 것이다.

【疏】 箋'衛女'至'之至' ○ 正義曰 : 以(之)〔此〕[1]衛女思歸, 雖非禮, 而思之至極也. 君子善其思, 故錄之也.

1) (之)〔此〕: 저본의 교감기에 따라 '此'로 번역하였다.

箋의 〔衛女〕에서 〔之至〕까지
○ 正義曰 : 이 衛나라의 여인이 친정으로 돌아가 문안할 것을 생각한 것이 비록 禮는 아니지만 생각이 지극하였다. 그리하여 군자가 그 생각을 좋게 여겼기 때문에 채록한 것이다.

毖彼泉水도 亦流于淇로다

졸졸 저 샘물도

淇水로 흐르네

【傳】 興也라 泉水始出하여 毖然流也라 淇는 水名也라

興이다. 샘물이 처음 솟아 졸졸 흐르는 것이다. 淇는 물의 이름이다.

【箋】 箋云 泉水流而入淇는 猶婦人出嫁於異國이라 ○ 毖는 韓詩作祕하고 說文作䀣하니 云直視也라

箋云 : 샘물이 흘러 淇水로 들어가는 것은 婦人이 다른 나라로 시집가는 것과 같다. ○ 毖는 ≪韓詩≫에는 '祕'로 되어 있고, ≪說文解字≫에는 '䀣'로 되어 있는데 '똑바로 보는 것이다.'라고 하였다.

有懷于衛여 靡日不思로다

衛에 가고픈 마음

하루도 그칠 날이 없네

【箋】 箋云 懷는 至요 靡는 無也라 以言我有所至念於衛하여 (我)[1]無日不思也라 所至念者는 謂諸姬諸姑伯姊라

1) (我) : 저본의 교감기에 따라 衍文으로 처리하였다.

箋云 : 懷는 '도착함'이고 靡는 '없음'이다. 이로써 내가 衛나라에 이르는 마음이 있어서 하루도 생각하지 않는 날이 없음을 말한 것이다. '所至念'은 여러 姬氏를 말하니, 고모와 언니들이다.

孌(연)彼諸姬여 聊與之謀로다

곱디고운 고모 언니들

만나서 의논하려네

【傳】 孌은 好貌요 諸姬는 同姓之女요 聊는 願也라

孌은 아름다운 모습이고, 諸姬는 同姓의 여인이며, 聊는 '원함'이다.

【箋】 箋云 聊는 且略之辭요 諸姬者는 未嫁之女라 我且欲略與之謀婦人之禮하여 觀其志意하니 親親之恩也라

箋云 : 聊는 '그런대로'라는 말이고 諸姬는 아직 혼인하지 않은 여인이다. 내가 장차 그들과 대략 婦人의 예를 상의하여 그들의 뜻을 보려 한 것이니, 친족을 친하게 여기는 恩愛이다.

【疏】 '毖彼'至'之謀' ○ 毛以爲"毖彼然而流者, 是泉水, 亦流入於淇水, 以興行嫁者是我婦人, 我婦人亦嫁於異國, 故我有所至念於衛, 無一日而不思念之也. 我所思念者, 念孌然彼諸姬未嫁之女, 願欲與之謀婦人之禮." ○ 鄭唯以'聊'爲'且欲略與之謀'爲異, 餘同.

經의 〔毖彼〕에서 〔之謀〕까지

毛亨은 "'졸졸 흐르는 것은 샘물인데 또한 淇水로 흘러들어간다.'라고 하여, '시집간 여인은 나 부인인데, 나 부인도 다른 나라에 시집을 갔다. 그리하여 내가 衛나라에 가고자 하는 생각이 있어 하루도 생각하지 않은 날이 없다. 내가 그리워하는 사람은 곱디고운 시집가지 않은 여러 姬氏의 여인들이니 그들과 부인의 예를 상의하기를 원함을 흥한 것이다.'"라고 여긴 것이다.

○ 鄭玄은 '聊'를 '且欲略與之謀'라고 한 것만 다르고 나머지는 같다.

【疏】 傳'泉水始出 毖然流' ○ 正義曰 : 以此連云泉水, 知爲始出毖然流也, 是以衡門傳亦云"泌, 泉水也." 言'亦流于淇'者, 以本敍衛女之情, 故言亦, 亦, 已也.

傳의 〔泉水始出 毖然流〕

○ 正義曰 : 經에서 〈'毖彼'에〉 '泉水'를 이어서 말하였으므로, 처음 나와 졸졸 흐르는 것임을 안 것이다. 이 때문에 〈陳風 衡門〉의 傳에서도 "泌는 샘물이다."라고 한 것이다. '亦流于淇'라 한 것은 衛나라 여인의 감정을 서술한 것을 기본으로 하기 때문이다. 그리하여 '亦'을 말하였으니, 亦은 자신이다.

【疏】 箋'懷至'至'伯姊' ○ 正義曰：以下云 '靡日不思', 此懷不宜復爲思, 故以爲'至念於衛'. 以下文言之, 知至念者, 諸姬伯姊.

箋의 〔懷至〕에서 〔伯姊〕까지

○ 正義曰：아래에 '靡日不思'라 하였으니, 여기의 '懷'가 다시 '생각함〔思〕'이 되어서는 안 된다. 그리하여 '至念於衛'라 여긴 것이다. 經의 아래 글에서 〈諸姬를〉 말하였으므로 '至念'이 姬氏 언니들임을 안 것이다.

【疏】 箋'聊且'至'之恩' ○ 正義曰：言且者, 意不盡, 故言'略之辭', 以言諸姬是未嫁之辭, 又嚮衛所見, 宜據未嫁者, 傳言同姓之女, 亦謂未嫁也. 言諸姬, 容兄弟之女, 及五服之親, 故言同姓以廣之. 所以先言諸姬, 後姑姊者, 便文互見, 以諸姬揔辭, 又卑欲與謀婦人之禮也. 姑姊尊, 故云問, 明亦與謀婦人之禮. 此衛女思歸, 但當思見諸姬而已, 思與謀婦禮, 觀其志意, 是親親之恩也.

箋의 〔聊且〕에서 〔之恩〕까지

○ 正義曰：'且'를 말한 것은 뜻을 다 표현하지 못하였기 때문에 '그런대로라는 말이다.'라고 하였고 諸姬는 아직 혼인하지 않았다는 말이라고 한 것은 또 이전에 衛나라에서 보았던 것이니, 마땅히 혼인하기 전을 근거로 한 것이니, 傳에서 말한 동성의 여인도 아직 혼인하지 않았을 때를 말한다. '諸姬'는 兄弟의 딸과 五服의 친척을 포함하여 말한 것이다. 그리하여 同姓이라 하여 확대한 것이다. 먼저 諸姬를 말하고 나중에 姑姊를 말한 것은 글을 편의대로 써서 서로 나타낸 것이니, 諸姬로 총괄하여 말하고 또 그들로 하여금 함께 부인의 예를 상의하게 하고자 한 것이다. 고모와 언니는 서열이 높기 때문에 〈아래 經文에〉 물었다고 한 것이니, 분명 더불어 부인의 예를 상의한 것이다. 이 衛나라의 여인이 〈친정으로〉 돌아갈 것을 생각할 때에 마땅히 諸姬를 만날 것을 생각했을 뿐이니, 더불어 부인의 예를 상의하여 그들의 뜻을 볼 것을 생각한 것은 친족을 친하게 여기는 恩愛이다.

出宿于泲(자)하고 飮餞于禰(예)리라

泲에 나가 잠을 자고

禰에서 전별주 마시리라

【傳】 泲는 地名이라 祖而舍[1]軷(석발)하고 飮酒於其側曰餞이니 重始有事於道也라 禰는 地名이라

1) 舍 : 釋과 통용된다. '釋軷'은 길을 떠날 때 道路神에게 지내는 제사이다. ≪儀禮 聘禮≫

泲는 地名이다. 道路神에게 제사 지낼 적에 술과 脯를 진설하여 제사하고 그 곁에서 술을 마시는 것을 餞이라 하니, 막 길을 나서는 것을 중하게 여기는 것이다. 禰는 地名이다.

【箋】 箋云 泲禰者는 所嫁國適衛之道所經이라 故思宿餞이라 ○ 餞은 送行飮酒也라 禰는 地名이니 韓詩作坭하니 音同이라 軷은 道祭也라

箋云 : 泲와 禰는 시집간 나라에서 衛나라로 가는 길에 지나는 곳이다. 그리하여 유숙하고 전별할 것을 생각한 것이다.

○ 餞은 行人을 전송하며 술을 마시는 것이다. 禰는 地名이니 ≪韓詩≫에 '坭'로 되어 있으니 音은 같다. 軷은 道路神에게 지내는 祭祀이다.

女子有行은 遠父母兄弟라

女子가 시집가는 도리는
父母兄弟 멀리함이라네

【箋】 箋云 行은 道也라 婦人有出嫁之道하니 遠於親親이라 故禮緣人情하여 使得歸寧이라

箋云 : 行은 '도리'이다. 婦人에게 시집가는 도리가 있으니, 친애하는 친족을 멀리하는 것이다. 그리하여 禮에 인정을 따라 〈친정으로〉 돌아가 부모에게 문안할 수 있게 하였다.

問我諸姑하고 遂及伯姊리라

고모들에게 물어보고
맏언니에게도 물어보려네

【傳】 父之姊妹稱姑요 先生曰姊라

아버지의 姊妹를 고모라 하고, 형제 중에 먼저 태어난 이를 언니라 한다.

【箋】 箋云 寧則又問姑及姊는 親其類也요 先姑後姊는 尊姑也라

箋云 : 歸寧하게 되면 또 고모와 언니에게 물어보는 것은 親族을 친애하는 것이고, 고모에게 먼저 묻고 나서 언니에게 묻는 것은 고모를 높이는 것이다.

【疏】 '出宿'至'伯姊' ○ 正義曰 : 衛女思歸, 言我思欲出宿於泲, 先飮餞於禰而出宿以嚮衛國, 而以父母旣沒, 不得歸寧, 故言女子生而有適人之道, 遠於父母兄弟之親, 故禮緣人情, 使得歸寧, 今何爲不聽我乎. 我之嚮衛, 爲覲問諸姑, 遂及伯姊而已, 豈爲犯禮也哉, 而止我也.

經의 〔出宿〕에서 〔伯姊〕까지

○ 正義曰 : 衛나라의 여인이 歸寧을 생각하여 '내가 길을 나서서 泲에서 유숙하고자 하여 먼저 禰에서 전별주를 마시고, 길을 나서서 유숙한 뒤에 衛나라로 갈 것을 생각하였다. 그러나 부모가 돌아가시어 歸寧을 할 수 없음'을 말하였다. 그리하여 '女子가 태어나 다른 사람에게 시집가는 도리가 있는 것은 부모와 형제 등의 친족을 멀리하는 것이다. 그리하여 禮에 인정을 따라 歸寧을 할 수 있게 한 것인데, 지금 무엇 때문에 나의 말을 들어주지 않는가. 내가 衛나라로 가서 고모들을 만나 자문하고 마침내 맏언니에게까지 물어보고자 할 뿐이니, 어찌 예를 범한 것이 된다 하여 나를 만류하는가.'라고 한 것이다.

【疏】 傳'泲 地名'至'禰 地名' ○ 正義曰 : 言祖而舍軷 飮酒於其側者, 謂爲祖道之祭, 當釋酒脯於軷, 舍軷, 卽釋軷也. 於時, 送者, 遂飮酒於祖側曰餞, 餞, 送也. 所以爲祖祭者, 重己方始有事於道, 故祭道之神也. 聘禮記曰 "出祖釋軷, 祭酒脯, 乃飮酒於其側." 注云 "祖, 始也. 旣受聘享[1]之禮, 行出國門, 止陳車騎, 釋酒脯之奠於軷, 爲行始. 詩傳曰 '軷, 道祭', 謂祭道路之神, 春秋傳曰 '軷涉山川', 然則軷, 山行(道)[2]之名也. 道路以阻險爲難, 是以委土爲山, 或伏牲其上, 使者爲軷祭酒脯祈告. 卿大夫處者於是餞之, 飮酒於其側, 禮畢, 乘車轢之而遂行, 舍於近郊矣. 其牲犬羊可也."

1) 聘享 : 제후국이 천자국을 방문할 때 연회를 베풀어주는 것을 말한다.
2) (道) : 저본의 교감기에 따라 衍文으로 처리하였다.

傳의 〔泲 地名〕에서 〔禰 地名〕까지

○ 正義曰 : '祖而舍軷 飮酒於其側'이라 한 것은 路神에게 제사를 지낼 적에 술과 脯를 진설해야 함을 말하니 '舍軷'은 바로 '釋軷'이다. 이때에 전송하는 자가 마침내 路神에게 제사한 곳 곁에서 술을 마시는 것을 餞이라 하니, 餞은 전송하는 것이다. 路神에게 제사를 지내는 것은 자신이 막 길을 나서는 것을 중하게 여기는 것이다. 그리하여 길의 신에게 제사를 지내는 것이다. ≪儀禮≫ 〈聘禮記〉에 "길을 나서서 처음 路神에게 제사할 때에 술과 脯로 제사하고 마침내 그 곁에서 술을 마신다."라고 하였는데, 注에 "祖는 '시작함'이다. 聘享의 예를 받고나서 길을 나서서 國門을 벗어나면 수레와 말을 멈추어 정렬하고 軷(산행도로의 신)에게 술과 포의 제물을 올리니 출행의 시작을 위함이다. ≪詩經≫의 傳에는 '軷은 道祭이다.'라고 하였으니 路神에게 제사 지내는 것을 말하고, ≪春秋左氏傳≫에는 '산을 넘고 내를 건너다.'라고 하였으니, 그렇다면 軷은 산행도로를 주관하는 신의 명칭이다. 길은 험한 것을 어려운 것으로 여긴다. 그리하여 흙을 쌓아 산의 형상을 만들어 혹 그 위에 희생을 놓기도 하는데, 사신 가는 자가 노신을 위해 술과 포로 제사 지내며 기도하여 고하는 것이다. 남아 있는 卿大夫가 이때에 그를 전별하고 그 곁에서 술을 마신다. 祭禮가 끝나면 수레에 올라 제물을 수레로 갈고 넘어가 마침내 출발하여 근교에서 유숙한다. 그 희생으로는 개나 양이면 된다."라고 하였다.

【疏】 大馭[1] "掌馭玉輅, 及犯軷, 遂驅之." 注云 "封土爲山象, 以菩・芻[2]・棘・柏爲神主, 旣祭之, 以車轢之而去, 喩無險難也." 以此言之, 軷者本山行之名, 以祭道路之神, 求無險難, 故取名焉. 知出國而爲之者, 以聘禮・烝民・韓奕, 皆言出祖, 則不在國內, 以祖爲行道之始, 則不得至郊, 故知在國門外也. 以軷者軷壤之名, 與中霤[3]行神之位同, 知'委土爲山'. 言'或伏牲其上'者, 據天子諸侯有牲, 卿大夫用酒脯而已. 犬人云 "伏瘞亦如之[4]" 明天子以犬伏於軷上, 羊人無伏祭之事, 則天子不用羊, 詩云 "取羝以軷" 謂諸侯也, 故云 "其有牲, 則犬羊耳" 謂天子以犬, 諸侯以羊, 尊卑異禮也.

1) 大馭 : ≪周禮≫ 〈夏官 司馬〉에 속한 관직의 명칭으로 대부 2인이 여기에 속한다. 祭禮時에 王이 타는 玉輅의 오른쪽에서 수레를 모는 자이다.

2) 芻 : ≪禮記≫ 〈祭統〉의 注에서 鄭玄은 "芻는 짚이니, 희생을 잡을 때에 이것을 사용하여 바닥에 까는 것이다.〔芻 藁也 殺牲 用以薦藉〕"라고 하였다.

3) 中霤 : 방의 중앙으로 土神에게 제사 지내는 곳이다. 穴居하던 시대에 그 위에 창문을 내어 채광을 하였는데, 비가 올 때 그곳에서 낙숫물이 떨어졌으므로 이렇게 일컬은 것

이다.

4) 伏瘞亦如之 : 道路神에게 제사할 때에 개를 희생으로 쓰는데, 땅의 신에게 제사 지내는 埋祭인 瘞에서도 개를 쓴다는 말이다.

≪周禮≫ 〈夏官 大馭〉에 "大馭는 玉輅를 모는 것을 담당하니 軷祭의 술과 포를 수레로 갈고 넘어가 마침내 말을 몬다."라고 하고, 注에 "흙을 쌓아 산의 형상을 만들고 보리수와 짚, 가시나무와 측백나무로 신주를 만들어 제사를 지내고 나서 신주를 수레로 갈고 넘어가 출발하니, 험난함이 없음을 비유한 것이다."라고 하였다. 이것을 가지고 말한다면 軷은 본래 山行道路를 주관하는 신의 명칭인데, 路神에게 제사 지내어 험난함이 없기를 구한 것이므로 이에서 명칭을 삼은 것이다. 도성을 나와 제사 지낸 것임을 안 것은 ≪儀禮≫ 〈聘禮〉와 ≪詩經≫ 〈大雅 烝民〉과 〈韓奕〉에 모두 '出祖'를 말하였으니 도성 안에 있는 것이 아니고, 路神에게 제사 지내는 것은 여정의 시작이니 교외에 이를 수 없다. 그리하여 國門의 밖임을 안 것이다. 軷은 軷祭를 올리는 壇의 명칭이니 中霤와 路神의 자리가 같으므로 '委土爲山'임을 안 것이다. '或伏牲其上'이라 한 것은, 天子와 諸侯의 제사에는 희생이 있음에 근거한 것이니, 卿大夫는 술과 포만을 쓸 뿐이다. ≪周禮≫ 〈秋官 犬人〉에 "개를 희생으로 쓰는 것은 埋祭인 瘞도 같다."라고 하였으니, 분명 天子가 軷祭에 犬을 놓은 것이고, ≪周禮≫ 〈夏官 羊人〉에 〈羊을〉 제사에 쓰는 일이 없으니, 그렇다면 天子는 羊을 쓰지 않은 것이며, ≪詩經≫ 〈大雅 生民〉에 "숫양을 취하여 軷祭를 지낸다."라고 하였으니 제후를 말한다. 그리하여 "희생은 개와 양 일뿐이다."라고 한 것이다. 天子는 개를 쓰고 諸侯는 양을 쓰는 것은 높고 낮음에 따라 예를 달리함을 말한다.

【疏】 以大馭云"犯軷"卽云"遂驅之"故知禮畢, 乘車轢之也. 以聘禮上文"旣受聘享之禮"云"遂行, 舍於郊"故知轢之而遂行, 舍於郊也. 卿大夫之聘, 出國則釋軷, 聘禮於家[1), "又釋幣於行"注云"告將行也. 行者之先 其古人之名未聞[2), 天子諸侯有常祀在冬, 大夫三祀, 曰門, 曰行, 曰厲[3). (士)[4)喪禮有'毁宗躐行. 出于大門', 則行神之位, 在廟門外西方. 今時民春秋祭祀有行神, 古之遺禮." 是在家釋幣, 告將行, 出國門用酒脯以祈告, 故二處不同也.

1) 出國則釋軷 聘禮於家 : 출국하는 사람이 두 번 제사를 지내는 이유를 설명한 것이다. 平地道路의 신과 山行道路의 신이 있기 때문이니, ≪儀禮注疏≫ 〈聘禮〉에 "도로의 神에

두 가지가 있으니 국내에서 行에 폐백을 올리는 것은 평지도로의 신에게 제사 지내는 것을 말하고, 나라의 관문을 나서서 軷에 제물을 올리는 것은 산행도로의 신에게 제사 지내는 것을 말한다.〔凡道路之神有二 在國內釋幣於行者 謂平適道路之神 出國門釋奠於軷者 謂山行道路之神〕"라고 하였다.

2) 行者之先 其古人之名未聞 : 평지도로를 주관하는 신의 이름이 알려지지 않았음을 말한다. ≪儀禮注疏≫에 "'行者之先 其古人之名未聞'은 평지도로의 신이고, '古人名未聞'은 옛사람 중에 사람들에게 길을 가는 것을 가르친 사람인데, 그 사람의 이름이 전해지지 않는다.〔云行者之先 其古人之名未聞 此謂平地道路之神 云古人名未聞者 謂古人教人行道路者 其人名字未聞〕"라고 하였다.
3) 厲 : 대부로서 후사가 없이 죽은 자들의 귀신을 말한다.
4) (士) : 저본의 교감기에 따라 衍文으로 처리하였다.

≪周禮≫ 〈夏官 大馭〉에서 '犯軷'을 말하고 바로 '遂驅之'를 말하였다. 그리하여 祭禮가 끝나 수레에 올라 제물을 갈고 넘어간 것을 안 것이다. ≪儀禮≫ 〈聘禮〉의 글에 "聘享의 예를 받았다."라고 하고, "마침내 길을 떠나 근교에서 유숙한다."라고 하였으므로 제물을 갈고 넘어가서 마침내 길을 떠나 근교에서 유숙했음을 안 것이다. 卿大夫의 聘禮는 도성을 나서면 술과 포로 도로의 신에게 제사를 지내는데, 〈聘禮〉에 집에서 "또 行(平地道路를 주관하는 신)에게 폐백을 올린다."라고 하고, 注에 "떠나려 함을 고하는 것이다. 떠나는 자가 平地道路의 神에게 하는 것이니, 이를 가르친 古人에 대하여는 알지 못한다. 천자와 제후는 고정적인 제사가 있으니 겨울에 있고, 大夫는 세 곳에 제사하니 門의 신과 길의 신과 厲이다. ≪禮記≫ 〈檀弓〉에 喪禮할 때에 '종묘의 〈서쪽을〉 헐고 넘어가서 대문으로 나간다.'라고 하였으니, 路神의 위치가 사당 문 밖의 서쪽에 있기 때문이다. 지금 민간에서 봄가을로 路神에게 제사 지내는 경우가 있으니 옛날부터 전해진 예이다."라고 하였으니, 이는 집에 있을 때에 폐백을 올리는 것이니 장차 떠나려 함을 고하는 것이고, 도성의 문을 나서서는 술과 포를 이용하여 고한다. 그리하여 두 곳의 예가 같지 않은 것이다.

【疏】 月令 "冬其祀行" 注依中霤之禮云 "行在廟門外之西, 爲軷壤, 厚二寸, 廣五尺, 輪四尺, 有主有尸, 用特牲." 是天子諸侯常祀在冬, 與軷異也. 軷祭, 則天子諸侯卿大夫皆於國外爲之, 大馭云 "犯軷" 詩云 "取羝以軷" 聘禮云 "釋軷" 是也. 又名祖, 聘禮及詩云 "出祖" 是也. 又名道, 曾子問云 "道而出" 是也. 以其爲犯軷, 祭道路之神, 爲行道之始, 故一祭而三名也. 皆先軷而飮餞, 乃後出宿, 此先言出宿者, 見飮餞爲出宿而設, 故先言以致其意. 韓奕云 "韓侯出祖, 出宿于屠." 旣祖, 卽當出宿, 故彼箋云 "祖於國外, 畢乃出宿者, 示行不留於是也." 欲先明祖必出宿, 故皆先言出宿, 後言飮餞也.

≪禮記≫ 〈月令〉에 "겨울에 제사하는 대상은 路神이다."라고 하고, 注에 中霤의 예를 근거하여 "路神이 종묘의 문밖 서쪽에 있으므로 軷祭의 壇을 쌓되 높이는 2寸, 東西는 5尺, 南北은 4尺으로 하며, 신주와 시동을 두고 온전한 희생을 사용한다."라고 하였으니, 이는 천자와 제후의 고정적인 제사가 겨울에 있는 것으로 軷祭와는 다르다. 軷祭는 천자와 제후와 경대부가 모두 도성 밖에서 지내는 것이니, ≪周禮≫ 〈夏官 大馭〉에서 말한 "犯軷"과 ≪詩經≫ 〈大雅 生民〉에서 말한 "取羝以軷"과 ≪儀禮≫ 〈聘禮〉에서 말한 "釋軷"이 이것이다. 또 '祖'라고도 하니 〈聘禮〉와 〈大雅 韓奕〉에서 '出祖'라 한 것이 이것이고, 또 '道'라고도 하니 ≪禮記≫ 〈曾子問〉에 "길의 신에게 제사 지내고 나간다."라고 한 것이 이것이다. 그것을 '犯軷'이라 하니 길의 신에게 제사 지내는 것이니, 여정의 시작이 되기 때문이다. 그리하여 같은 제사이면서 세 가지로 부른 것이다. 모두 軷祭를 먼저 지내고 나서 전별주를 마시고 그런 다음에 교외로 나가 유숙한다. 그런데 여기에서 먼저 나가서 유숙하는 것을 말한 것은 전별주를 마시는 것이 나가서 유숙하기 위한 것임을 가설하여 보인 것이다. 그리하여 먼저 말하여 그 뜻을 드러낸 것이다. 〈韓奕〉에 "韓侯가 路神에게 제사 지내고 나가서 屠에서 유숙하였다."라고 하였다. 路神에게 제사를 지내고 나면 바로 나가서 유숙해야 한다. 그리하여 〈韓奕〉의 箋에 "도성 밖에서 路神에게 제사를 지내고 제사를 마치면 바로 나가서 유숙하는 것은 떠나서 여기에 머물지 않음을 보인 것이다."라고 하였으니, 路神에게 제사 지내고 반드시 길을 떠나 유숙하는 것을 우선하여 밝히고자 한 것이다. 그리하여 모두 '出宿'을 먼저 말하고 뒤에 '飮餞'을 말한 것이다.

【疏】 聘禮 "遂行, 舍於郊" 則此出宿當在郊. 而傳云'泲 地名', 不言郊者, 與下傳互也, 下'干'云'所適國郊', 則此泲亦在郊也, 此泲云'地名', 則干亦地名矣. 正以聘禮 "遂行, 舍於郊" 則此衛女思宿焉, 明亦在郊也. 干・泲思宿焉, 傳以爲在郊, 則言・禰思餞焉, 差近在國外耳. 計宿・餞, 當各在一處而已, 而此云泲・禰, 下云干・言, 別地者, 下箋云'干・言猶泲・禰, 未聞遠近同異.', 要是衛女所嫁國適衛之道所經見, 所思之耳. 下傳或兼云'干・言, 所適國郊'者, 一郊不得二地, 宿・餞不得同處, 言衍字耳. 定本集注

皆云 "干所適國郊"

≪儀禮≫ 〈聘禮〉에 "〈君命을 받으면〉 바로 출발하여 근교에서 유숙한다."라고 하였으니 그렇다면 나가서 유숙하는 곳은 당연히 근교에 있는 것이다. 그런데 傳에서 "泲는 地名이다."라 하고 근교라고 말하지 않은 것은 아래 장의 傳과 互文이니, 아래 장의 '干'을 '시집간 나라의 교외'라 하였으면 이 장의 泲도 교외에 있는 것이고, 이 장의 泲를 '地名'이라 했으면 干도 地名이다. 바로 〈聘禮〉에 "〈君命을 받으면〉 바로 출발하여 근교에서 유숙한다."라 하였으니, 그렇다면 이는 衛나라의 여인이 그곳에서 유숙할 것을 생각한 것이니 분명 또한 교외에 있는 것이다. 干・泲에서 유숙할 것을 생각하였는데 傳에서 근교에 있는 것으로 여겼으니, 그렇다면 言・禰에서 전별을 생각한 것도 도성 밖에서 조금 가까운 곳일 것이다. 유숙하는 것과 전별하는 것을 생각하면 당연히 각각 한 곳이 있을 뿐인데도 이 장에서는 泲・禰를 말하고 아래 장에서는 干과 言을 말하여 다른 장소라 하였지만 아래 장의 箋에 '干・言이 泲・禰와 같은 곳이지만 거리와 지역의 다름은 모른다.'라고 하였으니, 요컨대 이는 衛나라의 여인이 시집간 나라에서 衛나라로 가는 길에서 볼 것을 생각한 것일 뿐이다. 아래 장의 傳에서 '干・言은 시집간 나라의 교외'라고 겸하여 말했지만 같은 교외에서 두 장소일 수 없고 유숙하는 것과 전별연하는 것이 같은 장소일 수 없으니, 그렇다면 '言'은 衍字일 뿐이다. 定本과 集注에 모두 "干은 시집간 나라의 교외이다."라고 하였다.

【疏】 箋'婦人'至'歸寧' ○ 正義曰：此與蝃蝀・竹竿, 文同而義異者, 以此篇不得歸寧而自傷, 故爲由遠親親而望歸寧, 蝃蝀刺其淫奔, 故爲禮自得嫁, 何爲淫奔, 竹竿以不見答, 思而能以禮, 故爲出嫁爲常, 不可違禮. 詩者各本其意, 故爲義不同.

箋의 〔婦人〕에서 〔歸寧〕까지

○ 正義曰：이 구절(女子有行 遠父母兄弟)이 〈鄘風 蝃蝀〉・〈衛風 竹竿〉과 글은 같은데 뜻이 다른 것은, 이 편은 돌아가 부모에게 안부를 묻지 못하여 스스로 슬퍼한 것이다. 그리하여 친애하는 친족을 멀리하는 것으로 말미암아 돌아가 부모님께 안부를 묻고자 한 것이고, 〈鄘風 蝃蝀〉은 그 淫奔을 풍자하였다. 그리하여 '예에 맞게 스스로 시집갈 수 있는데 무엇 때문에 淫奔하는가.'라고 한 것이며, 〈衛風 竹竿〉은 예에 맞는 대접을 받지 못하면서도 예대로 할 것을 생각한 것이다. 그리하여 시집을 가면 떳떳한 도리를 행하여 예를 어겨서는 안 됨을 말한 것이다. 시는 각각 그 시의 뜻을 기본으로 하였으므

로 뜻이 같지 않은 것이다.

【疏】 傳'父之'至'曰姊' ○正義曰：釋親文. 孫炎曰 "姑之言古, 尊老之名也." 然則姑姊, 尊長, 則當已嫁, 父母旣沒, 當不得歸. 所以得問之者, 諸侯之女, 有嫁於卿大夫者, 去歸則見之.

傳의 〔父之〕에서 〔曰姊〕까지

○正義曰：≪爾雅≫ 〈釋親〉의 글이다. 孫炎이 "姑라는 것은 古이니 어른의 명칭이다."라고 하였으니, 그렇다면 고모와 언니는 어른이니 마땅히 시집을 갔을 것이니, 부모가 돌아가면 당연히 歸寧할 수 없다. 그들에게 물을 수 있는 까닭은 제후의 딸로 경대부에게 시집간 경우이니, 여인이 歸寧을 가게 되면 그들을 만나볼 수 있는 것이다.

【疏】 箋'寧則'至'尊姑' ○正義曰：以上章思與諸姬謀, 今復問姑及姊, 故言又也. 不問兄弟宗族, 而問姑及姊, 由親其類也.

箋의 〔寧則〕에서 〔尊姑〕까지

○正義曰：上章에서 姬氏 여인들과 상의할 것을 생각하였는데 지금 다시 '고모와 언니에게 물어보려 하네.'라고 하였기 때문에 '又'를 말한 것이다. 兄弟와 宗族에게 묻지 않고 고모와 언니에게 물으려는 것은 그들을 친애하기 때문이다.

出宿于干하고 飮餞于言이라

干에 나가 잠을 자고
言에서 전별주 마시리니

【傳】 干言은 所適國郊也라

干과 言은 시집간 나라의 교외이다.

【箋】 箋云 干言은 猶泲禰나 未聞遠近同異라

箋云：干과 言은 泲와 禰와 같을 것이지만 거리와 지역의 異同에 대해서는 듣지 못하였다.

載脂載舝(할)하여 **還**(선)**車言邁**면

기름 치고 비녀장 꽂아
수레 돌려 달려가면

【傳】 脂舝其車하여 以還我行也라

수레에 기름을 치고 비녀장 꽂아 수레를 돌려 내가 가는 것이다.

【箋】 箋云 言還車者는 嫁時乘來어니 今思乘以歸라 ○ 舝은 車軸頭金也라 還音旋이니 此字例同音이라 更不重出이라

箋云 : 수레를 돌림을 말한 것은 시집올 때 타고 왔으니 지금 타고서 돌아갈 것을 생각한 것이다.

○ 舝은 수레 굴대의 끝에 꽂는 쇠이다. 還은 음이 旋이니 이 글자는 으레 음이 같으므로 다시 거듭 표기하지 않는다.

遄臻于衛리니 **不瑕有害**아

衛에 금세 도착하리니
가까운데 해로움 있겠는가

【傳】 遄은 疾이요 臻은 至요 瑕는 遠也라

遄은 '빠름'이고 臻은 '도착함'이며 瑕는 '멂'이다.

【箋】 箋云 瑕猶過也요 害는 何也라 我還車疾(至)[1]於衛而返하면 於行無過差어늘 有何不可而止我오 ○ 害는 毛如字하고 鄭音曷이라

1) (至) : 저본의 교감기에 따라 衍字로 처리하여 번역하였다.

箋云 : 瑕는 '과오'와 같고 害는 '어찌'이다. '내가 수레를 돌려 빨리 衛나라에 갔다가 돌아오면 행실에 과오가 없을 것인데 무슨 불가함이 있어 나를 만류하는가.'라고 한 것이다.

○ 害는 毛亨은 본음대로 읽었고, 鄭玄은 音을 '갈'로 보았다.

【疏】'出宿'至'有害' ○毛以爲"我思欲出宿於干, 先飮餞於言, 而歸衛國耳. 則爲我脂車, 則爲我設舝, 而還迴其車, 我則乘之以行. 而欲疾至衛, 不得爲違禮遠義之害, 何故不使我歸寧乎." 傳以瑕爲遠, 王肅云"言願疾至於衛, 不遠禮義之害"是也. ○鄭唯'不瑕有害'爲異.

經의 〔出宿〕에서 〔有害〕까지

毛亨은 "내가 나가서 干에서 자고 이에 앞서 言에서 전별주를 마시고서 衛나라로 돌아가고자 할 뿐이다. 나를 위해 수레에 기름을 치고 나를 위해 비녀장을 꽂아 수레를 돌린다면 내가 타고 갈 것이다. 衛나라에 빨리 이르고자 한 것이 예의를 어기고 의리를 멀리하는 해가 되지 않는다. 무엇 때문에 나를 歸寧하지 못하게 하는가."라고 여긴 것이다. 傳은 瑕를 '멀리함'으로 여겼는데, 王肅이 "빨리 衛나라에 이르고자 한다 하여 예의를 멀리하는 해가 되지 않는다."라고 하였으니 이것이다.

○ 鄭玄은 '不瑕有害'만 다르게 보았다.

【疏】傳'脂舝'至'我行' ○正義曰 : 古者, 車不駕則脫其舝, 故車舝云"間關車之舝兮"傳曰"間關, 設舝貌"是也. 今將行, 旣脂其車, 又設其舝, 故云'脂舝其車'. 云還者, 本乘來, 今欲乘以還, 故箋云'言還車者 嫁時乘來 今思乘以歸'

傳의 〔脂舝〕에서 〔我行〕까지

○ 正義曰 : 옛날에 수레는 멍에를 하지 않으면 비녀장을 빼놓는다. 그리하여 〈小雅 車舝〉에 "間關하는 수레의 비녀장이여〔間關車之舝兮〕"라고 하였는데, 傳에 "間關은 비녀장을 꽂는 모습이다."라고 하였으니 이것이다. 지금 떠나려 하며 수레에 기름을 치고 비녀장을 꽂았으므로 '脂舝其車'라 한 것이다. '還'이라 한 것은 본래 타고온 수레를 지금 타고 돌아가고자 한 것이다. 그리하여 箋에 '수레를 돌림을 말한 것은 시집올 때 타고 왔으니 지금 타고서 돌아갈 것을 생각한 것이다.'라고 한 것이다.

我思肥泉하여 玆之永歎호라

내가 肥泉을 생각하여

이에 길이 탄식하네

【傳】所出同이나 所歸異爲肥泉이라

근원은 같은데 흘러가는 곳이 다른 것이 肥泉이다.

【箋】 箋云 玆는 此也니 自衛而來에 所渡水라 故思此而長歎이라 ○ 肥字或作淝하니 音同이라

箋云 : 玆는 '이것'이니 衛나라에서 올 때에 건넌 물이다. 그리하여 肥泉을 생각하고 길이 탄식한 것이다.

○ 肥자는 혹 淝자로 되어 있는데 音은 같다.

【疏】 傳'所出同 所歸異 爲肥泉' ○ 正義曰 : 釋水云 "泉歸異出同流, 肥."

傳의 〔所出同 所歸異 爲肥泉〕

○ 正義曰 : ≪爾雅≫ 〈釋水〉에 "샘이 흘러가는 곳은 다른데 근원은 같은 것이 肥이다."라고 하였다.

【疏】 箋'自衛'至'渡水' ○ 正義曰 : 以下須・漕是衛邑, 故知此肥泉是衛水也.

箋의 〔自衛〕에서 〔渡水〕까지

○ 正義曰 : 아래 須와 漕는 衛나라의 邑이다. 그리하여 이 肥泉이 衛나라의 하천〔水〕임을 안 것이다.

思須與漕하니 我心悠悠로다

須와 漕를 생각하니

내 그리움 가이없네

【傳】 須漕는 衛邑也라

須와 漕는 衛나라의 읍이다.

【箋】 箋云 自衛而來에 所經邑이라 故又思之라

箋云 : 衛나라에서 올 때에 지난 읍이다. 그리하여 또 생각한 것이다.

【疏】 傳'須漕 衛〔邑〕[1)]' ○ 正義曰 : 鄘云 "以廬於漕", 漕是衛邑, 須與漕連, 明亦衛邑.

1)〔邑〕: 傳文에 근거하여 보충하였다.

傳의〔須漕 衛邑〕

○ 正義曰 : 〈鄘風 定之方中〉의 疏에 "漕邑에 집을 지었다."라고 하였으니 漕는 衛나라의 邑이고, 須와 漕가 이어져 있으니 분명 또한 衛나라의 邑이다.

駕言出遊하여 **以寫我憂**리라

수레타고 나가 노닐어
이내 시름 삭혀보리

【傳】 寫는 除也라

寫는 '없앰'이다.

【箋】 箋云 旣不得歸寧하여 且欲乘車出遊하여 以除我憂라

箋云 : 歸寧할 수 없어 우선 수레를 타고 나가 노닐어 자기의 근심을 없애고자 한 것이다.

【疏】 箋'旣不'至'我憂' ○ 正義曰 : 以此不得歸寧而出遊, 不過出國, 故言且出遊. 竹竿不見答, 故以出遊爲歸, 是以彼箋云 "適異國而不見答, 其除此憂, 維有歸耳."

箋의〔旣不〕에서〔我憂〕까지

○ 正義曰 : 여기에서는 歸寧할 수 없어서 나가 노닐지만 都城을 벗어남에 불과하였다. 그리하여 우선 '出遊'라고 한 것이다. 그러나 〈衛風 竹竿〉은 예에 맞는 대접을 받지 못했기 때문에 '出遊'를 歸라고 여긴 것이다. 이 때문에 〈竹竿〉의 箋에 "다른 나라로 시집가서 예에 맞는 대접을 받지 못했으니, 이 근심을 없애는 것은 오직 돌아감이 있을 뿐이다."라고 한 것이다.

泉水四章이니 **章六句**라

〈泉水〉는 4章이니 章마다 6句이다.

北門(북문)

【序】 北門은 刺(仕)〔士〕[1)]不得志也라 言衛之忠臣이 不得其志爾라

1) (仕)〔士〕: 저본의 교감기에 따라 '士'로 번역하였다.

〈北門〉은 士가 뜻을 얻지 못함을 풍자하였다.

衛나라의 충신이 뜻을 얻지 못함을 말한 것이다.

【箋】 不得其志者는 君不知己志而遇困苦라

'不得其志'는 군주가 자기의 뜻을 알아주지 않아 곤액을 만난 것이다.

【疏】 '北門'至'志爾' ○ 正義曰：謂衛君之闇, 不知士有才能, 不與厚祿, 使之困苦, 不得其志, 故刺之也. 經三章, 皆不得志之事也. 言士者, 有德行之稱, 其仕爲官, 尊卑不明也.

序의 〔北門〕에서 〔志爾〕까지

○ 正義曰：衛君이 우매하여 士에게 재능이 있음을 알지 못하고 후한 녹봉을 주지 않아 그로 하여금 고통스럽게 하여 그 뜻을 얻지 못하게 하였다. 그리하여 풍자한 것이라고 말한 것이다. 經 3章은 모두 뜻을 얻지 못한 일이다. 士라 한 것은 덕행을 갖춘 사람의 호칭이니, 그가 벼슬하여 관리가 되었으나 높고 낮음은 분명하지 않다.

出自北門하니 憂心殷殷이라

북문으로 나가니

근심스러운 마음 그지없네

【傳】 興也라 北門은 背明鄕陰이라

興이다. 北門은 양지를 등지고 음지를 향한 것이다.

【箋】 箋云 自는 從也라 興者는 喩己仕於闇君이 猶行而出北門하여 心爲之憂殷殷然이라

○ 殷은 本又作慇하니 爾雅云 憂也라 鄕은 本又作嚮이라

箋云：自는 '부터'이다. 興한 것은 자기가 우매한 군주에게 벼슬한 것이 마치 걸어서 북문으로 나가는 것과 같아 마음이 이 때문에 끝없이 근심스러움에 비유한 것이다.

○ 殷은 '慇'으로 되어 있는 본이 있는데, ≪爾雅≫ 〈釋訓〉에 '근심이다'라고 하였다. 鄕은 '嚮'으로 되어 있는 본도 있다.

終窶且貧이어늘 莫知我艱이로다

언제나 구차하고 가난한데
아무도 내 어려움 몰라주네

【傳】 窶者는 無禮也요 貧者는 困於財라

窶는 예의가 없는 것이고, 貧은 재물이 없어 곤궁한 것이다.

【箋】 箋云 艱은 難也라 君於己祿薄하여 終不足以爲禮하고 又近困於財어늘 無知己以此爲難者니 言君既然矣요 諸臣亦如之라 ○ 窶는 無禮也니 爾雅云 貧也라 案謂貧無可爲禮라

箋云：艱은 '어려움'이다. 군주가 자신에게 녹봉을 박하게 하여 끝내 예를 차릴 수가 없고, 또 재물이 없어 곤궁한 지경임에도 자기가 이 때문에 어려워하고 있음을 알아주는 사람이 없는 것이니, 군주가 이미 그렇고 여러 신하들도 그와 같음을 말한 것이다.

○ 窶는 예의가 없는 것이니, ≪爾雅≫ 〈釋訓〉에 '가난이다'라고 하였다. 살피건대 가난하여 예를 차릴 수 없음을 말한 것이다.

已焉哉라 天實爲之어니 謂之何哉리오

그만두자
하늘이 실로 이리 함이니
말한들 무엇 하리오

【箋】 箋云 謂勤也라 詩人事君無二志라 故自決歸之於天이라 我勤身以事君이니 何哉오하니 忠之至라

箋云 : 수고로움을 말한 것이다. 詩人이 군주를 섬김에 두 마음이 없었다. 그리하여 스스로 결단하여 하늘에 돌린 것이다. '내가 몸을 수고롭게 하여 군주를 섬길 뿐이니 무엇을 따지겠는가.'라고 하였으니, 충심이 지극한 것이다.

【疏】 '出自'至'何哉' ○ 正義曰 : 衛之忠臣, 不得其志. 言人出自北門者, 背明鄕陰而行, 猶己仕於亂世, 鄕於闇君而仕. 由君之闇, 己則爲之憂心殷殷然. 所以憂者, 以君於己祿薄, 使己終當窶陋, 無財爲禮, 又且貧困, 無資充用, 而衆臣又莫知我貧窶之艱難者. 君於己雖祿薄, 己又不忍去之, 止得守此貧困, 故自決云 "已焉哉, 我之困苦, 天實爲之. 使我遭此君, 我止當勤以事之, 知復奈何哉."

經의 〔出自〕에서 〔何哉〕까지

○ 正義曰 : 衛나라의 충신이 뜻을 얻지 못한 것이다. 사람이 북문으로 나가는 것은 양지를 등지고 음지로 향하여 가는 것이니, 마치 자신이 난세에 벼슬하여 우매한 군주 아래 벼슬한 것과 같다. 군주의 우매함으로 말미암아 자기는 이 때문에 근심스러운 마음이 끝이 없는 것이다. 근심하는 이유는 군주가 자신에게 녹봉을 박하게 하여 자신이 끝내 곤궁하여 예를 차릴 만한 재물이 없게 하고, 또 가난하여 일상생활에 충당할 재물이 없게 하였는데도 衆臣들은 내가 가난으로 인해 곤란함을 아는 사람이 없기 때문이다. 군주가 비록 나에게 녹봉을 박하게 하지만 나는 또 차마 떠나지 못하고 다만 이 빈곤함을 감수하고 있다. 그리하여 스스로 결단하여 "그만두자! 나의 곤궁함은 하늘이 실로 만든 것이다. 〈하늘이〉 나로 하여금 이런 군주를 만나게 했으니 나는 마땅히 수고로이 군주를 섬길 뿐이니 다시 무엇을 말하리오."라고 한 것이다.

【疏】 傳'北門 背明鄕陰' ○ 正義曰 : 本取人鄕陰行, 似己仕闇君, 故以出自北門爲喩. 傳以鄕陰者必背明耳, 不取背明爲義, 何者, 此人旣仕闇君, 雖困不去, 非恨本不擇君, 故知不以背明爲喩也.

傳의 〔北門 背明鄕陰〕

○ 正義曰 : 본래 사람이 음지를 향해서 가는 것이 마치 자기가 우매한 군주에게 벼슬함과 같음을 취하였다. 그리하여 '出自北門'을 비유로 삼은 것이다. 傳에서 음지로 향한다는 것은 반드시 양지를 등지는 것인데 양지를 등지는 것을 취하여 뜻을 삼지 않은 것은 무엇 때문인가. 이 사람이 우매한 군주에게 벼슬하여 비록 곤궁할망정 떠나지 않는

것이 본래 군주를 제대로 가려 섬기지 못함을 한탄한 것이 아니기 때문이다. 그리하여 양지를 등지는 것을 비유로 삼지 않은 것임을 안 것이다.

【疏】 傳'窶者'至'於財' ○ 正義曰：釋言云 "窶, 貧也." 則貧・窶爲一也. 傳, 此經云'終窶且貧', 爲二事之辭, 故爲窶與貧別. 窶謂無財可以爲禮, 故言'窶者 無禮', 貧謂無財可以自給, 故言'貧者 困於財', 是以箋云'祿薄 終不足以爲禮', 是'終窶'也, '又近困於財', 是'且貧'也. 言近者, 己所資給, 故言近, 對以之爲禮者, 爲遠也. 無財謂之貧, 此二者皆無財之事, 故爾雅貧・窶通也. '終窶且貧', 言君於己祿薄, 是君旣然矣, '莫知我艱', 摠謂人無知己, 是諸臣亦如之. 以頒祿由君, 故怨己貧窶祿薄, 不由諸臣, 故但恨其不知己也.

傳의 〔窶者〕에서 〔於財〕까지

○ 正義曰：≪爾雅≫ 〈釋言〉에 "窶는 貧이다."라고 하였으니, 貧과 窶는 같은 뜻이다. 傳은 經에서 '終窶且貧'이라고 한 것을 두 가지 일로 만든 말이라고 여겼다. 그리하여 窶와 貧을 구별한 것이다. 窶는 예를 차릴 만한 재물이 없는 것을 말하므로 '窶者 無禮'라 한 것이고, 貧은 생활할 만한 재물이 없는 것을 말하므로 '貧者 困於財'라 한 것이다. 이 때문에 箋에 '祿薄 終不足以爲禮'라고 하였으니 이것이 '終窶'이고, '又近困於財'라 하였으니 이것이 '且貧'이다. 近이란 것은 자기가 생활하는 것이다. 그리하여 近이라고 말한 것이니, 대비시켜보면 예를 차림은 遠이 된다. 재물이 없는 것을 貧이라 하니, 이 두 가지는 모두 재물이 없는 일이다. 그리하여 ≪爾雅≫에 貧과 窶를 통용한다고 한 것이다. '終窶且貧'은 군주가 자기에게 녹봉을 박하게 준 것을 말한 것이니, 이는 군주가 이미 그렇게 한 것이고, '莫知我艱'은 자기를 알아주는 사람이 없는 것을 통틀어 말한 것이니, 이는 衆臣들도 이와 같은 것이다. 녹봉을 주는 것은 군주가 하는 것이다. 그리하여 자기가 가난하고 녹봉이 박함을 원망하였고, 衆臣들이 하는 것이 아니므로 자기의 사정을 알아주지 않는 것만 한스러워한 것이다.

【疏】 箋'詩人'至'之至' ○ 正義曰：此詩人敍仕者之意, 故謂之'詩人事君', 不知己而不去, 是'無二志'也. 己困苦, 應去而不去, 是終當貧困, 故言'已焉哉', 是自決也. 此實由君, 言'天實爲之', 是歸之於天也. 君臣義合, 道不行則去, 今君於己薄矣, 猶云勤身以事之, 知復何哉, 無去心, 是忠之至也.

箋의 〔詩人〕에서 〔之至〕까지

○ 正義曰 : 이는 詩人이 벼슬한 사람의 마음을 서술하였다. 그리하여 '詩人이 군주를 섬김에'라 한 것이고, 자기를 알아주지 않아도 떠나지 않았으니 이는 '두 마음 없음'이다. 자기가 곤궁하면 떠나야 하는데도 떠나지 않으니 이 때문에 끝내 빈곤한 것이다. 그리하여 '已焉哉'라 한 것이니, 이는 스스로 결단한 것이다. 이는 실로 군주로부터 비롯된 것인데도 '天實爲之'라 하였으니, 이는 하늘에 책임을 돌린 것이다. 君臣은 의리로 맺어진 관계이니 자신의 도가 행해지지 않으면 떠나는 것인데, 지금 임금이 자신에게 박하게 하는데도 오히려 '몸을 수고롭게 하여 그를 섬길 뿐이니 다시 무엇을 말하리오.'라고 하여 떠날 마음이 없으니 이는 충심이 지극한 것이다.

王事適我하고 政事一埤益我로다

왕의 부역은 내가 가고
정사는 나에게만 더하네

【傳】 適은 之요 埤는 厚也라

適은 '감'이요, 埤는 '더함'이다.

【箋】 箋云 國有王命役使之事면 則不以之彼하고 必來之我요 有賦稅之事면 則減彼一而以益我라 言君政偏하여 己兼其苦라

箋云 : 나라에 왕명으로 부역할 일이 있으면 다른 사람을 가게 하지 않고 반드시 나를 오게 하며, 세금을 부과할 일이 있으면 다른 사람에게서 하나를 감하여 나에게 더한다. 임금의 정사가 치우쳐 자기가 고통을 겸하고 있음을 말한 것이다.

我入自外하니 室人交徧讁我로다

내가 밖에서 들어오니
집안사람 번갈아 날 꾸짖네

【傳】 讁은 責也라

讁은 '꾸짖음'이다.

【箋】箋云 我從外而入하니 在室之人이 更(경)迭遍來責我하여 使己去也라 言室人亦不知己志라 ○ 徧은 古遍字니 注及下同이라 凡徧字從行하고 偏字從人하니 後皆放此라

箋云：내가 밖에서 들어오니 집안사람들이 돌아가며 두루 와서 나를 꾸짖어 자기를 떠나게 한 것이다. 집안사람들도 자기의 뜻을 알아주지 않음을 말한 것이다.

○ 徧은 遍의 古字이니 注와 아래도 같다. 대체로 徧字는 彳邊에 쓰고 偏字는 亻邊에 쓰니, 뒤에도 모두 이와 같다.

【疏】'王事'至'讁我' ○ 正義曰：此仕者言君旣昏闇, 非直使己貧窶, 又若國有王命役使之事, 則不以之彼, 必來之我, 使己勞於行役, 若有賦稅之事, 則減彼一而厚益我, 使己困於資財. 君旣政偏, 己兼其苦, 而我入自外而歸, 則室家之人, 更迭而徧來責我. 言君旣政偏, 爾何不去, 此忠臣不忍去, 而室人不知以責己. 外爲君所困, 內爲家人不知, 故下又自決歸天.

經의 〔王事〕에서 〔讁我〕까지

○ 正義曰：이는 벼슬한 사람이 군주가 이미 우매하여 자기로 하여금 가난하여 예의도 차릴 수 없게 할 뿐만 아니라 또 만약 나라에 왕명으로 부역할 일이 있으면 다른 사람을 가게 하지 않고 반드시 나를 오게 하여 자기를 부역으로 수고롭게 한다. 그리고 만약 세금을 부과할 일이 있으면 다른 사람에게서 하나를 줄여 나에게 더하여 자기를 재물에 곤궁하게 한다. 군주의 정사가 공평하지 않아서 자기가 그 고통을 겸하고 있는데, 내가 밖에서 귀가하면 집안사람들이 돌아가며 두루 와서 나를 꾸짖었음을 말한 것이니, '군주가 정사에 공평하지 못한데 네가 무엇 때문에 떠나지 않는가.'라고 한 것이다. 이는 충신이 차마 떠나지 못하는데 집안사람들이 알지 못하고 자기를 꾸짖은 것이다. 밖에서는 군주에게 곤궁함을 당하고, 안으로는 집안사람들이 알아주지 않은 것이다. 그리하여 아래에서 또 스스로 결단하여 책임을 하늘로 돌린 것이다.

【疏】傳'埤 厚' ○ 正義曰：謂減彼一以厚益己, 使己厚出賦稅之事是也.

傳의 〔埤 厚〕

○ 正義曰：〈埤는〉 다른 사람에게서 하나를 줄여 자기에게 더한 것이니, 자기로 하여금 세금을 과하게 내게 한 일이 이것이다.

【疏】 箋'國有'至'其苦' ○正義曰：政事云一埤益我，有可減一，則爲賦稅之事. 政事是賦稅，則王事是役使可知. 役使之事，不之彼而之我，使我勞而彼逸，賦稅之事，減彼一而益我，使彼少而我多. 此王事不必天子事，直以戰伐行役，皆王家之事，猶鴇羽云"王事靡盬" 於時甚亂，非王命之事也.

箋의 〔國有〕에서 〔其苦〕까지

○ 正義曰：政事에 대해서 '한결같이 나에게 후하게 더하였다.'라고 한 것은 하나를 감할 수 있는 것이 있으니, 그렇다면 세금을 부과하는 일이다. 政事가 세금을 부과하는 일이라면 王事는 부역임을 알 수 있다. 부역은 다른 사람을 가게 하지 않고 나에게 가게 한 것이니, 나를 수고롭게 하고 저 사람을 편안하게 한 것이며, 세금은 다른 사람에게서 하나를 덜어 나에게 더한 것이니, 다른 사람을 적게 하고 나에게 많게 한 것이다. 여기에서 王事는 반드시 天子의 일이 아니다. 다만 전쟁이나 부역의 일이 모두 왕가의 일이니, 〈唐風 鴇羽〉의 "王事를 견고하게 하지 않을 수 없네."라고 하였으니, 당시 매우 혼란하여 王命의 일이 아닌 것과 같다.

【疏】 箋'我從'至'己志' ○正義曰：禮，君臣有合離之義. 今遭困窮而室人責之，故知使之去也. 此士雖困，志不去君，而家人使之去，是不知己志. 上言諸臣莫知我艱，故云室人亦不知己志.

箋의 〔我從〕에서 〔己志〕까지

○ 正義曰：禮에 君臣은 만나고 헤어지는 의리가 있다. 지금 곤궁함을 당하여 집안사람이 책망하였다. 그리하여 그로 하여금 떠나게 한 것임을 안 것이다. 이 士가 비록 곤궁하지만 마음은 군주를 떠나려 하지 않는데 집안사람이 떠나라고 한 것이니, 이것이 '不知己志'이다. 위에서 여러 신하들이 자기의 어려움을 아는 사람이 없음을 말하였다. 그리하여 '室人亦不知己志'라 한 것이다.

已焉哉라 天實爲之어니 謂之何哉리오

그만두자
하늘이 실로 이리 함이니
말한들 무엇 하리오

王事敦我하고 政事一埤遺我로다

부역은 나에게만 맡겨지고
정사는 나에게만 더해지네

【傳】 敦은 厚요 遺는 加也라

敦은 '후함'이고, 遺는 '더함'이다.

【箋】 箋云 敦은 猶投擲也라 ○ 敦은 毛如字요 韓詩云 敦은 迫이요 鄭은 投擿也라하니라 擿은 與擲同이니 本或作摘은 非라

箋云 : 敦은 '던짐'과 같다.

○ 敦은 毛亨은 본래 글자의 의미로 보았고, ≪韓詩≫에는 "敦은 닥침이다."라고 하였으며, 鄭玄은 "던짐이다."라고 하였다. 擿은 擲과 같으니, 摘으로 되어 있는 本은 잘못이다.

【疏】 傳'敦 厚' 箋'敦 猶投擲' ○ 正義曰 : 箋以役事與之, 無所爲厚也, 且上云'適我', 此亦宜爲'之己'之義, 故易傳以爲投擲於己也.

傳의 〔敦 厚〕와 箋의 〔敦 猶投擲〕

○ 正義曰 : 箋은 부역을 부여한 것이니 厚의 뜻이 없고, 또 上章에 '適我'라 했으니 이 장도 '자기를 가게 하다.'의 뜻이 되어야 한다고 여겼다. 그리하여 傳의 뜻을 바꾸어 '자기에게 던져진다.'라고 한 것이다.

我入自外하니 室人交徧摧我로다

내가 밖에서 들어오니
집안사람 번갈아 나를 막아서네

【傳】 摧는 沮也라

摧는 '저지함'이다.

【箋】 箋云 摧者는 刺譏之言이라 ○ 摧는 或作催나 音同이라 韓詩作誰하니 就也라

箋云 : 摧는 풍자하고 기롱한다는 말이다.

○ 摧는 간혹 催로 되어 있으나 음은 같다. ≪韓詩≫에는 誰로 되어 있으니 '나아감'이다.

【疏】 傳'摧 沮' 箋'摧者 刺譏之言' ○ 正義曰 : 毛以爲"室人更責則乖沮已志." 定本·集注, 皆云'摧 沮也'. 箋以上章類之, 言讁已者, 是室人責已, 故以(爲摧)〔摧我〕[1]爲刺譏已也.

1) (爲摧)〔摧我〕: 저본의 교감기에 따라 '摧我'로 번역하였다.

傳의 〔摧 沮〕와 箋의 〔摧者 刺譏之言〕

○ 正義曰 : 毛亨은 "집안사람들이 돌아가며 꾸짖은 것이니, 그렇다면 자기의 뜻을 어기고 막은 것이다."라고 여긴 것이다. 定本과 集注에 모두 '摧 沮也'로 되어 있다. 箋에서 上章의 뜻으로 유추하여 '자기를 꾸짖는다.'라고 한 것은 집안사람들이 자기를 책망한 것이다. 그리하여 '摧我'를 자기를 풍자하여 기롱한 것이라고 여긴 것이다.

已焉哉라 天實爲之니 謂之何哉리오

그만두자
하늘이 실로 이리 함이니
말한들 무엇 하리오

北門三章이니 章七句라

〈北門〉은 3章이니 章마다 7句이다.

北風(북풍)

【序】 北風은 刺虐也라 衛國竝爲威虐하니 百姓不親하여 莫不相攜持而去焉이라

〈北風〉은 학정을 풍자한 詩이다.

衛國의 군주와 신하가 모두 흉악하고 잔혹한 정사를 하니 백성들이 친근하게 여기지 않아 서로 손을 잡고 떠나가지 않는 이가 없었다.

【疏】'北風(三章 章六句)'至'去焉' ○正義曰：作北風詩者, 刺虐也. 言衛國君臣, 竝爲威虐, 使國民百姓不親附之, 莫不相攜持而去之, 歸於有道也. 此主刺君虐, 故首章・二章上二句, 皆獨言君政酷暴. 卒章上二句, 乃君臣竝言也. 三章次二句, 皆言攜持去之, 下二句, 言去之意也.

序의 〔北風〕에서 〔去焉〕까지

○正義曰：〈北風〉詩를 지은 것은 학정을 풍자한 것이다. 衛國의 君臣이 모두 흉악하고 잔혹한 정사를 하여 백성들이 그들을 친근하게 여기지 못하게 하여 서로 손을 잡고 떠나 도가 있는 사람에게 가려 하지 않는 이가 없음을 말하였다. 이 시는 군주의 잔학함을 풍자하는 것을 위주로 하였다. 그리하여 首章과 2章의 위 두 구는 모두 군주의 정사가 잔혹한 것만을 말하고, 卒章의 위 두 구는 마침내 군신을 아울러 말하고, 세 章의 3, 4구는 모두 손을 잡고 떠남을 말하고, 5, 6구는 떠나는 뜻을 말한 것이다.

北風其涼이며 雨雪其雱이로다

북풍은 매섭고
진눈깨비 세차게 퍼붓네

【傳】興也라 北風은 寒涼之風이라 雱은 盛貌라

興이다. 北風은 차가운 바람이다. 雱은 세찬 모양이다.

【箋】箋云 寒涼之風은 病害萬物이라 興者는 喩君政教酷暴하여 使民散亂이라

箋云：차가운 바람은 만물을 고통스럽게 한다. 興한 것은 군주의 정교가 잔혹하고 사나워 백성들이 흩어지게 함을 비유한 것이다.

惠而好我로 攜手同行하리라

날 사랑하고 좋아하는 이와

손잡고 함께 떠나리라

【傳】 惠는 愛요 行은 道也라

惠는 '사랑함'이고, 行은 '길'이다.

【箋】 箋云 性仁愛而又好我者 與我相攜持하여 同道而去니 疾時政也라

箋云 : 성품이 인자하고 또 나를 좋아하는 사람이 나와 손을 잡고 함께 떠나는 것이니 당시의 학정을 싫어한 것이다.

其虛其邪(서)아 旣亟只且(저)로다

여유부리고 천천히 가랴

다급하게 되었네

【傳】 虛는 虛也요 亟은 急也라

虛는 '여유로움'이고, 亟은 '급함'이다.

【箋】 箋云 邪讀如徐라 言今在位之人이 其故威儀虛徐寬仁者러니 今皆以爲急刻之行矣니 所以當去以此也라

箋云 : 邪는 '천천히〔徐〕'와 같은 음으로 읽는다. 지금 관직에 있는 신하들이 옛날에는 威儀가 여유롭고 너그러운 자들이었는데 지금은 모두 급하고 각박한 행동을 하니, 떠나야 하는 까닭이 이 때문임을 말한 것이다.

【疏】 '北風'至'只且' ○ 正義曰 : 言天旣爲北風, 其寒涼矣, 又加之雨雪, 其雱然而盛. 由涼風盛雪, 病害萬物, 以興君政酷暴, 病害百姓也. 百姓旣見病害, 莫不散亂, 故皆云'彼有性仁愛而又好我者, 我與此人, 攜手同道而去.' 欲以共歸有德. 我所以去之者, 非直爲君之酷虐, 而在位之臣, 雖先日其寬虛, 其舒徐, 威儀謙退者, 今莫不盡爲急刻之行, 故己所以去之. 旣, 盡也, 只且, 語助也.

經의 〔北風〕에서 〔只且〕까지

○ 正義曰 : 날씨가 북풍이 불어 추워졌고 또 게다가 진눈깨비가 세차게 퍼붓는다. 차가운 바람과 퍼붓는 눈으로 만물이 고통스러운 것을 말하여 군주의 정사가 가혹하여 백성을 고통스럽게 함을 興하였다. 百姓이 고통을 당하여 흩어져 떠나지 않는 사람이 없었다. 그리하여 모두들 '저기 성품이 인자하고 또 나를 좋아하는 사람이 있으니, 내가 이 사람과 손을 잡고 함께 떠나겠다.'라고 한 것이니, 함께 덕이 있는 군주에게 가고자 한 것이다. 내가 떠나는 까닭은 임금의 학정 때문만이 아니고, 관직에 있는 신하들이 비록 전날에는 너그럽고 여유로우며 느긋하여 威儀가 겸손한 자들이었는데 지금은 모두 급하고 각박하게 행동하지 않는 자가 없기 때문이다. 그리하여 자기가 이 때문에 떠나는 것이다. '旣'는 '다함'이고 '只且'는 어조사이다.

【疏】 箋'寒涼'至'散亂' ○ 正義曰 : 風雪竝喩君虐, 而箋獨言涼風者, 以風非所害物, 但北風寒涼, 故害萬物, 與常風異, 是以興君政酷暴也, 而雪害物, 不言可知.

箋의 〔寒涼〕에서 〔散亂〕까지

○ 正義曰 : 바람과 눈이 모두 군주의 학정을 비유한 것인데, 箋에서 차가운 바람만을 말한 것은 바람이 만물을 해롭게 하는 것이 아니고 북풍만이 차가워 만물을 해롭게 하여 보통 바람과 다르기 때문이다. 이로써 군주의 정사가 가혹한 것을 흥한 것이니, 눈이 만물을 해롭게 하는 것은 말하지 않아도 알 수 있다.

【疏】 '性仁'至'而去' ○ 正義曰 : 以經'攜手'之文, 承'惠好'之下, 則與此惠而好我者相攜手也.

箋의 〔性仁〕에서 〔而去〕까지

○ 正義曰 : 經의 '攜手'의 글을 '惠好'의 아래에 이었다. 그렇다면 사랑하여 나를 좋아하는 이 사람과 손을 잡는 것이다.

【疏】 傳'虛 虛' 箋'邪讀如徐' ○ 正義曰 : 釋訓云 "其虛其徐, 威儀容止也." 孫炎曰 "虛・徐, 威儀謙退也." 然則虛徐者, 謙虛閑徐之義, 故箋云'威儀虛徐寬仁者'也. 但傳質詁訓, 疊經文耳, 非訓虛爲徐. 此作'其邪', 爾雅作'其徐', 字雖異, 音實同, 故箋云'邪讀如徐'.

傳의 〔虛 虛〕와 箋의 〔邪讀如徐〕

○ 正義曰：≪爾雅≫〈釋訓〉에 "其虛와 其徐는 威儀와 용모이다."라고 하였는데, 孫炎은 "虛와 徐는 威儀가 겸손한 것이다."라고 하였으니, 그렇다면 虛와 徐는 겸허하고 한가하다는 뜻이다. 그리하여 箋에 '威儀虛徐寬仁者'라고 한 것이다. 다만 傳은 훈고를 질정하여 經文의 글자를 거듭 제시하였고, 虛를 徐라 주석하지 않았다. 經에는 '其邪'라 하고 ≪爾雅≫에는 '其徐'로 되어 있으니, 글자는 비록 다르지만 음은 실제로 같다. 그리하여 箋에 '邪讀如徐'라고 한 것이다.

北風其喈(개)며 **雨雪其霏**로다

북풍은 세차고
진눈깨비 흩뿌리네

【傳】 喈는 **疾貌**요 霏는 **甚貌**라

喈는 빠른 모습이고 霏는 심한 모습이다.

惠而好我로 **攜手同歸**하리라

날 사랑하고 좋아하는 이와
손잡고 함께 돌아가리

【傳】 **歸有德也**라

덕이 있는 군주에게 가는 것이다.

其虛其邪아 **既亟只且**로다

여유부리고 천천히 가랴
다급하게 되었네

莫赤匪狐며 **莫黑匪烏**라

狐(여우)(≪毛詩品物圖攷≫)

붉은 건 모두 여우
검은 건 모두 까마귀

烏(≪毛詩品物圖攷≫)

【傳】 狐赤烏黑하여 莫能別也라

여우는 〈모두〉 붉고 까마귀는 〈모두〉 검어 〈사람들이〉 잘 구별할 수 없다.

【箋】 箋云 赤則狐也요 黑則烏也니 猶今君臣相承하여 爲惡如一이라

箋云 : 붉으면 여우이고 검으면 까마귀이니 〈여우와 까마귀의 무리가 비슷하여 사람들이 그 다름을 구분할 수 없는 것이〉 마치 지금의 군주와 신하가 서로 이어서 똑같이 악행을 하는 것과 같은 것이다.

【疏】 '莫赤'至'匪烏' ○ 正義曰 : 衛之百(性)〔姓〕[1], 疾其時政, 以狐之類皆赤, 烏之類皆黑. 人莫能分別赤以爲非狐者, 莫能分別黑以爲非烏者. 由狐赤烏黑, 其類相似, 人莫能別其同異, 以興今君臣, 爲惡如一, 似狐烏相類, 人以莫能別其同異. 言君惡之極, 臣又同之, 己所以攜持而去之.

1) (性)〔姓〕 : 저본의 교감기에 따라 '姓'으로 번역하였다.

經의 〔莫赤〕에서 〔匪烏〕까지

○ 正義曰 : 衛나라의 백성이 당시의 정사를 싫어하여 여우의 무리는 모두 붉고 까마귀의 무리는 모두 검으니, 사람들이 붉으면서 여우가 아닌 것을 분별할 수 없고 검으면서 까마귀가 아닌 것을 분별할 수 없는 것이, 여우는 붉고 까마귀는 검어 그 무리가 비슷하여 사람들이 다름을 분별할 수 없는 것과 같다. 이것으로 지금의 군주와 신하가 똑같이 악행을 하는 것이 여우와 까마귀가 서로 비슷하여 사람들이 그 다름을 구분하지 못하는 것과 같음을 興하였다. 군주의 악행이 심하고 신하도 그와 같아 이 때문에 자기가 손을 잡고 떠난다고 말한 것이다.

【疏】 傳'狐赤'至'能別' ○正義曰：狐色皆赤，烏色皆黑，以喩衛之君臣皆惡也．人於赤狐之群，莫能別其赤而非狐者，言皆是狐，於黑烏之群，莫能別其黑而非烏者，言皆是烏，以喩於衛君臣，莫能別其非惡者，言皆爲惡，故箋云'猶今之君臣相承 爲惡如一'也，故序云'竝爲威虐'，經云'莫赤''莫黑'，摠辭，故知竝刺君臣，以上下皆惡，故云相承也．

傳의 〔狐赤〕에서 〔能別〕까지

○ 正義曰：여우의 색깔은 모두 붉고 까마귀의 색깔은 모두 검다는 것으로, 衛나라의 군신이 모두 악함을 비유하였다. 사람이 붉은 여우의 무리 중에서 붉으면서 여우가 아닌 것을 구분할 수 없다는 것은 모두 여우임을 말한 것이고, 검은 까마귀 무리 중에서 검으면서 까마귀가 아닌 것을 구분할 수 없다는 것은 모두가 까마귀임을 말하여 이것으로 衛나라의 군신 중에서 악하지 않은 사람을 구분할 수 없음을 비유한 것이니, 모두가 악한 사람임을 말한 것이다. 그리하여 箋에 '猶今之君臣相承 爲惡如一'이라 하고, 그리하여 序에 '竝爲威虐'이라 하였으니, 經에 '莫赤', '莫黑'이라 한 것은 총괄하는 말이다. 그리하여 군신을 모두 풍자함을 안 것이고, 군신 상하가 모두 악하기 때문에 箋에서 '相承'이라 한 것이다.

惠而好我로 攜手同車하리라

날 사랑하고 좋아하는 이와
손잡고 함께 수레를 타리라

【傳】 攜手就車라

손을 잡고 수레를 타는 것이다.

其虛其邪아 旣亟只且로다

여유부리고 천천히 가랴
다급하게 되었네

北風은 三章이니 章六句라

〈北風〉은 3章이니 章마다 6句이다.

靜女(정녀)

【序】 **靜女**는 **刺時也**라 **衛君無道**하고 **夫人無德**이라

〈靜女〉는 시대를 풍자한 시이다.

衛나라의 군주가 無道하고 夫人이 德이 없었다.

【箋】 以君及夫人이 無道德이라 故陳靜女遺我以彤管[1]之法하니 德如是면 可以易之爲人君之配라

1) 彤管 : 고대에 后와 夫人의 功過를 기록하던 女史의 붓으로, 赤心을 나타내기 위하여 붉은 대롱의 붓을 썼다 하는데, 일반적으로 여인의 文墨에 관한 일을 말할 때 쓰는 표현이다.

군주와 부인이 無道하고 德이 없었다. 그리하여 靜女가 나에게 彤管의 법을 전해주었다고 말하였으니, 〈그녀의〉 德이 이와 같다면 그를 〈지금의 부인과〉 바꾸어 人君의 배필로 삼을 만하다.

【疏】 '靜女(三章 章四句)'至'無德' ○ 正義曰 : 道德一也, 異其文耳. 經三章, 皆是陳靜女之美, 欲以易今夫人也, 庶輔贊於君, 使之有道也. 此直思得靜女以易夫人, 非謂陳古也, 故經云 '俟我', '貽我', 皆非陳古之辭也.

序의〔靜女〕에서 〔無德〕까지

○ 正義曰 : 道와 德은 한 가지이니 글자를 달리하였을 뿐이다. 經의 세 章이 모두 靜女의 아름다움을 말하여 지금의 夫人과 바꾸고자 한 것이니, 군주를 보좌하여 도가 있게 하기를 바란 것이다. 이는 靜女를 얻어 夫人을 바꿀 것을 생각하였을 뿐이지 옛일을 진술한 것을 말한 것이 아니다. 그리하여 經에서 말한 '俟我'와 '貽我'는 모두 옛일을 진술한 말이 아니다.

靜女其姝(주)하니 **俟我於城隅**[1]로다

1) 城隅 : 일반적으로 성 아래 외지고 한적한 곳을 말하지만, 여기에서는 성의 수비와 망을 보

기 위해 국문 밖이나 성의 모서리에 설치한 작은 누대로 '浮思'라고도 한다.

얌전한 여인 예쁘기도 한데
城隅에서 나를 기다리네

【傳】 靜은 貞靜也라 女德貞靜而有法度라야 乃可說(열)也라 姝는 美色也요 俟는 待也라 城隅는 以言高而不可踰라

靜은 곧고 얌전한 것이다. 여인의 덕이 곧고 얌전하여 법도가 있어야만 기쁘게 할 수 있다. 姝는 '아름다운 자태'이고 俟는 '기다림'이다. 城隅는 높아서 넘을 수 없음을 말한다.

【箋】 箋云 女德貞靜然後에 可畜(흑)이요 美色然後에 可安이라 又能服從하고 待禮而動하여 自防如城隅라 故可愛之라 ○ 姝는 說文作袾하니 云好也라 說은 音悅이니 篇末注同이라

箋云 : 여인이 곧고 얌전하여야 용납할 수 있고, 자태가 아름다워야 편안하게 할 수 있다. 또 복종하고 예를 기다려 행동하여 스스로를 지키는 것이 城隅와 같았다. 그리하여 사랑할 만한 것이다.

○ 姝는 ≪說文解字≫에 袾로 되어 있으니 '아름다움'을 말한다. 說은 음이 悅이니 篇 끝의 注도 같다.

愛而不見하여 搔首踟躕로다

사랑하나 만나지 못하여
머리 긁적이며 서성이네

【傳】 言志往而行(止)〔正〕[1)]이라

1) (止)〔正〕: 저본의 교감기에 따라 '正'으로 번역하였다.

마음은 가고 싶지만 행실은 바르게 함을 말한 것이다.

【箋】 箋云 志往은 謂踟躕요 行正은 謂愛之而不往見이라

箋云 : '志往'은 서성거림을 말하고, '行正'은 사랑하지만 찾아가 만나지 않음을 말

한다.

【疏】 '靜女'至'踟躕' ○ 正義曰：言有貞靜之女, 其美色姝然, 又能服從君子, 待禮而後動, 自防如城隅然, 高而不可踰. 有德如是, 故我愛之, 欲爲人君之配. 心旣愛之而不得見, 故搔其首而踟躕然.

經의 〔靜女〕에서 〔踟躕〕까지

○ 正義曰：곧고 얌전한 여인이 용모가 아름답고 게다가 군자에게 복종하지만 예를 기다린 뒤에 행하여 스스로 지키기를 城隅와 같이 하여 높아서 넘을 수가 없다. 이처럼 덕이 있었다. 그리하여 내가 여인을 사랑하여 인군의 배필로 삼고자 한 것이다. 마음으로는 사랑하였지만 만날 수 없었다. 그리하여 머리를 긁적거리며 서성거림을 말한 것이다.

【疏】 傳'女德'至'可踰' ○ 正義曰：言靜女, 女德貞靜也, 俟我於城隅, 是有法度也, 女德如是, 乃可悅愛, 故下云'愛而不見', 是也. 姝・孌 皆連靜女, 靜旣爲德, 故姝爲美色也. 東方之日傳, "姝者, 初昏之貌" 以彼論初昏之事, 亦是美色, 故箋云 "姝, 姝然美好之子" 干旄傳曰 "姝, 順貌" 以賢者告之善道, 不以色, 故爲順, 亦謂色美之順也. 城隅, 高於常處, 以喩女之自防深, 故周禮 "王城高七雉[1], 隅九雉" 是高於常處也.

1) 雉：성벽의 높이와 길이를 재는 단위이다. 보통 높이 1丈에 길이 3丈을 雉라 한다.

傳의 〔女德〕에서 〔可踰〕까지

○ 正義曰：'靜女'는 여인으로서의 덕이 곧고 얌전한 것이고, '俟我於城隅'는 법도가 있는 것이니, 여인의 덕이 이와 같아야 마침내 기뻐하여 사랑할 수 있음을 말한 것이다. 그리하여 아래에 '愛而不見'이라 한 것이 이것이다. 姝와 孌이 모두 靜女에 이어졌으니, 靜을 덕이라 했으므로 姝는 미색이 된다. 〈齊風 東方之日〉의 傳에 "姝는 첫날밤의 모습이다."라고 하였는데, 이는 첫날밤의 일을 논한 것이니 또한 미모이다. 그리하여 箋에 "姝는 미색의 아름다운 그대"라 한 것이다. 〈鄘風 干旄〉의 傳에 "姝는 순종하는 모습이다."라고 하였는데, 賢者가 그에게 善道로 말한 것이지 미모로 말한 것은 아니다. 그리하여 順이라고 한 것이니, 또한 아름다운 사람의 순종함을 말한 것이다. 城隅는 다른 곳보다 높으니 여인이 철저하게 스스로를 지킨 것을 비유한 것이다. 그리하여 ≪周禮≫ 〈冬官考工記〉에 "王城의 높이는 7雉이고 城隅는 9雉이다."라고 하였으니, 이곳이 다른

곳보다 높은 것이다.

【疏】'女德'至'可愛' ○ 正義曰：箋解本擧女靜德與美色之意, 言女德貞靜然後, 可保畜也, 有美色然後, 可意安以爲匹也, 故德色俱言之. 據女爲說, 故云服從待禮, 謂待君子媒妁聘好之禮, 然後乃動. 不爲淫佚, 是其自防如城隅, 故可愛也.

箋의 〔女德〕에서 〔可愛〕까지

○ 正義曰：箋의 풀이는 본래 여인의 얌전한 덕과 미모의 뜻을 거론하여, 여인의 덕이 곧고 얌전한 뒤에 용납할 수 있고 미모가 있은 뒤에 뜻이 편안하여 배필로 삼을 수 있음을 말하였다. 그리하여 덕과 미모를 함께 말한 것이다. 여인을 근거로 말하였기 때문에 服從과 待禮를 말한 것이니, 군자의 중매쟁이가 서로를 방문하여 호감을 전하는 예를 기다린 뒤에 마침내 행동함을 말한 것이다. 음란한 행위를 하지 않았으니, 이는 여인이 스스로 지키기를 城隅처럼 한 것이다. 그리하여 사랑할 만한 것이다.

靜女其孌하니 **貽我彤管**이로다

얌전한 여인 예쁘기도 한데
나에게 彤管을 선물하네

【傳】既有靜德하고 又有美色이요 又能遺我以古人之法하니 可以配人君也라 古者에 后夫人必有女史彤管之法하여 史不記過면 其罪殺之라 后妃群妾이 以禮御於君所어든 女史書其日月하여 授之以環하여 以進退之러니 生子月辰이면 則以金環退之라 當御者는 以銀環進之하면 著于左手하고 既御어든 著于右手하니 事無大小히 記以成法이라

얌전하고 덕이 있으며 또 미모가 아름답고 또 나에게 고인의 법도로 전해주니 군주의 배필이 될 수 있다. 옛날 后와 夫人은 〈그 공과 과실을〉 반드시 女史가 彤管으로 기록하는 법을 두어 여사가 후와 부인의 과오를 기록하지 않으면 〈女史를〉 죄주어 죽였다. 后妃와 여러 첩들이 예대로 군주의 처소에서 모시는데, 女史가 그 날짜를 기록하여 그에게 반지를 주어 나아가고 물러나게 한다. 임신한 여인은 해산할 달이 되면 금반지를 주어 물러가게 한다. 모실 때가 된 자는 은반지를 주어 나아가게 하면 왼손에 끼고, 모시고 나면 오른손에 꼈으니, 크고 작은 일을 따지지 않고 기록하여 법으로 삼았다.

【箋】 箋云 彤管은 筆赤管也라 ○ 貽는 本又作詒어늘 音이 怡요 遺也니 下同이라 下句協韻이니 亦音以志反이라 彤은 赤也요 管은 筆管이라

箋云 : 彤管은 붓의 붉은 대롱이다.

○ 貽는 詒로 되어 있는 본도 있는데, 音이 怡이고 주는 것이니, 아래도 같다. 아래 句와 운을 맞춘 것이니 역시 음이 '이'이다. 彤은 적색이고 管은 붓의 대롱이다.

彤管有煒하니 說(열)懌女美로다

彤管 붉기도 한데
그대의 아름다움 좋아하네

【傳】 煒는 赤貌라 彤管은 以赤心正人也라

煒는 붉은 모양이다. 彤管은 진실한 마음으로 사람을 바르게 하는 것이다.

【箋】 箋云 說懌은 當作說釋이라 赤管이 煒煒然하여 女史以之說釋妃妾之德하니 美之라 ○ 說本又作悅이라 毛王은 上音悅하고 下音亦이어늘 鄭은 說音始悅反이요 懌作釋이니 始亦反이라

箋云 : '說懌'은 '說釋'이 되어야 한다. 붉은색 자루는 화려한 광채가 나서 女史가 이것으로 妃妾의 덕을 말하여 풀어냈으니, 그것을 찬미한 것이다.

○ 說은 悅로 되어 있는 본도 있다. 毛亨과 王肅은 說의 음을 悅, 懌의 음을 亦으로 하였는데, 鄭玄은 說의 음을 始와 悅의 反切音(설)으로 하고, 懌은 '釋'으로 썼으니, 始와 亦의 反切音(석)이다.

【疏】 '靜女'至'女美' ○ 毛以爲 "言有貞靜之女, 其色孌然而美, 又遺我以彤管之法, 不違女史所書之事, 成其妃妾之美. 我欲易之, 以爲人君之妃." 此女史彤管, 能成靜女之德, 故嘉善此彤管之狀有煒煒然, 而喜樂其能成女德之美, 因靜女能循彤管之法, 故又悅美彤管之能成靜女." 王肅云 "嘉彤管之煒煒然, 喜樂其成女美也."

經의 〔靜女〕에서 〔女美〕까지

○ 毛亨은 "곧고 얌전한 덕이 있는 여인이 그 미모가 아름답고 또 나에게 彤管의 법을 전해주었으며 女史가 기록한 일을 어기지 않아서 妃妾의 아름다움을 이루었다. 그리하

여 내가 그를 〈지금의 부인과〉 바꾸어 군주의 비로 삼고자 하였다."라고 여긴 것이다. 이는 女史의 彤管이 靜女의 덕을 이룰 수 있었다. 그리하여 화려한 광채가 나는 이 彤管의 모습을 아름답게 여기고, 그것이 여인의 아름다운 덕을 이룰 수 있음을 기뻐하였고, 靜女가 동관의 법을 따를 수 있었다. 그리하여 또 동관이 靜女의 덕을 이룰 수 있음을 기뻐하고 찬미한 것이다. 王肅은 "彤管이 화려한 광채가 나는 것을 좋게 여기고 그것이 여인의 아름다움을 이룬 것을 기뻐한 것이다."라고 하였다.

○ 鄭唯'說釋女美'爲異. 以上句旣言遺我彤管之法, 故說彤管以有法, 由女史執之, 以筆陳說而釋此妃妾之德美. 有進退之法, 而靜女不違, 是遺我彤管之法也.

鄭玄은 '說釋女美'만을 다르게 해석하였다. 上句에서 나에게 동관의 법도를 전해주었음을 말하였다. 그리하여 彤管이 법도가 있어서 이로 인하여 女史가 彤管의 법을 지켜 붓으로 기술하여 이 妃妾의 덕이 아름답게 됨을 풀이한 것이라고 말하였다. 나아가고 물러나는 법도가 있어서 靜女가 어기지 않았으니, 이것이 나에게 동관의 법을 전해준 것이다.

【疏】 傳'旣有'至'人君' ○ 正義曰 : '旣有靜德', 謂靜女也, '又有美色', 謂其孌也, '遺我以古人之法', 卽貽我彤管也.

傳의 〔旣有〕에서 〔人君〕까지

○ 正義曰 : '旣有靜德'은 '靜女'를 말한 것이고, '又有美色'은 '其孌'을 말한 것이며, '遺我以古人之法'은 바로 '貽我彤管'을 말한 것이다.

【疏】 傳'古者'至'成法' ○ 正義曰 : 傳以經云'貽我彤管' 是女史之事, 故具言女史之法也. 周禮 "女史八人" 注云 "女史, 女奴曉書者." 其職云 "掌王后之禮職, 掌內治之貳[1], 以詔后治內政, 逆內宮[2], 書內令[3], 凡后之事, 以禮從." 夫人女史亦如之, 故此摠云 '后夫人 必有女史彤管之法'也. 女史若有不記妃妾之過, 其罪則殺之, 謂殺此女史. 凡后妃群妾, 以禮次序御於君所之時, 使女史書其日月, 使知某日某當御, 某日當次某也. '授之以環 以進退之'者, 卽下句是也.

1) 掌內治之貳 : 궁 안의 일을 담당하는 內宰가 주관하는 일을 女史가 기록하여 보좌하는 것을 말한다. 궁 밖의 일은 大宰가 담당한다. ≪周禮 天官 女史≫

2) 逆內宮 : 六宮 소유의 재물과 곡식을 접수하여 조사하고 살피는 것을 말한다. 疏에 "'逆'은 살피고 조사하는 것을 말한다.……六宮이 소유한 비용과 재물 및 곡식을 말하니, 모두 의당 살피는 것이다.〔謂逆而鉤考之……謂六宮所有費用財物及米粟 皆當鉤考之也〕" 하였다. ≪周禮 天官 女史≫
3) 治內政……書內令 : 內는 왕에 대한 后妃의 호칭으로, 內政은 后妃의 정사이고, 內宮은 六宮을 지칭하는 것으로 夫人 이하의 궁궐이며, 內令은 六宮 내의 명령이다.

傳의 〔古者〕에서 〔成法〕까지

○ 正義曰 : 傳은 經에서 말한 '貽我彤管'이 女史의 일이라 여겼다. 그리하여 女史의 법을 갖추어 말한 것이다. ≪周禮≫ 〈天官 女史〉에 "女史는 여덟 명이다."라고 하였는데, 注에 "女史는 侍女 중에 글을 잘 아는 자이다."라고 하고, 〈女史〉의 職에 "王后의 禮儀에 관련된 職務를 담당하고, 內宰의 일을 도와 후비가 다스리는 내정을 돕고, 六宮 소유의 재물과 곡식을 접수하여 조사하고 살피며, 후비의 명령을 기록하고, 후비의 모든 일에 대해서 예로 따른다."라고 하였으니 夫人의 女史도 이와 같다. 그리하여 여기에서 총괄하여 '后와 夫人은 반드시 女史의 彤管의 법을 둔다.'라고 한 것이다. 女史가 만약 妃妾의 잘못을 기록하지 않으면 그 죄는 죽이는 것이니, 이 女史를 죽이는 것을 말한다. 모든 后妃와 妾들이 禮의 순서대로 인군의 처소에서 모실 때에, 女史로 하여금 그 날짜를 기록하게 하여 某日에는 某가 모시고, 某日에는 다음 某가 모시는 것을 알게 한 것이다. '授之以環 以進退之'라 한 것은 바로 아래 구절이 이것이다.

【疏】 '生子月辰', 謂將生子之月, 故內則 "妻將生子, 及月辰, 居側室." 是也. 此以月辰將産爲文, 實有娠卽宜退之, 故生民箋云 "於是, 遂有身而肅戒不復御." 是也. 內則月辰所居側室者, 爲將産異其處, 非謂始不御也. '當御 以銀環進之 著於左手 旣御 乃著於右手', 金環不言著, 略之. 此妃妾進御煩碎之事, 而令女史書之者, '事無大小 記以成法也', 此是女史之法. 靜女遺我者, 謂遺我不違女史之法, 使妃妾德美也. 此似有成文, 未聞所出.

'生子月辰'은 해산할 달을 말한다. 그리하여 ≪禮記≫ 〈內則〉에 "아내가 아이를 낳게 되어 해산할 달이 되면 側室에 거처한다."라고 한 것이 이것이다. 여기에서 月辰을 '해산할 달'로 썼지만 실제는 임신하면 바로 물린다. 그리하여 〈大雅 生民〉의 箋에 "이에 마침내 임신을 하면 엄숙히 재계하고 다시는 임금을 모시지 않았다."라고 한 것이 이것이다. 〈內則〉의 '산달의 거처가 側室인 것'은 해산을 위해 그 처소를 달리한 것이지, 이때 비로소 모시지 않음을 말한 것이 아니다. '모실 차례가 된 자에게 은반지를 주어 나아가게 하면 왼손에 끼고, 모시고 나면 오른손에 낀다.'라고 하고 금반지를 끼는 것에 대하여 말하지 않은 것은 생략한 것이다. 이는 妃妾이 인군의 처소에 나아가 모시는 것은 번잡하고 자잘한 일인데도 女史로 하여금 기록하게 한 것은, 바로 '크고 작은 일을 따지지 않고 기록하여 법으로 삼았다.'라고 한 것이니, 이것이 女史의 법이다. 靜女가 나에게 전해준 것은 나에게 여사의 법을 어기지 말 것을 말해준 것을 이르니, 妃妾으로 하여금 덕이 아름답게 하는 것이다. 이 일은 기록된 글이 있을 것 같으나 출처를 듣지 못했다.

【疏】 傳'彤管 以赤心正人' ○ 正義曰：必以赤者, 欲使女史以赤心正人, 謂赤心事夫人, 而正妃妾之次序也.

傳의 〔彤管 以赤心正人〕

○ 正義曰：〈붓의 자루를〉 반드시 赤色으로 한 것은 女史로 하여금 진실한 마음으로 사람을 바르게 하고자 한 것이니, 진실한 마음으로 夫人을 섬기고 妃妾의 순서를 바로 잡는 것을 말한다.

【疏】 箋'說懌'至'美之' ○ 正義曰：以女史執此赤管而書, 記妃妾進退日月所次序, 使不違失宜, 爲書說而陳釋之, 成此妃妾之德美, 故美之也.

箋의 〔說懌〕에서 〔美之〕까지

○ 正義曰：女史가 이 붉은색 자루의 붓을 잡고 써서 妃妾이 나가고 물러나는 날짜와 순서를 기록하여 마땅함을 잃지 않게 하였으니, 기록하고 풀이하여 妃妾의 아름다운 덕을 이루었다. 그리하여 찬미한 것이다.

自牧歸荑하니 洵美且異로다

교외에서 삘기 선물하니
진실로 아름답고 기이하네

【傳】 牧은 田官也요 荑는 茅之始生也라 本之於荑하여 取其有始有終이라

'牧'은 농사를 담당하는 官署이고, '荑'는 띠가 처음 나온 새순이다. 그 근본을 삘기에 두어 처음과 끝이 있음을 취한 것이다.

【箋】 箋云 洵은 信也요 茅는 絜白之物也라 自牧田歸荑하니 其信美而異者하여 可以供祭祀 猶貞女在窈窕之處하여 媒氏達之라야 可以配人君이라 ○ 牧은 州牧之牧이라

箋云 : 洵은 '진실로'이고 茅는 깨끗한 물건이다. 교외에서 삘기를 선물하였는데, 진실로 아름답고 기이하여 제사에 올릴 만한 것이 마치 貞女가 그윽하고 한적한 곳에 있어서 媒氏가 말을 전해야만 인군의 배필이 될 수 있는 것과 같다.

○ 牧은 州牧의 牧이다.

匪女之爲美요 美人之貽니라

네가 아름다워서가 아니라
훌륭한 사람이 보내서니라

【傳】 非爲(荑)〔其〕[1]徒說美色而已요 美其人能遺我法則이라

1) (荑)〔其〕 : 저본의 교감기에 따라 '其'로 번역하였다.

아름다움을 기뻐할 뿐만이 아니고, 그 사람이 나에게 법칙을 잘 전해줌을 찬미한 것이다.

【箋】 箋云 遺我者는 遺我以賢妃也라

箋云 : 나에게 보내준 것은 나에게 賢妃를 보내준 것이다.

【疏】 '自牧'至'之貽' ○ 毛以爲 "詩人旣愛靜女而不能見, 思有人歸之." 言我欲令有人自牧田之所, 歸我以茅荑, 信美好而且又異者, 我則供之以爲祭祀之用, 進之於君, 以興我願有人自深宮之所, 歸我以貞信之女, 信美好而又異者, 我則進之爲人君之妃. 又言我所用此女, 爲人君之妃者, 由此女之美. 我非徒悅其美色, 又美此女人之能遺我彤管之法, 故欲易之以配人君.

傳의 〔自牧〕에서 〔之貽〕까지

○ 毛亨은 "詩人이 얌전한 여인을 사랑하지만 만날 수 없어서 어떤 사람이 보내줄 것을 생각한 것이다."라고 여겼으니, 내가 어떤 사람으로 하여금 교외에서 나에게 삘기를 선물해주기를 바랐는데, 〈가져오니〉 진실로 아름답고도 특이하였다. 내가 그것을 올려

祭需로 삼을 만하다고 여겨 인군에게 올렸음을 말하여, 내가 어떤 사람이 깊은 궁궐에서 나에게 정직하고 성실한 여인을 보내주기를 원하였는데, 〈보내오니〉 진실로 아름답고 특이하였다. 내가 그녀를 나아가게 하여 인군의 배필로 삼겠다는 것을 興한 것이다. 또 내가 이 여인을 인군의 배필로 삼는 것은 이 여인이 아름답기 때문이지만, 내가 한갓 여인의 미색만을 기뻐한 것이 아니라 또 이 여인이 나에게 동관의 법으로 잘 전해준 것을 아름답게 여겼다. 그리하여 그를 바꾸어 인군의 배필로 삼고자 함을 말한 것이다.

○ 鄭唯下二句爲異, "言若有人能遺我貞靜之女, 我則非此女之爲美, 言不美此女, 乃美此人之遺於我者. 愛而不見, 冀於得之, 故有人遺之, 則美其所遺之人也."

○ 鄭玄은 아래 두 구절만을 다르게 해석하였으니, "만약 어떤 사람이 나에게 곧고 얌전한 여인을 보내준다 하더라도 나는 이 여인이 아름답다고 여긴 것이 아니라고 하여, 이 여인을 아름답게 여긴 것이 아니라 바로 나에게 이 사람을 보내준 이를 아름답게 여긴 것을 말한 것이다. 사랑하지만 만나지 못하여 그를 얻을 것을 바랐다. 그리하여 어떤 사람이 보내준다면 보내준 그 사람을 아름답게 여기겠다."라고 한 것이다.

【疏】 傳'荑茅'至'有終' ○ 正義曰 : 傳以茅則可以供祭祀之用, 荑者, 茅之始生, 未可供用, 而本之於荑者, 欲取興女有始有終, 故擧茅生之名也. 言始爲荑, 終爲茅, 可以供祭祀, 以喩始爲女能貞靜, 終爲婦有法, 則可以配人君.

傳의 〔荑茅〕에서 〔有終〕까지

○ 正義曰 : 傳에서 띠는 제사의 쓰임에 제공할 수 있지만, 삘기는 띠가 처음 나온 것이어서 제사에 쓸 수 없는데, 삘기에 근본을 둔 것은 이를 취하여 여인에게 처음과 끝이 있음을 興하고자 한 것이다. 그리하여 띠의 어린 싹의 이름을 든 것으로 여긴 것이다. 어릴 때는 '삘기'이지만 다 자라면 '띠'가 되어 제사에 쓸 수 있음을 말하여, 처음에는 여인으로서 곧고 얌전하며 나중에는 부인으로서 법도가 있게 되면 인군의 배필이 될 수 있음을 비유한 것이다.

○ 箋'茅絜'至'人君' ○ 正義曰 : 箋解以茅喩之意. 以茅絜白之物, 信美而異於衆草, 故可以供祭祀, 喩靜女有德, 異於衆女, 可以配人君, 故言洵美且異也. 言供祭祀之用者, 祭祀之時, 以茅縮酒, 左傳曰 "爾貢包茅不入, 王祭不供, 無以縮酒" 是也.

箋의 〔茅絜〕에서 〔人君〕까지

○ 正義曰 : 箋은 띠로 비유한 뜻을 풀었다. 띠는 깨끗한 물건으로 진실로 아름다워 보통 풀과는 다르다. 그리하여 제사에 쓸 수 있다는 것으로, 얌전한 여인은 덕이 있어 보통의 여인들과 다르니 인군의 배필이 될 수 있음을 비유하였다. 그리하여 진실로 아름답고 기이함을 말한 것이다. 제사의 쓰임에 제공할 수 있다는 것은 제사를 지낼 때에 띠로 술을 거르는 것을 말하니, ≪春秋左氏傳≫ 僖公 4년에 "〈너희 楚나라가〉 공물인 띠 묶음을 바치지 않아 왕의 제사에 올리지 못하여 술을 거를 수 없었다."라고 한 것이 이것이다.

○ 箋'遺我'至'賢妃' ○ 正義曰 : 箋以上'自牧歸荑', 欲人貽己以美女, 此言 '非女之爲美美人之貽', 則非美其女, 美貽己之人也, 故易之以爲遺我以賢妃也.

箋의 〔遺我〕에서 〔賢妃〕까지

○ 正義曰 : 箋은 위의 '自牧歸荑'를 다른 사람이 나에게 아름다운 여인을 보내오기를 원한 것으로 여기고, 여기에서 '네가 아름다워서가 아니라 훌륭한 사람이 보내서이다.' 라고 하였으니, 그렇다면 그 여인을 아름답게 여긴 것이 아니고 자기에게 보내준 그 사람을 아름답게 여긴 것이다. 그리하여 그 글을 바꾸어 '나에게 賢妃를 보내준 것이다.'라고 한 것이다.

靜女는 **三章**이니 **章四句**라

〈靜女〉는 3章이니 章마다 4句이다.

新臺(신대)

【序】 新臺는 **刺衛宣公也**라 **納伋之妻**에 **作新臺于河上而要之**하니 **國人惡之而作是詩也**라

〈新臺〉는 衛 宣公을 풍자한 시이다.

伋의 아내를 맞아들일 적에 河水 가에 新臺를 지어 맞이하니, 國人이 미워하여 이 시

를 지은 것이다.

【箋】 伋은 宣公之世子라 ○新臺는 脩舊曰新이라 爾雅云 四方而高曰臺라하여늘 孔安國云 (之)〔土〕[1]高曰臺라하다 伋은 宣公世子名이라

1) (之)〔土〕: 저본의 교감기에 따라 '土'로 번역하였다.

伋은 宣公의 세자이다.

○新臺는 옛 臺를 수리하였기 때문에 新이라 한 것이다. ≪爾雅≫ 〈釋宮〉에는 "네모〔四方〕지면서 높게 한 것을 臺라 한다."라고 하였는데, 孔安國은 "흙으로 높이 쌓은 것을 臺라 한다."라고 하였다. 伋은 宣公의 세자 이름이다.

【疏】 序'新臺(三章 章四句)'至'是詩' ○正義曰：此詩, 伋妻蓋自齊始來, 未至於衛, 而公聞其美, 恐不從己, 故使人於河上爲新臺, 待其至於河 而因臺所以要之耳. 若已至國, 則不須河上要之矣.

序의 〔新臺〕에서 〔是詩〕까지

○正義曰：이 시는 伋의 아내가 처음 齊나라에서 올 적에 衛나라에 도착하기 전에 宣公이 그녀의 아름다움을 듣고 자기를 따르지 않을까 걱정하였다. 그리하여 사람을 시켜 河水 가에 新臺를 만들게 하고 그녀가 河水 가에 도착하기를 기다려 臺가 있는 장소에서 맞이한 것이다. 만약 도성에 도착했다면 河水 가에서 그녀를 맞이할 필요가 없을 것이다.

新臺有泚하니 河水瀰瀰로다

新臺 선명도 한데

河水 넘실넘실 흐르네

【傳】 泚는 鮮明貌요 瀰瀰는 盛貌라 水所以絜汙穢어늘 反於河上而爲淫昏之行이라 ○泚는 鮮明貌라 說文作玼하고 云新色鮮也라 瀰는 水盛也니 說文云 水滿也라

'泚'는 선명한 모습이고 '瀰瀰'는 넘실거리는 모습이다. 물은 더러운 것을 깨끗이 하는 것인데 도리어 河水 가에서 음란한 행실을 한 것이다.

○ '泚'는 선명한 모습이다. ≪說文解字≫에는 '玼'로 되어 있고, "새 모습이 깨끗한 것이다."라고 하였다. 瀰는 물이 넘실거리는 모습이니, ≪說文解字≫에 "물이 가득한 것이다."라고 하였다.

燕婉之求러니 籧篨不鮮이라

편안하고 순한 사람을 바랐는데
보기 싫은 꼽추를 만났네

【傳】 燕은 安이요 婉은 順也라 籧篨는 不能俯者라

'燕'은 '편안함'이고 '婉'은 '순함'이다. '籧篨'는 몸을 굽히지 못하는 사람이다.

【箋】 箋云 鮮은 善也라 伋之妻는 齊女이니 來嫁於衛에 其心은 本求燕婉之人이니 謂伋也요 反得籧篨不善하니 謂宣公也라 籧篨는 口柔니 常觀人顔色而爲之辭라 故不能俯也라 ○ 燕은 安也라 鮮을 王은 少也라하다

箋云 : '鮮'은 '착함'이다. 伋의 아내는 齊나라 여인이니, 衛나라로 시집올 적에 그 마음은 본래 편안하고 순한 사람을 바란 것이니 伋을 말하고, 도리어 몸을 굽히지 못하는 좋지 못한 사람을 만났으니 宣公을 말한다. 籧篨는 말로 아첨하는 것이니, 항상 다른 사람의 안색을 살펴 그를 위해 말을 한다. 그리하여 몸을 굽힐 수 없다.

○ '燕'은 '편안함'이다. '鮮'을 王肅은 '적음'이라 하였다.

【疏】 經'新台'至'不鮮' ○ 毛以爲 "衛人, 惡公納伋之妻, 故言所要之處." 云 '公新作高臺, 有泚然鮮明, 在於河水瀰瀰之處, 而要齊女以爲淫昏也. 水者, 所以絜汙穢, 反於河上作臺而爲淫昏之行, 是失其所也.' 又言 '齊女來嫁, 本燕婉之人, 是求欲以配伋, 乃今爲所要, 反得行籧篨佞媚之行不少者之宣公, 是非所求也.' ○ 鄭唯'不鮮'爲異

經의 〔新台〕에서 〔不鮮〕까지

○ 毛亨은 衛人이 宣公이 伋의 아내를 〈자신이〉 맞아들인 일을 미워하였다. 그리하여 〈공이 급의 아내를〉 맞이하였던 장소를 말한 것이라고 여긴 것이다. 그리하여 '公이 새로 높은 臺를 만드니, 선명하여 河水가 넘실거리는 곳에 있는데 齊나라 여인을 맞아 음

란한 행실을 하였다. 물은 더러운 것을 깨끗이 하는 것인데 도리어 河水 가에 臺를 지어 음란한 행실을 했으니, 이는 그 할 바를 잃은 것이다.'라고 하고, 또 '齊의 여인이 시집올 때에 본래 편안하고 순한 사람을 구하였으니, 이는 伋의 배필이 되고자 한 것인데, 마침내 이제 맞이한 사람은 도리어 몸을 굽히지 못하고 아첨하는 행위를 많이 하는 宣公이었으니, 이는 구하던 것이 아니다.'라고 한 것이다.

○ 鄭玄은 '不鮮'만을 다르게 여겼다.

【疏】 傳'泚鮮'至'之行' ○ 正義曰：此與下傳互也. 臺泚言鮮明, 下言高峻, 見臺體高峻而其狀鮮明也, 河瀰言盛貌, 下言平地, 見河在平地而波流盛也. 以公作臺要齊女, 故須言臺. 又言河水者, 表作臺之處也. 言水流之盛者, 言水之盛流, 當以絜汙穢, 而公反於其上爲淫昏, 故惡之也.

傳의 〔泚鮮〕에서 〔之行〕까지

○ 正義曰：이 傳과 아래의 傳은 互文이다. '新臺有泚'의 泚는 '선명함'이라 말하고 아래에서 〈'新臺有洒'의 洒는〉 '높고 험함'이라고 하였으니, 이는 臺의 모습이 높고 그 모양이 선명함을 나타낸 것이고, '河水瀰瀰'의 瀰는 '넘실거리는 모양'이라 말하고 아래에서 〈'河水浼浼'의 浼浼는〉 '평지'라고 하였으니, 이는 河水가 평지에 있고 물결이 넘실거림을 나타낸 것이다. 宣公이 臺를 만들어 齊나라의 여인을 맞았기 때문에 반드시 臺를 말한 것이다. 또 河水를 말한 것은 臺를 만든 장소를 드러낸 것이다. 물의 흐름이 넘실거림을 말한 것은 물이 넘실넘실 흘러서 마땅히 더러운 것을 깨끗하게 해야 하는데도 공이 도리어 그 위에서 음란한 행실을 하였다. 그리하여 미워한 것임을 말한 것이다.

【疏】 傳'籧篨 不能俯者' ○ 正義曰：籧篨・戚施(이), 本人疾之名, 故晉語云 "籧篨不可使俯, 戚施不可使仰" 是也. 但人口柔者, 必仰面觀人之顔色而爲辭, 似籧篨不能俯之人, 因名口柔者爲籧篨. 面柔者, 必低首下人, 媚以容色, 似戚施之人, 因名面柔者爲戚施, 故箋云'籧篨 口柔 常觀人顔色而爲之辭 故不能俯', 戚施, 面柔下人以色, 故不能仰也. 時宣公爲此二者, 故惡而比之, 非宣公實有二病, 故箋申傳意, 以爲口柔・面柔也. 籧篨口柔, 戚施面柔, 釋訓文. 李巡曰 "籧篨, 巧言好辭, 以口饒人, 是謂口柔. 戚施, 和顔悅色, 以誘人, 是謂面柔也."

傳의 〔籧篨 不能俯者〕

○ 正義曰 : '籧篨'와 '戚施'는 본래 사람 질병의 명칭이다. 그리하여 ≪國語≫ 〈晉語〉에서 "籧篨는 몸을 굽히게 할 수 없고 戚施는 우러러보게 할 수 없다."라고 한 것이 이것이다. 사람 중에 말로 아첨하는 사람은 반드시 얼굴을 들어 다른 사람의 안색을 살피고 말을 하는 것이 몸을 굽힐 수 없는 籧篨와 비슷하다. 이 때문에 말로 아첨하는 사람을 籧篨라 하는 것이다. 면전에서 아첨하는 사람은 반드시 머리를 숙여 다른 사람에게 낮추어 겉모습으로 아첨하는 것이 戚施와 같다. 이 때문에 면전에서 아첨하는 사람을 戚施라 하는 것이다. 그리하여 箋에서 '籧篨는 말로 아첨하는 것이니 항상 다른 사람의 안색을 살펴 그를 위해 말을 한다. 그리하여 몸을 숙이지 못하는 것이다.'라고 한 것이니, 戚施는 면전에서 아첨하여 남에게 겉모습으로 낮추는 자이다. 그리하여 우러러보지 못하는 것이다. 당시에 宣公은 이 두 가지를 모두 하였으므로 미워하여 비유한 것이니, 宣公이 실제로 두 가지의 병이 있었던 것은 아니다. 그리하여 箋에서 傳의 뜻을 밝혀 口柔와 面柔라 한 것이다. '籧篨 口柔'와 '戚施 面柔'는 ≪爾雅≫ 〈釋訓〉의 글이다. 李巡은 "籧篨는 말을 교묘하게 하고 말을 잘하여 말로 다른 사람을 너그럽게 하는 것이니, 이는 '口柔'를 말하고, '戚施'는 온화하고 기쁜 안색으로 다른 사람을 회유하는 것이니 이는 '面柔'를 말한다."라고 하였다.

新臺有泚(최)로대 河水浼(매)浼로다

新臺는 우뚝 높은데
河水는 평탄하네

【傳】 泚는 高峻也요 浼浼는 平地也라 ○ 泚는 韓詩作漼하니 音同이요 云鮮貌라 浼는 韓詩作浘하니 浘音尾요 云盛貌라

'泚'는 높은 것이고 '浼浼'는 '평탄함'이다.

○ 泚는 ≪韓詩≫에 '漼'로 되어 있으니, 음은 같고 '선명한 모습이다.'라고 하였다. 浼는 ≪韓詩≫에 '浘'로 되어 있으니, 浘의 음은 '尾'이고 '가득한 모양이다.'라고 하였다.

燕婉之求에 籧篨不殄이로다

편안하고 순한 사람을 바랐는데

보기 싫은 꼽추를 만났네

【傳】殄은 絶也라

殄은 '끊김'이다.

【箋】箋云 殄은 當作腆이니 腆은 善也라 ○ 殄을 鄭改作腆이라

箋云 : 殄은 腆이 되어야 하니, 腆은 '착함'이다.

○ 殄을 鄭玄은 腆으로 바꾸어 썼다.

【疏】傳'殄 絶' ○ 正義曰 : 釋詁文. 言齊女反得籧篨之行而不絶者, 謂行之不止常然. 推此則首章鮮爲少, 傳不言耳, 故王肅亦爲少也.

傳의 〔殄 絶〕

○ 正義曰 : ≪爾雅≫ 〈釋詁〉의 글이다. 齊나라의 여인이 도리어 굽히지 못하는 행동이 계속되는 사람을 만났음을 말한 것이니, 행동이 그치지 않아 항상 그러함을 말한다. 이것으로 미루어보면 首章의 '鮮'은 '적음'이 되어야 하는데, 傳에서 말하지 않았다. 그리하여 王肅도 '적음'으로 여긴 것이다.

【疏】'殄 當作腆 腆 善' ○ 正義曰 : 箋云'籧篨口柔 當不能俯', 言少與不絶, 非類也, 故以上章鮮爲善, 讀此殄爲腆. 腆與殄, 古今字之異, 故儀禮注云 "腆, 古文字作殄" 是也

箋의 〔殄 當作腆 腆 善〕

○ 正義曰 : 箋에 '籧篨는 말로 아첨하는 것이니, 〈항상 다른 사람의 안색을 살펴 그를 위해 말을 하기 때문에〉 당연히 구부릴 수 없다.'라고 하였으니, '少'와 '不絶'과는 같은 류가 아님을 말하였다. 그리하여 上章의 '鮮'을 '善'으로 여기고, 이 장의 '殄'을 '腆'으로 여긴 것이다. 腆과 殄은 古字와 今字가 다른 것이다. 그리하여 ≪儀禮≫ 〈燕禮〉의 注에 "腆은 古文本에는 글자가 殄으로 되어 있다."라고 한 것이 이것이다.

魚網之設에 **鴻則離之**로다

고기그물을 쳐놨더니

기러기가 걸렸네

【傳】 言所得이 非所求也라

얻은 것이 바라던 것이 아님을 말한 것이다.

【箋】 箋云 設魚網者는 宜得魚니 鴻乃鳥也로대 反離焉이 猶齊女以禮來求世子어늘 而得宣公이라

箋云 : 고기그물을 쳤으면 고기를 잡아야 하는데, 기러기는 새인데 도리어 그물에 걸린 것이, 齊나라의 여인이 예로써 와서 세자를 구했는데 宣公을 얻은 것과 같은 것이다.

鴻(≪毛詩品物圖攷≫)

燕婉之求에 得此戚施로다

편안하고 순한 사람 바랐는데
이 꼽추를 만났다네

【傳】 戚施는 不能仰者라

戚施는 〈등이 굽어〉 고개를 들지 못하는 사람이다.

【箋】 箋云 戚施面柔니 下人以色이라 故不能仰也라

箋云 : 戚施는 면전에서 아첨하는 것이니 다른 사람에게 겉모습으로 낮춘다. 그리하여 고개를 들지 못하는 것이다.

新臺는 三章이니 章四句라

〈新臺〉는 3章이니 章마다 4句이다.

二子乘舟(이자승주)

【序】 二子乘舟는 思伋壽也라 衛宣公之二子 爭相爲死하니 國人傷而思之하여 作是詩也라

〈二子乘舟〉는 伋과 壽를 그리워하는 것을 읊은 시이다.

衛 宣公의 두 아들이 서로 앞 다투어 죽으니, 國人들이 슬퍼하고 그리워하여 이 시를 지었다.

【疏】 '二子乘舟(二章 章四句)'至'是詩' ○ 正義曰：作二子乘舟詩者, 思伋・壽也. 衛宣公之二子伋與壽, 爭相爲死, 故國人哀傷而思念之, 而作是二子乘舟之詩也. 二子爭相爲死, 卽首章二句是也, 國人傷而思之, 下二句是也.

序의 〔二子乘舟〕에서 〔是詩〕까지

○ 正義曰：〈二子乘舟〉 詩를 지은 것은 伋과 壽를 그리워한 것이다. 衛 宣公의 두 아들인 伋과 壽가 앞 다투어 죽었다. 그리하여 國人들이 슬퍼하고 그리워하여 이 〈二子乘舟〉 시를 지은 것이다. 두 사람이 서로 죽기를 다툰 것은 首章 두 구가 이것이고, 國人들이 슬퍼하여 그리워한 것은 아래 두 구가 이것이다.

二子乘舟 汎汎其景(영)이로다

두 사람 탄 배
둥둥 그림자 사라졌네

【傳】 二子는 伋壽也라 宣公이 爲伋取於齊女而美하니 公奪之하여 生壽及朔이라 朔與其母가 愬伋於公하니 公令伋之齊하고 使賊先待於隘而殺之러니 壽知之以告伋하여 使去之하니 伋曰 君命也라 不可以逃라하다 壽竊其節而先往이어늘 賊殺之라 伋至曰 君命殺我어늘 壽有何罪오하니 賊又殺之라 國人이 傷其涉危遂往이 如乘舟而無所薄하여 汎汎然迅疾而不礙也라

'二子'는 伋과 壽이다. 宣公이 伋을 위해 齊나라의 여인에게 장가를 들게 하였다가 齊나라의 여인이 아름다우므로 宣公이 빼앗아 壽와 朔을 낳았다. 朔과 그 어미가 公에게

伋을 참소하자 公이 伋에게 齊나라로 가게 하고는 자객을 시켜 먼저 가서 험한 곳에서 기다리다가 죽이게 하였다. 壽가 그 사실을 알고 伋에게 알려 달아나게 하였는데, 伋이 "군주의 명령이니 도망갈 수 없다."라고 하였다. 壽가 그의 旌節을 훔쳐 먼저 가자 자객이 그를 죽였다. 伋이 당도하여 "임금은 나를 죽이고자 했는데 壽에게 무슨 죄가 있는가."라고 하자, 자객이 또 그를 죽였다. 國人이 그들이 위험을 무릅쓰고 마침내 떠난 것이 마치 배를 타고 정박할 곳이 없어 물에 떠서 막힘없이 빨리 가는 것과 같음을 슬퍼한 것이다.

願言思子하니 中心養養이로다

매양 그대 생각에
깊은 근심 안절부절 못하네

【傳】 願은 每也라 養養然憂하여 不知所定이라

願은 '매양'이다. 안절부절못하고 근심하여 진정할 바를 모르는 것이다.

【箋】 箋云 願은 念也니 念我思此二子하여 心爲之憂養養然이라

箋云 : 願은 '생각함'이니 내가 그리운 두 사람을 생각함에 마음이 이 때문에 근심하여 울렁거리는 것이다.

【疏】 經'二子'至'養養' ○ 毛以爲 "二子伋・壽, 爭相爲死, 赴死似歸, 不顧其生, 如乘舟之無所薄, 觀之汎汎然, 見其影之去, 往而不礙. 猶二子爭死, 遂往而亦不礙也, 故我國人傷之, 每有所言, 思此二子, 則中心爲之憂養養然, 不知所定. ○ 鄭唯以'願言思子'爲'念我思此二子'爲異.

經의 〔二子〕에서 〔養養〕까지

○ 毛亨은 "두 사람인 伋과 壽가 서로 죽기를 다투어 死地로 달려가는 것이 마치 집으로 돌아가는 것 같아서, 살기를 돌아보지 않는 것이 마치 타고 있는 배가 정박할 곳이 없어 보기에 둥둥 떠가는 것이 그 그림자가 막힘없이 빠르게 가는 것을 보는 것과 같았다. 이것이 두 사람이 다투어 죽어서 마침내 가고 또한 개의치 않은 것과 같았다. 그리하여 國人들이 슬퍼하여 말할 때마다 이 두 사람을 생각하면 마음이 이 때문에 근심하

여 울렁거려 진정시킬 바를 알지 못하였다."라고 여긴 것이다.

○ 鄭玄은 다만 '願言思子'만을 '念我思此二子'로 하여 다르게 여겼다.

【疏】 傳'二子'至'不礙' ○ 正義曰：以序云'思伋壽', 故知二子伋・壽也. 傳因言二子爭死之由, 其言與桓十六年左傳小異大同也. 此言'愬伋於公', 傳言"構伋子" 服虔云 "構, 會其過惡." 亦是愬之也. 此言'先待於隘', 傳言"使盜待諸莘" 服虔云 "莘, 衛東地." 則莘與隘一處也. 此言'君命不可逃也 壽竊其節而先往', 傳言 "壽子告之, 使行, 不可, 曰 '棄父之命, 惡用子矣. 有無父之國, 則可也.' 及行, 飮以酒, 壽子載其旌以先." 此文不足, 亦當如傳飮以酒也.

傳의 〔二子〕에서 〔不礙〕까지

○ 正義曰：序에서 '思伋壽'라고 하였다. 그리하여 두 사람이 伋과 壽임을 안 것이다. 傳에서 두 사람이 다투어 죽은 이유를 말하였는데, 그 말이 ≪春秋左氏傳≫ 桓公 16년의 글과 大同小異하다. 여기에서 말한 '愬伋於公'을 ≪春秋左氏傳≫에서는 '構伋子'라고 하였는데, 服虔이 "構는 그의 잘못을 말한 것이다."라고 하였으니, 또한 그를 참소한 것이다. 여기에서 말한 '先待於隘'를 ≪春秋左氏傳≫에서는 "使盜待諸莘"이라고 하였는데, 服虔이 "莘은 衛나라의 동쪽 지역이다."라고 하였으니, 그렇다면 '莘'과 '隘'는 같은 곳이다. 여기에서 말한 '君命不可逃也 壽竊其節而先往'을 ≪春秋左氏傳≫에서는 "壽가 그것을 알려 달아나게 하였는데 듣지 않고 '아버지의 명을 거역한다면 어떻게 자식이라 하겠는가. 아버지가 없는 나라가 있다면 가능할 것이다.'라고 하였다. 출발에 임하여 伋에게 술을 먹여 취하게 하고는 壽가 그 旌節을 싣고 먼저 떠났다."라고 하였으니, 이 글에서 부족한 부분은 또한 응당 ≪春秋左氏傳≫의 '飮以酒'와 같이 보아야 한다.

【疏】 旌・節不同, 蓋載旌旗以爲節信也. 衛世家所說與左傳略同, 云 "壽盜其白旄而先" 言白旄[1]者, 或以白旄爲旌節也. 言'國人傷其涉危遂往'者, 解經以'乘舟'爲喩之意, 以二子遂往, 不愛其死, 如乘舟無所薄, 汎汎然迅疾而不礙. 無所薄, 猶涉危也, 謂涉渡危難而取死. 下言'其影', 以其影謂舟影, 觀其去而見其影, 義取其遂往不還, 故卒章云'其逝'. 傳曰'逝 往', 謂舟汎汎然, 其形往, 影形可見, 故言往也.

1) 白旄：깃대 끝에다가 소꼬리의 털을 장식한 軍旗의 일종으로, 全軍을 지휘하는 데 쓰는 깃발이다.

旌과 節은 같지 않으니, 아마도 깃발을 실어 信標로 삼은 듯하다. ≪史記≫〈衛世家〉에서 말한 것은 ≪春秋左氏傳≫과 대략 같은데, "壽가 그 白旄를 훔쳐 먼저 떠났다."라고 하였으니, 白旄라 한 것은 혹 白旄를 旌節로 삼은 듯하다. '國人傷其涉危遂往'이란 것은 經의 '乘舟'를 비유로 삼은 뜻을 풀이한 것이니, 두 아들이 마침내 가서 목숨을 아끼지 않은 것이 마치 타고 있는 배가 정박할 곳이 없이 물에 떠서 막힘없이 빨리 가는 것과 같은 것이다. '無所薄'은 위험을 무릅쓰는 것과 같으니, 위험을 무릅쓰고 가다가 죽음을 자초하는 것을 말한다. 아래에서 말한 '其影'은 '其影'을 배의 그림자로 여긴 것이니, 그 떠나는 것을 볼 적에 그 그림자만을 본 것이니, 마침내 가서 돌아오지 않았다는 뜻을 취한 것이다. 그리하여 卒章에 '其逝'라 한 것이다. 傳에 '逝 往'이라 한 것은 배가 둥둥 떠감을 말하니, 그 배가 갈 때에 배와 그림자를 볼 수 있다. 그리하여 '往'이라 한 것이다.

二子乘舟 汎汎其逝로다

두 사람 탄 배
둥둥 떠 가버렸네

【傳】 逝는 往也라

逝는 '감'이다.

願言思子호니 不瑕有害로다

매양 그대 생각하니
해로움 피하지 않았네

【傳】 言二子之不遠害라

두 사람이 해를 멀리하지 않았음을 말한 것이다.

【箋】 箋云 瑕는 猶過也라 我思念此二子之事호니 於行無過差어늘 有何不可而不去也오 ○ 害는 毛如字하고 鄭音曷하니 何也라

箋云：瑕는 '잘못'과 같다. '내가 이 두 사람의 일을 생각해보니, 행실에 잘못이 없는데 무슨 불가함이 있어 피하지 않았는가.'라고 한 것이다.

○ 害는 毛亨은 본음대로 보았고, 鄭玄은 '曷'로 읽었으니 '어찌'이다.

【疏】 經'二子'至'有害' ○ 正義曰：下二句毛・鄭別.

經의 〔二子〕에서 〔有害〕까지

○ 正義曰：아래 두 구절은 毛亨과 鄭玄이 다르게 여겼다.

【疏】 箋'我念'至'不去' ○ 正義曰：此國人思念之至, 故追言其本, 何爲不去而取死, 深閔之之辭也.

箋의 〔我念〕에서 〔不去〕까지

○ 正義曰：이는 國人이 지극히 그리워한 것이다. 그리하여 그 근본을 돌아보고 '어찌하여 피하지 않고 죽음을 자초하였는가.'라고 한 것이니, 매우 애처롭게 여긴 말이다.

二子乘舟는 **二章**이니 **章四句**라

〈二子乘舟〉는 2章이니 章마다 4句이다.

邶國十九篇이니 **七十一章**이요 **三百六十三句**라

邶國(邶風)은 19篇이니 71章이고 363句이다.

毛詩注疏 卷第三(三之一)

鄘柏舟詁訓傳 第四

○陸曰：鄭云 紂都以南曰鄘이라하고 王云 王城以西曰鄘也라하다

陸曰：鄭玄은 "紂王의 도읍 以南을 鄘이라 한다."라고 하고, 王肅은 "王城 以西를 鄘이라 한다."라고 하였다.

柏舟(백주)

【序】 柏舟는 **共姜自誓也**라 **衛世子共伯**이 **蚤死**어늘 **其妻守義**러니 **父母欲奪而嫁之**한대 **誓而弗許**라 **故作是詩以絶之**라

〈柏舟〉는 共姜이 스스로 맹세한 시이다.

衛 世子 共伯이 일찍 죽자, 그의 처 〈共姜이〉 절의를 지켰는데, 친정 부모가 〈수절하려는〉 뜻을 빼앗아 再嫁시키려 하자 맹세하고 허락하지 않았다. 그리하여 이 시를 지어 거절한 것이다.

【箋】 共伯은 僖侯[1]之世子라 ○ 共姜은 共伯之妻也니 婦人은 從夫諡라 姜은 姓也라 僖는 史記에 作釐한대 曹大家(고)[2]는 音僖라하니라

1) 僖侯：이름은 실전되었는데, 共伯과 衛 武公의 父이다. 卽位한 지 42년 만에 죽었는데, 재위기간에 인정을 널리 펴 백성의 사랑을 받았다.
2) 曹大家：後漢의 文學家 班昭(약 45년?~약 117년?)의 별칭이다. 班彪의 딸이고 班固의 누이로, 반고가 완성하지 못한 ≪漢書≫의 〈八表〉와 〈天文志〉를 완성하였는데, 남편 曹世叔 死後에 皇后와 貴人의 教師를 하여 曹大家라 불렀다. '家'는 '姑'와 통용되어 音을 '고'라 한다. ≪後漢書 曹世叔妻傳≫

共伯은 僖侯의 世子이다.

○ 共姜은 共伯의 妻이니, 婦人은 남편의 謚號를 따른다. 姜은 姓이다. '僖'는 ≪史記≫에 '釐'로 썼는데, 曹大家는 音이 僖라고 하였다.

【疏】'柏舟(二章章七句)'至'以絶之' ○ 正義曰：作柏舟詩者, 言其共姜自誓也. 所以自誓者, 衛世子共伯蚤死, 其妻共姜守義不嫁, 其父母欲奪其意而嫁之, 故與父母誓而不許更嫁, 故作是柏舟之詩, 以絶止父母奪己之意. 此誓云'己至死無他心', 與鄭伯誓母云'不及黃泉無相見[1)]', 皆豫爲來事之約, 卽盟之類也.

1) 不及黃泉無相見：鄭 莊公이 어머니 武姜이 그의 아우 共叔段을 부추겨 반란을 일으키자 제압하고 어머니를 城潁에 유치하면서 "황천에 가기 전에는 서로 보지 않겠다."라고 맹세했던 말이다. ≪春秋左氏傳 隱公 元年≫

序의 〔柏舟〕에서 〔絶之〕까지

○ 正義曰：〈柏舟〉詩를 지은 것은 共姜이 스스로 맹세함을 말한 것이다.

스스로 맹세한 이유는 衛 世子 共伯이 일찍 죽자 그의 妻 共姜이 절의를 지켜 재가하지 않았는데, 친정부모가 그의 절의를 빼앗아 시집보내려 하였으므로 부모에게 맹세하여 다시 시집감을 허락하지 않았다. 그리하여 이 〈柏舟〉詩를 지어 자기의 절의를 빼앗으려 한 부모의 생각을 그치게 한 것이다. 여기에서 盟誓하기를 '나는 죽음에 이르더라도 다른 마음이 없다.'라고 한 것과 ≪春秋左氏傳≫에서 鄭伯이 어머니와 맹서하기를 '황천에 가기 전에는 서로 만나지 않겠다.'라고 한 것은 모두 앞으로 올 일을 미리 약속한 것이니, 바로 맹세의 종류이다.

【疏】言衛世子者, 依世家, 共伯之死, 時釐侯已葬, '入釐侯羨自殺[1)]', 則未成君, 故繫之父在之辭. 言世子, 以別於衆子, 曾子問曰'君薨而世子生'之類也. 春秋公羊之說云"存稱世子, 君薨稱子某, 旣葬稱子." 左氏之義, '旣葬稱君', 與此不同. 此詩便文說事, 非史策屬辭之例也. 言共伯者, 共謚伯字. 以未成君, 故不稱爵.

1) 入釐侯羨自殺：衛 釐侯가 죽자 太子 共伯 餘가 人君이 되었는데, 共伯의 아우 和가 무사들에게 뇌물을 주어 墓上에서 共伯을 급습하자, 共伯이 釐侯의 묘도〔羨〕에 들어가서 自殺한 것을 말한다.

'衛 世子'라고 말한 것은 ≪史記≫ 〈衛世家〉에 의하면 共伯이 죽을 당시 釐侯를 이미 장사 지냈는데, '〈共伯이〉 釐侯의 묘도에 들어가 自殺하였다.'고 했으니, 그렇다면 아직

〈즉위한 지 1년이 지나지 않아〉 임금이 되지 못한 것이다. 그리하여 아버지가 아직 살아 있을 때의 말로 쓴 것이다. 世子라 말한 것은 여러 아들들과 구별한 것이니, ≪禮記≫ 〈曾子問〉에서 '임금이 죽고 〈장례를 아직 치르지 않았는데〉 世子가 태어나면 〈어떻게 합니까.〉'라고 한 것과 같은 종류이다. ≪春秋公羊傳≫ 莊公 32년에 이를 설명하여 "君主가 살아 있을 때는 嗣子를 世子라 칭하고, 君主가 죽으면 子 '아무개'라고 칭하고, 葬事하고 나서는 子라 칭한다."라고 하였는데, ≪春秋左氏傳≫의 뜻은 '葬事하고 나면 君이라 칭한다.'라는 것이니 이와는 다르다. 이 詩는 편리한대로 글을 써서 일을 說明한 것이지, 史策에 文章을 엮어 史實을 배열하는 例가 아니다. 共伯이라고 말한 것은, 共은 諡號이고 伯은 字이니 아직 人君이 되지 못하였기 때문에 爵位를 칭하지 않은 것이다.

【疏】 言早死者, 謂早死不得爲君, 不必年幼也. 世家 "武公和, 簒共伯而立, 五十五年卒." 楚語曰 "昔衛武公年九十有五矣, 猶箴儆于國[1]." 則未必有死年九十五以後也, 則武公卽位, 四十一二以上, 共伯是其兄, 則又長矣. 妻蓋少, 猶可以嫁. 喪服傳曰 "夫死, 妻穉子幼[2], 子無大功之親[3], 妻得與之適人." 是於禮得嫁, 但不如不嫁爲善, 故云'守義'. 禮記云 "一與之齊, 終身不改." 故夫死不嫁, 是夫妻之義也. 此敍其自誓之由也, 自誓, 卽下云'至死矢靡他.' 是也. 但上四句, 見己所以不嫁之由, 下二句, 乃追恨父母奪己之意.

1) 昔衛武公年九十有五矣 猶箴儆于國 : 춘추시대 衛 武公이 95세의 나이에도 불구하고 나라 사람들에게 자신을 일깨워 좋은 말을 해달라고 분부한 것을 말한다. ≪國語 楚語≫
2) 妻穉子幼 : 妻穉는 나이가 50세 미만이고, 子幼는 나이 15세 이하이다. ≪儀禮 喪服 鄭玄 注≫
3) 大功之親 : 9개월服인 大功服의 친족으로 從兄弟姊妹・衆子婦・衆孫・衆孫女・姪婦 및 남편의 祖父母・伯叔父母・姪婦 등인데, 여기서는 同堂에 살며 재산을 함께하는 자이다.

'早死'라고 한 것은 일찍 죽어 君主가 되지 못한 것을 말하니, 반드시 나이가 어린 것은 아니다. ≪史記≫ 〈衛世家〉에 "衛 武公 和가 共伯의 지위를 찬탈하여 군주가 된 지 55년 만에 죽었다."라고 하고, ≪國語≫ 〈楚語〉에 "옛 衛 武公은 나이가 95세였는데도 오히려 나라 사람들에게 자신을 깨우쳐 훈계해달라고 요구하였다."라고 하였으니, 죽은 나이가 반드시 95세 이후는 아닐지라도 武公이 즉위한 나이가 41, 2세 이상일 것이며,

共伯은 바로 그의 형이니 더욱 나이가 많았을 것이다. 그 처는 아마도 나이가 어려서 오히려 재가할 수 있었을 것이니, ≪儀禮≫ 〈喪服〉의 傳에 "남편이 죽었을 때에 처가 젊고 아들이 어리며, 아들에게 大功親이 없으면 처는 아들을 데리고 시집갈 수 있다."라고 하였으니, 이는 예법에 재가할 수 있는 것이다. 다만 재가하지 않는 것이 善이기에 '守義'라고 한 것이다. ≪禮記≫ 〈郊特牲〉에 "한 번 혼례를 올려 부부가 되었으면 종신토록 바꾸지 않는다."라고 하였으니, 그러기에 남편이 죽으면 재가하지 않는 것이 부부간의 의리이다. 이는 '自誓'한 이유를 서술한 것이니, 自誓는 바로 아래에서 '죽음에 이르러도 맹세컨대 다른 사람에게 가지 않겠다.'라고 한 것이 이것이다. 다만 위 4구는 자기가 재가하지 않은 이유를 나타낸 것이고, 아래 2구는 바로 부모가 자기의 의지를 빼앗으려 함을 한탄한 것이다.

【疏】 箋'共伯 僖侯之世子' ○ 正義曰：史記僖字皆作釐[1], 列女傳曰 "曹大家云釐音僖." 則古今字異而音同也.

1) 史記僖字皆作釐：司馬遷이 자기 祖父의 名이 '僖'였기 때문에 ≪史記≫에서 僖자를 避諱하여 釐자로 쓴 것이다.

箋의 〔共伯 僖侯之世子〕

○ 正義曰：≪史記≫에는 '僖'자를 모두 '釐'자로 썼는데, ≪列女傳≫에 "曹大家가 釐는 音이 僖이다."라고 하였으니, 그렇다면 古今에 글자는 다르나 음은 같은 것이다.

汎彼柏舟여 在彼中河로다

둥둥 뜬 저 잣나무 배
저 黃河 中流에 있네

【傳】 興也라 中河는 河中이라

興이다. 中河는 황하의 가운데이다.

【箋】 箋云 舟在河中은 猶婦人之在夫家하니 是其常處라

箋云：배가 하수 가운데 있음은 부인이 남편의 집에 있는 것과 같으니, 이는 그녀가 항상 머물 곳이다.

髧(담)彼兩髦 實維我儀니

두 갈래 머리 드리운 이
실로 나의 짝이니

【傳】 髧은 兩髦之貌라 髦者는 髮至眉니 子事父母之飾이라 儀는 匹也라

髧은 兩髦의 모습이다. 髦는 〈좌우로 늘어뜨린〉 머리털이 눈썹까지 이른 것이니 자식이 父母를 섬길 때의 꾸밈이다. 儀는 짝이다.

【箋】 箋云 兩髦之人은 謂共伯也니 實是我之匹이라 故我不嫁也라 禮에 世子昧爽而朝하니 亦櫛纚笄總拂髦冠緌纓이라 ○ 禮에 子生三月이면 翦髮爲鬌(타)[1]하고 長大作髦하여 以象之라

1) 鬌(타) : 어린아이의 머리카락을 다 깎지 않고 남겨둔 것이다.

箋云 : 兩髦之人은 共伯을 이르니 실로 나의 짝이다. 그리하여 내가 재가하지 않은 것이다. 禮에 世子는 먼동이 트면 부모에게 아침문안을 드리는데, 〈이때에〉 머리를 빗어, 묶고 머리싸개를 하여 비녀를 꽂고, 갈래머리의 먼지를 털어 달고, 冠을 쓰고, 冠끈의 남는 부분을 드리운다.

○ 禮에 자식이 태어난 지 3개월이 되면 머리털을 잘라내 황새머리를 만들고, 장성해서는 髦를 만들어 鬌를 형상한다.

之死언정 矢靡它하리라

죽을지언정
맹세코 딴마음 먹지 않으리라

【傳】 矢는 誓요 靡는 無요 之는 至也니 至己之死라도 信無它心이라

矢는 '맹세함'이고, 靡는 '없음'이며, 之는 '이름'이니 내가 죽음에 이를지라도 진실로 다른 마음이 없다는 것이다.

母也天只여 不諒人只아

어머니 아버지는
사람 마음 못 믿으실까.

【傳】 諒은 信也라 母也天也 尙不信我라 天은 謂父也라

諒은 '믿음'이다. 어머니 아버지가 오히려 내 마음을 믿어주지 않은 것이다. 天은 아버지를 이른다.

【疏】 '汎彼'至'人只' ○ 正義曰 : 言汎汎然者, 彼柏木之舟, 在彼中河, 是其常處, 以興婦人在夫家, 亦是其常處. 今我旣在夫家矣, 又髧然著彼兩髦之人共伯, 實維是我之匹耦, 言其同德齊意矣. 其人雖死, 我終不嫁, 而父母欲奪己志, 故與之誓言, '己至死, 誓無變嫁之心, 母也父也, 何謂尙不信我也, 而欲嫁我哉.'

經의 〔汎彼〕에서 〔人只〕까지

○ 正義曰 : '둥실둥실 떠있는 저 잣나무 배가 저 하수 가운데에 있으니 이는 배가 항상 머물 곳'임을 말하여 '부인이 남편의 집에 있으니 이 또한 그녀가 항상 머물 곳'임을 興한 것이다. 지금 내가 남편의 집에 있고, 또 너풀거리는 兩髦를 한 저 사람 共伯이 실로 나의 짝이란 것은 그 덕을 같이 하고 뜻을 같이 함을 말한다. 그 사람이 비록 죽었지만 자기는 끝내 시집가지 않을 터인데 친정부모가 자기의 의지를 빼앗고자 하였다. 그리하여 부모에 맹세하기를 '내 죽음에 이를지언정 맹세코 바꾸어 재가하려는 마음이 없다. 그런데도 부모는 어찌하여 나를 믿지 못하여 재가시키려 하는가.'라고 한 것이다.

【疏】 傳'髦者'至'之飾' ○ 正義曰 : 旣夕禮云 "旣殯, 主人脫髦." 注云 "兒生三月, 鬋髮爲鬌, 男角女羈, 否則男左女右, 長大猶爲之飾, 存之, 謂之髦, 所以順父母幼小之心. 至此尸柩不見, 喪無飾, 可以去之. 髦之形象未聞." 內則注云 "髦者, 用髮爲之, 象幼時鬌, 其制未聞." '髮至眉', 亦無文, 故鄭云 "其制未聞." 內則云 "子事父母, 總拂髦." 是子事父母之飾也. 言'兩'者, 以象幼時鬌, 則知鬌以挾囟(신)[1], 故'兩髦'也.

1) 鬌以挾囟 : ≪禮記≫ 〈內則〉 注에 "아이가 태어나서 3개월이 되면 머리를 깎아 鬌를 만들고, 깎지 않은 부분을 상투 모양으로 묶되 남자는 머리에 2개를 묶어 角을 만드니 이것이 挾囟이고, 여자는 머리에 3개를 묶어 羈를 만드니 이것이 午達이다."라고 하였다.

傳의 〔髦者〕에서 〔之飾〕까지

○ 正義曰：≪儀禮≫〈旣夕禮〉에 “殯禮를 하고 나면 主人은 髦를 벗는다.”라고 하였는데, 注에 “아이가 태어난 지 3개월에 머리털을 잘라 鬌를 만들되, 남아는 角을, 여아는 羈를 만든다. 그렇지 않으면 남아는 좌측, 여아는 우측에 매단다. 장성한 뒤에도 꾸며서 보존하는데, 이것을 ‘髦’라고 부르니, 부모가 자신을 어리다고 여기시는 마음을 따르는 것이다. 이때에 이르러는 尸柩가 보이지 않고, 喪에는 꾸밈이 없기 때문에 이를 제거할 수 있는 것이다. 髦의 모양에 대하여는 듣지 못하였다.”라고 하였다. ≪禮記≫〈內則〉의 注에 “髦는 머리털로 만드니 어린아이 때의 鬌를 형상한 것인데, 그 制度는 듣지 못하였다.”라고 하고 ‘髮至眉’라는 글도 없다. 그리하여 鄭玄이 “그 제도에 대해서는 듣지 못했다.”라고 한 것이다. 〈內則〉에 “자식이 부모를 섬김에 상투하고 髦에 먼지를 턴다.”라고 하였으니, 이것은 자식이 부모를 섬길 때 꾸미는 것이다. ‘兩’이라 말하여 어릴 때의 鬌를 형상하였으니, 곧 挾囟으로 鬌하였음을 알 수 있다. 그리하여 ‘兩髦’라고 한 것이다.

【疏】 喪大記云 “小斂, 主人脫髦.” 注云 “士旣殯而脫髦, 此云小斂, 蓋諸侯禮也. 士之旣殯, 諸侯之小斂, 於死者, 俱三日也.” 則脫髦, 諸侯小斂而脫之. 此共伯之死, 時僖侯已葬, 去髦久矣, 仍云‘兩髦’者, 追本父母在之飾, 故箋引‘世子昧爽而朝’, 明君在時事也. 髦者, 事父母之飾也, 若父母有先死者, 於死三日, 脫之, 服闋, 又著之, 若二親竝沒, 則因去之矣, 玉藻云 “親沒不髦.” 是也.

≪禮記≫〈喪大記〉에 “小斂을 하고 나서 主人은 髦를 벗는다.”라고 하였는데, 注에 “士가 殯을 하고 나서 髦를 벗으니 여기에서 말한 小斂은 아마도 제후의 예인 듯하다. 士의 旣殯과 제후의 小斂은 죽은 지 모두 3일 만에 한다.”라고 하였으니, 그렇다면 ‘脫髦’는 제후의 경우 小斂 후에 하는 것이다. 여기서 共伯이 죽을 당시에는 僖侯를 이미 葬事하여 髦를 벗은 지 오래되었을 것인데도, 그대로 ‘兩髦’라고 말한 것은 부모가 살아 있을 때의 꾸밈을 追本하여 말한 것이다. 그리하여 鄭玄이 箋에서 ‘世子昧爽而朝’를 인용하였으니, 이는 人君이 살아 있을 때의 일을 밝힌 것이다. 髦는 부모를 섬길 때의 꾸밈이니, 만약 부모 중에 한분이 먼저 돌아가신 경우에는 돌아가신 지 3일 만에 髦를 벗었다가 상복을 벗은 뒤에 다시 달고, 만약 양친이 모두 돌아가신 경우에는 따라서 벗으니, ≪禮記≫〈玉藻〉의 “부모가 돌아가시면 髦를 하지 않는다.”라고 한 것이 이것이다.

【疏】 箋‘兩髦’至‘緌纓’ ○ 正義曰：以共伯已死, 不忍斥言, 故以兩髦言之也. 世子昧爽

平旦而朝君, 初亦如是. 櫛髦, 乃櫛纚(사)笄, 內則注云"纚, 所以韜髮者也, 笄, 今之簪." 則著纚, 乃以簪約之. 又著總, 又拂髦而著之, 故內則注云"拂髦, 振去塵而著之, 旣著髦, 乃加冠, 又著緌纓, 然後朝君也." 禮世子之記曰"朝夕至于寢門外." '朝', 卽昧爽也. 又內則云"由命士以上, 父子皆異宮, 昧爽而朝." 世子亦是命士以上, 故知'昧爽'也.

箋의 〔兩髦〕에서 〔緌纓〕까지

○ 正義曰 : 共伯이 이미 죽었음을 차마 드러내어 말할 수 없었다. 그리하여 '兩髦'로 말한 것이다. 世子는 먼 동이 트는 새벽에 君主에게 문안하니 애초부터 이와 같이 하는 것이다. 櫛과 髦는 바로 빗질하고 머리싸개하고 비녀를 꽂는 것이니, ≪禮記≫ 〈內則〉의 注에 "纚는 머리털을 감싸는 것이고, 笄는 지금의 簪이다."라고 하였으니, 곧 머리싸개하고 이에 簪을 꽂아 고정시키는 것이다. 또 상투를 틀고 髦의 먼지를 털어 단다. 그리하여 〈內則〉의 注에 "拂髦는 먼지를 털어내고 다는 것이니, 髦를 달고서 관을 쓰고 또 관끈을 매고 나머지를 드리운 뒤에 君主에게 문안드린다."라고 한 것이다. ≪禮記≫ 〈文王世子〉에 "朝夕으로 寢門 밖에 이른다."라고 하였으니, '朝'는 바로 昧爽이다. 〈內則〉에 또 "命士 이상은 父子가 모두 집을 달리하여 거처하고 昧爽에 문안드린다."라고 하였으니, 世子 또한 命士 이상이기 때문에 '昧爽'임을 안 것이다.

【疏】 '文王之爲世子, 雞初鳴而衣服, 至於寢門外'者, 鄭玄云"文王之爲世子也, 非禮之制, 故不與常世子同也." 內則云"子事父母, 雞初鳴, 端韠紳." 注云"端, 玄端, 士服也, 庶人, 以深衣." 然則命士以下, 亦於雞鳴之時朝者, 命士以下, 當勉力從事, 因早起而適父母之所, 不主爲朝也. 異宮者, 則敬多, 故內則注云"異宮崇敬[1]." 是也. 但文王之爲世子, 加隆焉, 故雞初鳴而至寢門耳.

1) 異宮崇敬 : 異宮은 命士 이상의 경우에 결혼한 자식이 있으면 부모와 집을 따로 살며 재산을 같이 하는 것인데, 부자간이 앉을 때 반드시 자리를 같이하지 않고 거처할 때 반드시 宮을 달리하는 것은 공경을 지극히 하기 위함이다.

≪禮記≫ 〈文王世子〉의 '文王이 世子였을 때에 첫 닭이 울거든 의복을 단정히 하고 침문밖에 이르렀다.'라는 것에 대하여 鄭玄은 "文王이 〈제후의〉 世子였을 때에 행한 것이지 〈왕세자가 행하기 위하여〉 제정된 예가 아니다. 그리하여 보통의 세자와는 다르다."라고 하였다. 〈內則〉에 "자식이 부모를 모실 때 첫 닭이 울거든 玄端服을 입고 슬갑을

차고 가슴에 띠를 맨다."라고 하고, 注에 "端은 玄端이니 士의 의복이다. 서인은 深衣를 입는다."라고 하였으니, 그렇다면 命士 이하 또한 첫 닭이 울 때에 문안드리는 것은, 命士 이하는 생업에 힘써 종사하여야 하므로, 일찍 일어나 부모의 처소에 가는 것이지 문안을 위주로 함이 아니다. 사는 집을 달리하는 것은 공경을 중시한 것이다. 그리하여 〈內則〉의 注에 "집을 달리하는 것은 공경을 지극히 함이다."라고 한 것이 이것이다. 다만 文王이 世子가 되었을 때에 더욱 극진하게 하였다. 그리하여 첫닭이 울 때에 寢門 밖에 이른 것이다.

【疏】內則云 "子事父母, 雞初鳴, 咸盥漱・櫛纚笄總・拂髦・冠・緌・纓・端・韠・紳・搢笏." 謂命士以上, 父子異宮, 昧爽而朝, 更不言衣服之異, 則纚笄以下同, 故云 '亦櫛・纚笄・總・拂髦・冠緌纓也'. 禮記文王世子云 "親疾, 世子親齊玄冠而養." 蓋亦衣(不)〔玄〕[1]端矣. 不并引端・韠・紳・搢笏者, 以證經之兩髦, 故盡首服而已. 士冠禮曰 "皮弁笄, 爵弁笄." 注云 "有笄者屈組爲紘, 無笄者纓而結其絛.[2]" 然則此冠, 言緌纓, 則無笄矣. 上言纚笄者, 爲纚而著笄也. 問喪曰 "親始死, 雞斯.[3]" 注云 "雞斯, 當爲笄纚." 是著纚, 必須笄也.

1) (不)〔玄〕: 저본의 교감기에 따라 '玄'으로 번역하였다.

2) 有笄者屈組爲紘 無笄者纓而結其絛 : 笄가 있는 冠과 없는 冠을 머리에 쓰는 방법을 설명한 글이다. ≪儀禮≫ 〈士冠禮〉에 "皮爵弁은 笄가 있어 紘으로 부착한 것이고, 緇布冠은 笄가 없어 갓끈으로 매는 것이다. 皮弁의 笄와 爵弁의 笄에 쓰는 紘은 검은색 끈으로 만들고 邊은 옅은 분홍색으로 한다.〔皮爵弁 有笄屬以紘 緇布冠 無笄以纓 皮弁笄 爵弁笄 緇組紘 纁邊〕"라고 하였는데, 賈公彦의 注에 "'有笄'라는 것은 바로 經에서 皮弁과 爵弁을 말할 때에 모두 '笄'라고 한 것이니, 笄가 있는 것이다. '屈組爲紘'이라는 것은 經의 '緇組紘 纁邊'이니, 이는 笄가 있는 경우를 말한 것이다. 屈組라는 것은 한 가닥의 끈으로 笄의 왼쪽 위에 매어 고정시켜 턱 아래로 감고, 다시 오른쪽 위로 향해 올려 笄에다 매고, 매고 난 나머지 끈을 아래로 드리워 장식하는 것이다. '無笄者 纓而結其絛'라는 것은, 無笄는 바로 經의 緇布冠이 이것이니, 두 가닥의 끈으로 冠의 양쪽에 맨다. 그리하여 經에서 '갓끈을 冠에 맨다.'라고 한 것이니, 매어서 아래로 드리워진 가닥을 턱 아래에서 묶는 것이다.〔云有笄者 卽經云皮弁及爵弁 皆云笄者 是有笄也 云屈組爲紘者 經緇組紘 纁邊 是爲有笄者而設 言屈組 謂以一條組於左笄上繫定 遶頤下 又相向上仰屬於笄 屈繫之有餘 因垂爲飾也 云無笄者 纓而結其絛者 無笄卽經緇布冠 是也 則以二條組 兩相屬於頍 故經云組纓屬於頍也 卽屬訖則所垂絛 於頤下結之〕"라고 하였다.

3) 親始死雞斯 : 雞斯는 笄纚로, 뼈로 만든 비녀와 머리카락을 감싸는 비단을 말한다. ≪禮記≫ 〈問喪〉에 "어버이가 죽으면 雞斯만 하고 徒跣을 한다."라고 하였는데, 부모가 죽으면 효자는 쓰고 있는 冠을 벗어 笄와 纚만 남겨 두고 맨발로 다니는 것이다.

〈內則〉에 "子가 부모를 섬김에 첫닭이 울거든 모두 세수하고 양치질하며, 머리를 빗어 묶고 머리싸개를 하여 비녀를 꽂고, 갈래머리의 먼지를 털어 달고, 관을 쓰고, 관끈을 매고 남는 부분을 드리우며, 玄端服을 입고 슬갑을 차고 띠를 매고, 홀을 꽂는다."라고 하였는데, 命士 이상은 부자가 집을 달리하여 거처하므로 새벽 일찍 문안드리는〔昧爽而朝〕 것만을 말하고, 衣服의 다름에 대하여는 다시 말하지 않았다. 그렇다면 纚笄 이하의 부분은 〈명사 이하와〉 같다. 그리하여 '亦櫛·纚·笄·總·拂髦·冠·緌·纓'이라고 한 것이다. ≪禮記≫ 〈文王世子〉에 "부모가 아프시거든 세자가 친히 재계하고 玄端服을 입고 관을 쓰고 봉양한다."라고 하였으니 이 또한 현단복을 입는 것이다. 여기에서 '端·韠·紳·搢笏'을 아울러 인용하지 않은 것은 經의 兩髦를 증명하기 때문에 首服만을 모두 다 말했을 뿐이다. ≪儀禮≫ 〈士冠禮〉에 비녀는 "皮弁의 비녀와 爵弁의 비녀이다."라고 하였는데, 注에 "비녀가 있는 冠은 한 가닥의 끈으로 비녀의 왼쪽 위에 매어 고정시켜 턱 아래로 감고, 다시 오른쪽 위로 향해 올려 비녀에다 매고, 매고 난 나머지 끈을 아래로 드리워 장식하며, 비녀가 없는 것은 두 가닥의 끈으로 관의 양쪽에다 매어 아래로 드리워진 가닥을 턱 아래에서 묶는 것이다."라고 하였으니, 그렇다면 이 관은 '緌纓'을 말하니 비녀가 없는 것이다. 위에서 纚笄를 말한 것은 머리싸개를 하여 비녀를 꽂았기 때문이다. ≪禮記≫ 〈問喪〉에 "부모가 처음 돌아가시면 雞斯한다."라고 하고, 注에 "雞斯는 笄纚가 되어야 한다."라고 하였으니, 이는 머리싸개를 할 때에는 반드시 비녀를 꽂는 것이다.

【疏】 傳'天謂父' ○ 正義曰 : 序云 '父母欲奪而嫁之', 故知天謂父也. 先母後天者, 取其韻句耳.

傳의 〔天謂父〕

○ 正義曰 : 序에 '父母欲奪而嫁之'라고 하였다. 그리하여 天이 父를 말함을 안 것이다. 母를 먼저하고 天을 뒤에 함은 韻句를 취한 것이다.

汎彼柏舟여 在彼河側이로다

잣나무 배 둥둥 떠

저 황하 가에 있네

髧彼兩髦 實維我特이니

두 갈래 머리 드리운 이

실로 나의 짝이니

【傳】 特은 匹也라

特은 '짝'이다.

之死언정 **矢靡慝**하리라

죽을지언정

맹세코 나쁜 마음 품지 않으리라

【傳】 慝은 邪也라

慝은 '사특함'이다.

母也天只여 **不諒人只**아

어머니 아버지는

사람 마음 못 믿으실까

柏舟二章이니 **章七句**라

〈柏舟〉는 2章이니 章마다 7句이다.

牆有茨(장유자)

【序】 **牆有茨**는 **衛人**이 **刺其上也**라 **公子頑**이 **通乎君母**하니 **國人**이 **疾之而不可道也**라

〈牆有茨〉는 衛나라의 사람들이 윗사람을 풍자한 시이다.

公子 頑이 君母와 간통하니, 나라 사람들이 이를 疾視하였지만 말할 수가 없었다.

【箋】 宣公卒에 惠公幼러니 其庶兄頑이 烝於惠公之母하여 生子五人하니 齊子戴公文公宋桓夫人許穆夫人이라 ○ 頑은 宣公庶子昭伯名也라

衛 宣公이 죽을 때 惠公이 어렸는데, 그의 庶兄 頑이 惠公의 母와 간통하여 자식 5인을 낳았으니 齊子・戴公・文公・宋桓公 夫人・許穆公 夫人이다.

○ 頑은 宣公의 庶子 昭伯의 이름이다.

【疏】 '牆有茨(三章章六句)'至'不可道' ○ 正義曰：此(注)〔主〕[1]刺君, 故以宣姜繫於君, 謂之君母. 鶉之奔奔, 則主刺宣姜與頑, 亦所以惡(오)公之不防閑, 詩人主意異也.

1) (注)〔主〕: 저본의 교감기에 따라 '主'로 번역하였다.

序의 〔牆有茨〕에서 〔不可道〕까지

○ 正義曰 : 여기서는 君主를 풍자한 것을 위주로 하였기 때문에 宣姜을 군주와 연계하여 '君母'라고 한 것이다. 〈鄘風 鶉之奔奔〉은 宣姜과 頑을 주로 풍자한 것이지만 惠公이 〈이러한 음란한 행실을〉 막지 못한 것도 미워한 것이니 詩人의 주된 뜻이 다르다.

【疏】 箋'宣公'至'夫人' ○ 正義曰：左傳閔二年曰 "初惠公之卽位也少, 齊人, 使昭伯烝於宣姜, 不可, 强之, 生齊子・戴公・文公・宋桓夫人・許穆夫人." 服虔云 "昭伯, 衛宣公之長庶, 伋之兄. 宣姜, 宣公夫人, 惠公之母." 是其事也.

箋의 〔宣公〕에서 〔夫人〕까지

○ 正義曰 : ≪春秋左氏傳≫ 閔公 2년에 "이전에 惠公이 즉위할 때 나이가 어리니, 齊人이 庶兄인 昭伯으로 惠公의 母 宣姜과 간통하게 하였다. 昭伯이 불가하다고 하였으나 억지로 간통하게 하여 齊子・戴公・文公・宋桓公 夫人・許穆公 夫人을 낳았다."라고 하였다. 服虔이 "昭伯은 衛 宣公의 庶長子로 伋(惠公)의 형이고, 宣姜은 宣公의 부인이니 惠公의 母이다."라고 하였으니, 이것이 그 일이다.

牆有茨하니 不可埽也로다

담장 위의 납가새
쓸어버릴 수가 없네

【傳】 興也라 牆은 所以防非常이요 茨는 蒺藜也니 欲埽去之나 反傷牆也라

興이다. 牆은 非常한 일을 막는 것이고 茨는 '납가새'이니, 이를 쓸어 제거하고 싶지만 도리어 담장을 상하게 한다는 것이다.

茨(≪毛詩品物圖攷≫)

【箋】 箋云 國君은 以禮防制一國이어늘 今其宮內에 有淫昏之行者 猶牆之生蒺藜라

箋云 : 國君은 禮의 堤防으로써 온 나라의 〈무례를〉 막아야 하는데, 지금 궁내에 음란한 행실을 하는 사람이 있는 것이 마치 담장에 납가새가 자라고 있는 것과 같다는 것이다.

中冓之言이여 不可道也로다

宮中 안방의 이야기
입에 올릴 수가 없네

【傳】 中冓는 內冓也라

中冓는 궁중 안의 內室이다.

【箋】 箋云 內冓之言은 謂宮中所冓成頑與夫人淫昏之語라 ○ 韓詩云 中冓는 中夜니 謂淫僻之言也라하니라

箋云 : '內室의 말'은 宮中에서 頑과 姜氏夫人의 淫行이 이루어진 것에 대한 말을 이

른다.

○ ≪韓詩≫에 "中冓는 中夜이니 음란한 말을 이른다."라고 하였다.

所可道也면 言之醜也로다

입에 올리면
말이 추해진다네

【傳】 於君醜也라

君主에게 수치스러운 일이다.

【疏】 '牆有'至'醜也' ○ 正義曰：言人以牆防禁一家之非常, 今上有蒺蔾之草, 不可埽而去之. 欲埽去之, 反傷牆而毁家, 以興國君, 以禮防制一國之非法, 今宮中有淫昏之行, 不可滅而除之. 欲除而滅之, 反違禮而害國. 夫人旣淫昏矣, 宮中所冓成此頑與夫人淫昏之語, 其惡不可道, 所可道言之, 於君醜也, 君本何以不防閑其母, 至令有此淫昏.

經의 〔牆有〕에서 〔醜也〕까지

○ 正義曰：사람들은 담장으로 한 집안의 非常한 일을 방어하는데, 지금 담장 위에 납가새가 있어 쓸어서 제거할 수가 없다. 쓸어서 제거하고 싶지만 도리어 담장을 상하게 하여 집을 훼손하게 됨을 말하였다. 이로써 國君은 禮로써 한 나라의 법에 어긋나는 일을 防制해야 하는데, 지금 궁중에 음란한 행실이 있어도 제거해 없앨 수가 없다. 제거해 없애고 싶지만 도리어 禮法을 어기어 나라를 해치게 됨을 興한 것이다. '부인이 음란하여 궁중의 내실에서 頑과 夫人의 음란이 이루어졌다는 이야기는 그 추악함을 말할 수가 없다. 만약 입에 올려 말한다면 君에게 수치스러운 일인데, 군주는 본래 어찌하여 자기 어머니를 막지 못하여 이렇게 음란한 일이 있게 하는가.'라고 한 것이다.

【疏】 傳'中冓 內冓', 箋'內冓'至'之語' ○ 正義曰：媒氏云 "凡男女之陰訟, 聽之于勝國之社." 注云 "陰訟, 爭中冓之事以觸法者. 勝國, 亡國也. 亡國之社, 掩其上而棧其下[1), 使無所通, 就之以聽陰訟之情, 明不當宣露." 卽引此詩以證之, 是其冓合淫昏之事, 其惡不可道也.

1) 亡國之社揜其上而棧其下：社는 본래 開國할 때에 세우는 것으로 천지사방에 가리는 것이 없는데, 망국의 사직은 위로는 햇빛이 들지 않게 덮고 아래로는 대나무와 널빤지로 울타리(목책)를 설치하여 외부와 통하는 바가 없게 하는 것을 말한다.

傳의 〔中冓 內冓〕와 箋의 〔內冓〕에서 〔之語〕까지

○ 正義曰：≪周禮≫ 〈地官 媒氏〉의 注에 "무릇 남녀간의 陰行에 대한 송사는 망국의 社稷에서 판결한다."라고 하였는데, 鄭玄의 注에 "陰訟이란 中冓의 일로 법에 저촉되는 것을 다투는 것이고, 勝國이란 〈전 왕조의〉 망한 나라이다. 亡國의 사직은 그 윗부분을 덮어 가리고, 아래로는 울타리를 설치하여 통하는 바가 없게 하니, 그곳에서 陰訟의 실정을 판결하는 것은 드러내지 말아야 함을 밝힌 것이다."라고 하고, 바로 이 詩를 인용하여 증명하였으니, 이것이 그 궁중 안의 음란이 이루어진 일은 추악하여 입에 올려 말할 수가 없다는 것이다.

牆有茨하니 不可襄也로다

담장 위의 납가새
제거할 수가 없네

【傳】 襄은 除也라

襄은 '제거함'이다.

中冓之言이여 不可詳也로다

궁중 안방의 이야기
자세히 말할 수가 없네

【傳】 詳은 審也라 ○ 詳은 韓詩에 作揚하니 揚猶道也라

詳은 '자세함'이다.

○ 詳은 ≪韓詩≫에 揚으로 썼는데, 揚은 '설명하다'와 같다.

所可詳也면 言之長也로다

소상히 말하자면
말이 길어지네

【傳】 長은 惡(오)長也라

長은 〈말이〉 길어짐을 싫어한 것이다.

牆有茨하니 不可束也로다

담장 위의 납가새
묶어낼 수가 없네

【傳】 束而去之라

묶어서 제거함이다.

中冓之言이여 不可讀也로다

궁중 안방의 이야기
들추어낼 수가 없네

【傳】 讀은 抽也라

讀은 들추어내는 것이다.

【箋】 箋云 抽는 猶出也라

箋云 : 抽는 발설함과 같다.

【疏】 傳'讀 抽', 箋 '抽 猶出' ○ 正義曰 : 上云'不可詳', 則此爲讀誦, 於義亦通, 必以爲抽者, 以讀誦非宣露之義, 傳訓爲抽, 箋申抽爲出也.

傳의 〔讀 抽〕와 箋의 〔抽 猶出〕

○ 正義曰 : 위에서 '不可詳'이라고 하였으니, 여기에서는 '讀誦'이라 하면 역시 뜻이 통하는데, 굳이 '抽'라고 한 것은 '讀誦'이 '드러내다'라는 뜻이 아니기 때문이다. 이 때문에

傳에서는 '抽'로 해석하고, 箋에서는 抽를 '出'이라고 풀이한 것이다.

所可讀也면 **言之辱也**로다

들추어내자면
말이 욕되다네

【傳】 辱은 辱君也라

'辱'은 君을 욕되게 함이다.

牆有茨三章이니 **章六句**라

〈牆有茨〉는 3章이니 章마다 6句이다.

君子偕老(군자해로)

【序】 **君子偕老**는 **刺衛夫人也**라 **夫人淫亂**하여 **失事君子之道**라 **故陳人君之德**과 **服飾之盛**하여 **宜與君子偕老也**라

〈君子偕老〉는 衛나라의 夫人을 풍자한 시이다.

부인이 음란하여 군자(남편)를 섬기는 도리를 잃었다. 그리하여 人君(小君)의 덕과 성대한 服飾을 이야기하여 군자와 偕老해야 한다고 한 것이다.

【箋】 夫人은 宣公夫人이니 惠公之母也라 人君은 小君也라 或者小字를 誤作人耳라

夫人은 衛 宣公의 夫人이니 惠公의 母이다. 人君은 小君이다. 或者가 '小'자를 '人'자로 잘못 쓴 것이다.

【疏】 '君子偕老(三章, 首章七句, 二章九句, 卒章八句)'至'偕老' ○ 正義曰：作君子偕老詩者, 刺衛夫人也, 以夫人淫亂, 失事君子之道也. 毛以爲, "由夫人失事君子之道, 故陳別有小君, 內有貞順之德, 外有服飾之盛, 德稱其服, 宜與君子偕老者, 刺今夫人有淫佚之行, 不能與君子偕老." 偕老者, 謂能守義貞絜以事君子, 君子雖死, 志行不變, 與君子俱至於老也.

序의 〔君子偕老〕에서 〔偕老〕까지

○ 正義曰 : 〈君子偕老〉詩를 지은 것은 衛나라의 부인을 풍자한 것이니, 부인이 음란하여 군자 섬기는 도를 잃었기 때문이다. 毛亨은 "부인이 군자 섬기는 도를 잃었다. 그리하여 여기에 따로 小君이 있는데, 안으로는 貞順한 덕이 있고 밖으로 성대한 服飾이 있어 덕이 그 의복과 걸맞으니, 마땅히 군자와 偕老할만 함을 이야기하여 지금의 부인은 淫佚한 행동이 있어 군자와 해로할 수 없음을 풍자한 것이다."라고 여겼다. '偕老'라는 것은 節義를 지키고 정결함으로 군자를 잘 섬겨 군자가 비록 죽더라도 뜻과 행실을 변치 않고 君子와 함께 늙음에 이르는 것을 말한다.

【疏】 經陳行步之容, 髮膚之貌, 言德美盛飾之事, 能與君子偕老者乃然, 故發首言君子偕老, 以爲一篇之摠目, 序則反之, 見內有其德, 外稱其服, 然後能與君子偕老, 各自爲勢所以倒也. 鄭以爲, "由夫人失事君子之道, 故陳此夫人, 旣有擧動之德, 服飾之盛, 宜應與君子俱至於老, 反爲淫佚之行, 而不能與君子偕老, 故刺之." 此人君之德, 謂宣姜服飾之盛, 行止有儀, 不謂內有其德也.

經에서는 걸음걸이의 態度와 머리와 피부의 모습을 이야기하여, 德이 아름답고 복식을 훌륭하게 하는 일은 君子와 偕老할 수 있는 자라야 비로소 그러함을 말하였다. 그리하여 첫머리에 '君子偕老'를 말하여 一篇의 摠目으로 삼았는데, 序에서는 이와 반대로 '안으로 德이 있고 밖으로 服飾과 걸맞은 뒤에야 군자와 해로할 수 있음'을 나타냈으니, 각자 형편에 따라 뒤바꾼 것이다. 鄭玄은 "부인이 군자를 섬기는 도리를 잃었다. 그리하여 이 부인이 擧動의 덕과 服飾의 성대함이 있어 군자와 해로함에 이르러야 하는데도, 도리어 음란한 행동을 하여 군자와 해로할 수 없기 때문에 풍자한 것이다."라고 여긴 것이다. 여기의 '人君의 德'은 宣姜의 服飾이 훌륭하여 행동거지에 儀表가 있음을 말한 것이지, 안으로 그와 걸맞는 덕을 지니고 있다고 말한 것은 아니다.

【疏】 箋'夫人'至'誤作人' ○ 正義曰 : 以上篇公子頑通乎君母, '母'是宣姜, 故知此亦爲宣公夫人, 惠公之母也, 以言刺夫人, 故知人君爲小君. 以夫妻一體, 婦人從夫之爵, 故同名曰'人君', 碩人傳曰 "人君以朱纏鑣." 亦謂夫人也. 夫人雖理得稱人君, 而經傳無謂夫人爲人君者, 故箋疑之云, "或者小字, 誤作人耳." 俗本亦有無此一句者, 定本有之.

箋의 〔夫人〕에서 〔誤作人〕까지

○ 正義曰 : 上篇에서 公子 頑이 君母와 姦通하였다는 '母'는 宣姜이다. 그리하여 여기 또한 宣公의 夫人이고 惠公의 母임을 안 것이고, 夫人을 諷刺하였음을 말하였다. 그리하여 '人君'이 '小君'임을 안 것이다. 남편과 부인은 한 몸이어서 부인은 남편의 爵位를 따르기 때문에 호칭을 같이하여 '人君'이라고 하였으니, 〈衛風 碩人〉의 傳에서 "人君은 붉은 끈으로 말에 재갈하니 선명하다."라고 한 것도 부인을 말한다. 부인을 도리상 人君으로 칭할 수는 있으나, 經과 傳에 부인을 '人君'이라고 이른 곳이 없다. 그리하여 箋에서 이를 의심하여 "或者가 小자를 人자로 잘못 쓴 것이다."라고 한 것이다. 俗本에는 이 한 구절이 없는 것도 있는데, 定本에는 있다.

君子偕老라 副笄六珈니

군자와 偕老하는지라

副笄에 여섯 곳을 꾸몄으니

【傳】 能與君子俱老라야 乃宜居尊位하고 服盛服也라 副者는 后夫人之首飾이니 編髮爲之라 笄는 衡笄[2]也라 珈는 笄飾之最盛者니 所以別尊卑라

1) 衡笄 : 橫簪이니 冠帽를 고정하는 비녀이다. ≪周禮句解≫ 〈天官 冢宰 下〉에 "王后의 衡笄는 옥으로 만드는데……衡은 관을 유지하여 안정시키는 것이고, 笄는 머리카락을 감아 마디를 만들어 안정시키는 것이다.〔王后之衡笄 以玉爲之……衡則維持冠而平之也 笄則卷髮而節之使平也〕"라고 하였다.

君子와 偕老할 수 있는 자라야 비로소 존귀한 자리에 앉고 盛服을 입을 수 있다. 副는 后夫人의 머리 장식이니 머리카락을 엮어서 만든다. 笄는 衡笄이다. 珈는 笄를 꾸미는 것 중 가장 성대한 것이니, 이것으로 존귀함과 비천함을 구별한다.

【箋】 箋云 珈之言은 加也니 副既笄而加飾[1]이니 如今步搖上飾이라 古之制所有는 未聞이라

1) 副既笄而加飾 : ≪周禮≫ 〈天官 追師職〉의 注에 "王后의 衡笄는 모두 玉으로 만드는데, 祭服에만 衡笄가 있다. 이것을 副의 양 곁에 드리워 귀에 닿게 한다.〔王后之衡笄 皆以玉爲之 唯祭服有衡 垂於副之兩傍當耳〕"라고 하였다.

箋云 : 珈의 뜻은 '더함(加)'이니 副에 笄를 하고 꾸밈을 더하는 것이니, 지금의 步搖 위의 장식과 같다. 옛날의 제도에 있는지는 듣지 못하였다.

委委佗佗며 如山如河라

행실 자상하고 마음 평온하며
山 같고 河水 같아

【傳】 委委者는 行可委曲蹤迹也요 佗佗者는 德平易(이)也라 山無不容이요 河無不潤이라 ○ 委佗를 韓詩云 德之美貌라

委委는 行動이 자상한 것이고 佗佗는 德이 평온함이다. 山은 包容하지 않음이 없고 河水는 적셔주지 않음이 없다.

○ 委와 佗를 ≪韓詩≫에서는 "德이 아름다운 모습이다."라고 하였다.

象服是宜이어늘

象服 잘 어울리거늘

【傳】 象服은 尊者所以爲飾이라

象服은 존귀한 사람이 이것으로 꾸미는 것이다.

【箋】 箋云 象服者는 謂揄翟과 闕翟也니 人君之象服은 則舜所云'予欲觀古人之象日月星辰'[1]之屬이라 ○ 揄는 作褕하고 狄은 作翟하니 王后第二服曰褕狄이라

1) 予欲觀古人之象日月星辰 : ≪尙書≫ 〈益稷〉에 나오는 내용으로, 상의에 日, 月, 星辰, 山, 龍, 華蟲을 그리고, 하의에 宗彝, 藻, 火, 粉米, 黼, 黻을 오색으로 수를 놓아 大小와 尊卑의 등급을 밝히고자 한 것을 말한다.

2) 王后第二服曰褕狄 : 왕후의 두 번째 의복인데, 첫 번째 의복인 褘衣와 세 번째 의복인 闕翟과 함께 왕을 따라 제사할 때 입는다. ≪周禮≫ 〈內司服〉에 "왕후의 六服을 담당하는데, 褘衣·揄狄·闕狄·鞠衣·展衣·緣衣이다."라고 하였다.

箋云 : '象服'은 揄翟과 闕翟이니, 人君의 象服은 곧 ≪尙書≫ 〈益稷〉에서 舜임금이 말한 '내가 옛사람의 法象의 服制를 보이기 위하여 해와 달과 별을 〈五色으로 그려 넣으

며〉'라고 한 것 등이다.

○ 揄는 褕로 쓰고 狄은 翟으로 쓰는데, 왕후의 두 번째 의복을 '褕狄'이라고 한다.

子之不淑은 云如之何오

그대 착하지 못함은
어찌해서인가요

【傳】 有子若是어늘 (何)〔可〕[1]謂不善乎아

1) (何)〔可〕: 저본의 교감기에 따라 '可'로 번역하였다.

그대 이와 같음이 있는데, 불선하다고 해서야 되겠는가.

【箋】 箋云 子乃服飾如是어늘 而爲不善之行하니 於禮當如之何오하니 深疾之라

箋云 : "그대의 服飾이 이러한데, 不善한 行動을 하니 禮에 어떠하겠는가."라고 한 것이니, 매우 미워한 것이다.

【疏】 '君子'至'之何' ○ 毛以爲 "言夫人能與君子俱至於老者, 首服副飾而著衡笄, 以六珈玉爲之飾, 旣服此服, 其行委委然, 行可委曲, 佗佗然, 其德平易, 如山之無不容, 如河之無不潤. 德能如是, 以象骨飾服而著之, 是爲得宜, 此子之德, 與服相稱以此, 可謂不善, 云如之何乎." 言其宜善也, 今之夫人, 何以不善而爲淫亂, 不能與君子偕老乎.

經의 〔君子〕에서 〔之何〕까지

○ 毛亨은 "부인이 能히 군자와 함께 해로할 수 있는 것은 머리에 副笄의 장식을 하고 衡笄를 꽂아 여섯 개의 珈玉으로 꾸몄으니 이러한 복식을 하여 그 걸음걸이 여유롭고 행동이 분명하고 자연스러우며, 그 덕이 겸손하여 山처럼 포용하지 않음이 없고 黃河처럼 적셔주지 않음이 없기 때문이다. 덕이 이와 같으면 상아로 장식한 복식을 하는 것이 알맞으니, 이것이 그대의 덕이 盛服과 걸맞은 이유이다. 그런데 不善하다고 할 수 있다면 어떻다 하겠는가."라고 한 것으로 여겼다. 당연히 善해야 하는데 지금 부인은 어찌하여 不善하게 음란한 짓을 하여 군자와 해로하지 못하는가라고 한 것이다.

【疏】鄭以爲"言此夫人, 宜與君子偕老, 何者. 今夫人, 旣有首服副笄而著六珈, 又能委委佗佗, 如山如河, 象服褕翟闕翟得其宜. 服飾如是, 宜爲善以配君子, 今子之反爲不善之行欲, 云如之何乎, 深疾之."

鄭玄은 "이 夫人은 마땅히 君子와 偕老하여야 한다. 무엇 때문인가. 지금 夫人이 머리에는 副와 笄를 하여 여섯 개의 옥 장식을 더하고 또 걸음걸이 분명하고 자연스러워 마치 山과 黃河와 같고, 褕翟·闕翟의 象服이 알맞기 때문이다. 服飾이 이러하니 마땅히 선행을 하여 군자와 짝이 되어야 하는데, 지금 그대는 도리어 불선한 욕정을 부리니 '어찌해서인가'라고 하여 매우 미워함을 말한 것"으로 여겼다.

【疏】傳'能與'至'尊卑' ○正義曰：副者, 祭服之首飾, 追師'掌王后之首服, 爲副編次', 注云 "副之言, 覆, 所以覆首, 爲之飾, 其遺象若今之步搖矣, 服之以從王祭祀. 編, 編列髮爲之, 其遺象若今假紒矣, 服之以告桑也. 次, 次第髮長短, 所謂髲髢, 服之以見王." 是也. 言編若今假紒者, 編列他髮, 爲之假作紒形, 加於首上, 次者, 亦鬄(체)他髮與已髮, 相合爲紒, 故云'所謂髲鬄', 是編次所以異也.

傳의 〔能與〕에서 〔尊卑〕까지

○正義曰：'副'는 祭服의 머리장식이니, ≪周禮≫ 〈天官 追師〉에 '〈追師가〉 王后의 머리 服飾을 담당하니 副와 編과 次를 한다.'라고 하였는데, 注에 "副의 뜻은 덮는다는 것이니, 머리를 덮어 장식하는 것이다. 전래해오는 모양은 지금의 步搖와 같으니, 이것을 착용하고 王을 따라 祭祀드린다. '編'은 머리카락을 엮어서 만드니, 전래해오는 모양은 지금의 가발로 만든 다리〔假紒〕와 비슷한데, 이것을 착용하고서 桑事를 上帝에게 告한다. '次'는 머리카락의 長短을 가지런히 하는 것이니, 이른바 가발〔髲髢〕인데 이것을 착용하고서 왕을 뵙는다."라고 한 것이 이것이다. '編은 지금의 假紒와 같다.'는 것은 다른 사람의 머리털을 엮어 다리 모양으로 만들어 머리 위에 덧붙이는 것이고, 次도 남의 머리카락과 자기의 머리카락을 손질하여 서로 합하여 다리를 만든다. 그리하여 '이른바 髲鬄이다.'라고 한 것이니, 編과 次가 이 때문에 다른 것이다.

【疏】以此笄連副, 則爲副之飾, 是衡笄也, 故追師, 又云 "追衡笄." 注云 "王后之衡笄, 皆以玉爲之, 唯祭服有衡笄, 垂于副之兩傍, 當耳, 其下以紞懸瑱." 是也, 編次則無衡笄. 言珈者, 以玉(珈)〔加〕[1]於笄爲飾, 后夫人首服之尤尊, 故云 '珈 笄飾之最盛者.' 此副及衡笄與珈飾, 唯后夫人有之, 卿大夫以下則無, 故云 '所以別尊卑'也.

1) (珈)〔加〕: 저본의 교감기에 따라 '加'로 번역하였다.

이 笄를 副에 꽂으면 副의 꾸밈이 되니 이것이 衡笄이다. 그리하여 ≪周禮≫ 〈天官 追師〉에 또 "追師가 衡笄를 담당한다."라고 하였는데, 그 注에 "왕후의 衡笄는 모두 옥으로 만드는데 祭服에만 있다. 副의 兩傍에 드리워 귀에 닿게 하고 그 아래에 끈으로 瑱을 매단다."라고 한 것이 이것이니, 編과 次에는 衡笄가 없다. '珈'라고 한 것은 옥을 笄에 더하여 꾸미기 때문이니, 后夫人의 머리 복식 중에 더욱 존귀한 것이다. 그리하여 '珈는 笄를 꾸미는 것 중에 가장 성대한 것이다.〔珈 笄飾之最盛者〕'라고 한 것이다. 副 및 衡笄와 珈飾은 后夫人에게만 있고 卿大夫 이하의 夫人에는 없다. 그리하여 '이것으로 尊卑를 구별하는 것이다.〔所以別尊卑〕'라고 한 것이다.

【疏】 箋'珈之'至'未聞' ○ 正義曰 : 以珈字從玉, 則珈爲笄飾. 謂之珈者, 珈之言加, 由副既笄而加此飾, 故謂之珈, 如漢之步搖之上飾也. 步搖, 副之遺象, 故可以相類也. 古今之制, 不必盡同, 故言'古之制所有未聞', 以言六珈, 必飾之有六, 但所施不可知. 據此言六珈, 則侯伯夫人爲六, 王后則多少無文也.

箋의 〔珈之〕에서 〔未聞〕까지

○ 正義曰 : 珈자가 玉변에 쓰이기 때문에 珈가 笄의 裝飾이 된다. '珈'라고 한 것은 珈의 뜻이 加이니, 副에 비녀를 꽂고 이 裝飾을 더해서이다. 그리하여 '珈'라고 한 것이니, 漢나라 때의 步搖 위 장식과 같다. 步搖가 副의 전래해온 形象이기 때문에 서로 유추한 것인데, 고금의 제도가 반드시 다 같을 수는 없다. 그리하여 '옛 제도에 대해서는 듣지 못하였다.〔古之制 所有未聞〕'라고 한 것이다. 六珈라고 말하였으니 반드시 장식이 여섯 가지일 것이나, 다만 설치한 곳은 알 수 없다. 여기서 六珈라고 말한 것에 근거해보면 侯伯의 부인은 여섯 개를 하였을 것이다. 그러나 王后는 몇 개를 하였는지 문헌이 없다.

【疏】 傳'委委'至'不潤' ○ 正義曰 : 傳以 陳人君之德而駁宣姜, 則以爲內有德也. 釋訓云 "委委佗佗, 美也." 李巡[2]曰 "(寬)〔皆〕[1]容之美也." 孫炎曰 "委委, 行之美, 佗佗, 長之美." 郭璞曰 "皆佳麗美豔之貌." 傳意, 陳善以駁宣姜, 則以爲內實有德, 其言行可委曲, 德平易(이). 李巡與孫炎略同, 則委委佗佗, 皆行步之美, 以內有其德, 外形於貌, 故傳

互言之. 委委者, 行可委曲, 佗佗者, 德平易也, 由德平易, 故行可委曲. 德平易, 卽'如山如河'是也.

1) (寬)〔皆〕: 저본의 교감기에 따라 '皆'로 번역하였다.

傳의 〔委委〕에서 〔不潤〕까지

○ 正義曰 : 傳은 '인군의 덕을 말하여 宣姜을 논박하였으니 그렇다면 안에 덕이 있는 것'으로 여긴 것이다. ≪爾雅≫ 〈釋訓〉에 "委委와 佗佗는 아름다움이다."라고 하였는데, 李巡은 "모두 용모의 아름다움이다."라고 하고, 孫炎은 "委委는 걸음걸이의 아름다움이고, 佗佗는 키가 큰 아름다움이다."라고 하고, 郭璞은 "모두 아름답고 농염한 모습이다."라고 하였는데, 傳의 뜻은 선을 말하여 宣姜을 논박하였으니 그렇다면 안에 실로 덕이 있어 언행이 지극하고 덕이 겸손한 것으로 여긴 것이다. 李巡과 孫炎의 뜻은 대략 같으니, 委委와 佗佗는 걸음걸이의 아름다운 모습이니, 안에 덕이 있어 밖으로 모습에 나타난 것으로 여겼다. 그리하여 傳과 互言한 것이다. 委委는 행동이 곡진함이고, 佗佗는 덕이 겸손함이니, 덕이 겸손하기 때문에 행동이 곡진할 수 있는 것이다. 德平易는 바로 '산과 같고 황하와 같다.〔如山如河〕'는 것이 이것이다.

【疏】 鄭以論宣姜之身, 則或與孫郭同, 爲宣姜, 自佳麗美豔, 行步有儀, 長大而美, 其擧動之貌, 如山如河耳, 無取於容潤也.

鄭玄은 '宣姜의 생김새로 論하자면 孫炎과 郭璞의 말과 같기도 하지만, 宣姜이 본래 아름답고 농염하고 걸음걸이가 법도가 있어 키가 크면서도 아름답기 때문에 그 거동의 모습이 마치 산과 같고 황하와 같다는 것이지, 山처럼 포용하고 河水처럼 적셔주는 뜻을 취한 것은 없는 것'으로 여긴 것이다.

【疏】 傳'象服'至'爲飾' ○ 正義曰 : 以下傳云 '褕翟, 羽飾衣.' 則象非畫羽也, 言服則非揥, 明以象骨飾服, 唯尊者爲然, 故云'尊者所以爲飾'. 象骨飾服, 經傳無文, 但推此傳, 其理當然.

傳의 〔象服〕에서 〔爲飾〕까지

○ 正義曰 : 아래 장의 傳에서 '褕翟은 꿩 깃으로 꾸민 옷이다.'라고 하였으니 象은 羽를 그린 것이 아니고, '服'이라고 말했으니 빗치개가 아니다. 분명 象骨로 服을 꾸민 것이니 존귀한 자만이 그렇게 한다. 그리하여 '尊者가 이것으로 꾸미는 것이다.〔尊者所以爲

飾〕'라고 한 것이다. 象骨로 祭服을 장식한 것에 대하여는 經과 傳에 글이 없지만 이 傳을 미루어보면 그 이치가 당연하다.

【疏】 箋'象服'至'之屬' ○ 正義曰：箋以經言'象服'則非首服也. 以象骨飾服, 則書傳之所未聞. 下云'其之翟也', 明此爲褕翟闕翟也. 翟而言象者, 象鳥羽而畫之, 故謂之象. 以人君之服, 畫日月星辰, 謂之象, 故知畫翟羽亦爲象也, 故引古人之象以證之, 皐陶謨云"帝曰'予欲觀古人之象, 日月星辰山龍華蟲, 作會, 宗彝, 藻火粉米黼黻, 絺繡'"是也. 自日月至黼黻, 皆爲象, 獨言日月星辰者, 取證象服而已, 故略之也.

箋의 〔象服〕에서 〔之屬〕까지

○ 正義曰：箋은 經에서 '象服'이라고 하였으니 首服이 아닌 것으로 여긴 것이다. 象骨로 祭服을 장식한다는 것은 글이나 傳에서 보지 못한 것이다. 아래 장에서 '其之翟也'를 말하였으니 분명 여기는 褕翟과 闕翟이다. 翟인데 '象'이라고 한 것은 새의 깃털을 형상하여 그렸기 때문이다. 그리하여 象이라고 한 것이다. 인군의 의복에 日・月・星辰을 그린 것을 象이라고 한다. 그리하여 翟羽를 그린 것도 象이 됨을 안 것이다. 그리하여 고인의 象을 인용하여 증명한 것이니 ≪尙書≫ 〈皐陶謨〉에서 "帝舜이 '내가 古人 法象〈의 服制를〉 施範하기 위하여 해와 달과 星辰과 山과 龍과 꿩(華蟲)을 다섯 가지 채색으로 그리며, 宗廟의 彝樽에도 〈산과 용과 꿩으로〉 꾸미며, 마름과 불과 粉米와 黼와 黻을 수놓아.'"라고 한 것이 이것이다. 日・月로부터 黼・黻까지 모두 象이 되는데, 유독 日・月・星辰만 말한 것은 이것을 가져다 象服을 증명한 것이다. 그리하여 나머지는 생략한 것이다.

【疏】 傳'有子'至'不善' ○ 正義曰：傳意, 擧善以刺惡, 故反其言以激之. '可謂不善', 言其善也.

傳의 〔有子〕에서 〔不善〕까지

○ 正義曰：傳의 뜻은 선을 들어 악을 풍자하였다. 그리하여 반대로 말하여 격동시킨 것이다. '可謂不善'은 선행을 해야 함을 말한 것이다.

玼兮玼兮하니 其之翟也로다

깨끗하고 깨끗하니

그분의 翟衣로다

【傳】 玼는 鮮盛貌라 褕翟闕翟은 羽飾衣也라

玼는 산뜻하고 우아한 모양이다. 褕翟과 闕翟은 깃으로 장식한 옷이다.

【箋】 箋云 侯伯夫人之服은 自褕翟而下 如王后焉이라 ○ 玼는 說文云 新色鮮也라하고 字林云 鮮也라하며 玉篇云 鮮明貌라 沈云 毛及呂忱은 竝作玼解한대 王肅云 顔色衣服鮮明貌라 本或作瑳하니 此是後文瑳兮니 王肅注 好美衣服絜白之貌라하니 若與此同이면 不容重出이라하니 今檢王肅本하니 後不釋하여 不如沈所言也라 然이나 舊本皆前作玼하고 後作瑳字라

箋云 : 侯伯夫人의 服飾에 褕翟 이하는 왕후와 같다.

○ 玼는 ≪說文解字≫에는 "新鮮하고 산뜻하다."라고 하고, ≪字林≫에는 "산뜻하다."라고 하고, ≪玉篇≫에는 "산뜻한 모양이다."라고 하였다. 沈重이 "毛長과 呂忱은 모두 玼자로 해석하였는데, 王肅은 '顔色과 衣服이 산뜻한 모양이다.'라고 하였다. '瑳'자로 된 本도 있는데, 이는 다음에 나온 글의 '瑳兮'를 말하니, 王肅은 '아름다운 衣服이 깨끗한 모양이다.'라고 주석하였다. 만약 이와 같다면 거듭해 나올 수 없다."라고 하였다. 그런데 지금 王肅本을 살펴보니 後章의 瑳兮를 풀이하지 않아 沈重이 말한 바와는 다르다. 그러나 舊本은 모두 앞장에는 玼자로 되어 있고 뒷장에는 瑳자로 되어 있다.

鬒(진)髮如雲하니 不屑髢也로다

검은 머리 구름 같아
다리머리 필요 없네

【傳】 鬒은 黑髮也라 如雲은 言美長也라 屑은 絜(결)也라

鬒은 검은머리이다. 如雲은 머리카락이 아름답고 긴 것을 말한다. 屑은 깨끗함이다.

【箋】 箋云 髢는 髲也라 不絜者는 不用髲爲善이라 ○ 鬒은 說文云 髮稠也라하고 服虔注左傳云 髮美爲鬒이라

箋云 : 髢는 다리이다. 不絜은 다리를 사용하는 것을 좋게 여기지 않는 것이다.

○ 鬒은 ≪說文解字≫에는 "머리카락이 빽빽하게 많음이다."라고 하고, 服虔의 ≪春秋左氏傳≫ 昭公 28년 注에는 "머리카락이 아름다운 것을 鬒라고 한다."라고 하였다.

玉之瑱也며 象之揥(체)也며

玉으로 만든 귀막이며
象牙로 만든 빗치개며

【傳】 瑱은 塞耳也요 揥는 所以摘髮也라 ○ 瑱는 充耳也요 揥는 摘(적)也라 摘은 本亦作擿하니 音同이라 本又作擿하고 又作謫하니 竝非라

瑱은 '귀막이'이고, 揥는 머리카락을 손질하는 도구이다.

○ 瑱은 '귀막이'이고, 揥는 摘이다. 摘은 擿자로 되어 있는 本도 있는데 音이 같다. 또 擿字로 되어 있는 本도 있고 謫자로 되어 있는 本도 있는데 모두 잘못된 것이다.

揚且(저)之皙也니

이마 훤칠하고 깨끗하시니

【傳】 揚은 眉上廣이요 皙은 白皙이라

揚은 눈썹 위가 넓은 것이고, 皙은 희고 깨끗함이다.

胡然而天也며 胡然而帝也오

어찌 그리도 하늘 같으며
어찌 그리도 上帝 같으오

【傳】 尊之如天이요 審諦如帝라

높기가 하늘과 같고, 두루 갖춤이 上帝와 같음이다.

【箋】 箋云 胡는 何也요 帝는 五帝也라 何由然女見尊敬如天帝乎아 非由衣服之盛과 顔色之莊與아 反爲淫昏之行가하니라 ○ 莊은 如字니 本又作壯이라

箋云 : 胡는 何이고 帝는 五帝이다. '무슨 까닭으로 그대는 하늘과 上帝 같은 존경을 받는가. 성대한 의복과 단정한 모습 때문이 아니겠는가. 그런데 도리어 음란한 행동을 하는가.'라고 한 것이다.

○ 莊은 本音으로 읽는데 壯으로 되어 있는 本도 있다.

【疏】 '玼兮'至'如帝' ○ 毛以爲 "夫人能與君子偕老者, 故宜服此. 玼兮玼兮, 其鮮盛之翟衣也. 又其鬒髮如雲, 言其美長, 不用髢而自絜美也. 又以玉爲之瑱也, 又以象骨爲之揥也, 又其眉上揚廣, 且其面之色, 又白晳. 既服飾如此, 其德又稱之, 其見尊敬如天帝. 何由然見尊敬如天乎, 由其(瑱)〔塡〕[1]實如天. 何由然見尊敬如帝乎, 由其審諦如帝, 故能與君子偕老, 今夫人, 何故淫亂而不塡實, 不審諦, 使不可尊敬乎."

1) (瑱)〔塡〕: 저본의 교감기에 의거하여 '塡'으로 번역하였다. 아래의 문장에 나오는 瑱實, 言瑱, 爲瑱의 瑱字도 모두 같다.

經의 〔玼兮〕에서 〔如帝〕까지

○ 毛亨은 "夫人은 君子와 능히 偕老할 수 있는 者이다. 그리하여 이러한 것을 착용함이 마땅하다. '玼兮玼兮'는 翟衣가 산뜻하고 우아한 모습이다. 또 검은 머리가 구름 같다는 것은 머리가 아름답고 길어 다리를 쓰지 않아도 절로 깨끗하고 아름답다는 말이다. 또 玉으로 귀막이를 하고 象牙로 빗치개를 하고, 게다가 이마가 넓고 얼굴색도 희고 깨끗하다. 服飾이 이와 같고 그 덕이 또 이와 걸맞아 上天과 上帝와 같은 존경을 받는다. 그렇다면 무슨 까닭으로 상천과 같은 존경을 받는가. 그 충실함이 상천과 같기 때문이다. 무슨 까닭으로 상제와 같은 존경을 받는가. 두루 갖춤이 상제와 같기 때문이다. 그리하여 君子와 해로할 수 있었는데, 지금 부인은 무슨 이유로 淫亂한 짓을 하여 충실하지도 두루 갖추지도 못하여 존경할 수 없도록 하는가."라고 여긴 것이다.

【疏】 鄭以指據宣姜今爲淫亂, 故責之, 言夫人, 何由見尊敬如天乎, 何由見尊敬如帝乎. 非由衣服之盛, 顔色之莊與. 既由衣服顔色以見尊敬, 何故反爲淫昏之行乎.

鄭玄은 宣姜이 지금 淫亂한 짓을 하는 것을 지적하여 근거로 하였다. 그리하여 그녀를 책망하여 '부인은 무슨 까닭에 상천처럼 존경을 받으며, 무슨 이유로 상제처럼 존경을 받는가. 의복이 성대하고 안색이 장엄해서가 아니겠는가. 의복과 안색으로 존경을 받고 있는데 무슨 이유로 도리어 음란한 행동을 하는가라고 한 것으로 여긴 것이다.

【疏】 傳'褕翟'至'飾衣' ○正義曰：傳"以翟, 雉名也, 今衣名曰翟, 故謂以羽飾衣, 猶右手秉翟, 卽執眞翟羽. 鄭注"周禮三翟, 皆刻繒爲翟雉之形, 而彩畫之以爲飾, 不用眞羽." 孫毓云"自古衣飾, 山・龍・華蟲・藻・火・粉米. 及周禮六服, 無言以羽飾衣者, 羽施於旌旂蓋則可, 施於衣裳則否, 蓋附人身, 動則卷舒, 非可以羽飾故也, 鄭義爲長."

傳의 〔褕翟〕에서 〔飾衣〕까지

○ 正義曰：傳은 "翟은 꿩의 이름인데, 지금 옷 이름을 翟이라 하기 때문에 '깃으로 장식한 옷이다.'라고 한 것이니, 오른손으로 翟衣를 잡은 것이 진짜 翟羽를 잡은 것과 같다."라고 여겼다. 鄭玄은 "≪周禮≫에 三翟이 있는데 모두 비단에 꿩의 모습을 새기고 채색을 하여 꾸미는 것이지, 진짜 깃털을 쓰지 않는다."라고 注하였는데, 孫毓은 "예로부터 옷에 꾸미는 것은 山・龍・華蟲・藻・火・粉米이다. 그런데 ≪周禮≫의 六服에 미쳐서는 羽로 옷을 장식한다는 말이 없는 것은, 羽를 旌・旂・蓋에 붙이는 것은 괜찮지만 의상에 붙이는 것은 안 되기 때문이다. 이는 〈옷이〉 사람의 몸에 붙어있어 움직일 때마다 말리거나 펴져 깃털로 장식할 수 있는 것이 아니기 때문이니, 鄭玄의 해석이 낫다."라고 하였다.

【疏】 傳'鬒黑'至'美長' ○正義曰：昭二十八年左傳云"有仍氏生女, 鬒黑而甚美, 光可以鑒, 名曰玄妻." 服虔云"髮美爲鬒, 詩云'鬒髮如雲', 其言美長而黑, 以髮美, 故名玄妻." 是鬒爲黑髮也.

傳의 〔鬒黑〕에서 〔美長〕까지

○ 正義曰：≪春秋左氏傳≫ 昭公 28년에 "有仍氏가 女兒를 낳았는데 머리숱이 많고 검어서 매우 아름답고 광택이 거울처럼 비추어볼 수 있어 '玄妻'라고 이름하였다."라고 하였는데, 服虔이 "머리카락이 아름다운 것을 鬒이라 하니, ≪詩經≫의 '鬒髮如雲'은 그 머리카락이 아름다우면서 길고 검은 것을 말한 것이니, 머리카락이 아름답기 때문에 '玄妻'로 이름한 것이다."라고 하였으니, 이 鬒은 黑髮이다.

【疏】 箋'髢 髲'至'爲善' ○正義曰：髢一名髲, 故云'髢 髲也.' 說文云"髲, 益髮也." 言己髮少聚, 他人髮益之, 哀十七年左傳 '衛莊公, 見己氏之妻髮美, 使髡之, 以爲呂姜髢.' 是也. 不絜髢者, 言婦人髮美, 不用他髮爲髲而自絜美, 故云 '不用髲爲善.'

箋의 〔髢 髲〕에서 〔爲善〕까지

○ 正義曰 : '髢'는 一名 髲이다. 그리하여 '髢 髲也'라고 한 것이다. ≪說文解字≫에 "髲는 髮을 보태는 것이다."라고 하였는데, 자기의 머리털을 조금 모으고 여기에 다른 사람의 머리털을 보탠다는 말이니, ≪春秋左氏傳≫ 哀公 17년에 '衛 莊公이 己氏妻의 머리카락이 아름다운 것을 보고 사람을 시켜 그 머리를 깎아서 呂姜의 髢를 만들게 하였다.'라고 한 것이 이것이다. 다리가 필요 없다는 것은 부인의 머리카락이 아름다워 다른 사람의 머리카락으로 다리를 만들지 않아도 절로 깨끗하고 아름답다는 말이다. 그리하여 鄭玄이 '다리를 사용하는 것을 좋게 여기지 않는 것이다.〔不用髲爲善〕'라고 한 것이다.

【疏】 傳'瑱塞'至'摘髮' ○ 正義曰 : 旣夕記云 "瑱, 塞耳." 充耳, 是也. 或曰充耳, 淇奧云 "充耳琇瑩." 是也. 以象骨搔首, 因以爲飾, 名之揥, 故云'所以摘髮', 葛屨云 "佩其象揥." 是也.

傳의 〔瑱塞〕에서 〔摘髮〕까지

○ 正義曰 : ≪儀禮≫ 〈旣夕禮〉의 記에 "瑱은 귀를 막는 것이다."라고 하였으니, 充耳가 이것이다. 혹은 '充耳'라고 하기도 하는데, 〈衛風 淇奧〉에서 말한 "귀막이〔充耳〕 아름다운 옥돌이네."라고 한 것이 이것이다. 象骨로 머리를 긁고, 또 장식으로 삼으니 揥라고 부른다. 그리하여 '머리카락을 손질하는 도구이다.〔所以摘髮〕'라고 한 것이니, 〈魏風 葛屨〉에서 말한 "상아로 만든 빗치개 찼네.〔佩其象揥〕"라고 한 것이 이것이다.

【疏】 傳'尊之'至'如帝' ○ 正義曰 : 傳互言[1]之, 言尊之如天, 明德如天也, 言審諦如帝, 則亦尊之如帝, 故經再云'胡然'也. 運斗樞[2]云 "帝之言諦." 夫人審諦, 似帝德, 故云如帝, 則如天亦然. 元命包云 "天之言瑱." 則此蓋亦爲瑱, 取其瑱實也. 毛不明說天帝同別, 不可知也, 二者, 皆取名以見(현)德也. 此章, 論祭服, 言其德當神明, 故尊之以比天帝, 卒章, 論事君子. 見賓客之服, 故以美女言之. 是以, 內司服注, 引"詩國風曰 '玼兮玼兮 其之翟也', 下云'胡然而天也 胡然而帝也', 言其德當神明. 又曰 '瑳兮瑳兮 其之展也', 下云'展如之人兮 邦之媛也.' 言其行配君子, 二者之義, 與禮合矣." 鄭雖非擧善駮惡, 其以類(根)〔相〕[3]配, 與傳同也.

1) 互言 : 同義詞를 上下에 교차 사용하여 글자의 중복을 피하는 修辭法의 하나이다.

2) 運斗樞 : 아래의 '元命包'와 같이 ≪春秋≫의 緯書 중 하나이다. 緯書는 漢代에 儒家經書의 뜻으로 길흉화복을 예언한 책이다. 經書에 상대되어 緯書라 칭한 것으로 ≪易≫,

≪書≫, ≪詩≫, ≪禮≫, ≪樂≫, ≪春秋≫, ≪孝經≫의 緯가 있다.

3) (根)〔相〕: 저본의 교감기에 따라 '相'으로 번역하였다.

傳의 〔尊之〕에서 〔如帝〕까지

○ 正義曰 : 傳은 互言하였는데, '높기가 하늘과 같다.〔尊之如天〕'라고 한 것은 밝은 덕이 上天과 같음이고, '두루 갖춤이 上帝와 같다.〔審諦如帝〕'라고 한 것은 역시 높기가 上帝와 같음이다. 그리하여 經에서 '胡然'을 두 번 말한 것이다. ≪春秋緯≫ 〈運斗樞〉에 "帝의 뜻은 갖춤〔諦〕이다."라고 하였으니, 부인이 두루 갖춘 것이 상제의 덕과 같다. 그리하여 '如帝'라고 하였으니 '如天'이라고 한 것도 그러하다. ≪春秋緯≫ 〈元命包〉에 "天의 뜻은 메우는 것〔塡〕이다."라고 하였으니, 그렇다면 여기도 아마 '메우다〔塡〕'라는 뜻이 될 것이니 충실하다는 뜻을 취한 것이다. 毛傳에서 天과 帝의 같고 다름에 대하여 분명하게 설명하지 아니하여 자세히 알 수는 없으나, 두 가지는 모두 이름을 취하여 덕을 나타낸 것이다. 이 장은 祭服을 논하여 그 덕이 神明에 합당함을 말하였다. 그리하여 높여서 상천과 상제에 비교하였고, 마지막 장은 군자를 섬기고 빈객을 만날 때의 服飾을 논하였다. 그리하여 美女로 말한 것이다. 이 때문에 ≪周禮≫ 〈天官 內司服〉의 注에서 ≪詩經≫ 國風을 인용하여 "'〈詩에서〉 깨끗하고 깨끗하니 그분의 翟衣로다.〔玼兮玼兮 其之翟也〕'와 아래 章의 '어찌 그리도 하늘 같으며 어찌 그리도 上帝 같으오.〔胡然而天也 胡然而帝也〕'라고 한 것은 덕이 신명에 합당함을 말한 것이고, 또 '선명하고 선명하니 그분의 展衣로다.〔瑳兮瑳兮 其之展也〕'와 아래 장의 '진실로 이러한 사람 나라의 미인이로다.〔展如之人兮 邦之媛也〕'라고 한 것은 행동이 군자와 짝됨을 말한 것이니, 두 가지의 뜻이 禮와 부합된다."라고 하였으니, 鄭玄이 비록 선을 들어 악을 논박한 것은 아니지만, 같은 부류끼리 서로 짝함에 있어서는 傳과 같다.

【疏】 箋'帝五帝'至'之行' ○ 正義曰 : 天帝, 名雖別而一體也, 以此別設其文, 爲有帝王之嫌, 故云 "帝, 五帝." 謂五精之帝[1]也, 春秋文耀鉤曰 "倉帝其名靈威仰, 赤帝其名赤熛怒, 黃帝其名含樞紐, 白帝其名白招拒, 黑帝其名汁光紀." 是也. 此責夫人之辭, 故言何由然而見尊敬如天帝乎, 非由衣服之盛, 顔色之莊與, 是覆上以責之. 此云 "反爲淫昏之行." 卒章箋云 "淫昏亂國者." 以下經云'邦之媛也', 因有邦文, 故言亂國.

1) 五精之帝 : 하늘에 있는 五行 즉 水·火·金·木·土의 神인데, 처음에는 木德으로 王天下하고 그 다음은 相生의 行으로 점차 이어가므로 '五精之帝'라고 한 것이다. ≪孔子

家語≫에 老聃이 “하늘에는 水・火・金・木・土의 五行이 있는데 때를 나누어 化育하여 만물을 이루어주니, 그 신을 일러 五帝라 한다.〔天有五行 水火金木土 分時化育 以成萬物 其神謂之五帝〕”라고 하였다.

箋의 〔帝五帝〕에서 〔之行〕까지

○ 正義曰 : ‘天’과 ‘帝’는 명칭은 비록 다르나 一體이다. 그런데 天과 帝로 구별하여 쓴 것은 〈天帝를〉 帝王으로 여길 혐의가 있기 때문이다. 그리하여 “帝는 五帝이다.”라고 하였으니, 五精의 帝를 말한다. ≪春秋緯≫ 〈文耀鉤〉에 “倉帝는 이름이 靈威仰이고, 赤帝는 이름이 赤熛怒이고, 黃帝는 이름이 含樞紐이고, 白帝는 이름이 白招拒이고, 黑帝는 이름이 汁光紀이다.”라고 한 것이 이것이다. 이 부분은 부인을 책망하는 말이다. 그리하여 ‘무슨 까닭으로 그대는 하늘과 같고 上帝와 같은 존경을 받는가. 성대한 의복과 장엄한 안색 때문이 아니겠는가.〔何由然而見尊敬如天帝乎 非由衣服之盛 顏色之莊與〕’라고 하였으니, 이는 위의 말을 반복하여 책망한 것이다. 여기에서 ‘反爲淫昏之行’이라 말하고 마지막 장의 箋에서 ‘淫昏亂國’이라 말한 것은 아래 經의 ‘邦之媛也’에 ‘邦’字가 있기 때문이다. 그리하여 ‘亂國’이라고 한 것이다.

瑳兮瑳兮하니 其之展也로다

선명하고 선명하니
그분의 展衣로다

蒙彼縐絺하니 是紲袢(설반)也로라

가는 갈포 속옷에 展衣 덧입었으니
더위에 알맞은 예복이로다

【傳】 禮有展衣者하니 以丹縠(혹)爲衣라 蒙은 覆也라 絺之靡者爲縐니 是當暑袢延之服也라

禮에 展衣가 있는데 붉고 가는 비단으로 만든 옷이다. ‘蒙’은 ‘덮음’이다. 갈포 중에 올이 가는 것이 縐이니, 이는 더울 때에 열기를 식히기 위하여 입는 속옷이다.

【箋】 箋云 后妃六服之次에 展衣는 宜白이라 縐絺는 絺之蹙蹙者라 展衣는 夏則裏衣縐絺니

此以禮見於君及賓客之盛服也라 展衣字誤니 禮記作襢(전)衣라 ○ 瑳는 說文云 玉色鮮白이라 縐는 靡也라 衣는 著也니 下裏衣同이라

箋云 : 后妃의 六服 차례에 따르면 展衣는 의당 白色이다. 縐絺는 가는 葛布로 촘촘한 것이다. 展衣는 여름에는 안에 縐絺를 입는데, 이는 禮로 군과 빈객을 뵐 때 입는 화려한 禮服이다. 展衣는 글자가 잘못되었으니 ≪禮記≫에는 '襢衣'로 되어 있다.

○ 瑳는 ≪說文解字≫에 "옥의 색깔이 희고 깨끗한 것이다."라고 하였다. 縐는 올이 가는 것이다. 衣는 '입음'이니 아래의 '裏衣'도 같다.

子之淸揚이며 揚且(저)之顔也로다

그대의 눈매는 맑고
이마는 넓고 반듯 얼굴은 복스러워

【傳】 淸은 視淸明也라 揚은 廣揚이니 而顔角豐滿이라

淸은 눈이 맑고 깨끗함이다. 揚은 이마가 넓은 것이니, 이마가 반듯하고 풍만한 것이다.

展如之人兮여 邦之媛也로다

진실로 이러한 사람
나라의 미인이로다

【傳】 展은 誠也라 美女爲媛이라

展은 '진실로'이다. 미녀가 媛이다.

【箋】 箋云 媛者는 邦人이 所依倚以爲媛助也니 疾宣姜이 有此盛服而以淫昏亂國이라 故云然이라 ○ 媛은 韓詩에 作援하니 援은 取也라

箋云 : 媛은 나라사람이 의지해 援助로 삼은 것이니, 宣姜이 이러한 훌륭한 예복이 있으면서도 음란함으로 나라를 어지럽힌 것을 미워하였다. 그리하여 그렇게 말한 것이다.

○ 媛은 ≪韓詩≫에는 '援'자로 되어 있는데 援은 '취함'이다.

【疏】'瑳兮'至'媛也' ○ 毛以爲"言夫人能與君子偕老者, 故服此瑳兮瑳兮其鮮盛之展衣, 以覆彼縐絺之上. 縐絺, 是當暑紲去袢延烝熱之服也. 子之夫人, 非直服飾之盛, 又目視淸明而眉上平廣, 且顔角豐滿, 而德以稱之, 誠如是德服相稱之人, 宜配君子, 故爲一國之美女兮, 今夫人, 何爲淫亂, 失事君子之道, 而不爲美女之行乎." ○ 鄭以"言宣姜, 服飾容貌如是, 故一邦之人, 依倚以爲媛助, 何故反爲淫昏之行而亂國乎."

經의 〔瑳兮〕에서 〔媛也〕까지

○ 毛氏는 "夫人은 군자와 偕老할 수 있는 자이다. 그리하여 이처럼 선명하고 우아한 展衣를 縐絺 옷 위에 덧입었으니, '縐絺'는 더울 때에 열기를 식히는 옷이다. 그대 부인은 복식이 성대할 뿐 아니라, 또 눈동자가 청명하며 눈썹 위가 평평하고 넓으며 이마가 반듯하고 풍만하다. 덕이 이와 걸맞으니, 진실로 이처럼 덕과 복식이 서로 걸맞는 사람은 군자와 짝이 되기에 알맞다. 그리하여 한 나라의 미녀가 되었었는데, 지금의 부인은 어찌 음란한 짓을 하여 군자 섬기는 도를 잃고 미녀다운 행실을 하지 않는가."라고 한 것으로 여긴 것이다.

○ 鄭玄은 "宣姜의 服飾과 용모가 이와 같았기 때문에 온 나라 사람들이 의지하여 원조로 여겼는데, 무슨 까닭으로 도리어 음란한 행실을 하여 나라를 어지럽히는가."라고 한 것으로 여긴 것이다.

【疏】傳'禮有'至'之服' ○ 正義曰 : 言衣服之內, 有名'展衣'者, 其衣以丹縠爲之, 以文與'縐絺'相連, 嫌以絺爲之, 故辨其所用也. 絺者, 以葛爲之, 精曰絺, 麤曰綌. 其精尤細靡者, 縐也, 言細而縷縐, 故箋申之云 '縐絺, 絺之蹙蹙者.' 言'是當暑袢延之服'者, 謂縐絺, 是紲袢之服, 展衣則非是也. '紲袢'者, 去熱之名, 故言'袢延之服', 袢延是熱之氣也.

傳의 〔禮有〕에서 〔之服〕까지

○ 正義曰 : 의복 가운데 '展衣'라고 이름한 것은 그 옷을 붉은색의 가는 비단〔丹縠〕으로 만들어서인데, 글이 '縐絺'와 서로 이어져 '絺'로 만든 것으로 오해할 수 있기 때문에 용도를 밝힌 것이다. 絺는 칡으로 만드는데, 가는 것을 絺라고 하고 굵은 것을 綌이라 한다. 가는 것 중에 더욱 가는 것이 縐인데, 촘촘하면서도 올이 가는 것을 말한다. 그리하여 箋에서 거듭 '縐絺는 가는 葛布로 촘촘한 것이다.〔縐絺 絺之蹙蹙〕'라고 한 것이다. '是當暑袢延之服'이라고 한 것은 縐絺가 紲袢의 옷이고 展衣는 이것이 아님을 말한 것이

다. '紲袢'이란 열기를 식히는 것을 이르는 명칭이다. 그리하여 '袢延之服'이라 한 것이니 袢延은 熱氣이다.

【疏】 此傳 言展用丹縠, 餘五服, 傳無其說. 丹縠亦不知所出, 而孫毓推之, 以爲"褘衣赤, 褕翟青, 闕翟黑, 鞠衣黃, 展衣赤, 褖(단)衣黑. 鞠名與麴同, 雖毛, 亦當色黃, 褖衣與男子之褖衣名同, 則亦宜黑." 然則六服逆依方色, 義或如毓所言. 以婦人尙華飾, 赤爲色之著, 因而右行以爲次[1], 故褘衣赤, 褕翟青, 闕翟黑. 次鞠衣, 鞠衣宜白, 以爲疑於凶服, 故越取黃, 而展衣同赤, 因西方闕其色, 故褖衣越青而同黑也. 二章傳曰"褕翟闕翟, 羽飾衣." 則褘衣亦羽飾衣, 褘衣, 以翬鳥羽, 褕翟, 以搖鳥羽. 闕翟次褕翟, 則亦用搖羽矣, 但飾之有闕少耳.

1) 六服逆依方色……因而右行以爲次 : 四方의 色은 順方向으로 東(青)→南(赤)→西(白)→北(黑)→中(黃)인데, 南의 赤色을 起點으로 하여 右側으로 逆順하여 東(青)→中(黃)→北(黑) 순으로 배열된다는 것을 말한 것이다.

이 傳에서 展에 대하여는 '丹縠'을 사용함을 말하고, 나머지 五服에 대하여는 설명이 없다. '丹縠'도 출처를 알 수 없는데 孫毓은 미루어 "褘衣는 적색이고 褕翟은 청색이며 闕翟은 흑색이고 鞠衣는 황색이며 展衣는 적색이고 褖衣는 흑색이다. '鞠'은 이름이 麴과 같으니 비록 毛로 만들지만 역시 당연히 황색이고, 褖衣는 남자의 褖衣와 이름이 같으니 역시 당연히 흑색이다."라고 하였다. 그렇다면 六服이 사방의 색을 逆方向으로 따르니, 孫毓이 말한 뜻과 같을 수도 있다. 부인은 화려한 장식을 높게 치는데, 적색이 색 중에 드러나기 때문에 이를 따라서 右行으로 차서를 삼는다. 그리하여 褘衣가 적색이고 褕翟이 청색이고 闕翟이 흑색인 것이다. 다음이 鞠衣이니 국의는 당연히 백색이어야 하지만 흉복으로 의심될 수 있기 때문에 건너뛰어 황색을 취하고, 展衣는 같은 적색이고, 서방의 색은 빠뜨리기 때문에 褖衣가 청색을 건너뛰어 같은 흑색이 된 것이다. 둘째 장의 傳에 "褕翟과 闕翟은 깃으로 꾸민 옷이다."라고 하였는데, 褘衣도 깃털로 꾸민 옷이니, 褘衣는 장끼의 깃으로 꾸민 것이고, 褕翟은 搖鳥의 깃으로 꾸민 것이다. 闕翟은 褕翟 다음인데, 역시 搖鳥의 깃을 쓰지만 꾸밈을 다소 줄인 부분이 있다.

【疏】 箋'后妃'至'襢衣' ○正義曰 : 箋不同傳, 故云"后妃六服之次,展衣宜白." 言宜者, 無明文, 周禮之注, 差之以爲然也. 內司服, "掌王后之六服, 褘衣・褕翟・闕翟・鞠衣・展衣・褖衣." 鄭司農云 "展衣白, 鞠衣黃, 褖衣黑." 玄謂 "鞠衣黃, 桑服也. 色如麴塵, 象桑葉始生, 月令'三月, 薦鞠衣于先帝, 告桑事也'. (褖者)〔綠衣者〕[1), 實褖衣也, 男子之褖衣黑, 則是亦黑也. 六服備於此矣." 以下推次其色, 則闕翟赤, 褕翟靑, 褘衣玄, 是鄭以天地四方之色差次六服之文.

1) (褖者)〔綠衣者〕: 저본의 교감기에 따라 '綠衣者'로 번역하였다.

箋의 〔后妃〕에서 〔襢衣〕까지

○ 正義曰 : 箋은 傳과 해석을 달리하였다. 그리하여 "后妃의 六服 차례에 따르면 展衣는 의당 白色이다.〔后妃六服之次 展衣宜白〕"라고 하였는데, '宜'라고 한 것은 분명한 글이 없지만 ≪周禮≫의 注는 구별하여 그렇게 여긴 것이다. ≪周禮≫ 〈天官 內司服〉에 "〈內司가〉 왕후의 六服을 관장하니, 褘衣・褕翟・闕翟・鞠衣・展衣・褖衣이다."라고 하였는데, 鄭司農은 "展衣는 백색이고 鞠衣는 황색이고 褖衣는 흑색이다."라고 하고, 鄭玄은 "鞠衣는 황색이니 桑服이다. 색은 누룩가루의 색과 같아 뽕잎이 처음 나올 때를 상징하는데, ≪禮記≫ 〈月令〉에 '3月에 鞠衣를 先帝에게 올리고 桑事를 고한다.'라고 하였다. '綠衣'란 실제 褖衣인데 남자의 褖衣가 흑색이니, 그렇다면 이 또한 흑색이다. 六服이 이에 갖추어진다."라고 하였으니, 아래로 그 色을 미루어 차례하면 闕翟은 적색이고 褕翟은 청색이며 褘衣는 玄色이니, 이것이 鄭玄이 天地四方의 색으로 六服의 문채를 차서한 것이다.

【疏】 以士冠禮, 爵弁服, 皮弁服之下, 有玄端, 無褖衣, (中)〔士〕[1)喪禮, 爵弁服, 皮弁服之下, 有褖衣, 無玄端, 則褖衣, 當玄端, 玄端當黑, 則褖亦黑矣. 以男子之褖衣黑, 知婦人之褖衣亦黑. 褖衣上, 有展衣, 鄭司農云 "展衣白." 上又有鞠衣, 以色如麴塵, 故取名焉, 是'鞠衣黃'也. 三服之色, 以見矣, 是從下依行運[2), 逆而爲次. 唯三翟之色不明, 故云 "以下推次其色, 闕翟赤, 褕翟靑, 褘衣玄也."

1) (中)〔士〕: 저본의 교감기에 따라 '士'로 번역하였다.
2) 是從下依行運 : 色의 순서는 白・黑・靑・赤・黃인데, 여기의 玄端服은 黑色이고, 순위가 그 위인 展衣는 白色이고, 그 위인 鞠衣는 黃色이다. 이는 색의 아래에서 위로 올라가는 行運에 의거해 逆으로 차례를 삼은 것을 말한다.

≪儀禮≫ 〈士冠禮〉에는 爵弁服과 皮弁服의 다음에 玄端服은 있고 褖衣는 없는데, ≪儀禮≫ 〈士喪禮〉에는 작변복과 피변복의 다음에 단의는 있고 현단복은 없다. 그렇다면 단

의는 당연히 현단복이고 현단복은 당연히 흑색이니 단의도 흑색일 것이다. 남자의 단의가 흑색이므로 부인의 단의도 흑색임을 안 것이다. 단의 위에 展衣가 있는데, 鄭司農은 "전의는 백색이다."라고 하였다. 위에 또 鞠衣가 있는데, 색이 누룩가루의 색과 같기 때문에 취하여 이름한 것이니, 이것이 '국의가 황색'이란 것이다. 三服의 색이 이것으로 드러나는데, 이는 아래로부터 行運을 따라 역으로 차례를 삼은 것이다. 다만 三翟의 색이 분명하지 않다. 그리하여 〈≪周禮≫ 〈天官 內司服〉 鄭玄의 注에〉 "아래로 그 색을 미루어 차례하면 闕翟은 적색이고 褕翟은 청색이며 褘衣는 玄色이다."라고 한 것이다.

【疏】又解展衣之裏, 不恒以絺, 而云'蒙彼縐絺者', 衣展衣者, 夏則裏之以縐絺, 作者因擧時事而言之, 故云'是紲袢也'. 定本云 '展衣夏則裏衣縐絺'. 俗本多云 "冬衣展衣." 蓋誤也. 又解展衣所用云'此以禮見於君及賓客之盛服', 玉藻云 "一命襢衣." 喪大記曰 "世婦以襢衣." 是禮記作'襢衣'也. 定本云 "禮記作襢, 無衣字." 司服注 "以展爲聲誤, 從襢爲正." 以衣服之字, 宜從衣故也.

또 展衣의 속에 입는 것을 풀이하면서 항상 縐絺를 입는 것은 아닌데도 '蒙彼縐絺'라고 한 것은, 전의를 입은 자는 여름이면 추치를 속에 입는다고 한 것이니, 작자가 당시의 일을 들어 말한 것이다. 그리하여 '是紲袢也'라고 한 것이다. 定本에 '展衣夏則裏衣縐絺'라고 하였는데, 俗本에는 대부분 "겨울에 展衣를 입는다."라고 하였으니, 이는 잘못이다. 또 전의의 용도를 해석하여 '이는 禮로 군과 빈객을 뵐 때 입는 화려한 禮服이다.〔此以禮見於君及賓客之盛服〕'라고 하였는데, ≪禮記≫ 〈玉藻〉에는 "一命은 襢衣를 입는다."라고 하고, ≪禮記≫ 〈喪大記〉에는 "世婦는 襢衣를 입는다."라고 하였으니, 이것이 ≪禮記≫에 '襢衣'로 되어 있는 것이다. 定本에는 "≪禮記≫에 襢으로 쓰고 衣자는 없다."라고 하고, ≪周禮≫ 〈天官 內司服〉의 注에는 "展은 聲을 따라 잘못된 것이니 襢을 따름이 옳다."라고 하였는데, 衣服의 글자는 衣자를 따라야 하기 때문이다.

【疏】傳'淸視'至'廣揚' ○正義曰：以目視淸明, 因名爲淸, 故此云'淸 視淸明'也. 揚者, 眉上之美名, 因名眉(目)[1]曰揚, 故猗嗟云 "美目揚兮." 傳曰 "好目揚眉." 是也. 旣名眉爲揚, 目爲淸, (明)[2]因謂'眉之上, 眉之下', 皆曰揚, '目之上, 目之下', 皆曰淸, 故上傳曰 "揚, 眉上廣." 此及猗嗟傳云'揚 廣〔揚〕[3]', 是眉上爲揚. 野有蔓草傳曰 "淸揚, 眉目之間." 是眉之下爲揚, 目之上爲淸. 猗嗟傳 又曰 "目下爲淸." 是目之下亦爲淸也. 釋訓云

"猗嗟名兮, 目上爲名." 郭云 "眉眼之間." 是目上又爲之名也. '猗嗟名兮', 旣爲目上, 故知'美目淸兮', 淸爲目下.

1) (目) : 저본의 교감기에 따라 衍字로 처리하였다.
2) (明) : 저본의 교감기에 따라 衍字로 처리하였다.
3) 〔揚〕 : 저본의 교감기에 따라 '揚'자를 보충하여 번역하였다.

傳의 〔淸視〕에서 〔廣揚〕까지

○ 正義曰 : 눈동자가 淸明하게 보이기 때문에 因하여 '淸'이라고 이름하였다. 그리하여 여기에서 '淸은 눈이 맑고 깨끗함이다.〔淸 視淸明〕'라고 한 것이다. 揚이 눈썹의 위가 아름다운 것을 이름한 것이기 때문에 因하여 眉를 '揚'이라고 이름한 것이다. 그리하여 〈齊風 猗嗟〉에서 "아름다운 눈이 빛난다."라고 하고, 그 傳에서 "아름다운 눈과 넓은 이마이다."라고 한 것이 이것이다. 眉를 揚으로 目을 淸으로 이름하고 나서, 因하여 '眉의 위와 眉의 아래'를 모두 '揚'이라 하고, '目의 위와 目의 아래'를 모두 '淸'이라 한 것이다. 그리하여 위의 傳에서 "揚은 眉의 위가 넓은 것이다."라고 하였으니, 여기와 〈猗嗟〉의 傳에서 말한 '揚 廣揚'은 이 眉의 위를 揚으로 삼은 것이고, 〈鄭風 野有蔓草〉의 傳에서 "淸揚은 眉와 目의 사이이다."라고 하였으니, 이것은 眉의 아래를 揚으로, 目의 위를 淸으로 삼은 것이고, 〈猗嗟〉의 傳에서 또 "目의 아래를 淸이라 한다."라고 하였으니 이것은 目의 아래를 또한 淸으로 삼은 것이다. ≪爾雅≫ 〈釋訓〉에서 "'아! 칭찬할 만함이여'라고 한 것은 目의 위를 이름으로 삼은 것이다."라고 하였는데, 郭璞은 "眉와 眼의 사이이다."라고 하였으니, 이는 目의 위를 또 이름으로 삼은 것이다. '猗嗟名兮'가 이미 目의 위가 되기 때문에 '美目淸兮'의 淸이 눈의 아래가 됨을 안 것이다.

【疏】 傳'美女爲媛' ○ 正義曰 : 釋訓文. 孫炎曰 "君子之援助, (然)[1]然則由有美, 可以援助君子, 故云'美女爲媛.'" 箋以爲, 責非夫人之辭, 當取援助爲義, 故云'邦人所依倚以爲援助', 因顔色(依)〔已〕[2]爲美女, 故知邦人依之爲援助, 是擧其外, 責其爲內之不稱, 故說各殊也.

1) (然) : 저본의 교감기에 따라 衍字로 처리하였다.
2) (依)〔已〕 : 저본의 교감기에 따라 '已'로 번역하였다.

傳의 〔美女爲媛〕

○ 正義曰 : ≪爾雅≫ 〈釋訓〉의 글인데, 孫炎은 "군자를 원조함이니, 곧 아름다움을 간

직하고 있어서 군자를 원조할 수 있기 때문이다. 그리하여 '美女가 媛이 된다.'고 한 것이다."라고 하였는데, 箋은 "부인을 책망하여 비난하는 말이니, 마땅히 援助의 의미로 보아야 한다."라고 여겼다. 그리하여 '나라사람이 의지해 援助로 여긴 것이다.〔邦人所依倚以爲援助〕'라고 한 것이니, 이는 안색이 이미 미녀이기 때문이다. 그리하여 나라 사람들이 의지하여 원조로 여김을 안 것이니, 외면을 들어 내면과 걸맞지 못함을 책망한 것이다. 그리하여 설명이 각각 다른 것이다.

君子偕老三章이니 **一章七句**요 **一章九句**요 **一章八句**라

〈君子偕老〉는 3章이니, 1章은 7句이고 1章은 9句이고 1章은 8句이다.

桑中(상중)

【序】 桑中은 **刺奔也**라 **衛之公室淫亂**하여 **男女相奔**하여 **至于世族在位 相竊妻妾**하여 **期於幽遠**하니 **政散民流而不可止**라

〈桑中〉은 바람난 자들을 풍자한 시이다.

衛나라의 公室이 음란하여 남녀가 서로 제멋대로 어울려 윗자리에 있는 世族들까지 서로 妻妾과 私通하여 남들이 보지 않는 곳에서 만나기를 기약하니, 정치가 문란하고 백성이 흩어져도 그치게 할 수가 없었다.

【箋】 衛之公室淫亂은 **謂宣惠之世**에 **男女相奔**하여 **不待媒氏以禮會之也**라 **世族在位**는 **取姜氏弋氏庸氏者也**라 **竊**은 **盜也**라 **幽遠**은 **謂桑中之野**라

'衛之公室淫亂'은 宣公과 惠公의 때에 남녀가 서로 제멋대로 어울려 媒婆가 禮로 만나게 하기를 기다리지 않음을 말한다. '世族在位'는 姜氏, 弋氏, 庸氏를 취한 것이다. 竊은 '私通함'이다. 幽遠은 桑中의 들판을 이른다.

【疏】 '桑中(三章, 章七句)'至'不可止' ○ 正義曰:作桑中詩者, 刺男女淫(怨)〔亂〕[1]而相奔也. 由衛之公室淫亂之所化, 是故又使國中男女相奔, 不待禮會而行之, 雖至於世族在位爲官者, 相竊其妻妾, 而期於幽遠之處, 而與之行淫. 時旣如此, 卽政敎荒散, 世俗流移, 淫亂成風而不可止, 故刺之也. 定本云“而不可止.” 止下有然字.

1) (怨)〔亂〕: 저본의 교감기에 따라 '亂'으로 번역하였다.

序의 〔桑中〕에서 〔不可止〕까지

○ 正義曰 : 〈桑中〉詩를 지은 것은 남녀가 음란하여 서로 제멋대로 어울림을 풍자한 것이다.

衛나라의 公室이 음란한 풍속을 퍼뜨렸다. 이 때문에 또 도성의 남녀가 서로 제멋대로 어울려 禮로 만남을 기다리지 않고 음란한 짓을 하게 하고, 비록 윗자리에 있는 世族으로 관리가 된 자까지도 서로 처첩들과 사통하여 남들이 보지 않는 곳에서 만나자 약속하여 함께 음란한 짓을 하였다. 시대가 이와 같아 곧 政敎가 황폐하고 세속이 변해서 음란함이 풍습을 이루었는데도 그치게 할 수가 없었다. 이 때문에 풍자한 것이다. 定本에는 “而不可止”라고 하여 '止'자 아래에 '然'자가 있다.

【疏】 此'男女相奔', 謂民庶男女, '世族在位'者, 謂今卿大夫世其官族而在職位者. '相竊妻妾', 謂私竊而與之淫, 故云'期於幽遠', 非爲夫婦也.

여기의 '男女相奔'은 서민의 남녀를 말하고, '世族在位'는 지금의 경대부로 대대로 官族이면서 직위에 있는 자를 말한다. '相竊妻妾'은 사통하여 함께 음란한 짓을 함을 말한다. 그리하여 '期於幽遠'이라고 한 것이니, 부부가 되기 위함이 아니다.

【疏】 此經三章, 上二句, 惡(오)衛之淫亂之主, 下五句, 言相竊妻妾, 期(我)[1]於桑中, 是'期於幽遠'. 此敍其淫亂之由, 經陳其淫亂之辭. 言公室淫亂, 國中男女相奔者, 見(현)衛之淫風, 公室所化, 故經先言衛都淫亂, 國中男女相奔, 及世族相竊妻妾, 俱是相奔之事, 故序摠云'刺奔'. 經陳世族相奔, 明民庶相奔明矣.

1) (我) : 저본의 교감기에 따라 衍字로 처리하였다.

이 經은 3장인데 위의 두 구는 衛나라가 음란한 주체임을 미워한 것이고, 아래의 다섯 구는 서로 처첩과 사통함을 말한 것이니, 桑中에서 만나기로 기약한 것이 바로 '期於幽遠'이다. 이는 음란한 사유를 서술한 것이고, 經은 음란한 말을 드러낸 것이다. '公室이 음란하여 도성 안의 남녀가 서로 제멋대로 어울림'을 말한 것은, 衛나라의 음란한 풍속은 公室이 가르친 것임을 나타낸 것이다. 그리하여 經에서 먼저 衛나라의 도성이 음란함을 말하였으니, 도성 안의 남녀가 서로 제멋대로 어울린 것과 世族이 서로 처첩과 사통한 것은 모두 '相奔'의 일이다. 그리하여 序에서 총괄하여 '刺奔'이라고 한 것이다. 經에서 世族이 서로 제멋대로 어울림을 말한 것은 서민도 제멋대로 어울린 것이 분명함을 밝힌 것이다.

【疏】 經言孟姜之等, 爲世族之妻, 而兼言妾者, 以妻尙竊之, 況於妾乎, 故連言以協句耳. 謂之竊者, 蔽其夫而私相奸, 若竊盜人物, 不使其主知之然. 旣上下淫亂, 有同亡國, 故序云"政散民流而不可止." 是以樂記曰"桑間濮上之音, 亡國之音[1]也. 其政散其民流, 誣上行私而不可止." 是也.

1) 桑間濮上之音 亡國之音 : ≪禮記≫ 〈樂記〉에서, 음악의 국가 정치에 대한 영향을 논하면서 亡國의 음악 사례인 이 詩를 桑間濮上의 음악이라고 한 것이다.

經에서 말한 孟姜 等은 世族의 처인데 첩을 겸해 말한 것은 처와도 사통하는데, 더구나 첩이겠는가. 그리하여 이어서 말하여 〈妻妾으로〉 協句한 것이다. '竊'이라 한 것은 남편 몰래 서로 간통함이니, 마치 남의 물건을 훔치면서 주인이 알지 못하게 하는 것과 같다. 위와 아래가 다 음란한 짓을 하여 亡國과 같음이 있었다. 그리하여 序에서 '정치가 문란하고 백성이 흩어져도 그치게 할 수가 없었다.〔政散民流而不可止〕'라고 한 것이다. 이 때문에 ≪禮記≫ 〈樂記〉에 "桑間 濮水 가의 음악은 亡國의 음악이다. 정치가 문란해지고 백성이 흩어지며, 윗사람을 속이고 사사로운 짓을 하는데도 그치게 할 수 없었다."라고 한 것이 이것이다.

【疏】 箋'衛之'至'之野' ○正義曰 : 此惠公之時, 兼云宣公者, 以其言由公(惑)〔室〕[1]淫亂, 至於政散民流, 則由化者遠矣. 此直言公室淫亂, 不指其人, 而宣公亦淫亂, 故幷言之也. 序言相竊妻妾, 經陳相思之辭, 則孟姜之輩, 與世族爲妻也, 故知世族在位, 取姜氏・弋氏・庸氏矣.

1) (惑)〔室〕: 저본의 교감기에 따라 '室'로 번역하였다.

箋의 〔衛之〕에서 〔之野〕까지

○ 正義曰 : 이때는 惠公의 시기인데 宣公을 겸하여 말한 것은 公室이 음란하여 정치가 문란해지고 백성이 흩어지는 데에 이르렀으니, 곧 변화된 지가 오래되었기 때문임을

말한 것이다. 여기서는 公室의 음란만을 말하고 해당되는 사람을 지적하지 않았지만 宣公도 음란하였기 때문에 아울러 말한 것이다. 序에서는 처첩과 서로 사통했다고 말하고, 經에서는 서로 그리워하는 말을 드러냈다. 그런데 孟姜의 무리는 世族의 처들이다. 그리하여 세족으로 지위에 있는 자들이 姜氏・弋氏・庸氏를 취하였음을 안 것이다.

爰采唐矣를 沬(매)之鄕矣로다

새삼을 캐네
沬 고을에서

【傳】 爰은 於也라 唐蒙이니 菜名이라 沬는 衛邑이라

爰은 於이다. 唐은 唐蒙이니 나물 이름이다. 沬는 衛나라의 邑이다.

【箋】 箋云 於何采唐고 必沬之鄕은 猶言欲爲淫亂者 必之衛之都하니 惡(오)衛爲淫亂之主라

箋云 : '어디에서 唐菜를 캘 것인가. 반드시 沬의 고을이다.'라고 한 것은 '음란한 짓을 하고자 하는 자가 반드시 衛나라의 도성으로 간다.'고 한 것과 같으니, 衛나라가 음란의 主體임을 미워한 것이다.

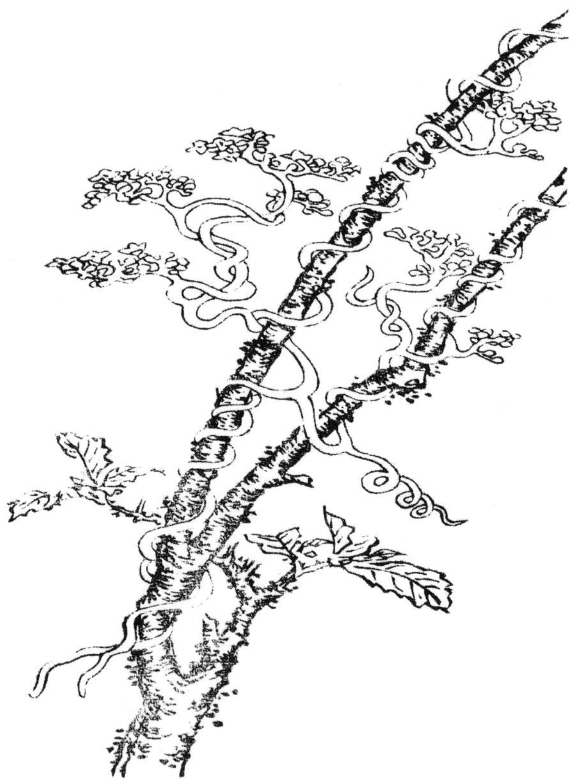

唐(≪毛詩品物圖攷≫)

云誰之思오 美孟姜矣로다

누구를 그리워하는가
아름다운 孟姜이라네

【傳】 姜은 姓也라 言世族在位하여 有是惡行이라

姜은 姓이다. 世族으로 지위에 있으면서 이런 악행이 있음을 말한 것이다.

【箋】 箋云 淫亂之人이 誰思乎아 乃思美孟姜이라 孟姜은 列國之長女어늘 而思與淫亂하니 疾世族在位하여 有是惡行也라

箋云 : 음란한 사람이 누구를 그리워하는가. 바로 아름다운 孟姜을 그리워한 것이다. 孟姜은 列國의 장녀인데도 더불어 음란한 짓을 할 것을 생각하였으니, 世族으로 지위에 있으면서 이러한 악행이 있음을 미워한 것이다.

期我乎桑中이요 要我乎上宮이요 送我乎淇之上矣로다

桑中에서 나와 만나기로 기약하고
上宮에서 나를 맞이하고
淇水 가에서 나를 傳送해주었지

【傳】 桑中上宮은 所期之地라 淇는 水名也라

桑中과 上宮은 만나기로 기약한 장소이다. 淇는 江의 이름이다.

【箋】 箋云 此思孟姜之愛厚已也니 與我期於桑中하고 而要見我於上宮하고 其送我則於淇水之上이라 ○ 淇는 衛水也라

箋云 : 이는 자기를 깊이 사랑한 孟姜을 그리워함이니, 나와 桑中에서 만날 것을 기약하고, 上宮에서 나를 맞이하고, 淇水 가에서 나를 전송해주었기 때문이다.

○ 淇는 衛水이다.

【疏】 '爰采'至'上矣' ○ 正義曰 : 人欲采唐者, 於何采唐菜乎, 必之沬之鄉矣, 以興人欲淫亂者, 於何處淫亂乎, 必之衛之都, 言沬鄉唐所生, 衛都淫所主故也. 又言衛之淫亂甚矣, 故雖世族在位之人, 相竊妻妾, 與之期於幽遠而行淫, 乃云'我誰思乎, 乃思美好之孟姜', 與之爲淫亂. 所以思孟姜者, 以孟姜愛厚於我, 與我期往於桑中之野, 要見我於上宮之地, 又送我於淇水之上, 愛厚於我如此, 故思之也. 世族在位, 猶尙如此, 致使淫風大行, 民流政散, 故陳其辭以刺之.

經의 〔爰采〕에서 〔上矣〕까지

○ 正義曰 : '새삼을 캐고자 하는 사람 어디에서 새삼을 캐는가. 반드시 沬의 고을로 간다.'는 것으로써 '음란한 짓을 하고자 하는 사람은 어디에서 음란한 짓을 하는가. 반드시 衛나라의 도성으로 간다.'는 것을 興한 것이니, 沬鄕은 새삼이 자라는 곳이고, 衛나라의 도성은 음란의 주된 곳인 이유를 말한 것이다. 또 衛나라가 음란함이 심하였기 때문에 비록 世族으로 지위에 있는 사람들조차도 서로 처첩과 사통하여 남모르는 곳에서 만나기를 기약하여 음란한 짓을 하였음을 말하고, 마침내 '나는 누구를 그리워하는가. 바로 아름다운 孟姜을 그리워한다.'라고 하였으니, 함께 음란한 짓을 하였음을 말한 것이다. 孟姜을 그리워하는 까닭은 孟姜이 자기를 깊이 사랑하여 자기와 桑中의 들판으로 갈 것을 기약하고, 자기를 上宮 땅에서 맞아 주고, 또 자기를 淇水 가에서 전송해주었기 때문이니, 자기를 깊이 사랑함이 이와 같았다. 그리하여 그리워한 것이다. 世族으로 지위에 있는 자도 도리어 이와 같아서 음풍이 크게 유행하여 백성이 흩어지고 정치가 문란해지게 하였다. 그리하여 이 말을 하여 풍자한 것이다.

【疏】 傳'唐蒙 菜名' ○ 正義曰 : 釋草云 "唐蒙, 女蘿, 女蘿, 菟絲." 舍人曰 "唐蒙, 名女蘿, 女蘿, 又名菟絲." 孫炎曰 "別三名." 郭璞曰 "別四名." 則唐與蒙, 或并或別, 故三・四異也, 以經直言唐, 而傳言唐蒙也. 頍弁傳曰 "女蘿, 菟絲, 松蘿也." 則又名松蘿矣. 釋草又云 "蒙, 王女." 孫炎曰 "蒙, 唐也." 一名菟絲, 一名王女, 則通松蘿王女爲六名.

傳의 〔唐蒙 菜名〕

○ 正義曰 : ≪爾雅≫ 〈釋草〉에 "唐蒙은 女蘿요 女蘿는 菟絲이다."라고 하였는데, 舍人은 "唐蒙은 이름이 女蘿이고 女蘿는 菟絲이다."라고 하고, 孫炎은 "따로 이름이 셋이다."라고 하고, 郭璞은 "따로 이름이 넷이다."라고 하였다. 唐과 蒙은 합쳐서 부르기도 하고 따로 떼어서 부르기도 한다. 그리하여 셋과 넷으로 다른 것이니, 이 때문에 經에서는 단지 '唐'이라고 하고, 傳에서는 '唐蒙'이라 한 것이다. 〈小雅 頍弁〉의 傳에는 "女蘿요, 菟絲요, 松蘿이다."라고 하였으니, 또 다른 이름은 松蘿이다. 〈釋草〉에 또 "蒙은 王女이다."라고 하고, 孫炎은 "蒙은 唐이다."라고 하였다. 一名 菟絲이고 一名 王女이니, 그렇다면 松蘿와 王女를 합하여 이름이 여섯 개이다.

【疏】 傳'沬 衛邑' ○ 正義曰：酒誥注云 "沬邦, 紂之都所處也." 於詩國屬鄘, 故其風有沬之鄕, 則沬之北・沬之東, 朝歌也. 然則沬爲紂都, 故言沬邦, 後三分殷畿, 則紂都屬鄘. 譜云'自紂城而南', 據其大率(솔), 故猶云'之北・之東', 明紂城北與東, 猶有屬鄘者. 今鄘, 幷於衛, 故言'衛邑', 紂都朝歌, 明朝歌卽沬也.

傳의 〔沬 衛邑〕

○ 正義曰：≪尙書≫ 〈酒誥〉의 注에 "沬邦은 紂가 도읍한 곳이다."라고 하였는데, 〈沬는〉 ≪詩經≫에서는 鄘國에 속한다. 그리하여 鄘風 시에 '沬之鄕'이라는 글이 있는 것이다. 그런데, '沬之北'과 '沬之東'은 紂의 도읍인 朝歌이다. 그렇다면 沬는 紂의 도읍이다. 그리하여 '沬邦'이라고 한 것인데, 후에 殷나라의 京畿가 셋으로 나뉘어 紂의 도읍이 鄘에 속하게 된 것이다. 〈邶鄘衛譜〉에서 '自紂城而南〈謂之鄘〉'이라고 한 것은 그 大綱만을 거론한 것이다. 그리하여 이에 '之北・之東'이라고 하였으니, 분명 紂城의 북쪽과 동쪽지역에도 오히려 鄘에 속한 곳이 있었을 것이다. 〈그런데〉 지금 鄘이 衛나라에 병합되었기 때문에 '衛邑'이라고 한 것이나, 紂都는 朝歌였으니 분명 朝歌가 바로 沬邑일 것이다.

【疏】 箋'於何'至'之主' ○ 正義曰：殷武傳曰 "鄕, 所也." 則此沬之鄕, 以爲沬之所矣. 沬邑名, 則采唐不於邑中, 但揔言於其所耳, 不斥其方, 下云'之北・之東', 則指其所在采之處矣. 言衛之都, 謂國所在也. 時衛之淫風流行, 徧於境內, 獨言都者, 淫風所行, 相習成俗, 公室所在都尤甚焉, 故擧都爲主, 國外承化, 淫亦可知. 言淫亂主者, 猶左傳云 "武王數紂之罪, 以告諸侯曰 '紂爲天下逋逃主[1].'" 然言淫在其都而君不禁, 似若爲之主然, 故言'惡衛爲淫亂之主.'

1) 紂爲天下逋逃主：商나라의 紂가 포악하여 천하에 도망한 죄인들의 主人이 된 것을 말한다. 이는 본래 ≪尙書≫ 〈武成〉에 武王이 名山과 大川에 商나라의 罪狀을 고한 말인데, ≪春秋左氏傳≫에서 令尹楚子가 왕의 깃발〔王旌〕로 사냥을 하자 芋尹無宇가 꾸짖으면서 인용한 것이다.

箋의 〔於何〕에서 〔之主〕까지

○ 正義曰：〈商頌 殷武〉의 傳에 "鄕은 '소재지'이다."라고 하였다. 그렇다면 여기서는 '沬之鄕'을 沬의 소재지로 여긴 것이다. 沬는 읍의 이름이니 그렇다면 새삼〔唐〕을 캐는 것은 읍안에서는 할 수 없다. 〈그리하여〉 그 소재지만을 총괄하여 말하고, 그 방위를 가

리키지 않은 것이니, 아래에서 말한 '之北・之東'이 곧 唐을 캔 곳임을 가리킨다. '衛之都'라고 말한 것은 수도가 있는 곳을 말한다. 이때에 衛나라에 음풍이 유행하여 나라 안에 두루 퍼졌는데 도성만을 말한 것은 음풍이 행해진 것이 서로 익숙해져 풍속이 되었는데 公室이 있는 도성이 더욱 심하였기 때문이다. 그리하여 도성을 들어 주체라고 한 것이다. 그러나 도성 밖도 본받아 교화되어 음란하였음을 역시 알 수 있다. 음란의 주체라고 말한 것은 마치 ≪春秋左氏傳≫ 昭公 7년에 "武王이 紂의 죄상을 하나하나 열거하여 제후에게 '紂가 천하에 도망한 자들의 주인이 되었다.' 하였다."라고 고한 것과 같다. 그러니 도성에 음란한 풍습이 있는데도 군주가 금하지 않은 것이 그것을 주도한 것과 같음을 말한 것이다. 그리하여 '衛나라가 음란의 主體임을 미워한 것이다.〔惡衛爲淫亂之主〕'라고 한 것이다.

【疏】 箋'淫亂'至'惡行' ○正義曰：知孟姜, 列國之長女者, 以衛朝貴族無姓姜者, 故爲列國. 列國姜姓, 齊・許・申・呂之屬, 不斥其國, 未知誰國之女也. 臣無境外之交, 得取列國女者, 春秋之世, 因聘逆妻, 故得取焉. 言孟, 故知長女, 下孟□□[1]孟弋・孟庸, 以孟類之, 蓋亦列國之長女, 但當時列國, 姓庸・弋者, 無文以言之.

1) 孟□□：저본의 교감기에 따라 闕字로 표기하여 번역하였다.

箋의 〔淫亂〕에서 〔惡行〕까지

○ 正義曰：孟姜이 列國의 장녀임을 안 것은 衛나라 조정의 귀족 중에 姜姓이 없어서이다. 그리하여 열국이라고 여긴 것이다. 열국 중에 姜姓인 나라는 齊・許・申・呂나라 등인데, 나라를 지칭하지 않았으니 어느 나라의 여인인지는 알 수 없다. 신하는 國外의 사람과 교제하는 의리가 없다. 그러나 列國의 여인에게 장가갈 수 있는 것은, 춘추시대에는 빙문을 통하여 처를 맞이하였다. 그리하여 장가갈 수 있었다. '孟'이라고 하였기 때문에 장녀임을 알 수 있으니, 아래의 孟□□・孟弋・孟庸도 '孟'으로 유추해 보면 역시 열국의 장녀일 것이나, 다만 당시의 열국 중에 庸・弋을 姓으로 쓴 경우는 말한 글이 없다.

【疏】 傳'桑中'至'之地' ○正義曰：經桑中言期, 上宮言要, 傳幷言所期者, 見(현)設期而相要, 一也.

傳의 〔桑中〕에서 〔之地〕까지

○ 正義曰 : 經에서 桑中엔 '期'라고 하고 上宮엔 '要'라고 하였는데, 傳에서 아울러 '所期'라고 한 것은 期約을 하고 서로 맞이함이 같은 것임을 나타낸 것이다.

爰采麥矣를 **沬之北矣**로다

云誰之思오 **美孟弋矣**로다

보리를 베네
沬邑의 北쪽에서
누구를 그리워하는가
아름다운 孟弋이라네

【傳】 弋은 **姓也**라

弋은 姓이다.

期我乎桑中이요 **要我乎上宮**이요 **送我乎淇之上矣**로다

桑中에서 나와 만나기로 기약하고
上宮에서 나를 맞이하고
淇水 가에서 나를 傳送해주었지

爰采葑矣를 **沬之東矣**로다

순무를 캐네
沬邑의 동쪽에서

【箋】 **箋云** 葑은 **蔓菁**이라

箋云 : 葑은 '순무'이다.

云誰之思오 **美孟庸矣**로다

누구를 그리워하는가

아름다운 孟庸이라네

【傳】 庸은 姓也라

庸은 姓이다.

期我乎桑中이요 要我乎上宮이요 送我乎淇之上矣로다

桑中에서 나와 만나기로 기약하고
上宮에서 나를 맞이하고
淇水 가에서 나를 傳送해주었지

桑中三章이니 章七句라

〈桑中〉은 3章이니 章마다 7句이다.

鶉之奔奔(순지분분)

【序】 鶉之奔奔은 刺衛宣姜也라 衛人이 以爲宣姜이 鶉鵲之不若也라

〈鶉之奔奔〉은 衛나라의 宣姜을 諷刺한 시이다.
衛人이 宣姜을 메추라기나 까치만도 못하다고 여긴 것이다.

【箋】 刺宣姜者는 刺其與公子頑으로 爲淫亂行하여 不如禽鳥라

宣姜을 풍자했다는 것은 宣姜이 公子 頑과 음란한 짓을 하여 새보다 못함을 풍자한 것이다.

【疏】 '鶉之奔奔(二章章四句)'至'不若' ○ 正義曰：二章皆上二句, 刺宣姜, 下二句, 責公不防閑也. 頑與宣姜, 共爲此惡, 而獨爲刺宣姜者, 以宣姜, 衛之小君, 當母儀一國, 而與子淫, 尤爲不可, 故作者意有所主, 非謂頑不當刺也. 今'人之無良 我以爲兄', 亦是惡頑之亂.

序의 〔鶉之奔奔〕에서 〔不若〕까지

○ 正義曰 : 두 장 모두 앞의 두 구는 宣姜을 풍자하고, 뒤의 두 구는 惠公이 막지 못함을 책망한 것이다.

頑과 宣姜이 함께 이런 악행을 하였는데도 宣姜만을 풍자한 것은 宣姜이 衛나라의 小君으로서 한 나라에 어머니의 모범이 되어야 하는데, 아들인 公子 頑과 음란한 짓을 한 것이 더욱 불가하기 때문이다. 그리하여 지은이의 생각에 주로 할 대상이 있어서이지, 頑은 풍자하지 말아야 한다고 한 것이 아니다. 지금 '선량치 못한 사람을 나 형이라 하네.〔人之無良 我以爲兄〕'는 또한 頑의 난행을 미워한 것이다.

鶉之奔奔이요 **鵲之彊彊**이어늘

메추라기는 메추라기와 어울리고
까치는 까치와 짝하는데

【傳】 鶉則奔奔하고 鵲則彊彊然이라

메추라기는 〈메추라기와〉 어울리고, 까치는 〈까치와〉 짝짓는다.

鶉(≪毛詩品物圖攷≫)

【箋】 箋云 奔奔彊彊은 言其居有常匹하고 飛則相隨之貌하니 刺宣姜與頑이 非匹(偶)〔耦〕[1]이라 ○ 韓詩云 奔奔彊彊은 乘匹之貌라

1) (偶)〔耦〕: 저본의 교감기에 따라 '耦'로 번역하였다.

箋云 : 奔奔과 彊彊은 메추라기와 까치가 평소에 일정한 짝이 있고 날아갈 때에 서로 따라 날아가는 모습을 말한 것이니, 宣姜과 頑이 제짝이 아님을 諷刺한 것이다.

○ ≪韓詩≫에는 "奔奔과 彊彊은 짝하는 모습이다."라고 하였다.

人之無良을 我以爲兄이로다

선량치 못한 인간을
나는 兄이라 하네

【傳】 良은 善也요 兄謂君之兄이라

良은 '착함'이고, 兄은 君主의 兄을 말한다.

【箋】 箋云 人之行無一善者를 我君이 反以爲兄이라 君은 謂惠公이라

箋云 : 한 가지도 착한 行實이 없는 사람을 우리 君이 도리어 兄이라 한 것이다. 君은 惠公을 말한다.

【疏】 '鶉之'至'爲兄' ○ 正義曰 : 言鶉則鶉自相隨奔奔然, 鵲則鵲自相隨彊彊然, 各有常匹, 不亂其類, 今宣姜爲母, 頑則爲子, 而與之淫亂, 失其常匹, 曾鶉・鵲之不如矣. 又惡頑, 言人行無一善者, 我君反以爲兄, 而不禁之也, 惡頑而責惠公之辭.

經의 〔鶉之〕에서 〔爲兄〕까지

○ 正義曰 : 메추라기는 메추라기와 서로 따라서 어울리고, 까치는 까치와 서로 따라서 짝하여 각기 일정한 짝이 있어 그 무리가 문란하지 않은데, 지금의 宣姜은 母이고 頑은 子인데도 함께 淫亂한 짓을 하여 제짝에 대한 도리를 잃었으니, 바로 메추라기와 까치보다 못한 것이다. 또 頑을 미워하여 '한 가지도 착한 행실이 없는 사람을 우리 군이 도리어 형이라 하고 음란한 짓을 금하지 않는다.'라고 하였으니, 頑을 미워하고 惠公을 책망하는 말이다.

【疏】 箋'奔奔'至'匹耦' ○ 正義曰：序云'鶉鵲之不若'，則以奔奔・彊彊爲相匹之善，故爲居有常匹．定本・集注皆云'居有常匹'，則爲'俱'者誤也．表記引此，證'君命逆則臣有逆命'，故注云 "彊彊・奔奔，爭鬥惡貌[1]也．"

1) 君命逆則臣有逆命……爭鬥惡貌：이는 ≪禮記正義≫ 〈表記〉에서 '君命逆則臣有逆命'을 설명하면서 이 詩의 '彊彊・奔奔'을 斷章取義한 것이다. 注에서 "공자가 '天子는 하늘에서 命을 받고 士는 君에게 명을 받는다. 그리하여 君의 命이 天理에 순하면 臣은 순한 命을 따르고, 君의 命이 천리에 어긋나면 臣은 어긋난 命을 거행한다."라고 하였는데, 疏에서 "君有逆命은 큰 새가 위에서 彊彊하게 다투면 작은 새도 아래서 奔奔하게 다툼과 비슷하다.〔言君有逆命 似大鳥彊彊爭鬥於上 小鳥奔奔亦爭鬥於下〕"라고 하였다.

箋의 〔奔奔〕에서 〔匹耦〕까지

○ 正義曰：序에서 '메추라기나 까치만도 못하다.〔鶉鵲之不若〕'라고 하였으니, 곧 '奔奔'과 '彊彊'을 서로 잘 짝하는 것으로 여긴 것이다. 그리하여 '평소에 일정한 짝이 있다.〔居有常匹〕'라고 한 것이다. 定本과 ≪毛詩集注≫에서 모두 '居有常匹'이라고 하였으니, 〈'其居有常匹'의 '其'자를〉 俱로 본 것은 착오이다. ≪禮記≫ 〈表記〉에서 이 詩를 인용하여 군주의 命이 天理에 어긋나면 臣은 어긋난 命을 거행하는 것을 증명하였다. 그리하여 〈表記〉의 注에서 "彊彊과 奔奔은 다투는 추한 모습이다."라고 한 것이다.

鵲之彊彊이요 **鶉之奔奔**이어늘

人之無良을 **我以爲君**이로다

까치는 까치와 짝하고
메추라기는 메추라기와 어울리는데
착하지 않은 인간을
나는 小君이라 하네

【傳】 君은 國小君이라

君은 제후의 君夫人이다.

【箋】 箋云 小君은 謂宣姜이라

箋云：小君은 宣姜을 말한다.

【疏】傳'君國小君' ○正義曰：夫人對君，稱小君．以夫妻一體言之，亦得曰君，襄九年左傳筮穆姜曰君其出乎[1]是也．

1) 筮穆姜曰君其出乎：魯 宣公의 부인인 穆姜이 冷宮인 東宮에 연금되었을 때 시초점을 치게 하여 艮之隨卦가 나오자 점치는 자가 '君夫人께서는 반드시 빨리 나가게 될 것입니다.〔君必速出〕'라고 한 말이다.

傳의 〔君 國小君〕

○正義曰：부인을 군에 대칭하여 '小君'이라고 한다. 부와 처를 일체로 말하면 또한 '君'이라고 할 수 있으니, ≪春秋左氏傳≫ 襄公 9년에 시초점을 치고 穆姜을 '君'이라고 한 것은 이에서 나온 것이다.

鶉之奔奔二章이니 章四句라

〈鶉之奔奔〉은 2章이니 章마다 4句이다.

定之方中(정지방중)

【序】定之方中은 美衛文公也라 衛爲狄所滅하여 東徙渡河하여 野處漕邑이러니 齊桓公이 攘戎狄而封之하니 文公이 徙居楚丘하여 始建城市而營宮室이러니 得其時制하니 百姓說(열)之하고 國家殷富焉이라

〈定之方中〉은 衛 文公을 讚美한 시이다.

衛나라가 狄에게 멸망되자 〈遺民이〉 동쪽으로 가서 河水를 건너가 漕邑의 들판에 寄居하였는데, 齊 桓公이 戎狄을 몰아내고 封해주었다. 이에 文公이 楚丘로 옮겨 거처하고 비로소 城과 저자를 만들고 집을 지었는데 時節과 制度에 알맞게 하니 백성이 기뻐하고 국가가 크게 부강해졌다.

【箋】春秋閔公二年冬에 狄人入衛라 衛懿公이 及狄人으로 戰于熒澤而敗하니 宋桓公이

迎衛之遺民하여 渡河立戴公하여 以廬於漕러니 戴公이 立一年而卒하니 魯僖公二年에 齊桓公이 城楚丘而封衛라 於是에 文公이 立而建國焉이라 ○定은 星名이니 爾雅云 營室을 謂之定이라하여늘 孫炎云 定은 正也라하다 衛爲狄所滅이 一本作狄人이라 本或作衛懿公爲狄所滅은 非也라

≪春秋≫ 魯 閔公 2년 冬에 狄人이 衛나라를 侵入하였는데, 衛 懿公이 狄人과 熒澤에서 전투하여 패하였다. 이에 宋 桓公이 衛나라의 유민을 맞이하여 河水를 건너가 戴公을 세워 漕 땅에 임시로 살게 하였다. 戴公이 즉위한 지 1년 만에 죽으니, 魯 僖公 2년에 齊 桓公이 楚丘에 성을 만들어 衛나라를 봉하였다. 이에 文公이 즉위하여 나라를 세운 것이다.

○定은 별의 이름이니 ≪爾雅≫ 〈釋天〉에 "營室星을 定이라고 한다."라고 했는데, 孫炎은 "定은 正이다."라고 하였다. '衛爲狄所滅'의 狄이 '狄人'으로 되어 있는 本도 있다. 혹 '衛懿公爲狄所滅'로 되어 있는 本은 잘못된 것이다.

【疏】 '定之方中(三章章七句)'至'富焉' ○衛國, 爲狄人所滅, 君爲狄人所殺, 城爲狄人所入, 其有遺餘之民, 東徙渡河, 暴(폭)露野次, 處於漕邑, 齊桓公, 攘去戎狄而更(갱)封之, 立文公焉. 文公, 乃徙居楚丘之邑, 始建城, 使民得安處, 始建市, 使民得交易, 而營造宮室, 旣得其時節, 又得其制度, 百姓喜而悅之. 民旣富饒, 官亦充足, 致使國家殷實而富盛焉, 故百姓所以美之.

序의 〔定之方中〕에서 〔富焉〕까지

○衛國이 狄人에게 멸망되어 君이 狄人에게 살해되고 도성이 狄人에게 함락되자, 남아 있던 백성들이 동쪽으로 黃河를 건너가서 들판에서 노숙을 하다가 漕邑에 거처하고 있었는데, 齊 桓公이 戎狄을 물리치고 다시 封하여 文公을 세웠다. 文公이 이에 楚丘의 읍으로 거처를 옮기고는 비로소 성을 세워 백성들을 편안히 살게 하고, 비로소 시장을 세워 백성들끼리 교역을 하게 하였는데, 집짓기가 시절에 알맞고 또 제도에 알맞아 백성이 기뻐한 것이다. 백성이 부유해지자 官府도 풍족해져 국가가 부유하고 번성하게 하였다. 그리하여 백성들이 文公을 찬미한 것이다.

【疏】 言封者, 衛國已滅, 非謂其有若新造之然, 故云'封'也. 言'徙居楚丘', 卽二章 升墟・望楚・卜吉・終臧, 是也, 而'營宮室'者, 而首章'作于楚宮', '作于楚室', 是營宮室也. '建(成)〔城〕[1]市' 經無其事, 因徙居而始築城立市, 故連言之. 毛則'定之方中', '揆之以日', 皆爲得其制, 既得其制則得時可知. 鄭則'定之方中', 得其時, '揆之以日', 爲得其制, 既營室得其時, 樹木爲豫備, 雨止而命駕, 辭說于桑田, 故百姓說之, '匪直也人', '秉心塞淵', 是悅之辭也. '國家殷富', 則'騋牝三千', 是也.

1) (成)〔城〕: 저본의 교감기에 따라 '城'으로 번역하였다.

'封'이라고 한 것은 衛國이 멸망하였으니 이는 새로 세운 것과 같음이 있다고 말하는 것이 아니다. 그리하여 '封'이라고 한 것이다. '徙居楚丘'라고 한 것은 바로 둘째 章의 '옛 터에 올라가〔升墟〕', '초구를 살펴보네.〔望楚〕'와 '점에 길하더니.〔卜吉〕'와 '끝내는 진실로 좋네.〔終臧〕'가 이것이고, '營宮室'은 첫 章의 '作于楚宮'과 '作于楚室'이니 바로 宮室을 經營한 것이다. '建城市'는 經에는 그 일이 없으나, 거처를 옮기면 먼저 성과 시장을 세우기 때문에 연이어 말한 것이다. 毛亨은 '定之方中'과 '揆之以日'을 모두 제도에 알맞은 것으로 여겼으니, 제도에 알맞고 보면 때에 알맞음을 알 수 있어서이다. 鄭玄은 '定之方中'은 때에 알맞은 것이고 '揆之以日'은 제도에 알맞은 것으로 여겼으니, 알맞은 때에 집을 짓고, 수목을 미리 갖추어 심고, 비가 그치면 수레를 타고 桑田에 가서 가르친 것이다. 그리하여 백성이 기뻐한 것이니, '한갓 용렬한 군주 아니어서〔匪直也人〕'와 '마음가짐 진실하고도 깊네〔秉心塞淵〕'가 바로 기뻐한 말이다. '國家殷富'는 바로 '騋馬와 牝馬 3천 마리〔騋牝三千〕'가 이것이다.

【疏】序先言'徙居楚丘'者, 先言所徙之處, 乃於其處而營宮室, 爲事之次, 而經主美宮室得其時制, 乃追本將徙觀望之事, 故與序倒也. '國家殷富', 在文公末年, 故左傳曰"元年, 革車三十乘, 季年, 乃三百乘." 明其'騋牝三千', 亦末年之事也. 此詩, 蓋末年始作, 或卒後爲之.

序에서 '徙居楚丘'를 먼저 말한 것은 옮긴 곳을 먼저 말하고 다음에 그곳에 집을 짓는 것으로 일의 순서를 삼은 것이다. 그러나 經에서는 宮室을 지음이 때와 제도에 알맞음을 위주로 찬미하고, 이어 장차 옮겨갈 곳을 바라보는 일을 뒤이어 근거로 말하였다. 그리하여 序와 〈순서가〉 바뀐 것이다. '國家殷富'는 文公의 末年에 해당된다. 그리하여 ≪春秋左氏傳≫ 閔公 2년에 "元年에는 革車가 30乘이었는데, 末年에는 마침내 300乘이었다."라고 하였으니, 분명 '騋牝三千'도 文公 末年의 일이다. 이 시는 문공의 말년에 처음 지어졌거나 혹은 죽은 뒤에 지어진 듯하다.

【疏】 箋'春秋'至'國焉' ○ 正義曰：此序，摠說衛事，故直云(城)〔滅〕[1]衛，不必斥懿公. 載馳[2]，見懿公死而戴公立，夫人之唁，戴公時，故言懿公爲狄人所滅，實滅也，而木瓜[3]序云'衛國有狄人之敗'者，敗滅一也. 但此見文公滅而復興，載馳見國滅而唁兄，故言'滅'，木瓜見國敗而救之，故言'敗'，是文勢之便也.

1) (城)〔滅〕：저본의 교감기에 따라 '滅'로 번역하였다.
2) 載馳：≪詩經≫ 鄘風의 편명이다. 許 穆公 夫人이 자기의 종국인 衛나라가 전복되었는데도 스스로 구원할 수 없고, 오빠인 懿公을 위로하는 것도 의리상 할 수 없어 지은 것이다.
3) 木瓜：≪詩經≫ 衛風의 편명이다. 衛나라가 狄人에게 패하여 도망가 漕 땅에 거처하고 있을 때에, 齊 桓公이 구원하고 봉해준 것을 衛人들이 생각하고 보답하고자 지어 찬미한 것이다.

箋의 〔春秋〕에서 〔國焉〕까지

○ 正義曰：이 序는 衛나라의 〈滅亡과 復興에 대한〉 일을 총괄하여 설명하였다. 그리하여 衛나라를 滅亡시킨 것만 말하고 굳이 懿公을 지칭하지 않은 것이다. 〈載馳〉는 懿公이 죽고 戴公이 즉위한 것과 〈許 穆公〉 夫人의 위로한 말이 戴公 때임을 나타낸 것이다. 그리하여 〈그 序에서〉 '懿公이 狄人에게 멸망되었음을 말한 것이다. 실제는 滅亡인데, 〈木瓜〉의 序에서 '衛國이 狄人에게 敗하였다.'라고 하였으니, 敗와 滅은 같다. 다만 이 편은 衛나라가 멸망한 뒤에 文公이 다시 일으킨 것을 나타내고, 〈載馳〉는 나라가 멸망하여 오빠를 위로하려 한 것을 나타낸 것이다. 그리하여 '滅'이라 하고, 〈木瓜〉는 나라가 패망하였다가 구조됨을 나타낸 것이다. 그리하여 '敗'라고 하였으니, 이는 문세의 편리함을 따른 것이다.

【疏】 閔二年左傳曰"狄人侵衛，衛懿公好鶴[1]，鶴有乘軒者. 將戰，國人受甲者，皆曰'使鶴，鶴實有祿位. 余焉能戰.' 公，與石祈子玦，與甯莊子矢，使守，曰'以此贊國，擇利而爲之.' 與夫人繡衣[1]，曰'聽於二子.' 渠孔御戎，子伯爲右，黃夷前驅，孔嬰齊殿，及狄人戰于(滎)〔熒〕[2]澤，衛師敗績，遂滅衛." 是爲狄所滅之事.

1) 與夫人繡衣：懿公이 石祈子에게는 玦을 주고 甯莊子에게는 矢를 주어 나라의 장래를 부탁하고, 夫人에게 繡衣를 주면서 이 두 사람의 명을 따르라 분부한 것이다.
2) (滎)〔熒〕：저본의 교감기에 따라 '熒'으로 번역하였다. 이후도 모두 같다.

≪春秋左氏傳≫ 閔公 2년에 "狄人이 衛나라를 습격하였는데, 〈이전에〉 衛 懿公이 鶴을 좋아하여 학 중에는 대부의 수레를 타는 놈도 있었다. 〈狄과〉 전투하려 할 때에 갑옷을 받은 도성의 백성들이 한 목소리로 '학에게 싸우게 하십시오. 학에게는 실로 祿과 爵位가 있습니다. 〈아무것도 없는〉 우리들이야 어찌 싸울 수 있겠습니까.'라고 하였다. 公이 石祈子에게는 〈決斷을 표시한〉 '玦'을 주고, 甯莊子에게는 〈患難을 막는 표시인〉 '矢'를 주어 도성을 지키게 하면서 '이것으로 나라를 돕되 이로운 쪽을 선택해 일을 하라.' 하고, 夫人에게는 '繡衣'를 주면서 '두 사람의 명을 따르라.' 하였다. 渠孔으로 戎車를 몰게 하고, 子伯을 車右로 삼고, 黃夷를 선봉으로 삼고, 孔嬰을 후군으로 삼고서, 狄人과 熒澤에서 전투를 하였으나 衛나라의 군대가 대패하여 마침내 衛나라가 멸망하였다."라고 하였으니, 이것이 狄에게 滅亡당한 일이다.

【疏】傳言'滅', 經書'入'者, 賈逵云 "不與夷狄得志於中國." 杜預云 "君死國散, 經不書'滅'者, 狄不能赴, 衛之君臣皆盡, 無復文告, 齊桓爲之告諸侯, 言狄已去, 言衛之存, 故但以入爲文." 是春秋書'入'之意也. 詩則據實而言, 以時君死民散, 故云'滅'耳.

≪春秋左氏傳≫에서는 '滅'이라 하였는데 ≪春秋≫의 經에서는 '入'으로 쓴 것에 대해 賈逵는 "夷狄이 中國에서 뜻을 성취한 것을 인정하지 않은 것이다."라고 하고, 杜預는 "군이 죽고 백성이 흩어졌는데도 經에서 '滅'자를 쓰지 않은 것은 狄이 魯나라에 달려와 통고하지 않았고, 衛나라의 군신들은 모두 죽어 다시는 문서로 고한 자가 없었기 때문이다. 齊 桓公이 그들을 위해 제후들에게 통고하되 狄이 이미 떠났음을 말하고 衛나라가 아직 보존되어 있음을 말하였다. 그리하여 다만 '入'자로 글을 쓴 것이다."라고 하였으니, 이것이 ≪春秋≫에서 '入'을 쓴 뜻이다. 〈그러나〉 ≪詩≫는 사실에 의거해 말을 하니 이때에 君은 죽고 백성은 사방으로 흩어졌기 때문에 〈序에서〉 '滅'이라고 한 것이다.

【疏】言'東徙渡河', 則戰在河北也. 禹貢豫州 '熒波既豬', 注云 "沇水溢出河爲澤, 今塞爲平地, 熒陽民, 猶謂其處爲熒澤, (其在)〔在其〕[1]縣東. 春秋魯閔公二年, 衛侯及狄人, 戰于熒澤, 此其地也." 如禹貢之注, 則當在河南. 時衛都河北, 狄來伐而禦之, 既敗而渡河, 在河北明矣, 故杜預云 "此熒澤, 當在河北." 但沇水, 發源河北, 入于河, 乃溢爲熒, 則沇水所溢, 被河南北, 故河北亦有熒澤, 但在河南多耳, 故指其豬水大處, 則在豫州, 此戰於熒, 則在其北畔, 相連猶一物, 故云'此其地'.

1) (其在)〔在其〕: 저본의 교감기에 따라 '在其'로 번역하였다.

'東徙渡河'라고 하였으니 그렇다면 전투한 곳은 河水 북쪽에 있는 것이다. 〈그런데〉 ≪尙書≫ 〈禹貢〉 豫州의 '滎澤의 출렁이는 물이 이미 막혀 못이 되었다.'의 注에 "沇水가 河水로 흘러넘쳐 못이 되었다. 지금은 메워져 平地가 되었는데 滎陽 사람들은 아직도 그곳을 滎澤이라고 부르니 이 縣의 東쪽에 있다. ≪春秋≫ 魯 閔公 2년에 衛侯가 狄人과 滎澤에서 전투하였으니 이곳이 그 지역이다."라고 하였으니, 禹貢의 注와 같다면 당연히 河水 남쪽에 있을 것이다. 그러나 이때 衛나라가 河水 북쪽에 도읍하였는데, 狄이 침입해오자 막다가 패하여 河水를 건넜으니, 전투한 곳이 河水 북쪽에 있었음이 분명하다. 그리하여 杜預가 "이 滎澤은 당연히 河水 북쪽에 있어야 한다."라고 한 것이다. 다만 沇水가 河水 북쪽에서 발원하여 河水로 들어가 마침내 넘쳐 滎澤이 된 것이니, 그렇다면 沇水의 넘친 물이 하수의 남쪽과 북쪽을 뒤덮은 것이다. 그리하여 하수 북쪽에도 滎澤이 있는 것이다. 다만 대부분이 하수의 남쪽에 있다. 그리하여 豬水의 큰 곳을 말하자면 豫州에 있지만, 여기의 滎澤에서 전투한 것으로 말하면 북쪽 경계에 있는 것이니, 서로 이으면 같은 곳이다. 그리하여 〈禹貢〉의 注에서 '이곳이 그 지역이다.'라고 한 것이다.

【疏】 左傳又曰"及敗, 宋桓公, 逆諸河, (霄)〔宵〕[1]濟. 衛之遺民, 男女七百有三十人, 益之以共·滕之民, 爲五千人. 立戴公, 以廬於漕." 是宋桓, 迎衛之遺民, 渡河立戴公, 廬於漕之事. 杜預云"廬, 舍也." 言國都亡滅, 且舍於此也.

1) (霄)〔宵〕: 저본의 교감기에 따라 '宵'로 번역하였다.

≪春秋左氏傳≫에 또 "〈衛나라가〉 패하자 宋 桓公이 〈도망해 오는 衛나라의 유민을〉 河水 가에서 맞이하여 밤에 하수를 건넜다. 이때에 衛나라의 유민이 남녀 730인이었는데, 〈衛나라의 下邑인〉 共과 滕의 백성을 보태 5천 인이었다. 戴公을 세워 〈衛나라의 下邑인〉 漕에 임시로 거주하게 하였다."라고 하였으니, 이것이 宋 桓公이 衛나라의 유민을 맞이하여 하수를 건너고 戴公을 세워 漕에서 임시로 거주하게 해준 일이다. 杜預는 "廬는 舍이다."라고 하였으니, 都城이 멸망되어 우선 여기에 머문 것을 말한다.

【疏】 此渡河處漕, 戴公時也. 傳唯言戴公之立, 不言其卒, 而世家云"戴公申, 元年卒, 復立其弟文公, 二十五年, 文公卒." 案經僖二十五年, 衛侯燬卒, 則戴公之立, 其年卽卒, 故云'一年'. 然則狄以十二月入衛, 懿公死, 其月戴公立而卒, 又文公立, 故閔二年傳, 說衛文公衣, '大布之衣, 大帛之冠', 服虔云 "戴公卒在於此年." 杜預云 "衛文公以此年冬立." 是也.

여기의 河水를 건너 漕에 居處한 것은 戴公 때이다. ≪春秋左氏傳≫에서는 戴公의 즉위만을 말하고 죽음은 말하지 않았으나, ≪史記≫ 〈衛世家〉에는 "戴公 申이 元年에 죽어 아우 文公을 다시 세웠는데, 〈즉위한 지〉 25년에 文公이 죽었다."라고 하였다. 살펴보면 ≪春秋≫의 經文에 '僖公 25년에 衛侯 燬가 죽었다.'라고 하였으니, 戴公이 즉위하여 그 해에 바로 죽은 것이다. 그리하여 '一年'이라고 한 것이다. 그렇다면 狄이 12월에 衛나라를 침입하여 懿公이 죽었고 그 달에 戴公이 즉위하였는데 죽자, 다시 文公이 즉위한 것이다. 그리하여 ≪春秋左氏傳≫ 閔公 2년에 '衛 文公의 복식을 설명하면서 '거친 삼베 옷을 입고 두꺼운 명주로 만든 冠을 썼다.'라고 하였는데, 服虔이 "戴公의 죽음이 이 해에 있었다."라고 하고, 杜預가 "衛 文公이 이해 겨울에 즉위하였다."라고 한 것이 이것이다.

【疏】戴公立未踰年, 而成君稱諡者, 以衛旣滅而立, 不繫於先君, 故臣子成其喪而爲之諡, 而爲之諡者, 與繫世者異也. 又言'僖二年齊桓城楚丘而封衛'者, 春秋僖二年, "春, 王正月, 城楚丘." 左傳曰 "諸侯城楚丘而封衛." 是也. 引證齊桓公攘戎狄而封之, 木瓜序云 "救而封之." 與此一也.

戴公이 즉위하여 한 해를 넘기지 못했는데 군주로 예우하고 諡號를 칭한 것은 衛나라가 멸망하고 나서 즉위하여 선군과 연계되지 않았기 때문이다. 그리하여 신하들이 그의 喪을 치르고 시호를 정한 것이니, 그를 위해 시호한 것은 대를 이어 즉위한 군주의 경우와는 다르다. '僖二年齊桓城楚丘而封衛'는 ≪春秋≫ 僖公 2년에 "봄이다. 周王正月에 楚丘에 城을 쌓았다."라고 하고, ≪春秋左氏傳≫에 "齊侯가 楚丘에 성을 쌓고 衛나라를 봉했다."라고 한 것이 이것이다. 齊 桓公이 戎狄을 물리치고 봉해준 것을 인용해 증명하였으니, 〈衛風 木瓜〉의 序에서 "구원하고서 봉해준 것이다.〔救而封之〕"라고 한 것은 이와 똑같다.

【疏】左傳, 無攘戎狄救衛之事, 此言'攘戎狄'者, 以衛爲狄所滅, 民尙畏狄. 閔二年傳, 曰 "齊侯使公子無虧, 帥(솔)車三百乘, 以戍漕." 至僖二年, 又帥諸侯, 城楚丘, 於是, 戎

狄避之, 不復侵衛, 是亦攘救之事, 不必要與狄戰, 故樂(악)緯稽耀嘉云 "狄人與衛戰, 桓公不救, 於其敗也然後救之." 宋均注云 "救謂使公子無虧戍之." 公羊傳曰 "以城楚丘, 爲力能救之, 則救之可也." 是戍漕·城楚丘, 竝是救之之事也.

≪春秋左氏傳≫에는 戎狄을 물리쳐 衛나라를 救助한 일이 없는데 여기에서 '攘戎狄'이라고 한 것은 衛나라가 狄에게 滅亡당하여 백성들이 아직도 狄을 두려워하였기 때문이다. ≪春秋左氏傳≫ 閔公 2년에 "齊侯가 公子 無虧에게 수레 300乘을 이끌고 가서 漕에 주둔하게 하였다."라고 하고, 僖公 2년에 이르러 또 제후를 인솔하여 楚丘에 성을 쌓았다. 이에 戎狄이 피하여 다시는 衛나라를 침입하지 못하였으니, 이것도 물리쳐 구조해준 일이다. 그러니 반드시 狄과 전투할 필요는 없다. 그리하여 ≪樂緯≫ 〈稽耀嘉〉에서 "狄人이 衛나라와 전투할 때에는 桓公이 구조하지 않다가 衛나라가 패한 뒤에야 구조하였다."라고 하였는데, 宋均은 "구조했다는 것은 公子 無虧를 주둔하게 한 것을 말한다."라고 注하고, ≪春秋公羊傳≫에 "楚丘에 성을 쌓은 것으로 볼 때 힘이 능히 구해줄 수 있다고 여긴 것이니, 그렇다면 구해주었다는 것이 옳다."라고 하였으니, 이 '戍漕'와 '城楚丘'는 모두 구조해준 일이다.

【疏】滅衛者, 狄也, 兼言戎者, 戎·狄同類, 協句而言之. 序自'攘戎狄而封之'以上, 摠說衛事, 不指其君, 故爲狄所滅 懿公時也, 野處漕邑, 戴公時也, 攘戎狄而封之, 文公時也. 自'文公徙居楚丘'以下, 指說文公建國營室, 得其制, 所以美之, 故箋云 '於是文公立而建國焉'.

衛나라를 멸망시킨 것은 狄인데 戎을 겸하여 말한 것은 戎과 狄이 같은 부류이므로 句를 맞추어 말한 것이다. 序에서 '攘戎狄而封之' 이전에 대하여는 衛나라의 일을 총괄하여 설명하고 해당 군주를 지칭하지 않았다. 그리하여 狄에게 멸망당한 것은 懿公의 때이고, 漕邑의 들판에서 산 것은 戴公의 때이고, 戎狄을 물리치고 봉해준 것은 文公의 때라고 여긴 것이다. 〈序에서〉 '文公徙居楚丘' 이후에 대하여는 文公이 나라를 세워 집을 지음이 제도에 알맞았기 때문에 백성들이 찬미하였음을 가리켜 설명하였다. 그리하여 箋에서 '이에 文公이 즉위하여 나라를 세운 것이다.〔於是文公立而建國焉〕'라고 한 것이다.

定之方中에 作于楚宮하니

초저녁 하늘 定星 뜨는 계절에
楚丘에 宮室을 세우니

【傳】 定은 營室也요 方中은 昏正四方이라 楚宮은 楚丘之宮也니 仲梁子[1]曰 初立楚宮也라

1) 仲梁子 : 魯나라의 대부 季桓子의 嬖臣인 仲梁懷이다.

定은 〈북방 玄武宿의〉 營室星이고, 方中은 〈영실성이〉 초저녁에 하늘 한가운데에 뜨는 것이다. 楚宮은 楚丘의 宮이니, 仲梁子는 "처음으로 초궁을 지은 것이다."라고 하였다.

【箋】 箋云 楚宮은 謂宗廟也라 定星이 昏中而正이면 於是에 可以營制宮室이라 故謂之營室이라 定昏中而正은 謂小雪時에 其體與東壁連하여 正四方[1]이라

1) 體與東壁連 正四方 : 28宿 중에 室星의 다음 성좌가 壁星인데 각각 두 개의 별로 이루어져서 나란히 떠서 이어지면 정사각형의 모습이 되는 것을 말한다.

箋云 : 楚宮은 종묘를 말한다. 定星이 초저녁에 하늘 한가운데 뜨는 계절이 되면 이때에 궁실을 지을 수 있다. 그리하여 '營室'이라고 한 것이다. '定昏中而正'은 小雪 때에 이 별의 體가 東壁星과 연결되어 정사각형인 것을 말한다.

揆(규)之以日하여 作于楚室이요

해 그림자로 헤아려
楚丘에 궁실을 짓고

【傳】 揆는 度(탁)也라 度日出日入하여 以知東西하고 南視定하고 北準極하여 以正南北이라 室은 猶宮也라

揆는 '헤아림'이다. 해가 뜨고 지는 것을 헤아려 東과 西를 알고, 남으로 定星을 보고 북으로 北極星을 기준하여 南과 北을 바르게 정한 것이다. 室은 宮과 같다.

【箋】 箋云 楚室은 居室也라 君子將營宮室에 宗廟爲先이요 廐庫爲次요 居室爲後라

箋云 : 楚室은 사는 집이다. 군자가 궁실을 지을 때에는 종묘를 먼저 짓고, 〈犧牲을 기

르는〉 마구간과 〈稅穀을 보관하는〉 곳간〔庫房〕을 그 다음에 짓고, 살 집을 마지막에 짓는다.

樹之榛栗과 **椅桐梓漆**하니 **爰伐琴瑟**이로다

심었네 개암나무 밤나무
의나무 오동나무 재나무 옻나무
이를 베어 거문고 비파 만들리라

【傳】 椅는 梓屬이라

椅는 재나무 종류이다.

【箋】 箋云 爰은 曰也라 樹此六木於宮者는 曰其長大면 可伐以爲琴瑟이니 言豫備也라 ○ 草木疏云 梓實桐皮曰椅也라

箋云 : 爰은 曰이다. 이 여섯 종류의 나무를 宮의 안에 심는 것은 크게 자라면 베어 거문고와 비파를 만들 수 있음을 말한 것이니, 미리 준비함을 말한다.

○ 陸機의 ≪毛詩草木鳥獸蟲魚疏≫에 "梓나무 열매에 오동나무의 껍질인 나무를 '椅'라고 한다."라고 하였다.

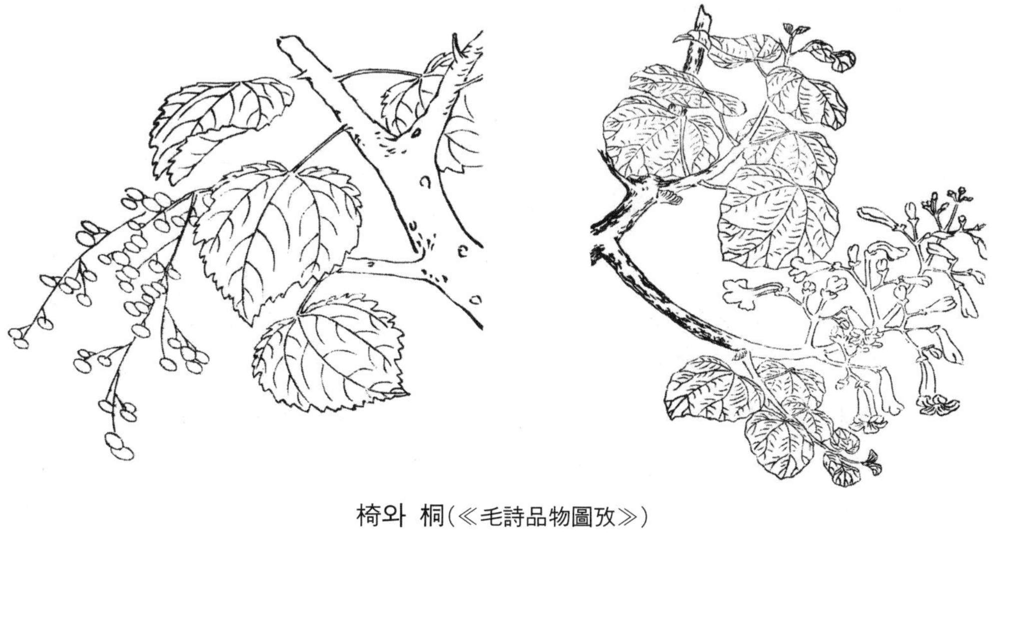

椅와 桐(≪毛詩品物圖攷≫)

梓와 漆(≪毛詩品物圖攷≫)

【疏】'定之'至'琴瑟' ○毛以爲"言定星之昏正四方而中, 取則(칙)視之, 以正其南, 因準極以正其北, 作爲楚丘之宮也. 度之以日影, 度日出之影, 與日入之影, 以知東西, 以作爲楚丘之室也. 東西南北, 皆旣正方, 乃爲宮室, 別言宮室, 異其文耳. 旣爲宮室, 乃樹之以榛·栗·椅·桐·梓·漆六木於其宮中, 曰此木長大, 可伐之以爲琴瑟." 言公非直營室得其制, 又能樹木爲豫備, 故美之.

經의 〔定之〕에서 〔琴瑟〕까지

○毛亨은 "定星이 초저녁에 정사각형 모양으로 하늘 한가운데 뜨는 것을 말하였으니, 이는 定星을 기준으로 바라보아 남쪽을 바르게 정하고, 北極星을 기준으로 북쪽을 바르게 정하여 楚丘의 宮을 지은 것이고, 해 그림자로 헤아림을 말하였으니 이는 해가 뜰 때의 그림자와 질 때의 그림자를 헤아려 동과 서를 알아 楚丘의 室을 지은 것이다. 동서남북의 방향이 모두 바르게 정해지고 나서 宮과 室을 지은 것이니, 宮과 室을 구별하여 말한 것은 글자를 달리 쓴 것일 뿐이다. 궁실을 짓고 나서 榛·栗·椅·桐·梓·漆 여섯 종류의 나무를 궁의 안에 심었으니 이는 이 나무가 크게 자라면 베어서 거문고와 비파를 만들 수 있음을 말한 것"으로 여겼다. 文公이 집을 지은 것만 제도에 알맞은 것이 아니고, 또 나무를 미리 심어 잘 대비하였다. 그리하여 문공을 찬미한 것이라고 말한 것이다.

【疏】 鄭以爲, "文公, 於定星之昏正四方而中之時, 謂夏之十月, 以此時而作〔爲〕[1]楚丘之宮廟, 又度之以日影, 而營表其位, 正其東西南北, 而作爲楚丘之居室. 室與宮, 俱於定星中而爲之, 同度日影而正之, 各於其文, 互擧一事耳." 餘同.

1) 〔爲〕: 저본의 교감기에 따라 '爲'를 보충하여 번역하였다.

鄭玄은 "定星이 초저녁에 정사각형 모양으로 하늘 한가운데 뜨는 시기는 夏曆의 10月을 말하니, 文公이 이때에 楚丘에 宮廟를 짓고, 또 해 그림자로 헤아려 그 위치를 측량해 표시하여 동서남북을 바르게 정하여 楚丘에 살 집을 지은 것이다. 室과 宮은 모두 定星이 하늘 한가운데에 있을 때에 짓는 것인데, 해 그림자를 함께 헤아려 동서를 바르게 정한다는 것은 각각 한 문장에서 한 가지 일을 번갈아 든 것일 뿐이다."라고 여긴 것이다. 나머지는 毛亨의 뜻과 같다.

【疏】 傳'楚宮'至'立楚宮' ○ 正義曰 : 鄭志, "張逸問 '楚宮今何地, 仲梁子何時人.' 答曰 '楚丘在濟河間, 疑在今東郡界(今)〔中〕[1], 仲梁子, 先師, 魯人, 當六國時[2], 在毛公前, 然衛本河北, 至懿公滅, 乃東徙渡河, 野處漕邑, 則在河南矣. 又此二章, 「升漕墟, 望楚丘」, 楚丘與漕, 不甚相遠, 亦河南明矣, 故疑在東郡界中.'" 杜預云 "楚丘, 濟陰成武縣西南, 屬濟陰郡." 猶在濟北, 故云'濟河間'也. 但漢之郡境, 已不同, 鄭疑在東郡, 杜云'濟陰'也. 毛公, 魯人, 而春秋時, 魯有仲梁懷, 爲毛所引, 故言'魯人當六國時', 蓋承師說而然.

1) (今)〔中〕: 저본의 교감기에 따라 '中'으로 번역하였다.
2) 六國 : 春秋時代의 齊·楚·燕·趙·韓·魏나라를 말한다.

傳의 〔楚宮〕에서 〔立楚宮〕까지

○ 正義曰 : ≪鄭志≫에 "張逸이 '楚宮은 지금 어느 곳이며, 仲梁子는 어느 시대 사람입니까?' 하자, 鄭玄이 '楚丘는 濟水와 河水 사이에 있었으니 아마도 지금 東郡의 경계 안에 있었을 것이고, 仲梁子는 先師인데, 魯나라 사람으로 6국 시대에 해당되니 毛公보다 앞의 시기이다. 그러나 衛나라는 본래 하수 북쪽에 있었는데, 懿公 때에 멸망하여 동으로 옮겨 河水를 건너 漕邑에서 임시로 거처할 때에는 하수 남쪽에 있었다. 또 이 편 둘째 장에서 「漕墟에 올라가 楚丘를 바라본다.」라고 하였으니, 그렇다면 楚丘와 漕는 서로 그다지 멀지 않으니 역시 하수 남쪽이 분명하다. 그리하여 동군의 경계 안에 있었을

것이라고 의심한 것이다.'라고 대답하였다."라고 하였는데, 杜預는 "楚丘는 濟陰郡 成武縣의 서남에 있으니 濟陰郡에 속한다."라고 하였으니, 오히려 濟水의 북쪽에 있게 된다. 그리하여 '濟水와 河水의 사이이다.〔濟河間〕'라고 한 것이다. 다만 漢나라의 郡의 경계가 그때와 같지 않기 때문에 鄭玄은 東郡에 있을 것이라고 의심한 것이고, 杜預는 濟陰郡이라고 한 것이다. 毛公은 魯나라 사람이고, 춘추시대 魯나라에 仲梁懷가 있었는데 毛公이 인용한 것이다. 그리하여 '魯나라 사람으로 6국 시대에 해당된다.〔魯人 當六國時〕'라고 한 것이니, 아마도 스승의 말을 따라 그렇게 말한 것일 것이다.

【疏】 箋'定星'至'四方' ○正義曰：傳雖不以方中爲記時, 亦以定爲營室, 方中爲昏正四方, 而箋以爲記時, 故因解其名定爲營室及其方中之意. 釋天云"營室, 謂之定." 孫炎曰"定, 正也, 天下作宮室者, 皆以營室中爲正." (北)〔此〕[1]言定星昏中而正四方, 於是, 可以營制宮室, 故謂之營室, 是取爾雅爲說也. 然則毛不取記時而名營室者, 爲視其星而正南北, 以營宮室, 故謂之營室. 又云'定星昏而正中 謂小雪時', 小雪者, 十月之中氣. 十二月, 皆有節氣, 有中氣[2], 十月立冬節, 小雪中, 於此時, 定星昏而正中也.

1) (北)〔此〕: 저본의 교감기에 따라 '此'로 번역하였다.
2) 十二月……有中氣 : 달마다 節氣와 中氣가 있는데, 지난달 끝에서부터 이달 반까지가 절기이고, 이달 반에서부터 끝까지가 중기이다. 예를 들면 立春은 정월의 절기가 되고, 雨水는 정월의 중기가 된다. ≪易經蒙引≫

箋의 〔定星〕에서 〔四方〕까지

○ 正義曰 : 傳에서는 비록 '方中'을 시기를 기술한 것으로 여기지는 않았지만, 역시 定星을 營室星으로 여기고 방중을 '昏正四方'으로 여겼다. 그러나 箋에서는 시기를 기술한 것으로 여겼다. 그리하여 정성을 영실로 이름한 것과 '방중'의 뜻을 해석한 것이다. ≪爾雅≫ 〈釋天〉에 "營室은 정성을 말한다."라고 하고, 孫炎은 "定은 正이다. 천하의 궁실을 짓는 자는 모두 營室이 하늘 한가운데에 뜰 때를 正으로 삼는다."라고 하였으니, 이는 定星이 초저녁에 하늘 한가운데에서 정사각형이 되면 이때에 궁실을 지을 수 있음을 말한다. 그리하여 '營室'이라고 한 것이니, 이는 ≪爾雅≫의 내용으로 설명한 것이다. 그렇다면 毛亨이 '시기를 기술함'을 취하지 않고 '營室'로 이름한 것은 정성을 살펴서 남북을 바르게 정하여 궁실을 짓기 때문이다. 그리하여 '營室'이라고 한 것이다. 또 '定星昏而正中 謂小雪時'의 小雪은 10월의 중기이다. 열두 달에는 모두 절기와 중기가 있는

데, 10월은 입동이 절기이고 소설이 중기이니, 이 시기에 定星이 초저녁이 되면 정중앙에 뜬다.

【疏】又解中得方者, 由其體與東壁相成, 故得正四方, 以於列宿, 室與壁別星, 故指室云其體, 又壁居南則在室東, 故因名東壁. 釋天云 "娵觜(추자)之口, 營室東壁也." 孫炎曰 "娵觜之口, (鄭)〔歎〕[1]則口開方, 營室東壁四方, 似口故因名云." 是也. 此'定之方中', 小雪時, 則在周十二月矣.

1) (鄭)〔歎〕: 저본의 교감기에 따라 '歎'으로 번역하였다.

또 中을 方으로 해석한 것은 室星의 體가 동쪽의 壁星과 같이 모양을 이루기 때문이다. 그리하여 '正四方'이 되는 것이다. 그러나 28宿에 있어서는 실성과 동쪽의 벽성은 다른 별이기 때문에 실성을 가리켜 '體'라고 한 것이고, 또 壁星이 남쪽에 있을 때에는 곧 실성의 동쪽에 있다. 그리하여 '東壁'이라고 한 것이다. ≪爾雅≫ 〈釋天〉에 "娵觜星의 입이 영실과 동벽성이다."라고 하고, 〈이에 대하여〉 孫炎이 "娵觜의 口는 탄식을 하면 입이 사방으로 벌어지는데, 영실과 동벽성이 연결되어 사각형 모양이 되는 것이 '口'자와 비슷하기 때문에 이름한 것이다."라고 한 것이 이것이다. 여기의 '定之方中'이 小雪인 시기는 周曆의 12월에 해당된다.

【疏】春秋'正月城楚丘', 穀梁傳曰 "不言城衛, 衛未遷." 則諸侯先爲之城其城, 文公乃於其中, 營宮室也. 建城在正月, 則作室亦正月矣, 而云'得時'者, 左傳曰 "凡土功, 水昏正而(裁)〔栽〕[1], 日至而畢.[2]" 則冬至以前, 皆爲土功之時. 以歷校之, 僖二年, 閏餘十七, 則閏在正月之後[3], 正月之初, 未冬至, 故爲得時也.

1) (裁)〔栽〕: 저본의 교감기에 따라 '栽'로 번역하였다.
2) 凡土功……日至而畢 : 모든 토목공사는 夏曆 9월에 角宿와 亢宿의 별이 새벽에 동쪽에 뜰 때에 측량 등 준비를 하고, 10월 초에 心宿가 새벽에 동쪽으로 나오는 때에 공사장비 등을 준비하고, 10월에 大水星이 초저녁 정남향에 뜰 때에 축판을 세워 공사를 시작하여 冬至에 마치는 것을 말한다. ≪春秋左氏傳 莊公 29년≫
3) 僖二年……則閏在正月之後 : 僖公 2년은 閏餘가 17년에 해당되어 윤달이 4월에 있다는 말이다. 閏餘는 실제의 한 해가 달력상의 한 해보다 많은 나머지 부분이니, 이것으로 조정하여 해를 알맞게 하는 역법이다. ≪春秋左氏傳≫의 疏에 의하면 "古曆에 19년이 1章이 되는데 1章에는 7번의 윤달이 있다. 章에 들어가 살펴보면 3년차에는 윤달이

9월에 있고, 6년차에는 윤달이 6월에 있고, 9년차에는 윤달이 3월에 있고, 11년차에는 윤달이 11월에 있고, 14년차에는 윤달이 8월에 있고, 17년차에는 윤달이 4월에 있고, 19년차에는 윤달이 12월에 있다.〔古曆十九年爲一章 章有七閏 入章 三年閏九月 六年閏六月 九年閏三月 十一年閏十一月 十四年閏八月 十七年閏四月 十九年閏十二月〕"라고 하였다.

≪春秋≫의 '正月城楚丘'에 대하여 ≪春秋穀梁傳≫에서 "衛에 성을 쌓았다고 하지 않은 것은 衛나라가 아직 遷都하지 않았기 때문이다."라고 하였다. 그렇다면 제후들이 먼저 文公을 위하여 성을 쌓고, 이에 文公이 성 안에 궁실을 지은 것이다. 성을 쌓은 것이 정월에 있었으면 궁실을 지은 것도 정월일 것인데 '得時'라고 한 것은 ≪春秋左氏傳≫ 莊公 29년에 "모든 토목공사는 水星이 초저녁에 정남방에 보이면 축판을 세워 흙을 쌓고 冬至가 되면 일을 마친다."라고 하였으니, 동지 이전까지는 모두 토목공사를 할 수 있는 시기이다. 책력으로 고찰해보면, 僖公 2년은 閏餘가 17년차이니 곧 閏月이 정월의 뒤에 있으니, 〈여기의〉 정월 초는 동지 이전이다. 그리하여 '得時'가 되는 것이다.

【疏】 箋言定星中, 小雪時, 擧其常期耳, 非謂作其楚宮, 卽當十月也. 如此則小雪以後, 方興土功. 而禮記云'君子旣蜡, 不興功者.' 謂不復興農功, 而非土功也. 月令仲秋云'月也, 可以築城郭, 建都邑'者, 秦法與周異[1], 仲冬云'命有司曰 土事無作', 亦與左傳同. 然則左傳所云, 乃是正禮, 而召誥'於三月之下, 營洛邑之事', 於周之三月起土功, 不依禮之常時者. 鄭志答趙商云"傳所言者, 謂庸時也, 周召之作洛邑, 因欲觀衆殷樂之與否." 則由欲觀民之意, 故不依常時也.

1) 秦法與周異 : 秦나라는 지역이 한랭하여 공사의 일 등을 규정한 법이 주나라 월력보다 빠른 것을 말한다.

箋에서 定星이 초저녁에 하늘 한가운데에 나타나는 것이 小雪 때라고 한 것은 원칙적인 시기를 거론한 것이지 楚宮을 짓는 것이 10월에 해당됨을 말한 것이 아니다. 만약 그와 같다면 소설 이후에야 비로소 토목공사를 시작해야 한다. 그러니 ≪禮記≫ 〈郊特牲〉에서 말한 '군자가 蜡제사를 지내고 나면 일을 시작하지 않는다.'라고 한 것은 다시 농사일을 하지 않는다는 것이지 토목공사를 말한 것이 아니다. ≪禮記≫ 〈月令 仲秋〉에서 말한 '이 달(仲秋)에 성곽을 쌓고 도읍을 세울 수 있다.'라고 한 것은 秦法으로 周曆과 다르며, 〈月令 仲冬〉에서 말한 '有司에게 토목공사를 시작하지 말라고 명한다.'라고 한 것은 역시 ≪春秋左氏傳≫의 뜻과 같다. 그렇다면 ≪春秋左氏傳≫에서 말한 것은 바로 바른 예이고, ≪尙書≫ 〈召誥〉의 '3월 하순에 洛邑을 경영한 일'은 周나라의 3월에 토목 공사를 시작한 것이니, 예법의 원칙적인 시기를 따르지 않은 것이다. ≪鄭志≫에서 趙商에게 "傳에 말한 바는 평상시를 말한 것이고, 周公과 召公이 洛邑을 지은 것은 이것으로 殷나라의 백성들이 즐거워하는지의 여부를 살피고자 한 것이다."라고 대답하였으니, 그렇다면 이를 통하여 백성들의 마음을 살피고자 한 것이다. 그리하여 원칙적인 시기를 따르지 않은 것이다.

【疏】 傳'度日'至'南北' ○ 正義曰：此'度日出日入', 謂度其影也, 故公劉傳曰 "考於日影." 是也. 其術則匠人云 "水地以縣[1], 置(槷)〔槷(열)〕[2]以縣[3], 視以影, 爲規, 識(지)日出之影, 與日入之影, 晝參(참)諸日中之影, 夜考之極星, 以正朝夕." 注云 "於四角立植而縣, 以水望其高下. 高下旣定, 乃爲位而平地. 於所平之地中央, 樹八尺之臬, 以縣正之. 視之以其影, 將以正四方也, 日出日入之影, 其端則東西正也. 又爲規以識之者, 爲其難審也. 自日出而畫其影端, 以至日入旣, 則爲規, 測影兩端之內規之, 規之交, 乃其審也, 度兩交之間, 中屈之以指臬, 則南北正也. 日中之影, 最短者也, 極星謂北辰也." 是揆日瞻星, 以正東西南北之事也.

1) 水地以縣：水準器의 원리를 이용하여 지면이 평평한가 아닌가를 재거나 기울기를 측량하는 것으로, 鄭玄의 注에 "四角의 땅 네 모퉁이에 기둥을 세우고 기둥에 끈을 매달아 물의 높낮이를 살핀다. 높낮이가 정해지면 이에 자리를 만들어 땅을 평평하게 한다.〔於四角立植 以縣以水 望其高下 高下旣定 乃爲位而平地〕"라고 하였다. ≪周禮 考工記 匠人≫
2) (槷)〔槷(열)〕：북경대본의 교감기와 ≪周禮≫ 〈考工記 匠人〉에 따라 '槷'로 번역하였다.
3) 置槷以縣：置槷은 해그림자를 관찰하기 위하여 세우는 말뚝인데, 말뚝의 四角과 四中에 줄을 매달아 8개의 줄이 말뚝에 붙으면 말뚝이 바른 것이다. 鄭玄의 注에 "평평하게 한 땅의 중앙에 8척의 말뚝을 세우고 줄을 매달아 말뚝을 똑바로 세우고 말뚝의 그림자를 관찰한다.〔於所平之地中央 樹八尺之臬 以縣正之 眡之以其景〕"라고 하였다. ≪周禮 考工記 匠人≫

傳의 〔度日〕에서 〔南北〕까지

○ 正義曰：이 '度日出日入'은 해 그림자로 헤아리는 것을 말한다. 그리하여 〈大雅 公劉〉의 傳에서 "해 그림자에 따져본다."라고 한 것이 이것이다. 그 방법은 ≪周禮≫ 〈考工記 匠人〉에 "땅을 고르게 하기 위하여 사각의 땅을 만들어 그 안에 물을 붓고 그 네 모퉁이에 기둥을 세워 줄을 매달아 수평이 되게 하고〔水地以縣〕, 그 가운데에 말뚝을 세우

고 줄을 매달아 말뚝이 곧게 하여〔置槷以縣〕 그림자를 살펴 圓規를 만들되 해가 뜰 때와 질 때의 그림자를 표시하여, 낮에는 正午의 그림자를 참고하고, 밤중에는 北極星을 살펴 아침부터 저녁때까지의 방위를 바르게 정한다."라고 하였는데, 注에 "네 귀퉁이에 기둥을 세우고 줄을 매달아 높이를 살피고, 높이가 정해지면 자리를 만들고 땅을 평평하게 한다. 평평해진 땅의 중앙에 8尺의 말뚝을 세우되 줄을 매달아 바르게 한다. 그림자로 살피는 것은 사방의 방위를 바르게 하고자 해서이니, 일출과 일몰 때 그림자의 끝이 바로 正東西이다. 또 圓規를 만들어 표시하는 것은 확실하게 알기 어렵기 때문이니, 해가 뜰 때부터 그림자의 끝을 표시하여 해가 완전히 질 때까지 표시하고, 다음에 圓規를 만들어 측정한 그림자 양끝의 안쪽을 측량하여 헤아리면 헤아린 곳의 교차점이 마침내 분명해진다. 두 교차점의 사이를 헤아려 절반으로 접은 것이 말뚝을 향하면 정남북이다. 해가 중천일 때의 그림자는 가장 짧다. 極星은 北極星을 말한다."라고 하였으니, 이것이 해를 헤아리고 별을 바라보아 동서남북을 바르게 정하는 일이다.

【疏】 如匠人注度日出日入之影, 不假於視定・視極, 而東西南北皆知之. 此傳'度日出入, 以知東西, 視定・極, 以正南北'者, 考工之文, 止言以正朝夕, 無正南北之語, 故規影之下, 別言考之極星, 是視極, 乃南北正矣. 但鄭因屈橫度之繩, 卽可以知南北, 故細言之, 與此不爲乖也. 唯傳言'南視定'者, 鄭意不然. 何者, 以匠人云'晝 參諸日中之影', 不言以定星參之. 經傳未有以定星正南北者, 故上箋以定爲記時, 異於傳也. 傳以視定爲正南北, 則四句同言得制, 非記時也.

≪周禮≫ 〈考工記 匠人〉의 注와 같이 일출과 일몰의 그림자를 살펴보면 定星과 極星을 살필 필요도 없이 동서남북을 다 알게 된다. 이 傳에서 '해가 뜨고 지는 것을 살펴 동서를 알고, 定星과 북극성을 보아 남북을 확정한다.'라고 하였으나, 〈考工記〉의 글에는 '正朝夕'만을 말하고 남북을 바르게 정한다는 말은 없다. 그리하여 〈考工記〉에서 '規影'의 뒤에 따로 '考之極星'을 말하였으니, 북극성을 살핌이 바로 남북을 바르게 하는 것이다. 다만 鄭玄은 가로로 헤아린 끈을 절반으로 접으면 곧 남북을 알 수 있기 때문에 자세히 말하였으니, 〈考工記〉와 어긋나지 않는다. 傳에서 '남으로 定星을 살핀다.'라고 한 것에 대해서만 鄭玄의 생각은 그렇지 않다. 어째서인가. 〈考工記 匠人〉에서 '낮에는 正午의 그림자를 참고한다.〔晝 參諸日中之影〕'라고만 말하고 '定星으로 참작하는 것'을 말하지 않았기 때문이다. 經과 傳에는 '定星으로 남북을 바르게 한다.'라고 한 말이 없다. 그

리하여 위의 箋에서 定星으로 시기를 기술하여 傳과 달리한 것이다. 傳은 定星을 살펴 남북을 정하는 것으로 여겼으니, 그렇다면 네 구는 동일하게 제도에 맞음을 말한 것이니 시기를 기술한 것이 아니다.

【疏】 傳'室 猶宮' ○ 正義曰：釋宮云 "宮謂之室, 室謂之宮." 郭璞曰 "皆所以通古今之異語." 明同實而兩名, 故云'室猶宮'也.

傳의 〔室 猶宮〕

○ 正義曰 ≪爾雅≫ 〈釋宮〉에 "宮은 室을 말하고 室은 宮을 말한다."라고 하였는데, 郭璞은 "모두 고금에 통용되는 다른 말이다."라고 하였으니, 실제로는 같은데 이름이 두 가지임을 밝힌 것이다. 그리하여 '室은 宮과 같다.'라고 한 것이다.

【疏】 箋'楚室'至'爲後' ○ 正義曰：釋宮以宮室爲一, 謂通而言之, 其對文則異, 故上箋楚宮謂廟, 此楚室謂居室, 別其文以明二者不同也, 故引曲禮曰 '君子將營宮室, 宗廟爲先, 廐庫爲次, 居室爲後', 明制有先有後, 別設其文也. 綿與斯干, 皆述先作宗廟, 後營居室也.

箋의 〔楚室〕에서 〔爲後〕까지

○ 正義曰：≪爾雅≫ 〈釋宮〉에서 宮과 室을 같다고 한 것은 통합하여 말한 것이나, 상대하여 쓴 글인 경우는 뜻이 다르다. 그리하여 위의 箋에서는 '楚宮'을 '廟'라고 하고, 여기에서는 '楚室'을 '居室'이라고 하여, 글을 달리하여 둘이 같지 않음을 밝힌 것이다. 그리하여 ≪禮記≫ 〈曲禮〉에서 '군자가 궁실을 지을 때에 宗廟를 먼저 짓고, 廐庫를 그 다음에 짓고, 居室을 그 다음에 짓는다.'라고 한 말을 인용하였으니, 분명 제도에 선후가 있어서 그 글을 구분하여 쓴 것이다. 〈大雅 綿〉의 傳과 〈小雅 斯干〉의 箋에도 모두 종묘를 먼저 짓고 거실을 뒤에 짓는 것을 기술하였다.

【疏】 傳'椅 梓屬' ○ 正義曰：釋木云 "椅, 梓也." 舍人曰 "梓, 一名椅." 郭璞曰 "卽楸也." 湛露曰 "其桐其椅." 桐椅旣爲類, 而梓一名椅, 故以椅桐爲'梓屬'. 言梓屬, 則椅梓別, 而釋木, 椅梓爲一者, 陸機云 "梓者, 楸之疏理白色而生子者爲梓, 梓實桐皮曰椅." 則大類同而小別也. 箋云'樹此六木於宮中', 明其別也.

傳의 〔椅 梓屬〕

○ 正義曰：≪爾雅≫ 〈釋木〉에 "椅는 梓이다."라고 하였는데, 舍人은 "梓는 一名 椅이다."라고 하고, 郭璞은 "바로 楸이다."라고 하고, 〈小雅 湛露〉에 "桐이요 椅로다."라고 하였으니, 桐과 椅는 같은 부류이고, 梓는 一名 椅이기 때문에 椅와 桐을 梓나무 종류로 여긴 것이다. 梓나무 종류라고 하였으니 그렇다면 椅와 梓는 다른 것인데, 〈釋木〉에서 椅와 梓를 하나로 여긴 것은 陸機가 "梓 중에서 결이 성글고 백색이고 열매가 있는 楸는 梓이고, 梓나무 열매에 오동나무의 껍질인 것은 椅라 한다."라고 해서이니, 크게 분류하면 같고 細分하면 다르다. 箋에서 '이 여섯 종류의 나무를 집 담장 안에 심는다.'라고 하였으니, 이는 〈椅와 梓가〉 다른 것임을 밝힌 것이다.

升彼虛矣하여 **以望楚矣**로다

望楚與堂 景山與京하고

저 옛터에 올라
초구를 바라보았네
초구와 당읍
큰 산과 언덕 바라보고

【傳】 虛는 漕虛也라 楚丘有堂邑者라 景山은 大山이요 京은 高丘也라

虛는 漕邑의 터이다. 楚丘에 堂邑이 있다. 景山은 큰 산이고 京은 높은 언덕이다.

【箋】 箋云 自河以東으로 夾於濟水라 文公將徙에 登漕之虛하여 以望楚丘하고 觀其旁邑及其丘山하여 審其高下所依倚하고 乃後建國焉하니 愼之至也라 ○ 虛는 本或作墟라

箋云：〈楚丘는〉 河水에서 동쪽으로 濟水 사이에 있다. 文公이 國都를 옮기려 할 적에 漕邑의 옛터에 올라가 楚丘를 바라보고, 그 옆의 堂邑과 언덕 및 산들을 살펴서 의지해 살 만한 높고 낮은 곳을 자세히 알고 난 후에, 비로소 국도를 세웠으니 지극히 신중하게 한 것이다.

○ 虛는 '墟'자로 되어 있는 본도 있다.

降觀于桑하니

내려와 뽕밭 살펴보니

【傳】 地勢宜蠶하여 可以居民이라

지세가 누에치기에 마땅하여 백성들을 살게 할 만한 곳이다.

卜云其吉하여 終然允臧이로다

점괘도 吉하여

끝까지 참으로 좋다 하네

【傳】 龜曰卜이라 允은 信이요 臧은 善也라 建國必卜之라 故建邦能命龜하고 田能施命하고 作器能銘하고 使能造命하고 升高能賦하고 師旅能誓하고 山川能說하고 喪紀能誄하고 祭祀能語하니 君子能此九者라야 可謂有德音이요 可以爲大夫라 ○ 能說如字라 鄭志에 問曰 山川能說은 何謂也오 答曰 兩讀이니 或言說하니 說者는 說其形勢也요 或曰述하니 述者는 述其故事也니 述은 讀如遂事不諫之遂[1]라하다 誄는 本又作讄(뢰)하고 又作誺한대 說文云 讄는 禱也니 累功德以求福也라하니라 誄는 謚也라

1) 遂事不諫之遂 : 이는 述의 음을 遂로 읽는 것을 밝힌 것이다. ≪論語 八佾≫

거북점을 '卜'이라고 한다. 允은 '진실로'이고 臧은 '좋음'이다. 國都를 세울 때는 반드시 거북점을 친다. 그리하여 국도를 세울 적에는 거북점을 치고, 사냥을 할 적에는 教命을 하고, 그릇을 만들고는 銘文을 새기고, 사신을 감에는 辭命을 짓고, 높은 곳에 올라가서는 형상을 詩賦로 표현하고, 전투할 때에는 장병들에게 맹서를 하고, 산천을 보고는 형상을 설명하고, 喪事에는 謚號〔誄〕를 짓고, 祭祀에는 귀신에게 고하는 말로 기도하는 것, 이 9가지를 잘 할 수 있는 군자라야 훌륭한 명성〔德音〕이 있다 할 수 있고 대부가 될 수 있다.

○ 能說의 '說'은 본음대로 읽는다. ≪鄭志≫에 "묻기를 '山川能說'은 무엇을 말함입니까?'라고 하니, 答하기를 '두 가지로 읽는데, 혹자는 說이라고 하니 설은 형세를 설명하는 것이고, 혹자는 述이라고 하니 술은 故事를 기록하는 것이니, 述은 ≪論語≫의 「遂事不諫」의 「遂」와 같은 음으로 읽는다.'라고 했다."라고 하였다. '誄'는 또 '讄'자로 되어 있기도 하고, 또 '誺'자로 되어 있는 본이 있는데, ≪說文解字≫에는 "讄는 복을 비는 것이

니, 공덕을 쌓아서 복을 구하는 것이다."라고 하였다. 誄는 시호이다.

【疏】'升彼'至'允臧' ○ 正義曰：此追本欲遷之由, 言文公將徙, 先升彼漕邑之墟矣, 以望楚丘之地矣, 又望其傍堂邑及景山與京丘. 言其有山林之饒, 高丘之阻, 可以居處, 又下漕墟, 而往觀於其處之桑, 既形勢得宜蠶桑, 又茂美, 可以居民矣. 人事既從, 乃命龜卜之, 云'從其吉矣, 終然信善, 非直當今而已.' 乃由地勢美而卜又吉, 故文公徙居楚丘而建國焉.

經의 〔升彼〕에서 〔允臧〕까지

○ 正義曰：이 부분은 천도하고자 한 사유를 거슬러 올라가 따져서 文公이 도읍을 옮기려 할 적에 먼저 漕邑의 옛터에 올라가 楚丘의 땅을 바라보고, 또 옆에 있는 堂邑 및 큰 산과 큰 구릉을 바라보았음을 말하였으니, 이곳은 풍요한 산림과 험준하게 높은 산과 구릉이 있어 거처할 만 하였다. 또 漕邑의 터에서 내려와 楚丘의 뽕밭에 가서 살펴보니, 형세가 누에치기에 알맞고 또 매우 아름다워 백성들을 거주시킬 만하였다. 사람의 판단에 모든 것이 알맞자, 마침내 거북을 명하여 점을 치니 점괘에 '吉하다. 끝까지 진실로 좋을 것이요, 지금뿐만이 아니다.〔從其吉矣 終然信善 非直當今而已〕'라고 하였으니, 지세가 아름답고 점도 길하였다. 그리하여 文公이 楚丘로 옮겨 국도를 세운 것임을 말한 것이다.

【疏】傳'虛漕'至'高丘' ○ 正義曰：知墟漕墟者, 以文公自漕而徙楚丘, 故知升漕墟. 蓋地有故墟, 高可登之以望, 猶僖二十八年左傳稱 '晉侯登有莘之墟也'. 升墟而幷望楚堂, 明其相近, 故言楚丘有堂邑. 楚丘本亦邑也, 但今以爲都, 故以堂繫楚丘而言之. 釋詁云 "景, 大也." 故知景山爲大山. 京與山相對, 故爲高丘. 釋丘云 "絶高爲之京." 郭璞曰 "人力所作也." 又云 "非人爲之丘." 郭璞曰 "地自然生." 則丘者, 自然而有, 京者, 人力所爲, 形則相類, 故云'京 高丘也.' 公劉箋云 '絶高爲之京.' 與此一也. 皇矣傳曰 "京, 大阜也." 以與'我陵'·'我阿'相接類之, 故爲大阜.

傳의 〔虛漕〕에서 〔高丘〕까지

○ 正義曰：옛터가 漕邑의 옛터임을 안 것은 文公이 漕邑에서 楚丘로 옮겼기 때문이다. 그리하여 漕邑의 옛터에 오른 것을 안 것이다. 대체로 옛 성터가 있는 곳은 높아서 올라가 조망을 할 수 있으니, ≪春秋左氏傳≫ 僖公 28년에 '晉侯가 有莘의 옛 성터에 올

라갔다.'라고 한 것과 같다. 성터에 올라 楚丘와 堂邑을 아울러 조망하였으니 분명 서로의 거리가 가깝다. 그리하여 楚丘에 堂邑이 있다고 한 것이다. 楚丘도 본래 邑이었는데 지금은 수도가 되었다. 그리하여 堂邑을 楚丘에 연계시켜 말한 것이다. ≪爾雅≫ 〈釋詁〉에 "景은 큼이다."라고 하였다. 그리하여 景山이 큰 산임을 안 것이다. 언덕〔京〕은 산과 서로 상대가 되므로 '高丘'라고 한 것이다. ≪爾雅≫ 〈釋丘〉에 "매우 높은 곳이 京이다." 라고 하였는데, 郭璞은 "인력으로 만든 것이다."라고 하고, 또 〈釋丘〉에 "사람이 만든 丘가 아니다."라고 하였는데, 郭璞은 "땅에서 저절로 생겨난 것이다."라고 하였으니, 丘는 자연히 있는 것이고 京은 인력으로 만든 것이다. 그러나 모양은 서로 비슷하다. 그리하여 '京은 高丘이다.'라고 한 것이니, 〈大雅 公劉〉의 箋에서 '매우 높은 곳이 京이다.'라고 한 것이 여기와 똑같다. 〈大雅 皇矣〉의 傳에서 "京은 큰 언덕〔大阜〕이다."라고 한 것은 經의 '京'字가 '우리 구릉〔我陵〕'·'우리 언덕〔我阿〕'과 서로 이어져서 그렇게 유추한 것이다. 그리하여 '大阜'라고 한 것이다.

【疏】 箋'自河'至'濟水' ○ 正義曰：箋解楚丘所在，故云'自河以東 夾於濟水'，言楚丘在其間. 禹貢云 "道沇水，東流爲濟，入于河，溢爲滎，(又)〔東〕[1]出于陶丘北，又東至于菏(하)，又東北，會于汶[2]." 是濟自河北而南入於河，又出而東，楚丘在於其間，西有河，東有濟，故云'夾於濟水'也.

1) (又)〔東〕: 저본의 교감기에 따라 '東'으로 번역하였다.
2) 會于汶 : ≪尙書≫ 〈禹貢〉에는 이 뒤에 '又北東 入于海'가 더 있다.

箋의 〔自河〕에서 〔濟水〕까지

○ 正義曰 : 箋은 楚丘의 소재지를 해석하였다. 그리하여 '河水에서 동쪽으로 濟水 사이에 있다.'라고 하였으니, 초구가 그 사이에 있음을 말한 것이다. ≪尙書≫ 〈禹貢〉에 "沇水를 유도하되 동으로 흘러 濟水가 되어 河水로 들어가며, 넘쳐 滎澤이 되고, 동쪽으로 陶丘의 북쪽으로 나와 또 동으로 菏澤에 이르고, 또 동북쪽으로 흘러 汶水에 모여서 〈다시 북동쪽으로 바다에 들어가게 하였다.〉"라고 하였으니, 이는 濟水가 河水 북쪽에서 남쪽으로 河水에 들어가고, 또 나와 동쪽으로 흐른 것이다. 그러니 楚丘가 그 사이에 있어 서쪽에는 河水가 있고 동쪽에는 濟水가 있다. 그리하여 '夾於濟水'라고 한 것이다.

【疏】 傳'龜曰卜'至'大夫' ○ 正義曰：大卜曰 "國大遷，大師則貞龜." 是建國必卜之，綿

云 "爰契我龜." 是也. 大遷必卜, 而筮人掌九筮, "一曰筮更(경)." 注云 "更謂筮遷都邑也." 鄭志答趙商云 "此都邑, 比於國爲小, 故筮之." 然則都邑則用筮, 國都則卜也. 此卜云'終吉', 而僖三十一年又遷于帝丘, 而言'終善'者, 卜所以決疑, 衛爲狄人所滅, 國人分散, 文公徙居楚丘, 興復(복)祖業, 國家殷富, 吉莫如之, 後自更, 以時事不便而遷, 何害'終然允臧'也.

傳의 〔龜曰卜〕에서 〔大夫〕까지

○ 正義曰 : ≪周禮≫ 〈春官 大卜〉에 "나라에 대규모의 천도나 군사 행동이 있을 때에는 거북점을 친다."라고 하였으니, 이것이 國都를 세움에 반드시 거북점을 치는 것이니, 〈大雅 綿〉에 "이에 우리의 거북점을 치네."라고 한 것이 이것이다. 대규모 천도를 할 때엔 반드시 거북점을 치고, 筮人이 아홉 가지의 시초점을 담당하는데, 〈≪周禮≫ 〈春官 筮人〉에〉 "첫 번째가 '筮更'이다."라고 하고, 注에는 "更은 천도할 邑을 시초로 점치는 것을 말한다."라고 하고, ≪鄭志≫에서 趙商에게 "이 도읍은 국도에 비하여 작기 때문에 시초점을 치는 것이다."라고 답하였으니, 그렇다면 도읍엔 시초점을 사용하고 국도엔 거북점을 사용하는 것이다. 여기의 거북점에서 '끝까지 길하리라.〔終吉〕'라고 하였는데도, 魯 僖公 31년에 〈文公이〉 또 帝丘로 천도하였다. 그런데 〈이때의 거북점에서〉 '終善'이라 한 것은 卜이란 의심되는 사안을 결단하는 것이기 때문이다. 衛나라가 狄人에게 멸망당하여 도성의 백성들이 흩어졌는데, 文公이 楚丘로 옮겨 선조의 왕업을 회복하여 국가가 크게 부유하였으니 이만큼 길한 것이 없다. 그리고 뒤에 스스로 다시 천도한 것은 그 당시 국사를 처리할 때에 불편하여 옮긴 것이다. 그러니 經에서 '끝까지 참으로 좋다 하네.〔終然允臧〕'라고 함에 무슨 문제가 있겠는가.

【疏】 傳因引'建邦能命龜', 證建國必卜之, 遂言'田能施命', 以下本有成文, 連引之耳. '建邦能命龜'者, 命龜以遷, 取吉之意, 若少牢史述曰 "假爾大筮有常, 孝孫某, 來日丁亥, 用薦歲事于皇祖伯某, 以某妃配某氏, 尙饗." 士喪卜曰 "哀子某, 卜葬其父某甫考降, 無有近悔[1]." 如此之類也. 建邦, 亦言 '某事以命龜.' 但辭亡也.

1) 考降 無有近悔 : ≪儀禮≫ 〈士喪禮〉 鄭玄의 注에는 '考는 오름〔登〕이고 降은 내림〔下〕이다.'라고 하고, '無有近悔'는 '무덤이 무너지는 재앙이 없겠는가.'라는 뜻으로 해석하였다.

傳은 '建邦能命龜'를 인용하여 국도를 세울 때에는 반드시 거북점을 친다는 것을 증명하고, 이로 인하여 마침내 '田能施命'을 말한 것인데 그 이하는 본래 成文이 있기 때문에 이어서 인용한 것이다. '建邦能命龜'는 천도하는 일로 거북에 명하여 길한 뜻을 취하는 것이니, 예컨대 ≪儀禮≫ 〈少牢饋食禮〉에 "史官이 〈주인의 명을〉 따라 '신령함이 있는 너의 큰 점사를 빌리려 한다. 孝孫 某(주인)는 오는 丁亥日에 皇祖 伯某에게 歲時의 제사를 올리고 某妃를 某氏에게 배향하려 하오니 부디 흠향하소서.'라고 한다." 하고, ≪儀禮≫ 〈士喪禮〉에 卜官이 "哀子 某는 父 某甫의 장례를 위해 점을 칩니다. 魂神이 오르고 내림에 허물이 없겠습니까?"라고 한 것과 같은 따위이다. 나라를 세울 때에도 '某事로 거북점을 친다.〔某事以命龜〕'라고 할 것이나 분명한 글이 없다.

【疏】 '田能施命'者, 謂於田獵, 而能施敎命以設誓, 若士師職云 "三曰禁[1], 用諸(저)田役." 注云 "禁, 則軍禮[2]曰 '無干車, 無自後射, 其類也.'" 大司馬職云 "斬牲, 以左右徇陳曰 '不用命者, 斬之.'" 是也. 田所以習戰, 故施命以戒衆也.

1) 三曰禁 : 士師(법관)가 나라의 다섯 가지 禁法을 가지고 형벌을 헤아리고, 다섯 가지 규율로 형벌을 가르쳐 백성들이 죄에 걸리지 않게 하는 규율 중의 하나이다. ≪周禮 秋官 司寇≫

2) 軍禮 : 周나라 때의 吉·凶·軍·賓·嘉禮 등 五禮 가운데 하나로 정벌과 군사훈련 때에 사용하는 예절과 의식을 설명한 것이다. ≪周禮 春官 大宗伯≫

'田能施命'은 사냥을 할 때에 敎命을 내려 맹서를 할 수 있음을 말하니, 예컨대 ≪周禮≫ 〈秋官 司寇 士師職〉에 "세 번째가 禁이니 田役에 사용한다."라고 하였는데, 注에 "禁은 곧 軍禮에서 '수레를 몰 때에 남의 수레를 범하지 않도록 하고, 화살을 한 번 쏘아 맞지 않으면 뒤에서 쏘지 않는다는 것이 그 종류이다.'라고 했다." 한 것과 ≪周禮≫ 〈夏官 大司馬職〉에 "犧牲을 잡아 군진을 좌우로 돌면서 '군명을 따르지 않는 자는 참수한다.'라고 했다." 한 것이 이것이다. 사냥은 전법을 익히는 것이기 때문에 명을 내려 군사를 경계시키는 것이다.

【疏】 '作器能銘'者, 謂旣作器, 能爲其銘. 若栗氏[1]"爲量, 其銘曰 '時文思索, 允臻其極. 嘉量旣成, 以觀四國, 永啓厥後, 茲器維則(칙).'" 是也. 大戴禮, 說武王, 盤·盂·几·杖, 皆有銘, 此其存者也. 銘者, 名也, 所以因其器名, 而書以爲戒也. '使能造命'者, 謂隨前事應機, 造其辭命以對, 若屈完之對齊侯[2], 國佐之對晉師[3], 君無常辭也.

1) 栗氏 : ≪周禮≫ 〈考工記〉에 의하면, 나라에 6가지의 직종을 두어 각종 기물을 담당하게 하는데, 금속을 다루는 工人 즉 築·冶·鳧·栗·段·桃氏 가운데 栗氏가 무게를 재는 기구(量器인 釜)를 만든 것을 말한다.

2) 屈完之對齊侯 : 齊 桓公이 楚나라를 침략하자, 屈完이 召陵에서 齊侯에게 "侯께서 진실로 덕으로 한다면 제후들이 복종하겠지만 힘으로 楚나라를 침략한다면 楚나라는 긴 '方城'과 漢水로 防禦할 수 있다."라고 하니, 齊侯가 楚나라의 방어공사가 견고함을 보고 屈完과 맹약을 맺고 군사를 철수한 일이다. ≪春秋左氏傳 僖公 4년≫

3) 國佐之對晉師 : 齊 頃公이 재위 10년에 鞍의 전쟁에서 晉나라에게 대패하였는데, 齊나라의 國佐가 정성을 다해 이치로 설득하자 晉나라가 그해 7월에 爰婁에서 강화를 맺은 일이다. ≪春秋左氏傳 成公 2년≫

'作器能銘'은 器具를 만들고 거기에 銘文을 잘 쓰는 것을 말하니, ≪周禮≫ 〈考工記 栗氏〉에 "栗氏가 量器를 만들고 거기에 銘文을 새기기를 '이 文德 있는 군주께서 법도를 생각하여 진실로 지극함에 이르렀도다. 훌륭한 量器가 완성됨에 사방의 나라에 보여주니, 길이 네 자손 계도하여 이 기물을 준칙으로 삼을지어다.' 했다."라고 한 것과 같은 것이 이것이다. ≪大戴禮記≫에 武王의 盤·盂·几·杖에 모두 명문이 있음을 말하였으니, 이는 현존한 것이다. '銘'이란 名이니 그 기구의 이름에 따라 글을 써서 경계로 삼는 것이다.

'使能造命'은 일어난 일에 따라 임기응변하여 辭命을 지어 상대하는 것을 말하니, 예컨대 屈完이 齊侯에게 대답하고 國佐가 晉師에게 대답함에 두 君이 떳떳하게 응답하지 못한 것 등이다.

【疏】 '升高能賦'者, 謂升高有所見, 能爲詩賦其形狀, 鋪陳其事勢也. '師旅能誓'者, 謂將帥能誓戒之, 若鐵之戰, 趙鞅誓軍[1]之類. '山川能說'者, 謂行過山川, 能說其形勢而陳述其狀也. 鄭志 "張逸問 '傳曰「山川能說」, 何謂.' 答曰 '兩讀, 或云「說」者, 說其形勢, 或云「述」者, 述其古事.'" 則鄭爲兩讀, 以義俱通故也.

1) 鐵之戰 趙鞅誓軍 : 晉나라의 大夫 范氏와 中行(항)氏가 鄭나라와 齊나라가 연합하여 鐵의 지역에서 같은 대부인 趙簡子(趙鞅)를 공격할 때, 조간자가 장병들에게 적을 무찌른 등급에 따라 포상의 등급을 분명하게 선포하고 이어 도망한 자에게는 엄한 벌을 내리겠다고 맹서하여 승리한 일이다. ≪春秋左氏傳 哀公 2년≫

'升高能賦'는 높은 곳에 올라가 보이는 것이 있으면 그 형상을 詩賦로 표현하고, 그 형세를 펼쳐 진술할 수 있음을 말한다.

'師旅能誓'는 〈전투에 앞서〉 장수가 맹서하여 군사를 경계시키는 것을 말하니, 예컨대 鐵의 전투에서 趙鞅이 군사에게 맹서한 따위이다.

'山川能說'은 산천을 지나면서 그 형세를 설명하여 그 모습을 진술하는 것을 말한다. ≪鄭志≫에 "張逸이 '傳에서 말한 「山川能說」은 무엇을 말합니까?'라고 묻자, 鄭玄이 '두 가지로 읽으니 「說」로 말한 경우는 형세를 설명함이고, 「述」로 말한 경우는 古事를 기술함이다.'라고 답했다."라고 하였으니, 鄭玄이 두 가지로 읽은 것은 뜻이 모두 통하기 때문이다.

【疏】 '喪紀能誄'者, 謂於喪紀之事, 能累列其行, 爲文辭以作諡, 若子囊之誄楚恭[1]之類, 故曾子問注云"誄, 累也, 累列生時行迹, 以作諡." 是也. '祭祀能語'者, 謂於祭祀, 能祝告鬼神而爲言語, 若荀偃禱河[2], 蒯聵禱祖[3]之類, 是也. 君子由能此上九者, 故可爲九德, 乃可以列爲大夫. 定本・集注, 皆云'可謂有德(旨)〔音〕'[4], 與俗本不同. 獨言'可以爲大夫'者, 以大夫, 事人者, 當賢著德盛, 乃得位極人臣. 大夫, 臣之最尊, 故責其九能, 天子諸侯嗣世爲君, 不可盡責其能此九者.

1) 子囊之誄楚恭 : 楚 恭王이 병들었을 때, 자기가 왕업을 잘 계승하지 못한 것과 晉나라와 전쟁에서 패한 일을 들어 諡號를 '靈'이나 '厲'로 하라고 하였는데, 子囊이 그 뜻을 어기고 '赫赫한 楚나라를 군왕께서 통치하여 蠻夷를 安撫하고 南海를 정벌하여 諸夏의 각국을 귀속시키고, 당신의 허물을 알았으니 共(恭遜)하다고 하지 않을 수 있겠는가.'라고 하고 시호를 '恭'으로 정한 일을 가리킨다. ≪春秋左氏傳 襄公 13년≫

2) 荀偃禱河 : 晉侯 獻子(荀偃)가 齊나라를 치려고 河水를 건널 때 "만약 전쟁에서 승리하여 신께 수치를 끼치지 않게 된다면 官臣인 偃은 감히 다시 河水를 건너오지 않을 것이니, 신께서 헤아려 결정하기 바랍니다."라고 기도하고 하수를 건넌 일을 가리킨다. ≪春秋左氏傳 襄公 18년≫ 官臣은 관직이 있는 신하를 이른다.

3) 蒯聵禱祖 : 鄭나라와 晉나라의 전쟁에 衛나라의 태자 蒯聵가 晉나라를 돕기 위해 갈 때, 황조인 文王과 열조인 康叔과 문조인 襄公의 神에게 "이 전쟁을 이겨 三祖의 신에게 부끄러움이 없게 해주소서. 大命이야 감히 청할 수 없으나 佩玉이야 어찌 감히 아끼겠습니까."라고 기도한 일을 가리킨다. ≪春秋左氏傳 哀公 2년≫

4) (旨)〔音〕 : 저본의 교감기에 따라 '音'으로 해석하였다.

'喪紀能誄'는 喪紀(喪禮)의 일 중에 죽은 자의 행적을 모아 나열하여 글을 만들어 시호를 정하는 것을 말하니, 예컨대 子囊이 楚나라의 왕을 '恭'이라 시호한 따위이다. 그리하여 ≪禮記≫ 〈曾子問〉의 注에 "誄는 '모음'이니 생시의 행적을 모아 나열하여 시호를 짓는 것이다."라고 한 것이 이것이다.

'祭祀能語'는 제사에 귀신에게 기도하며 고하는 글을 짓는 것을 말하니, 예컨대 荀偃이 河水를 건널 때에 기도한 것과 蒯聵가 조상신에게 기도한 따위가 이것이다.

군자는 위의 아홉 가지를 잘하는 사람이다. 그리하여 九德을 할 수 있어야 이에 대부의 반열이 되는 것이다. 定本과 ≪毛詩集注≫에는 모두 '可謂有德音'이라 하여 俗本과 다르다. 유독 '대부가 될 수 있다.〔可以爲大夫〕'라고 한 것은, 대부는 인군을 섬기는 자이니, 어짊이 드러나고 덕이 높아야 비로소 人臣으로 지극히 높은 곳에 자리할 수 있기 때문이다. 대부는 신하 중에서 가장 존귀하다. 그리하여 이 아홉 가지의 능함을 요구하지만, 천자와 제후로서 대를 이어 인군이 된 자에게는 이 아홉 가지에 능할 것을 다 요구할 수 없다.

靈雨旣零이어늘 命彼倌人하여

星言夙駕하여 說(세)于桑田하니

단비가 내리거늘
마부에게 명하여
새벽 별 보며 수레 달려
뽕밭에 가 머무니

【傳】 零은 落也라 倌人은 主駕者라

零은 '떨어짐'이다. 倌人은 수레를 담당하는 자이다.

【箋】 箋云 靈은 善也라 星은 雨止星見(현)이라 夙은 早也라 文公於雨下에 命主駕者하되 雨止면 爲我晨早駕하라 欲往爲辭說于桑田하여 教民稼穡이라하니 務農急也라 ○ 倌은 說文云 小臣也라 星言은 韓詩云 星 (精)〔晴〕[1]也라 說을 毛는 舍也라하고 鄭은 如字라하다 辭는 說이라

1) (精)〔晴〕: 저본에는 '精'으로 되어 있으나, ≪經典釋文≫에 의거하여 '晴'으로 바로잡았다.

箋云 : 靈은 '좋음'이다. 星은 비가 그쳐 별이 보이는 것이다. 夙은 '일찍'이다. 文公이

비가 내릴 때에 수레를 담당하는 자에게 명하기를 "비가 그치면 나를 위해 새벽 일찍 수레를 준비하라. 뽕밭에 가서 백성들에게 이야기하여 농사일을 가르치고자 한다."라고 한 것이니, 농사에 힘쓰는 것을 급선무로 한 것이다.

○ 倌은 ≪說文解字≫에 "지위가 낮은 신하이다."라고 하였다. '星言'은 ≪韓詩≫에 "별이 뜨고 맑음이다."라고 하였다. 說을 毛亨은 '머물다'라고 하고, 鄭玄은 본음대로 읽었다. 辭는 '說'이다.

匪直也人이요

용렬한 군주 아니오

【傳】 非徒庸君이라

용렬한 군주가 아니다.

秉心塞淵이라

마음가짐 진실하고도 깊으니

【傳】 秉은 操也라

秉은 '잡음'이다.

【箋】 箋云 塞은 充實也요 淵은 深也라

箋云 : 塞은 '충실함'이고 淵은 '깊음'이다.

騋牝(래빈)三千이로다

키 큰 말과 암말이 3천 필이네

【傳】 馬七尺以上曰騋라 騋馬與牝馬也라

〈키가〉 7척 이상 되는 말을 騋라 한다. 〈3천 필은〉 큰 말과 암말이다.

【箋】 箋云 國馬之制에 天子는 十有二閑에 馬六種[1]으로 三千四百五十六匹이요 邦國은 六閑에 馬四種으로 千二百九十六匹이라 衛之先君이 兼邶鄘而有之하여 而馬數過禮制러니 今文公이 滅而復興하고 徙而能富하여 馬有三千하니 雖非禮制나 國人美之라 ○ 騋牝은 馬六尺已上也라

1) 閑 馬六種 : 閑은 말을 기르는 우리이고, 여섯 종류의 말은 玉路를 끄는 種馬, 戎路를 끄는 戎馬, 金路를 끄는 齊馬, 象路를 끄는 道馬, 田路를 끄는 田馬, 宮中의 일에 쓰이는 駑馬를 말한다. ≪周禮注疏 夏官 校人≫

箋云 : 國馬의 제도에, 천자는 12개의 우리에 6종의 말로 3,456필이고, 諸侯는 6개의 우리에 4종의 말로 1,296필이다. 衛나라의 선군이 邶와 鄘을 겸병하여 말의 수가 禮法을 초과하였는데, 지금 文公이 멸망된 나라를 다시 부흥시키고 국도를 옮겨 부유하게 하여 말이 3,000필이나 되었으니, 비록 禮法에 맞지는 않지만 백성들이 이를 찬미한 것이다.

○ 騋馬와 牝馬는 6척 이상인 말이다.

【疏】 '靈雨'至'三千' ○ 正義曰 : 此章, 說政治之美, 言文公, 於善雨既落之時, 命彼倌人云'汝於雨止星見, 當爲我早駕. 當乘之往, 辭說於桑田之野, 以教民之稼穡.' 言文公, 既愛民務農如此, 則非直庸庸之人, 故秉操其心, 能誠實, 且復深遠, 是善人也. 既政行德實, 故能興國, 以致殷富, 騋馬與牝馬, 乃有三千, 可美之極也.

經의 〔靈雨〕에서 〔三千〕까지

○ 正義曰 : 이 章은 훌륭하게 다스린 것을 설명한 것이니, 文公이 알맞은 비가 내릴 때에 倌人에게 명하길 '너는 비 그치고 별이 보이거든 나를 위해 일찍 수레를 준비하라. 수레타고 뽕밭이 있는 들에 가서 이야기하여 백성들에게 농사짓는 법을 가르치겠다.'라고 한 것을 말하고, 文公이 백성을 사랑하여 농사에 힘씀이 이와 같았으니, 그렇다면 한갓 용렬한 사람이 아니다. 그리하여 마음가짐이 성실하고도 깊고 원대하였으니, 바로 훌륭한 사람이다. 정사가 올바르게 시행되고 덕이 진실하였다. 그리하여 나라를 부흥시켜 크게 부유하게 하여 騋馬와 牝馬를 마침내 3,000필이나 소유하였으니, 지극히 찬미할 만하다고 말한 것이다.

【疏】 傳'倌人 主駕者' ○ 正義曰 : 以命之使駕, 故知主駕者. 諸侯之禮亡(망), 未聞倌人

爲何官也.

傳의 〔倌人 主駕者〕

○ 正義曰 : 수레를 준비하도록 명하였기 때문에 '수레를 주관하는 자'임을 안 것이다. 제후의 예가 없어져 倌人이 어떤 관직인지 알 수 없다.

【疏】 傳'馬七尺'至'牝馬' ○ 正義曰 : 七尺曰騋, 廋人文也. 此三千, 言其摠數. 國馬供用, 牝牡俱有, 或七尺六尺, 擧騋牝以互見(현), 故言騋馬與牝馬也, 知非直牝而七尺. '有三千'者, 以諸侯之(牝)〔制〕[1], 三千已多, 明不得獨牝有三千. 輈人職注云 "國馬, 謂種馬·戎馬·齊馬·道馬, 高八尺, 田馬七尺, 駑馬六尺." 此天子國馬有三等, 則諸侯國馬之制, 不一等, 明不獨七尺也. 乘車兵車及田車, 高下各有度, 則諸侯亦齊·道高八尺, 田馬高七尺, 駑馬高六尺, 獨言騋馬者, 擧中言之.

1) (牝)〔制〕: 북경대본의 교감기에 따라 '制'로 번역하였다.

傳의 〔馬七尺〕에서 〔牝馬〕까지

○ 正義曰 : '七尺曰騋'는 ≪周禮≫ 〈夏官 廋人〉의 글이다. 여기의 3,000은 총수를 말한다. 國馬는 나라의 용도에 제공되기 때문에 암말과 희생용 말이 모두 있어 혹 7척이고 6척이지만 騋馬와 牝馬를 들어 서로 나타낸 것이다. 그리하여 騋馬와 牝馬를 말하였으니 牝馬만이 7척이 아님을 알 수 있다. '有三千'은 제후의 제도로 보면 3,000필도 이미 많으니, 분명 牝馬만 3,000필이 있는 것은 아니다. ≪周禮≫ 〈考工記 輈人職〉의 注에 "국마는 種馬와 戎馬와 齊馬와 道馬를 이르니 키가 8척이고, 田馬는 7척이고, 駑馬는 6척이다."라고 하였으니, 이는 천자의 국마에 3등급이 있는 것을 말한다. 그렇다면 제후의 국마 제도도 한 등급만이 아닐 것이니, 분명 7척뿐만이 아니다. 乘車와 兵車 및 田車는 높고 낮음에 각각의 제도가 있다. 그렇다면 제후에 있어서도 齊馬와 道馬는 키가 8척이고, 田馬는 7척이고, 駑馬는 6척일 것인데, '騋馬'만 말한 것은 중간을 들어 말한 것이다.

【疏】 箋'國馬'至'美之' ○ 正義曰 : 言國馬, 謂君之家馬也, 其兵賦, 則左傳曰 "元年革車三十乘, 季年乃三百乘." 是也. '天子十有二閑馬六種', '邦國六閑馬四種', 皆校人文也, 其天子三千四百五十六匹, 諸侯千二百九十六匹, 皆推校人而計之. 校人又曰 "凡頒良馬[1]而養乘之, 乘馬, 一師四圉. 三乘爲皁, 皁一趣馬, 三皁爲繫, 繫一馭夫, 六繫爲廄,廏一僕夫, 六廏成校, 校有左右. 駑馬, 三良馬之數." 注云 "二耦爲乘. 自乘至廏, 其數二百一十六匹. 易乾爲馬, 此應乾之策[2]也. 至校變言成者, 明六馬各一廏, 而王馬小備也. 校有左右, 則良馬一種者, 四百三十二匹, 五種合二千一百六十匹, 駑馬三之, 則爲千二百九十六匹, 五良一駑, 凡三千四百五十六匹, 然後王馬大備." 由此言之, 六廏成校, 校有左右, 則爲十二廏, 卽是十二閑, 故鄭又云 "每廏爲一閑." 明廏別一處, 各有閑衛, 故又變廏言閑也.

1) 良馬 : 善馬를 말하니 駑馬 이외의 五路을 끄는 데 쓰는 말이다.〔良 善也 善馬 五路之馬〕≪周禮 校人職 注≫

2) 乾之策 : ≪周易≫ 〈繫辭傳 上〉에 "乾의 책수가 216개이고 坤의 책수가 144개이다. 그러므로 모두 360개이니, 期年의 日數에 해당하고, 上·下 두 篇의 책수가 11,520개이니, 萬物의 수에 해당한다.〔乾之策二百一十有六 坤之策百四十有四 凡三百有六十 當期之日 二篇之策 萬有一千五百二十 當萬物之數也〕"라고 하였다.

箋의 〔國馬〕에서 〔美之〕까지

○ 正義曰 : 〈여기에서〉 말한 '國馬'는 군주가 사용하는 말이니, 그 兵賦(병거의 수)는 ≪春秋左氏傳≫ 閔公 2년에 "문공이 元年에는 兵車가 30乘이었는데, 말년에는 마침내 300乘이었다."라고 한 것이 이것이다. '天子는 12閑에 馬 6種'이고, '邦國의 제후는 6閑에 馬 4種'이라는 것은 모두 ≪周禮≫ 〈夏官 校人〉의 글이니, 위의 '천자 3,456필'과 '제후 1,296필'은 모두 〈校人〉의 글로 미루어 계산한 것이다. 〈校人〉에 또 "良馬를 나누어 주어 길러서 수레를 끌게 하는데, 乘馬(4필)는 師官 1명과 圉官 4명이고, 3乘(12필)이 皁가 되니 皁에는 趣馬官이 1명이고, 3皁(36필)가 繫가 되니 繫에는 馭夫官이 1명이고, 6繫(216필)가 廏가 되니, 廏에는 僕夫官이 1명이고, 6廐(1,296필)가 校를 이루니, 校에는 좌교와 우교가 있다. 駑馬는 良馬 수의 3배이다."라고 하였는데, 注에 "두 耦(2필)가 乘(4필)이 되니, 乘에서 廏에 이르기까지 그 수가 216필이다. ≪周易≫에서 乾을 馬로 여겼으니, 이는 乾의 策數에 응한 것이다. 校에 이르러 〈'爲'자를〉 바꾸어 '成'자로 말한 것은 여섯 종류의 말이 각각 1廏(216필)씩이면 王馬가 다소 갖추어짐을 밝힌 것이다. 校에는 좌교와 우교가 있다. 그렇다면 良馬의 1種은 432(216×2)필이니, 5種은 合이 2,160(432×5)필이고, 駑馬는 양마의 3배수이니 곧 1,296(432×3)필이므로 5良馬에 1駑馬는 모두 3,456(2,160+1,296)필이다. 이와 같은 연후에 왕마가 크게 갖추어진다."라고 하였으니, 이를 통해 말하면 6廏가 校를 이루고 校에는 좌교와 우교가 있으니, 그

렇다면 12廏가 되니 이것이 곧 12閑이다. 그리하여 鄭玄이 또 "매 廏가 1閑이 된다."라고 하였으니, 분명 廏별로 한 곳마다 '우리'가 있는 것이다. 그리하여 또 '廏'자를 바꾸어 '閑'이라고 말한 것이다.

【疏】 以一乘四匹, 三乘爲皁, 則十二匹, 三皁爲繫, 則三十六匹, 六繫成廏, 以六乘三十六, 則二百一十六匹, 故云 '自乘至廏, 其數二百一十六匹, 應乾之策.' 謂變者, 爲揲蓍用四. 四九三十六, 謂一爻之數, 純乾六爻, 故二百一十六也. 以校有左右, 故倍二百一十六, 爲四百三十二, 駑馬三之, 又三乘此四百三十二, 爲千二百九十六匹. 此天子之制, 雖駑馬數言三良, 亦以三駑之數共廏爲一閑. 諸侯言六閑馬四種, 則不種爲二閑, 明因駑三良之數, 而分爲三閑, 與上三種各一閑而六閑, 皆二百一十六匹, 以六乘之, 故諸侯千二百九十六匹也.

1乘은 4필이고, 3乘이 皁가 되니 12필이고, 3皁가 繫가 되니 36필이고, 6繫가 廏를 이루니 6으로 〈36을〉 곱하면 216필이다. 그리하여 '乘에서 廏에 이르기까지 그 수가 216필이니, 乾의 策數에 응한다.'라고 한 것이다. '變'이라 한 것은 蓍草를 헤아릴 때에 4를 쓰기 때문이다. 4×9 36은 1爻의 수를 말하니, 純乾(乾卦)은 6爻이다. 그리하여 216인 것이다. 校는 좌교와 우교가 있기 때문에 216의 배이니 432가 되고, 駑馬는 이의 3배이니 3으로 432를 곱하면 1,296필이 된다. 이는 천자의 제도로 비록 駑馬의 數는 良馬의 3배라고 하였으나, 역시 駑馬의 數를 3으로 하여 廏를 공통으로 하면 1閑이 된다. 제후에 있어서 '6閑에 馬 4種'을 말하였으니, 그렇다면 종마다 2閑이 되는 것은 아니니, 분명 駑馬가 良馬의 3배수인 것으로 인하여 나누어 3閑이 되는 수에 위 3種馬의 각 1閑인 수를 더하여 6閑인 것이니, 모두 216필을 6으로 곱한 것이다. 그리하여 諸侯가 1,296필인 것이다.

【疏】 是以校人又云 "大夫四閑, 馬二種." 鄭因諸侯不種爲二閑, 亦分駑馬爲三, 故注云 "諸侯有齊馬・道馬・田馬, 大夫有田馬, 各一閑, 其駑, 皆分爲三." 是也, 故鄭志 "趙商問曰 '校人職, 天子十有二閑, 馬六種, 爲三千四百五十六匹, 邦國六閑, 馬四種, 爲二千五百九十二匹, 家四閑, 馬二種, 爲千七百二十八匹. 商案大夫食縣, 何由能供此馬. 司馬法[1)]論之, 一甸之田方八里, 有戎馬四匹, 長轂一乘, 今大夫采四甸, 一甸之稅, 以給王, 其餘三甸裁有十二匹, 今就校人職相覺(교), 甚(矣)〔異〕[2)].' 答曰 '邦國六閑 馬四

種, 其數適當千二百九十六匹, 家四閑 馬二種, 又當八百六十四, 今子何術計之乎. 此馬皆國君之制, 非民之賦. 司馬法, 甸有戎馬四匹, 長轂一乘, 此謂民出軍賦[3], 無與於天子國馬之數.'" 是鄭計諸侯大夫之明數. 趙商因校有左右, 謂二廏爲一閑, 故其數皆倍而誤. 鄭以十二廏, 卽十二閑數, 諸侯大夫閑數, 駑與良同, 故云'子以何術計之'.

1) 司馬法 : 司馬穰苴가 기원전 350년경에 지은 古代兵書인데, 戰國時代에 이미 散失되었다 한다.
2) (矣)〔異〕: 저본의 교감기에 따라 '異'로 번역하였다.
3) 軍賦 : 軍事 수요에 따라 徵發하는 賦役을 말한다.

이 때문에 〈校人〉에서 또 "大夫는 4閑에 馬 2種이다."라고 하였는데, 鄭玄은 '제후는 종마다 2閑이 되는 것은 아니다.'라고 한 것에 따라 駑馬를 나누어 3閑으로 하였다. 그리하여 注에서 "제후는 齊馬·道馬·田馬가 있고 대부는 田馬가 있는데 각 1閑이고, 駑馬는 나누어 모두 3閑이다."라고 한 것이 이것이다. 그리하여 ≪鄭志≫에 "趙商이 묻기를 '〈校人職〉에는 천자는 12閑에 6종의 말로 3,456필이고, 邦國은 6閑에 4종의 말로 2,592필이고, 家는 4閑에 2종의 말로 1,728필이라고 하였으나, 제가 살펴보니 대부는 縣을 채읍으로 하니, 어떻게 이 數의 말을 바칠 수 있겠습니까? ≪司馬法≫으로 논해보면 1甸의 田은 方 8里에 戎馬 4필과 兵車 1乘인데, 대부는 4甸을 채읍으로 하니 1甸을 稅로 왕에게 바치면, 나머지 3甸에는 겨우 12필이 있게 됩니다. 이제 〈校人職〉으로 서로 비교해보면 매우 다릅니다.'라고 하였다.

鄭玄이 답하기를 "邦國六閑 馬四種은 그 수가 다만 1,296필이어야 하고, 家四閑 馬二種은 또 864필이어야 하는 것이다. 그런데 지금 그대는 무슨 방법으로 계산하였는가? 이 馬數는 모두 국군의 제도이지 백성이 내는 賦稅가 아니다. ≪司馬法≫에 '甸마다 戎馬 4필과 병거 1乘은 백성이 내는 軍賦를 말한 것으로 천자 국마의 수와는 상관이 없다.'라고 했다." 하였으니, 이는 鄭玄이 제후와 대부가 소유하는 분명한 馬의 수를 헤아린 것이다. 趙商은 校에 좌교와 우교가 있는 것에 연유하여 2廏가 1閑이 된 것으로 여겼다. 그리하여 그 수가 모두 배가 되어 잘못된 것이다. 鄭玄은 12廏가 곧 12閑의 數이고, 제후와 대부에 있어서도 駑馬와 良馬의 閑數가 같다고 여겼다. 그리하여 '그대는 무슨 방법으로 계산하였는가?〔子以何術計之〕'라고 한 것이다.

【疏】 鄭以諸侯之馬, 千二百九十六匹, 而此亦諸侯之國, 馬有三千過制, 明非始文公,所從遠矣, 故本之先君, 言由衛之先君, 兼邶鄘而有之, 謂有此邶鄘之富, 而馬數過禮制, 故今文公過制也. 然則三千之數違禮者也, 而校人注引詩云 '騋牝三千, 王馬之大數'者, 以三千與王馬數近相當, 故因言之, 其實此數, 非王馬之數也.

鄭玄은 제후의 馬는 1,296필인데, 衛나라 또한 제후의 나라인데도 말이 3,000필이나 되어 禮에 정한 수를 초과하였지만, 이는 분명 文公 때에 시작된 것이 아니라 기원이 오래된 것으로 여겼다. 그리하여 선군에 근원하여 衛나라의 선군이 邶와 鄘을 겸병하여 소유하였음을 말하였으니, 邶와 鄘의 부를 소유하여 말의 수가 禮에서 정한 숫자를 넘었으므로, 지금 文公이 제도를 초과하게 된 것임을 말한 것이다. 그렇다면 3,000필의 수는 예에 어긋나니, 〈校人〉의 注에서 이 시를 인용하여 '騋馬와 牝馬 3,000필은 王馬의 大數이다.'라고 한 것은 3,000이 王馬의 수에 상당히 가깝기 때문이다. 그리하여 이를 인하여 말한 것이니, 실제로 이 수는 王馬의 수가 아니다.

定之方中三章이니 **章七句**라

〈定之方中〉은 3章이니 章마다 7句이다.

1. 參考圖版 目錄 및 出處

2. ≪毛詩正義≫ 總目次

QR코드를 스캔하면 ≪毛詩正義≫ 總目次를 볼 수 있습니다.

≪毛詩正義≫ 總目次

3. ≪毛詩正義≫ 解題

QR코드를 스캔하면 ≪毛詩正義≫ 解題를 볼 수 있습니다.

≪毛詩正義≫ 解題

譯註者 略歷

朴小東

全南 求禮 光義 出生
蘭圃 徐漢奉 先生 師事

民族文化推進會 附設 國譯硏修院 硏修部 및 常任硏究部 卒業
成均館大學校 儒學大學院 卒業
民族文化推進會 國譯室長 編纂室長 敎務處長
韓國古典飜譯院 漢學敎授
成均館大學校 漢文古典飜譯 碩・博士 統合科程 兼任敎授
韓國古典飜譯院 名譽漢學敎授(現)
成均館大學校 招聘敎授(現)
國民勳章 冬栢章 受勳

論文 및 譯書

論文 〈古典國譯事業의 回顧와 展望〉, 〈禮와 樂舞의 상호관련성〉,
〈退溪 四書釋義의 經學的 特性에 관한 연구〉, 〈古典國譯의 實際〉,
〈朝鮮王朝儀軌 飜譯의 現況과 課題〉, 〈韓國古典 飜譯의 歷史〉
譯書 〈嘉禮都監儀軌〉, 〈親耕·親蠶儀軌〉, 〈高宗壬寅進宴儀軌〉
共譯 〈茶山詩文集 5〉, 〈宋子大全 6, 10〉, 〈弘齋全書 16〉, 〈中宗實錄 48〉,
〈明宗實錄 15〉, 〈宣祖實錄 13, 30, 38〉, 〈光海君日記 5, 14〉,
〈仁祖實錄 6, 17〉, 〈孝宗實錄 1 〉
編書 〈궁궐 밖의 역사〉 외

十三經注疏
譯註 毛詩正義 2　　　　　　정가 35,000원

2017년 12월 30일 초판 발행
2018년 03월 15일 초판 2쇄

傳 毛亨　箋 鄭玄　疏 孔穎達
譯　註 朴小東
潤文校訂 田炳秀 朴勝珠 南賢熙 郭成龍
編　輯 東洋古典飜譯編輯委員會
發行人 李啓晃
發行處 社團法人 傳統文化硏究會

서울시 종로구 삼일대로 428 낙원빌딩 411호
전화 : (02)762-8401　전송 : (02)747-0083
전자우편 : juntong@juntong.or.kr
사이버書堂 : cyberseodang.or.kr
온라인서점 : book.cyberseodang.or.kr

등록 : 1989. 7. 3. 제1-936호

인쇄처 : 한국법령정보주식회사(02-462-3860)
총　판 : 한국출판협동조합(070-7119-1750)

ISBN 979-11-5794-164-3 94140
978-89-91720-93-0(세트)

※ 이 책은 2017년도 교육부 고전문헌 국역지원사업 지원비에 의해 초판(비매품) 간행.

전통문화연구회 도서목록

基礎漢文教材 - 懸吐完譯 成百曉 譯

四字小學 / 習字教本	7,000원/4,000원
推句 · 啓蒙篇 / 習字教本	6,000원/4,000원
明心寶鑑	8,000원
童蒙先習 · 擊蒙要訣	14,000원
註解千字文	11,000원

東洋古典國譯叢書

論語集註 - 개정증보판	成百曉 譯註	25,000원
孟子集註 - 개정증보판	成百曉 譯註	28,000원
大學 · 中庸集註 - 개정증보판	成百曉 譯註	10,000원
詩經集傳 上 · 下	成百曉 譯註	28,000원
書經集傳 上 · 下	成百曉 譯註	28,000원
周易傳義 上 · 下	成百曉 譯註	38,000원
小學集註	成百曉 譯註	28,000원
古文眞寶 後集	成百曉 譯註	28,000원

東洋古典譯註叢書

春秋左氏傳1~8	鄭太鉉 譯註	18,000원~35,000원
莊子1~4	安炳周 · 田好根 共譯	25,000원~29,000원
古文眞寶 前集	成百曉 譯註	28,000원
禮記集說大全1	辛承云 譯註	25,000원
心經附註	成百曉 譯註	35,000원
近思錄集解1~3	成百曉 譯註	25,000원/30,000원
通鑑節要1~9	成百曉 譯註	18,000원~30,000원
唐詩三百首1~3	宋載邵 外 譯註	28,000원/30,000원/25,000원
東萊博議1~2	鄭太鉉 · 金炳愛 譯註	25,000원
說苑1~2	許鎬九 譯註	25,000원
顔氏家訓1~2	鄭在書 · 盧暻熙 譯註	22,000원/25,000원
大學衍義1~5	辛承云 外 譯註	22,000원~30,000원
貞觀政要集論1~4	李忠九 外 譯註	25,000원~32,000원
荀子集解1~5	宋基采 譯註	25,000원~30,000원
老子道德經注	金是天 譯註	30,000원
墨子閒詁1	李相夏 外 譯註	32,000원
韓非子集解1~2	許鎬九 外 譯註	32,000원
唐宋八大家文抄 韓愈1~2	鄭太鉉 譯註	22,000원/28,000원
〃 歐陽脩1~4	李相夏 譯註	25,000원~30,000원
〃 王安石1~2	申用浩 · 許鎬九 共譯	25,000원
〃 蘇洵	李章佑 外 譯註	25,000원
〃 蘇軾1~5	成百曉 譯註	22,000원
〃 蘇轍1~3	金東柱 譯註	20,000원/22,000원
〃 曾鞏	宋基采 譯註	25,000원
〃 柳宗元1~2	宋基采 譯註	22,000원

十三經注疏

論語注疏1~3	鄭太鉉 · 李聖敏 譯註	25,000원/30,000원
孟子注疏1	辛承云 外 譯註	30,000원
尙書正義1~4	金東柱 譯註	25,000원/30,000원
周易正義1~3	成百曉 · 申相厚 譯註	32,000원
毛詩正義1~2	朴小東 譯註	32,000원/35,000원
禮記正義 中庸 · 大學	李光虎 · 田炳秀 譯註	20,000원
孝經注疏	鄭太鉉 · 姜珉廷 譯註	35,000원

武經七書直解

孫武子直解 · 吳子直解	成百曉 · 李蘭洙 譯註	35,000원
六韜直解 · 三略直解	成百曉 · 李鍾德 譯註	26,000원
尉繚子直解 · 李衛公問對直解	成百曉 · 李蘭洙 譯註	26,000원
司馬法直解	成百曉 · 李蘭洙 譯註	26,000원
思政殿訓義 資治通鑑綱目1~10	辛承云 外 譯註	18,000원~35,000원

漢字漢文教育叢書

형성자 중심 한자교육시험백과	金鐘赫 著	35,000원
漢字部首 解說	李忠九 編著	15,000원
◆ 教授用 指導書 四字小學	咸賢贊 著	10,000원
〃 推句 · 啓蒙篇	咸賢贊 著	10,000원
◆ 袖珍本 懸吐 기초한문교재		10,000원
〃 論語 · 大學 · 中庸		10,000원
〃 孟子		10,000원
〃 詩經 · 周易		12,000원
〃 小學 · 孝經		13,000원
〃 古文眞寶 後集		13,000원

東洋古典新譯

당시선	송재소 · 최경렬 · 김영죽 편역	22,000원
손자병법	성백효 역주	14,000원
장자	안병주 · 전호근 · 김형석 역주	13,000원

동양문화총서

동양사상 해설과 원전	정규훈 外 저	22,000원
화합의 길 - ≪중용≫ 읽기	금장태 저	20,000원

문화문고

논어 · 대학 · 중용/맹자	조수익 · 박승주 공역	10,000원
100자에 담긴 한자문화 이야기	김경수 저	9,000원
한자한문전통교재	조수익 · 이성민 공역	10,000원
소학	박승주 · 조수익 공역	10,000원
목민심서	이계황 엮음	10,000원
고문진보散文選	신용호 · 조수익 공역	10,000원
士小節 선비 집안의 작은 예절	이동희 편역	10,000원
名說과 字說	신용호 편역	10,000원
儒學이란 무엇인가	이동희 저	10,000원
대한민국 국무총리	이재원 저	10,000원
경전으로 본 세계종교 이슬람	김영경 편역	10,000원
한문문법	이상진 저	10,000원
우리 설화1~2	김동주 편역	10,000원
경전으로 본 세계종교 그리스도교	이정배 편저	10,000원
경전으로 본 세계종교 도교	이강수 편역	10,000원
당시선	송재소 · 최경렬 · 김영죽 편역	10,000원
현대인, 동양고전에서 길을 찾다	이동희 저	10,000원
경전으로본 세계종교 천도교	윤석산 · 홍성엽 편저	10,000원
무경칠서 손자병법 · 오자병법	성백효 역	10,000원
무경칠서 육도 · 삼략	성백효 역	10,000원
무경칠서 사마법 · 울료자 · 이위공문대	성백효 역	10,000원
경전으로 본 세계종교 힌두교	길희성 편역	10,000원
경전으로 본 세계종교 유교	이기동 편저	10,000원
경전으로 본 세계종교 불교	김용표 편저	10,000원